DAS FRANZ-RUHM-KOCHBUCH

DAS FRANZ RUHM KOCHBUCH

Das Standardwerk der Wiener und österreichischen Küche von heute mit über 1000 Rezepten

Mit 48 Farbtafeln
von Ernest Richter

Orac
WIEN · MÜNCHEN · ZÜRICH

ISBN 3-7015-0422-9

Einbandgestaltung: Heinrich Mayr
unter Verwendung eines Fotos von Gusto (Foto: Stefan Liewehr)
Fachliche Betreuung: Küchenmeister Ernest Richter
Geschirr, Gläser, Tafelsilber und Accessoires wurden
von folgenden Firmen freundlicherweise zur Verfügung gestellt:
Studio Rosenthal, Wien; Endemann, Wien; Keramiktruhe, Wien
Repros: Seyss Gesellschaft mbH, Wien
Druck und Bindung: Wiener Verlag, Himberg bei Wien

Inhalt

Die Wiener
und österreichische Küche

Die berühmte Wiener und österreichische Küche ist ein kulinarisches Spiegelbild des alten Vielvölkerstaates Österreich. So wie Wien als Haupt- und Residenzstadt von allen Ländern der Donaumonarchie mitgeformt und bereichert wurde, so hat auch die Wiener Küche das Beste aus den verschiedenen nationalen Küchen aufgenommen und den Gerichten ihre weithin bekannte Form gegeben.

Franz Ruhm – ein Klassiker der Kochkunst – hat auf unverwechselbare Weise dazu beigetragen, die österreichische Kochkunst weiterzuentwickeln.

Mit diesem Buch und seinen erprobten, detailliert und zeitgemäß beschriebenen Rezepten ist jeder in der Lage, die Schätze der Wiener Küche zu heben und zu genießen.

Die Zubereitungsarten

Für das Gelingen aller Gerichte ist die Wahl der richtigen Zubereitungsart von großer Bedeutung. Je sorgfältiger die einzelnen Arbeitsgänge ausgeführt werden, um so vorzüglicher wird das Gesamtergebnis sein.

Kochen (Sieden)

Bei dieser Zubereitungsart gehen viele Geschmacks- und Nährstoffe in den Kochsud über. Fische, Fleisch, Geflügel und Gemüse werden daher nur knapp bedeckt mit Wasser gekocht, während Teigwaren und ähnliches in reichlich Wasser gekocht werden. Die zu kochenden Speisen werden immer in kochendes und gesalzenes Wasser gelegt, möglichst rasch zum Kochen gebracht und dann nur ganz schwach kochend unter 100 Grad gegart.
Zu starkes Wallen der Kochflüssigkeit bringt Geschmacksverminderung und muß daher vermieden werden. Zur besseren Kontrolle ist es erforderlich, das Geschirr nicht zuzudecken.

Überkochen (Blanchieren)

Das Blanchieren ist ein kurzes, vorbereitendes Kochverfahren. Das Kochgut wird in Wasser rasch gekocht und dann meist abgefrischt (bzw. kalt geschwemmt). Blanchiert wird, um Blattgemüse grün zu erhalten, um Knochen von unangenehmem Geschmack zu befreien, um Bries weiß zu erhalten, um bestimmten Gemüsen den bitteren Geschmack zu nehmen.

Garziehen (Pochieren)

Geschieht in fast kochender Flüssigkeit (ca. 95 Grad). Pochieren ist eine Zubereitungsart, bei welcher Fisch, Eier, Fleisch, Farcen usw., schonend gegart, Zartheit, Geschmack und Aussehen behalten.

Fleisch und Fisch werden in kurzgehaltener gutgewürzter Flüssigkeit langsam pochiert.
Eier (pochierte Eier) läßt man in heißem Wasser mit Essig 3 Minuten ziehen.
Farcen und Terrinen werden im Wasserbad pochiert. Hier würde z. B. bei kochender Flüssigkeit ein Fettaustritt erfolgen, der natürlich Geschmacksverlust bedeutet.

Dämpfen

Eine Garmachungsart in Wasserdampf: Das Kochgut (z. B. Kartoffeln, Knödel) kommt mit der Flüssigkeit nicht in Berührung. Voraussetzung ist ein Geschirr mit Gitter oder Locheinsatz und ein gut abschließender Deckel.

Dünsten

Eine Zubereitungsart mit wenig Flüssigkeit, im eigenen Saft oder in Sauce. Fleisch wird beim Braundünsten angebraten, um Geschmackstoffe und Braunfärbung zu erreichen und um die Fleischsäfte am Auslaufen zu hindern. Dann wird das Fleisch in wenig Flüssigkeit (Suppe, Grundsaucen, Wein) mit Wurzeln und Gewürzen am besten im Rohr zugedeckt gedünstet.
Beim Naturdünsten wird das Fleisch ohne anzubraten meist in einem Zwiebelansatz mit wenig Flüssigkeit gedünstet, z. B. Gulasch, Pörkölt oder Saftfleisch.
Junges Grüngemüse wird in Butter mit Gewürzen gedünstet, manches Gemüse wird auf Speckunterlage, Zwiebel, Karotten und Rindsuppe gedünstet, z. B. Fenchel.
Die Kohl- und Krautarten werden mit Fett (Schmalz und Speck) unter geringer Flüssigkeitsbeigabe gedünstet.

Glasieren

Bei dieser Zubereitungsart wird gleichzeitig mit der Garung Fleisch oder Gemüse mit sirupartiger Glasur überzogen. Bei Fleisch wird unter erhöhter Beigabe von Butter und braunem Fond im Rohr gebraten. Dabei wird häufig mit dem Bratensaft glasiert.

Bei Gemüse geschieht das Glasieren mit Butter und Zucker. Während des Dünstens verbinden sich diese zu sirupartiger Masse, die dem Gemüse Glanz und besonderen Geschmack verleiht. Karotten und weiße Rüben werden weiß, Zwiebeln und Kastanien braun glasiert, wobei der beigegebene Zucker bis zu heller Bräunung geschmolzen wird.

Braten

Bei dieser Zubereitungsart entsteht wenig Saftverlust. Durch die sich an der Oberfläche bildenden Röststoffe entstehen bei Fisch, Fleisch und auch Gemüsen angenehme Geschmackstoffe.
Wir unterscheiden vier Arten des Bratens:

Das Braten am Herd (Sautieren)

Geeignet für portionierte, kleine, zarte Fleischstücke (Koteletts, Schnitzel, Filets usw.), ganze oder portionierte Fische und auch für bestimmte Gemüsearten und Pilze.
Für diese Zubereitungsart wird vorerst die Pfanne stark erhitzt, dann erst das Fett, meist Öl oder spezielle Bratfette, bodenbedekkend beigegeben und sofort das gewürzte Fleisch, Fisch oder Gemüse eingelegt. Auf starker Hitze braten, erst wenn sich eine Bratenkruste gebildet hat, die Hitze drosseln, um auch dickere Fleischstücke zu garen.

Das Braten am Rost (Grillen)

Für portionierte zarte Fische, Fleischstückchen, Innereien und Gemüse. Das gewürzte Fleisch wird beölt, auf die Grillstäbe oder -platte gelegt und beidseitig gegrillt. Manche Gemüse und Innereien werden vorher mit zerlassener Butter bestrichen.

Das Braten im Rohr

Für große, zarte Fleischstücke oder Fleisch junger Tiere, Geflügel, Wild und junges Wildgeflügel. Kalb- und Schweinefleisch werden auf Knochenunterlage gebraten, nur bei diesen darf während des Bratens wenig Flüssigkeit beigegeben werden. Das Braten sollte bei

anfänglich starker Hitze erfolgen. Während des Bratens wird häufig mit dem sich in der Pfanne bildenden Saft begossen.
Garprobe bei dunklerem Fleisch, wie Rind, Hammel und Wild: In den dicksten Teil des Bratens eine Nadel stechen. Nach einigen Sekunden die Stelle der Nadel an die Lippen führen, die in der Mitte des Fleisches war. Ist diese schwach lauwarm, ist der Braten aus dem Rohr zu nehmen.
Bei den anderen Fleischsorten an der dicksten Stelle einstechen; dringt daraus ein fast glasklarer Tropfen, ist der Braten fertig.

Das Braten am Spieß

Dazu werden junge ganze Tiere oder zarte Teile von Schlachtfleisch und Geflügel verwendet. Das kräftig gewürzte Fleisch wird unter ständigem Drehen und öfterem Bepinseln mit Öl oder Marinade einer direkten Hitzebestrahlung ausgesetzt.

Backen

Das Backen im Rohr von Teigen und Massen geschieht bei vollkommen geschlossenem Rohr (Brandteig, Blätterteig, Mürbteig und leichte Biskuitmassen) oder eingehängtem, einen Spalt offenem Rohr (Sandmassen, schwere Massen und die meisten Kuchen).
Brandteig und Blätterteig werden bei starker Hitze angebacken (ca. 220 Grad), wenn das Gebäck vollends aufgegangen ist und helle Bräunung erreicht hat, wird die Hitze auf ca. 150 Grad reduziert und fertiggebacken.
Leichte Massen werden bei ca. 170 Grad, schwere Massen bei ca. 140 bis 150 Grad gebacken.
Das Backen im Fett erfolgt im Fettbad bei 160 bis 180 Grad. Es ist eine Zubereitungsart für portionierte, zarte Stücke von Fisch, Fleisch, Innereien, Geflügel und Gemüse, die in einer Hülle aus Mehl, Ei und Bröseln oder Milch und Mehl oder Mehl und Ei oder aus Backteig besteht. Die Garung geschieht gleichzeitig mit der Verkrustung der Hülle. In der Mehlspeisküche werden Germteig und Brandteigspeisen und Früchte in Backteig im Fett schwimmend gebacken.

Das Kochen im Druckkochtopf

Bei der Zubereitung von Speisen im Druckkochtopf werden die Garmachungsarten Kochen, Dünsten und Dämpfen angewandt. Durch die im Druckkochtopf erzielten Temperaturen von ca. 125 Grad verringert sich die Garzeit auf ungefähr ein Fünftel der üblichen, dadurch ist die Gefahr des Zerkochens sehr groß. Daher müssen die vom Hersteller angegebenen Kochzeiten genau eingehalten werden. Durch den besonderen Verschluß des Geschirrs erfolgt während der Zubereitung kein Wasserverlust, dies erlaubt ein wasserarmes Kochen mit weniger Verlust an Mineral- und Geschmackstoffen. Es ergibt sich daher nicht nur Zeit- und Energieersparnis, sondern auch eine Vertiefung des Aromas.

Doch nicht alle Speisen lassen sich vorteilhaft im Druckkochtopf zubereiten. Außer Fisch, Innereien und Gemüse mit kurzer Garzeit sollten auch Fleisch, Schinken und Geflügel nicht im Kochtopf gekocht werden. Hier würde das Resultat eher eine trockene, nicht hochwertige Speise sein. Bei dick gebundenen Speisen und bei der Zubereitung von stärkehaltigen Nahrungsmitteln, z. B. Hülsenfrüchten, besteht die Gefahr des Anlegens. Deshalb wird bei diesen Speisen ein Locheinsatz verwendet.

Hingegen können Suppen, gedünstetes Fleisch, Eintöpfe, Hülsenfrüchte, Kartoffeln und manche Gemüsearten unter Berücksichtigung einiger Regeln im Druckkochtopf zubereitet werden.

Suppen werden mit weniger Flüssigkeit, d. h. einem Drittel der üblichen Menge, und entsprechender Würzung zum Kochen angesetzt. Erst nach dem Garwerden, dem Binden und Passieren der Suppe mit der nötigen Flüssigkeit auffüllen.

Bei Fleischgerichten wird das Geschirr erst geschlossen, wenn die Speise durch vorheriges Anbraten, Würzen und Dünsten bereits Geschmack entwickelt hat. Für Gulasch gilt, daß es vor dem Schließen des Topfes auch die typische Farbe aufweisen muß.

Bei allen gedünsteten Speisen ist darauf zu achten, daß bei der Zubereitung kein Flüssigkeitsverlust entsteht. Daher wird immer nur so viel Flüssigkeit aufgegossen, als auch Sauce benötigt wird. Auch bei den Eintöpfen, Hülsenfrüchten und Gemüsen sollte so weit vorgedünstet und abgeschmeckt werden, daß sich bereits der Geschmack der Speise abzeichnet.

Die Verwendung von Fett in der Küche

Für die verschiedenen Zubereitungsarten von Speisen stehen jeweils eine oder mehrere Sorten Fett zur Verfügung. Die richtige Fettwahl nimmt wichtigen Einfluß auf die Güte und Verdaulichkeit der Speisen. Die moderne Ernährungslehre und die Lebensmittelindustrie haben bewirkt, daß heute geschmacklich bessere, leichter verdauliche Fette verwendet werden.

Zum Backen im Fettbad (Fritüre) werden Fettarten von hohem Qualmpunkt benötigt. Dies sind heute auch für den Haushalt erhältliche, spezielle Backfette bzw. Pflanzenfette, die auch als Bratfett bestens geeignet sind. Reines Öl sollte nicht verwendet werden, da es bei der notwendigen Backtemperatur von 170 bis 180 Grad unangenehmen Geschmack und Geruch entwickelt und sich farblich verändert.

Schmalz erhöht bei manchen Speisen den Wohlgeschmack, es darf aber nur einmal, ohne zu starke Erhitzung, verwendet werden.

Butterschmalz ist geschmacklich wohl hervorragend geeignet (z. B. für Faschingskrapfen), muß aber besonders vorsichtig erwärmt und darf nicht allzu lange erhitzt werden.

Kernfett ist als Fritürefett – auch als Bestandteil von Mischfetten – geschmacklich und ernährungstechnisch abzulehnen.

In der Praxis unterteilt man die Backfetthitze in drei Grade, die mit Thermostat oder einer naßgemachten Gabelspitze geprüft werden. Wenn man eine nasse Gabelspitze in das erhitzte Backfett taucht und man hört ein mäßiges Zischen, so ist der unterste Hitzegrad erreicht, und das Fett ist zum Backen von dicken Stücken, wie panierten Karpfen- oder dicken Lammfleischstücken, sowie zum Backen von Spritzkrapfen oder Brandteigkrapfen geeignet (ca. 150 Grad). Die nächste Probe mit der nassen Gabelspitze verursacht schon ein lebhafteres, sozusagen ein lustiges Zischen (160 Grad). In solchem Fett sind mittelstarke Stücke zu backen, wie Fischfilets, Schweinskoteletts, Schneeballen, Faschingskrapfen oder gebackene Mäuse. Beim dritten Hitzegrad verursacht die naßgemachte Gabelspitze ein lautes, „empörtes“ Zischen. Diese Hitze ist gerade recht

zum notwendigen raschen Backen von Wiener Schnitzel und allen anderen mit Bröseln panierten dünnen Fleisch- oder Fischschnitten, Pilzen, Gemüsen oder allen Arten von in Backteig bereiteten Speisen. Auch Pommes frites, Strohkartoffeln, Kartoffelkroketten werden in stärker erhitztem Fett gebacken (ca. 170 bis 175 Grad).
Zum Braten von Schlachtfleisch, Wild und Geflügel im ganzen oder rohportioniert sind Öl oder Pflanzenfett als Bratfett am besten geeignet. Butterschmalz oder Schmalz können auch verwendet werden. Butter wird nur für sautiertes Gemüse, manchmal für Innereien und zum Braten von zarten Fischen oder Fischfilets genommen. Butterbeigabe zum Schluß des Bratprozesses erhöht bei allen Speisen den Geschmack.
Um Butterschmalz zu erhalten, wird Butter über mäßiger Hitze geschmolzen, zum Kochen gebracht und langsam so gekocht, daß keine Kochblasen mehr aufsteigen. In diesem Stadium wird das Fett vollkommen klar geworden sein, während sich am Boden des Kochgeschirrs ein goldgelber bis hellbrauner Satz angelegt hat. Ist die Hitze zu intensiv, wird dieser Satz dunkelbraun oder gar schwarz. Das reine Butterschmalz wird nach dem Auslassen fein geseiht und so wie Schweineschmalz trocken und kühl aufbewahrt.
Für weiße Einmach wird Butter, für braune Einbrenn wird Öl oder Schmalz verwendet.
Für die typisch österreichischen Kartoffelzubereitungsarten, z. B. Geröstete oder Kartoffelschmarren, nimmt man Schweineschmalz.
Zum Dünsten von Gemüse wird für junges Frühlingsgemüse und Feingemüse Butter, für Kraut- und Kohlarten Schmalz verwendet.
Als Salatöl eignen sich gute, neutral schmeckende Ölarten oder aber erstklassige Salatöle wie Olivenöl oder Kürbiskernöl.
Für die Zubereitung von Teigen und Massen wird meist Butter, manchmal auch Öl genommen. Für Buttercremen wird Butter verwendet. Aber besonders in der Mehlspeisküche sind die Verwendungsmöglichkeiten von Butter begrenzt. Manche Margarinesorten eignen sich besser für bestimmte Teige oder Cremen. Z. B. läßt sich Butter nicht so schaumig rühren wie manche speziell für Cremen hergestellte Margarinesorten von pflanzlichen Fetten.
In gewerblichen Betrieben in Österreich müssen hinsichtlich der Wahl des richtigen Fettes die Bestimmungen des Österreichischen Lebensmittelbuches befolgt werden.

Die Mengenberechnung

Die Hauptbestandteile vieler Speisen berechnet man pro Portion auf folgende Weise (Durchschnittswerte):

Suppen (Menge: 1/4 Liter) und Suppeneinlagen
10 Gramm Mehl für Einmachsuppen
20 Gramm Hülsenfrucht für Püreesuppen
20 Gramm Grieß für Grießnockerln
20 Gramm Mehl für Suppennudeln
20 Gramm Mehl für Frittaten
10 Gramm Mehl für gebackene Erbsen
25 Gramm Semmeln für Suppenknödel

Beilagen
250 Gramm Kartoffeln
150 bis 200 Gramm Gemüse, wie Kohl, Kochsalat, Spinat, Karotten, Fisolen, Karfiol
150 Gramm grüne Erbsen, Kohlsprossen
120 Gramm Sauerkraut, saure Rüben
70 Gramm Hülsenfrüchte
50 Gramm Reis
50 Gramm Mehl für Nockerln und Nudeln
10 Gramm Mehl für Saucen (1/8 Liter)
8 Gramm Mehl für Gemüseeinbrenn

Fisch
150 bis 200 Gramm, kochfertig vorbereitet

Fleisch
200 bis 250 Gramm rohes Fleisch vom Schlachtvieh mit Knochen
180 bis 200 Gramm rohes Fleisch vom Schlachtvieh ohne Knochen
100 Gramm gekochtes Selchfleisch, Schinken
150 Gramm rohes Selchfleisch
250 bis 300 Gramm Wildbret inklusive Knochen

Außerdem
6 Gramm Fett für dicke Suppen
6 Gramm Fett für gebratenes Fleisch
6 Gramm Fett für Gemüseeinbrenn

Bei Mehlspeisen ist die Berechnung unterschiedlich. Für reine Süßspeisen, bei denen das Mehl die Hauptrolle spielt, bzw. Germspeisen wird als Hauptspeise für eine Portion 50 bis 70 Gramm Mehl berechnet, für Beilagen oder Nachspeisen berechnet man die Hälfte. Bei Butterteig 30 Gramm Mehl.
Bei gerührten und aufgeschlagenen Tortenmassen rechnet man $^1/_2$ Ei pro Portion, so daß also eine Torte mit 8 Eiern für 16 Portionen bestimmt ist.
Ausgehend vom Ei sind für eine Eierspeis-Hauptspeise 3 Eier zu berechnen, bei eierhaltigen warmen Mehlspeisen $^1/_2$ bis ein ganzes Ei. Zur Zubereitung einer beliebigen Eierteigware für 4 Beilagen genügt ein ganzes Ei.

Abmeßbare Speisen werden wie folgt berechnet:
$^1/_4$ Liter Suppe jeglicher Art
$^1/_6$ Liter Kraftsuppe in Tassen (Spezialsuppe, z. B. Schildkrötensuppe, $^1/_{10}$ Liter)
$^1/_8$ Liter beliebige Sauce
$^1/_{16}$ Liter Bratensaft
$^1/_{16}$ Liter Beilagen zu Süßspeisen, z. B. Himbeersaft zu Spritzkrapfen
$^1/_4$ bis $^3/_8$ Liter Tee
$^1/_4$ Liter Kaffee
$^1/_4$ Liter Milchkakao

Ferner
$^1/_4$ Liter von jeglichem eingemachten Gemüse
$^1/_4$ Liter eingebrannte und ähnliche Kartoffeln
$^3/_8$ Liter Fleisch mit Sauce, z. B. Gulasch

Suppen

An der Suppe als Einleitung zum Essen will man den guten oder schlechten Auftakt der Mahlzeit erkennen, und deshalb verlangt die Suppenherstellung volle Aufmerksamkeit. Klare Suppen sollen stets wirklich klar, Kraftsuppen ihrem Namen entsprechend kräftig und gebundene Suppen immer so zubereitet werden, daß sie anregend und appetitlich wirken.
Wir unterscheiden:
Klare Suppen sind Rindsuppe, Kraftsuppe, klare Geflügel-, Wild- und Fischsuppen.
Gebundene Suppen gliedern sich in legierte Suppen, Creme- und Püreesuppen.
Über die Auswahl einer Suppe zu einer bestimmten Speisenfolge ist zu sagen, daß sie in Farbe, Geschmack und Zubereitung auf die übrigen Gerichte einer Mahlzeit abzustimmen ist. Daher sollen zu Fleischspeisen mit Sauce oder mit sehr ausgiebigen Beilagen leichte, dünne Suppen verwendet werden. Bei naturgebratenen Fleischspeisen ist eine gebundene Suppe zu empfehlen.
Bei größeren Speisenfolgen ist zu einer klaren Suppe zu raten.

Klare Suppen

8–10 Portionen

RINDSUPPE (Bouillon)

1 kg Rindfleisch mit Knochen
100 g Wurzelwerk
Fett
1/4 Stange Porree
1/2 Zwiebel
Rindsleber oder -milz
Pfefferkörner
Salz

Der Rindsuppe kommt vor allem in der Wiener Küche eine besondere Bedeutung zu. Richtig zubereitet, verdient sie diese Wertschätzung auch. Gewöhnlich kocht man ein Stück Rindfleisch mit, das ja seinerseits eine Spezialität der Wiener Küche darstellt, und um sowohl der Suppe als auch dem Fleisch gerecht zu werden, stellt man die Suppe mit kochendem Wasser zu. Dadurch wird ein allzu großes Auslaugen der Blutsäfte aus dem Fleisch

verhindert, der Suppe aber doch so viel vermittelt, als für ihre Güte notwendig ist.
Die Rindsknochen werden in etwas Wasser aufgekocht, mit reichlich kaltem Wasser geschwemmt und dann mit 3 Liter Wasser zum Kochen gebracht. Das kalt gewaschene Fleisch einlegen und salzen. 100 Gramm geputztes Wurzelwerk, wie Karotte, Sellerie, gelbe Rübe und Petersilwurzel im ganzen, besser aber noch diese Wurzeln in Blätter geschnitten und in wenig Fett angeröstet, kommen dazu; außerdem 1/4 Porreestange, Pfefferkörner und 1/2 ungeschälte, an ihrer Schnittfläche auf der Herdplatte schwarz gebrannte Zwiebel. Aufkochen lassen. Ohne den sogenannten Schaum von der Suppe abzuheben, läßt man diese bei kleiner Hitze langsam weiterkochen, was zumindest 2, je nach der Qualität des Fleisches aber bis zu 4 Stunden dauert. Leber oder Milz wird erst nach dem Aufkochen der Suppe beigegeben. Hat die Suppe langsam gekocht, wird sie vollkommen klar sein; man nimmt das Fleisch nun heraus, bedeckt es auf einem Telleruntersatz mit einem zweiten Teller, um ein Abtrocknen und zu rasches Abkühlen bis zur Verwendung zu verhindern. Die Suppe selbst wird durch ein feines Sieb am besten löffelweise langsam abgeseiht, dann auf Salzgehalt nachgeschmeckt und wenn notwendig mit Suppenwürze verbessert. Jetzt erst kommt, wenn es in den Einlagerezepten nicht anders angegeben wird, die fertige Suppeneinlage dazu, mit der man die Suppe einmal aufwallen läßt, ehe sie zu Tisch gebracht wird.
Sollte die Rindsuppe zu fett sein, schöpft man sie etwas ab, läßt aber so viel vom Eigenfett in der Suppe, daß die „Fettaugen" erhalten bleiben.

Versalzene Suppen können durch Beifügen von Kartoffelscheiben „repariert" werden: In einen Liter versalzene klare Rindsuppe oder zum Aufgießen bestimmte Suppe werden 3 bis 4 kleinfingerdicke Scheiben rohgeschälter Kartoffeln eingelegt und etwa 10 Minuten kochendheiß ziehen gelassen, bevor man die Suppe endgültig seiht.

NUDELSUPPE

4 Portionen

1 l Rindsuppe
1 Ei
Mehl
Schnittlauch
Salz

Verwendet man keine fertig gekauften Nudeln, so wird 1 Ei mit etwas Salz und so viel Mehl, wie das Ei zu einem festen, gut gekneteten Teig annimmt, abgemischt. Nach einigem Rasten wird der Teig ganz dünn ausgerollt, wobei man aber so wenig wie möglich mit Mehl staubt. Der Teigfleck wird nach kurzem Übertrocknen zusammengerollt und in sehr feine, dünne Nudeln geschnitten, die partieweise mit den Fingern gelockert werden. In kochendes Salzwasser eingelegt, werden die Nudeln 6 Minuten gekocht, dann abgeseiht, kalt überspült und abgetropft in die geseihte Rindsuppe gegeben, worin sie einmal aufwallen sollen. Die Suppe serviert man mit feingeschnittenem Schnittlauch.

EINGETROPFTE SUPPE

4 Portionen

1 l Rindsuppe
2 Eßlöffel Mehl
1 Eiweiß
Salz

2 Eßlöffel Mehl, 1 Eiweiß und etwas Salz zu einem Teig versprudeln, in langsam kochende, geseihte Rindsuppe mittels Schnabeltasse, die man hochhält, oder mittels Tropflöffel dünn fließend einlaufen und 3 Minuten kochen lassen.

FRITTATENSUPPE

4 Portionen

1 l Rindsuppe
2 Eßlöffel Mehl
1 Ei
ca. 1/8 l Milch
Schnittlauch
Salz

Aus 2 Eßlöffel Mehl, 1 Ei und etwa 1/8 Liter Milch wird ein dünner Teig gerührt. Daraus backt man in gefetteter, sehr heißer Omelettenpfanne ganz dünne Palatschinken. Diese werden in dünne Nudeln geschnitten, mit fertiger Rindsuppe übergossen und mit feingeschnittenem Schnittlauch zu Tisch gebracht.

> Die flüssige Masse kann gleichmäßig auseinanderlaufen, wenn man beim Aufgießen des Teiges die heiße Pfanne nach allen Seiten neigt.

4 Portionen

SCHLICKKRAPFERLSUPPE

1 l Rindsuppe
Nudelteig wie bei Nudelsuppe
1 Ei
Haschee:
Braten- und Fleischreste
Zwiebel
Petersilie
1 Eidotter
Semmelbrösel (Paniermehl)
Majoran
Pfeffer, Salz

Ein weich gehaltener Nudelteig wird dünn ausgerollt, mit zerquirltem Ei bestrichen und in 4 Zentimeter große Vierecke geradelt. Jedes Quadrat mit Haschee füllen und dreieckig zusammendrücken. Die Krapferln werden in Salzwasser 10 Minuten gekocht, aus dem Wasser gehoben und in die fertige Rindsuppe eingelegt.
Das Haschee besteht aus faschierten Braten- und Fleischresten, die mit gehackter Zwiebel und grüner Petersilie durchgeröstet und mit Salz, Pfeffer und Majoran gewürzt wurden. In das ausgekühlte Haschee rührt man 1 Eidotter und etwas Semmelbrösel.

4 Portionen

GRIESSNOCKERLSUPPE

1 l Rindsuppe
120 g Grieß
60 g Butter
1 Ei
Schnittlauch
Muskatnuß
Salz

Butter, etwas Salz und Muskatnuß schaumig rühren, nach und nach Ei und groben Grieß darunterrühren. Einige Zeit anziehen lassen. Nockerln formen und auf einen mit Öl bestrichenen Teller legen. Kurz im Kühlschrank kühlen, anschließend in kochendes Salzwasser einlegen und 8 bis 10 Minuten langsam kochen. Mit einem Schuß kaltem Wasser abschrecken und noch ziehen lassen, bevor man sie in die heiße Rindsuppe gibt. Mit feingeschnittenem Schnittlauch bestreuen.

4 Portionen

BUTTERNOCKERLSUPPE

1 l Rindsuppe
50 g Butter
4 Semmeln
2 Eier
1 Eßlöffel Mehl
Muskatnuß
Salz

4 abgerindete Semmeln werden eingeweicht, ausgedrückt und passiert. 50 Gramm Butter, etwas Salz und geriebene Muskatnuß werden schaumig gerührt. Nach und nach die passierten Semmeln und 2 Eidotter zugeben und dann 1 schwachen Eßlöffel Mehl. Zum Schluß rührt man den steifen Schnee von 2 Eiweiß darunter und legt ein Probenockerl in kochendes Salzwasser ein. Ist es zu fest, etwas Fett, ist es zu weich, etwas Mehl in die Masse einmengen. Die Nockerln 8 bis 10 Minuten kochen lassen und in kaltem Salzwasser auskühlen, ehe sie mit der heißen Rindsuppe übergossen werden.

LEBERNOCKERLSUPPE

4 Portionen

1 l Rindsuppe
150 g Rindsleber
40 g Fett
Zwiebel
Petersilie
Knoblauch
1 Semmel
1 Ei
Mehl
Semmelbrösel
(Paniermehl)
Majoran, Pfeffer, Salz

Im Fett etwas feinstgehackte Zwiebel und Petersiliengrünes schwitzen, würzen mit Salz und Pfeffer, Majoran und etwas zerdrücktem Knoblauch und dies mit der feinstfaschierten Leber und 1 geweichten, ausgedrückten und passierten Semmel gut vermischen. Zum Schluß 1 Ei, etwas Mehl und Semmelbrösel darunterrühren und einige Zeit in den Kühlschrank stellen. Aus dieser Masse gleichmäßig geformte Nockerln in kochendes Salzwasser einlegen, 10 bis 12 Minuten kochen lassen, in kaltem Salzwasser auskühlen und dann mit kochender Rindsuppe übergießen.

> Wird ein Drittel der Leber durch ausgedrückte Milz ersetzt, verbessert sich der Geschmack der Nockerln.
> Bei allen Lebermassen als Suppeneinlage ist es angebracht, eine Probe zu kochen. Ist die Masse zu fest, Fett beifügen. Bei zu weicher Masse Mehl und Brösel beigeben.

LEBERREISSUPPE

4 Portionen

1 l Rindsuppe
120 g Rindsleber
30 g Fett
Zwiebel, Petersilie
Knoblauch
2 Semmeln
1 Ei, Mehl
Schnittlauch
Majoran, Pfeffer, Salz

Die Herstellung der Masse erfolgt wie bei Leberknödeln, nur wird zum Schluß statt der Semmelbrösel etwas Mehl eingerührt. Die entstandene dickliche Masse wird durch ein verkehrt gehaltenes Reibeisen direkt in die kochende, bereits abgeseihte Rindsuppe gestrichen und einige Minuten langsam gekocht. Mit Schnittlauch bestreut servieren.

> Siehe Lebernockerlsuppe.

GRIESSKNÖDELSUPPE

4 Portionen

1 l Rindsuppe
60 g Grieß
40 g Butter
1 Ei
1 Eidotter
Muskatnuß, Salz

In 40 Gramm Butter rührt man nach und nach 1 ganzes Ei, 1 Eidotter und 60 Gramm groben Grieß ein, würzt die Masse mit Salz und geriebener Muskatnuß und rührt schließlich noch ein paar Tropfen Wasser darunter. Nach halbstündigem Stehen legt man kleine, mit einem Teelöffel geformte Knödeln in langsam kochendes Salzwasser ein. Nach 12 bis 15 Minuten Kochzeit in kaltes Wasser zum Auskühlen legen. Die Grießknöderln werden mit heißer Rindsuppe übergossen und sofort zu Tisch gebracht.

LEBERKNÖDELSUPPE

4 Portionen

1 l Rindsuppe
120 g Rindsleber
30 g Fett
Zwiebel
Petersilie
2 Semmeln
1 Ei
Knoblauch
Semmelbrösel (Paniermehl)
Majoran, Pfeffer, Salz

In 30 Gramm Fett läßt man etwas feingehackte Zwiebel und Petersiliengrünes anlaufen. Dies vermengt man mit 120 Gramm feinstfaschierter Leber, rührt darunter 2 geweichte, ausgedrückte und passierte Semmeln und 1 ganzes Ei, würzt mit Salz, Pfeffer, Majoran und zerdrücktem Knoblauch. Dann vermischt man das Ganze mit Semmelbröseln und stellt es in den Kühlschrank. Nach einigem Rasten formt man kleine Knödel, die in Salzwasser 10 Minuten gekocht werden. Abgetropft in die fertige Rindsuppe einlegen.

SEMMELKNÖDELSUPPE

4 Portionen

1 l Rindsuppe
4 Semmeln
Zwiebel
Petersilie
40 g Fett
1 gehäufter Eßlöffel Mehl
1/8 l Milch
1 Ei
Salz

4 Semmeln werden würfelig geschnitten und ins Rohr zum Trocknen gestellt. Etwas feingehackte Zwiebel und Petersiliengrünes in 40 Gramm Fett anschwitzen, darin die Semmeln rösten, salzen, mit 1 gehäuftem Eßlöffel Mehl stauben und vermischen, dann mit 1/8 Liter Milch, mit 1 Ei versprudelt, übergießen, durcharbeiten und anziehen lassen. Aus dieser Masse werden 8 Knöderl geformt, die man in Salzwasser 6 bis 8 Minuten kochen läßt, ehe sie in die fertige Suppe gegeben werden.

MARKKNÖDERLSUPPE

4 Portionen

1 l Rindsuppe
40 g Rindermark
1 Ei
1 Eidotter
Petersilie
Milch

40 Gramm zerlassenes Rindermark wird mit 1 ganzen Ei und 1 Eidotter, wenig Salz, geriebener Muskatnuß und gehackter Petersilie schaumig gerührt und mit 2 in Milch geweichten, abgerindeten Semmeln, die gut ausgedrückt und passiert werden, verrührt. Dann vermischt man die Masse

2 Semmeln
2 Eßlöffel Semmelbrösel (Paniermehl)
Muskatnuß
Salz

mit 2 Eßlöffel Semmelbröseln, läßt sie im Kühlschrank anziehen und formt daraus kleine Knöderl, die in Salzwasser 6 bis 8 Minuten langsam gekocht werden. Nachdem sie abgeseiht und überkühlt wurden, dienen sie als Einlage in eine Rindsuppe.

4 Portionen

LUNGENSTRUDELSUPPE

1 l Rindsuppe
Kalbslunge und Rindfleischreste
180 g Mehl
1 Eßlöffel Öl
1 Eiweiß
Fett
Zwiebel
Petersilie
2 Eier
Majoran
Pfeffer
Salz

Aus 180 Gramm Mehl, ein wenig Salz, 1 Eßlöffel Öl, 1 Eiweiß und etwa 1/8 Liter lauem Wasser bereitet man einen gut abgearbeiteten, eher weichen als zu festen Strudelteig, der auf dem bestaubten Brett mit Öl bestrichen 20 Minuten zugedeckt rasten muß. Inzwischen röstet man in ein wenig Fett etwas feingehackte Zwiebel und Petersiliengrünes, schwitzt darin feingewiegte Rindfleischreste und gekochte Lunge in beliebiger Menge an, würzt mit Salz, Pfeffer und Majoran und rührt nach einigem Überkühlen 1 ganzes Ei unter die Masse. Nun rollt man den Strudelteig auf bemehltem Tuch in die Breite, zieht ihn dann mit den bemehlten Händen papierdünn aus und entfernt die dicken Ränder. Die Teigfläche wird gleichmäßig mit der Füllmasse bestreut, wobei auf einer Seite eine Handbreit Teig frei bleibt. Durch Heben des Tuches rollt man den Strudel nach der freien Seite hin ein, die man vorher mit geschlagenem Ei bestrichen hat. Mit bemehltem Kochlöffelstiel drückt man nun gleichmäßig große Portionen ab, schneidet die einzelnen Stücke durch und drückt die neu entstandenen Ränder zusammen. In kochendes Salzwasser einlegen und 10 bis 12 Minuten langsam kochen. Dann mit einer Backschaufel aus dem Wasser nehmen und in die fertige Rindsuppe geben.

Lungenstrudel kann auch *gebacken* werden. Dabei wird der eingerollte, nicht portionierte Strudel auf ein gefettetes Blech gelegt, mit Butter bestrichen und bei starker Hitze goldbraun gebacken. In schräge, fingerdicke Stücke schneiden.

GRIESS-STRUDELSUPPE

4 Portionen

1 l Rindsuppe
100 g Grieß
Strudelteig wie bei Lungenstrudel
60 g Butter
2 Eier
Muskatnuß
Salz

Vorerst wird ein Strudelteig zubereitet. Hernach rührt man 60 Gramm Butter schaumig, gibt nach und nach 2 Eidotter dazu, etwas Salz und geriebene Muskatnuß, rührt 100 Gramm Grieß und zum Schluß den festen Schnee von 2 Eiweiß darunter. Mit dieser Masse wird der ausgezogene Teig kleinfingerdick bestrichen, zusammengerollt und mit bemehltem Kochlöffelstiel in gleiche Teile abgedrückt, die voneinandergeschnitten und an den neuen Rändern zusammengepreßt werden. In Salzwasser 15 bis 20 Minuten langsam kochen. Mit einer Backschaufel aus dem Wasser genommen, werden die Grießstrudel abgetropft in die fertige Rindsuppe eingelegt.

> Für ungesüßte Gerichte wird der Eiweißschnee immer unter Beigabe von etwas Salz geschlagen.

RINDSUPPE MIT EIERSTICH

4 Portionen

1 l Rindsuppe
2 Eier
Milch
Butter
100 g grüne Erbsen
100 g Champignons
Muskatnuß
Salz

2 ganze Eier und 1 Ei schwer Milch werden mit etwas Salz und geriebener Muskatnuß gewürzt und nur so viel verschlagen, daß die Masse vermischt ist, ohne Schaum zu bilden. Geseiht gießt man das flüssige Produkt in eine bebutterte Porzellanschale und stellt diese in ein Wasserbad, das die Schale bis zu drei Vierteln erreicht. Halb zugedeckt läßt man alles im schwach erhitzten Rohr heiß werden und ohne zu kochen ganz langsam ziehen, bis die Eiermasse vollkommen gestockt ist. Dann setzt man Schale samt Inhalt unter kaltes Wasser, läßt sie auskühlen und löst den Eierstich vorsichtig von der Schale. In kleine Würfel geschnitten der fertigen Rindsuppe beigeben. Als weitere Einlage dienen gekochte grüne Erbsen und kleinwürfelig geschnittene, in Butter gedünstete Champignons.

> Um einen *rosa Eierstich* herzustellen, mischt man in die rohe Eiermasse einen Teelöffel Tomatenmark. *Grün* bereitet man *Eierstich* durch die Zugabe von etwas feinstpassiertem Spinat.

BACKERBSENSUPPE

4 Portionen

1 l Rindsuppe
1 Ei
1 Eiweiß
3–4 Eßlöffel Milch
$^1/_2$ Eßlöffel Öl
Mehl
Fett
Salz

Wenn man nicht vorzieht, fertige Backerbsen als Suppeneinlage zu verwenden, stellt man Backerbsen auf folgende Weise her: 1 Ei, 1 Eiweiß, etwas Salz, 3 bis 4 Eßlöffel kalte Milch und $^1/_2$ Eßlöffel Öl werden mit Mehl nach Bedarf zu einem glatten, tropfflüssigen Teig gut abgerührt. Den kurz gerasteten und nochmals durchgerührten Teig tropft man in fingerhoch gut erhitztes Fett durch ein verkehrt gehaltenes Reibeisen ein, aber nur so viel, daß die entstandenen Kügelchen nebeneinander Platz haben zum Backen. Wenn die gebackenen Erbsen eine goldgelbe Farbe erreicht haben, nimmt man sie mit einem Backlöffel vom Fett, läßt sie abtropfen und gibt sie in der fertigen heißen Rindsuppe zu Tisch.

BRANDKRAPFENSUPPE

4 Portionen

1 l Rindsuppe
20 g Butter
60 g Mehl
2 Eier
Fett
Salz

Man läßt $^1/_{16}$ Liter Wasser mit 20 Gramm Butter, ganz wenig gesalzen, aufkochen, rührt 60 Gramm Mehl ein und röstet alles so lange über Hitze, bis sich die Masse vom Geschirr löst und vollständig glatt ist. Noch heiß verrührt man darin 1 ganzes Ei und 1 Eidotter. Sollte die Masse zu fest sein, rührt man noch etwas Eiweiß darunter, so daß ein geschmeidiger Teig entsteht. Mit einem Teelöffel haselnußgroße Krapfen formen, die in mittelheißem Fett langsam goldbraun gebacken werden. Vom Fett genommen und abgetropft gibt man die Brandkrapfen erst knapp vor dem Servieren in die Rindsuppe oder Kraftsuppe.

BISKUITSCHÖBERLSUPPE

4 Portionen

1 l Rindsuppe
2 Eier
40 g Mehl
Fett
Salz

2 Eiweiß werden mit ein wenig Salz steifgeschlagen, dann mit 2 rohen Eidottern verrührt und zum Schluß mit 40 Gramm Mehl vorsichtig vermischt. Diese Masse streicht man auf ein gefettetes und mit Mehl gestaubtes Backblech fingerdick auf und

backt das Schöberl in übermittelheißem Rohr zu goldbrauner Farbe, worauf es gestürzt und entweder in Würfel oder in Rhomboide geschnitten wird. Wenn man es nicht vorzieht, das Schöberl extra zu Tisch zu geben, kommt es erst knapp vor dem Auftragen in die Suppe.

KAISERSCHÖBERLSUPPE

4 Portionen

1 l Rindsuppe
Biskuitschöberlmasse
20 g Butter
20 g Parmesan

In eine Biskuitschöberlmasse rührt man 20 Gramm zerlassene Butter und 20 Gramm geriebenen Parmesan, um wie bei Biskuitschöberlsuppe zu vollenden.
Foto Seite 33.

MARKSCHÖBERLSUPPE

4 Portionen

1 l Rindsuppe
Biskuitschöberlmasse
100 g Rindermark
Schnittlauch

Herstellung und Vollendung wie bei Biskuitschöberlsuppe. Die rohen Eidotter werden mit 100 Gramm kleinwürfelig geschnittenem Rindermark und feingeschnittenem Schnittlauch verrührt.

GEMÜSESCHÖBERLSUPPE

4 Portionen

1 l Rindsuppe
Biskuitschöberlmasse
2 Eßlöffel Wurzelwerk
1 Eßlöffel grüne Erbsen

Vor dem Backen der Biskuitschöberlmasse streut man 2 Eßlöffel würfelig geschnittenes, gekochtes Wurzelwerk und 1 Eßlöffel Erbsen auf und vollendet wie bei Biskuitschöberlsuppe.
Foto Seite 33.

LEBERSCHÖBERLSUPPE

4 Portionen

1 l Rindsuppe
Biskuitschöberlmasse
60 g Leber
Petersilie, Pfeffer

Herstellung und Vollendung wie bei Biskuitschöberlsuppe. Die rohen Eidotter werden mit 60 Gramm passierter Leber, gehackter Petersilie und Pfeffer verrührt.

4 Portionen

MILZSCHÖBERLSUPPE

1 l Rindsuppe
Biskuitschöberlmasse
60 g Rindermilz
Petersilie
Pfeffer

Herstellung und Vollendung wie bei Biskuitschöberlsuppe. Die rohen Eidotter werden mit 60 Gramm ausgestrichener und passierter Rindermilz, gehackter Petersilie und Pfeffer verrührt.
Foto Seite 33.

4 Portionen

SCHINKENSCHÖBERLSUPPE

1 l Rindsuppe
Biskuitschöberlmasse
60 g Schinken

Herstellung und Vollendung wie bei Biskuitschöberlsuppe. Vor der Beigabe der Eidotter werden 60 Gramm feingehackter Schinken in den Eiweißschnee eingerührt.

4 Portionen

HIRNPOFESENSUPPE

1 l Rindsuppe
½ Kalbshirn
10 g Butter
1 Teelöffel Zwiebel
1 Eidotter
2 Semmeln
Milch
1 Ei
Fett
Pfeffer, Salz

In 10 Gramm Butter schwitzt man 1 Teelöffel feinstgehackte Zwiebel an, darin röstet man ein halbes abgezogenes und feingehacktes Kalbshirn, würzt mit Salz und Pfeffer und verrührt schließlich das Ganze mit 1 Eidotter. Damit bestreicht man dünne abgerindete Semmelscheiben, bedeckt mit Semmelscheiben, beträufelt mit Milch, zieht durch verschlagenes Ei und backt in heißem Fett goldbraun. Die Pofesen gibt man erst knapp vor dem Servieren in die heiße Rindsuppe.

4 Portionen

ZUPPA PAVESE

1 l Rindsuppe
1–1½ Semmeln
2–3 Eßlöffel Parmesan
4 Eier
Pfeffer

15 Minuten vor Tisch wird eine feuerfeste Suppenterrine mit ca. 1½ Liter Fassungsraum mit den dünnen, knusperig getoasteten Scheibchen von 1 bis 1½ Semmeln ausgelegt. Über die Semmeln streut man 2 bis 3 gehäufte Eßlöffel geriebenen Parmesan und würzt ganz wenig mit gemahlenem Pfeffer. Nun füllt man mit 1 Liter kochendheißer Rindsuppe auf und setzt 4 vollkommen frische Eier so in die Suppe ein, daß die Dotter nicht zerfließen. Schließlich wird die Zuppa pavese für 6 bis 8 Minuten ins heiße Rohr gestellt und bei Tisch so auf Suppenteller verteilt, daß pro Portion 1 Ei entfällt.

KRAFTSUPPE

12–16 Tassen

2 1/2 l klare Rindsknochensuppe
500 g Rindfleisch
4 Eiweiß
1 Teelöffel Tomatenmark
Salz

Eine Suppe von Rindsknochen wird wie Rindsuppe zuerst gekocht und abgeseiht, entfettet und kühl gestellt. Inzwischen hackt oder faschiert man grob 500 Gramm sehnen- und fettfreies Rindfleisch, vermengt es innig mit 1/8 Liter Wasser, 4 rohen Eiweiß, etwas Salz und 1 Teelöffel Tomatenmark. Mit der Rindsuppe auffüllen und verrühren. Dann läßt man das Ganze unter öfterem Umrühren aufkochen. Nach dem Aufkochen wird die Suppe 2 bis 3 Stunden ganz langsam weitergekocht. Nach dieser Zeit wird sie durch ein feines Leinentuch oder feinstmaschiges Sieb recht vorsichtig und löffelweise abgeseiht, nachdem sie vorher noch gründlich entfettet wurde.
Die Suppe erhält die verschiedensten Einlagen, die aber kleiner als für Rindsuppe bereitet werden müssen. Kraftsuppe wird allgemein ohne Schnittlauch angerichtet, eine Beigabe von frischem Kerbel ist empfehlenswert.

> Der Fleischrückstand der Suppe kann, obwohl er sehr ausgekocht ist, zur Fülle für Lungenstrudel verwendet werden.

BOUILLON MIT EI

4 Tassen

1/2 l Bouillon oder Kraftsuppe
4 Eidotter, Schnittlauch

Kraftsuppe in Tassen anrichten, mit 1 unverletzten rohen Eidotter je Tasse als Einlage. Mit feingeschnittenem Schnittlauch bestreuen.

KLARE FISCHSUPPE

12–16 Tassen

Kopf, Gräten und Schwanzstück von einem beliebigen Süßwasserfisch
2 kg Kalbsknochen
250 g Wurzelwerk
Lorbeerblatt
Thymian
Pfefferkörner, Salz

2 Kilogramm Kalbsknochen werden mit 3 Liter Wasser, Salz, 250 Gramm Wurzelwerk und Pfefferkörnern langsam 2 Stunden gekocht und dann geseiht. In die geseihte Suppe gibt man Kopf, Gräten und Schwanzstück eines vollkommen frischen Süßwasserfisches, fügt ganz wenig Lorbeerblatt und Thymian bei und läßt die Suppe sehr langsam 1 Stunde kochen. Vorsichtig seihen.

GEFLÜGELKRAFTSUPPE

12–16 Tassen

1 Suppenhuhn
2 kg Kalbsknochen
100 g Wurzelwerk
Zwiebel
Pfefferkörner
Salz

2 Kilogramm Kalbsknochen werden mit 3 Liter Wasser, 100 Gramm geputztem ganzen Wurzelwerk, einigen Pfefferkörnern, ganz wenig Zwiebel und Salz zum Kochen gebracht. Nach einiger Kochzeit gibt man ein sauber geputztes Huhn dazu und läßt alles zusammen langsam weichkochen. Die Suppe muß mindestens $2^1/_2$ Stunden kochen. Geseiht wird die Geflügelkraftsuppe wie Kraftsuppe.

> Sollte die Geflügelkraftsuppe trüb geworden sein, verschlägt man pro Liter Suppe 2 Eiweiß mit etwas kaltem Wasser, fügt unter ständigem Schlagen die heiße Suppe löffelweise dazu und peitscht schließlich die ganze Suppe mit dem bereits verschlagenen Eiweiß tüchtig durch. Halb zugedeckt noch etwa 15 bis 20 Minuten langsam kochen lassen.

KLARE WILDSUPPE

12–16 Tassen

300 g Wildfleisch
2 kg Wildknochen
50 g Selch(Räucher)speck
50 g Wurzelwerk
$^1/_2$ Zwiebel
4 Eiweiß
Lorbeerblatt
Thymian
Pfefferkörner
Salz

2 Kilogramm gehackte Wildknochen werden mit 50 Gramm Selchspeck angebraten. Wenn die Knochen Farbe genommen haben, 50 Gramm grobwürfelig geschnittenes Wurzelwerk und $^1/_2$ Zwiebel mitrösten. Dann wird mit Wasser aufgegossen, Lorbeerblatt, Thymian und Pfefferkörner beigegeben, gesalzen und langsam wie Rindsuppe gekocht. Überkühlen und entfetten. 300 Gramm sehnen- und fettfreies Wildfleisch hacken oder faschieren, mit $^1/_8$ Liter Wasser, Salz und 4 Eiweiß gut vermengen. Mit Wildsuppe auffüllen, zum Kochen bringen und etwa 2 Stunden langsam weiterkochen. Wenn nötig, wird die Wildsuppe nochmals entfettet und dann vorsichtig abgeseiht.

> Klare Wildsuppe erhält einen besonders feinen Geschmack, wenn sie mit Kognak oder Madeira abgeschmeckt wird.

KLARE OCHSENSCHWANZSUPPE

24 Portionen

1 1/2 kg Ochsenschlepp (Ochsenschwanz)
3 kg Rindsknochen
1/2 Kalbsfuß (Kalbshaxe)
300 g Wurzelwerk
2 Tomaten
500 g Rindfleisch
6–8 Eiweiß
1/4 l Sherry
1 Teelöffel schwarze Pfefferkörner
6–8 Gewürzkörner
Thymian
Salz

Für ca. 6 Liter fertige Suppe benötigt man 1 1/2 Kilogramm in Scheiben geteilten Ochsenschwanz und 3 Kilogramm Rindsknochen, womöglich Fleischknochen, in kleine Stücke aufgehackt, sowie 1/2 tadellos gesäuberten und ebenfalls kleingehackten Kalbsfuß. Knochen, Kalbsfuß und Ochsenschwanz werden mit dem nötigen Salz gewürzt und in einer genügend großen Pfanne im Rohr unter wiederholtem Wenden zu kräftig brauner Farbe geröstet. Eine Fettzugabe ist nicht nötig. Danach fügt man 300 Gramm geputztes Wurzelwerk in grobgeschnittener Form hinzu. Das Wurzelwerk sollte zu gleichen Teilen aus Karotten, gelben Rüben, Sellerieknolle und Lauch bestehen. Außerdem gibt man 1 gehäuften Teelöffel zerquetschte schwarze Pfefferkörner, 6 bis 8 zerquetschte Gewürzkörner, 4 Stämmchen Thymian und 2 zerrissene Tomaten dazu. Das Ganze wird weitergebraten bzw. geröstet, bis auch die Wurzeln eine mehr oder weniger kräftig braune Farbe angenommen haben. Schließlich gießt man mit 10 Liter Wasser auf und läßt das Fleisch samt Knochen 6 bis 7 Stunden langsam kochen. Nach etwa 4 Stunden Kochzeit werden die Ochsenschwanzstücke der Suppe entnommen, vom Knochen abgelöst und kleinwürfelig geschnitten. Man stellt das Fleisch, mit ein wenig geseihter, vollkommen fettloser Suppe bedeckt, bis zur Fertigstellung warm. Die ausgelösten Ochsenschwanzknochen werden mit dem übrigen weitergekocht. Dabei wird jedes aufsteigende Fett immer wieder sorgfältig abgenommen. In einem zweiten Geschirr werden 500 Gramm fettfreies, grobgehacktes und durch den Fleischwolf mit grober Lochscheibe getriebenes Rindfleisch mit 6 bis 8 Eiweiß innig abgemengt und nach und nach mit der geseihten überkühlten Ochsenschwanzsuppe verrührt oder mit dem Schneebesen verschlagen. Nach dem Wiederaufkochen läßt man die nun vollkommen klar gewordene Ochsenschwanzsuppe ganz langsam 30 bis 40 Minuten kochen. Zuletzt würzt man mit 1/4 Liter

Links Kaiserschöberl, rechts Milzschöberl, in der Tasse Gemüseschöberl (Rezepte Seiten 28, 29).

ZIMT
NELKEN
GEWÜRZ
PFEFFER
KÜMMEL
MUSKAT

Gewürz

Sherry und seiht die Suppe schließlich durch ein feines Mulltuch schöpflöffelweise ab. Als Einlage dienen die vorbereiteten Ochsenschwanzwürfel und eventuell auch separat weichgekochte und kleinwürfelig geschnittene Karotten und Sellerieknolle, jedoch nicht mehr als höchstens 1 knapper Teelöffel pro Portion.
Frischgeröstete Weißbrotscheiben können als Beilage gegeben werden.

Der Ochsenschwanz sollte vor der Zubereitung immer in wenig Wasser aufgekocht und kalt abgespült werden.

Gebundene Suppen

Bei der Herstellung der gebundenen Suppe ist auf das richtige Ansetzen genauso zu achten wie auf eine entsprechende Kochdauer. Je länger zum Beispiel eine eingemachte, also mit Verwendung einer Mehlschwitze hergestellte Suppe kocht, um so schöner wird sie im Aussehen und um so feiner im Geschmack. Das gleiche gilt für die legierten Suppen, die, ehe sie mit rohen Eidottern und Obers oder Milch verschlagen werden, vollkommen tischfertig sein müssen. Eine solche Suppe darf auf keinen Fall mehr kochen, da sonst die Dotter gerinnen und Suppengehalt und Aussehen zerstört würden. Bei den Püree- und den Schleimsuppen ist es ebenfalls wichtig, das Grundmaterial vollends gar zu kochen, da erst dann die typischen Geschmackstoffe gelöst werden. Als Aufgußmittel dienen Kalbsknochen- oder helle Rindsuppe. Aber auch sparsam verwendete Suppenwürze kann zum Aufgießen bzw. zum Würzen von gebundenen Suppen verwendet werden. Fast alle gebundenen Suppen werden mit gehackter Petersilie bestreut, zu manchen passen auch Schnittlauch, Selleriegrün oder Kerbel.
Die Püreesuppen erhalten meist eine Einlage von gebähten oder in Butter gerösteten Weißbrotwürfeln oder -schnitten.

Halászlé (Rezept Seite 47).

4 Portionen

HELLE KALBS- ODER RINDSKNOCHENSUPPE ZUM AUFGUSS

500 g Kalbs- oder Rindsknochen
180 g Wurzelwerk
1/2 Zwiebel
Pfefferkörner
Salz

Die kleingehackten Knochen in kochendes Wasser geben, einmal aufkochen lassen. Das Wasser abgießen und die Knochen kalt abspülen. Dann stellt man die Knochen mit 2 Liter kaltem Wasser zu, gibt das Wurzelwerk, 1/2 Zwiebel und einige Pfefferkörner dazu, salzt und läßt flott aufkochen. Bei kleiner Hitze weiterkochen, damit die Suppe klar bleibt. Um die Kraft der Kalbsknochen auszukochen, muß die Kochzeit mindestens 1 1/2 Stunden dauern.

4 Portionen

EINMACHSUPPE

1 l helle Knochensuppe
50 g Butter, 40 g Mehl
Muskatnuß
Einlage
geröstete Semmelscheiben

In 50 Gramm Butter werden 40 Gramm Mehl licht angeschwitzt, mit 1 Liter Kalbsknochensuppe aufgegossen und langsam verkocht. Mit Muskatnuß würzen und mit gerösteten Semmelscheiben servieren.

4 Portionen

ULMER-GERSTEL-SUPPE

1 l Einmachsuppe
40 g Ulmer Gerstel
Schnittlauch

40 Gramm Ulmer Gerstel läßt man in reichlich Wasser weichkochen und seiht es dann ab. In einer Einmachsuppe eine Weile verkochen. Die Suppe kommt mit feingeschnittenem Schnittlauch bestreut zu Tisch.

4 Portionen

GEMÜSEPÜREESUPPE

1 l helle Knochensuppe
500 g Grüngemüse
60 g Butter
Zwiebel, Petersilie
40 g Mehl, Pfeffer
Einlage
geröstete Semmelscheiben

500 Gramm beliebiges Grüngemüse wird gereinigt, grob gehackt und in 60 Gramm Butter mit etwas Zwiebel und Petersilie angeröstet, mit 40 Gramm Mehl gestaubt, gepfeffert, mit 1 Liter Knochensuppe vergossen und weich gekocht. Nachher wird die Suppe passiert und mit gerösteten Semmelscheiben zu Tisch gebracht.

4 Portionen

GURKENSUPPE

$^3/_4$ l helle Rindsknochensuppe
1 mittelgroße Gurke
70 g Butter
50 g Mehl
Dille
$^1/_4$ l Sauerrahm
Muskatnuß
Pfeffer

Eine lichte Schwitze aus 60 Gramm Butter und 50 Gramm Mehl wird mit $^3/_4$ Liter Rindsknochensuppe vergossen, mit Pfeffer gewürzt und unter wiederholtem Umrühren langsam verkocht. Inzwischen schneidet man 1 mittelgroße, geschälte Gurke kleinwürfelig, dünstet sie mit gehackter Dille in 10 Gramm Butter weich, während die Gurkenreste in der Suppe mitgekocht werden. Ehe die Suppe passiert wird, verrührt man $^1/_4$ Liter sauren Rahm darunter und läßt kurz aufkochen. Mit der tischfertigen Suppe müssen die gedünsteten Gurkenwürfelchen und etwas geriebene Muskatnuß noch einmal kurz aufwallen.

4 Portionen

KARFIOL(Blumenkohl)SUPPE

$^1/_2$ l helle Knochensuppe
$^1/_2$ Rose Karfiol (Blumenkohl)
50 g Butter
40 g Mehl
Muskatnuß
Salz
Einlage
geröstete Semmelscheiben

$^1/_2$ Karfiolrose wird in kleine Teile zerlegt, gewaschen, in $^1/_2$ Liter lindem Salzwasser weich gekocht. Aus 50 Gramm Butter und 40 Gramm Mehl eine lichte Schwitze bereiten, mit der Hälfte des Karfiolwassers und $^1/_2$ Liter Knochensuppe aufgießen, gut verkochen und zum Schluß den Karfiol mit dem übrigen Sud noch 10 Minuten mitkochen lassen. Mit geriebener Muskatnuß würzen. Die gerösteten Semmelscheiben serviert man extra.

4 Portionen

KOHLRABISUPPE

1 l helle Knochensuppe
2 mittelgroße Kohlrabi
Petersilie
60 g Butter
40 g Mehl
Zucker
Muskatnuß
Pfeffer

2 mittelgroße Kohlrabi werden geschält, in Würfel geschnitten und in 10 Gramm Butter mit gehacktem Kohlrabi- und Petersiliengrünem angeschwitzt und weich gedämpft. Die Reste der Kohlrabi werden mit 50 Gramm Butter geröstet, mit 40 Gramm Mehl gestaubt, mit 1 Liter Kalbsknochensuppe aufgegossen, mit Pfeffer und ganz wenig Zucker gewürzt und langsam verkocht. Dann passiert man die Suppe und läßt sie mit den gedünsteten Kohlrabiwürfeln und etwas geriebener Muskatnuß nochmals aufkochen.

PORREESUPPE

4 Portionen

1 l helle Knochensuppe
2 Stangen Porree
80 g Butter
100 g Wurzelwerk
Zwiebel
40 g Mehl
Petersilie
Pfefferkörner

In 60 Gramm Butter röstet man 100 Gramm geschnittenes Wurzelwerk mit Pfefferkörnern und etwas Zwiebel an, staubt mit 40 Gramm Mehl, gießt mit 1 Liter Suppe auf und läßt das Ganze kochen. 2 schöne Porreestangen werden zugestutzt, die Reste in der Suppe mitgekocht, während die Stangen, in feine Streifen geschnitten, mit gehackter Petersilie in 20 Gramm Butter weich gedämpft und zum Schluß in der passierten Suppe kurz verkocht werden.

SELLERIESUPPE

4 Portionen

1/2 l helle Knochensuppe
1 Sellerieknolle
50 g Butter
40 g Mehl
Petersilie
Salz
Einlage
geröstete Semmelwürfel

1 kleine geschälte Sellerieknolle wird zu einem Würfel abgeplattet und in kleine Würfel geschnitten, die in 1/2 Liter Salzwasser weich gekocht werden. Die Selleriereste schwitzt man in 50 Gramm Butter, staubt sie mit 40 Gramm Mehl zu einer lichten Schwitze und gießt mit 1/2 Liter Knochensuppe und einem Teil des Selleriewassers auf. Nachdem die Suppe gut verkocht ist, wird sie sauber durchpassiert, mit den gekochten Selleriewürfeln und dem übrigen Sud vermengt und noch einmal verkocht. Mit gerösteten Semmelwürfeln und mit gehackter Petersilie bestreut servieren.

SPARGELSUPPE

4 Portionen

1/2 l helle
Kalbsknochensuppe
250 g Spargel
50 g Butter
40 g Mehl
Zucker
Salz
Einlage
geröstete Semmelscheiben

250 Gramm Spargel werden geschält, die holzigen Enden abgebrochen, das übrige in kleine Teile geschnitten, die in 1/2 Liter Wasser mit etwas Salz und Zuckerzusatz weich gekocht werden. Eine lichte Schwitze aus 50 Gramm Butter und 40 Gramm Mehl wird mit der Hälfte des Spargelwassers und 1/2 Liter Kalbsknochensuppe aufgegossen und gut verkocht. 10 Minuten vor Tisch gibt man die Spargel mit dem übrigen Sud dazu und läßt noch kurz verkochen. Geröstete Semmelscheiben serviert man gesondert.

4 Portionen

TOMATENSUPPE

1 l helle Knochensuppe
500 g Tomaten
60 g Butter
50 g Wurzelwerk
Zwiebel
40 g Mehl
Essig, Zucker
Pfefferkörner, Salz
Einlage
gedünsteter Reis

In 60 Gramm Butter läßt man 50 Gramm Wurzelwerk mit etwas Zwiebel und einigen Pfefferkörnern anrösten, staubt mit 40 Gramm Mehl, gibt 500 Gramm frische zerrissene Tomaten oder entsprechend Tomatenmark dazu und gießt mit 1 Liter Knochensuppe auf. Gewürzt mit Salz, Essig und Zucker läßt man die Suppe 1 Stunde kochen, passiert sie dann und gibt gedünsteten Reis als Einlage.

4 Portionen

CHAMPIGNONSUPPE

1 l helle Knochensuppe
150 g Champignons
60 g Butter
40 g Mehl
Petersilie
1/8 l Obers (Süßrahm)
weißer Pfeffer

Eine lichte Schwitze aus 50 Gramm Butter und 40 Gramm Mehl wird mit 1 Liter Suppe vergossen und langsam gekocht. 150 Gramm gereinigte Champignons werden blättrig geschnitten, in 10 Gramm Butter mit gehackter Petersilie und weißem Pfeffer gedünstet, dann der Suppe beigegeben und mit dieser noch eine Weile verkocht. Zum Schluß verschlägt man die Suppe mit 1/8 Liter Obers und bestreut sie mit gehackter Petersilie.

4 Portionen

BROTSUPPE

1 l helle Knochensuppe
120 g Brot
10 g Fett
1 Eßlöffel Grammeln (Grieben)
Petersilie
1 Paar Würstchen
Knoblauch
1 Ei
Schnittlauch
Pfeffer, Salz

2 Stück dunkles Brot im Gesamtgewicht von 120 Gramm werden in Scheiben geschnitten und in 10 Gramm Fett mit 1 Eßlöffel gehackter Grammeln und feingehackter Petersilie angeröstet. Dazu gibt man die blättrig geschnittenen Würstchen, Salz, Pfeffer und wenig zerdrückten Knoblauch, alles zusammen läßt man kurz durchrösten, gießt mit 1 Liter Knochensuppe auf und läßt gut verkochen. Knapp vor dem Auftragen tropft man 1 zerklopftes Ei in die kochende Suppe und bestreut sie mit feingeschnittenem Schnittlauch.

KÜMMEL- ODER EINBRENNSUPPE

4 Portionen

1 l helle Knochensuppe
60 g Fett, 50 g Mehl
Kümmel, Salz
Einlage
geröstete Semmel- oder Brotscheiben

In 60 Gramm Fett läßt man 50 Gramm Mehl dunkelbraun anrösten, gibt etwas Kümmel dazu und gießt mit 1 Liter Wasser oder Suppe auf. Die schwach gesalzene und gut verkochte Suppe wird mit gerösteten Semmel- oder Brotscheiben serviert.

KARTOFFELSUPPE

4 Portionen

1¼ l helle Knochensuppe
3 mittelgroße Kartoffeln
Essig
Zwiebel
100 g Wurzelwerk
60 g Fett
Knoblauch
Petersilie
Selleriegrün
30 g Mehl
Majoran
½ Lorbeerblatt
Kümmel
Pfeffer, Salz

3 mittelgroße Kartoffeln werden roh geschält, an den Seiten abgekantet und in zierliche Würfel geschnitten, die in Salzwasser mit Kümmel und wenig Essig weich gekocht werden. Die Kartoffelabschnitte werden mit etwas Zwiebel und 100 Gramm Wurzelwerk in 60 g Fett angeröstet und mit Salz, Majoran, Pfeffer, wenig Knoblauch, Petersilien- und Selleriegrünem und ½ Lorbeerblatt gewürzt. Das Ganze mit 30 Gramm Mehl stauben und mit 1¼ Liter Knochensuppe aufgießen. Die Suppe läßt man 1 Stunde kochen, passiert sie dann und läßt sie für Tisch mit den extra gekochten und abgeseihten Kartoffelwürfeln als Einlage noch einmal aufkochen.

> Einen herzhafteren Geschmack bekommt die Kartoffelsuppe, wenn man nach dem Aufgießen eine Selchschwarte (Speckschwarte) oder einen Selchknochen dazugibt und mitkochen läßt.

BIERSUPPE

4 Portionen

1 l helles Bier
3 Eier
1 gehäufter Eßlöffel Zucker

Man sprudelt 1 Liter helles Bier mit 3 ganzen Eiern und 1 gehäuften Eßlöffel Zucker gut ab und läßt alles zusammen bei kleiner Hitze oder im Wasserbad unter fortwährendem Schlagen beinahe kochend werden und serviert sofort.

> Bei Biersuppe sei ausdrücklich vermerkt, daß sie nicht zum Kochen kommen darf, da sonst die Eier gerinnen.

HÜHNERSUPPE

4 Portionen

Hühnerklein oder Stücke vom Suppenhuhn
100 g Wurzelwerk
Zwiebel
70 g Butter
40 g Mehl
100 g Champignons
Muskatnuß
Pfefferkörner, Salz
Einlage
geröstete Semmelscheiben

Das sauber geputzte Hühnerklein wird mit $1^1/_2$ Liter Wasser, 100 Gramm Wurzelwerk, sehr wenig Zwiebel, Pfefferkörnern und Salz langsam weich gekocht. Eine lichte Schwitze aus 50 Gramm Butter und 40 Gramm Mehl wird mit der Hühnersuppe aufgegossen und verkocht. Zum Schluß würzt man mit wenig geriebener Muskatnuß. Als Einlage dienen außer dem ausgelösten und in Stückchen geschnittenen Hühnerklein die mitgekochten, blättrig geschnittenen Wurzeln und 100 Gramm in Butter gedünstete Champignons. Extra werden in Butter geröstete Semmelscheiben gereicht.

Genauso kann *Gänse- oder Entensuppe* hergestellt werden. Einlage: Markknödel, Erbsen.

RAGOUTSUPPE

4 Portionen

1 l helle Knochensuppe
100 g Kalbfleisch
50 g Butter
40 g Mehl
Muskatnuß

100 Gramm Kalbfleisch wird wie zu einer Aufgußsuppe mit Knochen zugestellt und weich gekocht. Aus 50 Gramm Butter und 40 Gramm Mehl bereitet man eine lichte Schwitze, die mit 1 Liter Suppe aufgegossen und langsam verkocht, mit geriebener Muskatnuß gewürzt und dann passiert wird. Als Einlage dient das in kleine Würfel geschnittene Kalbfleisch und eventuell das mitgekochte und würfelig geschnittene Wurzelgemüse.

BOHNENPÜREESUPPE

4 Portionen

1 l helle Knochensuppe
200 g Bohnen (weiß)
100 g Selch-(Räucher)fleisch
100 g Wurzelwerk
70 g Selch(Räucher)speck
Zwiebel, Petersilie
10 g Mehl, Thymian
$^1/_2$ Lorbeerblatt
Einlage
Selch(Räucher)fleisch
geröstete Semmelscheiben

200 Gramm weiße, über Nacht eingeweichte Bohnen läßt man mit 1 Liter Suppe kochen und gibt 100 Gramm Selchfleisch und 100 Gramm Wurzelwerk dazu. Inzwischen röstet man in 70 Gramm würfelig geschnittenem Selchspeck etwas Zwiebel, Petersilie, $^1/_2$ Lorbeerblatt und ganz wenig Thymian an, staubt mit 10 Gramm Mehl, gießt die kochenden Bohnen darüber und läßt alles zusammen weich kochen. Die Suppe wird dann durch ein Sieb gestrichen und mit würfelig geschnittenem Selchfleisch und gerösteten Semmelscheiben serviert.

4 Portionen

ERBSENPÜREESUPPE

1 l helle Knochensuppe
200 g Erbsen
60 g Selch(Räucher)speck
100 g Wurzelwerk
Zwiebel
10 g Mehl
Muskatnuß
1/2 Lorbeerblatt
Pfefferkörner
Einlage
Selch(Räucher)fleisch

200 Gramm gelbe oder grüne getrocknete, am Tag vorher eingeweichte Erbsen werden abgeseiht, mit 1 Liter Suppe aufgegossen und halb weich gekocht. Inzwischen röstet man 60 Gramm würfelig geschnittenen Selchspeck an, gibt 100 Gramm Wurzelwerk, Zwiebel, Pfefferkörner und 1/2 Lorbeerblatt dazu, schwitzt alles durch und staubt mit 10 Gramm Mehl. Dies gibt man zu den kochenden Erbsen, läßt alles zusammen weich werden, streicht die Suppe dann durch ein Sieb und würzt sie mit etwas Muskatnuß. Als Einlage dient würfelig geschnittenes Selchfleisch.

4 Portionen

RUMFORD-SUPPE

100 g gelbe Erbsen
100 g Graupen
100 g Wurzelwerk
3 Kartoffeln
100 g Selch-(Räucher)fleisch
Salz

100 Gramm geweichte gelbe Erbsen und ebensoviel kalt gewaschene Graupen werden jedes für sich in je 3/4 Liter leicht gesalzenem Wasser auf Hitze gestellt, wobei man den Erbsen 100 Gramm klein gewürfeltes Wurzelwerk und 3 roh geschälte, haselnußgroß gewürfelte Kartoffeln, den Graupen 100 Gramm rohes Selchfleisch beigibt. Beides langsam weich kochen, das Selchfleisch kleinwürfelig schneiden und als Einlage in die zuletzt zusammengegebene, abgeschmeckte Suppe verwenden.

4 Portionen

LINSENPÜREESUPPE

1 l helle Knochensuppe
200 g Linsen
100 g Wurzelwerk
Petersilie
60 g Selch(Räucher)speck
Zwiebel
Kapern, Sardellen
10 g Mehl
Essig, Pfeffer

200 Gramm ausgesuchte Linsen werden über Nacht eingewässert, am nächsten Tag abgeseiht, mit 1 Liter Suppe aufgegossen, mit 100 Gramm Wurzelwerk, Pfeffer und Petersilie weich gekocht. In 60 Gramm Selchspeck röstet man feingehackte Zwiebel nebst einigen Kapern und Sardellen an, staubt mit 10 Gramm Mehl und röstet das Ganze hellbraun, gibt es in die Suppe und läßt alles zusammen gut verkochen. Zum Schluß wird die

Einlage: geröstete Semmelwürfel oder Bratwürstchen oder Selch(Räucher)fleisch

Linsensuppe etwas mit Essig gesäuert und passiert. Als Einlage kommen geröstete Semmelwürfel oder in Scheiben geschnittene Bratwürstchen oder gewürfeltes Selchfleisch in Betracht.

> Es können auch kleine Würfel von gebratenem Wild eingelegt werden. In diesem Fall läßt man die Suppe zum Schluß mit einem Spritzer Rotwein verkochen.

RINDSPÜREESUPPE

4 Portionen

500 g Rindsknochen
100 g Wurzelwerk
Zwiebel
50 g Fett
40 g Mehl
Tomatenmark oder
2 Tomaten
Rotwein
Pfefferkörner
Salz

500 Gramm fleischige Rindsknochen werden mit 100 Gramm Wurzelwerk, Zwiebel, Pfefferkörnern und Salz in 50 Gramm Fett braun angebraten, mit 40 Gramm Mehl gestaubt und mit 1 1/2 Liter Wasser aufgegossen. Während der mindestens zweistündigen Kochzeit fügt man etwas Tomatenmark oder 2 frische Tomaten dazu, löst gegen Ende das Fleisch von den Knochen, hackt es sehr fein und verwendet es als Einlage in die sauber passierte Suppe, die mit einem Spritzer Rotwein verbessert wird.

WILDPÜREESUPPE

4 Portionen

500 g Wildknochen
100 g Wurzelwerk
Zwiebel
50 g Fett
40 g Mehl
Tomatenmark oder
2 Tomaten
Zitronenschale
1–2 Eßlöffel Preiselbeeren
Thymian
Lorbeerblatt
Pfefferkörner, Salz

Dazu verwendet man Wildknochen vom Hirsch, Reh, Hasen oder ein älteres Wildgeflügel. Die Herstellungsweise ist die gleiche wie bei Rindspüreesuppe, mit dem Unterschied, daß noch ganz wenig Thymian, Lorbeerblatt, Zitronenschale und 1 bis 2 Eßlöffel Preiselbeeren der kochenden Suppe beigegeben werden.

> Anstatt die Suppe mit 40 Gramm Mehl zu stauben, kann mit nur 20 Gramm Mehl und 80 Gramm mitgekochten Linsen gebunden werden. Ein Spritzer Kognak verbessert den Geschmack.

4 Portionen

HAFERSCHLEIMSUPPE

1 1/4 l helle Knochensuppe
100 g Haferflocken
1 Eidotter
1/8 l Obers (Süßrahm)
Salz

100 Gramm Haferflocken oder Hafergrütze vermischt man mit 1/4 Liter kaltem Wasser, gießt mit 1 Liter Wasser auf, kocht die Suppe langsam 1 Stunde, streicht sie dann durch ein Haarsieb und salzt. Die Haferschleimsuppe kann auch mit Knochensuppe verkocht und zum Schluß mit 1 rohen Eidotter und 1/8 Liter Obers verschlagen werden.

Wird Haferschleimsuppe nur mit Wasser bereitet, ist es empfehlenswert, Wurzelwerk und Zwiebel mitzukochen, die vor dem Passieren entfernt werden. Nach Bedarf mit Zucker und Wein oder Zitronensaft verbessern.
Sämtliche Schleimsuppen können auch mit einem Stück Butter verkocht werden.

4 Portionen

REISSCHLEIMSUPPE

1 1/4 l helle Knochensuppe oder Wasser
150 g Rundkornreis
1 Eidotter
1/8 l Obers (Süßrahm)
Salz

150 Gramm gewaschenen Reis setzt man mit kalter heller Suppe auf, kocht den Reis vollends weich und streicht die Suppe durch ein Haarsieb. Entsprechend gesalzen kann man den Gehalt der Suppe erhöhen, wenn 1 Eidotter, in 1/8 Liter Obers versprudelt, in die nicht mehr kochende Reisschleimsuppe verschlagen wird.

4 Portionen

GULASCHSUPPE

200 g Rindfleisch (Wadschinken, Vorderes)
60 g Fett
200 g Zwiebel
Knoblauch
Tomatenmark
2–3 Kartoffeln
1 gehäufter Teelöffel Paprika
Majoran
Kümmel
Salz

In 60 Gramm Fett röstet man 200 Gramm feingeschnittene Zwiebel goldgelb, verrührt darin 1 gehäuften Teelöffel Paprika und schreckt mit einem Spritzer Wasser ab. Dann gibt man 200 Gramm kleinwürfelig geschnittenes Rindfleisch dazu, würzt mit Salz, Knoblauch, Kümmel, Majoran, von keinem zuviel, gibt etwas Tomatenmark dazu und läßt alles langsam, unter öfterem Übergießen mit Flüssigkeit weich dünsten. 2 bis 3 roh geschälte Kartoffeln werden würfelig geschnitten und zusammen mit 3/4 Liter Wasser beigegeben. Nun läßt man alles zusammen fertigkochen.

SERBISCHE BOHNENSUPPE

4 Portionen

200 g Hülsenfruchtbohnen
1 Knoblauchzehe
150 g Kaiserfleisch (geräucherte Schweinebrust)
1 große Zwiebel
1 Eßlöffel Mehl
1 Teelöffel Paprika
Majoran
1 Lorbeerblatt
Pfeffer
Salz

200 Gramm kleine braune Hülsenfruchtbohnen werden mit 1¼ Liter Wasser über Nacht geweicht. Während am nächsten Tag die Bohnen zusammen mit 1 Lorbeerblatt und 1 fein zerdrückten Knoblauchzehe langsam weich gekocht werden, wird 150 Gramm rohes, geräuchertes Kaiserfleisch mit 1 großen grobgeschnittenen Zwiebel und einer Spur Majoran fein gewiegt, ziemlich heiß geröstet und mit 1 glattgestrichenen Teelöffel edelsüßem Paprika und einer Spur Pfeffer gewürzt. Nun staubt man mit 1 glattgestrichenen Eßlöffel Mehl, röstet nochmals kurz durch und gießt mit den Bohnen samt Sud auf. Die Suppe läßt man 10 bis 20 Minuten langsam verkochen, eben so lange, bis die Bohnen fast zerfallen.
Als Beilage dient frisches Weißgebäck oder Roggenbrot.

Das Kaiserfleisch kann auch mit den Bohnen mitgekocht werden und dann würfelig geschnitten als Einlage dienen.

ZWIEBELSUPPE

4 Portionen

1 l Rindsuppe
250 g Zwiebel
60 g Fett
60 g Weißbrot
2 Eßlöffel Parmesan
20 g Butter
Pfeffer
Salz

250 Gramm mittelfein nudelig geschnittene Zwiebeln werden in 60 Gramm gut erhitztem Fett goldfarben geröstet und mit 1 Liter Rindsuppe aufgegossen. Die Suppe soll nach Zugabe von Salz und Pfeffer 5 Minuten verkochen, wird dann leicht entfettet in eine feuerfeste Suppenterrine oder Schüssel gefüllt und mit 60 Gramm blättrig geschnittenem Weißbrot bedeckt. Darüber streut man 2 gehäufte Eßlöffel geriebenen Parmesan und tropft 20 Gramm zerlassene Butter darauf. Dann wird das Gericht mit starker Oberhitze im Backrohr bis zur Erreichung einer goldbraunen Oberfarbe gratiniert und, ohne umzurühren, zu Tisch gebracht.

24 Portionen

GEBUNDENE OCHSENSCHWANZSUPPE

$1^{1}/_{2}$ kg Ochsenschlepp (Ochsenschwanz)
2 kg Rindsknochen
100 g Fett
250 g Mehl
300–350 g Wurzelwerk
1 mittelgroße Zwiebel
$^{1}/_{8}$ l Tomatenmark
$^{1}/_{8}$ l Sherry oder Madeira
$^{1}/_{4}$ l Rotwein
1 Lorbeerblatt
Thymian
1 Teelöffel schwarze Pfefferkörner
6–8 Gewürzkörner
Salz

Für ungefähr 6 Liter fertige Suppe benötigt man $1^{1}/_{2}$ Kilogramm in Scheiben geschnittenen Ochsenschlepp und 2 Kilogramm womöglich rote Rindsknochen, das sind Fleischknochen, in kleine Stücke gehackt. Knochen und Ochsenschlepp werden vorerst in etwas kochendes Wasser gelegt, aufgekocht, kalt abgeschwemmt und abgeseiht. Mit dem nötigen Salz gewürzt, werden sie in 100 Gramm Fett in einer genügend großen Pfanne unter wiederholtem Durchschaufeln zu kräftig brauner Farbe geröstet. Dann staubt man 250 Gramm Mehl darüber und röstet weiter, bis auch das Mehl eine kräftig braune Farbe hat. Nun streut man 300 bis 350 Gramm grobgeschnittenes Wurzelwerk und 1 ebenso grobgeschnittene mittelgroße Zwiebel ein und läßt in nicht zu scharfer Hitze auch die Wurzeln etwas anbräunen. Dann erst fügt man 1 Lorbeerblatt, 3 Stämmchen Thymian, 1 glattgestrichenen Teelöffel zerstoßene schwarze Pfefferkörner, 6 bis 8 Gewürzkörner und $^{1}/_{8}$ Liter Tomatenmark hinzu und gießt nach und nach mit ungefähr 9 Liter kaltem Wasser auf. Das Wasser darf nicht auf einmal hinzugegeben werden, damit eine Klümpchenbildung vermieden wird. Erst wenn sich der erste Aufguß mit etwa 2 Liter Wasser dick binden konnte, verdünnt man mit dem restlichen Wasser zu einer verhältnismäßig dünn gebundenen Suppe. Darin läßt man den Ochsenschlepp ganz langsam so lange kochen, bis man das Fleisch ohne Schwierigkeit von den Knochen ablösen kann. Schließlich wird das abgelöste Fleisch in kleine Würfel geschnitten, mit $^{1}/_{8}$ Liter Sherry oder Madeira untermischt und beiseite gestellt. Die seidig-mollig gewordene Suppe wird inzwischen durch ein feines Sieb gestrichen. Die Suppe wird, falls sie durch das lange Kochen zu dick geworden sein sollte, entsprechend verdünnt, mit dem vorbereiteten Ochsenschleppfleisch nochmals aufgekocht und zuletzt mit $^{1}/_{4}$ Liter herbem Rotwein vollendet.

4 Portionen

FISCHBEUSCHELSUPPE

Kopf, Schwanz und Rogen eines Karpfens (Gewicht ca. 600–800 Gramm)
Zwiebel
Essig
70 g Fett
40 g Mehl
1 Stück Würfelzucker
100 g Wurzelwerk
1/16 l Rotwein
Thymian
Lorbeerblatt
Pfefferkörner, Salz
Einlage
geröstete Semmelwürfel

Kopf und Schwanzstück eines Karpfens werden in 1 1/4 Liter kaltem Wasser mit Pfefferkörnern, Zwiebel, wenig Thymian, Lorbeerblatt, Salz und einem Spritzer Essig 1 Stunde gekocht. Der Karpfenrogen wird in etwas gesalzenem und gesäuertem Wasser extra gekocht. Inzwischen röstet man in 70 Gramm Fett 40 Gramm Mehl mit 1 Stück Würfelzucker braun an, röstet weiters darin 100 Gramm geputztes und geriebenes Wurzelwerk, löscht mit 1/16 Liter Rotwein ab, gießt sofort mit der geseihten Fischsuppe auf und läßt das Ganze 20 Minuten kochen. Gegen Schluß gibt man den extra gekochten und mit der Schneerute gelösten Karpfenrogen samt Kochwasser dazu, schmeckt die Fischbeuschelsuppe auf Salz- und Essiggehalt ab und serviert sie mit kleinen gerösteten Semmelwürfeln.

Das Fleisch von Kopf und Schwanz kann in Würfel geschnitten als Einlage verwendet werden.

Suppentöpfe

4 Portionen

HALÁSZLÉ

600 g Fogosch oder Karpfen
100 g Selch(Räucher)speck
150 g Zwiebel
2 Paprikaschoten
4 Tomaten
1 gehäufter Teelöffel milder Paprika
Salz

Für die Herstellung können verschiedene Fischarten verwendet werden, z. B. Fogosch oder Karpfen. Der Fisch soll frisch, also noch nicht auf Eis abgelegen sein. 100 Gramm kleingewürfelter Selchspeck wird blaßgelb angeröstet, 150 Gramm feinringelig geschnittene Zwiebel eingestreut und auch diese blaßgelb geröstet. Danach würzt man mit 1 gehäuften Teelöffel mildem Paprika, schreckt mit einem Spritzer Wasser ab und legt nun 600 Gramm gereinigten, in stark nußgroße Stückchen geschnittenen frischen Süßwasserfisch ein. An Würzen fügt man das nötige Salz, 2 feinstnudelig geschnittene grüne Paprikaschoten und 4 geschälte, in Scheiben geschnittene und dabei entkernte Tomaten hinzu, gießt alles mit Wasser gleich hoch auf und läßt das Ganze unter öfterem Rütteln 30 bis 35 Minuten langsam dünsten.

Als Beilage Salzkartoffeln.

Foto Seite 34.

ENGLISCHES SUPPENRINDFLEISCH

4 Portionen

600 g Rindfleisch
2 mittelgroße Zwiebeln
1/2 Sellerieknolle
3 Kartoffeln
20 g Fett
1 Eßlöffel Semmelbrösel (Paniermehl)
Petersilie
4 Kapern
1/2 Lorbeerblatt
Piment
weißer Pfeffer
Salz

600 Gramm mageres Rindfleisch wird in fingerdicke und fingerlange Streifen geschnitten, die man in einem Topf mit 2 mittelgroßen, feinnudelig geschnittenen Zwiebeln, Salz, weißem Pfeffer, etwas Piment, 1/2 Lorbeerblatt und 1/2 geriebenen Sellerieknolle gut abmischt. Das Ganze wird mit 1/2 Liter Wasser kalt aufgegossen und zugedeckt sehr langsam gekocht, bis das Fleisch kernig weich geworden ist. Nun fügt man 3 roh geschälte, in halbfingerdicke Scheiben geschnittene Kartoffeln hinzu und kocht weiter, bis die Kartoffeln knapp vor dem Zerfallen sind. Zuletzt röstet man in 20 Gramm Fett 1 Eßlöffel Semmelbrösel goldfarben und rührt diese mit etwas gehackter Petersilie und 4 gehackten Kapern in die servierbereite Speise.

SUPPENHUHN MIT GEMÜSEN

8 Portionen

1 Suppenhuhn
60 g Fett
1 Eßlöffel Zwiebel
600 g Wurzelwerk
3–4 Tomaten
1 Eßlöffel Mehl
Petersilie
Paprika
Salz

Ein kochfertig geputztes und ausgenommenes Huhn wird kalt gewaschen, gut abgetrocknet, innen und außen mit Salz und ganz wenig Paprika eingerieben und in einer passenden Kasserolle mit 60 Gramm Fett und 3 bis 4 Eßlöffel Wasser versehen. So vorbereitet bratet man das Huhn von allen Seiten goldfarben an, hebt es aus dem Fett und teilt es nun in 4 Viertel, die wieder halbiert werden, so daß man schließlich 8 Hühnerfleischteile hat. Im Bratfett schwitzt man nun 1 Eßlöffel feinstgehackte Zwiebel oder weiße Porreezwiebel zusammen mit 600 Gramm geputzten und in erbsgroße Würfelchen geschnittenen Wurzeln von Karotten, gelber Rübe und Sellerieknolle gründlich heiß. Dann fügt man 3 bis 4 kleingewürfelte frische Tomaten hinzu, röstet abermals sehr gut durch und staubt nun mit 1 glattgestrichenen Eßlöffel Mehl. Nach kurzem Schwitzen gießt man mit ungefähr 1 Liter Wasser auf, legt das vorbereitete Hühnerfleisch ein und läßt das Ganze langsam zugedeckt dünsten, bis alle Einlagen genügend weich geworden sind. Zuletzt streut man noch eine Prise gehackte Petersilie ein. Kleine lockere Semmelknödel dienen als Beilage.

> Dieses Gericht kann auch mit jungem Brathuhn zubereitet werden.

MINESTRONE

4 Portionen

- 1 l Rindsuppe
- 2 Kohlrabi
- 500 g Kohl (Wirsing)
- 300 g Karotten
- 100 g Hülsenfruchtbohnen
- 1 Rose Karfiol (Blumenkohl)
- 500 g Kartoffeln
- Petersilie
- Schnittlauch
- Kerbel
- Parmesan
- Majoran
- Pfeffer
- Salz

Die Minestrone wird zu jeder Jahreszeit mit den eben zur Verfügung stehenden Gemüsesorten – je vielfältiger, desto besser – hergestellt. Bei unserem Beispiel benötigt man 2 geschälte, kleingewürfelte Kohlrabi, 500 Gramm Kohl, der in grobe Streifen und dann in fingernagelgroße Fleckerl geschnitten wird, 300 Gramm geputzte, in bleistiftdicke, kurze Stäbchen geschnittene Karotten, 100 Gramm über Nacht geweichte Hülsenfruchtbohnen, 1 Rose kleinzerteilten Karfiol, 500 Gramm roh geschälte und kleinblättrig geschnittene Kartoffeln. Alle Zutaten werden in einem Topf miteinander vermischt, mit Suppe gerade bedeckt aufgefüllt, gesalzen, mit ein wenig Majoran und Pfeffer gewürzt und zugedeckt langsam weich gekocht. Zum Schluß mengt man noch eine kleine Handvoll frisch gehackte Kräuter ein, wie Petersiliengrün, Schnittlauch und Kerbel, läßt aber nicht mehr weiterkochen. Vor dem Anrichten wird die Minestrone mit Parmesan bestreut.

> Der Suppe können auch 250 Gramm geschälte, ausgedrückte Tomaten oder dementsprechend Tomatenmark beigefügt werden.
> Anstelle der Kartoffeln können auch separat gekochter Reis oder kurzgebrochene Spaghetti Verwendung finden.

Kaltschalen

KALTE KRAFTSUPPE MADRILÈNE

4 Portionen

1/2 l Rinderkraftsuppe
1–2 Blatt Speisegelatine
100 g Tomaten

Die Suppe soll in kaltem Zustand eine leicht sulzige Konsistenz aufweisen. Dazu werden in der warmen Suppe 1 bis 2 Blatt in kaltem Wasser geweichte Speisegelatine aufgelöst. Nach dem Erkalten werden 100 Gramm abgezogene, ausgedrückte und würfelig geschnittene Tomaten beigefügt.

GURKENKALTSCHALE

4 Portionen

1 Salatgurke
1/2 l Joghurt
Dille
Essig
2 Teelöffel Öl
Schnittlauch
Salz

Die geschälte Gurke längs halbieren, mit einem Löffel die Kerne entfernen. Auf dem Kartoffelreißer zerkleinern. 1/2 Liter Joghurt mit gehackten Dillspitzen, Salz, etwas Essig und 2 Teelöffel Öl glattrühren. Die Gurke daruntermischen. Nach einstündigem Kühlen anrichten und mit Schnittlauch bestreut servieren.

OBSTKALTSCHALEN MIT WEIN

4 Portionen

500 g Früchte
200–300 g Zucker
1/2 l verdünnter Rot- bzw. Weißwein
Zitronensaft

Anzuwenden für Erdbeeren, Himbeeren, Ribisel (Johannisbeeren), Weichseln (Sauerkirschen), Marillen (Aprikosen) und Pfirsiche.

400 Gramm absolut fehlerfreie, vollkommen reife Früchte einer der angegebenen Obstgattungen werden grob passiert oder gehackt und mit 200 bis 300 Gramm Zucker vermischt (je nachdem, ob das Obst süß oder säuerlich ist). Bei roten Früchten rührt man nun mit Zuckerwasser verdünnten Rotwein ein, für helles Obst verwendet man Weißwein, ebenfalls gewässert. Außerdem wird mit Zitronensaft gewürzt. Die restlichen 100 Gramm Früchte werden in gefällige Stücke geschnitten und als Einlage verwendet.

Kalte Vorspeisen

Um das Wesen einer Vorspeise richtig zu verstehen, soll vor allem auf ihre Bedeutung im geschlossenen Essen hingewiesen und gesagt werden, daß jedwede Vorspeise nicht sättigend, sondern appetitanregend zu wirken hat, weshalb sie nie in großen Quantitäten verabreicht werden darf: Ein Delikateßbissen, dazu geeignet, den Magen für das nächste Gericht vorzubereiten und zu animieren, das und nicht mehr hat eine Vorspeise zu sein.
Was die Auswahl einer Vorspeise betrifft, so hat sie sich harmonisch in die Speisenfolge einzufügen. Es ist auch streng zu vermeiden, mit ihr etwas zu bieten, das in einem der folgenden Gerichte nochmals, wenn auch in anderer Zubereitung, aufscheint. Man sollte es also unterlassen, eine Fisch- oder Krebsenvorspeise vor einem Hauptgericht aus Fisch oder etwa Hühnerragout vor Geflügel, Wildmus vor Reh- oder Hirschfleisch zu geben.

Aspik und Mayonnaise

Zwei Hauptfaktoren der kalten Vorspeisen, nämlich Aspik und Mayonnaise, werden an den Anfang dieses Kapitels gestellt; ebenso werden einige Buttermischungen erläutert. Aspik und Mayonnaise sind natürlich auch fertig erhältlich. Zieht man jedoch die eigene Herstellung vor, sind folgende Rezepte zu empfehlen:

SCHNELL-ASPIK

10–12 Blätter Gelatine
Suppenwürze
Essig
Worcestersauce
Zitronensaft, Salz

Man läßt 1/2 Liter Wasser, mit Suppenwürze und Essig nach Geschmack versetzt, aufkochen, würzt noch mit einigen Tropfen Worcestersauce und Zitronensaft sowie etwas Salz und löst darin 10 bis 12 Blätter farblose, vorher in frischem Wasser geweichte Gelatine auf. Das Aspik durch ein Tuch seihen.

Ähnlich wird Aspik von dem im Handel erhältlichen Trockenaspik hergestellt; dabei sind die Angaben des Erzeugers zu beachten.

Jedes Aspik kann durch Beigabe von Weißwein verbessert werden. Für manche Vorspeisen eignet sich auch ein mit Madeira abgeschmecktes Aspik.

Um kalte Gerichte aller Art mit Aspik überziehen zu können, wird dieses im Warmwasserbad zuerst aufgelöst, dann im Eiswasser unter vorsichtigem Rühren so lange gekühlt, bis es beinahe zu stocken beginnt, worauf die sehr kalte Speise, für die es bestimmt ist, rasch und womöglich auf einmal, d. h. in einem Guß, überzogen wird. Die zu überziehende Speise steht dabei immer auf einem Abtropfgitter.

MAYONNAISE
(kalte Ölsauce)

3 Eidotter
Zitronensaft
3/8 l Öl
1 Teelöffel Senf
Worcestersauce
Zucker
weißer Pfeffer
Salz

In einem kleinen Porzellangeschirr verrührt man 3 frische Eidotter, gewürzt mit Salz, weißem Pfeffer und etwas Zitronensaft, mit der Schneerute und läßt unter beständigem Rühren 3/8 Liter bestes Speiseöl eintropfen. Man macht das am besten so, daß man das Öl in eine Flasche füllt, die mit einem eingeschnittenen Stöpsel verschlossen wird. Die Flasche legt man auf eine Tuchunterlage (damit sie nicht davonrollt) auf den Tisch, so daß der Flaschenhals über den Tischrand ragt. Auf einem Hocker unterhalb hat man das Geschirr stehen, in dem die Mayonnaise gerührt wird, und das Öl kann jetzt gar nicht anders als nur tropfenweise zufließen. Dies ist besonders zu Beginn des Rührens notwendig, da bei zuviel Ölzufluß die Mayonnaise leicht gerinnt. Auch soll, um ein späteres Gerinnen der schon fertigen Mayonnaise zu verhindern, das Öl nicht zu kalt eingerührt werden. Besonders im Winter tut man gut daran, das Öl erst einige Stunden in Zimmertemperatur stehenzulassen, ehe es für die Mayonnaise verwendet wird. Sollte sie aber trotz aller Vorsichtsmaßregeln dennoch gerinnen, rührt man einen Teil der geronnenen Mayonnaise mit ein wenig kochendem Essig glatt, gibt unter fortwährendem Rühren sukzessive die übrige Masse dazu und rührt erst dann wieder weiter Öl ein, falls dieses nicht schon vorher vollständig aufgebraucht wurde. Richtig gerührt, wird die Mayonnaise zuletzt von hellgelber Farbe und von der Festigkeit sein, die etwa weichgedrückte Butter aufweist. Noch mit 1 Teelöffel Senf, einigen Tropfen Worcestersauce und etwas Zucker würzen und die Mayonnaise dann immer kühl stellen.

Eine *Schnell-Mayonnaise* kann man mit einem hochtourigen Mixstab herstellen. Dabei ist statt 3 Eidottern 1 ganzes Ei zu nehmen. Sämtliche Zutaten werden in den Mixer gegeben, der Mixstab langsam durchgezogen und die Mayonnaise damit fertiggestellt.

ASPIK-MAYONNAISE

2 Teile Aspik
3 Teile Mayonnaise

Zum Überziehen von kalten Fischgerichten und Eiern sowie zum Ausgießen von Formen gelangt die Aspik-Mayonnaise zur Verwendung. Dazu werden 2 Teile aufgelöstes und fast ausgekühltes Aspik und 3 Teile fertige Mayonnaise nach und nach verrührt.

Um damit überziehen und ausgießen zu können, wird die Aspik-Mayonnaise in Eiswasser kaltgerührt und, ehe sie zu stocken beginnt, damit rasch überzogen oder ausgegossen.

Buttermischungen

Die nachstehenden Buttermischungen dienen teilweise als Aufstrich für Toast, Canapés und belegte Brötchen, aber auch als geschmackliche Ergänzung von Saucen. Von Bedeutung sind Buttermischungen schließlich auch als Beigabe für gegrillte Fleisch- und Fischgerichte.

HOFMEISTERBUTTER

80 g Butter
Zitronensaft
Petersilie
Pfeffer
Salz

80 Gramm streichfähige Butter wird mit Salz, Pfeffer, Zitronensaft und gehackter Petersilie vermischt, in mit Wasser benetztes Papier in Rollenform gewickelt, gekühlt und bei Bedarf in kleinfingerdicke Scheiben geschnitten.
Dient als Beigabe zu gegrillten Fleisch- und Fischgerichten.
Fotos Seiten 153, 346.

EIBUTTER

100 g Butter
2 Eidotter
weißer Pfeffer
Salz

2 hartgekochte, passierte Eidotter werden mit 100 Gramm Butter, Salz und weißem Pfeffer schaumig gerührt.
Als Aufstrich für belegte Brötchen.

KAVIARBUTTER

50 g Butter
10 g Kaviar

50 Gramm Butter wird mit 10 Gramm zerquetschtem Kaviar abgerührt, durch ein Sieb gestrichen, zusammengedrückt und kalt gestellt.

NUSSBUTTER

80 g Butter
50 g Haselnüsse

50 Gramm gelbgeröstete, abgeschälte Haselnüsse werden so fein wie Mehl gerieben, mit 80 Gramm Butter vermischt, passiert, in Rollenform zusammengedrückt und kalt gestellt.
Für Fisch- und Grillgerichte.

Mit 50 Gramm abgezogenen Mandeln kann in gleicher Weise *Mandelbutter* bereitet werden.

KREBSENBUTTER

100 g Butter
50 g Krebsschalen

50 Gramm getrocknete Krebsschalen von gekochten Krebsen werden im Mörser zuerst fein und nachher mit 100 Gramm Butter fest gestoßen, dann über leiser Hitze klar ausgeschäumt, mit 1/2 Liter Wasser aufgegossen, verkocht und kalt gestellt. Wenn die rote Butterschichte erstarrt ist, wird sie abgenommen, an der Unterseite gereinigt und nochmals aufgelöst. Die vollkommen klare Krebsenbutter wird abgegossen und sogleich verwendet oder aber, kühl gestellt, aufbewahrt.

Krebsenbutter wird zum Abschmecken von Krebsensuppe und Fischsaucen sowie zum Färben von Fischfarcen verwendet.
Auf gleiche Weise kann auch *Hummerbutter* hergestellt werden.

KRÄUTERBUTTER

80 g Butter
Zwiebel
Petersilie
Schnittlauch
Kerbel
Estragon

Etwas gekochte Zwiebel, gehackte Petersilie und feingeschnittener Schnittlauch, ferner ein wenig Kerbel und Estragon werden mit 80 Gramm Butter fein gestoßen, dann passiert, zusammengepreßt und bald verwendet.
Für Grillgerichte, aber auch für Brote.

KREN(Meerrettich)BUTTER

100 g Butter
2 Eßlöffel Kren (Meerrettich)
Pfeffer, Salz

2 Eßlöffel feingeriebener Kren wird mit 100 Gramm Butter recht fein gestoßen, dann passiert, mit Salz und Pfeffer gewürzt, zusammengepreßt und kalt gestellt.

SARDELLENBUTTER

100 g Butter
3 Sardellen

3 feingehackte Sardellen werden mit 100 Gramm Butter abgerührt, dann passiert, in Rollenform zusammengedrückt und kalt gestellt.
Zum Abschmecken von Fischsaucen oder als Garnitur zu Grillgerichten (Fisch und Fleisch).

SENFBUTTER

100 g Butter
französischer Senf

100 Gramm Butter wird mit französischem Senf nach Bedarf abgerührt und kalt gestellt.
Garnitur für Grillgerichte, zum Abschmecken von Saucen.

4–6 Stück pro Portion

Canapés

Weißbrotscheiben, die vielfältig dekoriert werden können, sind als angenehme Appetitanreger gerne gesehen. Dazu werden halbzentimeterdicke Scheibchen von Weißbrot nach dem Entfernen der Rinde rund, rechteckig, viereckig oder nach Belieben geschnitten, ungetoastet oder getoastet und noch heiß mit Butter oder Würzbuttermischungen bestrichen. Dann werden die Scheibchen phantasievoll belegt. Anzuraten ist feiner Belag, wie Räucherlachs, Kaviar, Gänseleber, Schinken, Rohschinken, Kalbsleberpastete.
Es können aber auch ganze Toastbrotscheiben mit Würzbutter bestrichen, mit verschiedenem Belag versehen und dann erst ausgestochen oder geschnitten werden.

Dazu einige Anregungen:

1. Räucherlachsbelag, mit Würzbutter diagonal zwei Striche ziehen, mit frischer Dille garnieren.
2. Rundes Brotstück mit Eischeibe, dann mit Kaviar belegen; Kräuselpetersilie.
3. Brot mit Gänseleberpastete belegen und ausstechen, in die Mitte Madeira-Aspikwürfel setzen.
4. Brot mit Rohschinken belegen, schneiden, mit Spargel garnieren.
5. Mit Kalbsleberpastete belegen, schneiden oder ausstechen, mit Orangenfilets und Pistazien garnieren.
6. Dreieckig geschnittene, mit Butter bestrichene Brotstücke (auch Roggenbrot), mit gerissenem (Krenreißer) Roquefort bedecken, pro Brotstück mit einer halben Walnuß garnieren.
7. Brote mit Preßschinken belegen, schneiden. Von einer geschälten Gewürzgurke halbzentimeterdicke Scheiben schneiden, rund ausstechen, in die Mitte legen.
8. Wildpastete auflegen, ausstechen oder schneiden, mit würfelig geschnittenen Senffrüchten besetzen.

Kalte Gemüsevorspeisen

ARTISCHOCKEN, MIT TOMATEN GEFÜLLT

4 Portionen

4 Artischocken
2 Zitronen
8 Tomaten
Weinessig
Öl
Zwiebel
Senf
Schnittlauch
Zucker
Pfeffer
Salz
Garnitur
Salatherzen
Vogerlsalat

Die Artischocken werden von den Stielen und Spitzen befreit und in gesalzenem Zitronenwasser weich gekocht. Im Sud auskühlen lassen. Nun zieht man die Mittelblätter mit Daumen und Zeigefinger so aus, daß die natürliche Rose der Blätter erhalten bleibt. Das Heu der Artischocke wird mit einem Teelöffel herausgehoben und weggegeben. In die entstandene Öffnung füllt man einen gut marinierten würfeligen Tomatensalat, setzt die ausgezogenen Blätter verkehrt darauf, was dann so aussieht, als ob ein kleiner Trichter in das Innere der Speise führt. Dieser Trichter wird mit Zitronensaft und Öl angefüllt, darüber streut man feingeschnittenen Schnittlauch, setzt die Artischocken auf eine Glasplatte und garniert rund herum mit Salatherzen, würfelig geschnittenem Tomatensalat und Vogerlsalat.

Um die Tomatenfüllung herzustellen, werden feste, reife Tomaten einige Sekunden in kochendes Wasser gelegt, sofort kalt geschwemmt und dann geschält. Nun schneidet man zuerst Scheiben, befreit diese von den Kernen durch leichtes Ausdrücken, worauf die Frucht in Würfel geschnitten wird. In einer Glas- oder Porzellanschüssel macht man den Salat dann mit einigen Tropfen Weinessig, Öl, Salz, Pfeffer, Zucker und feinster Zwiebel, etwas Senf und feingeschnittenem Schnittlauch womöglich „trocken“, zumindest nicht suppig, an.

Foto Seite 67.

KARFIOL (Blumenkohl) MIT SAUCE TATARE

4 Portionen

1 Rose Karfiol (Blumenkohl)
$^1/_4$ l Sauce tatare

Eine in Salzwasser weichgekochte und im Sud ausgekühlte Karfiolrose wird abgetropft angerichtet und mit Sauce tatare übergossen zu Tisch gebracht.

MARINIERTER SPARGEL

4 Portionen

600 g frischer Spargel
4 Eßlöffel Weinessig
$^1/_{16}$ l Öl
1 Teelöffel Petersilie
Schnittlauch
Zucker
weißer Pfeffer
Salz

Nachdem die Portionen der sauber geputzten Spargelstangen etwa 15 Minuten in Salzwasser mit wenig Zuckerzugabe weich gekocht und im Sud ausgekühlt wurden, läßt man sie in einer Marinade aus Weinessig, gewässert mit dem Spargelsud, reichlich Öl, feingehacktem Petersiliengrün und Schnittlauch, etwas Salz, weißem Pfeffer und Zukker ca. 1 Stunde marinieren, ehe sie samt der Marinade auf einer Glasschüssel serviert werden.

> Spargel sollte vor dem Kochen immer portionsweise gebunden werden.

GEFÜLLTE TOMATEN

4 Portionen

4 Tomaten
4 Eßlöffel Kaviar
1 Ei
Sardellenfilets
Zuckererbsen
$^1/_2$ Kopfsalat
Essig
Zucker
Salz

Von reifen, festen Tomaten wird ein Deckel an der Stielseite abgeschnitten, die Früchte von ihren Kernen durch vorsichtiges Drücken befreit, unten abgeflacht, dann mit Kaviar gefüllt, mit 1 Eischeibe belegt und diese mit einem feinen Sardellengitter verziert. Den Schnittrand belegt man perlenkettenartig mit kleinen weichen Zuckererbsen und stellt die fertigen Tomaten, die sehr kalt sein müssen, auf eine Unterlage von geschnittenem grünen Salat, der mit Essig, Salz und Zucker kurz mariniert wurde.

> Die Tomaten können auch mit Mischsalaten, wie französischem oder italienischem Salat, gefüllt werden, oder man verwendet gekochte und gewürzte Gemüse wie Erbsen, Spargelspitzen oder Selleriewürfel.

Kalte Eiergerichte

4 Portionen

GEFÜLLTE EIER

4 hartgekochte Eier
$1/4$ l französischer Salat
60 g Butter
2 Sardinen
2 Sardellen
Aspik
Zucker
Pfeffer
Salz
Garnitur
Endiviensalat

Die hartgekochten Eier werden an den spitzen Enden abgeplattet, quer halbiert, die Dotterhälften herausgenommen und die leeren Eiweißhülsen auf einen Sockel aus französischem Salat gestellt. Die Dotter werden mit 60 Gramm Butter, 2 Sardinen, 2 Sardellen, Salz und Pfeffer passiert, schaumig gerührt und damit die Eihälften mittels Spritzsack hoch aufdressiert. Die Eier werden nun mit beliebigem Dekor, wie Sardellen, Kapern, Oliven oder Kaviar, versehen. Nachher die Eier mit aufgelöstem, fast wieder stockendem Aspik überglänzen. Die Garnierung erfolgt mit nudelig geschnittenem, mit Essig, Salz und Zucker mariniertem Endiviensalat.

> Damit Aspik von den Eiern nicht abrinnen kann, ist es erforderlich, daß die Eier vor dem Überziehen genügend kühlen konnten. Werden gefüllte Eier dekoriert, müssen die Dekorationen stets mit flüssig gelöstem Aspik befeuchtet werden, ehe man sie auf das Ei auflegt, weil sie anderenfalls abrutschen würden.

4 Portionen

MAYONNAISE-EIER

4 hartgekochte Eier
120 g Mayonnaise
4 Radieschen
Garnitur
grüner Salat

Der Länge nach geviertelte, hartgekochte Eier werden um Häufchen fester Mayonnaise gruppiert und jeweils mit einem rosenartig eingeschnittenen roten Radieschen gekrönt. Mit nudelig geschnittenem grünen Salat einfassen.

4 Portionen

LACHSEIER

4 hartgekochte Eier
4 Scheiben Räucherlachs
$1/4$ l französischer Salat
$1/4$ l Mayonnaise
Garnitur
Kren (Meerrettich)
Aspik
grüner Salat

Auf einem niederen länglichen Sockel aus französischem Salat legt man die in Scheiben geschnittenen Eier schindelartig auf, überdeckt sie mit einem zierlichen Gitter von geräucherten Lachsstreifen und dressiert um das Ganze eine zarte Einfassung von fester Mayonnaise. Oben und unten garniert man mit Kren, links und rechts mit einem Streifen gehacktem Aspik und nudelig geschnittenem grünen Salat.

4 Portionen

RUSSISCHE EIER

4 hartgekochte Eier
1 Eßlöffel Kaviar
$1/4$ l französischer Salat
$1/8$ l Mayonnaise
Garnitur
Aspik
grüner Salat

Auf einen niederen Sockel aus französischem Salat setzt man die hartgekochten, halbierten Eier mit den Schnittflächen nach oben und faßt sowohl den Salat als auch den Eierrand mit schön aufgespritzter Mayonnaise ein. Die Eimitten werden mit Kaviar gefüllt, während der Salatsockel mit Aspikwürfelchen und nudelig geschnittenem grünen Salat einzufassen ist.

4 Portionen

SARDELLENEIER

4 hartgekochte Eier
60 g Sardellen
$1/4$ l französischer Salat
$1/8$ l Mayonnaise, Kapern
Garnitur
Aspik, grüner Salat

Sardelleneier sind wie Lachseier anzurichten, jedoch mit einem Gitter von feinen Sardellenstreifen. In die Gittermaschen legt man je 1 Kaper.

4 Portionen

TATARENEIER

4 hartgekochte Eier
grüner Salat
Aspik
$1/8$ l Sauce tatare
Petersilie

Aus nudelig geschnittenem grünen Salat, der gut ausgedrückt wird, formt man pro Portion ein „Nest“, das mit feingehacktem Aspik ausgestreut wird. In das Nest füllt man $1/2$ grobgehacktes Ei, überzieht es mit dicklicher Sauce tatare und legt die Mittelscheiben der zweiten Eihälfte darüber. Darauf garniert man ein kleines Häufchen gehacktes Aspik und verziert mit einem Zweig Petersilie.

Vorspeisensalate

4 Portionen

FRANZÖSISCHER SALAT

600 g Kartoffeln
300 g Karotten
2–3 kleine Essiggurken
2 mittelgroße Äpfel
100 g Erbsen
Essig
Mayonnaise
Zucker
Pfeffer
Salz

600 Gramm gekochte Kartoffeln, 300 Gramm gekochte Karotten, 2 bis 3 kleine Essiggurken und 2 geschälte, mittelgroße Äpfel werden erbsgroß würfelig geschnitten. Dann werden 100 Gramm gekochte grüne Erbsen, ein Spritzer Essig, Salz, Zucker und Pfeffer eingemischt. Nach einiger Zeit das Ganze mit Mayonnaise zu einem kompakten Salat mischen.

Auch Senf und Worcestersauce eignen sich zum Abschmecken.
Zusätzlich können gekochte Sellerieknolle und Petersilienwurzeln verwendet werden.

4 Portionen

WALDORF-SALAT

400 g Äpfel
400 g Sellerieknollen
Zitrone
120–150 g Nußkerne
Worcestersauce
Essig, Mayonnaise
Zucker
Pfeffer, Salz

400 Gramm geschälte, mürbe Äpfel werden in Würfel geschnitten, mit in Zitronenwasser kurz gekochten kleinen Selleriewürfeln und 120 bis 150 Gramm gewürfelten, möglichst geschälten frischen Nußkernen vermischt, mit Salz und Pfeffer, Worcestersauce, einem Spritzer Essig und ganz wenig Zucker gewürzt, worauf das Ganze mit Mayonnaise zu einem festen Salat vermischt wird.

4 Portionen

GEMÜSE-FLEISCHSALAT

200 g gebratenes Fleisch
100 g Räucherwurst
2–3 Kartoffeln
100 g weiße Bohnen
200 g Wurzelwerk
Essig, Senf
Worcestersauce

200 Gramm zartwürfelig geschnittenes gebratenes Fleisch, 100 Gramm ebenso geschnittene geräucherte Wurst, 2 bis 3 gekochte und gewürfelte Kartoffeln, etwa 100 Gramm weichgekochte, kleine weiße Bohnen und 200 Gramm weichgekochtes, ebenfalls zart würfelig geschnittenes Wurzelwerk, bestehend aus Karotten, gelber Rübe und

200 g Mayonnaise
2 kleine Essiggurken
2 hartgekochte Eier
Zucker
Pfeffer

Sellerieknolle, werden mit Essig, Pfeffer, Zucker, Senf und Worcestersauce mariniert. Nach einiger Zeit mit Mayonnaise vermischen und mit blättrig geschnittener saurer Gurke und Eivierteln garnieren.

Der Salat kann mit etwas Kren (Meerrettich) und Tomatenketchup variiert werden.

4 Portionen

GEFLÜGELSALAT

1/2 Brathuhn
1 Banane
1 Apfel
2 Orangen
1 gehäufter Eßlöffel Mayonnaise
1/16 l Schlagobers (Schlagsahne)
Salatherzen

1/2 kalt ausgelöstes, von der Haut befreites Brathuhn wird in zündholzstarke, kurze Streifchen aufgeschnitten. In etwas stärkere Streifchen schneidet man 1 Banane und 1 geschälten großen mürben Apfel. 1 fleischige, von allen feinen Häutchen exakt befreite Orange wird in haselnußgroße Stückchen geschnitten und dann alles leicht durchgemischt. Der Salat wird mit Mayonnaise, in die vorher Schlagobers gemischt wurde, gebunden. Auf Salatherzen anrichten und mit Orangenfilets garnieren.

4 Portionen

AMERIKANISCHER SALAT

200 g Roastbeefanschnitt
300 g Kartoffeln
1 Teelöffel Zwiebel
Kapern
1 kleine Essiggurke
Petersilie
2 gehäufte Eßlöffel Mayonnaise
1 Eßlöffel Senf
1 Teelöffel Zucker
Pfeffer
Salz
Garnitur
Endiviensalat
Tomatenscheiben

200 Gramm Roastbeefanschnitt oder ein Rest von englisch gebratenem Fleisch wird in zündholzdicke kurze Streifen geschnitten und mit 300 Gramm etwas stärker nudelig geschnittenen, gekochten Kartoffeln, 1 Teelöffel feingehackter Zwiebel, ein paar gehackten Kapern, 1 kleinen feinnudelig geschnittenen Essiggurke und ein wenig grüner Petersilie vermischt. Das Ganze mischt man mit 2 gehäuften Eßlöffeln fester Mayonnaise, 1 Eßlöffel Senf, 1 glattgestrichenen Teelöffel Zucker, dem nötigen Salz und ein bißchen Pfeffer zu einem kompakten Salat, den man gehäuft anrichtet, mit einem Kranz Endiviensalat einfaßt und obenauf mit schön geschnittenen Tomatenscheiben bedeckt, die mit ein wenig Salz, Pfeffer und Zitronensaft gewürzt wurden.

RUSSISCHER SALAT

4 Portionen

100 g Karotten
100 g rote Rüben
100 g Gurken
100 g Schinken
100 g Hummer
100 g Pökelzunge, Kapern
Kren (Meerrettich), Essig
2 Eßlöffel Mayonnaise
Pfeffer, Salz
Garnitur
Aspik, Kaviar

Je 100 Gramm weichgekochte Karotten und rote Rüben, eingelegte geschälte Gurken, Schinken, Hummer und Pökelzunge werden in schmale Streifen geschnitten, alles mit Kapern vermischt und mit geriebenem Kren, Salz, Pfeffer und einem Spritzer Essig gewürzt. Dann wird das Ganze mit Mayonnaise zu einem Salat abgemischt. Mit Aspikwürfeln und Kaviar dekorieren.

WIENER WURSTSALAT

4 Portionen

400 g Pariser-,
Extra- (Fleisch-)
oder Knackwurst
Zwiebel, Schnittlauch
Senf, Essig
Tomatenmark, Öl
Pfeffer, Salz
Garnitur
1 hartgekochtes Ei
grüner Salat

Pariser-, Extra- oder Knackwurst wird enthäutet und nudelig geschnitten, mit Salz, Pfeffer, feingehackter Zwiebel und Schnittlauch, etwas Senf und gewässertem Essig, ganz wenig Tomatenmark und Öl gut abgemischt. Der Salat wird in halbtiefen Glasschüsselchen angerichtet, mit 1 Eischeibe belegt und rundum mit geschnittenem grünen Salat garniert.

HERINGSSALAT

4 Portionen

80 g marinierte
Heringsfilets
80 g Sellerieknolle
80 g Kartoffeln
80 g Fisolen
(grüne Bohnen)
80 g Äpfel
Kapern, Zwiebel
Senf, Mayonnaise
Zucker, Pfeffer, Salz

Je 80 Gramm gekochte Sellerieknolle, Kartoffeln und Fisolen, geschälte Äpfel und marinierte Heringsfilets werden in Würfel geschnitten, mit Salz, Pfeffer und ganz wenig Zucker gewürzt. Die Heringsmilch wird mit Kapern und Zwiebel fein gehackt, mit Senf und Mayonnaise verrührt und damit der Salat kompakt abgemischt.

Kalte Fischgerichte

FORELLE MIT MAYONNAISE

4 Portionen

4 kleinere Forellen
Essig
Zwiebel
Pfefferkörner
Salz
Garnitur
Mayonnaise
Aspik
Petersilie
Zitronenspalten

Ausgeweidete Forellen im Gewicht von 160 bis 180 Gramm werden ½ Stunde in kaltes Wasser gelegt und dann auf einem Porzellanteller mit Essig übergossen. Entsprechend Wasser, Pfefferkörner, Salz und ganz wenig Zwiebel läßt man aufkochen, gibt die Forellen hinein und läßt sie 8 Minuten ziehen. Mit dem Sud kalt stellen. Gut erkaltet richtet man sie abgetropft an, dressiert mit einer Sterntülle Mayonnaise an der einen Seite, während die andere Seite mit würfeligem Aspik ausgepolstert wird. Ins Fischmaul steckt man ein Sträußchen Petersilie und legt darunter 1 Zitronenspalte.

FORELLENFILET MIT KALTEM OBERSKREN

4 Portionen

2 geräucherte Forellen
2 Zitronen, Salatherzen
⅛ l Schlagobers (Schlagsahne)
2 Teelöffel Kren (Meerrettich)
Zucker, Salz

Die Forellen filetieren und von der Haut befreien. Anrichten, mit Zitronenspalten und Salatherzen garnieren. Schlagobers mit geriebenem Kren, Zitronensaft, Salz und Zucker vermischen und extra reichen.

HERINGSSCHMAUS

4 Portionen

2 marinierte Heringe
4 Sardellenringe
150 g marinierter Aal
½ l französischer Salat
Sardellenpaste
3 kleine Essiggurken
2 hartgekochte Eier
Kapern, Butter
Garnitur
Aspik
Kopfsalat

Unter diesem Begriff ist Verschiedenes zu verstehen. Ein „Heringsschmaus" kann ebensogut aus verschiedenen Heringssalaten, Fischsalaten und kalten Fischgerichten bestehen, wie es auch Sitte ist, unter dem Titel Heringsschmaus wahre Musterstücke der kalten Küche auf die Tafel zu bringen, die aber nur mehr wenig mit Hering zu tun haben. Für den Haushalt folgende Komposition:
In der Mitte einer runden Glas- oder Porzellanplatte wird französischer Salat, der mit etwas Sardellenpaste durchzogen wurde, gehäuft ange-

richtet und mit geschnittenen Stückchen von Ostsee-, Bouillon- und marinierten Heringen belegt. Auch Sardellenringe, Scheibchen von mariniertem Aal, Essiggurken und hartgekochten Eiern, ferner Kapern und Butterröschen werden gefällig angeordnet. Ein feiner Kranz von gehacktem Aspik und zartem Grün vervollständigt die Ausgarnierung. Im übrigen bleibt es der persönlichen Geschicklichkeit überlassen, alles so zu arrangieren, daß auch das Auge auf seine Rechnung kommt.

Kalte Fleischgerichte

RINDFLEISCH IN ESSIG UND ÖL

4 Portionen

600 g gekochtes Rindfleisch
Essig, Zwiebel, Öl
Schnittlauch
Pfeffer, Salz

600 Gramm gekochtes, erkaltetes Rindfleisch wird feinblättrig geschnitten und mit Essig, Pfeffer und Salz mariniert. Dann mischt man mit feingehackter Zwiebel, beträufelt alles mit Öl und streut feingeschnittenen Schnittlauch darüber.

BEEFSTEAK TATARE

1 Portion

120 g mageres Rindfleisch
Zwiebel
1 Eidotter
Senf
Kapern
1 kleine Gewürzgurke
Kümmel
Paprika
Pfeffer
Salz

Für 1 Portion wird 120 Gramm mageres frisches Rindfleisch mit einem Messer fein gehackt oder fein faschiert, dann zu einem Laibchen geformt, in die Mitte eines genügend großen Tellers gelegt und in der Mitte mit einer Vertiefung versehen. Den Rand dieser Vertiefung faßt man mit 1 schönen rohen Zwiebelring ein, in den man 1 rohen Eidotter setzt. Rund um das Fleisch werden die zum Beefsteak tatare gehörenden Zutaten in Häufchenform angerichtet, die ebenfalls mit rohen Zwiebelringen eingefaßt werden. Zutaten: Salz, Pfeffer, Paprika, gehackter Kümmel, Senf, gehackte Kapern und Zwiebel und 1 feingehackte Gewürzgurke. Das rohe Fleisch wird bei Tisch mit den Würzzutaten gemischt.
Dazu Schwarzbrot oder Toast und Butter.

Vorspeisencocktails

Vorspeisencocktails werden vor der Suppe einer Speisenfolge gereicht. In der Zusammensetzung ist der Phantasie freier Spielraum gelassen. Mit Hilfe von ein paar Grundmarinaden läßt sich eine stattliche Reihe von Vorspeisencocktails komponieren, die alle ein gemeinsames Merkmal aufweisen müssen, nämlich, pikant zu schmecken und kalt serviert zu werden.

Marinade I
4 Eßlöffel Tomatenketchup oder
2 vollreife, roh durch ein feines Sieb gestrichene Tomaten
1 Eßlöffel Olivenöl
1 gehäufter Teelöffel geriebener Kren (Meerrettich)
1 Teelöffel Zitronensaft oder Estragonessig
1 Teelöffel Zucker
1 Teelöffel Senf
1 Teelöffel Worcestersauce
1 starke Messerspitze Paprika
Salz nach Bedarf
Alles saucig abmischen, bedarfsweise mit spritzigem Weißwein oder Wasser lockern, eisgekühlt auf Vorrat stellen.

Marinade II
Wie Marinade I, ohne Kren. Dafür werden 1 kleine Zwiebel oder 1/2 Bündel Schnittlauch, 6 Kapern und 1 Sardelle sehr fein gewiegt und eingemischt.

Marinade III
a) Ist wie Marinade I herzustellen. Zuletzt wird noch ein gehäufter Eßlöffel steifgeschlagenes, ungezuckertes Obers (Sahne) eingemischt.
b) Ist wie Marinade I herzustellen. Zuletzt wird noch ein gehäufter Eßlöffel Mayonnaise eingeschlagen.

Marinade IV, für süße Cocktails
1 Eßlöffel passierte, eingemachte Preiselbeeren
1 Eßlöffel Ribisel(Johannisbeer)gelee
2 Eßlöffel roter Kompottkirschensaft
1 Eßlöffel Kognak oder Arrak
1 Eßlöffel Zitronensaft
1/2 Teelöffel Senf
1/2 Teelöffel Kren (Meerrettich)
1 Teelöffelspitze Selleriesalz
2 Tropfen Angosturabitter
die fein abgeriebene Schale von 1/4 Zitrone
Alles vermischen, eisgekühlt auf Vorrat halten.

Artischocken, mit Tomaten gefüllt; Salatherzen, Tomaten- und Vogerlsalat (Rezept Seite 57).

Marinade V, für süße Cocktails
Wird wie Marinade IV hergestellt. Zuletzt schlägt man noch 3 bis 4 Eßlöffel ungeschlagenes Obers (Süßrahm) ein.

1 Portion

GEMÜSECOCKTAIL

1 Eßlöffel Karotten
1 Eßlöffel Sellerieknolle
1 Eßlöffel Zuckererbsen
1 gehäufter Teelöffel roher Spinat
Marinade II oder IIIb
grüner Salat
1 Tomate

Pro Portion je 1 Eßlöffel erbsgroß gewürfelte, gekochte Karotten, Sellerieknolle sowie ebensoviel Zuckererbsen mit 1 gehäuften Teelöffel feinstgewiegtem, rohem Spinat und Marinade II oder IIIb abmischen. Im Glas mit zartstreifig geschnittenem grünen Salat einfassen, die Mitte mit geschälter, entkernter Tomatenscheibe oder gehäuft mit marinierten Tomatenwürfeln abdecken.
Mit Toast und Butter servieren.

1 Portion

FISCHCOCKTAIL

80 g beliebiger Seefisch
15 g marinierter Hering
Essig
Gewürzgurke
Marinade I, II oder IIIa
1 Eischeibe

Je Portion 80 Gramm beliebigen Seefisch in pikantem, leicht essiggesäuertem Sud kochen, haut- und grätenfrei klein zerpflücken, in breitem Stengelglas mit 1 Teelöffel feingehackter Gewürzgurke bestreuen, mit beliebiger Marinade I bis IIIa reichlich überziehen, mit 1 Eischeibe belegen und darauf einen Streifen marinierten Hering garnieren.
Toast beigeben.

1 Portion

KREBSENCOCKTAIL

3–4 Portionskrebse (Solokrebse)
2 Eßlöffel Spargelspitzen
Marinade I
Mayonnaise
1 Eischeibe
Dille
Kümmel

Pro Portion 3 bis 4 Portionskrebse in Dillkümmelsud 7 Minuten kochen, vollständig auslösen, bis auf 3 Scheren erbsgroß würfeln, mit 2 Eßlöffel abgekochten, fingergliedlang geschnittenen Spargelspitzen mischen, mit Marinade I reichlich überziehen. Mayonnaiseeinfassung aufspritzen. Obenauf 3 ausgelöste Krebsscheren auf 1 Eischeibe garnieren.
Dazu Toast reichen.

Auf gleiche Weise ist auch *Hummercocktail* oder *Shrimpscocktail* herzustellen.

Krebsenpastetchen; Trüffelscheiben (Rezept Seite 76).

HUMMERCOCKTAIL

4 Portionen

250 g Hummerfleisch
1 Ananasscheibe
2 Eßlöffel Tomatenmark
2 Eßlöffel Olivenöl
2 Eßlöffel Obers (Süßrahm)
2 Eßlöffel Mayonnaise
1 Eßlöffel Tomatenketchup
Dille
Kognak
grüner Salat
Spargelspitzen
Champignonköpfe
Zucker, Paprika, Salz

Tomatenmark wird mit Olivenöl, Obers und den Gewürzen vermischt und dann mit dem Schneebesen Mayonnaise, Ketchup, Dille und Kognak eingeschlagen. Diese Mischung wird auf das Hummerfleisch und die würfelig geschnittene Ananasscheibe gegossen. Im Cocktailglas wird auf einem Blatt grünem Salat angerichtet und mit Spargelspitzen und Champignonköpfen garniert.

Dieser *Cocktail* ist auf gleiche Weise auch mit *Krebsen* oder *Shrimps* herzustellen.

ROASTBEEFCOCKTAIL

1 Portion

20 g Roastbeef
20 g Kalbsbraten
40 g Spargelspitzen
20 g Gurken
20 g Sellerieknolle
Marinade II oder IIIa
1 Eischeibe
2 Radieschen
grüner Salat

Pro Portion 20 Gramm Roastbeef, 20 Gramm Kalbsbraten, 40 Gramm gekochte Spargelspitzen, 20 Gramm frische Gurken und 20 Gramm gekochte Sellerieknolle höchstens erbsgroß würfeln, mit Marinade II oder IIIa abmischen, mit 1 Eischeibe belegen und mit grob geraffelten Radieschen einfassen, vermischt mit feinnudelig geschnittenem grünen Salat. Eiskalt servieren.
Dazu Toast reichen.

HÜHNERCOCKTAIL

1 Portion

1 gehäufter Eßlöffel Hühnerfleisch
1 gehäufter Eßlöffel Sellerieknolle
1 gehäufter Eßlöffel Zuckererbsen
Salatherzen
Marinade I oder IIIa
Petersilie

Pro Portion 1 gehäuften Eßlöffel erbsgroß gewürfeltes gekochtes oder gebratenes Hühnerfleisch mit gleichviel gekochter, gewürfelter Sellerieknolle und ebensoviel Zuckererbsen auf Salatherzen oder in Streifen geschnittenen jungen Salatblättern anrichten und mit Marinade I oder IIIa vermischen. Mit Petersilie bestreuen.
Toast dazu reichen.

FRÜCHTECOCKTAIL

1 Portion

2 gehäufte Eßlöffel Mischkompott
Marinade IV
1/2 Kompottpfirsich
Ribisel(Johannisbeer)gelee
Schlagobers (Schlagsahne)

Pro Portion 2 gehäufte Eßlöffel klein gewürfeltes Mischkompott mit Marinade IV abmischen, mit 1/2 kleinen Kompottpfirsich (überzogen mit Ribiselgelee) besetzen und mit Schlagobersstreifen einfassen.
Mit Aniszwieback servieren.

RÖMISCHER COCKTAIL

1 Portion

1/2 Orange
1 Eßlöffel Apfel
2 Eßlöffel Zuckermelone
Marinade V
1 Eidotter
1 Eßlöffel Honig
Kognakweichseln (-sauerkirschen)
Mandarinscheiben

Pro Portion 1/2 Orange komplett schälen (auch das Weiße entfernen), grob hacken, mit 1 Eßlöffel zartgewürfeltem Apfel, 2 Eßlöffel ebenso vorbereiteter Zuckermelone und Marinade V saftig abmischen. Dann 1 rohen Eidotter mit 1 Eßlöffel Honig schaumig rühren, über den eisgekühlt angerichteten Cocktail verteilen, mit einem Häufchen entkernten, gehackten Kognakweichseln besetzen und mit Mandarinenscheiben einfassen.
Mit Fenchelzwieback eiskalt servieren.

BISKUITZWIEBACK

2 Eier
100 g Zucker
Saft und Schale von 1/4 Zitrone
100 g Mehl
Salz

2 ganze Eier mit 100 Gramm Zucker sehr schaumig rühren, mit dem Saft und der fein abgeriebenen Schale einer 1/4 Zitrone sowie ein paar Körnchen Salz würzen und 100 Gramm gesiebtes Mehl einmelieren. Die Masse füllt man in eine schmale, gefettete, gestaubte Zwiebackform zweifingerdick ein und backt sie im mittelheißen Rohr 35 bis 40 Minuten zu goldbrauner Farbe. Nach dem Backen stürzen, mit einem Tuch bedeckt auskühlen lassen, am zweiten oder dritten Tag in bleistiftdicke Scheibchen aufschneiden, die auf ein reines Backblech geordnet werden und im heißen Rohr zu heller Farbe nachgebacken werden. Gut verschlossen und trocken aufbewahren.

Für *Aniszwieback* wird zusammen mit dem Mehl eine Prise verlesener Anis, für *Fenchelzwieback* eine Prise verlesener Fenchelsamen eingerührt.

Warme Vorspeisen

Die warmen Vorspeisen werden nach der Suppe, vor dem Fisch- oder Hauptgericht serviert. Sie können aber auch einen Menüanfang bilden. Warme Vorspeisen sollten klein, zart und appetitanregend sein und in Zubereitung, Aussehen und Geschmack zu den anderen Gängen passen.
Vor den Rezepten der warmen Vorspeisen werden verschiedene, für die Herstellung erforderliche Grundsaucen und Füllungen behandelt.

Ragoutsaucen, Ragouts und Haschees

WEISSE RAGOUTSAUCE

4 Portionen

40 g Butter
30 g Mehl
1/4 l Kalbsknochensuppe
1 Eidotter
1/16 l Obers (Süßrahm)
Muskatnuß
Salz

In 40 Gramm Butter werden 30 Gramm Mehl licht angeröstet, dann mit 1/4 l Suppe aufgegossen und dicklich verkocht. Nach dem Würzen mit Salz läßt man die Sauce wenigstens 20 Minuten langsam kochen, ehe sie mit 1 Eidotter und 1/16 Liter Obers legiert und mit Muskatnuß abgeschmeckt wird.

WEISSES RAGOUT I

weiße Ragoutsauce
200 g Kalb- oder Hühnerfleisch
1 Karotte
1 gelbe Rübe (Möhre)
Karfiol (Blumenkohl)
Zwiebel
1 Eßlöffel Erbsen
2 Champignons
10 g Butter
Pfefferkörner
Salz

200 Gramm Kalb- oder Hühnerfleisch, 2 kleine geputzte Wurzeln (Karotte und gelbe Rübe), ein Stückchen Karfiol, einige Pfefferkörner, wenig Salz und Zwiebel werden mit 1/2 Liter Wasser kalt zugesetzt und langsam weich gekocht. Während die Suppe zum Aufguß der Ragoutsauce verwendet wird, werden Fleisch, Wurzeln und Karfiol würfelig geschnitten und mit 1 Eßlöffel gekochten grünen Erbsen vermischt. 2 saubere Champignons läßt man, ebenfalls würfelig geschnitten, in 10 Gramm Butter kurze Zeit anschwitzen und bindet alles zusammen mit weißer Ragoutsauce, so daß eine dickliche Fülle für Pastetchen, Krustaden usw. entsteht.

WEISSES RAGOUT II

weiße Ragoutsauce
Bratenreste beliebiger Art
Champignons
Bries (Kalbsmilch)
20 g Butter
1 Eßlöffel Erbsen

Bratenreste von Kalb oder Huhn werden ebenso wie Champignons und Bries würfelig geschnitten, in 20 Gramm Butter durchgeschwitzt, mit 1 Eßlöffel gekochten grünen Erbsen vermengt und dann mit Ragoutsauce dicklich gebunden.

Statt mit Kalb- oder Hühnerfleisch oder beidem kann auch allein mit Kalbsbries oder mit gleichen Teilen Kalbsbries, Kalbfleisch und Hühnerfleisch gearbeitet werden. Ein ausgezeichneter Geschmack wird auch bei Verwendung von Kaninchenfleisch erzielt. Dem persönlichen Geschmack bleibt es vorbehalten, außer den genannten Fleischsorten auch noch etwa 50 Gramm milden gekochten Schinken oder gekochte Pökelzunge zusätzlich einzumengen.

BRIESRAGOUT

4 Portionen

Sauce hollandaise
oder weiße Ragoutsauce
200 g Bries (Kalbsmilch)
150 g Champignons
Butter
Zitronensaft

200 Gramm gewässertes Bries läßt man in Wasser einmal aufkochen, setzt nochmals kalt zu, läßt 20 Minuten fast kochend ziehen und dann in gesalzenem Wasser auskühlen. Schließlich schneidet man es in kleine Würfel und vermischt es mit 150 Gramm ebenso geschnittenen Champignons, nachdem diese in etwas Butter und etwas Zitronensaft angeschwitzt wurden. Das Ganze wird mit Sauce hollandaise oder weißer Ragoutsauce dicklich gebunden und für feine Vorspeisenfüllungen verwendet.

KREBSENRAGOUT

4 Portionen

Krebsensauce
200 g gekochte ausgebrochene Krebsschwänzchen
20 g Krebsenbutter
Obers (Süßrahm)

Die Krebsenbutter erhitzen, die Krebsschwänzchen beigeben und kurz rösten. Mit dickgehaltener Krebsensauce binden und mit Obers vollenden.

WEISSES HASCHEE

weiße Ragoutsauce
beliebige Fleischreste
Butter
Muskatnuß
Pfeffer
Salz

Reste von weißem gekochten oder gebratenen Fleisch werden sehr fein gehackt oder faschiert, mit Salz, Pfeffer und geriebener Muskatnuß gewürzt, in etwas Butter angeschwitzt, mit weißer Ragoutsauce dicklich angerührt und eine Weile zusammen gedämpft.

> Weißes Haschee kann mit Champignons und Petersilie verbessert werden.

BRAUNE RAGOUTSAUCE

4 Portionen

300 g vorderes Kalbfleisch, vorteilhaft auch einige kleingehackte Kalbsknochen
etwas Wurzelwerk
1 Zwiebel
30 g Mehl
1 Teelöffel Tomatenmark
$^1/_8$ l Rotwein
Estragon
Lorbeerblatt
Thymian
Pfefferkörner
Salz

Nachdem die zum Ragout bestimmten Fleischstücke mit etwas Wurzelwerk, ein wenig Zwiebel und einigen Pfefferkörnern langsam braungebraten wurden, staubt man alles mit 30 Gramm Mehl, röstet auch dieses braun, gibt 1 Teelöffel Tomatenmark dazu und löscht mit $^1/_8$ Liter Rotwein ab. Dann vergießt man mit magerer Suppe oder Wasser zu einer eher dünnen Sauce, fügt Estragon, Lorbeer und Thymian bei und läßt zumindest 1 Stunde kochen. Das mittlerweile weich gewordene Fleisch wird der Sauce entnommen, diese gut abgefettet, mit Salz nach Geschmack gewürzt und schließlich durch ein feines Sieb sauber passiert.

BRAUNES RAGOUT I

braune Ragoutsauce
gedünstetes Kalbfleisch
Kalbskopf
Hühner- oder Kalbsleber
Champignons
Butter
Erbsen
Pökelzunge
Pfeffer, Salz

Die weichgedünsteten Fleischstückchen, wie bei brauner Ragoutsauce angegeben, werden ebenso wie ein Stückchen gekochter Kalbskopf, gebratene Hühner- oder Kalbsleber würfelig geschnitten, mit in Butter angeschwitzten würfeligen Champignons, gekochten Erbsen und würfeliger Pökelzunge vermischt, mäßig mit Salz und Pfeffer gewürzt und mit brauner Ragoutsauce dicklich gebunden.

BRAUNES RAGOUT II

braune Ragoutsauce
gedünstetes Kalbfleisch
Champignons
Wurzelwerk
Erbsen, Butter

Gedünstetes Kalbfleisch, Champignons, eventuell weichgedämpftes Wurzelwerk werden würfelig geschnitten, mit Erbsen in etwas Butter durchgeschwitzt, mit brauner Ragoutsauce dicklich gebunden und zusammen eine Weile gedämpft.

BRAUNES HASCHEE

braune Ragoutsauce
gedünstetes Kalbfleisch
Pfeffer
Salz

Gedünstetes Kalbfleisch oder beliebige Fleischreste werden sehr fein faschiert, mit Salz und Pfeffer gewürzt, mit brauner Ragoutsauce dicklich angerührt und zusammen kurz gedämpft.

WILDHASCHEE

braune Ragoutsauce
beliebige Wildreste
Champignons
Zitronen- und
Orangensaft, Muskatnuß
Pfeffer, Salz

Reste von gedünstetem oder gebratenem Wild werden mit einigen Champignons sehr fein gehackt, mit Zitronen- und Orangensaft, Salz, Pfeffer und geriebener Muskatnuß gewürzt und mit brauner Ragoutsauce dicklich angerührt.

Pastetchen

BUTTERTEIG- ODER BLÄTTERTEIGPASTETCHEN

Butterteig oder Blätterteig
1 Ei

Ein Stück Butterteig oder Blätterteig wird 3 Millimeter dick ausgerollt. Mit rundem gezackten oder glatten Ausstecher im Durchmesser von 7 Zentimeter sticht man Böden aus, von denen die Hälfte auf ein reines Backblech gesetzt und mit Wasser bestrichen werden. Die andere Hälfte der Böden wird mit einem kleineren Ausstecher mit einem Durchmesser von 4 Zentimeter nochmals ausgestochen, so daß Ringe entstehen, die auf die bereits auf dem Backblech liegenden Böden aufgesetzt werden. Dann bestreicht man die Pastetchen mit Ei und

backt sie nach 30 Minuten Rasten in zuerst ziemlich heißem (220 Grad), später etwas weniger heißem (150 Grad) Rohr goldbraun.
Für 1 Vorspeisenportion berechnet man 1 Pastetchen.
Gebackene Pastetchen lassen sich mit verschiedensten Ragouts und Haschees füllen. Ihre Benennung erfolgt immer der Fülle oder ihrem Herkommen entsprechend.
Die übriggebliebenen, 4 Zentimeter großen Blätterteigscheiben können ebenfalls mit Ei bestrichen und gebacken werden. Sie dienen beim Anrichten als Deckel.

4 Portionen

TOULOUSER PASTETCHEN

4 gebackene Pastetchen
Briesragout

Gebackene, noch heiße Pastetchen werden mit Briesragout hoch gefüllt und sofort serviert.

4 Portionen

KREBSENPASTETCHEN

4 gebackene Pastetchen
Krebsenragout
4 Trüffelscheiben

Die Pastetchen werden mit Krebsenragout gefüllt und mit je einer Trüffelscheibe belegt. Eventuell mit ganzen gekochten Krebsen oder Krebsenscheren garnieren.
Foto Seite 68.

4 Portionen

KÖNIGIN-PASTETCHEN

4 gebackene Pastetchen
weißes Haschee
mit Hühnerfleisch
weiße Ragoutsauce

Gebackene heiße Pastetchen werden mit Hühnerhaschee gefüllt, das wie weißes Haschee mit gekochtem Hühnerfleisch hergestellt wurde. Anschließend überzieht man die Pastetchen mit weißer Ragoutsauce.

4 Portionen

FÖRSTER-PASTETCHEN

4 gebackene Pastetchen
Wildhaschee
4 Tomatenscheiben, Öl
Petersilie, Pfeffer, Salz

Die Pastetchen werden mit Wildhaschee hoch gefüllt, mit je 1 in Öl gebratenen Tomatenscheibe, die etwas gesalzen und gepfeffert wurde, bedeckt und mit Petersilie bestreut.

Vorspeisen mit Teigwaren

SCHINKENKIPFERLN (-hörnchen)

4 Portionen

Fülle
150 g Schinken
10 g Butter
Petersilie
1 Teelöffel Mehl
Majoran
Pfeffer

Teig
80 g Mehl
80 g Topfen (Quark)
80 g Butter
80 g Kartoffeln
1 Ei
Kümmel
Salz

150 Gramm Schinken werden fein gehackt, mit Pfeffer und Majoran gewürzt und dann in 10 Gramm Butter heiß geröstet. Nun gibt man noch eine Prise gehackte Petersilie und 1 glattgestrichenen Teelöffel Mehl dazu und röstet wieder durch. Dann wird mit ganz wenig Wasser oder Milch gerade nur so viel aufgegossen, daß die Fülle zusammenhält. Kalt stellen.

Für den Teig gibt man 80 Gramm Mehl, 80 Gramm passierten Topfen, 80 Gramm Butter und 80 Gramm gekochte, passierte Kartoffeln auf ein Brett, gibt etwas Salz und 1/2 Ei dazu und arbeitet daraus rasch einen mittelfesten Teig, dem noch bis zu 1 Eßlöffel Mehl beigefügt werden kann, wenn er sich zu weich anfühlen sollte. Nach halbstündigem kaltem Rasten rollt man den Teig auf schwach bestaubtem Brett zwei Messerrücken dick aus, schneidet daraus handbreite Streifen und diese wieder in gleichschenkelige Dreiecke, in die Mitte setzt man je ein nußgroßes Häufchen Schinkenfülle, um die der Teig so geschlagen und leicht gerollt wird, daß bauchige Würstchen mit spitzen Enden entstehen. Diese biegt man in Hörnchenform ab und legt sie auf ein leicht gefettetes Backblech in mäßigen Abständen auf. Dann bestreicht man die Kipferln mit dem zurückgelassenen halben Ei, bestreut sie leicht mit Kümmel und grobem Salz und backt im übermittelheißen Rohr zu hellbrauner Farbe.

CANNELLONI

4 Portionen

250 g Cannelloni (Teigröllchen)
1 kleine Zwiebel
2 Champignons
2 Eßlöffel Öl
1/2 Kalbshirn
200 g Rindfleisch
20 g Spinatblätter
1 kleine Knoblauchzehe
1/2 Teelöffel Petersilie
1 Ei
1 Eßlöffel Semmelbrösel (Paniermehl)
1/8 l Bratensaft oder Rindsuppe
2–3 Eßlöffel Tomatenmark
Parmesan
Pfeffer
Salz

250 Gramm fertig gekaufte Cannelloni werden in reichlich kochendes Salzwasser eingelegt und gerade nur ein paar Minuten überkocht, dann abgeseiht, kalt überspült und gut abgetropft. Zur Fülle röstet man 1 kleine grob zerschnittene und dann mit 2 Champignons gewiegte Zwiebel in 2 Eßlöffel Öl tüchtig heiß und läßt dies erkalten. Dann fügt man 1/2 abgehäutetes, feingehacktes Kalbshirn, 200 Gramm roh faschiertes Rindfleisch, mit dem zugleich 20 Gramm verlesene und kalt gewaschene Spinatblätter mitfaschiert wurden, 1 kleine fein zerdrückte Knoblauchzehe, eine starke Prise Pfeffer, das nötige Salz und 1/2 Teelöffel feingehacktes Petersiliengrün hinzu. Das Ganze wird mit 1 Ei und 1 Eßlöffel Semmelbröseln wie ein Teig geknetet, wobei nur nach Bedarf ein wenig kaltes Wasser hinzugefügt werden muß, um schließlich eine weiche, schmierig wirkende Masse zu erhalten. Damit stopft man die Cannelloni voll, ordnet sie eng nebeneinander in eine mit Öl gefettete Kasserolle und gießt obenauf 1/8 Liter Bratensaft oder Suppe, verquirlt mit 2 bis 3 Eßlöffel Tomatenmark. Das Ganze bestreut man mit einer dünnen Lage Parmesan und backt die Cannelloni im mittelheißen Rohr 35 bis 40 Minuten zu brauner Oberfarbe.

Für Tisch in Portionen ausstechen und mit beliebigem Salat, vornehmlich grünem Salat oder Tomatensalat, auftragen.

GRATINIERTE MAKKARONI

4 Portionen

320 g Makkaroni
3/8 l Sauce Béchamel
20 g Parmesan
40 g Butter
1 Eßlöffel Semmelbrösel (Paniermehl)
Muskatnuß
Salz

320 Gramm in reichlich Wasser nicht zu weich gekochte Makkaroni werden kalt gespült und gut abgetropft mit 3/8 Liter Sauce Béchamel dicklich gebunden. Dann mischt man entsprechend Salz, geriebene Muskatnuß und 10 Gramm Parmesan ein, füllt die Masse in eine feuerfeste, gebutterte Porzellanschüssel, bestreut mit Käse und Semmelbröseln, beträufelt mit Butter und backt bei starker Oberhitze goldfarben.

PASTA ASCIUTTA

4 Portionen

400 g Spaghetti
50 g Olivenöl
100 g Zwiebel
150 g Wurzelwerk
300 g Rindfleisch
2 Knoblauchzehen
150 g Tomatenmark
Pfeffer
Salz

In 50 Gramm heißem Olivenöl röstet man 100 Gramm feingehackte Zwiebel gelb, gibt 150 Gramm geputzte und roh geriebene Wurzeln von Karotte, gelber Rübe und Sellerieknolle, 300 Gramm grobfaschiertes Rindfleisch und 2 zerdrückte Knoblauchzehen dazu, röstet abermals gut durch, würzt mit Pfeffer und Salz und rührt 150 Gramm Tomatenmark darunter. Das Ganze wird mit Wasser oder Suppe stark verdünnt und langsam weich gedünstet, so daß zuletzt eine mollige und gut schmeckende Sauce entsteht. Inzwischen kocht man 400 Gramm Spaghetti in reichlich Salzwasser kernig weich, seiht sie vollkommen ab und übergießt die abgetropft angerichteten heißen Nudeln mit der fertigen Sauce.

Geriebener Parmesan kommt separat auf den Tisch.

RAVIOLI MIT KÄSE

4 Portionen

Nudelteig
200 g Mehl
etwas Öl
2 Eier
Salz
Spur Wasser

Fülle
150 g beliebiges Fleisch
50 g Schinken
1 Sardelle
1 kleine Zwiebel
Petersilie
1 Semmel
1 Ei
1 Eßlöffel Parmesan
Pfeffer
Salz

1 Ei
Parmesan
Butter

150 Gramm beliebiges gekochtes oder gebratenes Fleisch werden mit 50 Gramm Schinken, 1 Sardelle, 1 kleinen Zwiebel, etwas Petersilie und 1 eingeweichten, gut ausgedrückten Semmel fein faschiert. Die Masse wird mit 1 ganzen Ei, Salz und Pfeffer und 1 Eßlöffel Parmesan gut durchmischt. Nun rollt man einen eher weichgehaltenen Nudelteig dünn aus, sticht daraus runde Plätzchen im Durchmesser von 6 Zentimeter und bestreicht den Rand der Plätzchen mit zerklopftem Ei. In die Mitte setzt man teelöffelgroß Fleischfülle, die durch Zusammendrücken des Teiges halbmondförmig eingeschlossen wird. So vorbereitet legt man die Ravioli nebeneinander in eine breite Pfanne, gießt 2 Liter kochendes Salzwasser darüber und läßt ganz leise 10 Minuten kochen. Dann vom Sud heben, abgetropft in eine gebutterte Pfanne legen und im heißen Rohr noch 10 Minuten durchziehen lassen, nachdem man die Ravioli dicht mit geriebenem Parmesan bestreut und reichlich mit zerlassener Butter betropft hat.

Als Beilage paßt grüner Salat oder Tomatensauce.

Warme Gemüsevorspeisen

GEKOCHTE ARTISCHOCKEN

4 Portionen

4 Artischocken
Zitronensaft
Salz

Die grünen Blätterfrüchte werden knapp am Artischockenboden entstielt, von dem oberen Teil der Artischocke wird ca. 1/4 der ganzen Frucht abgesetzt, und nachdem die Spitzen der Blätter gestutzt wurden, kocht man die Früchte in Salzwasser mit Zitronensaft langsam so lange, bis sich die Innenblätter leicht ausziehen lassen. Nun zieht man die innere Blätterrose vollkommen heraus, entfernt aus dem Inneren das sogenannte Heu und richtet die Artischocken trocken an, wobei die innere Blätterrose verkehrt in die entstandene Öffnung gesetzt wird.
Als Beilage eignen sich geklärte Butter oder Sauce hollandaise.

GEFÜLLTE ARTISCHOCKEN

4 Portionen

4 Artischocken
2 Eßlöffel Petersilie
80 g Zwiebel
Zitrone
1/16 l Öl
Kognak
Rotwein
Worcestersauce
2 Teelöffel Tomatenmark
4 hartgekochte Eidotter
Semmelbrösel (Paniermehl)
Muskatnuß
Pfeffer
Salz

Die Artischocken werden wie im Rezept vorher weich gekocht. Dann nimmt man die Innenblätter heraus und entfernt das Heu. Das Ausgenommene schneidet man samt etwas Petersiliengrünem, Zwiebel und Zitronenschale recht fein, röstet dieses Gemengsel in etwas Öl an, würzt mit Salz, Pfeffer und geriebener Muskatnuß, versetzt es mit je einem Spritzer Kognak, Rotwein und Worcestersauce, rührt das Ganze nach kurzem Dämpfen mit 2 Teelöffel Tomatenmark, 4 gekochten Eidottern und ein wenig Semmelbröseln zu einer dicklichen Masse, mit der die vorbereiteten Artischocken gefüllt werden, worauf man sie auf eine Pfanne mit heißem Öl setzt und etwa 10 Minuten im Rohr braten läßt.

BACKTEIG

120 g Mehl
1 Ei
Weißwein
Öl
$^1/_8$ l Milch
Salz

Aus 120 Gramm Mehl, 1 Eidotter, einem Schuß Weißwein, einer Prise Salz, einigen Tropfen Öl und $^1/_8$ Liter Milch rührt man einen glatten Teig an, der mit dem festen Schnee von 1 Eiweiß, mit etwas Salz aufgeschlagen, vermischt wird. Einige Minuten rasten lassen, dann erst verwenden.

> Anstelle von Wein und Milch kann auch nur Bier verwendet werden *(Bierteig)*.

KARFIOL (Blumenkohl) IN BIERTEIG

4 Portionen

1 kleine Rose Karfiol (Blumenkohl)
Zitrone
gehackte Petersilie
Bierteig
Backfett
Salz

Den gekochten Karfiol in Röschen teilen, mit Zitronensaft, Salz und gehackter Petersilie marinieren, durch Bierteig ziehen und im heißen Fett backen. Abgetropft anrichten und mit gebackener Petersilie und Zitronenspalten garnieren.
Dazu serviert man Sauce tatare.
Foto Seite 85.

GRATINIERTER KARFIOL (Blumenkohl)

4 Portionen

2 mittelgroße Rosen Karfiol (Blumenkohl)
40 g Mehl
50 g Butter
1 Teelöffel Öl
$^1/_8$ l Milch
1 gehäufter Eßlöffel Parmesan
2 Eier
Semmelbrösel (Paniermehl)
Muskatnuß
Salz

2 mittelgroße Rosen Karfiol werden an der Unterseite glattgeschnitten, so daß der dicke Teil des Strunkes und die blaßgrünen Blattansätze wegfallen. Dann wird der kalt gewaschene Karfiol mit kaltem Salzwasser gerade bedeckt zugestellt und zugedeckt langsam vollständig weich gekocht. In der Zwischenzeit röstet man 40 Gramm Mehl in 40 Gramm Butter und 1 Teelöffel Öl blaßgelb und gießt dies mit $^1/_8$ Liter kalter Milch und knapp danach mit $^1/_8$ Liter Kochsud zu einer sehr dicken Sauce auf, die man kurz verkochen läßt. In die noch warme Sauce rührt man eine Spur geriebene Muskatnuß, Salz nach Bedarf, 1 gehäuften Eßlöffel feingeriebenen Parmesan und nacheinander 2 ganze

Eier ein, wodurch die Sauce ein wenig locker wird und träge fließt. Nun werden die vom Sud gehobenen Karfiolrosen in eine mit ein wenig Butter ausgestrichene, feuerfeste tischfähige Porzellan- oder Glasschüssel gesetzt und mit der vorbereiteten Käsesauce, die von selbst ein wenig abfließt und den freien Raum der Backschüssel bedeckt, übergossen. Zuletzt streut man ein wenig geriebenen Käse und Semmelbrösel auf und beträufelt alles mit 10 Gramm zerlassener Butter. Dann schiebt man den Karfiol in ein sehr heißes Rohr und backt ihn 15 bis 18 Minuten zu goldbrauner Oberfarbe.
Foto Seite 400.

KARFIOL (Blumenkohl) POLONAISE

2 Portionen

1 kleine Rose Karfiol (Blumenkohl)
40 g Semmelbrösel (Paniermehl)
60 g Butter
Salz

Für diese Zubereitungsart wird der Karfiol wie im Rezept vorher gekocht, heiß angerichtet und dann mit schäumenden Butterbröseln, genannt Polonaise, überzogen. Dazu röstet man 40 Gramm Semmelbrösel in 60 Gramm vorher aufgeschäumter Butter hellbraun, würzt mit Salz und übergießt damit unmittelbar vor dem Servieren.

GEFÜLLTER KOHLRABI

4 Portionen

4 junge Kohlrabi
60 g Zwiebel
Selleriegrün
Petersilie
30 g Butter
etwas Suppe
250 g Kalbfleisch
1 Ei
Pfeffer
Salz

4 junge zarte Kohlrabi werden geschält und mit einem Kugelausstecher (Parisienne-Ausstecher) so gut wie möglich ausgehöhlt, wobei man darauf achtet, daß die Kohlrabi durch das Aushöhlen nach außen hin nicht verletzt werden. Die hohlen Kohlrabi und die schönere Hälfte der zuerst ausgestochenen Kugeln kocht man in Salzwasser weich und legt sie in kaltes Wasser zum Auskühlen. Inzwischen schneidet man die restlichen Kohlrabikugeln mit 60 Gramm Zwiebel, Sellerie- und Petersiliengrünem fein, röstet alles in ein wenig Butter durch, gießt schließlich mit etwas Suppe auf und läßt zugedeckt weich dämpfen. Wenn dies ausgekühlt ist, vermischt man es mit sehr fein faschiertem rohem Kalbfleisch, bindet das Ganze mit 1 Ei und würzt es mit Salz und Pfeffer. Die inzwischen

abgetropften hohlen Kohlrabi werden mit der Masse gefüllt und mit den ebenfalls gekochten Kohlrabikugeln bedeckt. Mit dem übrigen der Fülle wird der Boden einer passenden Kasserolle oder eines feuerfesten Porzellantopfes ausgelegt, darauf nebeneinander die Kohlrabi gesetzt, einige Butterflocken darüber zerpflückt und mit einigen Tropfen Suppe oder Sud beträufelt. Zugedeckt stellt man das Ganze ins heiße Rohr, läßt es 10 bis 12 Minuten backen und serviert das Gericht womöglich im gleichen Geschirr.

> *Gefüllte Kohlrabi* können auch mit Sauce Mornay überzogen, mit Käse bestreut und mit Butter beträufelt *gratiniert* werden.

ÜBERBACKENE KOHLSPROSSEN (Rosenkohl)

4 Portionen

320 g Kohlsprossen (Rosenkohl)
1/4 l Sauce Mornay
Semmelbrösel (Paniermehl)
Parmesan, Butter

Gekochte Kohlsprossen werden gut abgetropft, in eine gebutterte feuerfeste Porzellanschüssel gehäuft und mit Sauce Mornay überzogen. Dann bestreut man die Kohlsprossen mit Parmesan, Bröseln und einigen Butterflocken und läßt sie im heißen Rohr goldbraun überkrusten.

GEFÜLLTE MELANZANI (Auberginen)

4 Portionen

4 mittelgroße Melanzani (Auberginen)
ca. 1/16 l Öl
Pilze
Petersilie
1 Eßlöffel Semmelbrösel (Paniermehl)
Parmesan
Muskatnuß
Pfeffer
Salz

Die ungeschälten Eierfrüchte werden der Länge nach halbiert, mit Kreuzeinschnitten ins Fruchtfleisch versehen, mit Salz, Pfeffer und Öl eingerieben und in ganz wenig Öl mit der Schnittfläche nach unten am besten im Rohr langsam weich gebraten. Mit einem Eßlöffel schabt man nachher das Fruchtfleisch aus der Schale, hackt es mit einigen Pilzen und Petersilie sehr fein, würzt nach Geschmack mit Salz, Pfeffer und geriebener Muskatnuß und versteift das Ganze mit ein wenig Semmelbröseln. Mit der so gewonnenen Masse werden die leeren Schalen gefüllt. Mit geriebenem Parmesan bestreuen, und die Melanzani im heißen Rohr ungefähr 10 Minuten braten lassen.

MELANZANI (Auberginen) WIENER ART

4 Portionen

500 g Melanzani (Auberginen)
Öl
ca. 1/4 l Sauce Mornay
Parmesan
Semmelbrösel (Paniermehl)
Butter, Pfeffer, Salz

Die geschälten Eierfrüchte werden in bleistiftstarke Scheiben geschnitten, mäßig gesalzen und gepfeffert und von beiden Seiten in Öl rasch angebraten. Dann schichtet man sie in eine gebutterte feuerfeste Porzellanschüssel, überzieht mit Sauce Mornay, bestreut mit geriebenem Parmesan und Semmelbröseln, beträufelt mit zerlassener Butter und läßt im heißen Rohr goldgelb überkrusten.

GEBACKENE SCHWARZWURZELN

4 Portionen

600 g Schwarzwurzeln
Zitrone
1 Eßlöffel Mehl
Petersilie
Backteig
Fett
weißer Pfeffer
Salz

Die vorher gewaschenen Schwarzwurzeln werden geschält, in 10 Zentimeter lange Stücke geschnitten und sofort in zitronengesäuertes Wasser gelegt, damit sie sich nicht verfärben. Dann verrührt man 1 Eßlöffel Mehl in 1/2 Liter kaltem Wasser, gibt Salz und 1 Spalte Zitrone dazu und läßt darin die Schwarzwurzeln unter öfterem Aufrühren aufkochen und schließlich langsam weich kochen. Kochdauer ungefähr 3/4 Stunden. Die aus dem Sud gehobenen Schwarzwurzeln werden gut abgetrocknet, mit Salz, weißem Pfeffer, gehackter Petersilie und etwas Zitronensaft gewürzt und einige Zeit stehengelassen. Durch Backteig ziehen und in mittelheißem Fett goldgelb backen.
Dazu serviert man Sauce tatare.

SCHWARZWURZELN MIT MARK

4 Portionen

600 g Schwarzwurzeln
8 Markscheiben
Zitrone
1 Eßlöffel Mehl
Wurzelwerk
Zwiebel
Petersilie
20 g Butter
Tomatenmark

Während die Schwarzwurzeln wie bei gebackenen Schwarzwurzeln kochen, schneidet man etwas geputztes Wurzelwerk feinst würfelig, hackt ein Stückchen Zwiebel, Zitronenschale und Petersiliengrünes fein, röstet es in 20 Gramm Butter an, würzt mit Tomatenmark, Salz, Pfeffer und geriebener Muskatnuß und vergießt das Ganze mit Suppe gerade so viel, daß das Wurzelwerk zugedeckt weich dünsten kann. Die weichgekochten Schwarz-

Links Karfiol in Bierteig, rechts gebackene Champignons; gebackene Petersilie, Sauce tatare (Rezepte Seiten 81, 90, 131, 121).

Rindsuppe
Semmelbrösel (Paniermehl)
Muskatnuß
Pfeffer
Salz

wurzeln legt man abgetropft in eine etwas gebutterte feuerfeste Porzellanschüssel, überzieht sie mit dem gedämpften Wurzelwerk und legt die rohen Markscheiben darüber. Ein wenig mit Semmelbröseln bestreut, läßt man das Gericht etwa 10 Minuten im heißen Rohr überbacken.

4 Portionen

GEBACKENE SELLERIE

2 mittelgroße Sellerieknollen
Zitronensaft
100 g Mehl
1 Ei
1/2 Teelöffel Petersilie
Milch
Öl
Salz

2 mittelgroße Sellerieknollen werden roh geschält, halbiert, in halbzentimeterdicke Scheiben geschnitten und in Salzwasser mit etwas Zitronensaft halbweich überkocht. Dann bereitet man aus 100 Gramm Mehl, einer Prise Salz, 1 Eidotter, 1/2 Teelöffel feingehackter Petersilie und Milch nach Bedarf einen glattgerührten dickflüssigen Teig, in den der steife Schnee von 1 Eiweiß eingerührt wird. Die leicht bemehlten Selleriescheiben taucht man in den Teig und backt sie in fingerdick ziemlich gut erhitztem Öl von beiden Seiten flott hellbraun.
Mit Sauce tatare zu Tisch geben.

4 Portionen

SPARGEL MIT SAUCE HOLLANDAISE

600 g Spargel
Sauce hollandaise
Zucker
Salz

Die vom Kopfansatz abwärts geschälten und von ihren zumeist etwas holzigen Enden befreiten Spargelstangen werden portionsweise mit Schnur gebunden, in Salzwasser mit wenig Zuckerzusatz ca. 15 Minuten weich gekocht und dann trocken angerichtet. Sauce hollandaise serviert man separat.

4 Portionen

SPARGELSPITZEN POLONAISE

500 g Spargel
60 g Semmelbrösel (Paniermehl)
90 g Butter
Zucker
Salz

Die Spargelstangen werden geputzt und vorgerichtet und in Salzwasser mit ein wenig Zuckerzusatz weich gekocht. Den Spargel gut abgetropft anrichten und die Spitzen mit den in Butter gerösteten Bröseln bedecken.
Die Polonaise kann zusätzlich mit gehacktem Ei und Petersilie bestreut werden.

Omelette Frühlingsart (Rezept Seite 97).

4 Portionen

TOMATEN MIT EI

6 Tomaten
4 Eier
Öl
1 Teelöffel Petersilie
Pfeffer
Salz

Sechs feste Tomaten werden einen Moment in kochendes Wasser gelegt, dann geschält und in Würfel geschnitten, wobei man die Kerne entfernt. Man würzt mit Salz und Pfeffer, röstet die Tomaten in heißem Öl rasch durch und übergießt sie mit 4 zerklopften Eiern, in die 1 Teelöffel gehackte Petersilie verschlagen wurde. Nach kurzem Anziehenlassen auftragen.

4 Portionen

GEFÜLLTE TOMATEN

4 große oder
8 kleinere Tomaten
150 g Champignons
60 g Zwiebel
1/2 Eßlöffel Petersilie
Zitronenschale
Öl
Tomatenmark
Kognak
Rotwein
100 g Schinken
Parmesan
Neugewürz (Piment)
Pfeffer, Salz

Feste Tomaten werden an der Stielseite abgedekkelt, von den Kernen befreit und mäßig gesalzen und gepfeffert. Ein feingeschnittenes Gemengsel wie im vorigen Rezept wird mit 100 Gramm feinst faschiertem Schinken gut vermischt. Mit der erhaltenen Masse werden die vorgerichteten Tomaten hochgefüllt. Nachdem sie noch mit geriebenem Parmesan bestreut wurden, setzt man sie nebeneinander in eine Kasserolle mit ein wenig heißem Öl und läßt sie etwa 10 Minuten im Rohr heiß braten. Mit dem Bratöl beträufelt anrichten.

4 Portionen

ZUCCHETTI (Zucchini) IN BIERTEIG

4 Zucchetti
Bierteig
Fett
Pfeffer
Salz

Die Zucchetti werden geschält, in halbzentimeterdicke Scheiben geschnitten und mit Salz und Pfeffer gewürzt. Die Scheiben werden in Bierteig getaucht und in heißem Fett gebacken.
Dazu serviert man Sauce tatare.

> Junge frische Zucchetti werden ungeschält oder nur halbgeschält verarbeitet.

GEFÜLLTE CHAMPIGNONS

4 Portionen

8–12 große Champignons
150 g Braten- oder Schinkenreste
Zitrone
1 kleine Zwiebel
Petersilie
2 Eßlöffel Öl
1 Eßlöffel Tomatenmark
1 Ei
Semmelbrösel (Paniermehl)
Parmesan
Pfeffer
Salz

8 bis 12 große Champignons werden sauber geputzt und kalt gewaschen, dann abgetropft und von den Stielen befreit. Die Pilze höhlt man an der Innenseite ein wenig aus, würzt mit etwas Salz, Pfeffer und Zitronensaft und stellt beiseite. Die Champignonsreste werden samt den Stielen mit 1 kleinen Zwiebel, der feinen Schale von 1/4 Zitrone und ein wenig grüner Petersilie feinst gehackt, in 2 Eßlöffel Öl tüchtig heiß geröstet, mit Salz und Pfeffer gewürzt und mit 1 Eßlöffel Tomatenmark mollig gebunden. Nach halbem Überkühlen wird diese Masse mit 1 ganzen Ei und 150 Gramm feingehackten Braten- oder Schinkenresten innig verrührt, wobei man so viel Semmelbrösel beifügt, daß zuletzt eine geschmeidige, streichfähige Füllmasse entsteht. Damit werden die vorbereiteten Champignons gefüllt, von oben leicht mit geriebenem Parmesan bestreut und dann nebeneinander in eine mit bodenbedeckt heißem Öl versehene Pfanne gesetzt und im gut erhitzten Rohr ca. 12 Minuten gebraten.

CHAMPIGNONS IN BACKTEIG

4 Portionen

300 g Champignons oder beliebige Pilze
Petersilie
Zitrone
120 g Mehl
1 Ei
Öl
helles Bier
Backfett
Zucker
Pfeffer
Salz

300 Gramm Champignons werden sauber geputzt, kurz kalt gewaschen und in halbfingerdicke Scheiben geschnitten bzw. kleinere Pilze bloß halbiert oder im ganzen gelassen. Sie werden mit einer Prise gehackter Petersilie, Salz, Pfeffer und ein wenig Zitronensaft gewürzt und 20 Minuten kalt gestellt. Inzwischen bereitet man aus 120 Gramm Mehl, einer Messerspitze Zucker, einer Teelöffelspitze Salz, 1 Eidotter, einigen Tropfen Öl und hellem Bier nach Bedarf einen mollig-flüssigen, glattgesprudelten Teig, in den zuletzt der steife Schnee von 1 Eiweiß eingemischt wird. Durch diesen Teig zieht man die Pilze, legt sie in gut erhitztes Backfett und backt sie rasch goldfarben. Vom Fett abgetropft und leicht mit feinem Salz bestreut, werden die Pilze locker gehäuft angerichtet.
Als Beilage dient Sauce tatare oder Tomatensauce.

GEBACKENE CHAMPIGNONS

4 Portionen

300 g Champignons
Mehl
2 Eier
Semmelbrösel (Paniermehl)
Backfett
Zitronenspalten
Salz

300 Gramm sauber geputzte und gewaschene Champignons, die kleinen im ganzen, die großen halbiert, werden durch Mehl, zerklopfte Eier und Semmelbrösel gezogen und in heißem Fett gebacken.
Mit Zitronenspalten garnieren.
Foto Seite 85.

EIERSCHWAMMERLN (Pfifferlinge) MIT HIRN

4 Portionen

300 g Eierschwämme (Pfifferlinge)
1 Kalbshirn
60 g Butter
1 mittelgroße Zwiebel
Petersilie
2 Eier
Pfeffer
Salz

In 60 Gramm Butter wird 1 mittelgroße feingehackte Zwiebel gelb geröstet, dann gibt man 300 Gramm saubergeputzte, kleingehackte Eierschwämme dazu, würzt mit Pfeffer und gehackter Petersilie, röstet bei großer Hitze rasch durch, wobei die Flüssigkeit eingehen soll, und läßt die Pilze vollkommen weich dünsten. Dann nach Bedarf salzen, mit einem ganzen abgezogenen und feingehackten Kalbshirn unterrühren und nochmals gut durchschwitzen lassen. Zuletzt 2 ganze Eier einrühren und halbsteif anziehen lassen. Sofort auftragen.

PILZE PROVENZALISCHE ART

4 Portionen

500 g Steinpilze
Knoblauch
Petersilie
60 g Öl
Zitronensaft
3–4 Eßlöffel Bratensaft
Kümmel
Pfeffer
Salz

500 Gramm sauber gereinigte Steinpilze werden dünnblättrig geschnitten, mit Pfeffer, einer zerdrückten Knoblauchzehe, gehacktem Kümmel und Petersiliengrün gewürzt und dann in 60 Gramm sehr heißem Öl rasch durchgeröstet. Dann salzt man sie nach Bedarf, tropft ein wenig Zitronensaft darüber, vergießt mit 3 bis 4 Eßlöffel Bratensaft und läßt die Pilze zugedeckt langsam weich dünsten.

Kroketten

FISCHKROKETTEN

4 Portionen

300 g beliebiges Fischfleisch
40 g Butter
40 g Mehl
1/4 l Fischsuppe
Zitronensaft
1 Eidotter
1 Ei
Semmelbrösel (Paniermehl)
Öl
Cayennepfeffer
Salz

Zur Herstellung von Fischkroketten kann jegliches gekochte oder gedünstete Fischfleisch verwendet werden. Dabei ist aber darauf zu achten, daß See- und Süßwasserfische auseinandergehalten werden. In 40 Gramm Butter 40 Gramm Mehl anschwitzen, mit 1/4 Liter durch das Kochen von Fischen gewonnener Suppe aufgießen, mit Salz, Zitronensaft und etwas Cayennepfeffer würzen und kurz verkochen. Nach leichtem Überkühlen 1 Eidotter einrühren. Diese sehr dicke Sauce wird mit dem zerpflückten, von allen Gräten befreiten Fischfleisch vermischt, abgeschmeckt und die Masse wie bei Fleischkroketten weiterverarbeitet. Die Kroketten werden in Ei und Semmelbröseln paniert und in mittelheißem Öl herausgebacken.
Mit Sauce tatare oder Remoulade servieren.

FLEISCHKROKETTEN

4 Portionen

300 g Rindfleisch- bzw. Bratenreste
Fett
Zwiebel
Petersilie
ca. 1/8 l braune Ragoutsauce
2–3 Eier
Mehl
Semmelbrösel (Paniermehl)
Zitrone
Majoran
Pfeffer
Salz

300 Gramm Reste von gekochtem oder gedämpftem Rindfleisch, Lunge, Herz und eventuell Bratenreste werden feinst faschiert. Im Fett wird ein wenig feinstgehackte Zwiebel und Petersilie geschwitzt, das Fleisch beigegeben und geröstet. Das Ganze würzt man mit Salz, Pfeffer und einer Idee Majoran, rührt das Haschee schließlich mit ein wenig brauner Ragoutsauce zu einer festen Masse an, die über Hitze nochmals tüchtig durchgeschwitzt wird, ehe sie in etwas überkühltem Zustand mit 1 Eidotter, bei größerer Masse mit 1 ganzen Ei, verrührt wird. Wichtig ist, daß trotz Eizugabe das Haschee ziemlich kompakt bleibt. Dann streicht man es auf glatter Unterlage 2 Zentimeter hoch auf, bedeckt die Oberseite mit gefettetem Papier und stellt das Ganze sehr kalt. Gut erstarrt, schneidet man davon verschobene Rechtecke, die nacheinander durch Mehl, zerklopfte

Eier und Semmelbrösel gezogen werden, ehe man sie in heißem Fett goldbraun backt und mit brauner Ragoutsauce und Zitronenspalten umkränzt zu Tisch bringt.

> Das Haschee kann durch Mitrösten von Pilzen geschmacklich verbessert werden. Ein Aufspringen der Kroketten verhindert man durch schnelles Herausbacken in gut erhitztem Fett.

WILDKROKETTEN

4 Portionen

300 g Wildfleischreste
Fett
Zwiebel
Petersilie
50 g Champignons
ca. 1/8 l Wildsauce
2–3 Eier
Mehl
Semmelbrösel
(Paniermehl)
Pfeffer
Salz

Die Vorbereitung ist dieselbe wie bei Fleischkroketten. Ehe das feinstfaschierte Restefleisch von Hirsch-, Reh- oder Hasenbraten angeschwitzt wird, läßt man außer Zwiebel und Petersilie noch feingehackte Champignons oder Steinpilze anrösten. Statt brauner Ragoutsauce verwendet man eine Wildsauce, die analog dem Rezept für braune Ragoutsauce mit Wildabfällen hergestellt und mit Senf, Preiselbeeren und Rotwein gewürzt wird. Die Vollendung erfolgt wie bei Fleischkroketten.
Mit Preiselbeeren oder Sauce Cumberland und Orangenscheiben servieren.

GEBACKENER EMMENTALER

1 Portion

80 g Emmentaler
Öl
Mehl
1 Ei
Semmelbrösel
(Paniermehl)
Backfett
Petersilie
1 Zitronenspalte
weißer Pfeffer

Pro Portion wird 1 Scheibe abgerindeter Emmentaler im Gewicht von 80 Gramm mit ein paar Tropfen Öl und ganz wenig weißem Pfeffer eingerieben. Dann taucht man den Käse in Mehl, zieht ihn durch zerklopftes, ungewässertes Ei und hüllt ihn schließlich in Semmelbrösel ein. Knapp vor Tisch wird der Emmentaler in fingerdick sehr gut erhitztes Fett eingelegt und unter einmaligem Wenden sehr rasch semmelblond gebacken. Mit der Backschaufel vom Fett heben, abgetropft anrichten und mit einem Sträußchen Petersilie und einer Spalte Zitrone garnieren.

Soufflés

SCHINKENSOUFFLÉ

6 Portionen

300 g Schinken
1/4 l Milch
Zwiebelringe
40 g Butter
30 g Mehl
3 Eier
1 Eßlöffel Parmesan
Muskatnuß
Pfefferkörner
Salz

1/4 Liter Milch läßt man mit einigen Zwiebelringen, einigen zerquetschten Pfefferkörnern, etwas Salz und Muskatnuß aufkochen und dann 10 Minuten zugedeckt heiß ziehen. Inzwischen bereitet man aus 40 Gramm Butter und 30 Gramm Mehl eine helle Schwitze, die mit der passierten Milch aufgegossen und zu dicker Sauce verkocht wird. Nach dem Auskühlen verrührt man diese Sauce nach und nach mit 3 Eidottern und 300 Gramm sehr fein faschiertem Schinken, schlägt dann 3 Eiweiß steif und rührt den Schnee nebst 1 Eßlöffel geriebenem Parmesan in die Masse. Diese füllt man in eine mit Butter gefettete feuerfeste Backform und backt sie in gelinder Hitze im nicht ganz geschlossenen Rohr, bis ein leichter Fingereindruck erwidert wird. Im Backgeschirr auftragen.
Natur gedünstete Zuckererbsen als Beilage.

KÄSESOUFFLÉ

6 Portionen

100 g Käse (Emmentaler, Greyerzer Käse)
50 g Butter
50 g Mehl
1/4 l Milch
8 Eier
1 Teelöffel Stärkemehl
Muskatnuß
Pfeffer
Salz

50 Gramm Butter erhitzen, 50 Gramm Mehl beigeben und kurz rösten. Mit 1/4 Liter kochender Milch aufgießen, mit der Schneerute sofort glattrühren und 1 Minute auf Hitze bearbeiten. Mit Salz, Muskatnuß und Pfeffer würzen. In die leicht überkühlte Masse 8 Eidotter, 100 Gramm Käse und 1 Teelöffel Stärkemehl mischen. 8 Eiweiß mit etwas Salz zu Schnee schlagen und in die Käsemasse ziehen. In 6 gut gebutterte und mit Mehl bestaubte Portionspfännchen füllen und am Herd im Wasserbad stehend ca. 20 Minuten pochieren. Darauf im Backrohr bei eher ansteigender Hitze 8 Minuten backen und sofort servieren.

Warme Eiergerichte

Es gibt kaum ein zweites Nahrungsmittel, das so vielseitig verwendbar ist wie das Ei. Ob es nun allein oder in Verbindung mit anderen Materialien verarbeitet wird, ist es ein wertvoller Grundbestandteil vieler Speisen. Zu dieser vielseitigen Verwendbarkeit kommt noch der hohe Nährwert des Eies, der sich beim Hühnerei in 13 Prozent reinem Eiweiß, 11 Prozent Fett und 1 Prozent Mineralstoffen ausdrückt. Zudem enthält das Ei Vitamin A, B und Lecithin.
Für die meisten warmen Eiergerichte sollten nur vollfrische Eier verwendet werden.
Warme Eiergerichte werden als warme Vorspeisen, als Zwischenmahlzeit oder als Garnitur zu Fleisch- oder Gemüsegerichten serviert.

HARTGEKOCHTE EIER

1. Vollkommen unverletzte Eier werden in kochendes Wasser gelegt, 10 Minuten gekocht, mit kaltem Wasser abgeschreckt und geschält.
2. Die Eier werden in kaltem Wasser zugestellt, auf kräftiger Hitze zum Kochen gebracht und 8 Minuten gekocht, in kaltes Wasser umgelegt und bald geschält.

> Eier, die zu lange gekocht haben, verlieren an Geschmack, und außerdem weist der Dotter eine grüne Randfärbung auf. Die erste Kochart eignet sich für warme, die zweite für kalte Gerichte mit harten Eiern besser.

1 Portion

EIER IM GLAS

2 Eier
Salz

2 frische Eier, deren Schalen nicht zersprungen sein dürfen, werden in kochendes Wasser eingelegt, 2 1/2 bis 3 Minuten gekocht, sofort geöffnet und mittels kleinem Löffel in ein Stielglas gefüllt, wenig gesalzen und gleich serviert. Eiweiß und Dotter sollen nicht mehr untereinander vermischt werden, als es durch das Ausputzen der Eierschalen ohnehin geschieht.

1 Portion

EIERSPEISE

3 Eier
20 g Fett
Salz

In einem Eierspeisschüsselchen läßt man 20 Gramm Fett sehr heiß werden, gießt 3 aufgeschlagene, mit etwas Salz nur ganz wenig durchgerührte Eier dazu, läßt sie von unten stocken, hebt das Gestockte fallweise mit der Gabel hoch, und zwar so lange, bis die ganze Eiermasse ganz nach Wunsch mehr oder minder steif angezogen ist, und serviert die Speise gleich in der Schüssel.

> Die stockende Eiermasse darf während der Herstellung nicht umgedreht werden.

1 Portion

RÜHREIER NATUR

3 Eier
1/16 l Milch oder Obers (Süßrahm)
20 g Butter
Salz

3 ganze Eier, Milch oder Obers werden zusammen mit ein wenig Salz gut versprudelt, dann über 20 Gramm heißer Butter in einem kleinen Geschirr aufgegossen und bei flotter Hitze so lange mit dem Kochlöffel gerührt, bis die Eiermasse die gewünschte Festigkeit hat. Auf heißem Teller anrichten und gleich auftragen.

1 Portion

RÜHREIER MIT CHAMPIGNONS

3 Rühreier natur
30 g Champignons
10 g Butter
Petersilie, Pfeffer, Salz

Auf Rühreier natur setzt man ein Häufchen von 30 Gramm Champignons, die blättrig geschnitten in heißer Butter kurz geschwenkt und mit Salz, Pfeffer und gehackter Petersilie gewürzt wurden.

1 Portion

RÜHREIER MIT KÄSE

3 Rühreier natur
20 g Parmesan

Die Herstellungsweise ist die gleiche wie bei Rühreier natur. Die Eier werden bloß weniger gesalzen, dafür außer mit Milch oder Obers noch mit 20 Gramm geriebenem Parmesan versprudelt, ehe sie aufgegossen werden.

RÜHREIER MIT HÜHNERLEBER

1 Portion

3 Rühreier natur
2 Stück Hühnerleber
20 g Butter
Zwiebel
Pfeffer
Salz

Die Hühnerleber wird blättrig geschnitten, in 20 Gramm Butter mit etwas feinstgehackter Zwiebel durchgeröstet, mit Salz und Pfeffer gewürzt, mit ganz wenig Suppe oder Wasser vergossen und einmal aufgedämpft. Damit werden Rühreier natur obenauf besetzt.

RÜHREIER MIT TOMATEN

1 Portion

3 Rühreier natur
1 Tomate
Schnittlauch
Öl
Pfeffer
Salz

1 feste Tomate wird einen Moment in kochendes Wasser gelegt und dann geschält. Man drückt die Kerne aus und schneidet die Tomate in Würfelchen. Diese werden gesalzen, gepfeffert, mit gehacktem Schnittlauch bestreut und in etwas Öl heiß geschwenkt. Damit werden Rühreier natur obenauf besetzt.

EIEROMELETTE

1 Portion

3 Eier
Butter
Salz

3 Eier werden aufgeschlagen, etwas gesalzen und verquirlt. Die Masse gießt man auf eine mäßig mit Butter versehene, sehr heiße Omelettenpfanne und läßt über Hitze bei ständigem Lockern mit der Palette oder einer Gabel halbsteif anziehen. Dann wird die Omelette von unten angebacken, damit sie eine goldbraun geäderte Färbung annimmt. Die Seiten von links und rechts über die Mitte zusammenschlagen und die Eieromelette auf die Servierschüssel stürzen. Sie soll wie jede Eierspeise rasch serviert werden. Ihr Inneres darf niemals hart, sondern muß cremeartig sein, während sie von außen schön gebacken erscheint.

OMELETTE MIT ERBSEN

1 Portion

3 Eier
1 Eßlöffel Zuckererbsen
Butter, Salz

Die Herstellung erfolgt wie bei Eieromelette, nachdem in die aufgeschlagenen Eier 1 Eßlöffel gekochte Zuckererbsen eingemischt wurde.

OMELETTE MIT SCHINKEN

1 Portion

3 Eier
1 Eßlöffel Schinken
Butter
Pfeffer, Salz

1 Eßlöffel feingehackter Schinken wird in Butter angeschwitzt und ganz schwach gepfeffert. Wie bei Eieromelette gießt man die Eiermasse darüber und stellt das Gericht fertig.

BAUERNOMELETTE

4 Portionen

6 Eier
100 g Selch- (Räucher)speck
1 Eßlöffel Zwiebel
3 mittelgroße Kartoffeln
Petersilie
$^1/_8$ l Milch
Pfeffer
Salz

100 Gramm feinwürfelig geschnittenen Selchspeck läßt man auf breiter Omelettenpfanne glasig anrösten, fügt 1 Eßlöffel feingehackte Zwiebel bei und röstet gut durch. Dann gibt man 3 mittelgroße gekochte und würfelig geschnittene Kartoffeln sowie etwas Salz, Pfeffer und Petersilie dazu und röstet alles zu heller Farbe durch. 6 ganze Eier versprudelt man mit knapp $^1/_8$ Liter Milch und etwas Salz, gießt damit die gerösteten Kartoffeln auf und läßt die Eiermasse unter Rütteln und Durchrühren mit der Palette oder einer Gabel halbsteif anziehen. Nachdem die Bauernomelette noch von unten schön Farbe genommen hat, wird sie, ohne sie zusammenzuschlagen, gestürzt und flach auf runder Platte angerichtet.

OMELETTE FRÜHLINGSART

4 Portionen

8 Eier
Wurzelwerk
1 kleines Stück Karfiol (Blumenkohl)
1 Eßlöffel Erbsen
2 Tomaten
4 Eßlöffel Obers (Süßrahm)
60 g Butter
Salz

Das geschälte Wurzelwerk würfelig schneiden und zusammen mit Karfiolröschen und Erbsen in Salzwasser weich kochen und abseihen. Die Tomaten schälen, von den Kernen ausdrücken und würfelig schneiden. Die Eier aufschlagen und mit Salz und Obers verrühren. Eine Pfanne erhitzen, die Butter aufschäumen und das gut abgetropfte Gemüse beigeben. Die Eiermasse eingießen, die Tomatenwürfel darüberstreuen. Durch Rühren mit der Palette leicht stocken lassen, zu einer Omelette zusammenschlagen und Farbe nehmen lassen.
Dann auf eine vorgewärmte Platte stürzen.
Foto Seite 86.

1 Portion

OMELETTE MIT CHAMPIGNONS

3 Eier
40 g Champignons
20 g Butter
Pfeffer
Salz

40 Gramm geputzte Champignons werden blättrig geschnitten und etwas gepfeffert in 20 Gramm Butter geschwitzt, ehe mit den Eiern wie bei Eieromelette aufgegossen und das Gericht vollendet wird.

Man kann auch gehackte Petersilie mitrösten.

4 Portionen

OMELETTE MIT KRÄUTERN

12 Eier
$^1/_{16}$ l Obers (Süßrahm)
60 g Butter
2 Champignons
Petersilie
Schnittlauch
20 g Zwiebel
Zitronenschale
Salz

12 Eier werden mit $^1/_{16}$ Liter Obers und ein wenig Salz verschlagen. In 60 Gramm heiß zerlassener Butter schwitzt man ein Feingehacktes aus 2 Champignons, ein wenig Petersiliengrünem, Schnittlauch, Zwiebel und einem Stückchen Zitronenschale kurz an. Darauf gießt man die verquirlte Eiermasse, mischt sie mit der Palette oder einer Gabel auf großer Hitze mit den Kräutern gut durch und läßt unter Schütteln halbsteif stocken. Dann schlägt man die Omelette auf drei Teile zusammen, backt die vorerst nach unten liegende Oberseite zu goldbraun geäderter Farbe, stürzt die Omelette auf eine vorgewärmte Schüssel und serviert sofort.

Links und rechts kann man die Omelette mit Tomatensauce einfassen.

4 Portionen

RAHMEIER

6 Eier
30 g Butter
4 Eßlöffel Parmesan
$^1/_8$ l Sauerrahm
Petersilie
Muskatnuß
weißer Pfeffer
Salz

Eine feuerfeste Porzellan- oder Glasschüssel wird stark mit Butter ausgestrichen und am Boden mit 2 Eßlöffel geriebenem Parmesan bestreut. Darauf schlägt man 6 frische Eier, die jedoch nicht auseinanderfließen dürfen. Nun sprudelt man $^1/_8$ Liter Sauerrahm mit Salz, weißem Pfeffer, etwas Muskatnuß und gehackter Petersilie ab, überzieht damit die Eier und bestreut mit geriebenem Käse. 10 Minuten vor Tisch stellt man die Schüssel in ein heißes Rohr und überbackt sie, bis die Eier leicht gestockt sind und der Käse geschmolzen erscheint.

SPIEGELEIER UND OCHSENAUGEN

Pro Ei
5 g Butter
Salz

Für Spiegeleier wird eine Setzeierform erhitzt, Butter eingelegt und leicht gesalzen. In jede Vertiefung wird 1 Ei so eingeschlagen, daß der Eidotter unverletzt bleibt. Auf schwacher Hitze läßt man die Spiegeleier 10 bis 12 Minuten so weit stocken, daß die oberste Schicht Eiweiß und ein Teil des Eidotters noch weich bleiben.

Für Ochsenaugen wird eine Omelettenpfanne erhitzt, Butter eingelegt und gesalzen. Dann schlägt man am besten nur 1 Ei so auf die Pfanne, daß der Eidotter unverletzt bleibt, und läßt das Ganze auf schwacher Hitze so wie ein Spiegelei stocken. Aus Schönheitsgründen kann ein Ochsenauge mit einem entsprechend großen Ausstecher rund ausgestochen werden.

Spiegeleier und Ochsenaugen verwendet man zum Belegen von natur gebratenen Fleischstücken oder als Vorspeise mit Hühnerleber, Spargel, sautierten Tomaten, gebratenen Melanzanischeiben usw. garniert.

> Spiegeleier und Ochsenaugen soll man nie von oben salzen, weil sich sonst der „Spiegel" trüben würde. Gesalzen wird die aufgeschäumte Butter vor dem Einschlagen der Eier.

GEBACKENE EIER MIT TOMATENSAUCE

1 Portion

2 Eier
Tomatensauce
Öl
2 getoastete Weißbrotschnitten
Salz

In einer kleinen Pfanne läßt man zwei Finger hoch Öl ziemlich heiß werden. 1 frisches Ei schlägt man in eine Schale, läßt es dann unverletzt in das heiße Fett gleiten, salzt sofort ganz wenig und trachtet, mit der Gabel das auseinanderstrebende Ei immer wieder zusammenzuballen. Ist die Unterseite hellbraun geworden, dreht man das Ei um, backt es fertig und richtet es abgetropft auf einer getoasteten Weißbrotschnitte an. Pro Person rechnet man 2 solche Eier, die man mit Tomatensauce umkränzt zu Tisch gibt.

POCHIERTE (Verlorene) EIER

Eier
Weinessig

Man bringt 2 Drittel Wasser mit 1 Drittel Weinessig fast zum Kochen, schlägt die vollkommen frischen Eier zuerst in eine kleine Schale und läßt sie dann in das Essigwasser gleiten; auf einmal immer nur so viele, als bequem nebeneinander Platz haben. Je frischer die Eier sind, um so weniger werden sie im Essigsud zerfahren, um so besser werden sie sich bald zusammenziehen. Man läßt sie langsam ohne zu kochen ziehen, bis sie eine gewisse Festigkeit aufweisen, innen aber noch vollkommen weich sind. Aus dem Sud nehmen und in lauwarmes Salzwasser legen. Anhaftende „Fransen" werden abgeschnitten. Die verlorenen Eier werden fast immer kombiniert mit Saucen, Ragouts, in Pastetchen, auf Toast usw. gegeben.

1 Portion

FLORENTINER EIER

2 verlorene Eier
Spinatblätter
Butter
1/8 l Béchamelsauce
1 Eidotter
Parmesan
Semmelbrösel (Paniermehl)
Pfeffer
Salz

Eine kleine Handvoll saubere Spinatblätter werden im ganzen in etwas Butter ohne Wasserzuguß weich gedämpft, gesalzen und mäßig gepfeffert und damit der Boden einer Gratinierschüssel belegt. Darauf werden 2 verlorene Eier gelegt und mit Béchamelsauce, in die 1 roher Dotter und etwas geriebener Parmesan verrührt wurden, überzogen. Obenauf mit Parmesan und Semmelbröseln bestreut, läßt man die Eier im heißen Rohr goldgelb überkrusten.

4 Portionen

EIER LOTHRINGER ART

4 Eier
8 dünne Scheiben Selch(Räucher)speck
8 dünne Scheiben Emmentaler
4 Eßlöffel Sauerrahm
Pfeffer, Salz

Eine flache Backschüssel legt man mit dünnen Selchspeck- und Emmentalerscheiben aus, würzt leicht mit Pfeffer und schlägt 4 Eier darauf. Leicht salzen, mit 4 Eßlöffel glattgerührtem Sauerrahm überziehen und im heißen Rohr kurz überbacken.

Warme und kalte Saucen

In den Saucen liegt das Geheimnis einer geschmackvollen Küche. Saucen entstehen entweder im Zusammenhang mit der Herstellung einer Speise oder werden selbständig zubereitet.
Fisch, Fleisch, Wild, Geflügel und so fort können noch so gut sein, es wird in schlecht zubereiteter Sauce bedeutend schlechter schmekken als das minderwertigste Grundmaterial in gut zubereiteter Sauce. Damit soll auch der Fingerzeig gegeben sein, daß nicht immer nur teures, qualitativ höchststehendes Fleisch, Fisch und sonstiges Material allein geeignet ist, erstklassige Speisen zu liefern, wenn der Zubereitung nicht volle Aufmerksamkeit geschenkt wird, d. h. die dazugehörigen Säfte und Saucen nicht entsprechen.
In diesen Belangen ist die französische Küche *der* Lehrmeister – sie dankt ihre hervorragende Stellung unter allen anderen Küchen hauptsächlich der raffinierten Saucenzubereitung, und es sind oft die einfachsten Mittel, deren sie sich hiezu bedient. Ihr Grundsatz ist und bleibt, jegliche Sauce „natürlich" zu halten, mit anderen Worten: Jede Sauce soll sich geschmacklich mit dem Material, aus dem sie hergestellt ist oder dem sie als Begleitung dient, identifizieren. Es ist wichtig, daß, um von den einfachsten Dingen zu sprechen, ein Kalbsbratensaft tatsächlich nach „Kalb" schmeckt. Es soll weiters nicht vorkommen, daß aus einer „Generalsauce", in der alle möglichen und unmöglichen Ingredienzien vertreten sind, eine Legion hübsch benannter Saucen abgeleitet wird, die alle mehr oder weniger gleich schmecken. Wohl kennt die Küche eine Serie von Grundsaucen und Aufgußfonds, die zur Fertigstellung Dutzender Saucen dienen. Aber sie alle dürfen nur eine zweitklassige Rolle spielen und müssen im Geschmack neutral gehalten sein. Damit kommen wir zu einem anderen wichtigen Punkt der Saucenzubereitung, zur Würzung und eigentlichen Geschmackgebung der Saucen.
Wenn auch überall mit Wasser gekocht wird, so soll das nicht dazu verleiten, als „Aufguß" für eine Sauce nur Wasser zu verwenden, sondern es soll eine wenn auch noch so schwache Suppe zu diesem

Zweck vorbereitet sein. Wie sehr dadurch eine Sauce von Grund auf geschmacklich „gehoben" wird, weiß jeder Praktiker. Und nichts leichter, als stets eine Aufgußsuppe zur Verfügung zu haben. Selbst wenn in einer Küche auch nicht täglich Fleisch und Knochen verkocht werden, so genügt es schon, wenn die Knochen samt Wurzelwerk vom Vortag neuerlich mit Wasser und etwas Salz zugestellt und langsam gekocht werden, denn gerade bei den Knochen löst sich die „Kraft" erst nach fünf- und mehrstündiger Kochzeit, so daß es also unrationell wäre, die Knochen nach ein- bis zweistündigem Kochen einfach wegzugeben.
Gebratene Knochen werden separat gekocht, wobei der Vorgang derselbe bleibt wie bei den gekochten Knochen. Die Suppe wird naturgemäß dunkler, ist geschmacklich aber ebenfalls neutral und dient zum Aufgießen von braunen Saucen. Von Grund auf frisch hergestellte Saucen, die auch im nachfolgenden behandelt werden, bedürfen zu ihrer Kräftigung individueller Beigaben von Knochen, Wurzeln usw. Ganz allgemein ist von Bedeutung, jede Sauce möglichst lange auskochen zu lassen, da sie erst dann schön und glatt und damit um so feiner wird.

Die Saucen werden in folgender Gliederung gereiht:

1. *Warme Saucen*
   a) Braune Saucen
   b) Bratensäfte (Jus)
   c) Weiße Saucen
   d) Aufgeschlagene Buttersaucen
   e) Selbständige, typisch österreichische Saucen

2. *Kalte Saucen*
   a) Mayonnaisesaucen
   b) Selbständige kalte Saucen

Die genannten Saucen sind jeweils Grundsaucen, die je nach Verwendungszweck verändert bzw. abgeleitet werden können.

Warme Saucen

Braune Saucen

BRAUNE GRUNDSAUCE

14 Portionen

1 1/2 kg Rinds-, Selch- bzw. Kalbsknochen
1/2 kg Rind- bzw. Kalbfleischabschnitte (Parüren)
150 g Wurzelwerk
1 kleine Zwiebel
100 g Mehl
3 Tomaten
1/8 l Weißwein
1 Zitronenspalte
Thymian
Lorbeerblatt
Pfefferkörner
Salz

1 1/2 Kilogramm Rindsknochen, allenfalls vermischt mit Hühnerknochen, sowie einige kleingehackte Selch- und Kalbsknochen und 1/2 Kilogramm Rindfleisch- bzw. Kalbfleischabschnitte werden gesalzen und in entsprechender Kasserolle im Rohr langsam braungebraten. Ist die Hellbräune erreicht, gibt man 150 Gramm Wurzelwerk, wie Sellerie und Karotten, und 1 kleine Zwiebel grobwürfelig geschnitten dazu, läßt auch dies zu einiger Farbe mitbraten, bevor man einige zerquetschte Pfefferkörner, ganz wenig Thymian und Lorbeerblatt dazugibt. Das sich durch das langsame Braten absondernde Fett wird nun vollständig abgeseiht und darin 100 Gramm Mehl in passender Pfanne und über langsamer Hitze schön braun geröstet und beiseite gestellt. Je weniger Fett die Mehlschwitze aufweist, d. h. je „trockener" sie ist, um so besser. Die angebratenen Knochen werden gleich nach dem Fettabguß mit 4 Liter Wasser, besser natürlich Suppe, aufgegossen und mit Beifügung von 3 zerrissenen Tomaten mindestens 2 bis 3 Stunden gekocht. Dann gibt man die inzwischen kalt gewordene Einbrenn dazu und läßt das Ganze gut durchgerührt weitere 2 Stunden kochen. In der letzten halben Stunde des Kochens gibt man noch 1/8 Liter leichten Weißwein und 1 Spalte Zitrone dazu und passiert schließlich die gut entfettete Sauce durch ein Haarsieb oder ein Filtertuch. Dieses Rezept ergibt, wenn richtig gekocht, 1 3/4 Liter fertige Sauce, die weder zu dünn noch weniger aber zu dick sein darf.

> Sind keine Selchknochen vorhanden, können Selchspeckreste oder -schwarten verwendet werden. Noch verbessert wird die braune Sauce durch das Mitkochen von Petersilien-, Sellerie- und Porreegrünem.

4 Portionen

FEINE KRÄUTERSAUCE

1/2 l braune Grundsauce
100 g Champignons
Petersilie
Zitronenschale
1 kleine Zwiebel
2 Eßlöffel Fett
1 Teelöffel Tomatenmark
Kognak
Rotwein
Muskatnuß
Ingwer

100 Gramm Champignons, ein Sträußchen Petersilie, die Schale von 1/4 Zitrone und 1 kleine Zwiebel werden feinst gehackt. Das Gemengsel wird in 2 Eßlöffel heißem Fett geschwitzt, mit 1 Teelöffel Tomatenmark, einer Prise Muskatnuß und Ingwer versetzt und nach kurzem Durchrösten mit 1 Glas Kognak abgelöscht. Dann gibt man 1/2 Liter fertige braune Grundsauce dazu, läßt alles einmal tüchtig aufkochen und würzt zum Schluß noch mit einem Spritzer Rotwein.
Foto Seite 274.

4 Portionen

KRÄUTER-DECKSAUCE

1/4 l braune Grundsauce
weitere Zutaten wie bei feiner Kräutersauce

Diese Sauce wird zum Braungratinieren von Fischen, Fleisch, Innereien und Gemüsen verwendet und muß daher eher dick gehalten sein. Die Herstellung samt allen Zutaten bleibt die gleiche wie bei feiner Kräutersauce mit dem Unterschied, daß nur mit 1/4 Liter brauner Grundsauce aufgegossen wird und das Ganze langsam und unter öfterem Umrühren so weit eingekocht wird, bis die Sauce von dicklicher Konsistenz ist.

4 Portionen

BÜRGERLICHE SAUCE

1/2 l braune Grundsauce
150 g Wurzelwerk
20 g Butter
1 kleine Zwiebel
1 Teelöffel Tomatenmark
Knoblauch
Weißwein
Thymian
Lorbeerblatt
Muskatnuß
Pfeffer

150 Gramm geputzte Wurzeln von Karotte und gelber Rübe sowie Sellerieknolle werden mit dem Wiegemesser fein gehackt. In 20 Gramm Butter wird 1 kleine feingehackte Zwiebel gelb geschwitzt, die Wurzeln dazugegeben und ebenfalls eine Weile geröstet. 1 Teelöffel Tomatenmark, ganz wenig zerdrückter Knoblauch, etwas geriebene Muskatnuß, Pfeffer, Lorbeerblatt und Thymian kommen dazu. Das Ganze löscht man nach kurzem Durchrösten mit einem Schuß Weißwein ab und läßt eindämpfen, ehe mit 1/2 Liter fertiger brauner Grundsauce aufgegossen und tüchtig aufgekocht wird.

BRAUNE CHAMPIGNONSAUCE

4 Portionen

1/2 l braune Grundsauce
6 Champignons
Zwiebel
Petersilie
Tomatenmark
1 Eßlöffel Öl
Sherry, Zitronensaft

Etwas feinstgehackte Zwiebel, Petersiliengrünes und Champignonstiele und ein wenig Tomatenmark werden in 1 Eßlöffel Öl angeschwitzt, darin röstet man 6 blättrig geschnittene Champignonköpfe durch, löscht mit einem Schuß Sherry ab, vergießt mit 1/2 Liter fertiger brauner Grundsauce und läßt kurz verkochen. Mit Zitronensaft würzen.

PROVENCER SAUCE

4 Portionen

1/2 l braune Grundsauce
1 kleine Zwiebel
Knoblauch
1 Eßlöffel Öl
Tomatenmark
Petersilie
Kapern, Sardellen
Weißwein
Worcestersauce
Zucker

1 kleine feingehackte Zwiebel wird mit etwas zerdrücktem Knoblauch in 1 Eßlöffel Öl gelbgeschwitzt, mit ein wenig Tomatenmark oder würfelig geschnittenen frischen Tomaten sowie feinstgehackter Petersilie, Kapern und Sardellen vermischt, wenig gezuckert und nach kurzem Durchrösten mit einem Schuß Weißwein abgelöscht. Mit 1/2 Liter fertiger brauner Grundsauce vergießen und 10 Minuten kochen lassen. Zum Schluß mit einigen Tropfen Worcestersauce würzen.

ROBERT-SAUCE

4 Portionen

1/2 l braune Grundsauce
1 Zwiebel
20 g Butter
Weißwein
Senf, Zucker

1 feingehackte Zwiebel wird in 20 Gramm Butter gelb angeröstet, mit einem Spritzer Weißwein, etwas Senf und Zucker versehen und das Ganze mit 1/2 Liter fertiger brauner Grundsauce noch 10 Minuten langsam gekocht.

SCHALOTTENSAUCE

4 Portionen

1/2 l braune Grundsauce
3 Eßlöffel Schalotten
20 g Butter
Weißwein
Essig
Worcestersauce
1 Teelöffel Zucker

3 Eßlöffel feingehackte Schalottenzwiebeln werden in 20 Gramm Butter gelbgeröstet, mit 1 Teelöffel Zucker versetzt und geröstet, bis der Zucker sich zu lösen beginnt. Dann löscht man mit einem Spritzer Weißwein und Essig ab, vergießt nach einigem Dämpfen mit 1/2 Liter fertiger brauner Grundsauce und läßt tüchtig verkochen. Zum Schluß mit einem Spritzer Worcestersauce würzen.

TEUFELSSAUCE

4 Portionen

½ l braune Grundsauce
1 große Zwiebel
20 g Butter
1/16 l Weißwein
Essig
1 Teelöffel Senf
1 Teelöffel Tomatenmark
Kapern
Cayennepfeffer, Ingwer

1 große, feingehackte Zwiebel wird in 20 Gramm Butter gelbgeschwitzt, mit 1/16 Liter Weißwein und einem Schuß Essig versetzt und eingekocht, dann mit je 1 Teelöffel Senf und Tomatenmark sowie etwas feingehackten Kapern vermischt und mit Cayennepfeffer und geriebenem Ingwer gewürzt. Das Ganze läßt man gut durchschwitzen und verkocht es dann mit ½ Liter fertiger brauner Grundsauce.

TRÜFFELSAUCE

4 Portionen

½ l braune Grundsauce
40 g eingelegte Trüffeln
Butter
1/16 l Madeirawein

40 Gramm Trüffeln werden in feine Streifen geschnitten, in etwas Butter angeschwitzt und mit 1/16 Liter Madeira und Trüffelfond eingekocht, ehe mit ½ Liter fertiger brauner Grundsauce aufgegossen und weitere 10 Minuten verkocht wird.

ITALIENISCHE SAUCE

4 Portionen

½ l braune Grundsauce
100 g Champignons
Petersilie, Zitrone
1 kleine Zwiebel
2 Eßlöffel Fett
2 Teelöffel Tomatenmark
Kognak, Rotwein
Muskatnuß, Ingwer
Einlage
100 g Schinken, Butter

Die Sauce ist genauso herzustellen wie die feine Kräutersauce, es wird nur doppelt soviel Tomatenmark dazugegeben, und als Einlage wird 100 Gramm kleinwürfelig geschnittener Schinken, in etwas Butter zuerst angeschwitzt, mit der Sauce aufgekocht.

MADEIRASAUCE

4 Portionen

½ l braune Grundsauce
1/16 l Madeirawein
80 g Champignons
30 g Butter

1/16 Liter Madeira wird mit 80 Gramm feingeschnittenen Champignons einmal aufgekocht, mit ½ Liter fertiger brauner Grundsauce vergossen und langsam etwa 20 Minuten gekocht. Dann passiert man die Sauce und schlägt 30 Gramm frische Butter mit der Schneerute ein.

RAHMSAUCE

6 Portionen

Kalbsknochen
40 g Fett
40 g Mehl
3/8 l Suppe
1/8 l Sauerrahm
Zitrone
weißer Pfeffer, Salz

Einige klein zerhackte Kalbsknochen läßt man, etwas gesalzen, in 40 Gramm Fett goldbraun anrösten, staubt dann mit 40 Gramm Mehl, vergießt nach einigem Schwitzen mit 3/8 Liter Suppe und 1/8 Liter Sauerrahm, würzt mit Zitronenschale und Saft sowie mit weißem Pfeffer und streicht die Sauce nach tüchtigem Verkochen durch ein Sieb.

WILDSAUCE

6–8 Portionen

1 kg Abschnitte (Parüren) und Knochen vom Wild
Speckschwarten oder Selch(Räucher)speckreste
60 g Fett
100 g Wurzelwerk
1 Zwiebel
40 g Mehl
3/16 l Rotwein
1 l Suppe
2 Eßlöffel Preiselbeeren
Orangen- und Zitronensaft
1 Teelöffel Senf
1 Teelöffel Tomatenmark
Lorbeerblatt, Koriander
Muskatblüte, Thymian
Pfefferkörner

1 Kilogramm Parüren und Knochen vom Wild wird klein zerhackt und mit Speckschwarten oder Selchspeckresten in 60 Gramm Fett gebräunt. Das grob gewürfelte Wurzelwerk wird dazugegeben und braungeröstet, schließlich 1 grobwürfelig geschnittene Zwiebel dazugeben. Man staubt mit 40 Gramm Mehl und läßt wieder braunrösten. Dann mit 3/16 Liter Rotwein ablöschen und mit 1 Liter Suppe auffüllen. Mit Lorbeerblatt, Koriander, Muskatblüte, Thymian und Pfefferkörnern läßt man mindestens 1 Stunde kochen. Gegen Schluß des Kochens werden 2 Eßlöffel Preiselbeeren, Orangen- und Zitronensaft und je 1 Teelöffel Senf und Tomatenmark verrührt und in der Sauce tüchtig verkocht. Abschließend sauber passieren.

WACHOLDERSAUCE

4 Portionen

1/2 l Wildsauce
1 Orange
1/16 l Rotwein
1 Eßlöffel Wacholderbeeren
Zwiebelringe
Essig
Zucker

Saft und feine Schale von 1 Orange werden mit 1/16 Liter Rotwein, 1 Eßlöffel Wacholderbeeren, einigen Zwiebelringen, einem Schuß Essig und ganz wenig Zucker 10 Minuten verkocht, dann mit 1/2 Liter Wildsauce vergossen und noch weitere 10 Minuten eingekocht. Die Sauce wird vor Gebrauch passiert und für feine Wildbretgerichte verwendet.

Bratensäfte (Jus)

Unter Jus versteht man einen reduzierten, reinen Fond von gebratenen Knochen und Flüssigkeit, der außer Salz keinerlei Gewürz und kaum eine Bindung aufweist.
Gewöhnlich entsteht der Bratensaft beim Braten eines Fleischstückes und erhält dadurch von vornherein seine Güte, sofern die Bratenkruste nicht zu braun wird.

KALBSBRATENSAFT

4–6 Portionen

- 1/2 kg Kalbsknochen
- Kalbfleischparüren
- Fett
- Butter
- 5 g Mehl
- Salz

Um Bratensaft auch ohne dazugehörigen Braten zur Verfügung zu haben, werden 1/2 Kilogramm kleingehackte Kalbsknochen und Parüren etwas gesalzen und mit wenig Fettzusatz im heißen Rohr unter öfterem Durchrühren goldbraun gebraten. Dann gießt man das Fett ab, gibt dafür ein Stückchen Butter dazu, läßt gut durchrösten, staubt mit 5 Gramm Mehl, gießt mit 1/2 Liter Wasser oder heller Suppe auf und läßt gut verkochen. Der Saft wird schließlich geseiht und nochmals aufgekocht.

> Pro Person sollte man 1/16 Liter Bratensaft rechnen.

SCHWEINSBRATENSAFT

4–6 Portionen

- 1/2 kg Schweinsknochen
- Fett
- 5 g Mehl
- Knoblauch, Kümmel
- Salz

Schweinsbratensaft wird auf die gleiche Art wie Kalbsbratensaft hergestellt, unter Verwendung von Schweinsknochen und Zugabe von etwas Kümmel und Knoblauch kurz vor dem Aufgießen. Außerdem wird das Fett nicht durch Butter ersetzt.

FLEISCHGLACE

½ kg kleingehackte Rindsknochen
½ kg kleingehackte Kalbsknochen
½ kg Parüren vom Rind
Fett
1 Eßlöffel Tomatenmark
⅛ l Weißwein

Die Knochen und Parüren in ganz wenig Fett langsam im Rohr bräunen. Tomatenmark beigeben und auch dieses braun rösten, mit Weißwein ablöschen, mit ca. 4 Liter kaltem Wasser auffüllen und zum Kochen bringen. Unter häufigem Abschäumen langsam 4 Stunden klarkochen. Durch ein Tuch seihen. Diesen braunen, möglichst klaren Fond auf Sirupdicke einkochen. Die beim Einkochen immer weniger werdende Flüssigkeit wird nach und nach in entsprechend kleinere Geschirre umgefüllt.

> Die Fleischglace wird am besten auf Vorrat gekocht und tiefgekühlt, z. B. in Kunstdärme gefüllt, gelagert.

4–6 Portionen

WILDBRATENSAFT

½ kg Wildknochen
Selch(Räucher)speck
Fett
Wurzelwerk
Pilze
5 g Mehl
Orangen- und Zitronensaft
Lorbeerblatt
Koriander
Thymian
Pfefferkörner

Die Herstellung erfolgt wie bei Kalbsbratensaft, jedoch werden für Wildbratensaft mit den gehackten Wildknochen würfelig geschnittener Selchspeck, etwas Wurzelwerk und eventuell Pilze mitgebraten. Zusätzlich röstet man kurz vor dem Aufgießen ein Stückchen Lorbeerblatt, einige Pfefferkörner, etwas Koriander und Thymian mit und versetzt den geseihten Saft mit ganz wenig Orangen- und Zitronensaft.

> Ein wenig Beigabe von Madeirawein verbessert den Saft.

Weiße Saucen

Bei der Zubereitung weißer Saucen wird eine helle (weiße) Mehlschwitze mit Kalbsknochensuppe (Kalbsfond), Geflügelsuppe (Geflügelfond), Fischsuppe (Fischfond) oder mit anderen Flüssigkeiten aufgegossen, gut verkocht, passiert und abgeschmeckt. In dieser Zubereitungsphase spricht man von einer *Einmachsauce (Sauce velouté)*, die durch Beigabe von Eidotter und Obers legiert oder durch Verschlagen mit Obers und Butter montiert wird.

KALBSEINMACHSAUCE (Sauce allemande)

4 Portionen

Aufgußsuppe
1 kg Kalbsknochen
Wurzelwerk
Pfefferkörner
Salz

Sauce
40 g Butter
40 g Mehl
2 Eidotter
ca. 1/16 l Obers (Süßrahm)
Muskatnuß
Salz

Für die Aufgußsuppe wird 1 Kilogramm Kalbsknochen mit Wasser bedeckt einmal rasch aufgekocht, abgeseiht und kalt gespült. Dann stellt man die Knochen mit 2 Liter Wasser wieder zu und läßt unter Beigabe von wenig Salz, einem Bund Wurzelwerk und einigen Pfefferkörnern langsam kochen, je länger, um so besser. In 40 Gramm heißer Butter läßt man 40 Gramm Mehl kurz anlaufen, vergießt mit 1/2 Liter heller Aufgußsuppe, rührt das Ganze glatt und läßt es langsam 15 Minuten verkochen. Nach Bedarf noch Flüssigkeit beigeben. Dann wird die Sauce passiert und mit Salz und Muskatnuß abgeschmeckt. 2 Eidotter und etwa 1/16 Liter Obers verrühren und damit die nicht mehr kochende Sauce vollenden.

> Die Sauce kann mit Einlagen, wie Champignons, Spargel, Estragon oder gemischten Kräutern, variiert werden.

SPARGELSAUCE

4 Portionen

1/2 l Kalbseinmachsauce
150 g Suppenspargel
Petersilie
20 g Butter
Zucker

150 Gramm geschälter Spargel wird kleingeschnitten und mit etwas feingehackter Petersilie in 20 Gramm Butter unter Zusatz von sehr wenig Zucker und Wasser zugedeckt weich gedämpft, hierauf passiert und mit Kalbseinmachsauce verschlagen.

> Auf gleiche Weise kann *Karfiol(Blumenkohl)-sauce* hergestellt werden.

GEFLÜGELCREMESAUCE (Sauce suprême)

4 Portionen

Hühnersuppe
Hühnerjunges oder Suppenhuhn
Wurzelwerk, Zwiebel
Pfefferkörner, Salz
Sauce
40 g Mehl
80 g Butter
Zitronensaft
1/16 l Obers (Süßrahm)
Muskatnuß
weißer Pfeffer, Salz

Für die Hühnersuppe wird gereinigtes, gewaschenes Hühnerklein oder Suppenhuhn kalt zugestellt und mit Salz, Pfefferkörnern, Wurzelwerk und Zwiebel gekocht. Abseihen und entfetten.
40 Gramm Mehl in 40 Gramm Butter kurz anschwitzen, mit 1/2 Liter klarer Hühnersuppe aufgießen, glattrühren und 1/2 Stunde kochen lassen. Passieren, mit Salz, weißem Pfeffer, geriebener Muskatnuß und Zitronensaft abschmecken. 1/16 Liter Obers und 40 Gramm Butter in die nicht mehr kochende Sauce einschlagen.

CHAMPIGNONSAUCE

4 Portionen

1/2 l Geflügelcremesauce
80 g Champignons
30 g Butter
Zitronensaft

In eine Geflügelcremesauce gibt man 80 Gramm blättrig geschnittene und in 30 Gramm Butter mit etwas Zitronensaft heiß geschwenkte Champignons als Einlage.

WEISSWEINSAUCE FÜR FISCHGERICHTE

4 Portionen

Fischgräten, Köpfe, Abschnitte von Fischfilets
1/16 l Weißwein
Zwiebelringe
4 Eidotter
100 g Butter
Pfefferkörner
Salz

Gut gesäuberte Fischgräten, Köpfe und Abschnitte von Fischfilets werden mit 1/4 Liter Wasser, 1/16 Liter Weißwein, Zwiebelringen, Pfefferkörnern und Salz 1/2 Stunde gekocht, abgeseiht und dann auf 6 Eßlöffel Essenz eingekocht. Diese wird überkühlt zu 4 rohen Eidottern geseiht, die mit 100 Gramm warm aufgelöster Butter über mäßig heißem Wasserbad zu einer dicklichen Sauce aufgeschlagen werden.

Diese Fischgrundsauce kann mit Crevetten, Krebsen, Trüffeln, Sardellen, Champignons, Kräutern usw. variiert werden.
Gefärbt und geschmacklich verändert wird sie auch durch Beigabe von Krebsen- oder Hummerbutter.

ROTWEINSAUCE FÜR FISCHGERICHTE

4 Portionen

Fischgräten, Köpfe, Abschnitte von Fischfilets
$^1/_{16}$ l Rotwein
Zwiebelringe
4 Eidotter, 100 g Butter
$^1/_2$ Teelöffel Tomatenmark
Fleischglace
Pfefferkörner, Salz

Die Zubereitung erfolgt wie bei Weißweinsauce. Dabei kommt zum Schluß in die fertige Sauce noch $^1/_2$ Teelöffel Tomatenmark und Fleischglace.

HUMMERSAUCE

4 Portionen

Fischgräten, Köpfe, Abschnitte von Fischfilets
$^1/_{16}$ l Weißwein
Zwiebelringe
Petersilie
40 g Mehl
40 g Butter
30 g Hummerbutter
Kognak
Pfefferkörner, Salz

Aus Fischgräten, Köpfen und Abschnitten von Fischfilets wird unter Beigabe von $^1/_2$ Liter Wasser, $^1/_{16}$ Liter Weißwein, Zwiebelringen, Petersiliengrünem, einigen Pfefferkörnern und etwas Salz eine klare Fischsuppe zubereitet. 40 Gramm Mehl in 40 Gramm Butter kurz anschwitzen, mit geseihter überkühlter Fischsuppe aufgießen, glattrühren und $^1/_2$ Stunde kochen lassen. Die Sauce mit warm aufgelöster Hummerbutter verschlagen und mit Kognak abschmecken.

KREBSENSAUCE

4 Portionen

Zutaten wie bei Hummersauce, statt Hummerbutter
30 g Krebsenbutter

Die Zubereitung erfolgt wie bei Hummersauce.

MILCHEINMACHSAUCE (Sauce Béchamel)

4 Portionen

40 g Mehl
40 g Butter
$^1/_2$ l Milch
Zwiebel
Thymian, Muskatnuß
weißer Pfeffer, Salz

Während 40 Gramm Mehl in 40 Gramm Butter licht angeschwitzt wird, läßt man $^1/_2$ Liter Milch mit ganz wenig Zwiebel, Salz, weißem Pfeffer, Thymian und Muskatnuß ein wenig kochen, seiht sie durch ein Tuch und gießt damit die Mehlschwitze auf, die dann dick verkocht wird.

SAUCE CRÈME

4 Portionen

Milcheinmachsauce
1/16 l Obers (Süßrahm)
20 g Butter

Die fertige Milcheinmachsauce verschlägt man mit 1/16 Liter Obers und 20 Gramm Butter.

SAUCE MORNAY

4 Portionen

Milcheinmachsauce
2 Eidotter
2 Teelöffel Parmesan
20 g Butter

Der fertigen Milcheinmachsauce werden 2 Eidotter, 2 Teelöffel Parmesan und 20 Gramm Butter beigegeben.

> Mit dieser Sauce werden schon gegarte Gemüse, Innereien, Eier, Fleisch und Fisch überzogen, mit Reibkäse (Fettkäse) bestreut, mit Butter beträufelt und bei starker Oberhitze gratiniert (überkrustet).

LYONER SAUCE

4 Portionen

Milcheinmachsauce
1 mittelgroße Zwiebel
Knoblauch
20 g Butter

1 mittelgroße gehackte Zwiebel und etwas Knoblauch werden zusammen in 20 Gramm Butter zugedeckt weich gedämpft, in fertige Milcheinmachsauce eingerührt, einmal aufgekocht und passiert.

Aufgeschlagene Buttersaucen

HOLLÄNDISCHE SAUCE (Sauce hollandaise)

4 Portionen

3 Eidotter
3 Eßlöffel Flüssigkeit (Bouillon oder Wasser)
Zitronensaft
180 g Butter
Cayennepfeffer, Salz

Die Sauce wird heutzutage meist ohne Reduktion hergestellt. Dabei werden 3 Eidotter mit 3 Eßlöffel Flüssigkeit (Bouillon oder Wasser), dem Saft von 1/2 Zitrone, Salz und einer Spur Cayennepfeffer über Dunst warmgeschlagen, vom Dunst gehoben und dann 180 Gramm Butter eingerührt. Die

Butter wird dazu kräftig aufgekocht, überkühlt und ohne Molke in die Sauce eingerührt.

Wird ein größeres Quantum zubereitet, das mehrere Stunden gebrauchsfertig bleiben muß, wird die in einem Porzellantiegel in nicht zu heißem Wasserbad stehende Sauce mit einem butterbestrichenen Halbpergamentpapier bedeckt.

AUFGESCHLAGENE OBERSSAUCE (Sauce mousseline)

4 Portionen

holländische Sauce
4 Eßlöffel Obers (Süßrahm)

Für diese Spezialsauce für Spargel werden erst bei Tisch 4 Eßlöffel Obers in die fertige Sauce hollandaise gerührt.

BEARNER SAUCE (Sauce béarnaise)

4 Portionen

2 Eßlöffel Weinessig
Weißwein
Zwiebelringe
3 1/2 Eßlöffel Estragon
3 Eidotter
180 g Butter
1/2 Eßlöffel Petersilie
Pfefferkörner, Salz

2 Eßlöffel Weinessig, ein Spritzer Weißwein und 1/16 Liter Wasser werden mit einigen Zwiebelringen, zerquetschten Pfefferkörnern, etwas Salz und 3 Eßlöffel Estragon bis auf Essenz eingekocht, die überkühlt zu 3 Eidottern geseiht wird. Über Dunst warm schlagen und die Butter wie bei Sauce hollandaise einrühren. Als Einlage je 1/2 Eßlöffel feingehackten Estragon und Petersilie einmengen.

SAUCE CHORON

4 Portionen

Bearner Sauce
1 Teelöffel Tomatenmark

Fertige Bearner Sauce wird mit Tomatenmark rot gefärbt.

SAUCE FOYOT

4 Portionen

Bearner Sauce
Fleischglace

Fertige Bearner Sauce wird mit gelöster Fleischglace braun gefärbt bzw. abgeschmeckt.

Selbständige, typisch österreichische Saucen

Fast alle dieser Saucen eignen sich als Begleitsauce zu gekochtem Rindfleisch und gekochter Zunge.

DILLENSAUCE

4 Portionen

1 Eßlöffel Dille
60 g Butter
40 g Mehl
3/8 l Knochensuppe
1/8 l Sauerrahm
Pfeffer
Salz

Während eine Buttersauce aus 40 Gramm Butter und 40 Gramm Mehl licht geröstet und mit 3/8 Liter Knochensuppe vergossen langsam kocht, wird 1 Eßlöffel feingehackte Dille in 20 Gramm Butter heißgeschwitzt, mit 1/8 Liter glattgerührtem Sauerrahm verrührt, alles zusammengemischt und einmal tüchtig aufgekocht. Gewürzt wird mit Salz und Pfeffer.

Nach Belieben kann man in der Mehlschwitze vor dem Aufgießen etwas feingehackte Zwiebel und Petersilie anschwitzen.

GURKENSAUCE

4 Portionen

150 g Essiggurken
60 g Butter
40 g Mehl
Zwiebel
Petersilie
Knoblauch
3/8 l Knochensuppe
Dille
1/8 l Sauerrahm
Pfeffer
Salz

Aus 40 Gramm Butter und 40 Gramm Mehl röstet man eine goldgelbe Einbrenn, schwitzt darin etwas feinstgehackte Zwiebel, Petersilie und eine Idee Knoblauch, vergießt mit 3/8 Liter Knochensuppe und gibt nach einigem Verkochen etwa 150 Gramm feinblättrig geschnittene Essiggurken dazu, die vorher mit etwas feingehackter Dille in 20 Gramm Butter heiß geschwenkt wurden. Entsprechend gewürzt mit Salz und Pfeffer, verrührt man zum Schluß noch 1/8 Liter glattgerührten Sauerrahm in die Sauce, die noch einmal tüchtig aufgekocht wird.

4 Portionen

KAPERNSAUCE

1 Eßlöffel Kapern
40 g Fett
40 g Mehl
Zwiebel
Petersilie
3/8 l Knochensuppe
1/8 l Sauerrahm
Pfeffer, Salz

In einer lichten Einmach aus 40 Gramm Fett und 40 Gramm Mehl röstet man ein feingehacktes Gemengsel aus 1 Eßlöffel Kapern, wenig Zwiebel und Petersilie kurz an, vergießt mit 3/8 Liter Knochensuppe, würzt mit Pfeffer und Salz nach Geschmack, rührt 10 Minuten vor Schluß des Kochens 1/8 Liter glattgerührten Sauerrahm darunter und läßt tüchtig verkochen.

4 Portionen

PAPRIKASAUCE

2 Teelöffel Paprika
1 große Zwiebel
Kalbsknochen
60 g Fett
Knoblauch
Zitronenschale
1/2 l Suppe
Selchschwarte
1/16 l Sauerrahm
40 g Mehl
Kümmel
Salz

1 große feingehackte Zwiebel wird zusammen mit einigen kleingehackten Kalbsknochen in 60 Gramm Fett gelbgeröstet, mit 2 Teelöffel Paprika, etwas Knoblauch, Salz, wenig Zitronenschale und Kümmel versetzt, durchgeschwitzt und sofort mit 1/2 Liter Suppe aufgegossen. Nach tüchtigem Verkochen, wobei ein Stück Selchschwarte mitgekocht wird, verrührt man noch 1/16 Liter Sauerrahm mit 40 Gramm Mehl und etwas Flüssigkeit, bindet damit die Sauce und passiert sie nach abermaligem Kochen.

Durch Beigabe einer frischen Paprikaschote nach dem Aufgießen verbessert man den Geschmack.

4 Portionen

PILZSAUCE

100 g Pilze
60 g Butter
Zwiebel, Petersilie
Knoblauch
40 g Mehl
3/8 l Suppe
1/8 l Sauerrahm
Zitronensaft
Worcestersauce
Kümmel, Pfeffer, Salz

In 60 Gramm Butter röstet man etwas feinstgehackte Zwiebel und Petersilie gelb, gibt eine Idee Kümmel, Knoblauch und 100 Gramm blättrig geschnittene Pilze dazu, röstet alles kurz durch, staubt mit 40 Gramm Mehl und würzt mit Salz und Pfeffer. Aufgegossen wird mit 3/8 Liter Suppe und 1/8 Liter Sauerrahm. Dann läßt man die Sauce gut verkochen und verbessert zum Schluß mit einigen Tropfen Zitronensaft, frisch gehackter Petersilie und Worcestersauce.

4 Portionen

SARDELLENSAUCE

4 Salzsardellen
40 g Fett
40 g Mehl
Zwiebel
Petersilie
1/2 l Suppe
Pfeffer

In einer lichtgelben, aus 40 Gramm Mehl und 40 Gramm Fett hergestellten Mehlschwitze röstet man ein feingehacktes Gemengsel aus 4 Salzsardellen, ein wenig Zwiebel und Petersilie kurz an, gießt dann mit 1/2 Liter Suppe auf und läßt die Sauce unter Zusatz von Pfeffer gut verkochen.

6–8 Portionen

TOMATENSAUCE

500 g Tomaten
Wurzelwerk
Zwiebel
Selchknochen
50 g Fett
30 g Mehl
1/2 l Suppe oder Wasser
Essig
Zucker
Pfefferkörner
Salz

Ganz wenig kleingeschnittenes Wurzelwerk, Zwiebel, gehackte Selchknochen und Pfefferkörner werden in 50 Gramm Fett angeröstet und mit 30 Gramm Mehl gestaubt. Dann gibt man 500 Gramm frische zerrissene Tomaten oder entsprechend viel Tomatenmark dazu und röstet etwas durch. Mit 1/2 Liter Suppe oder Wasser aufgießen und sehr gut verkochen lassen. Mit Salz, Essig und Zucker süß-säuerlich gewürzt, wird die Sauce passiert.
Foto Seite 399.

Statt Selchknochen können auch Selchschwarten oder Selchspeckreste verwendet werden.

4 Portionen

BRAUNE ZWIEBELSAUCE

150–200 g Zwiebel
60 g Fett
30 g Zucker
30 g Mehl
2 Eßlöffel Weinessig
1/2 l Suppe
Pfeffer
Salz

In 60 Gramm Fett läßt man 30 Gramm Zucker hellbraun anlaufen, gibt 150 bis 200 Gramm nudelig geschnittene Zwiebel dazu und röstet diese goldgelb. Dann wird mit 30 Gramm Mehl gestaubt und mit Salz und Pfeffer gewürzt. Nach kurzem Durchrösten löscht man mit 2 Eßlöffel Weinessig ab und vergießt das Ganze mit 1/2 Liter Suppe zu einer nicht zu dicken Sauce, die nach tüchtigem Kochen sauber passiert wird.

4 Portionen

WEISSE ZWIEBELSAUCE

1 große Zwiebel
60 g Butter
40 g Mehl
1/8 l Obers (Süßrahm)
1/8 l Geflügel- oder Knochensuppe
Zitronensaft
Muskatnuß
weißer Pfeffer
Salz

1 große nudelig geschnittene Zwiebel wird in 60 Gramm Butter zugedeckt weich gedämpft, mit 40 Gramm Mehl gestaubt und nach kurzem Durchschwitzen mit je 1/8 Liter Obers und Geflügel- oder heller Knochensuppe aufgegossen. Dann würzt man mit Salz, weißem Pfeffer, etwas Zitronensaft und geriebener Muskatnuß. Die gut und dick verkochte Sauce wird später passiert und dient entweder als Begleitung zu englisch gebratenem Fleisch, wozu sie in einer Sauciere angerichtet wird, oder als Decksauce für überkrustete Fleischgerichte, hauptsächlich vom Hammel.

4 Portionen

OBERSKREN

100 g Kren (Meerrettich)
40 g Mehl
40 g Butter
1/2 l Milch
Muskatnuß
Zucker, Salz

40 Gramm Mehl läßt man in 40 Gramm Butter heiß anschwitzen, reibt ganz wenig Muskatnuß dazu, gießt mit 1/2 Liter Milch oder halb Milch und halb Obers (Süßrahm) auf und läßt eine Weile verkochen. Nachdem man mit Salz und Zucker gewürzt hat, verrührt man feingeriebenen Kren darunter und läßt die Sauce nur einmal aufwallen.

4 Portionen

SEMMELKREN

Kren (Meerrettich)
2 Semmeln vom Vortag
Rindsuppe
Pfeffer
Salz

2 abgerindete Semmeln werden in dünne Blätter geschnitten, die, mit Salz und Pfeffer mäßig gewürzt, mit so viel Rindsuppe aufgegossen und unter Rühren verkocht werden, daß ein nicht zu dicker Brei entsteht. In diesen rührt man nach Geschmack geriebenen Kren ein und läßt nur einmal aufkochen.

Mayonnaisesaucen, von oben: kalte Schnittlauchsauce, grüne Sauce II, Sauce tatare (Rezepte Seiten 124, 122, 121).

Kalte Saucen

In diesem Abschnitt werden jene Saucen behandelt, die sich als Beilagen zu kalten und warmen Fisch-, Fleisch- und Gemüsegerichten eignen.
Die jeweilige spezielle Verwendung ist im entsprechenden Rezept angeführt.

Mayonnaisesaucen

Die meisten kalten Saucen werden mit Mayonnaise hergestellt. Dazu wird Mayonnaise mit nötigen Geschmacksträgern oder Einlagen versehen und mit Flüssigkeit auf die erforderliche Konsistenz gebracht. Dabei wird meist Gewürzgurkensaft, Essigwasser oder Sauerrahm verwendet. Das beste Resultat erzielt man mit leicht geschlagenem Obers (Süßrahm), das im letzten Augenblick vor dem Servieren der Mayonnaise beigemischt wird.

REMOULADEN-SAUCE

4 Portionen

1/4 l Mayonnaise
2 Eßlöffel Feingehacktes, bestehend aus Essiggurken, Kapern Petersilie, Estragon
1 Sardellenfilet

In 1/4 Liter fertige Mayonnaise verrührt man 2 Eßlöffel feingehackte Essiggurken, Kapern, Petersilie, Estragon und 1 Sardellenfilet und bringt die Sauce mit Flüssigkeit auf richtige Konsistenz.
Für Fisch- und Gemüsegerichte.

SAUCE TATARE

4 Portionen

1/4 l Mayonnaise
Zwiebel
1 Gewürz- oder Essiggurke
1 Teelöffel Kapern
Petersilie
Essig
Zucker

1/4 Liter fertige Mayonnaise wird mit feinstgehackter Zwiebel, 1 Gewürz- oder Essiggurke, 1 Teelöffel Kapern, etwas gehackter Petersilie, ganz wenig Zucker und gewässertem Essig zu einer rahmartigen Sauce verrührt. Wird die Sauce sofort verwendet, gibt man Zwiebel bei; auf Vorrat stellt man die Sauce ohne Zwiebel her.
Für Eier-, Gemüse- und Fischgerichte und zu Grillspeisen.
Fotos Seiten 85, 119, 153.

GRÜNE SAUCE I

4 Portionen

2 hartgekochte Eidotter
2 rohe Eidotter
1/8 l Öl
Kräuteressig, Weinessig
Zwiebel, Petersilie
Schnittlauch, Estragon
Pfeffer, Salz

2 hartgekochte zerdrückte Eidotter und 2 rohe Eidotter werden mit 1/8 Liter feinem Salatöl dicklich gerührt. Man würzt mit Salz, Pfeffer und je einem Spritzer Kräuter- und Weinessig und rührt dann feinstgehackte Zwiebel, Petersilie, Schnittlauch und Estragon zusammen unter.
Für kalte Eiergerichte, Fische und Fleisch.

GRÜNE SAUCE II

4 Portionen

1/4 l Mayonnaise
Spinatblätter
Petersilie
Selleriegrün
Estragon
Kerbel

Eine Handvoll Spinatblätter, etwas Petersilien- und Selleriegrünes sowie ein wenig Estragon und Kerbel werden in Wasser einige Minuten gekocht, abgeseiht und kalt überspült. Der mittels Saftpresse oder durch Pressen im Leinentuch gewonnene dunkelgrüne Saft wird in 1/4 Liter fertige Mayonnaise eingerührt.
Foto Seite 119.

ENGLISCHE MAYONNAISE

4 Portionen

1/4 l Mayonnaise
Worcestersauce
englischer Senf

1/4 Liter fertige Mayonnaise wird mit Worcestersauce und englischem Senf pikant abgeschmeckt.
Für gebratene Hammelgerichte verwenden.

KALTE KNOBLAUCHSAUCE

4 Portionen

2 Knoblauchzehen
1 Eidotter
3/16 l Olivenöl
1 Eßlöffel Weinessig
Pfeffer
Salz

2 mit Salz geriebene Knoblauchzehen werden mit Pfeffer gewürzt und mit 1 rohem Eidotter verrührt. Dann rührt man 3/16 Liter Olivenöl tropfenweise ein. In der halben Zeit des Rührens gibt man 1 Eßlöffel kochenden Weinessig bei und rührt die Sauce ziemlich schaumig.
Zu in Öl gebratenen Seefischen und Hammelgerichten servieren.

KAVIARSAUCE

4 Portionen

3/16 l Mayonnaise
2 Eßlöffel Schlagobers (Schlagsahne)
40 g Kaviar

In 3/16 Liter fertige Mayonnaise werden 2 Eßlöffel Schlagobers und 40 Gramm grobkörniger, hellgrauer Kaviar eingerührt und sehr kalt serviert. Zu Krabben und Fischgerichten reichen.

Selbständige kalte Saucen

SAUCE CUMBERLAND

4 Portionen

4 Stück Würfelzucker
1 Zitrone
1 Orange
1/8 l Rotwein
150 g Ribiseln (Johannisbeeren)
150 g Preiselbeeren
englisches Senfpulver

Die Schale von 1 Zitrone wird auf 4 Würfel Zucker abgerieben, dieser mit der fein in Streifen geschnittenen Schale von 1 Orange in etwa 1/8 Liter Rotwein aufgekocht und erkaltet mit passierten, eingekochten Ribiseln und Preiselbeeren mollig vermischt. Die Sauce Cumberland wird dann mit Senfpulver, Zitronen- und Orangensaft gewürzt. Begleitsauce zu Terrinen, Pasteten und Galantinen, zu kaltem Wild und Wildgeflügel.

SAUCE VINAIGRETTE

4 Portionen

2 Eier
1 kleine Zwiebel
1 Essiggurke
1 Teelöffel Kapern
Petersilie
3 Eßlöffel Essig
1/16 l Öl
Pfeffer, Salz

Von 2 gekochten Eiern die Eidotter hacken, Salz, Pfeffer, gehackte Zwiebel, Essiggurke, Kapern und Petersilie, gewässerten Weinessig und 1/16 Liter Öl suppig abrühren und das feingehackte Eiweiß dazumischen.
Für Gemüsevorspeisen, kalte Eier- und Fischgerichte, Fleischsalate und kalte Gerichte von Innereien.

RAVIGOTESAUCE

4 Portionen

4 hartgekochte Eidotter
Senf
2 Teelöffel Essig
3/16 l Öl
Petersilie, Schnittlauch
Estragon, Zitronensaft
Pfeffer, Salz

4 hartgekochte Eidotter werden passiert, mit Salz, Senf, 2 Teelöffel Essig und etwas Pfeffer abgetrieben und dann unter tropfenweiser Zugabe von 3/16 Liter Öl schaumig gerührt. Zum Schluß wird mit gehackter Petersilie, Schnittlauch, Estragon und Zitronensaft gewürzt.
Beilage zu marinierten Fischen.

4 Portionen

KALTE SCHNITTLAUCHSAUCE

2 hartgekochte Eidotter
2 Semmeln
Milch
2 Teelöffel Staub(Puder)zucker
Worcestersauce
2 Eßlöffel Essig
4 Eßlöffel Öl
Schnittlauch
weißer Pfeffer
Salz

2 hartgekochte Eidotter werden zusammen mit 2 abgerindeten, in gewässerter Milch eingeweichten und sehr gut ausgedrückten Semmeln durch ein feines Sieb gestrichen. Das Passierte wird mit 2 Teelöffel Staubzucker, dem nötigen Salz, einer Prise weißem Pfeffer, ein paar Tropfen Worcestersauce, 2 Eßlöffel mildem Essig und nach und nach 4 Eßlöffel gutem Salatöl zu einer dicklich-cremigen, pikant-süßlich schmeckenden Sauce abgerührt, die mit gehacktem Schnittlauch bestreut zu Tisch kommt.
Im Bedarfsfall wird mit Wasser oder milde gewässertem Essig verdünnt.
Eine der beliebtesten Beilagen zu gekochtem Rindfleisch.
Fotos Seiten 119, 154.

4 Portionen

APFELKREN

2 gehäufte Eßlöffel Kren (Meerrettich)
2 Äpfel
Essig
Öl
Zucker

2 geschälte und entkernte Äpfel werden mit leicht gezuckertem Wasser weich gekocht, dann passiert und mit Essig, Öl und 2 gehäuften Eßlöffel gerissenem Kren verrührt.
Zu gekochtem Rindfleisch.
Foto Seite 183.

4 Portionen

ESSIGKREN

80 g Kren (Meerrettich)
Essig
3/8 l klare Rindsuppe
Öl
Zucker
weißer Pfeffer
Salz

80 Gramm gerissener Kren wird mit 3/8 Liter klarer kochender Rindsuppe gerade bedeckt aufgefüllt und mit Salz, weißem Pfeffer, einer Spur Zucker, Essig und Öl gewürzt. Dann stellt man den Essigkren kalt.
Zu gekochtem Rindfleisch.

Fische

Der Nährwert der Fische ist nur unbedeutend geringer als der des Schlachtfleisches. Außer vollwertigem Eiweiß enthält Fisch auch wichtige Mineralstoffe (Jod, Phosphor und Kalk) und wichtige Vitamine (A, B und D). Der Fettgehalt, vor allem bei Magerfischen, ist gering bis unbedeutend. Aus diesen Gründen und der leichten Verdaulichkeit wegen sollten Fischgerichte bei der modernen Ernährung eine größere Rolle spielen.
Man unterscheidet zwischen Süßwasserfischen (Fluß- und Seefischen) und Salzwasserfischen (Meeresfischen).

Die wichtigsten Süßwasserfische

Familie der Barsche: Barsch, Zander (Fogosch).
Familie der Lachse: Lachs (Salm), Bach-, See-, Regenbogenforelle, Saibling, Felchen, Äsche.
Familie der Weißfische: Karpfen (Leder-, Spiegelkarpfen), Brachse, Schleie, Rotauge, Barbe; Flußaal, Hecht, Wels (Waller).

Die wichtigsten Salzwasserfische

Familie der Heringe: Hering, Sardelle.
Familie der Stachelflosser: Makrele, Thunfisch, Goldbarsch.
Familie der Plattfische: Heil- und Steinbutt, Flunder, Rotzunge, Scholle, Seezunge.
Familie der Schellfische: Dorsch, Kabeljau, Schellfisch, Merlan, Seelachs, Lengfisch; ferner: Seeaal, Seehecht, Seeteufel.

Einkauf von Fischen

Süßwasserfische sollen möglichst nur lebend, frisch getötet oder als erstklassige Tiefkühlware gekauft werden.
Beim Einkauf von Fischen ist natürlich vor allem auf den Geruch zu

achten. Ein arteigener angenehmer Fischgeruch zeugt von Frische und Qualität. Die Frische erkennt man auch an den Augen, wenn diese nur wenig eingefallen und noch klar sind. Ferner daran, wenn unter den aufgehobenen Kiemendeckeln die Kiemen noch rosa gefärbt erscheinen. Schließlich erkennt man die Frische auch daran, daß sich ein Druck auf das volle Fleisch wieder von selbst glätten muß; bleibt die Druckspur bestehen, ist Vorsicht am Platz.

Küchenmäßiges Vorrichten von Fischen

Das Töten der Fische erfolgt durch einen wohlgezielten, aber keineswegs zu wuchtig geführten Schlag auf den Kopf, genau in Augenhöhe. Der Fisch kann mit einem Tuch festgehalten werden. Alle Fische, die man „blau" zubereitet, dürfen nur mit der nassen Hand niedergehalten werden, damit der Schleim, der den Fisch umgibt und der das Blauwerden bewirkt, nicht abgestreift wird. Aale tötet man durch Abtrennung des Kopfes. Soweit es sich um Schuppenfische handelt, werden sie mit einem steilgehaltenen Messerrücken oder mit einem im Handel erhältlichen „Fischschupper" vom Schwanz gegen den Kopf zu geschuppt. Fische, die vor Gebrauch abgehäutet werden, brauchen nicht geschuppt zu werden. Dasselbe gilt für die feinschuppigen Fische (Forellen). Das Abhäuten erfolgt nach dem Ausnehmen, wenn der Fisch bereits halbiert oder in Teile geschnitten ist, indem man, Haut nach unten auf glattem Brett, mit einem scharfen Messer das Fleisch so sauber abtrennt, daß nichts vom Fleisch auf der Haut haftenbleibt. (Ähnlich dem „Speckabschwarteln".) Geöffnet wird der Fisch gewöhnlich nur an der Unterseite, indem die Bauchdecke vom After bis zum Kopf durchtrennt wird. Dann entfernt man alle Innereien. Die Galle darf nicht zerdrückt werden, da sich ihr bitterer Inhalt sofort dem übrigen Fleisch unangenehm mitteilt. Wird Rogen bzw. Milch verwendet, werden diese vorsichtig aus den sonstigen Innereien gelöst. Der am inneren Rückgrat befindliche Blutstreifen wird bei größeren Fischen mit einer Bürste, bei kleineren mit dem Daumennagel sauber entfernt. Nach dem Ausnehmen wäscht man den Fisch und trennt den Kopf knapp vor dem Genick mit einem scharfen Messer ab, vorausgesetzt, daß der Kopf nicht mitverkocht werden soll. Das Waschen der Fische sollte immer kurz unter fließendem Wasser geschehen. Anschließend abtrocknen. Längeres Liegenlassen im Wasser sollte vermieden werden. Um einen Fisch zu filetieren, schneidet man mit scharfem Messer vom Genick weg längs der Rückengräten bis zum Mittelgrat so durch, daß das Fleisch schön von den Gräten gelöst erscheint, schneidet so weiter bis zum Schwanz und wiederholt das gleiche an der Unterseite. Durch leichtes Einpicken längs des Mittelgrates teilt man dann den Fisch, worauf man die mit dem Mittelgrat belassene Hälfte ebenso auslösen kann. Geschieht dies aber nicht, hat man zu berücksichtigen, daß Fischportionen mit dem Mittelgrat immer länger zum Garwerden benötigen als solche, die ausgelöst sind. Das Vorrichten der Seefische vollzieht sich bis auf die Flachfische, wie Seezunge und Steinbutt, worauf in den Rezepten noch verwiesen wird, in gleicher Weise.

Beilagen

zu gekochtem Fisch:
Salzkartoffeln, Petersilienkartoffeln, geschmolzene Butter, holländische Sauce, Zitronenspalten, Petersiliensträußchen;

zu gebratenem oder gegrilltem Fisch:
Salzkartoffeln, eventuell auch gebratene Kartoffeln, manchmal auch Gemüse, Salate, Zitronenspalten, Kräuterbutter;

zu gebackenem Fisch:
Salzkartoffeln, Petersilienkartoffeln, Mayonnaisesaucen, verschiedene Salate, Zitronenspalten;

zu pochiertem Fisch mit Weißweinsauce:
Salzkartoffeln, Blätterteighalbmonde (Fleurons), manchmal auch Feingemüse.

Süßwasserfische

Aal

Der Aal ist einer der feinsten Süßwasserfische. Im Meer geboren, wandert er, noch ganz klein, etwa 7 bis 10 Zentimeter lang, in die Flüsse. Bei einer Länge von 60 bis 70 Zentimeter und einem Alter von 1 bis 2 Jahren ist er von bestem Fleisch. Im Alter von 4 bis 5 Jahren wandern die Aale wieder ins offene Meer, um zu laichen, sind sehr fett und schwer verdaulich. Nicht zu verwechseln ist der Flußaal mit dem Meeraal, auch Muräne genannt, dessen Fleisch bedeutend gröber ist und nur minderen Ansprüchen genügt. In Südfrankreich wird der Meeraal sehr geschätzt, wo man ihn gern zur „Bouillabaisse", einer Marseiller Spezialität, verwendet.

Der Flußaal lebt auch ohne Wasser eine beträchtliche Weile und wird durch Abtrennen des Kopfes getötet. Will man ihn abziehen, löst man die Haut vom Kopfabschnitt weg etwa ein Finger breit glatt vom Fleisch, stülpt sie um und zieht sie verkehrt über den Körper.

BLAUER AAL

4 Portionen

600–800 g Aal
Weinessig
Weißwein
Zwiebelringe
Lorbeerblatt
Estragon
Pfefferkörner
Salz

In Stücke geschnittener, ungehäuteter Aal wird in Salzwasser mit einem Schuß Essig und Weißwein, Zwiebelringen, einigen Pfefferkörnern, Lorbeerblatt und Estragon im Moment des Aufkochens eingelegt und langsam gekocht, bis ein Gabeleinstich auf keinen Widerstand stößt. Vorteilhaft ist es, den Aal, bevor er ins kochende Wasser kommt, mit ein wenig kochendem Weinessig abzubrühen.
Über den abgetropft angerichteten Fisch oder separat gibt man geklärte oder braune Butter, auch Sardellenbutter oder Senfbutter. Dazu wird Butter erwärmt und feingehackte Sardellen oder Senf mit der Schneerute eingerührt.

GEBACKENER AAL

4 Portionen

600–800 g Aal
Mehl, Ei
Semmelbrösel
(Paniermehl)
Öl
Salz

Kleine, ausgeweidete Aale werden gesalzen, durch Mehl, zerklopftes Ei und Semmelbrösel gezogen, in beliebiger Schlangenform auf Holzstäbchen gespießt und in mittelheißem Öl goldbraun gebacken.
Dazu serviert man Sauce tatare.

GEBRATENER AAL

4 Portionen

600–800 g Aal
Mehl
Butter oder Öl
Pfeffer
Salz

Etwa fingerlange Aalstücke werden im Mittelgrat eingeschnitten, so daß sie breiter werden, dann gesalzen, leicht gepfeffert, in Mehl getaucht und in Butter oder Öl langsam gebraten.

> Bei in Öl gebratenen Fischen gibt man eine Scheibe Hofmeisterbutter auf jede Portion, bei in Butter gebratenen gießt man aber das heiße Bratfett über den Aal, nachdem man ihn vorher mit gehackter Petersilie bestreut und mit Zitronensaft beträufelt hat.

GRÜNER AAL

4 Portionen

600 g Aal
20 g Butter
Petersilie
Sauerampfer
Kerbel
Estragon
Pfefferkraut
Dille
Weißwein
Zitronensaft
Mehlbutter
(50 g Butter, 20 g Mehl)
2 Eidotter
Obers (Süßrahm)
Thymian
Pfeffer
Salz

In 20 Gramm Butter werden feingehackte Gewürzkräuter, wie Petersilie, Sauerampfer, Kerbel, Estragon, Pfefferkraut und Dille, alles zusammen 2 Eßlöffel voll, angeschwitzt. Dann gibt man wenig Thymian und Pfeffer sowie das nötige Salz dazu. Darin röstet man daumenlange Aalstückchen an, bis diese versteifen, und gießt mit leichtem Weißwein gerade so viel auf, daß der Fisch bedeckt weich dämpfen kann. Die Stücke werden in eine Servierschüssel gelegt, der Kräuterfond mit Zitronensaft abgeschmeckt und mit Mehlbutter gebunden. Die Sauce kurz aufkochen lassen und 2 Eidotter mit etwas Obers vermischt einrühren. Die fertige Sauce wird über den Aal gegossen.

> Zur Mehlbutter wird geschmeidige Butter mit Mehl verknetet.

Barsch

Am besten sind Fische im Gewicht von 250 bis 400 Gramm. In dieser Größe sind sie im ganzen zu braten wie Karpfen oder halbiert zuzubereiten wie gefüllte Schleie.

Forelle

Einer der feinsten Fische, sowohl was Geschmack als auch Zartheit anbelangt, ist die Bachforelle, die fast immer lebend bezogen wird. Gebackene oder gebratene Forellen dürfen kein anderes Gewürz aufweisen als Salz. Dem Zusammenziehen beim Backen oder Braten begegnet man durch zwei oder drei Einschnitte an beiden Seiten des Fisches. Back- und Bratfett darf weder zu heiß noch zu kalt sein. Außerdem sollen für diese Zubereitungsarten die Forellen erst eine halbe Stunde vor der Verwendung getötet werden. Nur für Forelle blau wird fangfrischer Fisch verwendet.

FORELLE BLAU

1 Portion

1 Forelle mit ca. 200 g
1–2 Eßlöffel Essig
20 g Butter
Salz

Um eine Forelle schön blau zu erhalten, muß sie lebend in die Küche gebracht werden, da sonst der zarte Schleim, der die Fische umgibt und der das Blauwerden bewirkt, abgestockt und durch das Hantieren beim Vorbereiten zum Kochen gänzlich zerstört wird. Gerade um den Schleim unverletzt zu erhalten, dürfen die Forellen auch nie mit einem Tuch, sondern nur mit nassen Händen beim Töten und Ausweiden angefaßt werden. Die ausgeweidete Forelle wird auf einem Teller je nach Größe mit 1 bis 2 Eßlöffel kaltem Essig übergossen. In einem passenden Geschirr läßt man einen knapp bemessenen Salzwassersud aufkochen, legt die Forelle samt dem kleinen Essigüberguß in das sprudelnd kochende Wasser und läßt den Fisch wohl in Siedehitze, aber nicht direkt kochend, je nach Größe 12 bis 15 Minuten ziehen. Die Forelle ist dann durchgekocht, wenn die Augen in Form von zwei weißen Kügelchen hervortreten. Für Tisch wird die Forelle ganz knapp vor dem Auftragen angerichtet und mit 20 Gramm klar ausgelassener heißer Butter überglänzt.

> Bei Forelle blau sollen außer Salz und Essig – oder statt Essig Zitronensaft – keine anderen Gewürze gegeben werden, weil der zarte Eigengeschmack der Forelle leicht beeinträchtigt wird. Auf Wunsch können Pfefferkörner und etwas grüne Petersilie mitgekocht werden.

FORELLE MÜLLERIN-ART

1 Portion

1 Forelle mit ca. 200 g
Mehl
Öl
30 g Butter
Zitrone
Petersilie
Salz

Die vorgerichtete Forelle salzen, bemehlen und von beiden Seiten in Öl goldbraun knusperig braten. Das Bratfett abgießen und durch Butter ersetzen. Dann anrichten, mit Zitronensaft beträufeln und mit gehackter Petersilie bestreuen. Die aufgeschäumte Butter darübergießen. Mit 1 Zitronenscheibe belegen.
Foto Seite 120.

GEBACKENE FORELLE PARISER ART

1 Portion

1 Forelle mit ca. 200 g
Mehl
Ei
Öl
1 Zitronenspalte
Petersilie
Salz

Eine frisch getötete Forelle wird gewaschen, ausgenommen und dann trockengewischt, mit einigen Einschnitten versehen und leicht gesalzen. Man zieht den Fisch durch Mehl und zerklopftes Ei, das außer ein paar Tropfen Öl nichts enthält. In fingerdick übermittelheißes Fett so eingelegt, daß die Eiermasse ziemlich reichlich den Fisch umgibt, läßt man die Forelle von beiden Seiten goldgelb backen. Dann serviert man sie abgetropft und garniert mit 1 Zitronenspalte und gebackener Petersilie.

> Für *gebackene Petersilie* wird ein Büschel Petersilie abgezupft, gewaschen, in einer Serviette getrocknet und dann in Backfett unter ständigem Lockern mittels einer Gabel einige Sekunden resch gebacken. Zu heiß darf das Fett jedoch nicht sein, da sich sonst die grüne Farbe verliert oder die Petersilie zäh bleibt.

FORELLENFILET IN CHAMPAGNERSAUCE

4 Portionen

4 Forellenfilets
1/8 l Champagner
2 Eidotter
60 g Butter
Salz

4 abgehäutete Filets von Forellen werden mäßig gesalzen, in eine kleine passende Kasserolle gelegt und mit Champagner bespritzt. Die Filets deckt man mit einer butterbestrichenen Folie zu und läßt vorsichtig garziehen, ohne zu kochen. Inzwischen schlägt man 2 Eidotter über Dunst schaumig, schlägt vorsichtig 60 Gramm zerlassene Butter ein und gibt von dem Champagnerfond gerade so viel dazu, daß der Geschmack prickelnd und die Sauce nicht zu dünn wird. Damit werden die angerichteten Forellenfilets übergossen und sofort serviert. Als Beilage Toast.

Hecht

Dieser größte Räuber unter den Süßwasserfischen ist am besten im Alter von 1 bis 2 Jahren bei einem Gewicht von 1 1/2 bis 2 1/2 Kilogramm. Der vorgerichtete Hecht wird im allgemeinen nicht halbiert, sondern quer zur Länge des Fisches in hufeisenförmige Portionen geschnitten.

GEBRATENER HECHT MIT SENFSAUCE

4 Portionen

600 g Hecht
2 gehäufte Teelöffel Senf
Zitronensaft
50 g Mehl
80 g Öl
Pfeffer
Salz

Dazu werden daumendicke Querstücke von einem geschuppten und gesäuberten Hecht mit Salz, Pfeffer und ein paar Tropfen Zitronensaft eingerieben und an einer Schnittseite in Mehl getaucht. Die Fischstücke brät man zuerst mit der bemehlten Seite nach unten in bodenbedeckt gut erhitztem Öl goldfarben, dreht sie um und brät sie langsamer durch, bis ein Nadeleinstich auf keinen festen Widerstand mehr stößt. Dann wird der Fisch angerichtet. Im Bratfett röstet man 2 gehäufte Teelöffel Senf, kocht mit Suppe oder Wasser nach Bedarf zu einer mollig-dünnen Sauce rasch auf und übergießt damit die Fischstücke.
Mitgebratene Kartoffeln oder Salzkartoffeln als Beilage.

HECHT MIT SARDELLEN

4 Portionen

1 Hecht im Gewicht von ca. 1 kg
4 Sardellen
Essig
Zwiebelringe
Petersilie
120 g Butter
Pfefferkörner
Salz

In kaltem Wasser mit Essig, Salz, Pfefferkörnern und Zwiebelringen zugesetzt und langsam weich gekocht, wird der Hecht abgetropft angerichtet und mit gehackter Petersilie bestreut. Nun läßt man 120 Gramm Butter klar ausschäumen, röstet darin 4 feingehackte Sardellen kurz an, vergießt mit etwas Fischsud, läßt aufkochen und überzieht damit den angerichteten Fisch.
Salzkartoffeln als Beilage.

HECHT MIT TOMATEN

4 Portionen

600 g Hecht
500 g Tomaten
2 Eßlöffel Öl
1 kleine Zwiebel
Essig
1 Teelöffel Zucker
Pfeffer
Salz

Kochfertig portionierter Hecht im Einzelgewicht von 150 Gramm wird gesalzen, gepfeffert, in 2 Eßlöffel Öl rasch von beiden Seiten überbraten und beiseite gelegt. Im Bratfett wird 1 kleine feingehackte Zwiebel hellgelb geröstet und dann 1 glattgestrichener Teelöffel Zucker und ein Spritzer Essig dazugegeben. Nach kurzem Verdämpfen wird mit 3 bis 4 Eßlöffel Wasser aufgegossen und die Zwiebel nach kurzem Verkochen in eine passende Kasserolle umgefüllt. Darauf werden die Fischportionen gelegt und das Ganze mit 500 Gramm geschälten, grobwürfelig geschnittenen Tomaten bedeckt, die man von den Kernen befreit und leicht mit Salz und Pfeffer gewürzt hat. Alles zusammen läßt man zugedeckt ganz langsam 15 bis 20 Minuten dünsten.
Dazu serviert man gedünsteten Reis.

HECHT GÄRTNER-ART

4 Portionen

800 g Hecht
80 g Selch(Räucher)speck
Zitronensaft
1 Rose Karfiol (Blumenkohl)
3 Karotten
1 Sellerieknolle
2 Essiggurken

Ein Hechtrückenstück im ganzen im Gewicht von 800 Gramm wird nach dem Schuppen kalt gewaschen, mit einem Tuch abgetrocknet und quer zum Rückgrat in 4 Portionen aufgeschnitten. Die Fischstücke werden mit in Salz und Pfeffer gewälzten Selchspeckstreifchen gespickt, dann mit ein bißchen Salz und Pfeffer sowie gehacktem eingelegtem Estragon und ein wenig Zitronensaft eingerieben.

2 Eßlöffel Zuckererbsen
100 g Perlzwiebeln
60 g Öl
20 g Mehl
Essig
1 Eßlöffel Tomatenmark
Petersilie
1 Eßlöffel Zucker
Estragon
Pfeffer
Salz

Nebenbei wird 1 Karfiolrose in kleine Röschen zerteilt, kurz kalt gewaschen, in kochendes Salzwasser eingelegt und langsam kernig weich gekocht. Auf die gleiche Weise verfährt man mit 3 mittelgroßen Karotten und 1 kleinen Sellerieknolle, die geschält und in bleistiftdicke Stäbchen geschnitten werden. Außerdem schneidet man 2 Essiggurken grobstreifig, richtet 2 Eßlöffel Zuckererbsen vor und schält 100 Gramm Perlzwiebeln. Nun brät man die Fischportionen in 60 Gramm Öl von beiden Seiten rasch an und legt sie beiseite. Im Bratfett schmilzt man unter Rühren 1 glattgestrichenen Eßlöffel Zucker goldbraun, gibt die kleinen Zwiebeln dazu, die kurz überröstet werden, staubt mit 20 Gramm Mehl und löscht nach kurzem Durchrühren mit einem Spritzer Essig ab. Dann würzt man mit 1 Eßlöffel Tomatenmark und gießt mit Gemüsesud zu mollig-flüssiger Sauce auf. Nach dem Aufkochen fügt man alle abgeseihten Gemüse, die Gurken und Erbsen bei, bettet zuletzt die angebratenen Fische ein und läßt alles zusammen noch etwa 15 bis 20 Minuten fertigdünsten. Die Fische werden mit der saucigen Garnitur hoch bedeckt angerichtet, mit Petersilie bestreut.
Mit Bratkartoffeln umlegen.

Karpfen

Neben dem Schuppenkarpfen gibt es den beliebten Spiegelkarpfen mit nur wenig Schuppen, der das beste Fleisch liefert, und den Lederkarpfen ohne Schuppen, im Geschmack nicht auf gleicher Höhe wie seine Artgenossen. Rogner und Milchner sind gleich beliebt. Fluß- bzw. in fließenden Gewässern gezogene Karpfen sind denen in stehenden Gewässern lebenden vorzuziehen, da letztere meist einen moorigen Geschmack aufweisen, der sich erst dann langsam verliert, wenn solche Fische mehrere Wochen in klarem, fließendem Wasser belassen werden. In Quantität wie auch in Qualität am besten sind die Karpfen im Gewicht von 2½ bis 3½ Kilogramm Lebendgewicht.

4 Portionen

GEBACKENER KARPFEN

600–800 g Karpfen
Mehl
Öl oder Backfett
Eier
Semmelbrösel (Paniermehl)
Petersilie
Zitronenspalten
Pfeffer
Salz

In zwei bis drei Finger breite Stücke geschnittene Karpfenportionen im Einzelgewicht von 150 bis 200 Gramm werden an der Hautseite gegen die Fleischmitte zu mit einigen Einschnitten versehen, damit der Fisch leichter durchbackt. Salzen und nach Geschmack ganz schwach pfeffern. Dann werden die Karpfenstücke durch Mehl, mit etwas Öl und Wasser verquirlte Eier und durch lichte Semmelbrösel gezogen, wobei aber die Brösel nicht angeklopft werden dürfen, da sonst die Bröseldecke nicht „aufgeht". Unterdessen hat man so viel Öl oder Backfett, daß der Fisch darin bequem backen kann, gerade so heiß werden lassen, daß eine naßgemachte Gabelspitze darin mäßig zischt. Nun legt man die Fischstücke mit der schönen Seite nach unten ein und backt sie auf beiden Seiten knusperig. Backdauer je nach Dicke des Fisches 15 bis 18 Minuten, eben so lange, daß ein Gabeleinstich, ohne auf Widerstand zu stoßen, durch das dicke Fleisch geführt werden kann. Abgetropft anrichten und mit Petersiliengrünem und Zitronenspalten zu Tisch geben.

4 Portionen

BLAUGEKOCHTER KARPFEN

600–800 g Karpfen
Zwiebelringe
Essig
80 g Butter
Pfefferkörner
Salz

Kaltes Wasser mit einigen Zwiebelringen, Pfefferkörnern, Salz und Essig aufkochen. In den kochenden Sud legt man die Portionen vom frisch getöteten und ausgeweideten Karpfen im Einzelgewicht von 150 bis 200 Gramm ein und läßt langsam weiterkochen, bis nach 12 bis 15 Minuten ein Gabeleinstich ohne Widerstand durch das dicke Fleisch des Fisches geführt werden kann. Mit einer Backschaufel aus dem Wasser gehoben, läßt man den Fisch abtropfen, um ihn nach dem Anrichten auf vorgewärmtem Geschirr mit 20 Gramm heißer, geklärter Butter pro Portion zu übergießen.
Mit Salzkartoffeln servieren.

Vorteilhaft ist es, die Karpfenstücke mit einigen Eßlöffel kochendem Weinessig zu begießen, ehe sie in den kochenden Sud eingelegt werden.

KARPFEN KAISERLICHE ART

4 Portionen

600–800 g Karpfen
200 g Zwiebel
60 g Öl
60 g Kaiserfleisch (geräucherter Schweinebrustspeck)
200 g Champignons
600 g Tomaten
Zitronensaft
Weißwein
Karpfenkopfsuppe
Pfeffer
Salz

200 Gramm grobgehackte Zwiebel wird in 60 Gramm Öl gelb geröstet. Darauf legt man die 4 rohen, mit Salz und wenig Pfeffer eingeriebenen Karpfenportionen mit der schönen Seite nach oben. Über die Fische legt man je 1 ganz dünne Scheibe rohes Kaiserfleisch und verteilt nun 200 Gramm sauber geputzte, grobgewürfelte Champignons und 600 Gramm Tomaten, geschält, ausgedrückt und grobgewürfelt, zwischen die Karpfenportionen. Nun würzt man noch mit dem Saft von 1/4 Zitrone und einem tüchtigen Schuß Weißwein und gießt gleich hoch mit Karpfenkopfsuppe auf. Die Kasserolle stellt man ohne Deckel in ein heißes Rohr und gart das Ganze 50 bis 60 Minuten. Die Kaiserfleischauflage soll ein wenig knusperig werden.
Als Beilage Bratkartoffeln.

KARPFEN MÜLLERIN-ART

4 Portionen

600–800 g Karpfen
Zitronensaft
Petersilie
40 g Mehl
60 g Öl
60 g Butter
Pfeffer
Salz

4 bratfertig vorgerichtete Karpfenportionen im Einzelgewicht von 150 bis 200 Gramm werden kurz kalt gewaschen, mit einem Tuch abgetrocknet, an der Hautseite mit je zwei mäßigen Einschnitten versehen und mit Salz, ein bißchen Pfeffer, Zitronensaft und an der Innenseite außerdem mit gehackter Petersilie eingerieben. Zur Fertigstellung taucht man die Karpfen mit der Hautseite in Mehl und legt sie mit der bemehlten Seite nach unten in 60 Gramm gut erhitztes Öl. Sobald eine schöne Bratfarbe erreicht ist, dreht man die Fische um und brät sie langsam weiter, bis ein Nadeleinstich in den dicken Teil des Fleisches die nötige Weichheit anzeigt. Das Bratfett abgießen und 60 Gramm Butter beigeben. Nun werden die Fische mit der Hautseite nach oben angerichtet, mit ein wenig Zitronensaft betropft, mit gehackter Petersilie bestreut und mit der aufgeschäumten Butter übergossen.
Als Beilage dienen goldbraune Bratkartoffeln oder Salzkartoffeln. Separat serviert man einen Mischsalat aus Karotten, grünen Erbsen und Karfiolröschen, jede Gattung für sich pikant mariniert.

4 Portionen

600–800 g Karpfen
Mehl
60 g Öl
Pfeffer
Salz

GEBRATENER KARPFEN

150 bis 200 Gramm schwer geschnittene, sauber geputzte Karpfenstücke werden an der Hautseite ein wenig eingeschnitten, gesalzen, leicht gepfeffert und an der Hautseite bemehlt. Mit der bemehlten Seite nach unten legt man die Karpfen in sehr heißes Öl, brät sie zu einer schönen goldgelben Farbe, dreht sie um und brät sie etwas langsamer im Bratrohr fertig. Beim Anrichten mit einigen Tropfen Bratfett begießen.
Mitgebratene Kartoffeln und Zitronenspalten als Beilage geben.

4 Portionen

600–800 g Karpfen
50 g Mehl
60 g Öl
1 große Zwiebel
Knoblauch
1 Teelöffel Tomatenmark
$^3/_8$ l Suppe
$^1/_8$ l Sauerrahm
Zitrone
1 Teelöffel Paprika
Kümmel
Pfeffer
Salz

PAPRIKAKARPFEN

4 Karpfenportionen werden an der Hautseite mit einigen Einschnitten versehen, gesalzen, leicht gepfeffert und mit der Hautseite in Mehl getaucht. Mit der bemehlten Seite nach unten werden die Stücke in 60 Gramm Öl rasch angebraten, umgedreht und etwas langsamer weitergebraten, dann halb roh beiseite gestellt. Im selben Fett wird 1 große, feingehackte Zwiebel gelb geröstet, mit 1 Teelöffel Paprika, etwas Kümmel, Knoblauch und 40 Gramm Mehl versetzt, nach kurzem Durchrösten kommt 1 Teelöffel Tomatenmark dazu. Mit $^3/_8$ Liter Suppe, die man aus Fischabschnitten gekocht hat, und $^1/_8$ Liter mildem Sauerrahm aufgegossen, läßt man die Sauce nach Zusatz von etwas Zitronensaft und -schale mindestens 20 Minuten kochen, passiert sie über die in ein passendes Geschirr gelegten vorgebratenen Karpfenstücke und dünstet diese vollends weich.
Mit Tarhonya, Nockerln oder Salzkartoffeln servieren.

4 Portionen

800 g Karpfen
Zitrone
60 g Mehl
80 g Öl
1 kleine Zwiebel
Petersilie

WACHAUER KARPFEN

4 kochfertig hergerichtete Karpfenportionen im Einzelgewicht von 200 Gramm werden mit Salz, ein bißchen Pfeffer und ein paar Tropfen Zitronensaft eingerieben und rundum in Mehl getaucht. Diese Fischportionen werden in 80 Gramm heißem Öl leicht überbraten, vom Fett gehoben und bei-

150 g Champignons
2 Eßlöffel Tomatenmark
1/8 l Sauerrahm
1/8 l Weißwein
Pfeffer
Salz

seite gelegt. Im Bratfett schwitzt man 1 kleine feingehackte Zwiebel, vermischt mit Petersilie, blaßgelb an, gibt feinblättrig geschnittene Champignons dazu, röstet gut durch und gibt die feingehackte Schale von 1/4 Zitrone und 2 Eßlöffel Tomatenmark hinzu. Jetzt gießt man mit 1/8 Liter Sauerrahm auf, der mit 1 Eßlöffel Mehl abgesprudelt wurde. Erst nachdem sich die Sauce unter Rühren dick binden konnte, fügt man 1/8 Liter Weißwein und Wasser nach Bedarf hinzu, läßt die mollige Sauce eine Weile durchkochen, legt die vorgebratenen Karpfenportionen ein und läßt langsam 20 Minuten dünsten.
Als Beilage gibt man kugelig ausgestochene, goldgelb gebackene Kartoffeln.

4 Portionen

ROTWEINKARPFEN

600–800 g Karpfen
etwas Karpfenblut
Zitrone
50 g Zwiebel
Petersilie
100 g Brotrinde
80 g Butter
1/8 l Rotwein
Essig
1 gehäufter Teelöffel Zucker
Thymian
3 Gewürznelken
Gewürzkörner
1/2 Lorbeerblatt
Pfefferkörner
Pfeffer
Salz

Benötigt werden 4 gleichmäßige, je 150 bis 200 Gramm schwere Karpfenportionsstücke sowie ein wenig Karpfenblut. Die Fischportionen werden kurz kalt gewaschen, mit einem Tuch abgetrocknet und mit dem nötigen Salz, ein paar Tropfen Zitronensaft und Pfeffer eingerieben. Auf den Boden einer passenden Kasserolle verteilt man 50 Gramm nudelig geschnittene Zwiebel, 3 Gewürznelken, ein paar zerquetschte Gewürz- und Pfefferkörner, 1/2 Lorbeerblatt, 1 Stämmchen Thymian, etwas grüne Petersilie, 1 schwache Zitronenscheibe, Salz nach Bedarf und 100 Gramm kleingeschnittene Brotrinde. Inzwischen werden die Karpfenportionen in 80 Gramm Butter von beiden Seiten kurz angebraten und dann mit der schönen Seite nach oben auf die Gewürzunterlage geordnet. Die Bratbutter wird mit 1/8 Liter Rotwein aufgegossen, kurz verkocht und über die Karpfenstücke geschüttet. Dann gießt man noch 1/2 Liter Wasser dazu und läßt das Ganze zugedeckt 15 Minuten leise dünsten. Die weichgewordenen Karpfenstücke werden aus dem Sud gehoben, angerichtet und zugedeckt warm gestellt. Der Karpfensud wird mit dem mit ein wenig Essig und 1 gehäuften Teelöffel Zucker abgerührten Karpfenblut mit dem

Schneebesen verschlagen und noch eine Weile gekocht. Dann streicht man die mollige Sauce durch ein sehr feines Sieb, läßt nochmals aufkochen und verteilt die Sauce schließlich über die Fischstücke. Mit gehackter Petersilie bestreuen.
Als Beilage dient Risottoreis.

KARPFEN SERBISCHE ART

4 Portionen

600–800 g Karpfen
40 g Selch(Räucher)speck
300 g Zwiebel
20 g Fett
600 g Kartoffeln
2 grüne Paprikaschoten
20 g Butter
1/8 l Sauerrahm
1 Teelöffel Paprika
Pfeffer
Salz

4 Stück kochfertig vorgerichtete Karpfenportionen im Einzelgewicht von 150 bis 200 Gramm werden an der Hautseite mit zwei Einschnitten versehen, in die man ein wenig feingehacktes Gemengsel, bestehend aus 40 Gramm Selchspeck und 100 Gramm Zwiebel, einstreicht. Dann werden die Fische mit Salz und ein wenig Pfeffer gewürzt. In eine leicht gefettete Bratkasserolle legt man 600 Gramm roh geschälte, in kleinfingerdicke Scheiben geschnittene Kartoffeln, darauf 200 Gramm in feine Ringe geschnittene Zwiebel und 2 feinstnudelig geschnittene grüne Paprikaschoten. Obenauf streut man das nötige Salz, 1 glattgestrichenen Teelöffel Paprika und 20 Gramm zerpflückte Butter, gießt gleich hoch mit Wasser auf, legt die vorgerichteten Fischportionen auf und dünstet das Ganze zugedeckt ohne umzurühren im Rohr, bis die Kartoffeln fast zerfallen. Nun verteilt man 1/8 Liter dicken Sauerrahm über die Fische und läßt zugedeckt gerade noch einmal aufkochen. Die Portionen werden so angerichtet, daß die Fische auf der Kartoffelunterlage zu Tisch kommen.

Lachs

Einer der edelsten und auch begehrtesten Fische ist der Lachs, der im Gewicht von 5 bis 10 Kilogramm am besten ist. Im Süßwasser bis zu einem Alter von 16 Monaten bleibend, wandert der Lachs dann ins freie Meer, um erst wieder nach 2 bis 3 Jahren zur Frühjahrszeit in die Flüsse zurückzukehren. Um diese Zeit ist sein Fleisch fett und von schöner „lachsroter“ Farbe, die, je näher es zum Laichen geht, immer weißer wird, während der Fisch selbst abmagert.

Für warm servierte Lachsgerichte wird der Mittelteil des Fisches nach dem Entschuppen und Ausnehmen in daumendicke Portionsscheiben geschnitten.

LACHS, GEKOCHT

4 Portionen

800 g Lachs
Zwiebelringe
Karotten
Petersilie
Weißwein
1 Lorbeerblatt
Pfefferkörner
Salz

Der Boden eines Geschirrs wird mit einigen Zwiebelringen, geschnittenen Karotten, etwas Petersilie, Salz, Pfefferkörnern und 1 Lorbeerblatt ausgelegt. Darauf werden die sauberen Lachsschnitten gegeben, die mit Wasser und Weißwein (zu angenehmer Säure) gerade bedeckt werden. Das Ganze wird zugedeckt zum Kochen gebracht und dann ziehen gelassen. Der Lachs wird trocken angerichtet.
Dazu serviert man Mayonnaisesaucen oder eine Sauce hollandaise, in die im Moment des Servierens geschlagenes Obers eingerührt wird: Sauce Mousseline.

LACHS WIENER ART

4 Portionen

800 g Lachs
Öl
Semmelbrösel
(Paniermehl)
Zitronenspalten
Hofmeisterbutter
Cayennepfeffer
Salz

Fingerdicke Lachsschnitten werden leicht gesalzen und mit Cayennepfeffer gewürzt, mit Öl bestrichen und so auf einem Teller liegend 1/2 Stunde stehengelassen. Dann auf einer Seite in feine Semmelbrösel tauchen, mit der bebröselten Seite nach unten in ziemlich heißes Öl legen, goldfarben anbraten, umdrehen und langsamer fertigbraten. Die einzelnen Stücke werden mit 1 Zitronenspalte und 1 Scheibe Hofmeisterbutter aufgetragen.
Sauce tatare serviert man extra.

Genauso wie Forelle oder Lachs kann auch *Rheinanke (Blaufelchen)* zubereitet werden.

LACHS MIT EI

4 Portionen

400 g Lachs
4 Eier
40 g Butter
100 g Champignons
2 Sardellenfilets
Schnittlauch
Pfeffer
Salz

Kleine Würfel von frischem Lachs werden gesalzen, schwach gepfeffert und in Butter durchgeröstet. Dann gibt man 100 Gramm würfelig geschnittene Champignons und 2 gehackte Sardellenfilets dazu, röstet kurz durch und füllt mit diesem Gemengsel kleine Backmuscheln gestrichen voll. Damit die Muscheln nicht umfallen, setzt man sie auf Salzhäufchen in eine Backpfanne und schlägt nun auf jede Muschel 1 Ei so auf, daß der Dotter nicht verletzt wird. Im mittelheißen Rohr läßt man das Ganze anziehen, bis die Eier halb gestockt sind. Mit gehacktem Schnittlauch bestreut servieren.

GEFÜLLTE SCHLEIE

4 Portionen

4 Schleien im Einzelgewicht von ca. 150 g
Fischmilch oder Fleisch von Süßwasserfischen
Semmeln
Petersilie
100 g Butter
1 Eidotter
Zitronensaft
Muskatnuß
Salz

Für 4 Schleien im Einzelgewicht von 150 Gramm bereitet man von der ausgenommenen Milch, die durch ebensoviel Fleisch von Süßwasserfischen ersetzt werden kann, und zur Hälfte davon eingeweichten und ausgedrückten Semmeln, ferner etwas gehackter Petersilie, Salz und Muskatnuß eine feingehackte Fülle, die noch mit 20 Gramm Butter und 1 Eidotter verrührt wird. Damit füllt man die gut gereinigten, von innen aus ausgelösten Schleien, wickelt sie in gefettete Folie und läßt sie in passendem Geschirr nebeneinander eingeordnet in mittelheißem Rohr durchbraten. Für Tisch auswikkeln, mit Zitronensaft beträufeln, mit gehackter Petersilie bestreuen und mit 80 Gramm brauner Butter übergießen.

Wels

Ein Großfisch ohne Schuppen, mit breitem Kopf, nach hinten gleichmäßig abfallend, erreicht der Wels, der sehr alt werden kann, oft ein Gewicht bis zu 180 Kilogramm bei einer Länge bis zu 3 Metern. Das sehr schmackhafte Fleisch der jüngeren Welse kann ebenso zubereitet werden, wie es in den Rezepten für Zander, Fogosch und Lachs angegeben ist.

WELS, GEKOCHT

4 Portionen

800 g Wels
Zwiebelringe
Pfefferkörner
Salz

Vom ausgeweideten Wels werden fingerdicke Querscheiben geschnitten und wie Forelle gekocht, nur fügt man in diesem Fall dem Sud ein paar Zwiebelringe und Pfefferkörner bei.

WELS, GEBACKEN

4 Portionen

600 g Wels
50 g Mehl, 2 Eier
1 Eßlöffel Milch
100 g Semmelbrösel
(Paniermehl)
Fett, Salz

Fingerdicke Querscheiben vom ausgeweideten Wels werden wie Wiener Schnitzel paniert und gebacken.

Zander und Fogosch

Der Fogosch ist ein Fisch mit spröden kleinen Schuppen, silberweiß, und am rentabelsten im Gewicht von 2 bis 3 Kilogramm. Der eigentliche Fogosch stammt aus dem Plattensee in Ungarn. In der Qualität ausgezeichnet ist der bei uns reichlich verwendete Zander. Er ist von gleicher Art wie der Plattenseer Fogosch und stammt aus den nordosteuropäischen Strömen. Das Fleisch beider Gattungen ist vollkommen weiß, fest und zart. Der typische Fischgeruch ist bei diesen Fischen, sofern sie frisch sind, kaum vorhanden.
Fogosch wird frisch gekauft oder in portionsgroßen Filets als Tiefkühlware. Frischer, im ganzen gekaufter Fisch wird meist filetiert und dann enthäutet verwendet.

FOGOSCH ODER ZANDER MIT BUTTER

4 Portionen

1 Fogosch oder
Zander im Gewicht
von ca. 1 kg
80 g Butter
Essig, Zwiebelringe
Pfefferkörner, Salz

Ein geschuppter und ausgenommener Fogosch oder Zander wird, ohne abgehäutet zu werden, in Portionen zu 150 bis 180 Gramm geschnitten, die so zubereitet werden wie blaugekochter Karpfen.

4 Portionen

FÜNFKIRCHNER ZANDER

600 g Zander
Zitronensaft
Petersilie
80 g Öl
2 mittelgroße Zwiebeln
1 Eßlöffel Essig
20 g Mehl
1/8 l Sauerrahm
Eischeiben
Schnittlauch
1 Teelöffel Spezialpaprika
weißer Pfeffer
Salz

4 geschuppte Zanderfilets im Einzelgewicht von 150 Gramm werden ohne zu drücken kurz kalt gewaschen, abgetrocknet, mit Salz nach Bedarf, etwas weißem Pfeffer, ein wenig Zitronensaft, gehackter Petersilie und ein paar Tropfen Öl eingerieben und so 1/2 Stunde kalt gestellt. Inzwischen werden 2 mittelgroße, feingehackte Zwiebeln in 80 Gramm Öl hellgelb geröstet. Dann rührt man 1 glattgestrichenen Teelöffel Spezialpaprika und 1 Eßlöffel Essig in die Zwiebeln ein. Nun legt man die vorbereiteten Fische in die Zwiebeln, läßt sie darin zugedeckt 10 Minuten langsam dünsten, gibt dann die Fischportionen auf eine Schüssel und stellt sie beiseite. Die Zwiebeln werden mit 20 Gramm Mehl gestaubt und durchgerührt, mit 1/8 Liter Sauerrahm unter Rühren aufgekocht und dann mit Wasser zu mollig-flüssiger Sauce verdünnt, die man gut verkochen läßt und schließlich sauber durch ein feines Sieb passiert. In die passierte Sauce werden die vorgedünsteten Fische nochmals eingelegt und langsam 10 Minuten fertiggedünstet. Die Fischportionen abgetropft anrichten, mit Scheiben von gekochten Eiern belegen, mit der Sauce überziehen und mit feingeschnittenem Schnittlauch bestreuen. Als Beilage dienen in Butter geschwenkte Nudeln oder Spaghetti.

ZANDERFILET IN WEISSWEINSAUCE

4 Portionen

1 Zander oder Fogosch im Gewicht von ca. 1 kg
60 g Butter
2 Teelöffel Zwiebel
1/8 l Weißwein
1/16 l Obers (Süßrahm)
3 Eidotter
Salz

Ein Zander oder Fogosch wird filetiert, portioniert und abgehäutet. Ein flaches Geschirr wird mit 20 Gramm Butter bestrichen und mit feinstgehackter Zwiebel bestreut. Fisch einlegen, salzen, mit 1/8 Liter Weißwein und 1/16 Liter Wasser untergießen, fast zum Kochen bringen, mit butterbestrichener Folie bedecken und, ohne zu kochen, garziehen lassen. Den Fisch anrichten. Die Flüssigkeit läßt man auf 1/8 Liter einkochen, mischt mit der Schneerute 1/16 Liter Obers und 3 Eidotter ein und rührt schließlich 40 Gramm frische Butter in die nicht mehr kochende Sauce. Die Sauce über die Filetstücke gießen.

GRATINIERTE ZANDERFILETS

4 Portionen

1 Zander oder Fogosch im Gewicht von ca. 1 kg
80 g Butter
2 Teelöffel Zwiebel
1/8 l Weißwein
1/4 l Sauce Mornay
Parmesan
Semmelbrösel (Paniermehl)
Salz

So wie bei Zanderfilets in Weißweinsauce gegarte Zanderfilets werden auf eine feuerfeste gebutterte Porzellanschüssel geordnet und mit Sauce Mornay bedeckt, mit geriebenem Parmesan, Semmelbröseln und Butterflocken bestreut und im heißen Rohr goldbraun gratiniert.

FOGOSCH AM ROST WIENER ART

4 Portionen

1 Zander oder Fogosch im Gewicht von ca. 1 kg
Semmelbrösel (Paniermehl)
60 g Butter
Hofmeisterbutter
Paprika
Salz

Vom filetierten, eventuell geschuppten Zander oder Fogosch wird die Haut so abgelöst, wie man Speck von der Schwarte löst. Dann schneidet man Portionen von 150 bis 180 Gramm. Diese werden an der Oberseite mit einigen Einschnitten versehen, gesalzen, ganz wenig papriziert und mit der schönen Seite in trockene Semmelbrösel getaucht. Mit der bebröselten Seite nach unten legt man die Fischstücke in bodenbedeckt heiße Butter, dreht sie um,

wenn die Farbe goldgelb geworden ist, und läßt langsam auf kleiner Hitze oder im Backrohr fertigbraten. Der Fisch wird trocken angerichtet und je Portion mit 1 Scheibe Hofmeisterbutter belegt. Nebenbei kommen Butterkartoffeln mit Petersilie und Zitronenspalten. Sauce tatare als Beilage.
Foto Seite 153.

FOGOSCH MIT ZWIEBELSAFT

4 Portionen

600 g Fogosch
Mehl
80 g Öl
1 große Zwiebel
Zitronensaft
Paprika
Salz

4 abgehäutete Fogoschfilets im Einzelgewicht von 150 Gramm werden kurz kalt gewaschen, mit Salz und ein wenig Paprika eingerieben und an der schönen Seite in Mehl getaucht. Dann brät man die Fische zuerst mit der bemehlten Seite nach unten eingelegt in 80 Gramm gut erhitztem Öl zu hellgelber Farbe, dreht die Stücke um und brät sie auch von der anderen Seite ein wenig an. Dann werden die Fische beiseite gelegt. Im Bratfett röstet man nun 1 große, sehr feinnudelig geschnittene Zwiebel unter Durchrühren zu goldgelber Farbe, würzt mit dem Saft von $^1/_2$ Zitrone und gießt mit Wasser zu einem dünnflüssigen, suppigen Saft auf. Nun legt man die Fischstücke wieder ein und dünstet sie zugedeckt langsam weich, bis man das Fleisch, ohne einen Widerstand zu spüren, durchstechen kann. Für Tisch mit dem dünnen Zwiebelsaft übergießen.
Mit Bratkartoffeln oder Salzkartoffeln umlegen.

FOGOSCH MIT CHAMPIGNONS

4 Portionen

500 g Fogosch
150 g Champignons
80 g Butter
Petersilie
Zitronensaft
gedünsteter Reis
Pfeffer
Salz

500 Gramm abgehäutete Fogoschfilets werden ebenso wie 150 Gramm gewaschene Champignons in bleistiftstarke Stäbchen geschnitten, mit Salz und Pfeffer gewürzt und in Butter flott durchgeröstet. Man bestreut mit gehackter Petersilie, träufelt Zitronensaft darauf und schwenkt nochmals tüchtig durch. Dann wird das Gericht in einen Reifen von gedünstetem Reis eingefüllt und sogleich serviert.

Salzwasserfische

GEBRATENE BÜCKLINGE

4 Portionen

4 Bücklinge
150 g Champignons
1 mittelgroße Zwiebel
2 Teelöffel Petersilie
Butter

4 schöne Bücklinge werden abgezogen, von Kopf, Schwanz und Flossen befreit, an der Rückenseite geöffnet und entgrätet. Die Höhlung wird mit einem Gemengsel aus feingehackten Champignons, Zwiebel und Petersilie, zusammen ein wenig in Butter geröstet, gefüllt. Die Fische werden in einer Kasserolle in heiße Butter gelegt und im Rohr heiß gebraten.
Dazu wird Gabelkraut serviert.

Schellfisch

Zur Familie der Schellfische gehört der Kabeljau (etwas größer als der Schellfisch). Er wird etwa 10 Kilogramm schwer. Während der ersten fünf Jahre heißt er Dorsch. Durch Trocknen entsteht Stockfisch, durch Salzen und Trocknen Klippfisch.
Alle Gattungen weisen zartes, weißes Fleisch auf, sind leicht verdaulich und lassen den gefürchteten Seefischgeruch um so mehr vermissen, je frischer sie verarbeitet werden.
Ein wirksames Mittel, etwa vorhandenen Seefischgeruch zu vertreiben, besteht darin, die schon gebrauchsfertig vorbereiteten Fischportionen 1 Stunde vor der Zubereitung mit Zitronensaft zu beträufeln.

GEBACKENER KABELJAU

4 Portionen

600–800 g Kabeljau
Zitrone
Mehl
Eier
Öl
Semmelbrösel
(Paniermehl)
Backfett
Salz

Der filetierte, abgehäutete und mit kaltem Wasser gespülte Fisch wird in zwei Finger breite Portionen geschnitten, die nach Belieben einige Stunden vorher mit Zitronensaft beträufelt, mariniert, dann trockengewischt und gesalzen werden. Man zieht nun Stück um Stück durch Mehl, zerklopfte Eier, denen zu einem Drittel Wasser und pro Ei 1 Teelöffel Öl beigegeben ist, und paniert sie in lichten Semmelbröseln, ohne aber die Brösel anzudrücken. So vorbereitet werden die Fische in übermittelheißes Backfett gelegt und von beiden

Seiten goldbraun gebacken, bis ein Gabeleinstich ohne Widerstand durch das dicke Fleisch geführt werden kann. Abgetropft mit Zitronenspalten anrichten.
Mit Sauce tatare und Salaten servieren.

> Nach Belieben kann Seefisch auch in Wein- oder Bierteig gebacken werden. Dazu wird haut- und grätenfreier Seefisch kurz kalt gewaschen, abgetrocknet, portioniert, mit Zitronensaft beträufelt und mit gehackter Petersilie bestreut. Zum Unterschied von Fleischspeisen soll das Fischfleisch schon 1/2 Stunde vor dem Backen vorgerichtet werden. Erst kurz vor der Zubereitung salzen!

KABELJAU, IN BUTTER GEBRATEN

4 Portionen

600–800 g Kabeljau
Zitronensaft
Öl
80 g Butter
Salz

So wie für gebackenen Kabeljau vorbereitete, gesalzene Kabeljauportionen werden mit Öl bestrichen, 1/2 Stunde kalt gestellt, hierauf in stark erhitzter Butter rasch zuerst an der schönen oberen Seite und etwas langsamer von der anderen Seite durchgebraten. Anrichten und mit heißer Butter begießen.
Dazu Zitronenspalten und mitgebratene Kartoffeln servieren.

KABELJAU, GEDÄMPFT

4 Portionen

600–800 g Kabeljau
60 g Öl
1 große Zwiebel
Essig
1 Teelöffel Tomatenmark
Petersilie
Zucker
Pfeffer
Salz

4 Kabeljauportionen läßt man, etwas gesalzen, in 60 Gramm Öl sehr scharf anbraten und stellt sie beiseite. Im selben Fett wird 1 große, feinstgehackte Zwiebel gelbgeröstet, mit etwas Zucker versetzt und mit Essig abgelöscht. Nachdem man 1 Teelöffel Tomatenmark und etwas Pfeffer dazugegeben hat, läßt man alles eindünsten, ordnet die vorgebratenen Fischportionen eng aneinanderliegend ein und gießt mit Suppe oder Wasser gerade so viel auf, daß das Gericht weich dämpfen kann. Für Tisch mit gehackter Petersilie bestreuen.
Mit Salzkartoffeln umlegen.

GEKOCHTER KABELJAU

4 Portionen

600–800 g Kabeljau
Essig
Zwiebelringe
Butter
Pfefferkörner
Salz

4 vorbereitete Kabeljauportionen werden, mäßig gesalzen, einige Zeit kühl gestellt. In passendem Geschirr läßt man in genügend Salzwasser, dem ein Spritzer Essig beigesetzt ist, einige Zwiebelringe und zerquetschte Pfefferkörner 10 Minuten kochen, legt die Fischportionen ein und läßt sie nach dem Aufkochen langsam garziehen. Abgetropft anrichten und mit geklärter oder brauner Butter übergießen.
Mit Salzkartoffeln umlegt servieren.

KABELJAU FLORENTINER ART

4 Portionen

600–800 g Kabeljau
200 g Spinat
Zitronensaft
2 Eßlöffel Öl
80 g Butter
40 g Mehl
$^1/_4$ l Milch
1 Ei
2 Eßlöffel Parmesan
20 g Semmelbrösel (Paniermehl)
Muskatnuß
Pfeffer
Salz

4 Kabeljauportionen im Einzelgewicht von 150 bis 200 Gramm werden kurz kalt gewaschen, mit dem nötigen Salz, etwas Pfeffer und Zitronensaft eingerieben, in 2 Eßlöffel Öl von beiden Seiten rasch überbraten und beiseite gestellt. Nebenbei wird verlesener, kurz gewaschener Spinat in $^1/_8$ Liter kochendem Salzwasser 2 Minuten zugedeckt scharf gedämpft und dann vollständig abgeseiht. Diesen Spinat schwitzt man in 20 Gramm Butter eine kleine Weile und würzt mit Salz und etwas Pfeffer. Dann bedeckt man mit dem Spinat den Boden einer feuerfesten Porzellanbackschüssel und ordnet die vorgebratenen Fischstücke darauf an. Inzwischen schwitzt man 40 Gramm Mehl in 40 Gramm Butter kurz an, würzt mit Salz und ein wenig geriebener Muskatnuß und gießt mit $^1/_4$ Liter Milch zu einer sehr dicken Sauce auf, die einmal aufgekocht wird. In die noch heiße Sauce rührt man 1 ganzes Ei und 1 Eßlöffel geriebenen Parmesan und überzieht damit die Fischportionen. Das Ganze bestreut man mit einer dünnen Lage Semmelbröseln und Parmesan, verteilt 20 Gramm zerpflückte Butter darüber und backt den Fisch im sehr heißen Rohr zu goldbrauner Oberfarbe.
Als Beilage reicht man Tomatensalat.

BRETONER FISCHGERICHT

4 Portionen

600–800 g Kabeljau
200 g weiße Bohnen
Zitronensaft
80 g Öl
1 Eßlöffel Zwiebel
Petersilie
1 Eßlöffel Mehl
Knoblauch
3 Eßlöffel Tomatenmark
1/2 Lorbeerblatt
Salz

200 Gramm weiße Bohnen werden über Nacht in 3/4 Liter kaltem Wasser eingeweicht und am nächsten Tag mit 1/2 Lorbeerblatt langsam weichgekocht. 4 Portionen haut- und grätenfreier Seefisch im Einzelgewicht von 150 bis 200 Gramm werden kalt gewaschen, mit einem Tuch abgetrocknet, mit Salz und ein paar Tropfen Zitronensaft eingerieben, in 80 Gramm Öl von beiden Seiten kurz überbraten und beiseite gelegt. Im Bratenrückstand schwitzt man 1 Eßlöffel feinstgehackte Zwiebel, vermischt mit Petersilie und 1 Eßlöffel Mehl, gründlich heiß, würzt mit etwas fein zerdrücktem Knoblauch und 3 Eßlöffel Tomatenmark und gießt dies mit dem abgeseihten Bohnensud zu molliger Sauce auf. Nach kurzem Verkochen mischt man die weichgekochten Bohnen ein und legt, sobald die Bohnen tüchtig durchkochen konnten, die angebratenen Fischportionen in die Hülsenfruchtspeise. Alles zusammen noch 10 Minuten dämpfen lassen. Mit Petersilie bestreut servieren.

DORSCH UNGARISCHE ART

4 Portionen

600 g Dorsch
50 g Mehl
60 g Öl
1 große Zwiebel
Knoblauch
1 Teelöffel Tomatenmark
3/8 l Suppe
1/8 l Sauerrahm
Zitrone
Pfefferoni
1 Teelöffel Paprika
Kümmel
Pfeffer
Salz

4 Portionsstücke vom Dorsch werden leicht gesalzen, papriziert und bemehlt, dann in Öl scharf angebraten, umgedreht und etwas langsamer weitergebraten, dann halb roh beiseite gestellt. Im selben Fett wird 1 große, feingehackte Zwiebel gelbgeröstet, mit 1 Teelöffel Paprika, etwas Kümmel, Knoblauch und 40 Gramm Mehl versetzt. Nach kurzem Durchrösten kommt 1 Teelöffel Tomatenmark dazu. Mit 3/8 Liter Suppe, die man aus Fischabschnitten gekocht hat, und 1/8 Liter mildem Sauerrahm aufgegossen, läßt man die Sauce nach Zusatz von etwas Zitronensaft und -schale mindestens 20 Minuten kochen, passiert sie über die in ein passendes Geschirr gelegten Dorschportionen und dünstet diese vollends weich. Als Einlage kommen außerdem nudelig geschnittene, in Salzwasser einmal aufgekochte Pfefferoni.

DORSCH MAILÄNDER ART

4 Portionen

600 g Dorsch
60 g Öl
1 Zwiebel
2 Eßlöffel Tomatenmark
1/8 l Weißwein
Parmesan
1 Teelöffel Zucker
weißer Pfeffer
Salz

4 Portionsstücke vom Dorsch werden mit Salz und Pfeffer gewürzt, in Öl beidseitig durchgebraten und herausgehoben. Im Bratrückstand 1 kleine, feinstgeschnittene Zwiebel gelbrösten und mit 2 Eßlöffel verdünntem Tomatenmark versetzen. Fischstücke einlegen, 1/8 Liter Weißwein und 1 Teelöffel Zucker beigeben und alles langsam durchdämpfen lassen. Beim Anrichten mit geriebenem Parmesan bestreuen.

STOCKFISCH MIT ZWIEBEL

4 Portionen

600–800 g Kabeljau
Zwiebel
Essig
Öl
Semmelbrösel
(Paniermehl)
80 g Butter
Pfefferkörner
Salz

Der eigentliche Stockfisch ist ein an der Luft getrockneter Kabeljau, der vor Gebrauch wenigstens 6 Stunden in öfter gewechseltem frischem Wasser auswässern muß. Dadurch, daß nur große Exemplare des Fisches getrocknet werden, deren Fleisch an und für sich schon gröber ist, sowie durch das Trocknen selbst büßt der Stockfisch viel von der Feinheit des frischen Kabeljaus ein, und wenn auch dem Namen nach nicht richtig, so wird doch empfohlen, das Stockfischgericht von frischem Kabeljau herzustellen.

150 bis 200 Gramm schwere Portionen Kabeljau, die gut gewaschen sein sollen, aber ungehäutet bleiben können, setzt man in kaltem Wasser mit Salz, Pfefferkörnern, Zwiebelringen und schwach Essig zu, läßt aufkochen und zugedeckt etwas langsamer weich kochen, bis ein Gabeleinstich auf keinen Wiederstand stößt. Dann wird der Fisch abgetropft und von allen Häuten und Gräten sauber gereinigt angerichtet und mit einer Gabel in lose Blätter zerdrückt. Darüber streut man gehackte, goldbraun geröstete, von allem Fett abgetropfte Zwiebel, über die Zwiebel trockene Semmelbrösel und übergießt das Ganze mit 20 Gramm geklärter oder brauner Butter pro Portion.
Mit Salzkartoffeln umlegt servieren.

Grüner Hering

Unter grünen Heringen versteht man die frisch auf den Markt gebrachten Heringe, die einen um so feineren Geschmack aufweisen, je frischer sie verzehrt werden. Beliebte Zubereitungsarten sind vor allem in Öl oder Butter gebratene und gebackene Heringe. Die Fische müssen gut geschuppt und gereinigt werden und sollten von Kopf und Flossen, am besten aber auch von den Gräten gelöst werden.

FRISCHER HERING MIT ZWIEBEL

4 Portionen

4 Heringe
2 mittelgroße Zwiebeln
80 g Butter
Pfeffer
Salz

Nachdem die nudelig geschnittenen Zwiebeln in 80 Gramm Butter goldgelb geröstet wurden, legt man darauf 4 sauber geputzte, entgrätete Heringe, die man vorher schwach salzt und pfeffert. Zugedeckt ins mittelheiße Rohr stellen und mehr ziehen als braten lassen. Mit den Zwiebeln bedeckt werden die Fische recht heiß serviert.
Mit in Butter heiß geschwenkten Kartoffeln umlegen.

GEFÜLLTER HERING, GEBACKEN

4 Portionen

4 Heringe
Zitronensaft
100 g Butter
3 Eier
Petersilie
Semmelbrösel (Paniermehl)
Mehl
Backfett
Muskatnuß
Pfeffer, Salz

4 tadellos gereinigte, von Kopf, Flossen und Schwanz befreite Heringe werden mit Salz, Pfeffer und Zitronensaft eingerieben und 1/2 Stunde kalt gestellt. Inzwischen bereitet man aus 60 Gramm Butter, 1 Ei, feingehackter Petersilie, Salz, Muskatnuß und soviel Semmelbröseln, wie die Masse annimmt, eine Fülle, mit der die Heringe vollgestopft werden. Dann zieht man sie durch Mehl, zerklopfte Eier und Semmelbrösel und backt sie in mittelheißem Fett goldbraun. Mit Zitronensaft und heißer Butter betropft zu Tisch bringen.

FRISCHE SARDINEN IN BACKTEIG

4 Portionen

400 g Sardinenfilets
100 g Champignons
2 Tomaten
Butter
Kürbisblüten
Backteig
Backfett
Pfeffer
Salz

400 Gramm sauber entgrätete Sardinenfilets werden ebenso wie 100 Gramm Champignons in Würfel geschnitten und zusammen mit kleinen Tomatenwürfeln in wenig Butter angeschwitzt, gesalzen und gepfeffert. Dann wird je 1 Eßlöffel voll in eine gewaschene Kürbisblüte gefüllt, diese durch Backteig gezogen und in mittelheißem Backfett goldgelb gebacken.
Dazu serviert man eine herbe Tomatensauce.

GRÜNE SARDELLEN, GEBACKEN

4 Portionen

600 g Sardellen
Mehl
Backfett
Zitronenspalten
Salz

Die frischen Sardellen werden geschuppt und ausgenommen, von Gräten und Kopf abgelöst, gewaschen und abgetrocknet. Dann werden sie in Mehl gewälzt und unter öfterem Auflockern in reichlich heißem Backfett ziemlich rasch goldfarben gebakken. Nach dem Backen abgetropft leicht salzen. Mit Zitronenspalten garniert möglichst knusprig servieren.

Makrele

Die Makrele wird bis zu 1 Kilogramm schwer, hat fast keine Schuppen und ist am besten im Gewicht von 400 bis 600 Gramm. Der Rücken ist stahlblau mit schwarzen Querstreifen, der Unterleib glänzt silbern.
Hauptbedingung bei den Makrelen ist, daß sie frisch verarbeitet werden, da sie leicht verderben.

MAKRELE, GEBRATEN

4 Portionen

Makrelen im Gewicht von 1–1,20 kg
Öl, Pfeffer, Salz

Der gereinigte Fisch wird an den Seiten eingeschnitten, gesalzen, gepfeffert und mit Öl bestrichen eine Weile mariniert, ehe man ihn in heißem

Fogosch am Rost Wiener Art; Hofmeisterbutter, Sauce tatare (Rezepte Seiten 144, 54, 121).

Öl durchbrät. Für Tisch entweder mit dem Bratöl betropfen oder mit brauner Butter übergießen.

> Die wie vorhin vorgerichtete *Makrele* kann auch *am Rost gebraten* werden. In trockene Brösel getaucht, wird sie auf ölbestrichenem Rost auf beiden Seiten gebraten. Mit Hofmeisterbutter belegt servieren.

4 Portionen

MAKRELE MIT NUSSBUTTER

Makrelen im Gewicht von 1–1,20 kg
60 g Butter
40 g Haselnüsse
Öl
Zwiebelringe
Petersilie
Pfeffer
Salz

Ausgeweidete, von Kopf und Schwanz befreite Makrelen werden beidseitig mit einigen Einschnitten versehen, gesalzen, gepfeffert, mit Öl leicht bestrichen und mit Zwiebelringen und grüner Petersilie versehen einige Zeit mariniert. Dann brät man sie in Öl von beiden Seiten durch, hebt dann die Fische aus dem Fett und richtet sie trocken an. 60 Gramm Butter aufschäumen lassen, 40 Gramm geschälte, feingeriebene Haselnüsse beigeben und damit den Fisch übergießen.

Seezunge

Dieser Plattfisch ist einer der feinsten Vertreter der Seefische mit feinen Schuppen und 25 bis 30 Zentimeter Länge. Eine Hauptseite ist weißlich, die andere von dunkler Färbung. Die Haut wird immer abgezogen, und zwar löst man sie beidseitig am Schwanzende einen Zentimeter breit rein vom Fisch, worauf die sich flach über den Körper gegen den Kopf zu leicht abziehen läßt. Der Kopf wird abgeschnitten und die Eingeweide, die wie bei allen Plattfischen nur einen kleinen Raum knapp hinter dem Kopf (Hals) ausfüllen, sauber entfernt. Wird der Fisch im ganzen verwendet, schneidet man die feinen Flossen mit einer Schere oder einem Messer rundum weg. Werden die Filets hingegen ausgelöst, geschieht dies von der Mittellinie der beiden Flachseiten gegen den Rücken bzw. Bauch zu, so daß das Fleisch, ohne verletzt zu werden, knapp von den zarten Gräten gelöst wird. Es ergeben sich 4 Filets, wovon die Rückenfilets etwas stärker als die bauchseitigen sind.

Tafelspitz mit Markscheiben und Wurzelwerk; Apfelkren, Rote-Rüben-Salat, kalte Schnittlauchsauce, Gewürzgurkerl (Rezepte Seiten 181, 124, 431, 124).

GEBACKENE SEEZUNGE

4 Portionen

4 kleine Seezungen
Öl
Mehl
Eier
Semmelbrösel (Paniermehl)
Backfett
1 Zitrone
Salz

Die Seezungen werden abgezogen, ausgenommen, von Kopf und Flossen befreit, gewaschen, schwach gesalzen und etwas mit Öl bestrichen einige Zeit kalt gestellt. Dann werden sie in Mehl getaucht, durch zerklopfte Eier, denen pro Ei 1 Teelöffel Öl beigemengt ist, gezogen und locker mit weißen Semmelbröseln eingehüllt. Knapp vor dem Auftragen legt man sie in übermittelheißes Fett, backt sie rundum hellbraun und serviert sie abgetropft mit Zitronenvierteln.

> Größere Seezungen werden filetiert gebacken.

SEEZUNGE MÜLLERIN-ART

4 Portionen

4 kleine Seezungen
Mehl
1/16 l Öl
80 g Butter
Zitronensaft
Petersilie
Salz

Wie zum Backen vorgerichtete Seezungen werden gesalzen, in Mehl getaucht und von beiden Seiten in Öl goldgelb gebraten. Das Bratfett abgießen und durch Butter ersetzen. Dann anrichten, mit Zitronensaft beträufeln und mit gehackter Petersilie bestreuen. Die aufgeschäumte Butter darübergießen.

> Alle gebratenen Fische können mit geschälten Zitronenscheiben belegt werden.

SEEZUNGENFILET MIT WEISSWEINSAUCE

4 Portionen

3 Seezungen
1/8 l Weißwein
Zwiebel
80 g Butter
600 g Kartoffeln
4 Eidotter
Zitronensaft
Muskatnuß
Pfefferkörner
Salz

Für 4 Portionen werden 3 Seezungen abgehäutet, die Filets sauber abgelöst und diese dann zu Röllchen oder Schlingen geformt, indem man das dickere Ende durchlocht und das dünnere Ende hindurchzieht. Schwach gesalzen legt man sie in ein passendes Geschirr, gibt etwas Zwiebel, zerquetschte Pfefferkörner, 1/8 Liter Weißwein und 20 Gramm Butter dazu und läßt den Fisch zugedeckt garziehen, d. h. ohne ihn kochen zu lassen. Inzwischen hat man 600 Gramm roh geschälte Kartoffeln in Salzwasser weichgekocht, die gut abgetropft passiert werden. Mit 10 Gramm Butter, 1 Eidotter und etwas geriebener Muskatnuß abrühren. Die Masse füllt man in einen Dressiersack, spritzt damit den Rand einer gebutterten Porzellanschüssel aus und überbackt dies im heißen Rohr, bis die Rillen der Kartoffelmasse Farbe genommen haben. Die mittlerweile warmgehaltenen Seezungenfilets werden nun trocken in die Mitte der Schüssel eingeordnet. Den abgeseihten Fischfond schlägt man mit 3 Eidottern, etwas Zitronensaft und 50 Gramm Butter über Dunst schaumig und überzieht damit die Fischfilets.

ÜBERKRUSTETE SEEZUNGENFILETS

4 Portionen

12 Seezungenfilets
Zwiebelringe
Petersilie
Olivenöl
50 g Butter
1/8 l Weißwein
3 Eßlöffel Parmesan
4 Eidotter
1 Eßlöffel Semmelbrösel (Paniermehl)
Muskatnuß
Peffer
Salz

Die Filets werden 1/2 Stunde mit Salz, Pfeffer, Zwiebelringen, Petersilie und Olivenöl mariniert. Dann dreht man sie zu Röllchen zusammen oder macht eine Schlinge aus ihnen, indem man das dickere Ende durchlocht und das dünnere Ende hindurchzieht. Schwach salzen, mit 20 Gramm Butter und 1/8 Liter Weißwein in eine Pfanne legen und zugedeckt garziehen lassen. Dann gibt man sie in eine gebutterte feuerfeste Porzellanschüssel. Den Fond auf 4 Eßlöffel Flüssigkeit einkochen und mit 2 Eßlöffel Parmesan, 20 Gramm Butter und 4 Eidottern verrühren. Über Dunst dickschaumig schlagen, mit Muskatnuß würzen und damit die Filets überziehen. Mit Semmelbröseln, geriebenem Parmesan und einigen Butterflocken bestreut, werden die Fischfilets im heißen Rohr goldgelb überkrustet (gratiniert).

ROTZUNGE MIT CHAMPIGNONS

4 Portionen

4 kleine Rotzungen
120 g Champignons
Mehl
60 g Butter
1 kleine Zwiebel

Die abgezogenen, von Kopf, Flossen und Innereien befreiten Fische werden schwach gesalzen, etwas bemehlt und in geklärter Butter goldfarben gebraten. In eine gebutterte feuerfeste Porzellanschüssel legen. Im Bratfett röstet man zusammen feinge-

2 Teelöffel Petersilie
$1/2$ Eßlöffel Tomatenmark
$1/16$ l Rotwein
Salz
Garnitur
kugelige Bratkartoffeln

hackte Zwiebel und Petersilie kurz an, gibt 120 Gramm blättrig geschnittene Champignons und $1/2$ Eßlöffel Tomatenmark dazu, löscht nach kurzem Durchrösten mit $1/16$ Liter Rotwein und Wasser ab und läßt kurz verdämpfen. Mit diesem Gemengsel werden die Rotzungen überzogen und der Schüsselrand mit kugelig ausgestochenen, in Butter gebratenen Kartoffeln ausgelegt. Das Ganze läßt man noch etwa 8 Minuten im heißen Rohr durchziehen.

Die Rotzunge ist ein der Seezunge ähnlicher Fisch von gröberem Fleisch und kann auch nach den Rezepten für Seezunge zubereitet werden.

Scholle (Goldbutte)

Die Scholle bildet sozusagen die Stammfamilie von Flunder, Heilbutt, Steinbutt und ist auch wie diese Fische zu verkochen. Scholle kann im ganzen gebraten (Müllerin-Art) oder pochiert (in Weißweinsauce) werden sowie filetiert gebraten, gebacken oder ebenfalls pochiert zubereitet werden.

Steinbutt

Der Steinbutt gehört zur Familie der Schollen, ist also auch ein Plattfisch, dessen eine Seite von schwarzbräunlicher, die andere Seite von weißlicher Haut bedeckt ist. Der Steinbutt wird am besten im Gewicht von 5 bis 8 Kilogramm verarbeitet und hat ein festes, weißes Fleisch von hohem Wohlgeschmack.
Nachdem der Steinbutt unterhalb der Kiemen ausgenommen und sauber gewaschen wurde, werden entweder die sehr fleischigen Filets von der Mitte aus gegen den Rücken bzw. Unterleib rein von den Gräten gelöst, oder der Fisch wird längs der Mittellinie gespalten, so daß eine obere und eine untere Hälfte entsteht, aus denen dann 150 bis 200 Gramm schwere Portionen geschnitten werden.
Der *Heilbutt* wird genauso verarbeitet und auch nach den Rezepten für Steinbutt zubereitet.

GEKOCHTER STEINBUTT WIENER ART

4 Portionen

600–800 g Steinbutt
Wurzelwerk
Zwiebel
Petersilie
Selleriegrünes
Essig
Zitronensaft
Butter
Lorbeerblatt
Pfefferkörner
Salz

In Salzwasser läßt man einiges Wurzelwerk, Zwiebel, Pfefferkörner, Petersilien- und Selleriegrünes, ferner ein Stückchen Lorbeerblatt mit Essig schwach gesäuert eine Weile kochen, legt die sauberen Steinbuttportionen ein, die man 10 bis 15 Minuten mehr ziehen als kochen läßt. Gut abgetropft anrichten, mit Zitronensaft beträufeln und mit geklärter oder gebräunter Butter übergießen. Mit Salzkartoffeln umlegen.

Statt Butter können auch Sauce hollandaise oder Weißweinsauce gegeben werden.

GEGRILLTER STEINBUTT WIENER ART

4 Portionen

600 g Steinbutt
Öl
Semmelbrösel
(Paniermehl)
Hofmeisterbutter
Zitronenspalten
Salz

150 Gramm schwere, von Haut und Gräten gelöste Steinbuttportionen werden gesalzen und mit Öl bestrichen eine Weile mariniert. Dann an der schönen Seite in helle Semmelbrösel tauchen, in sehr heißes Öl mit der bebröselten Seite nach unten einlegen, goldbraun braten, umdrehen und im Bratrohr fertigbraten, bis ein Gabeleinstich auf keinen Widerstand stößt. Man richtet den Fisch trocken an, gibt pro Portion 1 Scheibe Hofmeisterbutter darauf und garniert mit Zitronenspalten.
Mit Bratkartoffeln umlegen und extra Sauce tatare reichen.

GEBACKENER STEINBUTT

4 Portionen

600–800 g Steinbuttfilets
Zitronensaft
Mehl, 2–3 Eier
Semmelbrösel
(Paniermehl)
Öl, Pfeffer, Salz

Das Fischfleisch wird portioniert (2 Stück pro Portion), leicht gesalzen, gepfeffert und mit Zitronensaft gewürzt, dann durch Mehl, zerklopfte Eier und lichte Semmelbrösel gezogen und in heißem Öl hellbraun gebacken.
Dazu serviert man Sauce tatare.

Thunfisch

Der Thunfisch ähnelt der Makrele, solange er eine Länge von 1/2 Meter nicht überschritten hat. Bis zu dieser Größe ist er auch wie die Makrele zuzubereiten. Der oben stahlblaue, unten silberweiße Fisch erreicht oft ein Gewicht von über 200 Kilogramm. In dieser Größe wird aber nur das zartere, weiße Fleisch zu Konserven verarbeitet, die als der beliebte Thunfisch in Öl in den Handel kommen.

4 Portionen

GEBACKENER TINTENFISCH

400–600 g Tintenfisch
Mehl
Öl
Salz

400 bis 600 Gramm in Streifen geschnittene Tintenfischstücke werden mit dem nötigen Salz eingerieben und stark bemehlt. Man legt den Tintenfisch in mindestens zwei Finger dick gut erhitztes Öl ein und backt die Stücke bei großer Hitze flott goldfarben. Abgetropft trocken anrichten.
Dazu Sauce tatare servieren.

4 Portionen

FISCHGERICHT LYONER ART

600 g beliebiger Fisch
4 Eßlöffel Öl
1 große Zwiebel
100 g Porree
2 Champignons
Knoblauch
2 Eßlöffel Tomatenmark
3 große Kartoffeln
Schnittlauch
Kümmel
Pfeffer
Salz

Hierzu kann jede beliebige Sorte Fisch verwendet werden. Am besten jedoch sind möglichst grätenarme Arten, wie Fogosch oder Wels von den Süßwasserfischen und Kabeljau, Schellfisch oder Steinbutt von den Salzwasserfischen.
600 Gramm ausgelöstes, abgehäutetes und von den Gräten befreites Fischfleisch wird in zwei Finger breite Streifen geschnitten, die man salzt und pfeffert, in 4 Eßlöffel sehr heißem Öl nur ganz kurz röstet und dann beiseite stellt. Im Bratöl röstet man 1 große grobgehackte Zwiebel gelb, fügt eine in dünne Ringe geschnittene Porreestange, 2 blättrig geschnittene Champignons, ein wenig Kümmel und eine Spur zerdrückten Knoblauch bei, schwitzt kurz durch, gibt 2 Eßlöffel Tomatenmark dazu und rührt gut durch. Nun gibt man 3 große, roh geschälte und in dicke Scheiben geschnittene Kartoffeln dazu und gießt mit so viel Wasser auf, daß

Flüssigkeit und Kartoffeln gleich hoch stehen. Nachdem noch leicht nachgesalzen wurde, läßt man die Kartoffeln kernig weich dämpfen, bettet die vorgebratenen Fischstücke ein und läßt alles zusammen zugedeckt langsam weich dünsten. In einer tiefen Schüssel anrichten und mit Schnittlauch bestreuen.

4 Portionen

SEEFISCH IN BACKTEIG

400 g beliebiger Seefisch
Petersilie
Zitronensaft
Mehl
Backfett
Salz

Backteig
2 Eier
1 Eßlöffel Öl
1/8 l Weißwein
Mehl
Salz

Von Haut und Gräten befreiten Seefisch kurz kalt waschen, auf einem Tuch abtrocknen und in kleinfingerdicke Filets aufschneiden, die mit dem nötigen Salz, gehackter Petersilie und ein wenig Zitronensaft untermischt werden. 2 Eidotter, 1 Eßlöffel Öl, eine Prise Salz und 1/8 Liter Weißwein sprudelt man mit so viel Mehl ab, daß ein dickflüssiger Teig entsteht, schlägt 2 Eiweiß steif und rührt sie kurz und kräftig unter den Teig. Zum Herausbacken werden die bemehlten, teigüberzogenen Fischfilets in heißes Backfett eingelegt und rasch von beiden Seiten goldblond gebacken. Für Tisch richtet man die Fische locker gehäuft an.
Als Beilage grüner Salat oder Tomatensalat, Remouladensauce.

4 Portionen

SEEFISCH NELSON

600–800 g beliebiger Seefisch
Zitronensaft
3 Stangen Porree
1/16 l Öl
1 Salzgurke
1 Teelöffel Kapern
Petersilie
Tomatenmark
Pfeffer
Salz

600 bis 800 Gramm haut- und grätenloser Seefisch wird kalt gewaschen, portioniert, mit Salz und Zitronensaft eingerieben und 1/2 Stunde kalt gestellt. Inzwischen schneidet man das Helle von 3 starken Porreestangen in halbfingerbreite Ringe, röstet sie in 1/16 Liter Öl tüchtig heiß, mischt 1 streifig geschnittene Salzgurke, Kapern, gehackte Petersilie und ein bißchen Pfeffer darunter und gießt gleich hoch mit Wasser auf. Der Porree wird zugedeckt weich gedünstet. Dann pikantiert man mit ein wenig Tomatenmark, legt die Fische ein und läßt das Ganze zugedeckt 20 Minuten dämpfen.
Frisch gekochte, mit Salz bestreute Kartoffeln dienen als Beilage.

4 Portionen

SEEFISCH DÄNISCHE ART

500–600 g beliebiger Seefisch
Zitronensaft
1 kg Kartoffeln
Zwiebel
1 Teelöffel Senf
Milch
Tomatenmark
Petersilie
Öl
Kümmel
Salz

500 bis 600 Gramm haut- und möglichst auch grätenfreies Seefischfleisch wird kurz kalt gewaschen, mit einem Tuch abgetrocknet, mit dem nötigen Salz und ein wenig Zitronensaft eingerieben und in 4 gleichmäßige Portionen aufgeschnitten. Inzwischen stellt man 1 Kilogramm roh geschälte, geviertelte Kartoffeln mit kaltem Wasser bedeckt auf Hitze, fügt 1 Eßlöffel feingehackte Zwiebel, 1 Teelöffel Senf, Salz und eine Prise Kümmel hinzu und kocht die Kartoffeln zugedeckt vollständig weich. Abseihen. Mit einem Teil des Suds werden die in eine flache Pfanne eingelegten Fischportionen bis zur halben Höhe aufgefüllt und langsam 15 bis 20 Minuten gedünstet. Mit dem restlichen Kartoffelsud und kochend heißer Milch nach Bedarf werden die mit einem Kochlöffel zu einem formhältigen Püree abgerührten Kartoffeln gelockert. Die Fische richtet man portionsweise auf Tellern an, überzieht sie mit dem mit ein wenig Tomatenmark gefärbten Fischsud und bestreut mit Petersilie. Das Kartoffelpüree ordnet man neben den Fischportionen gehäuft an und besetzt es mit ein wenig in Öl goldbraun gerösteter Zwiebel.

4 Portionen

SEEFISCH MIT GEMÜSEN

600 g beliebiger Seefisch
4 Kartoffeln
2–3 Stangen Porree
500 g Tomaten
Zitronensaft
4 Eßlöffel Öl
Petersilie
1 Teelöffel Zwiebel
Thymian
1/2 Lorbeerblatt
Pfeffer
Salz

4 abgehäutete, entgrätete Seefischportionen werden kurz kalt gewaschen, auf einem Tuch abgetrocknet und mit Salz und Zitronensaft eingerieben. In einer feuerfesten Backschüssel vermischt man 4 Eßlöffel Öl, den Saft von 1 Zitrone, Salz und Pfeffer nach Bedarf, eine tüchtige Prise gehackte Petersilie, ein klein wenig abgeriebenen Thymian, 1/2 Lorbeerblatt, 1 Teelöffel feinstgehackte Zwiebel und mariniert darin die vorbereiteten Fischportionen. Über die Fische verteilt man 4 roh geschälte, dünnblättrig geschnittene Kartoffeln, 2 bis 3 Stangen Porree, von denen das Weiße in halbzentimeterdicke Ringe aufgeschnitten wird, und deckt obenauf 500

Gramm in Scheiben geschnittene Tomaten. Wenig Salz und Pfeffer aufstreuen, mit $1/2$ Liter Wasser aufgießen und das gut zugedeckte Geschirr 1 Stunde in ein übermittelheißes Rohr stellen. Die Speise darf während des Dünstens nicht umgerührt werden und kommt im Kochgeschirr zu Tisch.

4 Portionen

SEEFISCHGULASCH

600 g beliebiger Seefisch
Zitronensaft
2 Teelöffel Mehl
100 g Öl
1 große Zwiebel
2 Teelöffel Paprika
$1/8$ l Sauerrahm
Salz

600 Gramm gräten- und hautfreies, frisches Seefischfleisch wird kurz kalt gewaschen, auf einem Tuch abgetrocknet, gesalzen, mit ein paar Tropfen Zitronensaft eingerieben und in zwei Finger breite Stücke geschnitten, die mit 1 Teelöffel Mehl eingestreut werden. Dann brät man die Fischstücke in 100 Gramm sehr heißem Öl ganz kurz an und stellt sie, vom Fett gehoben, beiseite. Im Bratfett wird 1 sehr große, sehr fein gehackte Zwiebel gelbgeröstet. Man würzt mit 2 Teelöffel edelsüßem Paprika und gießt mit $1/8$ Liter Sauerrahm, verquirlt mit 1 Teelöffel Mehl, auf. Dann legt man die vorgebratenen Fischstücke ein, gießt mit so viel Wasser auf, daß eine mollig-cremige Sauce entsteht, und dünstet den Fisch insgesamt 18 bis 20 Minuten. Salzkartoffeln dienen als Beilage.

Eine in feinste Streifen geschnittene Paprikaschote kann mitgedünstet werden.

4 Portionen

SEEFISCH, GEBRATEN

600 g beliebiger Seefisch
2 Zitronen
Semmelbrösel
(Paniermehl)
60 g Öl
Petersilie
Paprika
Salz

4 haut- und grätenfreie Seefischportionen im Einzelgewicht von 150 Gramm werden kurz kalt gewaschen, auf einem Tuch abgetrocknet, mit dem nötigen Salz, ein paar Tropfen Zitronensaft und einer Prise Paprika eingerieben und an der schönen Seite trocken in Semmelbrösel getaucht. Die Fische werden zuerst mit der bebröselten Seite nach unten in eine genügend breite Pfanne in 60 Gramm gut erhitztes Öl eingelegt und rasch zu hellbrauner Farbe gebraten. Die Stücke umdrehen und von der

anderen Seite etwas langsamer im Rohr durchbraten lassen, bis ein Nadelstich ohne Widerstand durch das dicke Fleisch geführt werden kann. Die Bratdauer beträgt ungefähr 18 Minuten. Die Fische werden nett angerichtet, mit dem Bratöl betropft und mit 4 Zitronenspalten sowie ein bißchen Petersiliengrün garniert.
Als Beilage paßt Mayonnaisesalat oder Kartoffelsalat.

> Das Bratfett kann kurz vor der Fertigstellung abgegossen und durch 60 Gramm Butter ersetzt werden. Mit der aufgeschäumten Butter den angerichteten Fisch begießen.

4 Portionen

SEEFISCH MIT SPECK

600 g beliebiger Seefisch
50 g Selch(Räucher)speck
Zitronensaft
40 g Butter
1/2 l saure Milch
Petersilie
2 Eßlöffel Semmelbrösel (Paniermehl)
Parmesan
Salz

600 Gramm von Haut und Gräten ausgelöstes Seefischfleisch wird kalt gewaschen, mit einem Tuch abgetrocknet, in zwei Finger breite Streifen aufgeschnitten, gesalzen und mit Zitronensaft beträufelt. Die Fischstücke spickt man mit dünnen Selchspeckstreifen mehr oder minder stark und ordnet sie in eine mit aufgeschäumter Butter gut erhitzte Kasserolle. Daneben verquirlt man 1/2 Liter saure Milch mit Salz, reichlich Petersilie und 2 Eßlöffel weißen Semmelbröseln und übergießt damit den Fisch. Mit einer dünnen Lage Parmesan bestreut, wird das Gericht 25 bis 30 Minuten lang im heißen Rohr zu hellbrauner Oberfarbe gebakken. Es empfiehlt sich, das Gericht im Backgeschirr, sonst aber schön portioniert zu Tisch zu geben.
Ein beliebiger Salat und Salzkartoffeln dienen als Beilage.

4 Portionen

TURINER SEEFISCH

600 g beliebiger Seefisch
1 kg Tomaten
1 Eßlöffel Petersilie
Zitronensaft
90 g Öl
1 Eßlöffel Zwiebel
Knoblauch
Salz

600 Gramm haut- und grätenfreies Seefischfleisch werden durch kaltes Wasser gezogen, mit einem Tuch abgetrocknet, in 2 Zentimeter große Würfel geschnitten, mit dem nötigen Salz, 1 Eßlöffel gehackter Petersilie und dem Saft von 1/2 Zitrone abgemengt und 1/2 Stunde kalt gestellt. Inzwischen taucht man 1 Kilogramm vollreife Tomaten ein paar Augenblicke in kochendes Wasser, zieht dann die Haut ab, halbiert die Tomaten, drückt die Kerne aus und schneidet die Früchte in fingerdicke Scheiben. Nun röstet man das Fischfleisch in gut erhitztem Öl kurz an, hebt das Fischfleisch aus der Pfanne und fügt noch etwas Öl bei. Darin schwitzt man 1 Eßlöffel feingehackte Zwiebel und ein wenig zerdrückten Knoblauch heiß, fügt die Tomaten hinzu und läßt sie schmelzen. Das angeröstete Fischfleisch wird wieder beigegeben und das Ganze 10 Minuten fertiggedünstet. Dabei wird mit Wasser nach Bedarf gelockert, so daß eine mollig-flüssige Bindung entsteht.

Dieses Fischgericht wird in einem Kranz von Makkaroni oder Spaghetti angerichtet. Die Teigwaren mit Parmesan bestreuen.

4 Portionen

VENEZIANER SEEFISCH

500 g beliebiger Seefisch
Petersilie
4–6 Kartoffeln
1 Eßlöffel gehackter Porree
80 g Öl
1/4 l Sauermilch
1 Eßlöffel Parmesan
2 Eßlöffel Semmelbrösel (Paniermehl)
1 Ei
1 Teelöffel Selleriegrün
Paprika
Salz

500 Gramm haut- und grätenfreies Seefischfleisch wird kalt gewaschen, mit einem Tuch abgetrocknet, in zentimetergroße Würfel geschnitten und mit Salz, gehackter Petersilie und einem Stäubchen Paprika gemischt. 4 bis 6 gekochte Kartoffeln schneidet man kleinwürfelig und salzt sie. In einer passenden Pfanne röstet man 1 gehäuften Eßlöffel feingehackten Porree in 80 Gramm Öl blaßgelb, fügt Fisch und Kartoffeln hinzu und röstet alles gründlich durch. Dann wird das Ganze flach ausgebreitet und mit 1/4 Liter saurer Milch überzogen, die mit 1 Eßlöffel Parmesan, 2 Eßlöffel weißen Semmelbröseln, 1 ganzen Ei, 1 Teelöffel gehacktem Selleriegrün und einer Prise Salz verquirlt wurde.

Den Fisch läßt man dann in sehr heißem Rohr zu goldener Oberfarbe backen und trägt ihn womöglich im Backgeschirr auf.
Als Beilage wird Häuptel(Kopf)- oder Tomatensalat serviert.

SEEFISCH ZNAIMER ART

4 Portionen

600 g beliebiger Seefisch
Zitronensaft
Selleriegrün
80 g Öl
1 kleine Zwiebel
40 g Mehl
1 gehäufter Eßlöffel Senf
1 Teelöffel Tomatenmark
1 Salzgurke
Zucker
Salz

Ein Stück abgehäuteter und entgräteter Seefisch im Gewicht von 600 Gramm wird kurz kalt gewaschen, abgetrocknet und in 4 Portionen geteilt, die man mit Salz, ein paar Tropfen Zitronensaft und gehacktem Selleriegrün würzt und 20 Minuten kalt beizen läßt. Dann werden die Fischportionen in 80 Gramm heißem Öl beidseitig kurz überbraten, vom Fett gehoben und beiseite gelegt. Im Bratfett röstet man 1 kleine feingehackte Zwiebel tüchtig heiß, staubt mit Mehl und röstet abermals gut durch. Nun fügt man 1 gehäuften Eßlöffel Senf und 1 Teelöffel Tomatenmark hinzu und gießt mit ungefähr $^1/_2$ Liter Wasser zu mollig-dicklicher Sauce auf, gibt 1 mittelgroße, feinnudelig aufgeschnittene Salzgurke und ein Stäubchen Zucker hinzu und läßt 10 Minuten verkochen. Die überbratenen Fischportionen einlegen, den Salzgehalt nachprüfen und noch 15 Minuten langsam dünsten lassen.
Als Beilage dienen Salzkartoffeln.

KREMSER SEEFISCHRÖLLCHEN

4 Portionen

500 g beliebiger Seefisch
Zitronensaft
1 Essiggurke
1 Eßlöffel Mehl
40 g Öl
1 Eßlöffel Senf
Zucker
Pfeffer
Salz

500 Gramm haut- und grätenfreies Seefischfleisch wird im ganzen kurz kalt gewaschen, abgetrocknet, mit dem nötigen Salz, ein wenig Pfeffer und ein paar Tropfen Zitronensaft eingerieben und nach $^1/_2$ Stunde kühlem Stehen vorsichtig so aufgeschnitten, daß 4 größere oder 8 kleinere dünne flache Schnitzel entstehen. In jedes Fischschnitzel wickelt man $^1/_4$ der Länge nach aufgeschnittene Essiggurke, bindet die Röllchen mit Bindfaden, wälzt sie in

Mehl und ordnet sie in eine passende Kasserolle, in der 40 Gramm Öl gut erhitzt wurde. Die Fischröllchen werden auf lebhafter Hitze und mit einmaligem Wenden ganz kurz überbraten, von der Kasserolle gehoben, vom Bindfaden befreit und beiseite gestellt. Im Bratenrückstand schwitzt man 1 glattgestrichenen Eßlöffel Mehl blaßgelb an, gießt mit Wasser nach Bedarf zu mollig-flüssiger Sauce auf, die mit Salz, wenig Zucker und 1 Eßlöffel Senf gewürzt und kurz verkocht wird. Dann legt man die Fischröllchen ein und läßt sie 15 Minuten dünsten.

SCHWEDISCHER FISCHLABSKAUS

4 Portionen

500 g beliebiger Seefisch
Zitronensaft
1 mittelgroße Zwiebel
60 g Öl
1 kg Kartoffeln
40 g Butter
1 Eßlöffel Kren (Meerrettich)
ca. 1/2 l Milch
2 Salzgurken
Pfeffer
Salz

500 Gramm haut- und grätenfreies Seefischfleisch wird kurz kalt gewaschen, auf einem Tuch abgetrocknet, mit dem nötigen Salz, einer Prise Pfeffer und dem Saft von 1/2 Zitrone eingerieben und in haselnußgroße Würfelchen geschnitten. 1 mittelgroße, grobgehackte Zwiebel oder ebenso geschnittener Porree wird in 60 Gramm heißem Öl gelbgeröstet. Dann gibt man den Fisch hinzu, röstet kurz mit und läßt zugedeckt 15 Minuten dämpfen. Inzwischen wird 1 Kilogramm roh geschälte, geviertelte Kartoffeln mit gleich hoch Wasser zugestellt, gesalzen und zugedeckt kernig weich gekocht, dann abgeseiht und im eigenen Dampf trocken ziehen gelassen. Man streicht die Kartoffeln durch ein Sieb, fügt Salz, 40 Gramm frische Butter und 1 Eßlöffel feingeriebenen Kren hinzu und rührt so viel kochende Milch ein, daß ein flaumiges, jedoch nicht zu weiches Püree entsteht. Darunter mischt man den vorbereiteten gerösteten Fisch samt Zwiebel und richtet den Labskaus bergartig gehäuft an. Oben und am Rand garniert man mit dünnen, blättrig geschnittenen Salzgurken.

Rote-Rüben-Salat als separate Beilage.

Krustentiere, Muschel- und Weichtiere

Hummer

Der Hummer ist ein großer Seekrebs, der sowohl in Gestalt als auch in der Farbe den Flußkrebsen vollkommen ähnelt. Die Hummer sind am besten im Gewicht von 3/4 bis 1 1/2 Kilogramm.

Kochen und Anrichten:

Die lebenden Tiere werden sauber gewaschen und gebürstet und dann mit dem Kopf nach unten in kochendes Salzwasser gesteckt, wodurch sie rasch getötet werden. Dem Wasser wird etwas Kümmel und grüne Petersilie beigefügt. Der Sud soll immer so reichlich bemessen sein, daß der Hummer zur Gänze von kochendem Wasser bedeckt ist. 1/2 Kilogramm schwere Hummer benötigen 15 bis 20 Minuten, 1 Kilogramm schwere bis zu 30 Minuten und noch größere 45 bis 60 Minuten langsame Kochzeit. Dann wird das Geschirr von der Hitze genommen und der Sud mit einem Spritzer kaltem Wasser abgeschreckt. Den Hummer läßt man im Sud ziemlich erkalten, dann wird der eingebogene Schwanz gestreckt, das Tier mit einem Brett beschwert und an kaltem Ort vollkommen erstarren gelassen. Serviert wird er gewöhnlich der Länge nach halbiert, Darm und Magensack werden entfernt, der Brustpanzer wird gereinigt und bei gewöhnlicher Anrichtweise gleich den gereinigten Schwanzhälften mit französischem Salat gefüllt. Darüber wird das in Scheibchen aufgeschnittene Hummerfleisch gelegt, mit gehacktem Aspik ausgeziert, die an der Unterseite geöffneten Scheren legt man daneben auf die Schüssel und serviert dazu Remouladensauce oder Mayonnaise. Die Platte selbst wird mit Zitronenscheiben, Aspikwürfeln und grüner Petersilie dekoriert.

AMERIKANISCHER HUMMER

2 Portionen

1 Hummer im Gewicht von ca. 750 g
Petersilie
1 kleine Zwiebel
2 Eßlöffel Öl
Knoblauch
Kognak
1 Eßlöffel Tomatenmark
Weißwein
Fischsuppe
20 g Butter
Kümmel
Cayennepfeffer
weißer Pfeffer
Salz

Ein 3/4 Kilogramm schwerer Hummer wird mit dem Kopf nach unten in kochendes Salzwasser gesteckt, dem Kümmel und Petersilie beigefügt ist. Nach 5 Minuten Kochzeit legt man ihn in kaltes Wasser, nimmt nach dem Auskühlen Schwanz und Scheren ab, löst sie aus und schneidet den Schwanz in Scheiben, die Scheren hingegen in kleine Stückchen und würzt das Fleisch mit weißem Pfeffer, Cayennepfeffer und dem nötigen Salz. Das Innere des Brustpanzers wird nach Entfernen des Magensackes fein gehackt. 1 kleine feingehackte Zwiebel wird dann in 2 Eßlöffel Öl gelbgeschwitzt, 1/2 Zehe zerdrückter Knoblauch und das Hummerfleisch kommen dazu. Bei gelinder Hitze steifrösten, 1 Glas Kognak darübergießen und anzünden. Jetzt kommt noch 1 Eßlöffel Tomatenmark, eine Prise gehackte Petersilie, 1 kleines Glas Weißwein und ebensoviel Fischsuppe dazu. Das Ganze zugedeckt weich dämpfen. Das Fleisch wird dann herausgenommen und so in eine Schüssel geordnet, daß die schönen Scheiben oben liegen. Der Kochfond wird mit dem gehackten Inneren des Brustpanzers und 20 Gramm Butter unter ständigem Rühren zu einer molligen Sauce eingekocht, die durch ein Tuch passiert und recht heiß über die Hummerstückchen gegossen wird.
Als Beilage Butterreis.

> Steht braune Sauce oder Fleischglace zur Verfügung, so wird diese mit dem Kochfond und den anderen Zutaten zur Sauce verwendet.

HUMMER NEW-PORT

2 Portionen

1 Hummer im Gewicht von ca. 750 g
150 g Butter
1/4 l Sherry
4 Eidotter
Zitronensaft
2 Eßlöffel Schlagobers (Schlagsahne)

Den lebenden Hummer mit dem Kopf voran einige Sekunden in kochendes Wasser halten, um ihn zu töten. Mit einem scharfen Messer der Länge nach halbieren. Die grünlichen Innereien werden, wenn der Magen entfernt ist, samt den eventuell vorhandenen Eiern durch ein Sieb passiert und beiseite gestellt. Der geteilte Hummer wird auf der Schnittseite etwas gesalzen und so in eine flache Kasserolle

Estragon
Cayennepfeffer
Salz

gelegt, in der man 50 Gramm Butter heiß werden ließ; nach kurzem Anbraten wird mit 1/4 Liter Sherry aufgegossen, dann läßt man zugedeckt je nach Größe etwa 20 bis 30 Minuten dämpfen. Nun werden in einem Schneekessel über Dunst 4 Eidotter, 100 Gramm zerlassene Butter, etwas Zitronensaft und 2 Eßlöffel Schlagobers, eine Spur Cayennepfeffer und der eingekochte Hummerfond zu einer dickschaumigen Sauce geschlagen, wobei die vorher passierten Innereien und etwas gehackter Estragon untermengt werden. Ein Teil der Sauce wird extra serviert, während mit der übrigen Sauce der mit der Schale nach unten liegende Hummer übergossen wird.

2 Portionen

LANGUSTENRAGOUT

1 Languste
im Gewicht von ca. 750 g
60 g Butter
20 g Mehl
1/4 l Kalbsknochensuppe
2 Eidotter
1/16 l Obers (Süßrahm)
Spargelspitzen
Zuckererbsen
Champignons

Um Langustenragout herzustellen, wird eine wie Hummer gekochte Languste noch warm aus dem Schalenpanzer gelöst und in gefällige Stückchen geschnitten. Die Langustenschalen werden samt allem Inneren im Mörser zerstoßen, mit 60 Gramm Butter versetzt, die Masse sodann über schwacher Hitze geröstet, bis aller Wassergehalt verdunstet ist. Mit 20 Gramm Mehl gestaubt und durchgeröstet, gießt man das Ganze mit 1/4 Liter kräftiger Kalbsknochensuppe auf und läßt die Sauce dicklich einkochen. Dann passieren und nicht mehr kochend mit 2 Eidottern und 1/16 Liter Obers verschlagen. In diese Sauce kommt das zubereitete Langustenfleisch, ferner gekochte Spargelspitzen und Zuckererbsen sowie einige blättrig geschnittene, in Butter geschwenkte Champignons.
Das Gericht wird in einer tiefen Schüssel angerichtet und mit frisch gebackenen Butterteighalbmonden umlegt aufgetragen.

4 Portionen

SCAMPI IN WEINTEIG

600 g Scampi
1/8 l Weißwein
120 g Mehl
2 Eidotter

Die Scampi werden aus den Schalen gelöst, der Rückenlänge nach eingeschnitten, damit man den Darm entfernen kann, dann gewaschen, getrocknet und leicht gesalzen. Inzwischen bereitet man aus

1 Eßlöffel Öl
1 Eiweiß
Fett
4 Zitronenspalten
Salz

1/8 Liter Weißwein, 120 Gramm Mehl, 2 Eidottern, 1 Eßlöffel Öl und einer Prise Salz einen glatten Teig, unter den man 1 geschlagenes Eiweiß zieht. Die Scampi einzeln eintauchen und, von Teig gut eingehüllt, in übermittelheißem Fett goldgelb backen. Trocken angerichtet, gibt man pro Portion 1 Zitronenspalte dazu.
Sauce tatare extra servieren.

1 Portion

GEKOCHTE KREBSE

1 großer Solokrebs
Kümmel
Dille
Petersilie
Salz

Diese einfachste und von Kennern meist geschätzte Art der Krebsenzubereitung unterscheidet in der Hauptsache drei Benennungen, die sich nach der Würzung des Suds ergeben, und zwar Kümmelkrebse, Dillenkrebse und Petersilienkrebse. Pro Portion rechnet man 1 großen sogenannten Solokrebs oder 2 bis 3 mittelgroße Portionskrebse. Die Krebse werden in knapp bemessenes, scharf kochendes Salzwasser eingelegt, dem auf alle Fälle eine starke Prise Kümmel zugesetzt wird (Kümmelkrebse). Für die beiden anderen genannten Arten wird entweder ein Sträußchen grüne Petersilie oder ein Sträußchen grüne Dille mitgekocht. Das kochende Wasser tötet die Krebse sofort, die man nach dem Einlegen einmal tüchtig aufkochen und dann zugedeckt 5 bis 7 Minuten kochend heiß ziehen läßt. Für Tisch werden die Krebse in einer passenden tiefen Schüssel angerichtet und bis zur halben Höhe mit geseihtem, kochend heißem Krebsensud aufgefüllt.

> Es dürfen nur lebende Krebse verwendet werden.

4 Portionen

KREBSENREIS

12 Krebse
360 g Reis
Petersilie
150 g Butter
1/2 l Rindsuppe

Für 4 Portionen werden 12 saubere Krebse in 1 Liter kochendes Salzwasser gegeben, dem eine Prise Kümmel und ein wenig grüne Petersilie beigegeben wurden, und 5 Minuten gekocht. Dann löst man Scheren und Schwänzchen sauber aus und

20 g Zwiebel
grüne Erbsen
Fisolen (grüne Bohnen)
Kümmel
Paprika
Salz

stellt sie beiseite. Die Schalen und Körper stößt man mit 150 Gramm nach und nach hinzugegebener Butter fein zusammen, röstet die Krebsenbutter klar aus und seiht sie fast zur Gänze ab. Den Rückstand gießt man mit dem Krebsensud und etwa 1/2 Liter kräftiger Rindsuppe auf und kocht dies 1/2 Stunde aus. Bis dahin wird in der Krebsenbutter 20 Gramm feinstgehackte Zwiebel und 360 Gramm trockener Reis heiß geschwitzt, mit Salz und einer Spur Paprika gewürzt und mit gut 3/4 Liter abgeseihtem Krebsensud aufgekocht. Den Reis ca. 25 Minuten dünsten lassen. Inzwischen hat man 4 Suppenschalen gut mit frischer Butter ausgestrichen und mit den der Länge nach halbierten Krebsschwänzchen, den Scheren, gekochten grünen Erbsen und länglich geschnittenen grünen Fisolenstückchen ornamentartig ausgelegt. Überbleibsel vom Krebsenfleisch werden würfelig geschnitten und in den Reis eingemengt. Für Tisch füllt man den heißen Reis in die vorbereiteten Suppenschalen vorsichtig ein, drückt ihn fest zusammen und stürzt nun die Portionen, wobei die Schalen langsam abgehoben werden, damit die Dekoration nicht zerstört wird.
Als Beilage umkränzt man den Reis mit Krebsensauce.

GEKOCHTE MUSCHELN IN DER SCHALE

1 Portion

6 Muscheln
Butter
Senf
Suppe
Pfefferkörner
Salz

Dazu eignen sich besonders die sogenannten Miesmuscheln, die sauber gebürstet und gewaschen in kochendes Salzwasser gegeben werden, dem einige zerquetschte Pfefferkörner beigefügt wurden. Wenn sich die Muscheln nach kurzer Kochzeit öffnen, werden sie abgeseiht und abgetropft angerichtet und sollen erst bei Tisch vom Essenden mit einer Gabel aus der Schale gezogen werden. Dazu serviert man nußbraun gebrannte Butter, die mit etwas feinem Senf verrührt und mit wenig Suppe vergossen und verkocht wurde.

> Es dürfen nur geschlossene Muscheln verwendet werden.

1 Portion

GEBACKENE MUSCHELN

6 Muscheln
Zwiebelringe
1 Ei
Weißwein
Mehl
Butter
Zitronenspalten
Petersilie
Pfeffer
Salz

Sehr gut gewaschene und gebürstete Muscheln werden in ein Geschirr gegeben, in dem bodenbedeckt Salzwasser mit einigen Zwiebelringen kocht. Gut zugedeckt läßt man die Muscheln durch die Einwirkung des Dampfes aufspringen und schüttet sie zum Abtropfen auf ein Sieb. Dann werden sie aus den Schalen gelöst und von den Bärten befreit. Aus 1 Ei, einer Prise Salz und Pfeffer, einem Spritzer Weißwein und Mehl nach Bedarf wird ein glatter, nicht zu dünner Teig gerührt, in den die vorbereiteten Muscheltierchen getaucht und dann in geklärter Butter goldgelb gebacken werden. Mit Zitronenspalten und grüner Petersilie garniert sehr heiß zu Tisch bringen.

Wenn sich unter den Muscheln verdorbene befinden, wird die Zwiebel im Kochsud schwarz. In diesem Fall muß man alle Muscheln weggeben.

4 Portionen

MUSCHELRAGOUT

20 Muscheln
Selleriegrün
80 g Butter
12 kleine Champignons
Petersilie
1 Eßlöffel Zwiebel
30 g Mehl
1/16 l Weißwein
Lorbeerblatt
Muskatnuß
Pfeffer
Salz

Tadellos gereinigte, geschlossene Muscheln werden mit etwas Salz, Lorbeerblatt, Selleriegrünem und Butter unter ständigem Schwenken auf kräftiger Hitze, jedoch in geschlossener Kasserolle etwa 5 Minuten gedünstet, bis sie aufgesprungen sind. Dann werden die Muscheln ausgelöst und von den Bärten befreit. Inzwischen schwitzt man in 40 Gramm Butter sehr fein gehackte Champignons, Petersilie und Zwiebel kurz an, staubt mit Mehl und vergießt mit der beim Dünsten entstandenen Muschelsuppe und 1/16 Liter Weißwein zu dicklicher Sauce, die noch mit Pfeffer und geriebener Muskatnuß gewürzt wird. Die ausgelösten Muscheln werden eingelegt und in der Sauce erhitzt.

Gedünsteter Reis als Beilage.

PIEMONTESER AUSTERN

4 Portionen

24 Austern
Zitronensaft
Zwiebelringe
Petersilie
2 Eier
Parmesan
Backfett
4 Tomaten
Öl
Lorbeerblatt
Pfeffer
Salz

Die geöffneten, ausgelösten und abgebarteten Austern werden mit dem Saft von 2 Zitronen, Lorbeerblatt, Zwiebelringen und grüner Petersilie 1 Stunde auf Eis mariniert, abgetrocknet, dann durch zerklopftes Ei und geriebenen Parmesan gezogen und in heißem Backfett flott gebacken. In einer tiefen Schüssel bergartig angerichtet, betropft man sie mit einer Essenz, die aus dem Austernwasser und der Marinade, zusammen eingekocht, besteht und umlegt sie mit halbierten Tomaten, die gesalzen und gepfeffert, in Öl heiß gebraten und mit gehackter Petersilie bestreut werden.

GEBACKENE AUSTERN

1 Portion

6 Austern
Backteig
Backfett
Zitronenspalten
Cayennepfeffer
Salz

Die aus ihren Schalen gelösten Austern werden abgebartet, schwach mit Salz und Cayennepfeffer gewürzt, hierauf durch Backteig gezogen und sofort in übermittelheißem Backfett goldgelb gebacken. Abgetropft werden sie mit Zitronenspalten serviert.

AUSTERN IN BUTTERTEIG

4 Portionen

24 Austern
Butterteig
2 Zitronen
Semmelbrösel
(Paniermehl)
40 g Butter
Zwiebelringe
Petersilie
2 Eier
1 Eidotter
Weißwein
Lorbeerblatt
Muskatnuß
Pfeffer
Salz

Ein Dutzend ausgelöste und abgebartete Austern werden fein gehackt, mit Zitronensaft, feiner Zitronenschale, Salz, Pfeffer, Muskatnuß und weißen Semmelbröseln zu einer steifen Masse vermischt, die in 20 Gramm Butter heißgeschwitzt wird. Darunter mengt man das Austernwasser der verwendeten und noch eines zweiten Dutzend Austern, die inzwischen wie Piemonteser Austern mariniert werden. Dann wird ein ganzes Ei und 1 Eidotter über Dunst recht schaumig geschlagen und damit nach und nach die vorige Masse verrührt. Nun rollt man einen doppelhandbreiten Streifen Butterteig messerrückendick etwa 25 bis 30 Zentimeter lang aus und halbiert ihn der Länge nach. Der eine der beiden Streifen wird, auf einem

Backblech liegend, mit zerklopftem Ei bestrichen, worauf man einmal links, einmal rechts ein kleines Häufchen von der vorigen Masse, insgesamt 12 Häufchen, setzt, deckt das Ganze mit dem zweiten Teigstreifen zu, bestreicht ihn mit Ei und backt das Ganze in guter Rohrhitze 20 bis 25 Minuten. Inzwischen dämpft man das zweite Dutzend Austern in 20 Gramm Butter unter Zusatz von gehackter Petersilie und einem Spritzer Weißwein etwa 5 Minuten, schneidet die Erhöhungen über den Füllungen des gebackenen Butterteigstreifens ab, legt je 1 gedämpfte Auster darauf und verschließt wieder mit dem abgeschnittenen Deckel.

4 Portionen

GRATINIERTE AUSTERN

24 Austern
Butter
1/4 l Sauce Mornay
Parmesan
Semmelbrösel
(Paniermehl)

Während die ausgelösten und entbarteten Austern im eigenen Wasser kurz dämpfen, werden pro Portion 3 Muschelunterteile mit Butter bestrichen und mit Sauce Mornay bedeckt. 2 gedämpfte Austern darin einbetten, mit der gleichen Sauce überziehen und mit Parmesan und Semmelbröseln bestreuen. Nachdem man noch etwas zerlassene Butter darübergeträufelt hat, werden die Austern auf Salzhäufchen gestellt und in übermittelheißem Rohr goldbraun überbacken.

1 Portion

GEBACKENE FROSCHSCHENKEL

4 Froschschenkel
Zitronensaft
Mehl
Ei
Semmelbrösel
(Paniermehl)
Backfett
Muskatnuß
Pfeffer
Salz

Die vorgerichteten Froschschenkel werden mit Salz, Pfeffer und Zitronensaft gewürzt und einige Zeit kalt gestellt. Dann wischt man sie trocken, paniert sie in Mehl, Ei und in mit geriebener Muskatnuß gewürzten Semmelbröseln und backt sie in Backfett bei guter Hitze goldbraun.
Man richtet sie entweder mit grünem Salat garniert an oder gibt Sauce tatare extra. Auch sind sie als Garnierung zu eingemachtem Spinat oder mit gedünsteten jungen Kohlrabi zu servieren.

FROSCHSCHENKEL MIT PETERSILIE

4 Portionen

16 Froschschenkel
80 g Butter
Zitronensaft
1/2 Eßlöffel Petersilie
800 g Kartoffeln
Pfeffer
Salz

Die abgezogenen Froschschenkel werden sauber gewaschen, gesalzen und gepfeffert, in 80 Gramm Butter rasch geröstet, mit Zitronensaft betropft, mit gehackter Petersilie bestreut und mit der Butter übergossen. Sie werden auf Kartoffelschnee hoch angerichtet, wozu die roh geschälten, in Salzwasser weichgekochten und gut vom Sud abgetropften Kartoffeln locker direkt auf die Servierschüssel passiert werden.

BURGUNDER SCHNECKEN

1 Portion

6 Schnecken
Essig
Zwiebel
Petersilie
90 g Butter
Knoblauch
Thymian
Lorbeerblatt
Pfeffer
Salz

Die „marktfähigen" Schnecken sind mit einem kalkartigen Verschluß versehen, und bei ihrer Verwendung bedarf es einer äußerst peinlichen Reinigung. Man entfernt den kalkartigen Verschluß, wäscht die Schnecken oft in frischem Wasser und schlämmt sie dann noch einige Stunden unter öfterem Schütteln in stark salzhaltigem Essigwasser ab. Dann noch mehrere Male in frischem Wasser durchwaschen, endlich in kochendem Wasser etwa 5 Minuten brühen, abgießen und aus den Gehäusen nehmen. Nachdem alles Schwarze von den ausgelösten Schnecken entfernt wurde, läßt man sie mit Wasser reichlich bedeckt und mit Salz, Thymian, Lorbeerblatt, Zwiebel und Petersilie ungefähr 3 Stunden langsam kochen. Dabei soll der Kochsud immer knapp über die Schnecken reichen.

Pro Schneckenhaus vermischt man 15 Gramm Butter mit entsprechend Salz, Pfeffer, zerdrücktem Knoblauch, gehackter Petersilie, feinstgehackter Zwiebel und Thymian zu Würzbutter, mit der die trockenen Schneckenhäuschen halbvoll gefüllt werden. Eine weichgekochte, ausgekühlte Schnecke in die Butter eindrücken, das Häuschen mit der übrigen Würzbutter schließen, in eine Schneckenpfanne oder nebeneinander auf Salzhäufchen stellen und mit der Füllung nach oben ins heiße Rohr schieben. Sobald die Butter in den Gehäusen zu kochen beginnt, sind die Schnecken fertig.

Rindfleisch

Das Rindfleisch ist im allgemeinen das meistgeschätzte und wertvollste unter den Schlachtfleischarten, denn Zusammensetzung und Konzentration der Nähr- und Geschmackstoffe sind besser und größer als bei anderen Fleischgattungen.

Das beste Fleisch stammt vom heute schon seltenen *Mastochsen.* Es ist feinfasrig und stark marmoriert, das heißt mit feinem Fettgewebe durchzogen. In der Qualität vorzüglich ist auch *Kalbinnenfleisch.* Es ist zart, mürbe und feinfasrig. Weiter kommen in verstärktem Maße *Stier-* und *Kuhfleisch* in den Handel. Wenn es sich um jüngere Tiere von guter Aufzucht handelt, können beide von guter Qualität sein. Dieses Fleisch ist dunkler und grobfasriger als Mastochsen- oder Kalbinnenfleisch.

Rindfleisch muß vor der Verwendung gut abgehangen bzw. gereift sein. Schlachtfrisches Fleisch bleibt bei der Zubereitung zäh und trocken. Die Reifung bei Rindfleisch beansprucht 7 bis 14 Tage.

Den Innereien kommt weniger Bedeutung zu; außer Kuttelflecken (Kaldaunen) und Bruckfleisch werden Rindsleber und -milz für die Bereitung von Suppeneinlagen verwendet. Herz und Nieren werden meist gedünstet.

Die Benennung und Abgrenzung der Fleischteile unterliegt wohl Regeln, ist aber örtlich verschieden.

Die Teilung des Rindes auf österreichische, deutsche und schweizerische Art veranschaulichen die Abbildungen auf Seite 179.

TEILUNG DES RINDES (ÖSTERREICHISCHE ART)

Englischer:
1 Lungenbraten
2 Beiried
3 Rostbraten

Knöpfl, Schlegel:
4 Schale, Ortschwanzel, wird in Beinscherzel und Schwarzes Scherzel geteilt
5 Weißes Scherzel
6 Tafelstück
7 Tafelspitz
8 Zapfen
9 Hüferl, Rose

Blatt, Schulter:
10 Dicke Schulter
11 Schulterscherzel
12 Mageres Meisel
13 Kavalierspitz
14 Rieddeckel
20 Fettes Meisel

Spitz:
15 Dicker Spitz
16 Kruspelspitz
17 Zwerchspitz (Beinfleisch)
18 Hinteres Ausgelöstes

Brust:
19 Dickes Kügerl
21 Brustkern
22 Mittleres und dünnes Kügerl

Hals:
23 Tristel

Bauch:
24 Riedhüfel mit Bauchfleisch

Wadschinken:
25 Vorderer Wadschinken
26 Hinterer Wadschinken
27 Ochsenschlepp

TEILUNG DES RINDES (DEUTSCHE ART)

1 Lende, Filet
2 Flaches Roastbeef, Rindsrückenfilet
3 Hohes Roastbeef, hohe Rippe
4 Kammstück, Hochrippe
5 Hüfte, Culotte
6 Kugel, Blume
7 Schwanzstück
8 Oberschale
9 Hesse
10 Bug, Schulter, Blatt, Bogen
11 Stichbrust
12 Brust
13 Nachbrust, Dünnung, untere Weiche
14 Rippenfleisch
15 Querrippe und Dünnung
16 Hals
17 Schwanz

TEILUNG DES RINDES (SCHWEIZERISCHE ART)

1 Filet
2 Roastbeef, Rippenstück – Faux-filet
3 Hohrücken – Côte couverte
4 Abgedeckter Rücken – Basse côte
5 Huft – Rumpsteak, culotte
6 Huftdeckel – Aiguillette, pointe de culotte
7 Vorschlag – Fausse tranche
8 Unterspälte – Tranche ronde
9 Eckstück – Coin
10 Schulterfilet – Filet d'épaule
11 Schulterspitz – Palette
12 Dicke Schulter – Epais d'épaule
13 Bug – Gras d'épaule
14 Hals – Cou
15 Abgedecktes Federstück – Côte pla découverte
16 Brustspitz – Pointe de grumeau
17 Brustkern – Grumeau
18 Federstück – Côte plate
19 Nachbrust – Os blanc
20 Dicker Lempen – Epais du prin
21 Dünner Lempen – Flanchet du prin
22 Schenkel – Jarret

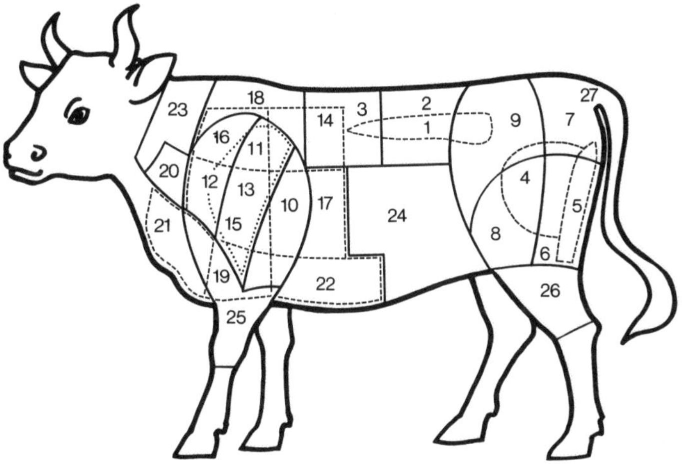
23
18
14
3
2
1
9
7
27
16
11
20
12
13
10
17
24
4
5
21
15
8
6
19
22
26
25

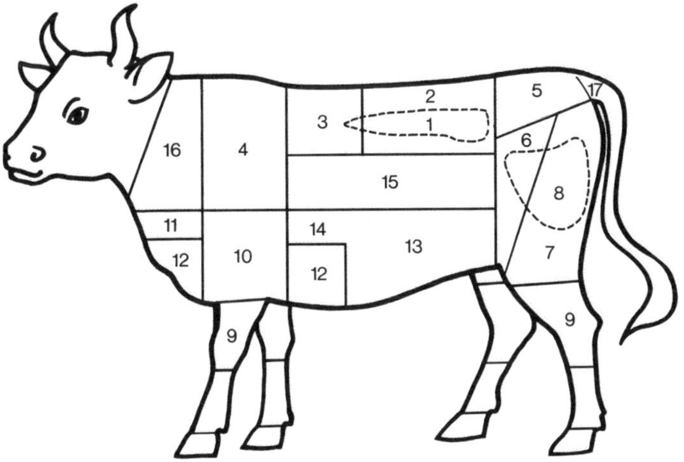
2
5
17
3
1
16
4
6
15
8
11
14
13
10
12
12
7
9
9

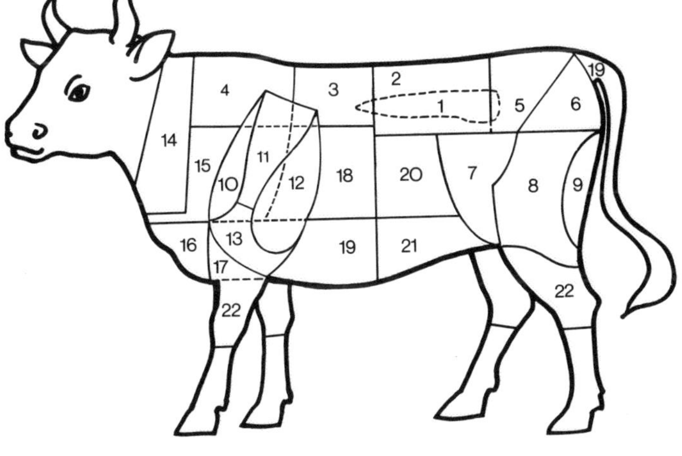
19
4
3
2
1
5
6
14
11
15
10
12
18
20
7
8
9
16
13
19
21
17
22
22

Beilagen

zu gekochtem Rindfleisch:

geröstete Kartoffeln, Kartoffelschmarren, Majoran-, Gurken-, Dillkartoffeln;
Schnittlauch-, Kren(Meerrettich)-, Zwiebel-, Dillen-, Kapern-, Tomatensauce;
Obers-, Apfel-, Essigkren;
eingemachtes Gemüse nach Wiener Art, wie Kohl, Kochsalat, Dillfisolen, Kohlrabi, Karfiol, Spinat;
Weinkraut, Rotkraut;
als weitere Garnitur eingelegtes Gemüse wie Rote Rüben, Gewürzgurken;

zu gedünsteten bzw. Saucengerichten vom Rind:

Teigwaren, verschiedene Knödelarten, diverse Kartoffelzubereitungen, wie Kartoffelkroketten, Mousselinekartoffeln;
gedünstete Gemüse, naturzubereitete Gemüse (englische Art oder in Butter geschwenkt), auch gratiniertes und gefülltes Gemüse;

zu gebratenem oder gegrilltem Rindfleisch:

in Fett oder im Rohr gebackene oder gebratene Kartoffeln;
naturzubereitetes Gemüse, besonders Fisolen, gefülltes und gratiniertes Gemüse, Mischgemüse;
alle Arten von Salaten, vor allem Blattsalate;
bei Grillgerichten außerdem Kräuterbutter, Bearner Sauce, Sauce Choron.

Gekochte und gedünstete Rindfleischgerichte, ganze Stücke

Rindfleisch, gekocht

Außer den bekanntesten Fleischstücken Tafelspitz und Beinfleisch gibt es noch viele andere Stücke, die zum Kochen bestens geeignet sind. Vom Knöpfl (Keule) wird auch noch die Fortsetzung des Tafelspitzes, das Tafelstück, verwendet.
Von der Schulter werden Schulterscherzel, fettes und mageres Meisel und Kavalierspitz genommen.
Von den unter der Schulter liegenden Teilen werden dicker Spitz und Kruspelspitz verwendet.
Von der Brust werden Brustkern, mittleres, dünnes und dickes Kügerl gekocht.
Die zum Kochen bestimmten Fleischteile vom Rind werden nicht von Fett oder Häuten und Sehnen befreit. Nur so bleibt das Fleisch saftig und erhält die richtige Form.
Wie das Rindfleisch zugesetzt wird, ist im Rezept für Rindsuppe ausführlich beschrieben. Wichtig ist, daß das Fleisch immer langsam kocht und genügend weich gekocht wird, da erst dann alle Feinheiten des gekochten Rindfleisches zutage treten können. Das fertige Rindfleisch wird immer sehr heiß serviert, nachdem man es quer zur Fleischfaser in entsprechende Scheiben aufgeschnitten hat, die mit Salz und feingeschnittenem Schnittlauch bestreut, mit einigen gekochten Markstückchen belegt und mit kochend heißer Rindsuppe überbrüht werden.

GEKOCHTER TAFELSPITZ

12–15 Portionen

- 2 1/2–3 kg Tafelspitz (Schwanzstück)
- 200 g Wurzelwerk
- 1/2 Stange Porree
- 1/2 Zwiebel
- Schnittlauch
- 12–15 Pfefferkörner
- Salz

Ein kochfertig vorbereiteter Tafelspitz im ganzen samt Knochenzuwaage im Gewicht von 2 1/2 bis 3 Kilogramm wird, ohne zu drücken, kalt gewaschen, in 3 Liter kochendes Wasser eingelegt und mit dem nötigen Salz versehen. An Zutaten fügt man bei: 200 Gramm geputztes Wurzelwerk, bestehend aus ungefähr gleichen Teilen Sellerieknolle, Karotten, gelben Rüben und Petersilien-

rübe im ganzen, außerdem 1/2 Porreestange, 12 bis 15 Pfefferkörner und 1/2 an ihrer Schnittfläche auf der Herdplatte schwarzgebrannte Zwiebel. Der beim Aufkochen sich bildende Schaum wird nicht abgenommen. Das Fleisch läßt man ganz langsam, kaum merklich kochen, bis es sich genügend weich durchstechen läßt, was nach einer Kochdauer von 3 bis 3 1/2 Stunden der Fall ist. Die Suppe wird wie jede andere gute klare Rindsuppe weiter verwendet. Der Tafelspitz selbst wird quer zur Fleischfaser in schwach kleinfingerdicke Scheiben aufgeschnitten, mit ein wenig Salz gewürzt, mit Schnittlauch bestreut und mit 2 Eßlöffel kochend heißer klarer Rindsuppe pro Portion übergossen.
Foto Seite 154.

RINDERBRUST GROSSBAUERN-ART

4 Portionen

1 kg Rinderbrust
Wurzelwerk
Zwiebel
2 hartgekochte Eier
1 Ei
1 Eßlöffel Essig
1 Eßlöffel Öl
100 g Kren (Meerrettich)
1 Teelöffel Staub(Puder)-zucker
1 Teelöffel Senf
1 Teelöffel Petersilie
100 g Mandeln
Semmelbrösel (Paniermehl)
Butter
Pfefferkörner
weißer Pfeffer
Salz

1 Kilogramm ausgelöste Rinderbrust wird mit 2 Liter Wasser, Salz nach Bedarf, einigen Pfefferkörnern, etwas Wurzelwerk und Zwiebel wie zu einer Rindsuppe zugestellt und zugedeckt ganz langsam in etwa 4 Stunden weich gekocht. Dann hebt man das Fleisch aus der Suppe und stellt es zum Abtropfen beiseite. Bis dahin rührt man 2 hartgekochte, durch ein Sieb gestrichene Eier mit 1 ganzen rohen Ei, einer Prise Salz, weißem Pfeffer, 1 Eßlöffel Essig, 1 Eßlöffel Öl, 100 Gramm geriebenem Kren, je 1 Teelöffel Staubzucker, Senf und gehackter Petersilie sowie 100 Gramm geschälten, feinstgeriebenen Mandeln tüchtig durch und versteift dies nur nach Bedarf mit Semmelbröseln zu einer weichen, gerade streichfähigen Füllmasse, die nun dick auf die Oberseite des Brustkernes aufgetragen wird. Darüber streut man eine dünne Lage Semmelbrösel und betropft das Ganze mit etwas zerlassener Butter, um den Brustkern hierauf auf einer Omelettenpfanne liegend in ein heißes Rohr zu schieben und 15 Minuten zu goldgelber Oberfarbe zu überbacken. Für Tisch wird der Brustkern quer zur Fleischfaser in halbfingerdicke Scheiben aufgeschnitten und mit ein wenig kochend heißer Rindsuppe umkränzt.
Dazu eingebrannte Majorankartoffeln.

GERÄUCHERTE RINDERBRUST, GEKOCHT

6 Portionen

$1^1/_2$ kg geräucherte Rinderbrust

Die geräucherte Rinderbrust stellt man mit reichlich kaltem Wasser zu und kocht das Fleisch langsam 4 bis 5 Stunden, eben so lange, bis es weich geworden ist, dabei aber dennoch eine gewisse „Knusprigkeit“ aufweist. Zu weich gekocht, kaut sich das Fleisch schlecht. Hartes und zähes Fleisch wieder läßt alle Feinheit des Geschmackes missen.

RINDSBRATEN

4 Portionen

1 kg Rindfleisch vom Knöpfl, Schlegel (Hüfte, Schale, Kugel)
40 g Fett
100 g Wurzelwerk
1 mittelgroße Zwiebel
30 g Mehl
2 Tomaten oder
2 Eßlöffel Tomatenmark
Weißwein
Worcestersauce
Lorbeerblatt
Thymian
Pfeffer
Salz

1 Kilogramm hinteres Rindfleisch wird von den gröbsten Sehnen und Häuten befreit, im ganzen gesalzen und gepfeffert und in 40 Gramm Fett sorgfältig braun angebraten. Dann werden 100 Gramm grobgeschnittenes Wurzelwerk und 1 mittelgroße Zwiebel dazugegeben und mitgebraten. Nachdem die Wurzeln etwas Farbe genommen haben, staubt man mit 30 Gramm Mehl und läßt alles braunrösten, gibt ein Stückchen Lorbeerblatt, ganz wenig Thymian, 2 zerrissene Tomaten oder 2 Eßlöffel Tomatenmark dazu und gießt alles mit Suppe oder Wasser zu dünner Sauce auf. Das Fleisch zugedeckt weich dünsten. Die Sauce wird gegen Schluß des Dünstens mit einem Spritzer Weißwein und einigen Tropfen Worcestersauce verbessert, sauber passiert und nochmals aufgekocht, ehe sie über das in Scheiben geschnittene weiche Fleisch gegossen wird. Sollte die Sauce zu dünn sein, wird sie mit etwas Stärkemehl abgezogen.

Foto Seite 187.

Um das Fleisch saftiger zu erhalten, ist es angebracht, das Fleisch zu spicken. Dazu werden kleinfingerlange keilförmige Speckstücke von fettem oder magerem Speck geschnitten, gepfeffert und gekühlt. Mit einem schlanken Messer das Fleisch anstechen, Messer anheben und in die entstehende Öffnung ein Speckstück schieben.

MADEIRABRATEN

4 Portionen

Zutaten wie bei Rindsbraten
1/16 l Madeirawein

Die Herstellungsart ist wie bei Rindsbraten. Zum Schluß wird die Sauce mit 1/16 Liter Madeirawein einmal aufgekocht.

GEDÜNSTETER TAFELSPITZ

4 Portionen

1 kg Tafelspitz (Schwanzstück)
40 g Fett
100 g Wurzelwerk
40 g Speckschwarten oder Reste
2 mittelgroße Zwiebeln
30 g Mehl
2 Teelöffel Tomatenmark
1/8 l Rotwein
Lorbeerblatt
Thymian
Pfeffer
Salz

Ein zuparierter Tafelspitz wird mit Salz und Pfeffer eingerieben und rundum in heißem Fett angebraten. Grobwürfelig geschnittenes Wurzelwerk und Speckschwarten beigeben und bräunen. Dann die grobwürfelig geschnittenen Zwiebeln mitrösten, mit 30 g Mehl stauben, Farbe nehmen lassen, Tomatenmark beifügen, durchrösten und mit Rotwein ablöschen. Mit der notwendigen Flüssigkeit, Lorbeerblatt, Thymian, Pfeffer und Salz zugedeckt dünsten. Die Sauce eventuell mit Stärkemehl (verrührt mit Rotwein) abziehen. Das Fleisch ist von der niederen Seite, also vom „Spitz", aus gegen die Faser aufzuschneiden und mit der passierten Sauce bedeckt aufzutragen.

BOEUF À LA MODE

4 Portionen

1 kg Rindfleisch vom Knöpfl, Schlegel (Hüfte, Schale, Kugel)
Essiggurke
Karotte
Speck
Fett
braune Sauce
Pfeffer
Salz

Das Fleisch wird im ganzen roh mit kleinfingerdicken Streifen von Essiggurken, geputzter Karotte und Speck gespickt. Dazu sticht man in das Fleisch mit einem kleinen spitzen Messer in der Richtung der Fleischfaser Löcher, in die abwechselnd Gurke, Karotte und Speck gesteckt werden. Dann salzen und pfeffern, in Fett rundum braun braten und in brauner Sauce, oder wie bei Rindsbraten beschrieben, weich dünsten.

ESTERHÁZY-RINDSBRATEN

4 Portionen

1 kg Rindfleisch vom Knöpfl, Schlegel (Hüfte, Schale, Kugel)
60 g Fett
250 g Wurzelwerk
50 g Zwiebel
Zitronenschale
30 g Mehl
1/4 l Sauerrahm
20 g Butter
1/2 Lorbeerblatt
Thymian
Pfeffer
Salz

Ein Stück hinteres, zupariertes Rindfleisch im Gewicht von 1 Kilogramm wird gut mit Salz und Pfeffer eingerieben und in 60 Gramm heißem Fett von allen Seiten rasch braun überbraten. Im selben Fett röstet man 50 Gramm würfelig geschnittene Wurzeln, ein Stückchen gehackte Zwiebel, 1/2 Lorbeerblatt, 2 Stämmchen Thymian und Zitronenschale kurz an, staubt mit 30 Gramm Mehl und gießt nach abermaligem kurzen Rösten mit 1/4 Liter Sauerrahm auf. Nachdem sich alles dick binden konnte, verdünnt man mit Wasser nach Bedarf zu einer suppig-dünnen Sauce, in der das angebratene Fleischstück zugedeckt langsam weich gedünstet wird. Nebenbei werden 200 Gramm zündholzdick nudelig geschnittene Wurzeln von Karotten, gelber Rübe, Sellerieknolle und Petersilienwurzeln in 20 Gramm Butter halbweich geschwitzt, mit einem Schuß Wasser versehen und ebenfalls weich gedämpft. Dann passiert man die inzwischen dicklich gewordene Rahmsauce darüber, läßt alles einmal aufkochen und übergießt damit das quer zur Fleischfaser in Scheiben aufgeschnittene Fleisch.
Als Beilage Serviettenknödel.

PESTER RINDSBRATEN

4 Portionen

1 kg Rindfleisch vom Knöpfl, Schlegel (Hüfte, Schale, Kugel)
40 g Selch(Räucher)speck
60 g Essiggurken
40 g Fett
2 mittelgroße Zwiebeln
Knoblauch
1 Eßlöffel Tomatenmark
1/8 l Sauerrahm
20 g Mehl
1 gehäufter Teelöffel edelsüßer Paprika
Pfeffer, Salz

Ein Stück hinteres Rindfleisch im Gewicht von 1 Kilogramm wird reichlich mit nudelig geschnittenem Selchspeck und Essiggurken gespickt, mit dem nötigen Salz und einer Prise Pfeffer gewürzt und in 40 Gramm heißem Fett goldbraun überbraten. Das Fleisch beiseite legen. Im Bratfett werden 2 mittelgroße feingehackte Zwiebeln goldgelb geröstet und dann eine Messerspitze fein zerdrückter Knoblauch, 1 gehäufter Teelöffel Edelsüßpaprika und 1 Eßlöffel Tomatenmark hinzugefügt. Weiters wird 1/8 Liter Sauerrahm mit 20 Gramm Mehl versprudelt und damit die Zwiebeln gebunden. Dann verdünnt man mit Wasser nach Bedarf zu dünnflüssiger Sauce, in der das Fleisch langsam

weich gedünstet wird. Der in Scheiben geschnittene Pester Rindsbraten wird mit der unpassierten Sauce, die durch das Dünsten dicklich geworden ist, überzogen.
In Butter heiß geschwenkte Teigwaren als Beilage.

SCHWEDISCHER RINDSBRATEN

4 Portionen

1 kg Rindfleisch vom Knöpfl, Schlegel (Hüfte, Schale, Kugel)
100 g Selch(Räucher)speck
40 g Fett
30 g Mehl
1 kleine Zwiebel
50 g Champignons
200 g Wurzelwerk
1 Eßlöffel Tomatenmark
Weißwein
Pfeffer
Salz

1 Kilogramm mageres hinteres Rindfleisch im ganzen wird mit 100 Gramm bleistiftdicken Selchspeckstreifen in der Richtung der Fleischfaser gespickt, mit Salz und Pfeffer eingerieben, mit 40 Gramm Fett in engem Geschirr rundherum braun angebraten und vom Fett genommen. Im Bratfett röstet man 30 Gramm Mehl dunkelbraun, fügt dann 1 kleine, feinnudelig geschnittene Zwiebel, 50 Gramm blättrig geschnittene Champignons und 200 Gramm geputztes, in bleistiftstarke Stäbchen geschnittenes Wurzelwerk bei, schwitzt alles gut durch, gibt 1 Eßlöffel Tomatenmark, einen Spritzer Weißwein und etwa 3/4 Liter Wasser dazu und läßt alles unter Rühren aufkochen. Darin wird das vorgebratene Fleischstück zugedeckt langsam weich gedünstet. Für Tisch wird das Fleisch quer zur Faser in Scheiben aufgeschnitten und mit der ein wenig dicklich gewordenen Sauce samt Wurzelwerk übergossen.
Gekochte, grobwürfelig geschnittene Kartoffeln werden mit Salz und Mehl bestreut und separat in heißem Fett goldfarben gebraten. Über die Kartoffeln gibt man 50 Gramm goldgelb ausgelassene Selchspeckwürfelchen.

STEFANIE-RINDSBRATEN

4 Portionen

1 kg Beiried (Rindsrückenfilet)
2 hartgekochte Eier
1 große Zwiebel
80 g Selch(Räucher)speck

Das zuparierte Fleisch zu einer dicken Platte aufschneiden, die geklopft, gesalzen und gepfeffert wird. Die hartgekochten Eier darauflegen, das Fleisch um die Eier schlagen und mit festem Bindfaden binden. Dann wird das Fleisch auch von

Rindsbraten; glasierte Karotten, Kohlsprossen mit Speck, Serviettenknödel (Rezepte Seiten 183, 406, 409, 394).

1 Zitronenscheibe
4 Kapern
30 g Mehl
1/4 l Sauerrahm
1 Eßlöffel Tomatenmark
1/2 Lorbeerblatt
Thymian
Pfeffer
Salz

außen mit Salz und Pfeffer eingerieben und in eine passende, nicht zu große Bratpfanne gelegt, deren Boden mit 1 großen, nudelig geschnittenen Zwiebel, 80 Gramm gehacktem Selchspeck, 1 Zitronenscheibe, 4 Kapern, 1/2 Lorbeerblatt und 1 Stämmchen Thymian ausgelegt wurde. Neben das Fleisch gießt man 3 bis 4 Eßlöffel Wasser und stellt das Ganze in ein mittelheißes Rohr, wo das Fleisch unter öfterem Begießen goldbraun gebraten wird. Nun legt man den Braten beiseite, staubt die Pfanne mit 30 Gramm Mehl, das recht gut durchgeröstet wird, gießt mit 1/4 Liter Sauerrahm auf und verrührt gut. Erst dann wird mit Wasser verdünnt. Das Fleisch zugedeckt langsam weich dünsten. Zuletzt wird die Sauce sauber durch ein feines Sieb passiert, mit 1 Eßlöffel Tomatenmark versehen, nochmals aufgekocht und damit das in Scheiben aufgeschnittene Fleisch überzogen.
Als Beilage dienen in Butter geschwenkte Teigwaren oder Serviettenknödel.

4 Portionen

WURZELRINDSBRATEN

1 kg Rindfleisch vom Knöpfl, Schlegel (Hüfte, Schale, Kugel)
200 g Wurzelwerk
60 g Fett
20 g Zwiebel
1 Eßlöffel Mehl
1/8 l Sauerrahm
1 Zitronenspalte
1/2 Lorbeerblatt
Pfeffer
Salz

1 Kilogramm zupariertes hinteres Rindfleisch wird im ganzen gut mit Salz und Pfeffer eingerieben, in 60 Gramm sehr heißem Fett von allen Seiten rasch braun gebraten und beiseite gelegt. Im Bratfett röstet man 200 Gramm grobgeschnittene Wurzeln, wie Karotten, gelbe Rüben und Sellerieknolle, sowie 20 Gramm gehackte Zwiebel zu schwacher Farbe, staubt mit 1 gehäuftem Eßlöffel Mehl und röstet nochmals kurz durch. Dann wird mit 1/8 Liter Sauerrahm aufgegossen und glatt verrührt. Dann verdünnt man mit Wasser nach Bedarf zu einer leicht flüssigen Sauce. Darin läßt man das vorgebratene Fleischstück, zusammen mit 1 kleinen Zitronenspalte und 1/2 Lorbeerblatt, zugedeckt langsam weich dünsten. Für Tisch wird das Fleisch in dünne Scheiben geschnitten und mit der feinpassierten, mollig-dicklich gewordenen Wurzelsauce übergossen.
Als Beilage passen Bratkartoffeln.

Zwiebelrostbraten mit Fächergurkerl und Krenrose; Tomaten-, Gurken-, Vogerlsalat, Salatherzen (Rezepte Seiten 204, 432, 425, 427, 426).

LUNGENBRATEN MIT APFELMOST

4 Portionen

- 800 g Lungenbraten (Filetbraten)
- 40 g Selch(Räucher)speck
- 100 g Karotten
- 1 kleine Zwiebel
- 40 g Fett
- 1/4 l Apfelmost
- 10 Edelkastanien
- Suppe
- Pfeffer
- Salz

Ein 800 Gramm schweres, bratfertig vorgerichtetes Stück vom Lungenbraten wird mit 40 Gramm dünnstreifig geschnittenem Selchspeck gespickt. Die Speckstreifchen wurden zuvor mit Salz und Pfeffer gewürzt. Dann wird auch das Fleischstück mit Salz und Pfeffer eingerieben. In einem passenden Kochgeschirr röstet man 100 Gramm dünnblättrig geschnittene Karotten zusammen mit 1 kleinen grobnudelig geschnittenen Zwiebel in 40 Gramm heißem Fett zu einiger Farbe, legt das vorbereitete Fleischstück darauf und gießt mit 1/4 Liter frischem Apfelmost auf. Nachdem das Fleisch zugedeckt langsam 30 Minuten dünsten konnte, legt man rundherum 10 geschälte Kastanien und dünstet alles zusammen zugedeckt langsam weiter, bis das Fleisch und die Kastanien genügend weich geworden sind. Zuletzt wird die Sauce samt den Kastanien durch ein sehr feines Sieb gestrichen, nochmals aufgekocht und dabei mit Wasser und Suppe zu mollig-cremiger Beschaffenheit verdünnt. Damit überzieht man das in Scheiben aufgeschnittene Fleisch.

Als Beilage Heidenmehlknödel.

PALFFY-LUNGENBRATEN

4 Portionen

- 800 g Lungenbraten (Filetbraten)
- 40 g Selch(Räucher)speck
- 60 g Fett
- Zwiebelringe
- 100 g Wurzelwerk
- 30 g Mehl
- 1 Zitronenspalte
- 4 Kapern
- 1 Teelöffel Senf
- 1/4 l Sauerrahm
- Lorbeerblatt
- Thymian
- Pfeffer, Salz

Ein Stück Lungenbraten im Gewicht von 800 Gramm wird von den feinen Häutchen befreit, dann mit gesalzenen und gepfefferten Speckstreifchen gespickt und schließlich mit Salz eingerieben. In einer passenden Kasserolle wird das Fleisch in 60 Gramm heißem Fett rundum zu brauner Farbe angebraten und dann beiseite gelegt. Im Bratfett röstet man die Haut- und Speckabfälle, ein paar Zwiebelringe und 100 Gramm blättrig geschnittenes Wurzelwerk recht gut an, staubt mit 30 Gramm Mehl, fügt ein Stückchen Lorbeerblatt, 1 Stämmchen Thymian, 1 kleine Zitronenspalte, 4 Kapern und 1 Teelöffel Senf hinzu und gießt nach abermaligem Durchrösten mit 1/4 Liter fettem Sauerrahm

auf. Nach einmaligem Aufkochen wird die entstandene dicke Sauce mit Wasser nach Bedarf molligflüssig verdünnt, das Fleisch eingelegt und zugedeckt langsam weich gedünstet. Für Tisch wird der in dünne Scheiben aufgeschnittene Lungenbraten mit der fein passierten Rahmsauce überzogen.
Mit in Scheiben geschnittenen Palffyknödeln umlegen.

4 Portionen

1 kg Beiried
(Rindsrückenfilet)
Öl
100 g Schinken
1 Essiggurke
2–3 Tomaten
100 g Reis
Wurzelwerk
Zwiebelringe
60 g Fett
Mehl
Pfeffer
Salz

GEROLLTES BEIRIED

Ein Stück gut abgelegenes Beiried im Gewicht von 1 Kilogramm wird so geschnitten, daß eine daumendicke, zusammenhängende Fleischplatte entsteht, die man klopft, salzt, pfeffert und mit einigen Tropfen Öl befettet. Dann streut man 100 Gramm gehackten Schinken, 1 Essiggurke, ebenfalls gehackt, 2 bis 3 rohe geviertelte Tomaten und etwa 100 Gramm ungekochten Reis darüber, rollt das Ganze zusammen und bindet die Roulade mit Bindfaden. Auch von außen gesalzen und gepfeffert, legt man sie in eine passende Bratpfanne, deren Boden mit geschnittenem Wurzelwerk und einigen Zwiebelringen ausgelegt ist, gibt 60 Gramm Fett darüber und stellt das Ganze mit kleinem Wasserzuguß ins heiße Rohr. Während der ca. 1½stündigen Bratdauer wird die Roulade öfter mit dem Eigensaft begossen, das Wurzelwerk zum Schluß ganz minimal gestaubt, durchgeröstet, mit Wasser oder Suppe zu einem kurzen molligen Saft vergossen und tüchtig verkocht, der dann sauber passiert über das in Scheiben geschnittene Fleisch gegeben wird.

6 Portionen

1½ kg geräucherte
Rinderbrust
500 g weiße Bohnen
1 Eßlöffel Mehl
4 Knoblauchzehen
1 große Zwiebel
4–5 Eier
½ Lorbeerblatt, Thymian
10 Pfefferkörner

RINDERBRUST MIT BOHNEN

500 Gramm kleine weiße Bohnen werden mit 1 Eßlöffel Mehl vermischt und mit ca. 3 Liter Wasser aufgegossen und verrührt. In ein Leinensäckchen bindet man 4 Knoblauchzehen, ½ Lorbeerblatt, ein kleines Stämmchen Thymian und 10 zerquetschte Pfefferkörner und gibt dies mit 1 ganzen großen Zwiebel zu den Bohnen. Weiters bettet man darin ein Stück geräucherte Rinderbrust im Gewicht von 1½ Kilogramm, legt noch 4 bis 5

ganze, unversehrte Eier dazu und achtet darauf, daß alles von der Flüssigkeit überdeckt ist. So vorbereitet, bringt man alles zugedeckt ins normal heiße Rohr und läßt es, ohne viel umzurühren, 5 bis 7 Stunden langsam dünsten. Sollte während der Zeit ein Wasserzuguß nötig sein, dann jedenfalls nur so viel, daß die Bohnen zuletzt leicht gebunden erscheinen und weder zu suppig, noch viel weniger aber „pappig" sind. Das weiche Fleisch wird quer zur Faser in eher dünne Scheiben geschnitten und auf eine Unterlage von Bohnen gelegt. An der Seite ordnet man die geviertelten, mitgeschmorten Eier an, die von wundervollem Duft und hellbrauner Färbung sind. Gesalzen wird in Anbetracht des Salzgehaltes der Räucherbrust nicht.

Braten vom Rind

Mit „englisch gebraten" bezeichnet man alles, was nicht durchgebraten, also innen noch blutig ist. Das bedeutet nun keineswegs, daß das Fleisch roh zu bleiben hat, vielmehr soll die Einwirkung der Hitze so weit gehen, daß die Blutgefäße zersetzt werden, die Blutfärbung jedoch erhalten bleibt. Wichtig ist scharfes, also heißes Anbraten vom Anbeginn, so daß die Fleischporen durch die Einwirkung der Hitze rasch verschlossen werden, damit ein Entweichen des Fleischsaftes unmöglich wird. Es muß daher vor dem Einlegen des Fleisches die Pfanne stark erhitzt werden. Erst dann das Fett (Öl oder andere pflanzliche Fette) zufügen und auch dieses stark, d. h. zu leichter Rauchentwicklung, erhitzen.

Es ist auch zu vermeiden, englisch gebratene Fleischsorten unnötigerweise während des Bratens mit der Gabel anzustechen, da durch jede Öffnung sogleich Saft dringt. Weiters zu beachten ist, daß für englisch gebratene sowie für alle frisch gebratenen Fleischstücke vom Rind nur das Fleisch von Rostbratenbeiried, Beiried und Lungenbraten (Filetbraten) herangezogen werden soll. Ferner muß das Fleisch zumindest 8 bis 14 Tage kühl gelagert haben, da sich frisch geschlachtetes Fleisch selbst von bester Qualität als zäh und hart erweist. So müssen also dem Einkauf und der Zubereitung volle Aufmerksamkeit geschenkt werden.

8 Portionen

ENGLISCHES ROASTBEEF

1½ kg Beiried (Rindsrückenfilet)
Öl
Fett
Pfeffer
Salz

Ein Stück gut abgelegenes ausgelöstes Beiried im Mindestgewicht von 1½ Kilogramm wird von der am Fleisch angewachsenen dicken Rückensehne zwei Finger breit abgelöst. Der verbleibende schwächere Sehnenfortsatz wird mit einem scharfen spitzen Messer in kleinen Abständen durchschnitten, und zwar sticht man mit der Spitze des Messers unter das Sehnenband und schneidet mit kurzem, energischen Schnitt nach aufwärts die Sehne durch. Dann reibt man das Fleischstück mit Salz und Pfeffer tüchtig ein, bestreicht es ein wenig mit Öl und läßt es einige Zeit kühl stehen. Zum Braten muß das Fett in passender Pfanne rauchheiß sein. Das Roastbeef mit der Hautseite nach unten auflegen und bei starker Hitze goldbraun braten. Dann dreht man es um, läßt es auch von der Unterseite bei starker Hitze lichtbraun braten und erst jetzt, nachdem alle Poren geschlossen sind, stellt man das Fleischstück ins gut erhitzte, keinesfalls aber zu heiße Rohr. Für den geübten Kochkünstler genügt die Fingerdruckprobe, um zu erkennen, wann das Roastbeef genug gebraten ist. Der Fingereindruck wird in diesem Fall elastisch erwidert. Weniger Geübten aber sei die Gabelprobe empfohlen, und zwar sticht man nach etwa 25 Minuten Bratzeit mit einer kalten zweizinkigen Gabel bis auf den Boden der Bratpfanne durch das dicke Fleisch, läßt die Gabel einige Sekunden ruhig stecken, zieht sie dann rasch heraus, und an der Stelle, die ungefähr in der Mitte des Fleisches steckte, befühlt man sie mit den Lippen. Ist diese Stelle kalt, muß noch eine Weile gebraten werden; ist sie hingegen schon wesentlich heiß, ist der richtige Moment schon verpaßt und das Fleisch nicht mehr rosig, sondern grau. Also muß das Mitteldding das Richtige sein, und die Gabel darf sich bloß angenehm warm anfühlen. Das Fleisch gleich auf einen Teller legen und 10 Minuten liegen lassen, ehe es quer zur Fleischfaser in nicht zu dicke Scheiben mit scharfem Messer aufgeschnitten wird. Richtig gebratenes Roastbeef zeigt eine gleichmäßige rosarote Farbe, die vom schönen Braun der

Bratenränder eingeschlossen wird. Vom Bratensatz des Fleisches wird das Fett abgegossen, der Bratensatz mit wenig Flüssigkeit aufgelöst, geseiht und entfettet. Mit diesem Saft umkränzt man das servierbereite Fleisch, nie aber darf man kochenden oder heißen Saft über das Fleisch gießen.

ENGLISCHES FILET

4 Portionen

800 g Lungenbraten (Filetbraten)
rohe Speckstreifen
Öl
40 g Fett
20 g Butter
Kalbsbratensaft oder Suppe
Pfeffer
Salz

Ein Stück Lungenbraten im Mindestgewicht von 800 Gramm wird abgehäutet, nach Belieben längs der Fleischfaser mit dünnen Speckstreifchen gespickt, mit Salz, Pfeffer und etwas Öl eingerieben und 15 Minuten stehen gelassen. Dann wird das Fleisch zuerst mit der Oberseite nach unten in wenig sehr stark erhitztes Fett gelegt und von allen Seiten rasch hellbraun gebraten. Dann ins übermittelheiße Rohr stellen und wie beim Roastbeef halb englisch braten. Wenn ein Fingerdruck auf das Fleisch elastisch erwidert wird oder wenn eine kalte Gabel, ins dicke Fleisch gestochen und 2 bis 3 Sekunden im Fleisch belassen, sich mäßig warm an den Lippen anfühlt, wird das Filet vom Fett genommen und etwa 10 Minuten liegengelassen, ehe es in kleinfingerdicke Scheiben aufgeschnitten wird. Während des Bratens soll das Fleisch am besten gar nicht mit der Gabel angestochen werden. Zum Umdrehen benützt man zwei Kochlöffel. Für den Saft seiht man das Bratfett ab, läßt dafür 20 Gramm Butter auf der Pfanne aufschäumen, vergießt mit Kalbsbratensaft oder Suppe zu einem dünnflüssigen Saft, der um das zartrosa Fleisch gegossen wird.

LUNGENBRATEN COLBERT

4 Portionen

800 g Lungenbraten (Filetbraten)
1–2 Kohlköpfe (Wirsing)
60 g Fett
20 g Butter
1 Eßlöffel Öl
1 kleine Zwiebel
100 g Champignons

Ein Stück Lungenbraten im Gewicht von 800 Gramm wird abgehäutet, gesalzen, gepfeffert, in sehr heißem Fett von allen Seiten rasch braun gebraten und dann kalt gestellt. (Das Fleisch muß innen vollkommen roh bleiben.) Je nach Größe werden 1 oder 2 Kohlköpfe halbiert, vom Strunk befreit und in kochendem Salzwasser halb weich gekocht. Kalt schwemmen. Nach dem Abtropfen

Petersilie
2 Eßlöffel Weißwein
3/8 l Kräutersauce
Speckscheiben
Pfeffer
Salz

breitet man die Kohlblätter auf einem Brett zu einer Fläche aus, die groß genug ist, um das Fleischstück einzuhüllen. Die dicken Rippen der Blätter werden dabei mäßig geklopft, damit sie nicht hart bleiben. Das Ganze wird mit Salz und Pfeffer bestreut. In 20 Gramm Butter und 1 Eßlöffel Öl feinstgehackte Zwiebel gelbrösten, feingehackte Champignons beigeben und eindünsten. Petersilie, Salz, Pfeffer, Weißwein und das feingehackte Innere des Kohls einmischen und 5 Minuten dünsten, mit etwas Kräutersauce streichfähig machen und damit die Oberseite des ausgekühlten Lungenbratens dick bestreichen. Das Fleischstück legt man mit der bestrichenen Seite nach unten auf die Kohlblätter, hüllt es darin vollkommen ein, legt den Lungenbraten sodann mit der schönen Seite nach oben auf eine Bratpfanne und bedeckt die ganze Oberseite mit dünnen, mit Salz und Pfeffer gewürzten Speckscheiben, die, um beim Braten nicht abzurollen, mit Zahnstochern befestigt werden. Das Ganze stellt man ohne weitere Zutat ins übermittelheiße Rohr und brät es ca. 25 bis 30 Minuten, bis sich eine Gabel, 2 bis 3 Sekunden ins dicke Fleisch eingestochen, an der Lippe mäßig warm anfühlt. Der Lungenbraten wird für Tisch in gut fingerdicke Scheiben aufgeschnitten und mit feiner Kräutersauce umkränzt.

LUNGENBRATEN WELLINGTON

4 Portionen

800 g Lungenbraten (Filetbraten)
Butterteig
60 g Fett
20 g Butter
1 Eßlöffel Öl
1 kleine Zwiebel
100 g Champignons
Petersilie
2 Eßlöffel Weißwein
3/8 l Kräutersauce
2 Eier
Pfeffer, Salz

Ein Stück Lungenbraten wird wie im vorhergehenden Rezept vorgerichtet, angebraten und beiseite gestellt. Nach dem Überkühlen bestreicht man ihn wie bei Lungenbraten Colbert, aber ohne feingehackten Kohl, ziemlich dick und legt ihn mit der bestrichenen Seite nach unten auf einen entsprechend großen und zwei Messerrücken dick ausgerollten Butterteig, bestreicht die Ränder des Teigs mit zerklopftem Ei und hüllt darin das Fleischstück so ein, daß es möglichst gleichmäßig vom Teig umschlossen ist. Mit der Naht nach unten und der schönen Seite nach oben setzt man den Lungenbraten auf ein passendes, reines Backblech, bestreicht die Teighülle mit Eidotter, verziert die Umhüllung mit Teigbändern oder ausgestochenen Sternen, bestreicht auch diese und backt das Ganze übermittelheiß 25 bis 30 Minuten, bis ein Gabeleinstich wie vorher eine mäßige Innenwärme vermittelt. Für Tisch in gut fingerdicke Tranchen schneiden und mit feiner Kräutersauce umkränzen.

Gebratene und gedünstete Portionsgerichte vom Rind

Chateaubriand

Darunter versteht man ein doppeltes Beefsteak. Es ist daher im Gewicht von 350 bis 600 Gramm und kann für 2, 3 oder 4 Portionen gegeben werden. Es wird nach den Rezepten für Beefsteak zubereitet. Im gebratenen Zustand wird es in halbfingerdicke schräge Scheiben geschnitten, ehe es zu Tisch kommt.

BEEFSTEAK MIT SPIEGELEI

4 Portionen

4 Steaks vom Lungenbraten (Filet) à 160–180 g
4 Eier
Öl
60 g Bratfett
60 g Butter
Bratensaft oder Suppe
Pfeffer
Salz

Am zartesten sind die Beefsteaks, wenn sie vom Lungenbratenmittelstück geschnitten werden. Das Fleisch wird vollkommen enthäutet, vom Fett befreit. Pro Portion rechnet man 160 bis 180 Gramm reines Fleisch. Die Beefsteaks sollen mindestens 2 Zentimeter dick sein. Geklopft darf nicht oder nur so viel werden, daß eine gleichmäßige Dicke entsteht. Gesalzen, gepfeffert und ein wenig mit Öl eingerieben, läßt man die Beefsteaks in ziemlich heißem Fett zuerst von der einen und dann von der anderen Seite schön braun braten. Die Bratdauer beträgt ungefähr 9 bis 12 Minuten für halb englisch gebratene Beefsteaks. Das Fleisch ist soweit, wenn ein leichter Fingerdruck elastisch erwidert wird. Das Bratenfett gießt man ab, läßt dafür Butter auf der Pfanne aufschäumen, richtet die Beefsteaks an und vergießt dann erst mit Bratensaft oder Suppe zu einem kurzen, dünnen

Saft, der, gut aufgekocht, neben das Fleisch gegossen wird. Auf die Beefsteaks setzt man langsam gebratene Spiegeleier.

> Das Beefsteak darf, genauso wie Rumpsteak usw., nur einmal gewendet werden. Dreht man das Stück nochmals auf die schon gebratene Seite, verliert es sowohl an Farbe wie an Saftigkeit. Beim Umdrehen darf das Fleisch nicht mit der Gabel angestochen werden, da sonst der Fleischsaft austreten würde.

BEEFSTEAK MIT MARK

4 Portionen

4 Steaks vom Lungenbraten (Filet) à 160–180 g
12 dicke Scheiben Rindermark
Öl, Bratfett, 20 g Butter
1/4 l braune Grundsauce
Zitronensaft
Worcestersauce
Suppe, Petersilie
Cayennepfeffer
Pfeffer, Salz

Stark fingerdick geschnittene Beefsteaks salzen, pfeffern, mit wenig Öl einreiben und halb englisch braten. Das Bratfett abgießen, durch Butter ersetzen und die Beefsteaks anrichten. Der Bratensatz wird mit 1/2 Liter brauner Grundsauce gelöscht und mit Zitronensaft, Worcestersauce und Cayennepfeffer abgeschmeckt. Die Steaks mit der eingedickten Sauce überziehen und mit je 3 schönen, in heißer Suppe gargezogenen Rindermarkscheiben belegen. Darüber streut man Petersilie.

BEEFSTEAK IN BUTTERTEIG

4 Portionen

4 Steaks vom Lungenbraten (Filet) à 120–150 g
Butterteig
Bratfett
3/8 l braunes Ragout
1 Ei
3/8 l Kräutersauce
Pfeffer
Salz

120 bis 150 Gramm schwere Beefsteaks werden gesalzen, gepfeffert, in Fett von beiden Seiten rasch gebraten, so daß sie innen roh bleiben, hierauf kalt gestellt. Ein entsprechendes Stück Butterteig rollt man messerrückendick aus und schneidet es so zurecht, daß immer ein mit braunem Ragout hoch bestrichenes Beefsteak darin schön eingehüllt werden kann. Dann werden die Beefsteaks, mit der schönen Seite nach oben, mit Ei bestrichen, auf eine Pfanne gelegt. 25 Minuten vor dem Servieren stellt man sie in ein ziemlich heißes Rohr und backt sie goldbraun. Für Tisch mit feiner Kräutersauce umkränzen.

4 Portionen

PIERROTBEEFSTEAK

4 Steaks vom Lungenbraten (Filet) à 160–180 g
80 g Selch(Räucher)speck
4 Sardellen
60 g Bratfett
8 mittelgroße Kartoffeln
1 Eßlöffel Tomatenmark
60 g Butter
Pfeffer
Salz

4 Beefsteaks im Einzelgewicht von 160 bis 180 Gramm spickt man mit dünnen Streifchen von 80 Gramm Selchspeck und Sardellen. Von beiden Seiten salzen und pfeffern. In einer Pfanne läßt man 60 Gramm Bratfett sehr heiß werden, brät darin die Beefsteaks von jeder Seite je 4 Minuten zu brauner Farbe, wobei sie innen ein wenig blutig bleiben sollen. Dann das Fleisch warm stellen. Im Bratfett werden 8 gekochte, geschnittene und mit Salz und Pfeffer gewürzte Kartoffeln zu einiger Farbe gebraten, mit 1 Eßlöffel Tomatenmark gemischt und damit das Fleisch garniert. In der Bratpfanne röstet man zuletzt 60 Gramm Butter, gießt mit 2 bis 3 Eßlöffeln Wasser auf, läßt ein wenig einkochen und übergießt mit diesem Saft die Beefsteaks.

4 Portionen

PFEFFERSTEAK

4 Steaks vom Lungenbraten (Filet) à 180 g
2 Eßlöffel grüner Pfeffer
60 g Öl
40 g Butter
Salz

Die Steaks werden gesalzen und in heißem Öl beidseitig rasch angebraten, worauf das Bratfett zum Teil abgegossen, der Bratenfond nach Zugabe von Butter, grünem Pfeffer und ganz wenig Jus, Suppe oder Wasser aufgekocht und über das Steak gegeben wird.
Als Beilage Sauce béarnaise.

4 Portionen

FILET SAUTÉ

8 Filets vom Lungenbraten (Filet) à 70–80 g
60 g Öl
40 g Butter
Suppe oder Bratensaft
Pfeffer
Salz

Mit dem Namen Filet sauté bezeichnet man fingerdick geschnittene Scheiben vom Lungenbraten, wobei pro Person 2 Schnitten im Höchstgewicht von 160 Gramm berechnet werden. Die Filets werden gesalzen, gepfeffert, in heißem Fett beidseitig rasch abgebraten, so daß sie innen ein wenig blutig bleiben. Dann wird das Bratfett abgeseiht, dafür Butter auf der Pfanne aufgeschäumt und nach dem Anrichten der Fleischstücke mit wenig Jus, Suppe oder Wasser abgelöscht. Aufkochen lassen und die Filets mit dem Saft übergossen servieren.

FILET SAUTÉ MIT CHAMPIGNONS

4 Portionen

8 Filets vom Lungenbraten (Filet) à 70–80 g
160 g Champignons
60 g Öl
40 g Butter
Suppe oder Bratensaft
gehackte Petersilie
Pfeffer
Salz

8 Lungenbratenfilets werden gesalzen, gepfeffert, in heißem Fett beidseitig rasch braun gebraten, das Fett abgeseiht, dafür Butter in die Pfanne gegeben und die Filets angerichtet. Nun gibt man 160 Gramm blättrig geschnittene Champignons in die Butter, läßt sie durchschwitzen, vergießt mit Suppe oder Bratensaft und läßt kurz verkochen, ehe mit dem Champignonsaft die angerichteten Filets übergossen werden. Mit gehackter Petersilie bestreuen.

TOURNEDOS ROSSINI

4 Portionen

8 Filets vom Lungenbraten (Filet) à 70 g
60 g Öl
80 g Butter
8 Scheiben Gansleber
8 Champignons
Mehl
Zitronensaft
8 Weißbrotscheiben
3/8 l Madeirasauce
Pfeffer
Salz

8 kleine Lungenbratenfilets, pro Portion 2 Stück à 70 Gramm, werden gesalzen, gepfeffert, mit Öl bestrichen und in sehr heißem Fett rasch braun gebraten. In 40 Gramm Butter brät man 8 Scheiben Gansleber und 8 Champignonköpfe, beides mit Salz und Pfeffer gewürzt, erstere in Mehl getaucht, letztere mit Zitronensaft eingerieben. Die Fleischstücke werden auf in Butter gelb gebackene, in der Größe der Tournedos rund ausgestochene Weißbrotscheiben gelegt, darauf eine Gansleberscheibe, darüber ein Champignonkopf gegeben. Das Ganze wird mit Madeirasauce überzogen und rasch serviert.

TOURNEDOS MIT MARK

4 Portionen

8 Filets vom Lungenbraten (Filet) à 70 g
8 Scheiben Rindermark
60 g Öl
8 Weißbrotscheiben
40 g Butter
Suppe
Schnittlauch
3/8 l bürgerliche Sauce
Pfeffer
Salz

Die Filets werden ebenso rasch gebraten und auf gebackene Weißbrotscheiben gelegt wie vorher. Auf jedes Filet wird eine schöne Scheibe Rindermark gegeben, das man in heißer Suppe durchziehen ließ. Mit feingeschnittenem Schnittlauch bestreuen und mit bürgerlicher Sauce überzogen zu Tisch bringen.

FILETS MIGNON

4 Portionen

12 Filets vom Lungenbraten (Filet) à 40 g
Semmelbrösel (Paniermehl)
60 g Öl
40 g Butter
Pfeffer
Salz

Pro Portion berechnet man 3 kleine Lungenbratenfilets im Gesamtgewicht von 120 Gramm (meist vom Lungenbratenkopf oder -spitz geschnitten). Die Filets werden gesalzen, gepfeffert, auf einer Seite in Semmelbrösel getaucht, rasch gebraten, das Fett abgegossen, dafür ein Stück Butter mit den Filets gut aufgeschäumt, dann ganz wenig mit Bratensaft oder Suppe vergossen und kurz verkocht.

Die Ausfertigung kann nach den Rezepten für Beefsteak, Filet sauté und Tournedos erfolgen, doch bleiben die Weißbrotbödchen, wie sie bei letzteren angegeben sind, weg.

MEDAILLONS VOM LUNGENBRATEN

4 Portionen

12 Filets vom Lungenbraten (Filet) à 40 g
Semmelbrösel (Paniermehl)
60 g Öl
40 g Butter
diverse Saucen Ableitungen von der braunen Grundsauce
Pfeffer, Salz

Pro Portion werden 3 kleine Lungenbratenfilets im Gesamtgewicht von 120 Gramm wie Filet Mignon fertiggestellt. Nach dem Braten werden die Medaillons in beliebigen Saucen aufgedämpft und erhalten danach ihren Namen. Als Beispiel: *Medaillons diable* mit Teufelssauce, *Medaillons italienne* mit italienischer Sauce.

BOEUF STROGANOFF

4 Portionen

500–600 g Lungenbraten (Filet)
10 g Mehl
60 g Öl
1 Zwiebel
120 g Champignons
1/8 l Sauerrahm
2 Gewürzgurken
Paprika
Pfeffer
Salz

500 bis 600 Gramm Lungenbraten wird dünnblättrig geschnitten und mit dem nötigen Salz, Pfeffer und 10 Gramm Mehl eingestreut. Dann röstet man in 60 Gramm heißem Fett 1 feingehackte Zwiebel zu blaßgelber Farbe, fügt das Fleisch bei und röstet weiter, bis das Ganze eine hellbraune Farbe erreicht hat. Nun würzt man mit etwas Paprika und mengt blättrig geschnittene Champignons ein, röstet nochmals ganz kurz durch und gießt schließlich mit 1/8 Liter gesprudeltem Sauerrahm auf. Nachdem sich die Speise zuerst dick binden

konnte, verdünnt man mit Wasser zu molliger Sauce und läßt einmal kurz aufkochen. Anrichten und mit feinen Gewürzgurkenstreifen belegen. Gedünsteter Reis als Beilage.

1 Portion

ENTRECOTE

250 g Beiried (Rindsrückenfilet)
Öl
Fett
Pfeffer
Salz

Entrecote wird ebenso wie Rumpsteak vom abgelegenen und ausgelösten Beiried von 250 Gramm aufwärts bis höchstens 450 bis 500 Gramm geschnitten. Es ist somit lediglich ein größeres Rumpsteak unter der Bezeichnung Entrecote zu verstehen. Die Zurichtung und Herstellung bzw. das Braten ist analog dem Rumpsteak vorzunehmen, allerdings braucht das Fleischstück, je schwerer es geschnitten und je dicker es im Fleisch ist, eine entsprechend längere Bratdauer. Bei Stücken über 300 Gramm ist es üblich, daß das Entrecote kurz nach dem Braten und knapp vor dem Servieren in halbfingerdicke, schräg laufende Scheiben aufgeschnitten wird. Dabei darf nichts vom Blutsaft verlorengehen.

4 Portionen

RUMPSTEAK

4 Steaks vom Beiried (Rindsrückenfilet) á 200 g
Öl
Fett
Hofmeisterbutter
Pfeffer
Salz

Darunter versteht man pro Portion eine etwa 200 Gramm schwere Schnitte vom gut abgelegenen ausgelösten Beiried von zumindest Fingerdicke. Das Fleisch wird nicht geklopft oder nur so viel, daß eine gleichmäßige Dicke erzielt wird. Mit Salz und Pfeffer gewürzt und mit Öl leicht bestrichen, läßt man es vor dem Braten kurz ruhen. Das Fleischstück wird dann in sehr heißem Fett aufgelegt und zuerst an einer Seite braungebraten, dann erst umgedreht und bei guter Hitze fertig gebraten.
Nach Wunsch gibt es verschiedene Grade des Gebratenseins: „Ganz englisch" heißt soviel wie sehr rasch braun braten, so daß das Fleisch innen kaum warm wird; „halb englisch" bezeichnet man das reguläre Braten, das heißt, das Rumpsteak muß innen schön rosa bleiben, zu erkennen an der Fingerdruckprobe, die elastisch erwidert wird; „durchgezogen" oder durchgebraten bedingt, daß das Fleisch gerade nur so lange gebraten wird, daß

sich kein roter Blutsaft mehr absondert. Bei der letzten Art darf man des Guten nicht zu viel tun, da eine geringfügige Überschreitung des Moments, in dem alle Blutsäfte geronnen sind, bewirkt, daß das Fleisch hart und zäh wird. Außerdem soll jedes englisch oder frisch gebratene Fleisch nur einmal umgedreht werden während des Bratens, da sonst die Qualität durch die in der gebratenen Oberseite mittlerweile ausgetretenen Säfte leidet.
Das Rumpsteak wird gewöhnlich trocken angerichtet, obenauf mit 1 Scheibe Hofmeisterbutter belegt und eventuell mit einem guten neutralen Bratensaft nebenbei zu Tisch gegeben.

RUMPSTEAK LYONER ART

4 Portionen

4 Steaks vom Beiried (Rindsrückenfilet) à 200 g
Öl
100 g Fett
2 mittelgroße Zwiebeln
800 g Kartoffeln
20 g Butter
Pfeffer, Salz

Während die Rumpsteaks gebraten werden, röstet man feinnudelig geschnittene Zwiebeln in separatem Fett goldgelb, gibt die gekochten, blättrig geschnittenen Kartoffeln dazu, salzt nach Geschmack und röstet alles knusprig durch. Dann tropft man das Fett ab, gibt dafür die Butter dazu und richtet die Kartoffeln an beiden Seiten der servierbereiten Rumpsteaks an.

RUMPSTEAK MIT HINDERNISSEN

4 Portionen

4 Steaks vom Beiried (Rindsrückenfilet) à 200 g
Öl
Fett
4 Eier
Pfeffer
Salz

Garnitur
Pfirsiche, Marillen (Aprikosen), Kirschen, Ringlotten (Reineclauden)
Kren (Meerrettich)
Rotkraut(Rotkohl)salat
Kopfsalat

Noch ehe die Rumpsteaks gebraten werden, garniert man zu dieser Wiener Spezialität den Rand einer genügend großen Platte auf folgende Art: Die Enden der ovalen Platte besetzt man mit einem schönen Ornament aus abgetropften Kompottfrüchten, wie Pfirsichen, Marillen, Kirschen, Ringlotten. Darunter auf dem Plattenboden ordnet man eine Krenrose an. Dazu wird der Kren mittels kleinem Messer von der ganzen Stange geschabt. Ein bißchen Kren tunkt man in Rote-Rüben-Saft und verziert damit die Rose. Den einen Längsrand der Platte besetzt man mit zierlichen Häufchen von abgetropftem bzw. ausgedrücktem Salat in der Reihenfolge: Rotkraut-, Kopf-, Weißkraut-, französischer, Sellerie- und Rote-Rüben-Salat. Der

Weißkraut(Weißkohl)salat
französischer Salat
Selleriesalat
Rote-Rüben-Salat
Sardinen
Sardellenringe
Räucherlachs
Butter
Emmentaler
Essiggurke
Petersilie

zweite Längsrand der Platte wird in der Mitte mit einem geschickt zusammengestellten Bukett aus Sardinen, Sardellenringen, Stückchen Räucherlachs und zierlichen Butterrosen besetzt. Links und rechts davon ordnet man noch Emmentalerstückchen und fächerartig geschnittene Essiggurken an und ziert das Ganze mit gezupfter Petersilie.
Die Platte stellt man einen Moment auf die heiße Herdplatte, damit sich bloß der Boden erhitzt, darauf werden die inzwischen fertig gebratenen Rumpsteaks gelegt und mit je 1 Spiegelei besetzt. Worcestersauce serviert man extra.

Rostbraten

Unter der Bezeichnung Rostbraten ist nach Wiener Begriffen immer eine zumindest halbfingerdicke Schnitte Fleisch über die ganze Breite des ausgelösten Rostbratenbeirieds zu verstehen.
Rostbraten wird naturgebraten oder braungedünstet zubereitet. Eine Ausnahme ist der *gebackene Rostbraten.* Seine Zubereitung erfolgt wie bei Wiener Schnitzel.

ROSTBRATEN, NATURGEBRATEN

4 Portionen

4 Rostbraten
vom Rostbratenbeiried
(hohe Rippe) à 140–160 g
40 g Mehl
60 g Fett
20 g Butter
Pfeffer
Salz

4 Rostbraten à 140 bis 160 Gramm vom Rostbratenbeiried werden an den Rändern eingeschnitten, leicht geklopft, gesalzen, gepfeffert und an einer Seite in Mehl getaucht. Dann legt man die Rostbraten in bodenbedeckt sehr heißes Fett mit der bemehlten Seite nach unten ein und brät sie rasch goldbraun. Man dreht die Stücke um und brät sie auch von der anderen Seite über großer Hitze hellbraun, gießt das überschüssige Bratfett ab, legt dafür 20 Gramm Butter auf die Pfanne und läßt die Rostbraten darin nochmals kurz aufbraten. Zum Schluß wird mit Suppe oder Wasser zu einem dünnen kräftigen Saft aufgegossen, worauf man das Fleisch gerade nur einmal darin aufkochen läßt, sofort anrichtet und mit dem Bratensaft überzieht. Als Beilage geröstete oder gebratene Kartoffeln.

WIENER ZWIEBELROSTBRATEN

4 Portionen

4 Rostbraten vom Rostbratenbeiried (hohe Rippe) à 140–160 g
2 mittelgroße Zwiebeln
Mehl
100 g Fett
20 g Butter
Pfeffer
Salz

4 Rostbraten im Einzelgewicht von 140 bis 160 Gramm an den Rändern einschneiden und schwach klopfen. Das Fleisch wird von beiden Seiten gesalzen und leicht gepfeffert, auf einer Seite bemehlt. Erst knapp vor Tisch legt man die Rostbraten mit der bemehlten Seite zuerst in eine genügend große, mit 100 Gramm sehr heißem Fett versehene Pfanne und brät sie auf großer Hitze von beiden Seiten sehr rasch zu brauner Farbe. Die Rostbraten sofort anrichten und warm stellen. Im Bratfett röstet man wieder auf großer Hitze 2 mittelgroße, in möglichst gleichmäßig dünne Ringe geschnittene Zwiebeln hellbraun knusprig, dann wird das überschüssige Fett abgegossen, 20 Gramm Butter auf die Pfanne gegeben, nochmals kurz durchgeröstet und mit Wasser oder Suppe zu einem kurzen Zwiebelsaft aufgegossen. Nach einmaligem Aufkochen überdeckt man die angerichteten Rostbraten mit Zwiebeln und Saft. Man kann die Zwiebelrostbraten auch essiggespritzt servieren. Dann kommt kurz vor dem Aufgießen mit Wasser ein Spritzer Essig zu den Zwiebeln.

Als Beilage dienen Bratkartoffeln und fächerartig geschnittene Essiggurken.

Foto Seite 188.

VANILLEROSTBRATEN

4 Portionen

4 Rostbraten vom Rostbratenbeiried (hohe Rippe) à 140–160 g
Mehl
60 g Fett
20 g Butter
2 Knoblauchzehen
Bratensaft oder Suppe
Pfeffer
Salz

Die Rostbraten im Einzelgewicht von 140 bis 150 Gramm werden eingeschnitten, leicht geklopft, gesalzen, gepfeffert und auf einer Seite bemehlt. Mit der bemehlten Seite zuerst in heißes Fett einlegen und beidseitig braten. Vom Fett abgetropft, dafür mit 20 Gramm Butter und zerdrücktem Knoblauch leicht eingerieben, werden die Rostbraten nochmals leicht aufgebraten, ganz wenig mit Bratensaft oder Suppe vergossen und nach einmaligem Aufdämpfen serviert.

GEDÜNSTETER ROSTBRATEN

4 Portionen

4 Rostbraten vom Rostbratenbeiried (hohe Rippe) à 140–160 g
50 g Fett
30 g Mehl
1 Eßlöffel Tomatenmark
Essig
Pfeffer
Salz

Die Rostbraten werden an den Rändern eingeschnitten, geklopft, gesalzen, gepfeffert und in 50 Gramm Fett rasch beidseitig abgebraten und beiseite gestellt. Das Bratfett staubt man mit 30 Gramm Mehl, röstet dies braun, gibt 1 Eßlöffel Tomatenmark bei und röstet zur Braunfärbung weiter. Mit Wasser oder Suppe gießt man zu dünner Sauce auf und läßt darin die vorgebratenen Rostbraten weich dünsten. Zum Schluß mäßig mit Essig säuern.

ESTERHÁZY-ROSTBRATEN

4 Portionen

4 Rostbraten vom Rostbratenbeiried (hohe Rippe) à 140–160 g
60 g Mehl
40 g Fett
200 g Wurzelwerk
1/8 l Sauerrahm
6–8 Kapern
Zitronenschale
Pfeffer
Salz

4 Rostbraten im Einzelgewicht von 140 bis 160 Gramm werden an den Rändern eingeschnitten, mäßig geklopft, mit dem nötigen Salz und einer Prise Pfeffer gewürzt, an einer Seite bemehlt und mit der bemehlten Seite nach unten in 40 Gramm gut erhitztes Fett eingelegt. Nach Erreichung einer hellbraunen Farbe werden die Rostbraten umgedreht und noch eine Weile scharf gebraten. Vom Fett heben und beiseite legen. Im Bratfett röstet man 200 Gramm zündholzdick nudelig geschnittenes Wurzelwerk, bestehend aus gleichen Teilen Karotten, gelben Rüben und Sellerieknolle, kurz an, staubt mit 20 Gramm Mehl und röstet wieder gut durch. Dann wird mit 1/8 Liter Sauerrahm und, wenn sich dieser dick binden konnte, mit Suppe oder Wasser nach Bedarf zu mollig-flüssiger Sauce aufgegossen und aufgekocht. Nun legt man die vorgebratenen Rostbraten ein, streut 6 bis 8 feingehackte Kapern und etwas feinstgeschnittene Zitronenschale ein und dünstet zugedeckt langsam, bis das Fleisch die nötige Weichheit erreicht hat.
Als Beilage dienen Teigwaren oder Serviettenknödel.

GIRARDI-ROSTBRATEN

4 Portionen

4 Rostbraten vom Rostbratenbeiried (hohe Rippe) à 140–160 g
40 g Fett
40 g Butter
80 g Champignons
Petersilie
100 g Zwiebel
Zitronenschale
1 Eßlöffel Kognak
Tomatenmark
etwas Bratensaft
1/8 l Sauerrahm
1 hartgekochtes Ei
Pfeffer
Salz

4 gut abgelegene, halb englisch gebratene Rostbraten werden angerichtet warm gestellt. Anstelle des abgegossenen Bratfettes schäumt man 40 Gramm Butter auf, schwitzt darin Feingehacktes, bestehend aus Champignons oder frischen Pilzen, Petersilie, Zwiebel und ein bißchen Zitronenschale, löscht mit 1 Eßlöffel Kognak ab und bindet mit etwas Tomatenmark. Dann mit fettlosem Bratensaft mollig aufgießen, kurz verkochen, damit die Rostbraten überziehen, über jeden Rostbraten einen Streifen glattgerührten Sauerrahm geben und obenauf mit grobgehacktem Eiweiß bestreuen.
Als Garnitur dienen 2 kleine heiße Butterteigpastetchen, die mit Zuckererbsen gefüllt sind.

MASCHINROSTBRATEN

4 Portionen

4 Rostbraten vom Rostbratenbeiried (hohe Rippe) à 140–160 g
Mehl
Fett
1 große Zwiebel
1 Teelöffel Senf
1 kleine Essiggurke
10 Kapern
1/8 l Sauerrahm
1/2 Teelöffel Paprika
Pfeffer
Salz

4 Rostbraten im Gewicht von je 140 bis 160 Gramm werden an den Rändern eingeschnitten, mäßig geklopft, gesalzen, gepfeffert, auf beiden Seiten in Mehl getaucht und von beiden Seiten sehr rasch in bodenbedeckt heißem Fett angebraten. Im selben Fett wird 1 große feingehackte Zwiebel gelbgeröstet, mit 1/2 Teelöffel Paprika und 1 Teelöffel Senf verrührt, mit 3/8 Liter Wasser aufgegossen und aufgekocht. Nun legt man die Rostbraten ein, streut 1 gehäuften Eßlöffel feingehackte saure Gurken, vermischt mit 10 Kapern, darüber und dünstet die Rostbraten zugedeckt langsam weich. 10 Minuten vor Schluß verrührt man 1/8 Liter milden Sauerrahm mit 1 Teelöffel Mehl, gießt dies in die Sauce ein und verrührt sogleich.
Außerdem können kugelig ausgestochene, gekochte Kartoffeln eingelegt und eine Weile mitgedünstet werden, oder man umlegt die angerichteten Maschinrostbraten mit goldbraun gebratenen, geviertelten Kartoffeln.

RHEINISCHER ROSTBRATEN

4 Portionen

4 Rostbraten vom Rostbratenbeiried (hohe Rippe) à 140–150 g
40 g Mehl
Fett
2 große Zwiebeln
1 Knoblauchzehe
3 Kartoffeln
3 Tomaten
Suppe
Petersilie
1 Teelöffel Paprika
Kümmel
Pfeffer
Salz

4 Rostbraten im Gewicht von je 140 bis 150 Gramm an den Rändern einschneiden, klopfen, salzen, pfeffern, bemehlen und in wenig Fett beidseitig anbraten. Das Bratfett vermischt man mit 2 großen feinnudelig geschnittenen Zwiebeln, würzt mit 1 Teelöffel Paprika, 1 zerdrückter Knoblauchzehe und einer Prise Kümmel. Darin bettet man die vorgebratenen Rostbraten abwechselnd mit 3 rohen dicken Kartoffelscheiben pro Rostbraten ein, bedeckt das Ganze mit 3 halbierten Tomaten und gießt so viel leicht gesalzene Suppe darüber, daß die obere Schichte gerade erreicht wird. Zuletzt läßt man alles weich dämpfen und trachtet, daß beim Anrichten jeder Rostbraten mit Kartoffelscheiben und obenauf mit Tomate bedeckt ist. Mit gehackter Petersilie bestreuen und heiß servieren.

LANDBAYERISCHER ROSTBRATEN

4 Portionen

4 Rostbraten vom Rostbratenbeiried (hohe Rippe) à 140–160 g
20 g Butter
20 g Mehl
Milch
4 mittelgroße Kartoffeln
80 g Schinken
1 Ei
Fett
1/2 l Paprikasauce
Muskatnuß
Pfeffer
Salz

4 Rostbraten im Gewicht von je 140 bis 160 Gramm werden an den Rändern eingeschnitten, vorsichtig geklopft, damit sie nicht zerreißen, gesalzen, gepfeffert und flach ausgebreitet. Aus 20 Gramm Butter und gleich viel Mehl bereitet man eine lichte Schwitze, die mit Muskatnuß gewürzt und mit Milch zu sehr dicker Sauce aufgegossen und verkocht wird. In dieser Sauce verrührt man nach kurzem Überkühlen 4 mittelgroße gekochte und würfelig geschnittene Kartoffeln und 80 Gramm grobgehackten Schinken, ein ganzes Ei, Salz und Pfeffer. Damit werden die ausgebreiteten Rostbraten gleichmäßig gefüllt, dann zu einem Paket zusammengelegt, mit Schnur gebunden in ein passendes gefettetes Geschirr eng nebeneinander gelegt, von oben mit Fett bestrichen und im heißen Rohr lichtbraun gebraten. Wenn die nötige Farbe erreicht ist, gießt man eine stark mit Sauerrahm versetzte Paprikasauce, die nicht passiert wird, darüber und dünstet die Rostbraten zugedeckt weich.

GEROLLTER ROSTBRATEN

4 Portionen

4 Rostbraten vom Rostbratenbeiried (hohe Rippe) à 140–160 g
Öl
100 g Schinken
1 Essiggurke
2–3 Tomaten
100 g Reis
Mehl
Pfeffer, Salz

Für dieses Rezept ist, was Füllung anbelangt, ein großer Spielraum in der Ausführung gegeben. Wichtig ist, daß die Rostbraten beim Klopfen nicht zerreißen, daß sie gut gewürzt sind und daß ein gerollter Rostbraten nie zu stark gefüllt sein darf. Ein gutes Gericht ergibt sich mit der Füllung wie bei gerollter Beiried. Nach dem Füllen werden die Rostbraten zusammengerollt, mit Bindfaden gebunden, gesalzen, gepfeffert, bemehlt und wie gedünsteter Rostbraten zubereitet.

Andere Füllungen

Parmesan
Emmentaler
Champignons
Semmelbrösel (Paniermehl)
Wurzelwerk
Zwiebel
Mehl
Rahm
Muskatnuß
Pfeffer
Salz

Bestreuen mit vermischtem, geriebenem Parmesan, kleinwürfeligen Emmentalerstückchen, grobgehackten Champignons, Semmelbröseln, Salz, Pfeffer, Muskatnuß. Rollen und binden, dann mit Wurzeln und Zwiebel anbraten, stauben, mit Rahm und Flüssigkeit aufgießen und die Rostbraten dünsten.

Rind- und Schweinefleisch
Erbsen
braune Sauce

Dünn bestreichen mit pikanter Farce aus Rind- und Schweinefleisch, mit grünen Erbsen bestreuen, rollen, binden, anbraten und in brauner Sauce dünsten.

Essiggurken
Kapern
hartgekochtes Eiweiß
Sardellen
Petersilie
Sardellensauce
Pfeffer
Salz

Bestreuen mit kleinwürfeligen Essiggurkerln, Kapern, Eiweiß, Sardellen, Petersilie, Pfeffer, Salz; rollen, binden, anbraten und in Sardellensauce dünsten.

4 Portionen

HUNYADI-ROSTBRATEN

2 Rostbraten vom Rostbratenbeiried (hohe Rippe) à 200 g
200 g Makkaroni
50 g Mehl
20 g Fett
80 g Selch(Räucher)fleisch
1/8 l Milch
1 Ei
80 g Selch(Räucher)speck
1 große Zwiebel
Knoblauch
2 Eßlöffel Tomatenmark
1/8 Liter Sauerrahm
1 Teelöffel Rosenpaprika
Kümmel
Pfeffer
Salz

2 Rostbraten zu je 200 Gramm werden breit ausgeklopft und von beiden Seiten mit Salz und Pfeffer gewürzt. Nebenbei läßt man 200 Gramm kurze Makkaroni im Salzwasser kernig weich kochen. Inzwischen röstet man 20 Gramm Mehl in 20 Gramm Fett goldgelb, schwitzt darin 80 Gramm mittelfein gehacktes Selchfleisch kurz durch, würzt mit einer Messerspitze Paprika und gießt mit 1/8 Liter Milch auf. Die noch heiße dicke Sauce verrührt man mit 1 Ei und den gut abgetropften Makkaroni, so daß eine kompakte Masse entsteht, mit der die Rostbraten gefüllt, zusammengerollt und mit Bindfaden gebunden werden. In einer passenden Kasserolle röstet man 80 Gramm zartwürfelig geschnittenen Selchspeck blaßgelb und hebt die Grammeln vom Fett. In das Fett werden nun die beiden Rostbraten eingelegt, zu hellbrauner Farbe überbraten und ebenfalls vom Fett gehoben. Nun röstet man im Bratenfett 1 große feinstgehackte Zwiebel blaßgelb, würzt mit 1 glattgestrichenen Teelöffel Rosenpaprika, erbsgroß zerdrücktem Koblauch, 2 Eßlöffel Tomatenmark und einer Spur gehacktem Kümmel, staubt mit 30 Gramm Mehl und verrührt nach kurzem Schwitzen glatt mit 1/8 Liter dickem Sauerrahm. Dann wird mit Wasser nach Bedarf zu einer mollig-flüssigen Sauce verdünnt, in der man die Rostbraten zugedeckt weich dünsten läßt. Dabei ist der Salzgehalt der Sauce nachzuprüfen. Gegen Schluß fügt man die Schweinsgrammeln bei. Die fertigen Rostbraten werden für Tisch von den Bindfäden befreit, portioniert und mit der Paprikasauce schön überzogen aufgetragen.

Rindschnitzel

Unter Rindschnitzel versteht man in der österreichischen Küche pro Person 1 bis 2 Fleischschnitten im Gesamtgewicht von 120 bis 140 Gramm von den Teilen des Knöpfls.
Als Zubereitung kommt das Braundünsten in Frage.

KAROLY-RINDSCHNITZEL

4 Portionen

8 Rindschnitzel à 60–70 g
60 g Fett
2 große Zwiebeln
Knoblauch
1 Teelöffel Tomatenmark
100 g Kaiserfleisch (geräuchertes Bauchfleisch)
Kapern
1 Teelöffel Paprika
Kümmel
Pfeffer, Salz

8 Rindschnitzel werden geklopft, gesalzen und leicht gepfeffert und rasch in 60 Gramm heißem Fett abgebraten. Im Bratfett röstet man dann 2 große feingehackte Zwiebeln gelb, würzt mit 1 glattgestrichenen Teelöffel Paprika, etwas Kümmel, Knoblauch und 1 Teelöffel Tomatenmark, fügt 100 Gramm kleinwürfelig geschnittenes Kaiserfleisch und einige Kapern bei, gießt alles mit so viel Wasser auf, daß die anschließend eingelegten Rindschnitzel gerade bedeckt sind. Zugedeckt langsam weich dünsten.
Als Beilage Tarhonya geben.

ITALIENISCHE RINDSCHNITZEL

4 Portionen

8 Rindschnitzel à 60 g
Mehl
3 Eßlöffel Fett
150 g Wurzelwerk
$^1/_8$ l Rotwein
Pfeffer
Salz

8 Rindfleischschnitten im Gesamtgewicht von 480 Gramm werden mäßig geklopft, gesalzen, gepfeffert und von beiden Seiten bemehlt, in 3 Eßlöffel ziemlich gut erhitztem Fett rasch von beiden Seiten abgebraten und beiseite gelegt. Im Fett röstet man 150 Gramm mittelfein gehacktes Wurzelwerk gründlich heiß und gießt mit $^1/_8$ Liter Rotwein auf. Nun legt man die vorgebratenen Rindschnitzel ein und verdünnt mit Wasser, so daß die Flüssigkeit das Fleisch gerade bedeckt. Das Ganze läßt man weich dünsten.
Spaghetti vermischt mit geriebenem Parmesan und ein wenig feingehacktem Schinken als Beilage.

UNGARISCHE RINDSCHNITZEL

4 Portionen

8 Rindschnitzel à 60 g
20 g Mehl
40 g Fett
40 g Speck
200 g Zwiebel
Knoblauch
2 Eßlöffel Tomatenmark
1 Teelöffel Paprika
Kümmel
Majoran
Pfeffer
Salz

8 kleine Rindschnitzel im Einzelgewicht von 60 Gramm werden geklopft, gesalzen, ganz leicht gepfeffert, von beiden Seiten stark bemehlt und in 40 Gramm heißem Fett von beiden Seiten rasch hellbraun abgebraten und beiseite gelegt. Im Bratfett röstet man 40 Gramm zartwürfelig geschnittenen Speck hellgelb, gibt 200 Gramm feinnudelig geschnittene und dann grob durchgehackte Zwiebel dazu und röstet ebenfalls. Nun würzt man mit 1 mäßig gehäuften Teelöffel Paprika, ein wenig fein zerdrücktem Knoblauch, einer Spur fein zerriebenem Majoran und feingehacktem Kümmel. Dann 2 Eßlöffel Tomatenmark und 1/2 Liter Wasser einrühren. Nach dem Aufkochen legt man das vorgebratene Fleisch ein und dünstet es zugedeckt langsam weich.

Als Beilage dienen Nockerln (Spätzle) oder Salzkartoffeln.

KÖNIGSBERGER ROULADEN

4 Portionen

4 Rindschnitzel à 100 g
150 g mageres Schweinefleisch
50 g Selch(Räucher)fleisch
50 g Selch(Räucher)speck
Petersilie
1 Teelöffel Kapern
1 Knoblauchzehe
1 Teelöffel Zwiebel
2 Teelöffel Senf
4 Essiggurken
150 g Wurzelwerk
1 Eßlöffel Mehl
1 Salzsardelle
Zitronensaft
1/8 l Sauerrahm
Pfeffer
Salz

4 gleichmäßig geschnittene Rindschnitzel im Einzelgewicht von 100 Gramm werden dünn ausgeklopft, leicht gesalzen und gepfeffert. Nebenbei wird 150 g mageres Schweinefleisch mit 50 g gekochtem Selchfleisch oder Schinken und 50 g Selchspeck mittelfein gehackt oder faschiert. Dann mit Salz, ein bißchen Pfeffer, gehackter Petersilie, 1 Teelöffel feingehackten Kapern, einer kleinen fein zerdrückten Knoblauchzehe und 1 Teelöffel feinstgehackter Zwiebel gut abarbeiten und zuletzt mit 1 Teelöffel Senf und 2 zartwürfelig geschnittenen Essiggurken innig vermischen. Damit füllt man die vorbereiteten Rindschnitzel, schließt das Fleisch paketartig um die Fülle, bindet mit Spagat und legt die Stücke mit der Naht nach unten in eine passende, mit Fett ausgestrichene Kasserolle eng nebeneinander ein. Sobald die Schnitzel im heißen Rohr zu einiger Farbe anbraten konnten, hebt man

sie vom Geschirr und stellt sie beiseite. Im Bratrückstand wird 150 Gramm zartwürfelig geschnittenes Wurzelwerk, bestehend aus Sellerieknolle und Karotten, ergänzt mit Essiggurken, tüchtig heiß geschwitzt, mit 1 Eßlöffel Mehl gestaubt und abermals kurz verröstet. Nun fügt man 1 gehackte Salzsardelle, 1 Teelöffel Senf, den Saft von 1/4 Zitrone, das fehlende Salz und noch eine Spur Pfeffer hinzu und gießt mit 1/8 Liter Sauerrahm auf. Sobald sich das Ganze unter Rühren dick binden konnte, wird mit Wasser zu mollig-flüssiger Sauce verdünnt, in die die vorgebratenen Rindschnitzel eingelegt und zugedeckt ganz langsam weich gedünstet werden.
Als Beilage passen gedünsteter Reis, Nockerln (Spätzle) oder Kartoffelknödel.

Ragoutgerichte vom Rind

SAFTGULASCH

4 Portionen

600 g Wadschinkenfleisch (Wadenfleisch der Vorder- oder Hinterbeine)
400 g Zwiebel
80 g Fett
1 Eßlöffel Tomatenmark
1 Knoblauchzehe
2 Teelöffel edelsüßer Spezialpaprika
Majoran
Kümmel
Salz

400 Gramm feinnudelig geschnittene Zwiebel wird in 80 Gramm sehr gut erhitztes Fett gegeben und über großer Hitze goldgelb bis hellbraun geröstet. Dann fügt man 2 Teelöffel edelsüßen Spezialpaprika hinzu, röstet kurz durch und gießt sofort mit 3 Eßlöffel Wasser auf. Dann gibt man 600 Gramm kleinfingerdick blättrig geschnittenes Wadschinkenfleisch, das nötige Salz, 1 Eßlöffel Tomatenmark, 1 kleine feinstzerdrückte Knoblauchzehe, eine starke Messerspitze fein zerriebenen Majoran und eine Prise feingehackten Kümmel hinzu. Das Ganze läßt man auf mäßiger Hitze zugedeckt im eigenen Saft so lange dünsten, bis das Fleisch halb weich geworden ist und zusammen mit der verdünsteten Zwiebel eine rotbraune Farbe aufweist. Bis dahin darf nur im äußersten Bedarfsfall noch Wasser zugegeben werden, weil es von wesentlicher Bedeutung ist, daß das Fleisch stark

eindünstet. Erst dann wird mit so viel kaltem Wasser aufgegossen, daß eine mollige Sauce entsteht. Dann läßt man das Gulasch noch ganz langsam weiterdünsten, bis das Fleisch kernig weich geworden ist. Zu weich darf Gulasch nie gedünstet werden. Das ganz langsame Dünsten zum Schluß ist notwendig, damit das Fett zum Teil an die Oberfläche steigen kann und dem Gulasch den typischen „Glanz“ verleiht.
Als Beilage passen am besten Salzkartoffeln.

Richtig zubereitetes Saftgulasch soll nur an der Oberfläche eine rote Färbung aufweisen. Das Gulasch selbst soll rostbraun sein. Der Paprika darf jedenfalls nicht zu lange heiß geröstet werden, da sich sonst die rote Farbe verliert und der Paprika bitter schmeckt.
Jedes Gulasch kann am Schluß der Zubereitung nach Belieben mit etwa noch nötigem Paprika abgeschmeckt werden.

4 Portionen

FIAKERGULASCH

fertiges Saftgulasch
4 Eier
2 Paar Frankfurter (Wiener) Würstchen
4 Gewürzgurken

Ein fertiges Saftgulasch wird pro Portion mit 1 Spiegelei, 1 gebratenen Frankfurter Würstchen und 1 fächrig geschnittenen Gewürzgurke garniert.
Foto Seite 221.

4 Portionen

ALTWIENER GULASCH

600 g Wadschinkenfleisch (Wadenfleisch der Vorder- oder Hinterbeine)
400 g Zwiebel
Knoblauch
1 Eßlöffel Tomatenmark
1 Eßlöffel Essig
2 Teelöffel Paprika
Majoran
Salz

In einem passenden Geschirr vermischt man 400 Gramm feinnudelig geschnittene Zwiebel mit 600 Gramm doppelt zuckerwürfelgroß geschnittenem Rindfleisch, dem nötigen Salz, einer Prise Majoran, ein klein wenig zerdrücktem Knoblauch, 2 Teelöffel Paprika, 1 Eßlöffel Tomatenmark und 1 Eßlöffel Essig. Das Ganze wird mit 1/8 Liter Wasser aufgefüllt und zugedeckt langsam kernig weich gedünstet.
Als Beilage dienen in gerösteten Butterbröseln geschwenkte große Wasserspatzen.

CSIKOSGULASCH

4 Portionen

600 g Rindfleisch vom Knöpfl, Schlegel (Hüfte, Schale, Kugel)
100 g Fett
200 g Zwiebel
2 Paprikaschoten
2 mittelgroße Tomaten
500 g Kartoffeln
2 Teelöffel Paprika
Salz

In 100 Gramm gut erhitztem Fett wird 200 Gramm mittelfein gehackte Zwiebel goldgelb geröstet, dann fügt man 2 Teelöffel Paprika bei und röstet noch ganz kurz weiter. Danach wird sogleich mit 2 Eßlöffel Wasser abgelöscht. Nun fügt man 600 Gramm in bleistiftdicke kurze Streifen geschnittenes kerniges Rindfleisch, das nötige Salz, 2 hellgrüne, von den Samenkörnern befreite und nudelig geschnittene Paprikaschoten und 2 mittelgroße geschälte und in Scheiben geschnittene Tomaten bei. Von den Tomaten werden die Kerne beim Schneiden entfernt. Das Ganze läßt man zugedeckt langsam im eigenen Saft dünsten, bis das Fleisch halb weich geworden ist. Dann gibt man 500 Gramm roh geschälte, in daumendicke Stäbchen geschnittene Kartoffeln dazu, gießt gleich hoch mit Wasser auf und läßt zugedeckt langsam weiterdünsten, bis die Kartoffeln fast zerfallen.

DAMPFGULASCH

4 Portionen

600 g Rindfleisch vom Knöpfl, Schlegel (Hüfte, Schale, Kugel)
300 g Zwiebel
50 g Selch(Räucher)speck
1 Knoblauchzehe
400 g Kartoffeln
2 Teelöffel Paprika
Kümmel
Salz

In einem passenden Kochgeschirr wird 600 Gramm in kleinfingerdicke Blätter geschnittenes Rindfleisch mit 300 Gramm feinstnudelig geschnittener Zwiebel, 50 Gramm kleingewürfeltem Selchspeck, 2 mäßig gehäuften Teelöffeln Paprika, dem nötigen Salz, einer Prise Kümmel und 1 kleinen zerdrückten Knoblauchzehe abgemischt, gleich hoch mit Wasser aufgegossen und zugedeckt langsam 1 Stunde gedünstet. Dann mischt man 4 roh geschälte, kurz kalt gewaschene und in nußgroße Stücke geschnittene Kartoffeln ein, füllt abermals gleich hoch mit Wasser auf und dünstet das Ganze zugedeckt ganz langsam, bis das Fleisch kernig weich geworden ist und die Kartoffeln teilweise zerfallen. Durch das Zerfallen entsteht eine mäßig mollige Bindung. Das Dampfgulasch wird ohne weitere Beilage sehr heiß aufgetragen.

OCHSENSCHLEPP WIENER ART

4 Portionen

1 1/2 kg Ochsenschlepp (Ochsenschwanz)
1 Eßlöffel Fett
200 g Wurzelwerk
100 g Zwiebel
40 g Mehl
Zitrone
2–3 Eßlöffel Tomatenmark
1/16 l Rotwein
1 Eßlöffel Senf
150 g Preiselbeeren
Essig
1/2 Lorbeerblatt
Thymian
Pfeffer
Salz

1 1/2 Kilogramm in Scheiben zerteilter Ochsenschlepp wird kurz kalt gewaschen, abgetrocknet und mit Salz und Pfeffer gewürzt. Dann brät man das Fleisch in einer genügend großen Pfanne mit 1 Eßlöffel Fett unter öfterem Durchrühren und Durchrütteln zu schöner brauner Farbe. Man fügt 200 Gramm geputztes, blättrig geschnittenes Wurzelwerk von Sellerie, Karotten und Petersilie und 100 Gramm grobgehackte Zwiebel bei und brät weiter, bis die Wurzeln halb weich und hellbraun geworden sind. Nun staubt man mit 40 Gramm Mehl und röstet weiter, bis auch das Mehl eine sattbraune Farbe erreicht hat, würzt dann mit 1/2 Lorbeerblatt, 1 Stämmchen Thymian, 1/4 Zitrone und 2 bis 3 Eßlöffel Tomatenmark. Das Ganze wird gut durchgerührt und schließlich mit 2 Liter Wasser aufgegossen, so daß eine ziemlich dünne Sauce entsteht, in der man den Ochsenschlepp ungefähr 3 Stunden dünsten lassen muß, bis sich das Fleisch ohne Schwierigkeit vom Knochen löst. Ist es soweit, nimmt man die Fleischstücke aus der Sauce, die inzwischen mäßig eingedickt sein soll. In der Sauce verrührt man 1/16 Liter Rotwein, 1 Eßlöffel Senf, 150 Gramm eingemachte Preiselbeeren und einen Spritzer Essig. Nach tüchtigem Durchkochen wird die Sauce durch ein feines Sieb passiert, über den Ochsenschlepp gegossen und alles nochmals aufgekocht.
Als Beilage Semmelknödel.

JÄGERFLEISCH

4 Portionen

400 g Rindfleisch vom Knöpfl, Schlegel (Hüfte, Schale, Kugel)
2 Eßlöffel Mehl
60 g Fett
1 mittelgroße Zwiebel
1 Essiggurke

400 Gramm mageres Rindfleisch wird grobblättrig geschnitten, gesalzen, leicht gepfeffert und mit 1 schwachen Eßlöffel Mehl abgemischt. Auf breiter Pfanne erhitzt man 60 Gramm Fett sehr heiß, fügt das Fleisch hinzu, das nun unter Schütteln und gleichzeitigem Durchrühren mit einer Gabel auf großer Hitze rasch abgeröstet wird, wobei das

Petersilie
Zitrone
5–8 Kapern
2 Champignons
Knoblauch
Essig
1/8 l Sauerrahm
Thymian
Pfeffer
Salz

Fleisch eine schwache Röstfarbe annehmen soll. Bis dahin hackt man 1 mittelgroße Zwiebel, 1 kleine Essiggurke, ein Sträußchen Petersilie, die Schale von 1/4 Zitrone, 5 bis 8 Kapern, 2 frische Champignons, ein erbsgroßes Stückchen Knoblauch und ganz wenig Thymian sehr fein. Dieses gehackte Pikante wird nun über das Fleisch gestreut, alles nochmals durchgeröstet und mit einem herzhaften Schuß Essig abgelöscht. Dann gießt man mit 1/2 Liter Wasser auf und läßt alles zusammen in einer passenden Kasserolle zugedeckt langsam dünsten, bis das Fleisch kernig weich geworden ist. Zuletzt wird 1/8 Liter Sauerrahm mit 1 Eßlöffel Mehl versprudelt, in das Jägerfleisch eingerührt und im Bedarfsfall noch ein wenig verdünnt, so daß eine mollige Bindung entsteht. Das Ganze läßt man noch 10 Minuten langsam dünsten.
Nockerln (Spätzle) als Beilage.

4 Portionen

SCHWÄBISCHES FLEISCH

600 g Rindfleisch von Schlegel oder Schulter
1 mittelgroße Zwiebel
80 g Fett
Essig
2 kleine Essiggurken
2 Salzsardellen
10 Kapern
Zitrone
Petersilie
1 Eßlöffel Mehl
1/8 l Sauerrahm
Zucker
Lorbeerblatt
Thymian
Mayoran
Pfeffer
Salz

1 mittelgroße feingehackte Zwiebel wird in 80 Gramm heißem Fett goldgelb geröstet, mit einem Schuß Essig abgeschreckt, worauf man 600 Gramm blättrig geschnittenes mageres Rindfleisch beifügt. Nebenbei hackt man das sogenannte „Schwäbische Kräutel“ fein, bestehend aus 2 kleinen Essiggurken, 2 Salzsardellen, 10 Kapern, der feinen Schale von 1/4 Zitrone, einem Sträußchen Petersilie, ganz wenig Thymian, Lorbeerblatt und Majoran und gibt dies mit einer Prise Pfeffer und dem nötigen Salz zum Fleisch. Das Ganze läßt man zugedeckt im eigenen Saft kernig weich dünsten, staubt mit 1 Eßlöffel Mehl, verrührt gut und gießt mit 1/8 Liter Sauerrahm auf. Nachdem sich alles dick binden konnte, wird mit Wasser nach Bedarf zu molliger Sauce aufgegossen, die man mit ein wenig Zitronensaft, ein klein wenig Essig und einer Spur Zucker abschmeckt. Das Schwäbische Fleisch läßt man langsam vollständig weich dünsten.
Nockerln (Spätzle) als Beilage.

SCHWEDISCHES PFEFFERFLEISCH

4 Portionen

600 g Rindfleisch von Knöpfl oder Schulter
60 g Fett
1 große Zwiebel
3–4 Eßlöffel Essig
Knoblauch
150 g Wurzelwerk
1/8 l Sauerrahm
1 gehäufter Teelöffel Mehl
Brotbrösel
1 Eßlöffel Zucker
15–20 Pfefferkörner
Salz

In 60 Gramm heißem Fett schmilzt man 1 glattgestrichenen Eßlöffel Zucker glasig, streut 1 große feingehackte Zwiebel ein und röstet blaßgelb. Dann löscht man mit einem tüchtigen Schuß Weinessig ab und legt 600 Gramm dickblättrig geschnittenes Rindfleisch ein. Man fügt Salz nach Bedarf, eine Spur fein zerdrückten Knoblauch und 150 Gramm roh geriebenes Wurzelwerk hinzu und läßt das Ganze zugedeckt möglichst nur im eigenen Saft halb weich dünsten. Dann sprudelt man 1/8 Liter Sauerrahm mit 1 gehäuften Teelöffel Mehl und 1/2 Liter kaltem Wasser glatt, gießt damit das Fleisch auf und läßt unter Rühren aufkochen. Nun läßt man das Fleisch langsam kernig weich dünsten und streut gegen Schluß nur so viel feingeriebene Brotbrösel ein, daß sich die Sauce mollig binden kann. Nebenbei kocht man 3 Eßlöffel Weinessig mit 15 bis 20 zerquetschten Pfefferkörnern auf etwa 1 Eßlöffel Essenz ein, die zuletzt in das fertige Pfefferfleisch eingerührt wird.

ZWIEBELFLEISCH

4 Portionen

750 g Rindfleisch von Schlegel oder Schulter
300 g Zwiebel
100 g Fett
Essig
Knoblauch
1 Eßlöffel Mehl
1/2 Lorbeerblatt
Thymian
Pfeffer
Salz

300 Gramm grobgehackte Zwiebel wird in 100 Gramm Fett goldgelb geröstet und mit einem tüchtigen Spritzer Essig abgelöscht. Dann gibt man 750 Gramm blättrig geschnittenes Rindfleisch dazu, würzt mit Salz, Pfeffer, etwas Knoblauch, nach Belieben noch mit 1/2 Lorbeerblatt und 1 Stämmchen Thymian. Zugedeckt im eigenen Saft langsam dünsten lassen und nur, wenn das Fleisch zu hart bleiben sollte, ab und zu ein wenig Wasser nachgießen. Erst wenn das Fleisch fast weich und schön eingedünstet ist, staubt man mit 1 Eßlöffel Mehl, verrührt es gut und gießt mit Wasser gerade so viel auf, daß eine mollige Sauce entsteht, in der das Fleisch vollends weich dünstet.

Majoranfleisch ist fertiges Zwiebelfleisch, das mit einer kräftigen Prise Majoran noch eine Weile gedünstet wird.

Innereien vom Rind

Eine überragende Rolle kommt den Innereien des Rindes in der besseren Küche nicht zu.
Die Leber ist für geröstete Leber nicht zu gebrauchen, wohl aber kann man gedünstete Speisen, ähnlich den Kalbsleberrezepten, herstellen. Eine häufige Verwendung findet die Leber aber für Suppeneinlagen, wie Lebernockerln, Leberknödel und Leberreis.
Das Herz ergibt gespickt, entsprechend gewürzt, gebraten und in einer beliebigen Sauce weich gedünstet, annehmbare Gerichte.
Die Lunge wird für mindere Ansprüche zu Lungenhaschee und Lungenstrudel herangezogen.
Beliebt sind Kuttelflecke (Kaldaunen), aus denen hervorragende Speisen hergestellt werden können.
Die Milz dient für Suppeneinlagen, wird in Rindsuppe mitgekocht, aber auch gerne zu Leberspeisen mitverwendet.
Verschiedene Innereien finden ihre trefflichste Verwertung für Bruckfleischbereitung.
Das Hirn wird für mindere Ansprüche anstelle von Kalbs- oder Schweinshirn verwendet.
Die Rindsniere oder Lendbraten ergibt einen billigen Ersatz für andere Nieren.

4 Portionen

BRUCKFLEISCH

1 kg Bruckfleisch, bestehend aus Herz, Milz, Leber, Herzröhrchen, Brustfleisch und Rinderbries
60 g Fett
2 mittelgroße Zwiebeln
1 Eßlöffel Essig
200 g Wurzelwerk
1 Knoblauchzehe
30 g Butter
1/16 l Rotwein
1 Teelöffel Zucker

Für 4 Portionen besteht Bruckfleisch aus je einem Stück Herz, Milz und Leber, einigen Herzröhrchen, einem Teil grobfasrigem Brustfleisch und Rinderbries. Die einzelnen Bestandteile werden wie folgt geschnitten: Herz und Leber blättrig, Milz in grobe Streifen, die Herzröhrchen auf strohhalmdicke Ringe, das Bries in kleine Stückchen und das Brustfleisch in Streifen. Nun röstet man in 60 Gramm Fett 2 mittelgroße feingehackte Zwiebeln blaßgelb, fügt 1 Teelöffel Zucker hinzu und löscht nach kurzem Weiterrösten mit 1 Eßlöffel Essig ab. Jetzt gibt man alles vorgeschnittene Fleisch auf einmal hinzu, würzt mit Salz nach Bedarf, einer Prise Pfeffer, Majoran, 1/2 Lorbeer-

½ Lorbeerblatt
Thymian
Majoran
Pfeffer
Salz

blatt und 2 Stämmchen Thymian und läßt zugedeckt im eigenen Saft eindünsten, bis sich das Fleisch kernig weich anfühlt. Bis dahin reibt man 200 Gramm geputztes Wurzelwerk von Karotte, gelber Rübe und Sellerieknolle und schwitzt dies mit 1 fein zerdrückten Knoblauchzehe in 30 Gramm Butter mäßig heiß. Das Wurzelwerk wird sodann in das Bruckfleisch eingemischt, alles mit Wasser nach Bedarf aufgegossen, so daß eine mollige Sauce entsteht, in der das Fleisch nach etwa 15 bis 20 Minuten dünsten soll. Zum Schluß verbessert man mit einem Schuß Rotwein, rührt kräftig durch und läßt alles zusammen noch 10 Minuten langsam fertigdünsten.
Als Beilage reicht man Serviettenknödel oder Grießstrudel.

4 Portionen

PIKANTE KUTTELFLECKE

1½ kg Kuttelflecke (Kaldaunen)
Essig
150 g Wurzelwerk
1 kleine Zwiebel
1 Knoblauchzehe
Zitrone
Petersilie
1 Essiggurke
1 Sardelle
60 g Selch(Räucher)speck
40 g Mehl
2–3 Eßlöffel Weißwein
1 Teelöffel Senf
Thymian
½ Lorbeerblatt
Pfefferkörner
Salz

1½ Kilogramm tadellos gereinigte Kuttelflecke werden vor dem Zustellen gründlich in reichlich Wasser mittels einer Bürste gewaschen, dann in essiggesäuertem Wasser einmal aufgekocht, abgeseiht, mit kaltem Wasser überspült und nun mit kaltem Wasser zwei Finger dick bedeckt aufgefüllt und zugestellt. An Gewürzen fügt man Salz nach Bedarf, ein paar Pfefferkörner, ½ Lorbeerblatt, 2 Stämmchen Thymian und 150 Gramm sauber geputztes Wurzelwerk hinzu und kocht alles zugedeckt langsam so lange, bis sich die Kuttelflecke mit einem Finger leicht durchdrücken lassen. Dauer: 4 bis 5 Stunden. Inzwischen werden 1 kleine Zwiebel, 1 Knoblauchzehe, die Schale von ¼ Zitrone, 1 Sträußchen Petersilie, 1 Essiggurke und 1 Sardelle zusammen sehr fein gehackt. In 60 Gramm feingehacktem, heiß zerlassenem Selchspeck röstet man 40 Gramm Mehl goldgelb und fügt das feingehackte Pikante bei, röstet kurz durch, löscht sofort mit einem tüchtigen Schuß Essig ab. Dann gießt man mit geseihter Kuttelflecksuppe zu leichtflüssiger Sauce auf und läßt diese 20 Minuten verkochen. Dabei wird noch mit 2 bis 3 Eßlöffel Weißwein und 1 Teelöffel Senf gewürzt.

In diese Sauce werden die inzwischen mittelfein nudelig geschnittenen Kuttelflecke gegeben und alles noch eine Weile zusammen gedünstet. Auf Wunsch können auch die mitgekochten Wurzeln, in zarte Streifchen geschnitten, beigefügt werden. Als Beilage passen Semmelknödel.

Rindszunge, gekocht

Gleichgültig, ob es sich um eine frische, gepökelte oder geräucherte Rindszunge handelt, wird sie immer in reichlich kaltem Wasser zugestellt und langsam so lange gekocht, bis sie sich weich und dennoch kernig anfühlt und die Zungenhaut sich ohne Mühe abschälen läßt. Frische Zunge wird in gesalzenem Wasser mit Pfefferkörnern, Lorbeerblatt, Wurzeln und Suppengrün gekocht. Gepökelte oder geräucherte Zunge wird nur in Wasser ohne Salzbeigabe gekocht.

Zu wenig weich gekochte Zunge reißt beim Schälen gern in der Mitte ein, ganz abgesehen davon, daß auch der Geschmack leidet. Um die Zunge besser schälen zu können, legt man sie, weich geworden, in kaltes Wasser und zieht sie im Wasser ab. Wird sie kalt verwendet, wie dies bei Pökel- und Räucherzunge häufig der Fall ist, läßt man sie im Wasser auskühlen, damit sich durch das heiße Abtrocknen keine Kruste bilden kann.

Heiß servierte Pökel- oder Räucherzunge wird in kleinfingerdicke Scheiben geschnitten, mit etwas Sud überbrüht und entweder mit Erbsen- oder Kartoffelpüree, Spinat, grünen Erbsen, geriebenem Kren (Meerrettich) usw. zu Tisch gegeben.

Gekochte frische Zunge steht in weniger hohem Ansehen und wird mit Gemüsen und pikanten Saucen serviert.

Fiakergulasch (Rezept Seite 213).

Kalbfleisch

Kalbfleisch ist feinfasrig, fettarm und von hellrosa Farbe. Wegen der leichten Verdaulichkeit wird es gerne für die Diätküche verwendet. Sämtliche Innereien des Kalbes sind von bester Qualität und hervorragendem Geschmack: Hirn, Zunge, Bries, Leber, Nieren, Herz, Lunge (ergibt mit dem Herz zusammen das Kalbsbeuschel). Die Aufteilung und Einteilung der Fleischteile ist einfacher als bei Rindfleisch. Das Kalb wird im allgemeinen halbiert und anschließend geviertelt oder so geteilt, daß der Kalbsrücken im ganzen bleibt.

TEILUNG DES KALBES

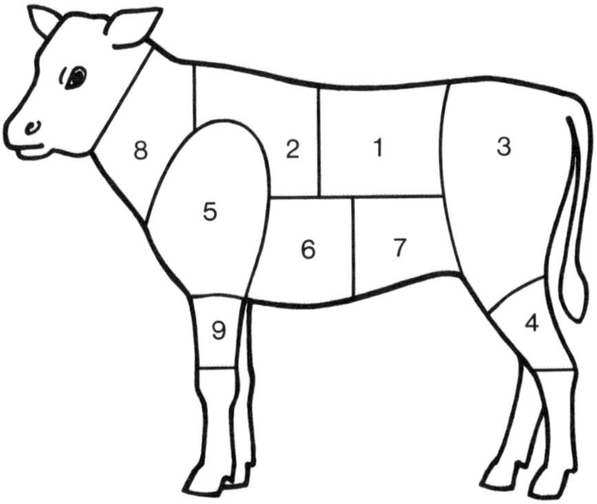

Hinterviertel

1 Nierenbraten – Nierenstück, Sattelstück
2 Karree – Rippenstück, Kotelettstück
3 Schlegel – Keule – Stotzen zerfällt in:
Schale (Naturteil) – Schnitzel – Fricandeau
Fricandeau – langes Fricandeau
Nuß
4 Hintere Kalbsstelze – Haxe

Vorderviertel

5 Schulter – Blatt, Bug, Schaufel
6 Brust
7 Wammerl – Bauchfleisch
8 Hals
9 Vordere Kalbsstelze – Haxe

Kalbsbrust mit Risottofüllung; glasierte Karotten, Tomaten Clamart, Salatplatte (Rezepte Seiten 226, 406, 417).

Beilagen zu Kalbfleisch

Reis; Kartoffeln, wie Petersilien- und Mousselinekartoffeln; zu Saucen- bzw. Ragoutgerichten auch Teigwaren;
Frühlingsgemüse, Feingemüse natur zubereitet, Pilze; auch gefülltes oder gratiniertes Gemüse;
Salate, zu gebratenem Kalbfleisch auch Apfelkompott oder Früchtegarnituren.

Braten vom Kalb

KALBSBRATEN

4 Portionen

800–1000 g Kalbsbraten im ganzen vom Schlegel (Keule)
Kalbsknochen
50 g Butter
1 gestrichener Teelöffel Mehl
Salz

Das Kalbsbratenstück wird, ohne zu drücken, kalt gewaschen, trocken gewischt, eventuell gebunden und mit Salz gut eingerieben. Den Boden einer der Größe des Fleischstückes entsprechenden Bratenpfanne legt man mit einigen kleingehackten Kalbsknochen aus, damit das mit der schönen Seite nach unten daraufgelegte Fleisch nicht unmittelbar auf dem Boden aufliegt, wodurch ein Ankrusten des Fleisches vermieden wird. Häute, Sehnen und Abschnitte des Fleisches werden an die Seite des Bratens gelegt. Neben das Fleisch gießt man etwas Wasser, darüber gibt man 40 Gramm Butter. So stellt man das Ganze ins übermittelheiße Rohr, sieht ab und zu nach, begießt auch manchmal, bis eine hellbraune Färbung erreicht ist. Dann wird der Braten umgedreht. Je mehr sich das Fleisch in gleichmäßiger Hitze bräunt, um so häufiger muß es mit dem Eigensaft, dem fallweise und nach Bedarf immer ein wenig Wasser beigegeben wird, begossen werden. Fleisch, Knochen und die Bratkruste müssen eine goldbraune Färbung aufweisen. Die Bratkruste darf nicht zu sehr bräunen, da sonst der Saft bitter schmeckt. Das Fleisch selbst darf nach dem erstmaligen Umdrehen nicht nochmals gewendet werden und muß, richtig gebraten, wie mit Glasur überzogen erscheinen. Hat man zu viel Wasser nachgegossen, erreicht man die Glasur nicht. Begießt man hingegen mit aller Flüssigkeit barem und überdies heißem Bratenfett, wird der

Braten krustig und läßt sich später nicht gut schneiden. Wie bei allem ist auch hier der Mittelweg der goldene. Wichtig ist auch, daß der Kalbsbraten nicht zu weich gebraten wird, da sowohl der Geschmack leidet, wie auch das Fleisch immer „mehr" wird beim Kauen. Der Braten ist dann gerade richtig, wenn aus einem Gabeleinstich ein wasserheller Tropfen tritt. Nach dem Braten wird das Fleischstück etwa 10 Minuten liegengelassen und erst dann in Scheiben quer zur Fleischfaser aufgeschnitten, mit dem inzwischen fertiggestellten Bratensaft umkränzt, also nie übergossen.

Für einen guten Bratensaft ist es wichtig, daß zu Ende des Bratens aller Wassergehalt verdunstet ist. Man gibt ein Stückchen Frischbutter zu den Knochen, läßt gut aufschäumen, staubt mit ganz wenig Mehl und röstet alles kurz an. Dann wird mit Wasser gerade so viel vergossen, daß ein kräftiger, eher dünner Saft entsteht, den man nach tüchtigem Verkochen abseiht und nochmals aufkochen läßt.

KALBSBRATEN MIT WURZELN

4 Portionen

800–1000 g Kalbsbraten im ganzen vom Schlegel (Keule)
Kalbfleisch- und Speckreste bzw. Abschnitte
Wurzelwerk
Zwiebel
50 g Butter
1 gestrichener Teelöffel Mehl
Pfefferkörner, Salz

Die Zubereitung ist die gleiche wie bei Kalbsbraten, mit dem Unterschied, daß keine Kalbsknochen, sondern Kalbfleisch- und Speckreste bzw. Abschnitte sowie einiges blättrig geschnittenes Wurzelwerk von Karotte, Petersilienwurzel, gelber Rübe, Sellerieknolle, ein wenig Zwiebel und Pfefferkörner den Boden der Bratpfanne bedecken. Der Saft für diesen Braten wird, nachdem er in der vorher angegebenen Art fertiggestellt wurde, samt den Wurzeln durch ein Sieb gestrichen. Nochmals aufkochen und seihen.

NIERENBRATEN

6–8 Portionen

2 kg Nierenbraten im ganzen
40 g Butter
1 gestrichener Teelöffel Mehl
Salz

Zugleich mit dem Bratenstück wird die im Fett eingepolsterte, abgelöste Niere wie Kalbsbraten gebraten. Die Niere aber braucht eine wesentlich kürzere Bratzeit und ist dann gut, wenn sie sich ohne merklichen Widerstand mit der Gabel durchstechen läßt.

GEROLLTER NIERENBRATEN

4 Portionen

1 kg Nierenbraten im ganzen (ohne Knochen)
40 g Butter
1 gestrichener Teelöffel Mehl
Salz

In einen von allen Knochen ausgelösten Nierenbraten bettet man die längsgespaltene, gut gesalzene Niere ein, rollt das Fleisch straff zusammen, bindet es mit Bindfaden, damit die Roulade nicht aufgehen kann, reibt das Ganze mit Salz ein und brät das Stück wie Kalbsbraten. Das Fleisch wird für Tisch in Scheiben aufgeschnitten, wobei die Niere aber nicht herausfallen darf. Mit dem Bratensaft kräftig umkränzt heiß auftragen.

GEBRATENER KALBSRÜCKEN

8–12 Portionen

ca. 3 1/2 kg Kalbsrücken
Kalbsknochen
80 g Butter
1 Teelöffel Mehl
Salz

Der Kalbsrücken wird wie Kalbsbraten gebraten. Die das Fleisch umspannende Haut darf nicht abgelöst werden, da sie nicht nur eine Art Schutzpanzer gegen das Vertrocknen des Fleisches beim Braten darstellt, sondern auch bewirkt, daß die Bratglasur besser haftenbleibt. Beim Tranchieren werden die Rückenfilets mit schmalem Messer vom Knochengerüst gelöst und in kleinfingerdicke schräge Scheiben geschnitten.

GEFÜLLTE KALBSBRUST

8 Portionen

1 Kalbsbrust
80 g Butter
1 Teelöffel Mehl
Salz

Eine rohe Kalbsbrust wird zuerst „untergriffen“, d. h. hohl gemacht, indem die fleischige Oberseite von der mit Knorpeln durchwachsenen Unterschicht losgetrennt wird. Dabei ist zu beachten, daß die Brust an den Seiten nicht durchlöchert wird. Mit der fertiggestellten Fülle nach Wahl füllt man die Kalbsbrusthöhlung voll und näht die Öffnung zu. Dann wird die Brust gesalzen und langsam 1 3/4 bis 2 Stunden wie Kalbsbraten gebraten. Das Braten muß langsamer und länger vor sich gehen, damit die Fülle gut stocken kann. Zu beachten ist auch, daß der Braten häufig begossen werden muß, da eine eventuelle Bratkruste ein schönes Aufschneiden unmöglich macht.

Semmelfülle

4 Semmeln
80 g Butter
3 Eier
Petersilie
Muskatnuß
Salz

4 abgerindete Semmeln werden in Wasser oder Milch geweicht, gut ausgedrückt und faschiert. In 80 Gramm schaumig abgetriebene Butter rührt man nach und nach 3 ganze Eier und die faschierten Semmeln, so daß eine ziemlich weiche Masse entsteht, die mit Salz, ein wenig geriebener Muskatnuß und gehackter Petersilie gewürzt wird.

Kartoffelfülle

500 g Kartoffeln
20 g Butter
2 Eier
2 Eßlöffel Karotten
1 Eßlöffel Erbsen
Muskatnuß
Kümmel, Salz

500 Gramm roh geschälte Kartoffeln werden in Salzwasser mit Kümmelzusatz weich gekocht, abgeseiht, sofort passiert und noch heiß mit 20 Gramm Butter, ein wenig geriebener Muskatnuß und 2 ganzen Eiern verrührt; schließlich werden 2 Eßlöffel kleinwürfelig geschnittene, gekochte Karotten sowie 1 Eßlöffel grüne Erbsen eingerührt.

Nudelfülle

160 g Nudeln
80 g Butter
2 Eier
Muskatnuß
Salz

80 Gramm Butter werden nach und nach mit 2 Eidottern schaumig abgetrieben, mit Salz und Muskatnuß gewürzt, dann mit 160 Gramm abgekochten, kalt gespülten Nudeln vermengt und zum Schluß noch mit dem steifen Schnee von 2 Eiweiß vermischt.

Risottofülle

180 g Reis
1 kleine Zwiebel
20 g Butter
2 Champignons
50 g Hühnerleber
2 Eier
Pfeffer
Salz

1 kleine feingehackte Zwiebel läßt man in 20 Gramm Butter gelbschwitzen, fügt 180 Gramm Reis bei, röstet diesen glasig und gibt noch 2 Champignons und 50 Gramm Hühnerleber, beides kleinwürfelig geschnitten, dazu. Nach kurzem Durchrösten würzt man mit Salz und Pfeffer, gießt mit 1/3 Liter Suppe oder Wasser auf und dünstet das Ganze unter zweimaligem Aufrühren zugedeckt weich. Nach einigem Überkühlen verrührt man den Risotto mit 2 ganzen Eiern.
Foto Seite 222.

GESPICKTE KALBSNUSS ODER FRICANDEAU

8 Portionen

1 kg Kalbsnuß oder Fricandeau
50 g Speckstreifchen
40 g Butter
Pfeffer, Salz

Während die Nuß von den feinen Häutchen abgezogen wird, spickt man das Fricandeau unabgezogen mit nicht zu dünnen Speckstreifchen, die mit Pfeffer und Salz gewürzt werden. Das Braten erfolgt wie bei Kalbsbraten.

GLASIERTES KALBSFRICANDEAU

4 Portionen

1 kg Kalbsfricandeau
50 g Speck
60–80 g Wurzelwerk
Zwiebel
1/2 Teelöffel Mehl
weißer Pfeffer
Salz

1 Kilogramm Kalbsfricandeau wird von den groben Häutchen befreit oder abgezogen, mit 50 Gramm dünnen, mit Salz und weißem Pfeffer gewürzten Frischspeckstreifchen gespickt und rundherum eingesalzen. In eine passende, d. h. nicht zu große Bratpfanne streut man 60 bis 80 Gramm blättrig geschnittene Karotten und gelbe Rüben, ein wenig gehackte Zwiebel und Speckreste, legt das Fleisch auf, gießt neben das Fleisch 3 bis 4 Eßlöffel Wasser und stellt das Ganze in ein ziemlich heißes Rohr. Dort wird das Fleisch unter wiederholtem Begießen zuerst an der nach oben liegenden Unterseite, dann umgedreht an der schönen Oberseite goldgelb glasiert gebraten. Dabei soll immer nur so viel Wasser nachgegossen werden, daß sich ein schöner goldbrauner Saft bildet. Zuletzt wird mit 1/2 Teelöffel Mehl gestaubt, kurz durchgeröstet und mit Wasser zu einem dünnflüssigen Saft aufgegossen, in dem man das Fleisch zugedeckt kernig weich dünsten läßt. Für Tisch wird das Fricandeau in Scheiben aufgeschnitten, angerichtet und mit dem geseihten, nochmals aufgekochten Saft umkränzt. Als Beilage dienen gedünsteter Reis und eingemachte Zuckererbsen.

GEBRATENE KALBSSTELZE

4 Portionen

2 Kalbsstelzen (Kalbshaxen)
Speck, 40 g Butter
Pfeffer, Salz

2 von den groben Häuten befreite hintere Kalbsstelzen werden mit in Salz und Pfeffer gewälzten dünnen Speckstreifchen gespickt, gut mit Salz eingerieben und wie Kalbsbraten gebraten.

Gebackene, gebratene und gedünstete Portionsgerichte vom Kalb

1 Portion

WIENER SCHNITZEL

1 Kalbsschnitzel vom Schlegel (Keule) à 120–140 g
Mehl
Ei
Öl
Semmelbrösel (Paniermehl)
Backfett
Zitronenspalte
Petersilie
Salz

Von den Wiener Speisen ist das gebackene oder „Wiener Schnitzel" am bekanntesten in der Welt. Allerdings ist es nicht immer gerade ein Wiener Schnitzel, das man unter diesem Namen vorgesetzt bekommt, und es genügt durchaus nicht, wenn es „paniert" und „gebacken" ist. Geschnitten wird das Fleisch im Gewicht von 120 bis 140 Gramm je Portion immer so, daß eine schöne, möglichst rechteckige Fläche entsteht. Dazu ist es notwendig, das Fleisch in zwei zusammenhängenden Scheiben zu schneiden. Das Schnitzel darf nicht zu dünn geklopft werden, da es sonst beim Backen zu leicht austrocknet. Die Hautränder werden an einigen Stellen durchschnitten, womit ein Zusammenziehen beim Backen vermieden wird. Das Panieren geht so vor sich, daß das Schnitzel zuerst gesalzen und von beiden Seiten bemehlt wird. Dann zieht man es durch Ei, wozu auf 1 Ei eine halbe Eischale voll Wasser und 1 Teelöffel Öl kommt und gut verquirlt wird. Nun hüllt man das Schnitzel in möglichst gleichkörnige Semmelbrösel ein, wobei die Brösel lediglich ein wenig angedrückt, nie aber angeklopft werden dürfen, wie das häufig geschieht. Das Panieren soll immer erst knapp vor Tisch geschehen, da durch zu langes Liegen die Brösel den Fleischsaft anziehen und beim Backen dann nie mehr mürbe und knusprig werden. Im Gegenteil passiert es häufig, daß in solchen Fällen die Bröseldecke beim Backen vollends aufweicht und abfällt. Dasselbe geschieht auch, wenn das Schnitzel in zu kaltes Fett eingelegt oder wenn es während des Backens einige Male umgedreht wird. Das Backfett muß so heiß sein, daß eine naßgemachte Gabelspitze, die man eintaucht, ein empörtes Zischen verursacht. Ferner soll so viel Fett in der Pfanne sein, daß das Schnitzel „schwimmen" kann, mindestens aber muß der Boden der Pfanne daumendick bedeckt sein. Ein Schnitzel, das in gut erhitztes Fett eingelegt wird, kann schon nach $1^1/_2$ bis 2 Minuten, goldgelb geworden, umgedreht werden. Man bäckt es auf der anderen Seite ebensolange fertig, läßt gut abtropfen, garniert mit Zitronenspalte und etwas gezupfter Petersilie und bringt das Schnitzel so bald wie möglich zu Tisch. Werden mehrere Schnitzel für eine Mahlzeit gebacken, dürfen sie nicht übereinandergelegt und auch nicht in einem Geschirr liegend zugedeckt warm gehalten werden, da dadurch die Bröseldecke aufweicht. Zum Warmhalten stellt man die Schnitzel am besten ins offene, mittelheiße Rohr.

> Die Schnitzel dürfen beim Backen nur einmal umgedreht werden. Würde eine bereits gebakkene Seite ein zweites Mal gebacken, zieht sich die Bröseldecke mit Fett voll und fällt teilweise ab. Zu lange gebackene Schnitzel werden hart und trocken.

4 Portionen

CORDON BLEU

8 Kalbsschnitzel à 60–70 g
8 dünne Schnitten Emmentaler
4 dünne Schnitten Schinken
Mehl
Ei
Öl
Semmelbrösel (Paniermehl)
Backfett
Pfeffer
Salz

8 gleichmäßig geschnittene Kalbsschnitzel im Einzelgewicht von 60 bis 70 Gramm werden dünn geklopft, an den Hauträndern eingeschnitten und schließlich leicht gesalzen und gepfeffert. 4 von diesen Schnitzeln belegt man mit hauchdünn geschnittenem Emmentaler nicht ganz bis zum Rand des Fleischstückes; über den Emmentaler wird ein dünn geschnittenes Blatt Schinken aufgelegt und darauf kommt wieder eine Lage hauchdünn geschnittener Emmentaler. Nun deckt man mit dem dazugehörenden zweiten Schnitzel zu und klopft den Fleischrand ein wenig, so daß die Schnitzel zusammenhalten. Die Fleischstücke werden wie Wiener Schnitzel paniert. 10 Minuten vor Tisch legt man die Cordon bleu in zwei Finger dick recht gut erhitztes Fett ein und backt sie auf verhältnismäßig scharfer Hitze unter nur einmaligem Wenden von beiden Seiten zu semmelblonder Farbe. Dabei soll eine Backzeit von höchstens 6 Minuten nicht überschritten werden. Die Cordon bleu werden trocken angerichtet.
Verschiedene Salate als Beilage.

PARISER SCHNITZEL

4 Portionen

4 Kalbsschnitzel von der Schale (Naturteil) à 120–140 g
Mehl
2–3 Eier
Fett
Petersilie
1 Zitrone
Salz

Pro Portion wird 1 Kalbsschnitzel im Gewicht von 120 bis 140 Gramm, das vollkommen flechsenfrei sein muß, geklopft, beidseitig gesalzen und bemehlt. Inzwischen läßt man in einer passenden Kasserolle fingerdick Fett ziemlich heiß werden, zieht die Schnitzel durch zerklopfte Eier, denen weder Milch noch Wasser beigefügt wurde, und legt sie, ohne abzutropfen, ins heiße Fett, wo sie von beiden Seiten rasch goldbelb gebacken und sofort serviert werden. Mit gebackener Petersilie und Zitronenvierteln garnieren.

NATURSCHNITZEL

4 Portionen

4 Kalbsschnitzel von der Schale (Naturteil) à 140 g
Mehl
60 g Fett
40 g Butter
4 Zitronenspalten
Salz

4 Kalbsschnitzel im Gewicht von 140 Gramm, zweiteilig und zusammenhängend geschnitten und schwach kleinfingerdick, werden geklopft, beidseitig gesalzen, an der schönen Seite in Mehl getaucht und mit der bemehlten Seite nach unten in ziemlich heißes Fett auf die flache Schnitzelpfanne gelegt und rasch zuerst auf der einen, dann auf der anderen Seite goldbraun gebraten, ohne daß sie dabei noch einmal umgedreht werden dürfen. Dann gießt man das Bratfett zum Teil ab, läßt dafür 40 Gramm Butter samt den Schnitzeln aufschäumen, vergießt ganz wenig mit Wasser oder Suppe neben die Schnitzel zu einem kurzen Saft und läßt einmal tüchtig aufkochen. Die Schnitzel anrichten und mit dem Saft übergießen. Daneben legt man Zitronenspalten.

KALBSSCHNITZEL FÖRSTER-ART

4 Portionen

4 Kalbsschnitzel von der Schale (Naturteil) à 120–140 g
1 kleine Zwiebel

1 kleine Zwiebel, 50 Gramm frische Pilze, etwas grüne Petersilie und dünngeschälte Zitronenschale werden zusammen feinst gehackt, in 20 Gramm Butter heiß geröstet, gesalzen und gepfeffert, mit

50 g Pilze
Petersilie
Zitronenschale
50 g Butter
60 g Mehl
2 Eßlöffel Obers (Süßrahm)
1/2 Ei
1 Teelöffel Tomatenmark
40 g Selch(Räucher)speck
1/4 l Sauerrahm
Pfeffer
Salz

1 mäßig gehäuften Teelöffel Mehl gestaubt und mit 2 Eßlöffel Obers oder Milch, 1/2 Ei und 1 Teelöffel Tomatenmark zu einer streichfähigen festen Masse über Hitze durchgerührt. Damit werden 4 sehr dünn geklopfte Kalbsschnitzel im Einzelgewicht von 120 bis 140 Gramm zur Hälfte bestrichen. Mit der zweiten Fleischhälfte deckt man die Fülle zu und spickt die Schnitzel mit dünnen Selchspeckstreifchen so, daß sie zusammenhalten. Die Försterschnitzel werden gesalzen, in Mehl getaucht und in 30 Gramm Butter flott hellbraun angebraten. Dann gießt man mit 1/8 Liter mit 1 glattgestrichenen Eßlöffel Mehl verrührtem Sauerrahm auf und läßt mit erforderlicher Menge Flüssigkeit zugedeckt weich dünsten.

KALBSSCHNITZEL MIT CHAMPIGNONS

4 Portionen

4 Kalbsschnitzel von der Schale (Naturteil) à 140–160 g
100 g Champignons
60 g Mehl
60 g Fett
40 g Butter
Zwiebel
Petersilie
1/8 l Sauerrahm
Zitronensaft
Kümmel
Pfeffer
Salz

4 schön geschnittene Kalbsschnitzel im Einzelgewicht von 140 bis 160 Gramm werden mäßig geklopft, an den feinen Hauträndern eingeschnitten, gesalzen und auf beiden Seiten in Mehl getaucht. Dann brät man sie in 60 Gramm gut erhitztem Fett rasch von beiden Seiten zu hellbrauner Farbe und legt sie beiseite. Im selben Fett, das mit 40 Gramm Butter ergänzt wird, röstet man 100 Gramm feinblättrig geschnittene Champignons mit ganz wenig feinstgehackter Zwiebel und gehackter Petersilie kurz durch, würzt mit einer Spur Kümmel und Pfeffer und gießt mit 1/8 Liter Sauerrahm, der mit 1 Teelöffel Mehl versprudelt wurde, auf. Nach dem Aufkochen wird mit Wasser nach Bedarf zu leichtflüssiger Sauce verdünnt. Die vorgebratenen Schnitzel einlegen und zugedeckt langsam weich dünsten lassen. Dabei wird mit ein paar Tropfen Zitronensaft gewürzt.
Als Beilage dient Risottoreis.

RAHMSCHNITZEL

4 Portionen

4 Kalbsschnitzel von der Schale (Naturteil) à 140 g
30 g Mehl
60 g Fett
40 g Butter
1/8 l Sauerrahm
Rindsuppe
Zitronensaft
Salz

Die Herstellung ist dieselbe wie bei Naturschnitzel. Nachdem die Butter aufgeschäumt hat, werden die Schnitzel angerichtet, die Butter mit 1 Teelöffel Mehl kurz geschwitzt, mit 1/8 Liter Sauerrahm und etwas Suppe zu dünner Sauce aufgegossen, die nach einmaligem tüchtigen Aufkochen über die Schnitzel gegossen wird, nachdem man diese mit einigen Tropfen Zitronensaft versehen hat.

> Für *gedünstete Rahmschnitzel* wird das Fleisch in der etwas dickeren oder in fertiger Rahmsauce weich gedünstet.
> Werden zu Rahmschnitzeln etwas Zitronenschale und einige Kapern beigefügt, erhält man *Kaiserschnitzel.*

KALBSROULADEN FLORENTINE

4 Portionen

4 Kalbsschnitzel von der Schale (Naturteil) à 120 g
2 Blatt Preßschinken
160 g Blattspinat (tiefgekühlt)
30 g Mehl
30 g Öl
1 Zwiebel
2 Tomaten
1/16 l Weißwein
Petersilie
Rosmarin
Salz

Die Schnitzel klopfen, salzen und je mit 1/2 Schinkenblatt belegen, darauf je 1 Eßlöffel Blattspinat flach auseinanderbreiten und die Schnitzel straff einrollen. Binden, salzen und bemehlen. Im heißen Öl scharf anbraten und gut gebräunt aus der Pfanne heben. Im Bratrückstand röstet man die feingeschnittene Zwiebel goldgelb, gibt 10 Gramm Mehl bei, röstet zuletzt 2 aufgerissene Tomaten mit, löscht mit 1/16 Liter Weißwein ab und gießt mit ca. 1/4 Liter Suppe oder Wasser auf. Nötiges Salz, Rosmarin und Petersilie beifügen. In diesem Ansatz das Fleisch zugedeckt weich dünsten.
Auf einer erwärmten Platte richtet man mit Safran gedünsteten Reis als Sockel an und plaziert darauf die einmal aufgeschnittenen Rouladen. An der Seite eine Garnitur aus Zuckererbsen und sautierten Champignons. Separat wird der abgeschmeckte und geseihte Saft gereicht.
Foto Seite 239.

MARENGO-FILETS

4 Portionen

8 Kalbsschnitzel vom Schlegel (Keule) à 60–70 g
40 g Mehl
60 g Öl
20 g Butter
1 große Zwiebel
1 Knoblauchzehe
2 Champignons
1 Eßlöffel Tomatenmark
Pfeffer
Salz

8 zarte Kalbsschnitzel im Einzelgewicht von 60 bis 70 Gramm werden an den Rändern eingeschnitten, geklopft, gesalzen, ganz leicht gepfeffert und auf beiden Seiten bemehlt. Dann brät man die Filets zuerst mit der schönen Seite nach unten in 60 Gramm sehr gut erhitzem Öl von beiden Seiten rasch goldbraun und legt sie beiseite. Im Bratöl, ergänzt mit 20 Gramm Butter, wird nun 1 große, sehr fein gehackte Zwiebel gelbgeröstet und 1 kleine zerdrückte Knoblauchzehe, 2 blättrig geschnittene Champignons und 1 Eßlöffel Tomatenmark dazugegeben. Nach kurzem Durchschwitzen gießt man mit so viel Wasser oder Suppe auf, daß eine leicht flüssige Sauce entsteht, in der die vorgebratenen Filets weich gedünstet werden.
Als Beilage gibt man gedünsteten Reis und Zuckererbsen.

KALBSMEDAILLONS MIT RISI-PISI

4 Portionen

8–12 Kalbsfilets vom Schlegel oder Kalbslungenbraten (Keule oder Kalbslende) à 70–50 g
Risi-Pisi
20 g Mehl
60 g Fett
40 g Butter
Salz

Pro Portion werden 2 bis 3 Stück Fleisch kleinfingerdick geschnitten und leicht geklopft. Sie sollen möglichst rund sein. Die kleinen Schnitzel salzen, auf der schönen Seite in Mehl tauchen und dann wie Naturschnitzel sehr rasch zu goldbrauner Farbe braten. Überschüssiges Fett wird abgegossen, dafür läßt man die Medaillons in 40 Gramm Butter nochmals kurz braten. Auf einem Sockel von Risi-Pisi anrichten, die Butter mit 1/2 Teelöffel Mehl stauben, durchrösten und mit 1/8 Liter Suppe oder Wasser zu kurzem Saft verkochen, der extra serviert wird.
Weitere Beilage: grüner Salat.

KALBSKOTELETTS

4 Portionen

4 Kalbskoteletts
30 g Mehl
60 g Fett
40 g Butter, Salz

Die Kalbskoteletts werden am Knochenende vom Fleisch befreit, leicht geklopft, gesalzen und auf der schönen Seite bemehlt in heißes Fett gelegt. Nach dem Umdrehen drosselt man die Hitze und läßt langsam fertig braten. Das Fett abgießen, Butter beigeben und aufschäumen lassen. Die Koteletts werden angerichtet, die Butter mit 1/2 Teelöffel Mehl gestaubt, durchgeröstet und mit ca. 3/16 Liter Wasser oder Suppe zu kurzem Saft verkocht.

4 Portionen

FLORENTINER KALBSKOTELETTS

4 Kalbskoteletts
Mehl, 60 g Fett
40 g Butter
Spinatblätter
1/4 l Sauce Mornay
Semmelbrösel
(Paniermehl)
Parmesan, Pfeffer, Salz

Fast fertig gebratene Kalbskoteletts werden in eine feuerfeste Porzellanschüssel gelegt, deren Boden mit in Butter unter Salz- und Pfefferzusatz weichgedünsteten Spinatblättern ausgepolstert ist. Die Koteletts überzieht man mit 1/4 Liter Sauce Mornay. Obenauf streut man lichte Semmelbrösel, Parmesan und einige Butterflocken und backt das Ganze im ziemlich heißen Rohr lichtbraun.

4 Portionen

KALBSSTEAK

4 Steaks vom Schlegel
(Keule) à 150 g
30 g Mehl
60 g Fett
40 g Butter
Salz

Darunter ist ein mindestens daumendickes Stück Kalbfleisch, ungefähr 150 Gramm schwer, quer vom Schlegel geschnitten und leicht geklopft oder vom vollständig ausgelösten enthäuteten Kalbsrükkenfilet zu verstehen.
Zubereitet werden Kalbssteaks wie Kalbskoteletts.

4 Portionen

KALBSSTEAK PALERMO

4 Steaks vom Schlegel
(Keule) à 150 g
Mehl
60 g Fett
20 g Butter
1/4 l Sauce Béchamel
6 Eidotter
1 Eßlöffel Parmesan
Salz

Die fertiggebratenen Kalbssteaks werden in eine gebutterte feuerfeste Porzellanschüssel gelegt und mit Sauce Béchamel, die mit 2 Eidottern verrührt wurde, überzogen. Nachdem das Ganze tüchtig mit geriebenem Parmesan bestreut wurde, setzt man in die Mitte jedes Steaks 1 rohen Eidotter und überkrustet das Gericht im sehr heißen Rohr zu goldener Farbe.

CHAMPIGNON-KALBSVÖGERL

4 Portionen

2 Kalbstelzen (Kalbshaxen)
frischer Speck
40 g Butter
100 g Champignons
½ Teelöffel Mehl
Salz

Das von einer hinteren Kalbsstelze abgelöste Fleisch ergibt in 4 Längsteile geteilt die Kalbsvögerl. Sie werden reichlich gespickt und wie Kalbsbraten, aber entsprechend flotter, gebraten. Für Tisch läßt man 100 Gramm blättrig geschnittene Champignons in Butter heiß schwitzen, gießt den fertigen Bratensaft darüber, läßt tüchtig aufkochen und übergießt damit die Vögerl.

TOMATEN-KALBSVÖGERL

4 Portionen

2 Kalbstelzen (Kalbshaxen)
40 g Speck
100 g Wurzelwerk
40 g Butter
1 gehäufter Eßlöffel Mehl
Tomatenmark
Petersilie
Zucker
Pfeffer
Salz

Das schön ausgelöste Fleisch von 2 hinteren Kalbstelzen wird den Sehnen entlang in je 4 gleiche Teile geschnitten, mit dünnen Speckstreifen, die mit Salz und Pfeffer gewürzt wurden, gespickt und mit Salz eingerieben. Dann legt man das Fleisch auf eine Unterlage von 100 Gramm blättrig geschnittenem Wurzelwerk, übergießt es mit 40 Gramm zerlassener Butter und 2 Eßlöffel Wasser und brät das Fleisch von allen Seiten unter öfterem Begießen zu goldbrauner Farbe. Beiseite legen. Der Wurzelrückstand wird mit 1 gehäuften Eßlöffel Mehl gestaubt, gut verröstet, mit Tomatenmark nach Bedarf zu schöner Farbe versetzt und schließlich mit Suppe oder Wasser dünnflüssig aufgegossen. Die Sauce läßt man noch eine Weile verkochen und passiert sie dann durch ein feines Sieb. Die Kalbsvögerl werden wieder in die Sauce eingelegt und darin noch 10 bis 15 Minuten gedünstet. Für Tisch mit der schwach gesüßten Sauce überziehen und mit gehackter Petersilie bestreuen.

Ragoutgerichte vom Kalb

KALBSGULASCH

4 Portionen

600 g Kalbfleisch von der Schulter
80 g Fett
250 g Zwiebel
Knoblauch
1 Zitronenspalte
1/8 l Sauerrahm
20 g Mehl
1 Eßlöffel Spezialpaprika
Salz

In 80 Gramm sehr heißem Fett röstet man 250 Gramm feinnudelig geschnittene Zwiebel unter Rühren flott goldgelb, würzt mit 1 Eßlöffel Spezialpaprika und gießt sofort mit 1/4 Liter Wasser auf. Die Zwiebeln werden zugedeckt langsam ungefähr 15 Minuten gedünstet und dann samt Saft sauber durch ein feines Sieb gestrichen. In diese passierten Zwiebeln mengt man 600 Gramm nußgroß würfelig geschnittenes Kalbfleisch, das nötige Salz, wenig Knoblauch und 1 Zitronenspalte und dünstet das Ganze zugedeckt 25 bis 30 Minuten. Inzwischen wird 1/8 Liter Sauerrahm mit 20 Gramm Mehl glattgesprudelt und in das Gulasch eingerührt. Sobald sich das Ganze dick und glatt binden konnte, wird mit Wasser nach Bedarf zu mollig-cremiger Sauce aufgegossen. Das Gulasch läßt man zugedeckt langsam fertigdünsten, bis das Fleisch kernig weich geworden ist. Gegen Schluß entnimmt man die Zitronenspalte.
Als Beilage passen Wasserspatzen oder Nockerln.

KALBSPÖRKÖLT

4 Portionen

600 g Kalbfleisch von der Schulter
50 g frischer Schweinespeck
30 g Fett
250 g Zwiebel
3 Eßlöffel roh passierte Tomaten oder entsprechend Tomatenmark
1/2 grüne Paprikaschote
1 Eßlöffel Spezialpaprika
Salz

50 Gramm feinwürfelig geschnittenen Speck röstet man in 30 Gramm Fett glasig. Darin röstet man dann 250 Gramm feingeschnittene Zwiebel zu goldgelber Farbe und würzt mit 1 Eßlöffel Spezialpaprika. Nun löscht man die Zwiebel mit 2 bis 3 Eßlöffel Wasser ab und fügt 600 Gramm nußgroß würfelig geschnittenes Kalbfleisch, das nötige Salz, 2 bis 3 Eßlöffel roh passierte Tomaten und 1/2 feinnudelig geschnittene grüne Paprikaschote bei. Alles zusammen wird langsam vorerst im eigenen Saft gedünstet, bis sich das Fleisch steif anfühlt. Dann erst gießt man mit Wasser zu molliger Sauce auf und läßt das Pörkölt zugedeckt langsam dünsten, bis das Fleisch kernig weich geworden ist.
Als Beilage passen Nockerln oder Salzkartoffeln.

4 Portionen

MARENGOKALBFLEISCH

600 g Kalbfleisch von der Schulter
2 Teelöffel Mehl
60 g Öl
1 mittelgroße Zwiebel
3 Tomaten
100 g Champignons
2 Knoblauchzehen
30 g Butter
Kümmel
Pfeffer
Salz

600 Gramm blättrig geschnittenes, mit Salz und Pfeffer gewürztes und mit 2 Teelöffel Mehl vermischtes Kalbfleisch wird in 60 Gramm sehr heißem Öl rasch durchgeröstet, vom Fett genommen und beiseite gestellt. Im Bratöl wird 1 mittelgroße feingehackte Zwiebel gelb angeschwitzt. Dann gibt man 3 abgezogene und würfelig geschnittene Tomaten oder 2 Eßlöffel Tomatenmark, ferner 100 Gramm blättrig geschnittene Champignons, 2 zerdrückte Knoblauchzehen, eine Prise Kümmel und schließlich das vorgeröstete Fleisch dazu. Das Ganze wird nach abermaligem kurzen Durchrösten bis zum oberen Fleischrand mit Suppe oder Wasser aufgegossen. Dann fügt man Butter dazu und dünstet das Gericht langsam weich.
Mit Risotto und Zuckererbsen servieren.

4 Portionen

CURRYFLEISCH

600 g Kalbfleisch von der Schulter
¼ l Reis
1 mittelgroße Zwiebel
2 Champignons
80 g Butter
2 Teelöffel Stärkemehl
ca. 2 Teelöffel Curry (je nach Schärfe)
Rindsuppe
2 Eßlöffel Obers (Süßrahm)
Zitronensaft
1 kleiner Apfel
Salz

600 Gramm würfelig geschnittenes Kalbfleisch wird mit 1 feingehackten Zwiebel, 2 blättrig geschnittenen Champignons und Salz nach Bedarf vermischt und in 80 Gramm heiß aufgeschäumter Butter flott angebraten, so daß sich aus dem Fleisch nicht viel Flüssigkeit absondern kann. Dann staubt man mit 2 Teelöffel Stärkemehl, würzt mit 2 Teelöffel Curry, röstet abermals durch und vergießt mit guter Rindsuppe und 2 Eßlöffel Obers zu einer leichtflüssigen Sauce, in der das Fleisch weich gedünstet wird. Zur Erhöhung des Geschmacks fügt man noch einige Tropfen Zitronensaft und 1 kleinen, geschälten und geriebenen Apfel von säuerlichem Geschmack bei. Inzwischen wird ¼ Liter Langkornreis in 2 Liter kochendem Salzwasser körnig-weich gekocht. Nach dem Abseihen läßt man ihn auf einem Sieb liegend an der offenen Rohrtür ein wenig übertrocknen, ehe er mit etwas Sauce vom Fleisch und einer Prise Curry vorsichtig und locker unterrührt wird. Der Reis wird in eine Ringform gedrückt und auf eine entsprechend große vorgewärmte Platte gestürzt; in der Mitte des Ringes wird das Curryfleisch angerichtet.

Kalbsrouladen Florentine auf Safranreis; Erbsen- und Champignongarnitur (Rezepte Seiten 233, 388, 402, 420).

4 Portionen

REISFLEISCH

600 g Kalbfleisch von der Schulter
1/4 l Reis
200 g Zwiebel
120 g Fett
1 Eßlöffel Tomatenmark
1 schwacher Eßlöffel Paprika
Parmesan
Salz

200 Gramm feinstgehackte Zwiebel wird in 120 Gramm Fett goldgelb geröstet, mit 1 schwachen Eßlöffel Paprika und 1 Eßlöffel Tomatenmark verrührt und 600 Gramm in mittelgroße Würfel geschnittenes Kalbfleisch und Salz nach Bedarf beigefügt. Das Ganze läßt man ohne Wasserzuguß etwa 15 Minuten flott eindünsten, so daß möglichst wenig Flüssigkeit vorhanden ist. 1/4 Liter trockener Reis kommt hinzu, und alles wird eine Weile trocken geschwitzt. Dann wird mit 1/2 Liter Wasser oder Suppe aufgegossen, langsam aufgekocht, zugedeckt und im Rohr so lange gedünstet, bis der Reis weich geworden ist und nicht mehr klebt. Während des Dünstens wird das Reisfleisch bloß ein- oder zweimal mit der Gabel aufgelockert, damit der Reis nicht durch zu vieles Umrühren zerstört wird. Für Tisch wird das Reisfleisch in einen nassen Schöpflöffel oder in eine Schale gedrückt, auf den Teller gestürzt und mit geriebenem Parmesan bestreut.
Häuptelsalat dazu.

> 1 kleinwürfelig geschnittene und mitgedünstete frische Paprikaschote verbessert das Gericht.

Innereien vom Kalb

Dieses Kapitel von Speisen ist besonders umfangreich, und die Variationen der verschiedenen Gerichte gehen in die Hunderte. Auch hier sollen hauptsächlich Geschmack und wienerische Note berücksichtigt werden.

4–6 Portionen

SALONBEUSCHEL (Kalbslunge)

800 g Kalbslunge mit halbem Kalbsherz
1 Zwiebel
100 g Wurzelwerk

Kalbslunge mit einem halben Kalbsherz im Gesamtgewicht von 800 Gramm wird gut gewaschen und mit 1 Liter Wasser zugestellt. An Gewürzen werden Salz, Pfeffer, ein Stückchen

Gedünstetes Kalbsherz; Mehlnockerln, gemischte Blattsalate (Rezepte Seiten 251, 392).

Zitrone
1 kleine Essiggurke
6 Kapern
1 Knoblauchzehe
2 Salzsardellen
Petersilie
60 g Fett
40 g Mehl
1 Eßlöffel Senf
Weinessig
Worcestersauce
Zucker
Thymian
Lorbeerblatt
Pfefferkörner
Salz

Lorbeerblatt, 1 Stämmchen Thymian, ein Stückchen Zwiebel und 100 Gramm Wurzelwerk beigefügt und alles zugedeckt langsam gekocht. Nach halber Kochzeit dreht man das Beuschel um, damit es auch von der anderen Seite durchkocht, doch soll man es nicht zu weich werden lassen. Während das Herz noch eine Weile weiterkochen muß, damit es genügend weich wird, legt man das Beuschel in kaltes Wasser zum Auskühlen, schneidet es dann in dünne Blätter und diese wieder in feine Streifen. Ebenso wird auch das Herz geschnitten und alles mit dem Saft von 1/2 Zitrone vermischt. Inzwischen wird 1 kleine Zwiebel mit 1 Essiggurke, 6 Kapern, 1 Knoblauchzehe, 2 Salzsardellen, 1 Sträußchen Petersilie und der Schale von 1/4 Zitrone feinst gehackt. Dann wird in 60 Gramm Fett 40 Gramm Mehl und eine kleine Messerspitze Zucker zu schöner brauner Farbe geröstet, das feingehackte Pikante dazugegeben und kurz durchgeröstet. Nun vergießt man mit der geseihten Beuschelsuppe zu einer dicklichen Sauce, die ungefähr 1/2 Stunde langsam verkochen muß. Erst dann gibt man das geschnittene Beuschel dazu, würzt noch mit 1 Eßlöffel Senf, etwas Weinessig und einem Spritzer Worcestersauce zu pikantem Geschmack und läßt alles zusammen noch ungefähr 1/4 Stunde in Siedehitze ziehen.

Einige Löffel Rindsgulaschsaft, über das angerichtete Beuschel gegeben, erhöhen den Geschmack des Beuschels ungemein.

EINGEMACHTES KALBFLEISCH

4 Portionen

600 g Kalbfleisch von der Schulter
Zwiebel
100 g Wurzelwerk
4 kleine Röschen Karfiol (Blumenkohl)
50 g grüne Erbsen
70 g Butter

600 Gramm würfelig geschnittenes Kalbfleisch wird mit Wasser gerade bedeckt zugestellt. Salz, einige Pfefferkörner, ein Stückchen Lorbeerblatt und Zwiebel, 100 Gramm geputztes Wurzelwerk von Karotte und Sellerieknolle dazugeben und langsam fast weich kochen. Dann wird das Fleisch Stück um Stück in kaltes Salzwasser gelegt, damit es abkühlt. Dann abseihen. In die Kalbfleischsuppe

50 g Mehl
Weißwein
Zitronensaft
2 Champignons
Muskatnuß
Lorbeerblatt
Pfefferkörner
Salz

gibt man noch 4 kleine Karfiolröschen, kocht langsam weiter, bis auch diese weich gekocht sind, schneidet die Wurzeln in kleine Blättchen und stellt sie mit den Karfiolstückchen und etwa 50 Gramm gekochten grünen Erbsen beiseite. Nun wird aus 60 Gramm Butter und 50 Gramm Mehl eine helle Schwitze bereitet, die mit der geseihten Kalbfleischsuppe zu einer mäßig dicken und glattgerührten Sauce vergossen und verkocht wird. Gewürzt wird noch mit geriebener Muskatnuß, einem Spritzer Weißwein und ganz wenig Zitronensaft. Man gibt das Fleisch in die Sauce und läßt es ungefähr 10 Minuten dünsten, ehe die vorbereiteten Wurzeln mit dem Karfiol und außerdem 2 blättrig geschnittenen, in wenig Butter heißgeschwitzten Champignons beigefügt werden. Nach nochmaligem kurzen Verkochen kann das „Eingemachte“ aufgetragen werden.
Als Beilage eignen sich Markknöderl.

Es kann auch mit 1 Eidotter und $^1/_{16}$ Liter Obers (Süßrahm) legiert werden.

Kalbskopf, -zunge und -füße, gekocht

Beim Kochen von Kopf und Füßen ist zu beachten, daß sie nicht zu weich gekocht werden. Die sauber geputzten und gewässerten Teile werden mit Wasser gerade bedeckt zugestellt, ein wenig gesalzen und eher langsam als zu schnell genügend weich gekocht. Wenn sich das Kalbskopffleisch mit dem Finger bis auf den Knochen durchdrücken läßt, legt man den Kopf in kaltes Salzwasser, löst alle Knochen aus und schneidet aus einem halben Kopf 3 bis 4 möglichst gleich große Portionen. Fransen, Häutchen und Ränder werden dabei beseitigt, wobei die schöneren Abschnittstückchen kleinwürfelig geschnitten und für Ragoutsuppe oder für Kalbskopfragout verwendet werden. Die Füße sind dann genügend gekocht, wenn sich der oberhalb der Klauen befindliche Knochen auslösen läßt. Die Züngerl endlich fühlen sich nach genügender Kochzeit kernig weich an. Die Haut läßt sich leicht abziehen und wird beim Schlundansatz sauber abgeschnitten.

Will man Köpfe, Füße und Züngerl längere Zeit aufbewahren, werden sie eingesulzt. Das geschieht, indem die portionierten Teile mit Kochwasser gerade bedeckt zugestellt, mit Salz und einem tüchtigen Schuß Essig versehen, ungefähr 10 Minuten langsam gekocht und dann kalt gestellt werden.

KALBSKOPF MIT WURZELN

4 Portionen

1/2 Kalbskopf
400 g Wurzeln
Essig
Zwiebelringe
Kren (Meerrettich)
Lorbeerblatt
Pfefferkörner
Salz

400 Gramm feinnudelig geschnittene Wurzeln werden in Salzwasser weich gekocht und abgeseiht. Der vorgekochte und portionierte Kalbskopf wurde inzwischen mit Wasser, Salz, Pfefferkörnern, einem Stückchen Lorbeerblatt, einem Spritzer Essig und einigen Zwiebelringen 5 Minuten gekocht. Die Wurzeln kommen nun in ca. 1/2 Liter geseihten Kalbskopfsud. Mit Essig pikant säuerlich gewürzt, läßt man darin auch noch den Kopf eine Weile kochen und serviert ihn mit den Wurzeln bedeckt und mit Kren bestreut.
Salzkartoffeln als Beilage.

BRAUNGEDÜNSTETER KALBSKOPF

4 Portionen

1/2 Kalbskopf
Selleriegrün
Petersilie
Zwiebel
100 g Wurzelwerk
50 g Fett
50 g Mehl
2 Tomaten
Butter
100 g Champignons
Senf
Rotwein
1/2 Eßlöffel Senfkörner
1/2 Lorbeerblatt
Thymian
Salz

Ein kochfertig hergerichteter halber Kalbskopf wird 1 Stunde in kaltes Wasser gelegt, dann mit ungefähr 2 Liter kaltem Wasser aufgefüllt, mäßig gesalzen, etwas Sellerie- und Petersiliengrün, 1/2 Lorbeerblatt, 1 Stämmchen Thymian und 1/2 Eßlöffel Senfkörner beigefügt und alles langsam zum Kochen gebracht. Gekocht wird dann so lange, bis das gallertartige Fleisch kernig weich geworden ist. Den Kalbskopf in kaltes Salzwasser legen, alle Knochen auslösen und alle Unebenheiten des Fleisches entfernen. Das schöne Kalbskopffleisch schneidet man in zwei Finger dicke 5 bis 6 Zentimeter lange Stückchen, die, mit geseihter Brühe gerade bedeckt, beiseite gestellt werden. Alle schönen Fleischabschnitte werden in erbsgroße Würfelchen geschnitten und zu den Kalbskopfstücken gegeben. Die verbliebenen Reste samt den

Knochen röstet man zusammen mit etwas grobgeschnittener Zwiebel und 100 Gramm blättrig geschnittenem Wurzelwerk in 50 Gramm Fett am besten im Rohr zu schöner brauner Farbe, staubt mit 50 Gramm Mehl und röstet weiter, bis auch das Mehl braun geworden ist. Nun fügt man 2 aufgebrochene Tomaten hinzu und gießt mit der Kalbskopfbrühe zu vorerst suppiger Sauce auf. Diese läßt man langsam einkochen, bis sie mollig-dicklich geworden ist, und streicht sie dann sauber durch ein Sieb. Man gibt nun 100 Gramm kleingewürfelte, in ein wenig Butter geröstete Champignons, etwas Senf, einen Spritzer Rotwein hinein, läßt 20 Minuten langsam kochen, legt nun das gesamte abgeseihte Kalbskopffleisch ein und läßt weitere 15 Minuten fertigdünsten. Für Tisch werden die Kalbskopfstücke reichlich mit dem dicklich gebundenen Ragout bedeckt und mit ein wenig gehackter Petersilie bestreut.
Gebackene Butterteighalbmonde und blättrig geschnittene Salzgurken dienen als Beilage.

KALBSKOPF MIT ESSIGSAUCE

4 Portionen

1/2 Kalbskopf
1/4 l Sauce vinaigrette
Essig
Zwiebelringe
Lorbeerblatt
Pfefferkörner
Salz

Der vorgekochte und portionierte Kalbskopf wird mit Wasser, Salz und Pfefferkörnern, einem Stückchen Lorbeerblatt, einem Spritzer Essig und einigen Zwiebelringen 5 Minuten gekocht, dann abgetropft angerichtet und mit Sauce vinaigrette entweder übergossen oder diese separat serviert.
Als Beilage Salzkartoffeln.

GEBACKENER KALBSKOPF

4 Portionen

1/2 Kalbskopf
Essig, Zwiebelringe
Mehl, 2 Eier
Semmelbrösel
(Paniermehl)
Backfett
Lorbeerblatt
Pfeffer, Salz

1/2 gekochter und portionierter Kalbskopf wird mit einem Spritzer Essig, Zwiebelringen, Lorbeerblatt und Kochsud aufgekocht, abgetropft, gesalzen, wenig gepfeffert, durch Mehl und zerquirlte Eier gezogen und schließlich mit Semmelbröseln eingehüllt. In heißem Backfett goldbraun backen.
Dazu passen die verschiedensten Salate wie auch kalte und warme Saucen.

KALBSZUNGEN MIT KREN

4 Portionen

3 Kalbszungen
Kren (Meerrettich)
Zwiebelringe
Wurzelwerk
Essig
Lorbeerblatt
Pfefferkörner
Salz

3 Kalbszungen werden mit Wasser zugestellt, mit Zusatz von Salz, Pfefferkörnern, einem Stückchen Lorbeerblatt, einigen Zwiebelringen, Wurzelwerk und einem Spritzer Essig weich gekocht, dann von der Haut abgelöst und der Länge nach in je 3 bis 4 Schnitten geteilt, die mit gut gesäuertem Sud überbrüht und mit geriebenem Kren bestreut werden. Salzkartoffeln dienen als Beilage.

Kalbszungen können auch mit beliebigen Saucen, wie Madeirasauce oder Robert-Sauce, zu Tisch gebracht werden.

GEBACKENER KALBSFUSS

4 Portionen

4 halbe Kalbsfüße
Mehl
Eier
Semmelbrösel (Paniermehl)
Fett
Salz

Sehr sauber geputzte Kalbsfüße, die in Salzwasser weich gekocht und anschließend ausgelöst wurden, werden in warmem Zustand, jedoch abgetrocknet, mit Salz bestreut, durch Mehl und zerklopfte Eier gezogen, rundum mit Semmelbröseln eingehüllt und in genügend heißem Fett goldfarben gebacken. Als Beilage Kartoffelsalat.

SAURE KALBSFÜSSE

4 Portionen

4 halbe Kalbsfüße
Zwiebelringe
Wurzelwerk
1 große Zwiebel
40 g Butter
Weinessig
1 Eßlöffel Tomatenmark
20 g Mehl
Zucker
Lorbeerblatt
Pfefferkörner
Pfeffer
Salz

4 halbe sauber geputzte Kalbsfüße werden in Salzwasser mit Zusatz von Zwiebelringen, Wurzelwerk, Pfefferkörnern und einem Stückchen Lorbeerblatt langsam weich gekocht. Dann wird 1 große Zwiebel grob gehackt, in 20 Gramm Butter gelbgeröstet, dazu kommen die ausgebeinten, in fingerbreite Streifen geschnittenen Kalbsfüße. Zu zwei Dritteln mit Sud und zu einem Drittel mit Weinessig gerade so viel aufgießen, daß die obere Schicht erreicht wird. Nun gibt man Salz und Pfeffer nach Bedarf und ein bißchen Zucker dazu, verrührt 1 Eßlöffel Tomatenmark darunter und läßt alles noch eine Weile kochen. Zum Schluß gibt man 20 Gramm Butter darüber, in die 20 Gramm Mehl eingearbeitet wurden, so daß sich der Sud nach weiteren 5 Minuten langsamen Kochens leicht binden kann. Mit Salzkartoffeln heiß auftragen.

Küchenfertiges Vorrichten von Kalbshirn

Man rechnet pro Portion fast ein ganzes Hirn, wenn es als Hauptspeise gedacht ist, ein halbes für Vorspeisen- oder Zwischenspeisengerichte. Vor Gebrauch wird es immer abgezogen. Dazu legt man es in laues, eher kaltes Wasser und löst alle feinen Häutchen ab, wobei das Hirn möglichst wenig zerstört werden soll. Insbesondere für Speisen, für die das Hirn im ganzen bleibt, darf es nicht zerrissen werden.

GEBACKENES HIRN

4 Portionen

4 Kalbshirne
Mehl
2 Eier
Semmelbrösel
(Paniermehl)
Backfett
Salz

4 abgezogene Kalbshirne werden mit Salz bestreut, mit Mehl bestaubt oder durch dieses gezogen, dann in zerklopften Eiern gewendet und von allen Seiten in lichte Semmelbrösel gehüllt. In zumindest zwei Finger dick mittelheißem Fett läßt man die Hirnportionen von beiden Seiten goldbraun backen, wobei aber ein abermaliges Wenden im Fett vermieden werden muß. Das Hirn ist dann durchgebacken, wenn ein Nadeleinstich rein bleibt. Sofort auftragen.

HIRN IN SCHWARZER BUTTER

4 Portionen

2 Kalbshirne
40 g Butter
Zwiebelringe
Essig
Petersilie
Zitronensaft
Pfefferkörner
Salz

In einem kleinen Geschirr läßt man zwei Finger hoch Wasser mit Salz, einigen Pfefferkörnern, Zwiebelringen und einem Spritzer Essig aufkochen, legt 2 abgehäutete Kalbshirne im ganzen ein und läßt langsam steif ziehen. Dann vom Sud heben, abgetropft anrichten, mit gehackter Petersilie bestreuen und mit ein wenig Zitronensaft betropfen. 40 Gramm nußbraun gebrannte Butter sehr heiß darüber gießen und sofort servieren.

4 Portionen

GERÖSTETES HIRN

500 g Kalbshirn
60 g Butter
40 g Zwiebel
1 Eßlöffel Suppe
Petersilie
weißer Pfeffer
Salz

Eine Pfanne erhitzen, 60 Gramm Butter aufschäumen, 40 Gramm feingehackte Zwiebel beigeben und gelbrösten. Dann gibt man 500 Gramm abgehäutetes, gehacktes Kalbshirn dazu, würzt mit Salz und weißem Pfeffer und röstet flott durch, bis das Hirn gewissermaßen „trocken" geworden ist. Dann gießt man 1 Eßlöffel Suppe zu und streut auf das angerichtete Hirn etwas Petersilie.

4 Portionen

HIRN MIT EI

500 g Kalbshirn
4 Eier
60 g Butter
1 Eßlöffel feingehackte Zwiebel
Pfeffer
Salz

In 60 Gramm heißer Butter röstet man zuerst 1 Eßlöffel feingehackte Zwiebel, dann 500 Gramm feingehacktes Kalbshirn mit etwas Salz und Pfeffer steif, fügt 4 rohe Eiweiß bei, rührt gut durch, wobei das Eiweiß nicht zur Gänze stocken darf, und richtet danach an. In der Mitte werden Vertiefungen gemacht, in die die unverletzten rohen Eidotter gelegt werden.

4 Portionen

EINGEMACHTES HIRN

3 Kalbshirne
Zwiebelringe
40 g Butter
30 g Mehl
Zitronensaft
Petersilie
Muskatnuß
Pfefferkörner
Salz

3 ganze Kalbshirne werden in lauwarmem Wasser abgehäutet, mit gut 1/4 Liter Wasser, etwas Salz, Pfefferkörnern und einigen Zwiebelringen zugestellt und 20 Minuten langsam gekocht. Aus 40 Gramm Butter und 30 Gramm Mehl bereitet man eine lichte Schwitze, gießt mit geseihter Hirnsuppe zu dicklicher Sauce auf, die, mit Zitronensaft und Muskatnuß gewürzt, gut verkocht wird. Damit wird das portionsweise angerichtete Hirn überzogen und mit gehackter Petersilie bestreut.
In goldgelber Butter herausgebackene Semmelstäbchen dienen als Beilage.

Statt Semmelstäbchen als Beilage können auch 4 Toastbrotscheiben entrindet und in Butter geröstet werden. Das Hirn darauf anrichten, die Sauce mit Eidotter und Obers (Süßrahm) legieren und über das Hirn gießen.

Küchenfertiges Vorrichten von Kalbsbries (Kalbsmilch)

Kalbsbries ist die äußerst zarte Brustdrüse des Kalbes, die sich an der inneren Halsseite befindet. Das Bries eignet sich sowohl als selbständiges Gericht als auch als wohlschmeckende Zutat zu den meisten Ragouts. Zu den unterschiedlichen Gerichten soll es nie im rohen Zustand verarbeitet werden, da es sich durch die Hitzeeinwirkung zusammenzieht und unansehnlich wird. Man setzt das gut gewässerte Bries vielmehr vorher in reichlich kaltem Wasser zu und läßt es bei gelinder Hitze langsam 20 bis 30 Minuten heiß ziehen, jedoch nicht kochen, bis es sich steif anfühlt und völlig weiß geworden ist. Ein mit reichlich Blutfasern durchzogenes Bries läßt man vor dem Gebrauch einige Stunden auswässern, um auf diese Weise die Blutsäfte so weitgehend wie möglich auszulaugen, wodurch das Bries ebenfalls weißer wird. Nach dem Ziehenlassen gibt man es in kaltes Salzwasser und entfernt nach dem Auskühlen alle Sehnen, Fleischteilchen und Häutchen. Dann kann es beliebig verarbeitet werden. Für eine Portion rechnet man 120 Gramm vorgekochtes (blanchiertes) Bries, das man, in Scheibchen geschnitten, auch Briesrose nennt.

4 Portionen

BRIESROSE NATUR

500 g Kalbsbries (Kalbsmilch)
Mehl
60 g Butter
Suppe oder Kalbsbratensaft
Zitronenspalten
Salz

Ein vorbereitetes Bries wird in schwach kleinfingerdicke Scheibchen aufgeschnitten, die gesalzen und an der schönen Seite bemehlt werden. Mit der bemehlten Seite nach unten legt man die Scheibchen in eine passende Bratpfanne, in der Butter heiß aufgeschäumt wurde, brät langsam zu hellgelber Farbe, dreht die Stücke um, um sie auch von der anderen Seite zu schwacher Farbe anzubraten. Dann vergießt man mit ein wenig Suppe oder, wenn vorhanden, Kalbsbratensaft, läßt einmal aufkochen und überzieht damit das angerichtete Bries. Als Garnierung dienen Zitronenspalten.

Wird nur Suppe verwendet, wird das bratende Bries mit 1/2 Teelöffel Mehl bestäubt weitergebraten und dann erst mit Suppe aufgegossen.

KALBSBRIES MARSCHALL

4 Portionen

500 g Kalbsbries (Kalbsmilch)
Mehl, 100 g Butter
Suppe oder Kalbsbratensaft
1/2 Kopf grüner Salat
Essig
4 Eier
etwas Obers (Süßrahm)
1 Prise Zucker, Salz

Ein wie Briesrose natur fertiggestelltes und angerichtetes Bries wird an einer Seite mit nudelig geschnittenem, pikant mariniertem grünen Salat, an der anderen Seite mit Rührei garniert.

GEBACKENES BRIES

4 Portionen

400 g Kalbsbries (Kalbsmilch)
Mehl
2 Eier, Öl
Semmelbrösel (Paniermehl)
150 g Butter
Zitronenspalten, Salz

Vorbereitete (blanchierte) Kalbsbriesscheibchen werden gesalzen, bemehlt, durch zerquirlte Eier, denen einige Tropfen Öl beigefügt sind, gezogen und mit Semmelbröseln locker eingehüllt. Dann werden sie in geklärter Butter goldfarben gebacken. Zum Schluß sollen die einzelnen Scheibchen mit nußbraun erhitzter Butter ein wenig betropft werden. Als Garnierung dienen Zitronenspalten.

BRIESRAGOUT

4 Portionen

300 g Kalbsbries (Kalbsmilch)
200 g Kalbfleisch
150 g Wurzelwerk
1/4 Rose Karfiol (Blumenkohl)
40 g Mehl
60 g Butter
1 Eidotter
1/16 l Obers (Süßrahm)
Zitronensaft
Muskatnuß
Pfefferkörner
Salz

Während 300 Gramm Kalbsbries in genügend viel kaltem Wasser zugestellt und durch 20 Minuten in Siedehitze steifgezogen wird, kocht man 200 Gramm Kalbfleisch mit 150 Gramm geputztem Wurzelwerk, 1/4 Rose Karfiol, dem nötigen Salz und ein paar Pfefferkörnern mit Wasser gerade bedeckt kernig weich. Dann röstet man 40 Gramm Mehl in 60 Gramm Butter goldgelb und gießt mit geseihter Kalbssuppe zu einer mollig-dicklichen Sauce auf, die nach kurzem Verkochen mit 1 Eidotter, mit 1/16 Liter Obers versprudelt, verschlagen wird. Die Sauce wird mit einem Hauch Muskatnuß und ein paar Tropfen Zitronensaft nachgewürzt und nicht mehr kochen gelassen. Bries,

Fleisch, das weiße Suppenwurzelwerk und der Karfiol werden kleinwürfelig geschnitten und in die Sauce eingemischt.

Das Ragout wird mit frisch gebackenen *Butterteighalbmonden (Fleurons)* aufgetragen. Dazu wird Butterteig linealdick ausgerollt und halbmondförmig ausgestochen. Die Halbmonde bestreicht man mit gewässertem Ei und backt sie im anfangs sehr heißen, dann mittelheißen Rohr knusperig goldbraun.

4 Portionen

KALBSHERZ, GEBRATEN

ca. 600 g Kalbsherz
Selch(Räucher)speck
Mehl
80 g Butter
Zitronensaft
etwas Suppe oder Kalbsbratensaft
Pfeffer
Salz

Pro Portion 3 kleinfingerdicke Scheibchen vom rohen Kalbsherz werden ein wenig geklopft, mit in Salz und Pfeffer marinierten Selchspeckstreifchen reichlich gespickt, schwach gesalzen und gepfeffert, bemehlt und dann in 80 Gramm heißer Butter von beiden Seiten langsam durchgebraten. Nachdem man ein paar Tropfen Zitronensaft darübergeträufelt hat, vergießt man mit Suppe oder Kalbsbratensaft zu kurzem Saft, läßt einmal tüchtig aufkochen und trägt sofort auf.

4 Portionen

KALBSHERZ, GEDÜNSTET

600 g Kalbsherz
Selch(Räucher)speck
60 g Fett
2 mittelgroße Zwiebeln
150 g Wurzelwerk
Zitronenschale
Kapern
1/2 Knoblauchzehe
20 g Mehl
1/8 l Sauerrahm
Lorbeerblatt
Pfeffer
Salz

So wie bei gebratenem Kalbsherz werden je Portion 3 kleine Herzscheibchen vorgerichtet, in 60 Gramm heißem Fett rasch abgebraten und beiseite gestellt. Im selben Fett werden 2 nudelig geschnittene Zwiebeln, 150 Gramm feinnudelig geschnittenes Wurzelwerk, Zitronenschale, Kapern, ein Stückchen Lorbeerblatt und 1/2 Knoblauchzehe durchgeröstet, mit wenig Mehl gestaubt, abermals ein Weilchen geröstet und schließlich mit Suppe oder Wasser zu dünner Sauce aufgegossen, in die das vorgebratene Herz eingelegt und weich gedünstet wird. Zum Schluß wird die Sauce mit 1/8 Liter Sauerrahm vollendet und über das angerichtete Herz gegossen.
Foto Seite 240.

Kalbsleber

Von allen Leberarten des Schlachtviehs findet die Kalbsleber wegen ihrer natürlichen Zartheit und Schmackhaftigkeit die meiste Verwendung in der Küche. Vor der Zubereitung wird von der Leber die feine Haut abgezogen. Dadurch erübrigt sich das Einschneiden des Randes bei portionierter Leber. Um ein vorzeitiges Hartwerden der Leber zu verhindern, sollen die frisch gemachten Speisen erst knapp vor dem Auftragen fertiggestellt und nie zu sehr ausgebraten, gebacken oder geröstet werden. Die Leber sollte immer leicht rosa bleiben. Harte Leber büßt nicht nur an Geschmack ein, sondern ist auch schwer verdaulich.

GERÖSTETE KALBSLEBER

4 Portionen

500 g Kalbsleber
2–3 Zwiebeln
100 g Fett
40 g Butter
etwas Suppe
Majoran
Pfeffer
Salz

Die feinnudelig geschnittenen Zwiebeln werden in 100 Gramm Fett goldgelb geröstet. Dann gibt man 500 Gramm in feine Blätter geschnittene Kalbsleber, gewürzt mit Pfeffer und etwas Majoran, bei und röstet alles zusammen rasch durch. Wenn nichts Rohes mehr zu sehen ist, gießt man das überflüssige Fett ab, gibt dafür 40 Gramm frische Butter dazu, röstet nochmals kurz durch, gießt mit Suppe zu einem kleinen, kurzen Saft auf, läßt alles einmal tüchtig aufkochen, salzt und trägt sofort auf.

Wichtig ist rasches, kurzes Rösten der Leber, da die Speise sonst leicht hart werden kann. Gesalzen wird ausdrücklich erst zum Schluß, ebenfalls um ein Hartwerden der Leber zu verhindern.
Ein Stauben mit Mehl verschlechtert den Geschmack und erübrigt sich, wenn genügend viel Zwiebel zum Rösten genommen wurde.
Wünscht man eine geröstete Leber „essiggespritzt“, so wird ein Spritzer Essig erst zum Schluß, nach dem Aufkochen, beigegeben und nochmals kurz aufgekocht.

MAILÄNDER RÖSTLEBER

4 Portionen

320 g Kalbsleber
160 g Pilze
160 g Salami
80 g Butter
2 mittelgroße Zwiebeln
1 Eßlöffel Tomatenmark
Petersilie
Majoran
Pfeffer
Salz

Man schneidet 160 Gramm geputzte Pilze und 320 Gramm Kalbsleber feinblättrig und 160 Gramm Salami in dünne Scheiben und würzt mit Salz, etwas Pfeffer und Majoran. In 80 Gramm Butter röstet man 2 mittelgroße Zwiebeln blaßgelb an, fügt Pilze, Salami und Leber auf einmal bei und röstet alles auf großer Hitze recht flott durch. Mit 1 Eßlöffel Tomatenmark versetzen und mit Suppe oder Wasser ganz wenig aufgießen, einmal aufkochen lassen und unverzüglich servieren, nachdem die Speise noch mit gehackter Petersilie bestreut wurde. Als Beilage dient gedünsteter Reis.

RAHMLEBER

4 Portionen

500 g Kalbsleber
Mehl
80 g Fett
100 g Zwiebel
Petersilie
1/2 Eßlöffel Senf
1/8 l Sauerrahm
Pfeffer
Salz

500 Gramm in dünne Scheiben geschnittene Kalbsleber wird gesalzen, gepfeffert und schwach mit Mehl bestaubt. Dann läßt man 80 Gramm Bratfett sehr heiß werden, brät darin die Leberschnitten von beiden Seiten rasch an und legt sie beiseite. Im Bratfett röstet man 100 Gramm feingehackte Zwiebel, vermischt mit grüner Petersilie, kurz an, gibt 1 Teelöffel Mehl, 1/2 Eßlöffel Senf und 1/8 Liter Sauerrahm dazu und läßt alles unter Rühren aufkochen. Mit Suppe oder Wasser zu molliger Sauce verdünnen. Die Leber einlegen und einige Minuten bei kleiner Hitze dünsten.
Als Beilage dienen geröstete Kartoffeln.

LEBER MIT HIRN

4 Portionen

300 g Kalbsleber
300 g Kalbshirn
60 g Butter
2 Eßlöffel gehackte Zwiebel
Petersilie
Majoran
Pfeffer
Salz

In 60 Gramm heißer Butter wird die gehackte Zwiebel gelbgeröstet. Dann fügt man 300 Gramm feinblättrig geschnittene rohe Kalbsleber, eine Prise Majoran und Pfeffer bei und röstet das Ganze unter Durchrühren rasch ab, bis an der Leber nichts Blutiges mehr zu bemerken ist. Nun fügt man 300 Gramm abgehäutetes, grobgehacktes Kalbshirn und Salz hinzu, röstet nochmals gut durch, gießt mit 3 Eßlöffel Wasser auf und serviert sofort nach dem Aufkochen. Mit gehackter Petersilie bestreuen.

KALBSLEBERFILETS, GLASIERT

4 Portionen

12 Kalbsleberfilets à 40 g
Mehl
60 g Fett
40 g Butter
etwas Suppe
Pfeffer
Salz

Pro Portion werden gewöhnlich 3 dünne flache Kalbsleberschnitten im Gesamtgewicht von 120 Gramm berechnet. Sie werden gesalzen, gepfeffert, von beiden Seiten bemehlt und in 60 Gramm heißem Fett von beiden Seiten flott braungebraten. Das überschüssige Fett abgießen, dafür 40 Gramm Butter mit der Leber aufbraten lassen, ehe man sie mit Suppe zu einem kurzen Saft aufgießt, alles rasch einmal aufdämpfen läßt und die Leber mit dem Saft überzogen anrichtet.

Werden *Kalbsleberfilets mit Zwiebel* zubereitet, werden die Kalbsleberschnitten von einer Seite gebraten. Nach dem Umdrehen wird 1 mittelgroße, fein nudelig geschnittene Zwiebel beigefügt, die goldgelb mitgebraten wird. Die Leber, die früher als die Zwiebel fertig ist, wird angerichtet, während die Zwiebel rasch fertiggeröstet und das Gericht wie oben fertiggestellt wird.

KALBSLEBERFILETS ALTWIENER ART

4 Portionen

12 Kalbsleberfilets à 40 g
Mehl
60 g Fett
40 g Butter
2 mittelgroße Zwiebeln
4 Tomaten
Majoran
Pfeffer
Salz

Wie bei Kalbsleberfilets glasiert werden dünne Leberschnitten rasch gebraten und vom Fett genommen. Nachdem man noch 40 Gramm Butter zerschmelzen ließ, vermischt man mit dem Bratfett 2 mittelgroße, nudelig geschnittene Zwiebeln, 4 geschälte und würfelig geschnittene Tomaten und ein wenig Majoran, bettet darin die vorgebratenen Leberfilets ein und begießt mit 3/16 Liter Wasser oder Suppe. Zugedeckt läßt man alles zusammen ungefähr 20 Minuten langsam dünsten.

KALBSNIERE, GEBRATEN

4 Portionen

2 Kalbsnieren
20 g Butter
1 Teelöffel Tomatenmark
Pfeffer, Salz

2 schöne Kalbsnieren werden samt dem Fettpanzer kurz kalt gewaschen, mit einem Tuch abgetrocknet und sehr gut mit Salz und ein wenig Pfeffer eingerieben. So vorbereitet legt man die Nieren in

ein enges Bratgeschirr und brät sie in gut erhitztem Rohr ohne jede weitere Zutat und auch ohne Wasserzuguß von allen Seiten zu einer hellbraunen Farbe, und zwar so lange, bis ein Gabeleinstich anzeigt, daß die Nieren im Inneren genügend weich geworden sind. Der Fettpanzer soll bis dahin ein wenig resch geworden sein. Die Nieren schneidet man in halbfingerdicke Scheiben auf und richtet sie auf einer sehr heißen Platte an. Um etwas Saft herzustellen, gießt man das reine, von der Niere selbst ausgebratene Fett zum Großteil ab, fügt 20 Gramm Butter und 1 Teelöffel Tomatenmark hinzu, röstet alles rasch durch und gießt dann mit Wasser zu einem kurzen Saft auf, den man rasch aufkochen läßt und damit die sehr heißen Kalbsnieren umkränzt.

Als Beilage gibt man gedünsteten Reis.

4 Portionen

GARNIERTE KALBSNIERE

2 Kalbsnieren
Mehl
Fett
2–3 Kartoffeln
1 Eßlöffel Öl
4 Tomaten
20 g Butter
50 g Champignons
Petersilie
Pfeffer
Salz

2 Kalbsnieren samt dem Fettpanzer werden kalt gewaschen, abgetrocknet, dann in halbfingerdicke Scheiben geschnitten, die man mit Salz und Pfeffer würzt und ganz leicht mit Mehl bestaubt. Dann brät man die Nierenscheiben in bodenbedeckt sehr heißem Fett rasch von beiden Seiten durch und ordnet sie in eine feuerfeste Schüssel. Im Bratfett röstet man nun haselnußgroße Würfel von 2 bis 3 gekochten Kartoffeln, die zuvor mit Salz und Mehl bestreut wurden, zu goldgelber Farbe und umlegt damit eine Seite der Nieren. Ins gleiche Bratfett, ergänzt mit 1 Eßlöffel Öl, legt man nun 8 fingerdicke Tomatenscheiben, die mit Salz und Pfeffer gewürzt wurden, brät sie rasch heiß und umlegt damit die andere Seite der Nieren. Separat werden in 20 Gramm Butter 50 Gramm feinblättrig geschnittene Champignons mit einer Prise Petersilie heiß geschwitzt. Inzwischen hat man die freigewordene Bratpfanne mit 3 bis 4 Eßlöffel Wasser aufgegossen und den Bratenrückstand aufgekocht. Den entstandenen kurzen Saft gießt man auf die Champignons und alles zusammen dann über die Nieren, die noch kurz aufgedämpft und sogleich serviert werden.

Schweinefleisch

Das in der Küche am vorteilhaftesten zu verarbeitende Fleisch liefern die sogenannten Fleischschweine im Gewicht bis höchstens 60 bis 80 Kilogramm. Die Qualitätsunterschiede ergeben sich aus den verschiedenen Fettanteilen, der Speckdicke. Die Qualität ist abhängig von der Rasse, der Fütterung, der Haltung und auch vom Alter. Jungschweinernes ist Schweinefleisch mit der Schwarte verkauft und zubereitet. Die jungen Milchschweine oder Spanferkel sind wohl von ausnehmender Zartheit, doch ist das Fleisch noch nicht ausgereift und daher wäßrig. Schweinefleisch braucht nicht zu reifen, sondern wird möglichst frisch verwendet.
Die Innereien sind wohl nicht so zart und edel wie beim Kalb, ergeben aber trotzdem ausgezeichnete Speisen.
Das Jung- und Fleischschwein wird im allgemeinen geviertelt.

TEILUNG DES SCHWEINES

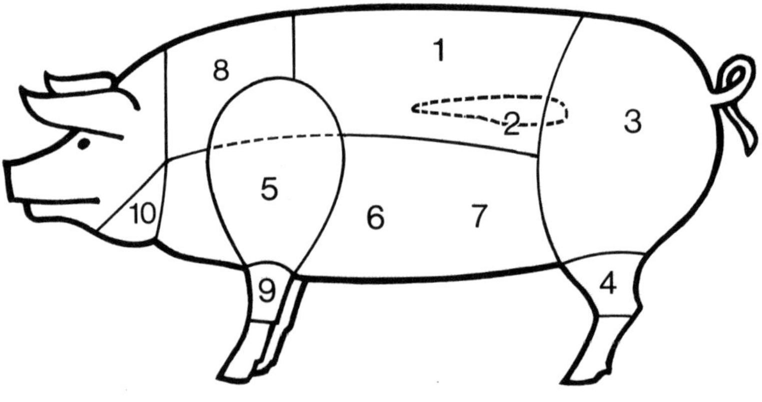

Hinterviertel

1 Langes und kurzes Karree - Kotelettstück, Nierenstück
2 Schweinsjungfernbraten, Lungenbraten – Filet
3 Schlegel, Keule – Schinken
4 Hintere Stelze – Haxe, Eisbein

Vorderviertel

5 Schulter – Blatt, Bug, Vorderschinken
6 Brust – Bauch, Wampe
7 Bauchfleisch – Wampe
8 Schopfbraten – Kamm, Nocken
9 Vordere Stelze – Haxe, Eisbein
10 Göderl – Schweinebacke

Beilagen zu Schweinefleisch

Verschiedene Knödelarten, die meisten Kartoffelzubereitungen, zu Saucengerichten auch Reis und Teigwaren;
Sauerkraut, Weinkraut, Rotkraut, Kürbiskraut, Kohlsprossen, Fisolen, Hülsenfrüchte, gedünsteter Kohl;
Krautsalat, alle Arten von Blatt- und Gemüsesalaten.

Gekochte und gedünstete Schweinefleischgerichte, ganze Stücke

KRENFLEISCH

4 Portionen

750 g Schweinsbrust
Kren (Meerrettich)
1 kleine Zwiebel
2 Knoblauchzehen
Essig
Thymian
1 Lorbeerblatt
Pfefferkörner
Salz

750 Gramm Schweinsbrust oder Schulter samt Schwarte wird mit kochendem Wasser gerade bedeckt zugestellt, 1 kleine Zwiebel, Salz, Pfefferkörner, 1 Lorbeerblatt, 1 Stämmchen Thymian und 2 Knoblauchzehen beigegeben und langsam weich, jedoch nicht zu weich gekocht. Zum Schluß wird der Sud ziemlich stark mit Essig gesäuert und damit das in Scheiben geschnittene Fleisch überbrüht. Seitlich oder auf das Fleisch häuft man reichlich geriebenen Kren. Als Beilage Salzkartoffeln.
Foto Seite 273.

GEKOCHTE SCHWEINSSTELZEN

4 Portionen

2 vordere Schweinsstelzen (Schweinshaxen)
2 Knoblauchzehen
1 mittelgroße Zwiebel
Wurzelwerk
Essig
Thymian
Lorbeerblatt
Pfefferkörner
Salz

2 sauber geputzte Schweinsstelzen werden mit kochendem Wasser bedeckt zugestellt, Salz, Pfefferkörner, 2 Knoblauchzehen, ein Stückchen Zwiebel, Lorbeerblatt und Thymian beigegeben und langsam kernig weich gekocht. Das Fleisch herausheben, die Flüssigkeit seihen oder mit einem Gitterlöffel die Gewürze herausheben und wegwerfen. Fleisch und Kochsud wieder zum Kochen bringen, in Streifen geschnittenes Wurzelwerk beigeben und alles zusammen fertigkochen. Für Tisch wird der Sud pikant gesäuert und über die Stelzen gebrüht. Dazu geriebenen Kren und Salzkartoffeln.

KRAUTFLEISCHSTELZEN

4 Portionen

2–3 vordere Schweinsstelzen (Schweinshaxen)
500 g Sauerkraut
60 g Selch(Räucher)speck
1 große Zwiebel
1 Knoblauchzehe
Kümmel
weißer Pfeffer
Salz

2 bis 3 vordere Schweinsstelzen werden in 500 Gramm Sauerkraut eingebettet. In 60 Gramm würfelig geschnittenem und gelb gebräuntem Speck röstet man 1 große, nudelig geschnittene Zwiebel gelb, würzt mit Salz, Kümmel, weißem Pfeffer und 1 zerdrückten Knoblauchzehe, löscht das Ganze mit Wasser ab und gießt es zu den Stelzen, die nun mit Wasser fast bis zum oberen Rand aufgefüllt und zugedeckt langsam weich gedünstet werden.

Schinken und Selchfleisch, gekocht

Selchfleisch wird in genügend kochendes Wasser eingelegt und nach dem Aufkochen langsam weich gekocht. Schinken legt man mit der Schwartenseite nach oben ein und dreht erst nach 1½stündiger Kochzeit um. Die Gesamtkochzeit beträgt ungefähr 3 Stunden. Danach läßt sich der Schlußknochen verhältnismäßig leicht herausdrehen. Oder man probiert mit einer langen Nadel, die ohne besonderen Widerstand ins Fleisch gestochen werden kann, wann der Schinken gar ist. Wichtig ist, daß Selchfleisch nicht zu weich gekocht werden darf, da es sonst trocken und fasrig wird.
Wird Schinken ohne zu kochen, d. h. unter dem Siedepunkt, gegart, bleibt das Fleisch noch zarter und saftiger.

SCHWEINSSTELZE IN KOHL

4 Portionen

2 vordere Schweinsstelzen (Schweinshaxen)
800 g Kohl (Wirsing)
Knoblauch
1 Eßlöffel Zwiebel
2 Kartoffeln
Majoran
Paprika
Kümmel
Pfeffer
Salz

2 kochfertig vorgerichtete Schweinsstelzen samt Schwarte werden mit genügend Salz, einer Prise Paprika, Kümmel und einer Spur zerdrücktem Knoblauch eingerieben, in einer passenden Kasserolle in fingerdick Wasser eingelegt und zugedeckt im Rohr ca. 1 bis 1½ Stunden halb weich gedünstet. Dann streut man 1 Eßlöffel grobgehackte Zwiebel ein und bettet 800 Gramm gesäuberten, grobnudelig geschnittenen Kohl um das Fleisch. Dazu wird der rohe Kohl mäßig mit Salz, Pfeffer und Majoran gewürzt und außerdem mit 2 roh geschälten und in bleistiftdicke Blätter geschnittenen Kartoffeln untermengt. Das Ganze dünstet man gut zugedeckt langsam weiter, bis das Fleisch

samt Kohl und Kartoffeln genügend weich geworden ist. Sollte der Eigensaft zum Dünsten nicht ausreichen, wird etwas Wasser nachgegossen, doch darf die Speise nicht allzu suppig wirken. Zuletzt streut man den roh geriebenen Kohlstrunk ein, läßt aber nicht mehr weiterkochen.

Braten vom Schwein

SCHWEINSBRATEN

4 Portionen

1 kg beliebiges Schweinefleisch
kleingehackte Schweinsknochen
Knoblauch
$1/2$ Teelöffel Mehl
Kümmel
Salz

Für 4 Portionen berechnet man ein 1 Kilogramm schweres Stück Fleisch, das mit Salz, Kümmel und ein wenig Knoblauch eingerieben wird. Der Boden einer Pfanne, in die das Fleischstück, ohne viel leeren Raum zu lassen, paßt, wird mit kleingehackten Schweinsknochen ausgelegt, fingerdick Wasser darüber gegossen, das Fleisch mit der schönen Seite nach unten daraufgelegt und ins ziemlich heiße Rohr gestellt. Ab und zu begießen. Wenn es einige Bratenfarbe angenommen hat, dreht man es um und brät unter öfterem Begießen mit dem eigenen Saft weiter. Hier wird im Gegensatz zu Jungschweinsbraten immer dann ein wenig Wasser nachgegossen, wenn aller Wassergehalt verdampft ist, was aber nicht dazu verleiten soll, das Fleisch zu „kochen", anstatt zu braten. Die Bratkruste in der Pfanne soll eine goldbraune Farbe annehmen. Die gleiche Farbe muß auch das fertiggebratene Fleischstück aufweisen, bei dem eine Krustenbildung durch das häufige Begießen und Glasieren mit dem eigenen Saft vermieden wird. Gegen Schluß, wenn das Fleisch genügend weich geworden ist und aus einem Gabeleinstich ein wasserheller Tropfen dringt, soll der Bratensaft genügend eingegangen sein. Sollte allzuviel Fett in der Pfanne sein, etwas davon abgießen. Das Fleisch aus der Pfanne heben, die Knochen mit $1/2$ Teelöffel Mehl stauben, rasch durchrösten, mit Wasser zu einem kurzen dünnen Saft aufgießen und verkochen lassen. Das in Scheiben aufgeschnittene Fleisch wird mit dem geseihten Saft umkränzt, also nicht übergossen.

KRUSTIERTER SCHWEINSBRATEN

4 Portionen

1 kg gebratenes Schweinefleisch
Schwarzbrotbrösel
2 Champignons
Petersilie
Zitronenschale
Butter
1 Teelöffel Staub-(Puder)zucker
Zimt

Ein wie Schweinsbraten fertiggebratenes Stück Schweinefleisch wird mit Bratenfett begossen auf eine reine Pfanne gelegt und mit einem Gemisch von feinen Schwarzbrotbröseln, 2 feingehackten Champignons, 1 Teelöffel Staubzucker, gehackter Petersilie, etwas Zimt und Zitronenschale bestreut, mit fettem Bratensaft betropft und nochmals ins heiße Rohr gestellt. Wenn einige Farbe erreicht ist, bestreut man nochmals mit dem Gemengsel, betropft mit Bratenfett und fährt damit so lange fort, bis die Kruste wunschgemäß dick genug geworden ist. Während des Überbackens wird wiederholt mit Bratensaft überträufelt. Zuletzt betropft man das Ganze noch mit zerlassener Butter, läßt es schön goldbraun werden, schneidet das Fleisch in Scheiben und umkränzt mit wenig Bratensaft.
Als Beilagen Hagebuttenmarmelade und Bratkartoffeln servieren.

JUNGSCHWEINERNES, GEBRATEN

4 Portionen

1 kg Jungschweinskarree (Kotelettstück) mit Schwarte
kleingehackte Schweinsknochen
Knoblauch
1/2 Teelöffel Mehl
Kümmel
Salz

Jungschweinsbraten ist ein mit der Schwarte gebratenes Stück Schweinefleisch von nicht zu schwergewichtigen Schweinen, jedoch auch nicht zu jungen Tieren. Am besten eignet sich das Fleisch von Schweinen im Gewicht von 40 bis 60 Kilogramm. Für 4 Portionen wird ein 1 Kilogramm schweres Fleischstück samt der Schwarte gut mit Salz und Kümmel und an der Fleischseite auf Wunsch mit ganz wenig Knoblauch eingerieben. Auf den Boden einer der Größe des Fleischstückes entsprechenden Bratpfanne gibt man kleingehackte Schweinsknochen, darüber fingerdick Wasser und legt das Fleischstück mit der Schwarte nach unten darauf. Im heißen Rohr beginnt das Wasser zu kochen, und der sich entwickelnde Dampf bewirkt, daß nach ungefähr 20 Minuten die Schwarte ein glasiges Aussehen erhält und sich leicht durchdrücken läßt. Nun nimmt man das Fleisch heraus und durchschneidet die Schwarte in halbzentimeterbreite Streifen, wobei wohl die darunterliegende Speckschicht zum Teil durchschnitten, das Fleisch selbst aber nicht eingeschnitten werden darf. Geschnitten wird mit einem kleinen spitzen Messer in der Richtung gegen die Fleischfaser. Die ganze Schwartenseite wird nun gut mit Salz eingerieben, etwas Kümmel darüber gestreut und das Fleischstück nunmehr mit der Schwarte nach oben in die Bratpfanne zurückgelegt und weitergebraten. Das Jungschweinerne darf jetzt so lange nicht begossen werden, solange der Saft noch wasserhältig ist. Erst wenn aller Wassergehalt verdunstet bzw. verdampft ist und die Schwarte bereits zu bräunen beginnt, wird ab und zu am Anfang, reichlicher gegen das Ende der Bratzeit, mit dem inzwischen ausgebratenen Eigenfett begossen. Die Bratrohrhitze reguliert man bis zu diesem Zeitpunkt so, daß die Bratkruste in der Pfanne nicht zu sehr bräunen kann, da der Saft sonst bitter schmecken würde. Andererseits soll auch kein Wasserguß mehr erfolgen, weil der sich daraus entwickelnde Dampf ein teilweises Aufweichen der Schwartenkruste bewirkt. Richtig gebratenes Jungschweinernes muß eine knusprige, leicht zu durchbeißende, goldgelbe bis hellbraune Schwarte aufweisen. Gebraten wird so lange, bis ein Gabeleinstich in den dicksten Teil des Fleisches ohne besonderen Widerstand geführt werden kann und aus der Einstichöffnung ein wasserheller Tropfen dringt. Je nach der Dicke und Größe des Fleischstückes beträgt die Bratdauer $1^1/_4$ bis $1^3/_4$ Stunden. Nach dem Braten wird das Bratfett zum Großteil abgegossen, etwas Kümmel und Mehl über die Knochen gegeben, kurz durchgeröstet und dann mit Wasser zu einem kurzen dünnen Saft aufgegossen, der tüchtig verkocht und dann geseiht wird. Das aufgeschnittene Fleisch wird mit dem Saft umkränzt.

Das gewonnene Bratenfett eignet sich vorzüglich zur Zubereitung von gedünstetem Kraut.

GLASIERTES SPANFERKEL

4 Portionen

1 kg Spanferkel
(Milchschwein)
Speckschwarte
helles Bier
Salz

1 Kilogramm tadellos gesäubertes Spanferkelfleisch wäscht man, ohne zu drücken, kalt und trocknet es mit einem Tuch sorgfältig ab. Dann wird die Fleischseite leicht mit Salz eingerieben, während die Hautseite vollkommen trocken bleibt. Auf einem Backblech legt man nun 2 bis 3 Holzstäbe so auf, daß das mit der Fleischseite nach unten daraufgelegte Spanferkel nirgends das Blech berührt. Die Hautseite wird nun gut mit einer frischen Speckschwarte, die man in helles Bier getaucht hat, eingerieben. So vorbereitet schiebt man das Fleisch ins gut mittelheiße Rohr, das zuerst einen fingerbreiten Spalt offen bleibt, bis die Hautseite, die man indessen wiederholt mit der Speckschwarte einreibt, ein wässeriges Aussehen bekommen hat. Ist dieser Grad erreicht, bleibt das Rohr ganz offen. Ab und zu streicht man die Hautseite, die während der ganzen Bratdauer oben bleibt, mit der in Bier eingetauchten Speckschwarte gut ein. Langsam wird dabei das Spanferkel zuerst eine gelbliche, dann nach und nach eine glänzende, goldbraune Farbe annehmen. Die zarte Haut muß bis dahin spröde wie Glas geworden sein. Wenn nach Erreichung der vollen Farbe, nach etwa 1¾ bis 2½ Stunden, aus einem Gabeleinstich, den man von unten in den dicksten Teil des Fleisches führt, ein wasserklarer Tropfen quillt, ist das Fleisch genügend durchgebraten. Sollte der ausgedrungene Tropfen noch milchig und trüb sein, muß noch ein Weilchen weitergebraten werden, wobei aber von oben mit einem Blatt Papier zugedeckt werden muß, damit die Haut nicht zu sehr bräunt. Spanferkelbraten weist keinen eigenen Saft auf. Wird in allzu heißem und noch dazu geschlossenem Rohr gebraten, zieht die Haut Blasen, die rasch bräunen. Im geschlossenen Rohr wird die Haut auch nicht spröde, wie sie sein soll. Um die zarte Hautdecke beim Tranchieren nicht zu zerstören, schneidet man sie mit einer Schere in der gewünschten Portionsgröße zuerst durch, ehe man das Fleisch selbst schneidet.
Als Beilage dient warmer Krautsalat.

BAUERNSCHWEINSBRATEN

4 Portionen

1 kg Schweinsschlegel (Keule)
1 Knoblauchzehe
1 Eßlöffel Fett
200 g Wurzelwerk
2 Champignons
1 Paar Frankfurter Würstel
50 g Erbsen
1 Eßlöffel Tomatenmark
400 g Kartoffeln
Kümmel
Salz

1 Kilogramm Schweinsschlegel wird mit genügend viel Salz, 1 fein zerdrückten Knoblauchzehe und einer Prise Kümmel gut eingerieben und in einem passenden Geschirr in 1 Eßlöffel sehr gut erhitztem Fett von allen Seiten zu hellbrauner Farbe überbraten. Dann fügt man 200 Gramm geputztes und in bleistiftdicke kurze Stäbchen geschnittenes Wurzelwerk, bestehend aus gleichen Teilen Karotten, gelben Rüben und Sellerieknolle, hinzu; ferner 2 blättrig geschnittene Champignons, 1 Paar dünnblättrig aufgeschnittene Frankfurter Würstel und 50 Gramm grüne Erbsen. Das Ganze wird noch ein Weilchen durchgeröstet, dann mit 1 Eßlöffel Tomatenmark versehen und mit Wasser gerade so viel aufgegossen, daß die Wurzeln gut mit Flüssigkeit bedeckt sind. Das Fleisch läßt man zugedeckt ca. 1 Stunde halb weich dünsten und schneidet es dann in 4 Scheiben auf, die in die Wurzeln eingebettet werden. Obenauf verteilt man 400 Gramm roh geschälte, geviertelte Kartoffeln, gießt beinahe gleich hoch mit Wasser auf und dünstet zugedeckt weiter, bis die Kartoffeln fast zerfallen.

GEFÜLLTE SCHWEINSSCHULTER

6 Portionen

$1^1/_2$ kg Schweinsschulter
Knoblauch
150 g Schinken
3 Semmeln
20 g Butter
1 Ei
Semmelbrösel (Paniermehl)
Muskatnuß
Ingwer
Pfeffer
Salz

Eine hohl ausgelöste Schweinsschulter ohne Schwarte wird mit Salz, Pfeffer und Knoblauch gewürzt und mit folgender Masse gefüllt: 150 Gramm feingehackter Schinken und 3 abgerindete, eingeweichte und gut ausgedrückte Semmeln werden mit 20 Gramm Butter auf schwacher Hitze so lange geröstet, bis sich die Masse vom Geschirr löst. Dann wird mit Pfeffer, Muskatnuß und Ingwer gewürzt und 1 ganzes Ei und so viel Semmelbrösel eingerührt, daß die ganze Fülle leicht gebunden erscheint. Damit wird der Hohlraum der Schulter gefüllt, die Füllöffnung vernäht und das Fleischstück wie Schweinsbraten gebraten.

GEROLLTE SCHWEINSBRUST

8 Portionen

2 kg Schweinsbrust
Pökelsalz
Zwiebelringe
Essiggurken
Kapern
1 Zwiebel
200 g Wurzelwerk
Essig
1/2 Teelöffel Mehl
Thymian
Basilikum
Lorbeerblatt
Pfefferkörner
Pfeffer
Salz

2 Kilogramm abgeschwartete und vollkommen entbeinte Schweinsbrust wird tüchtig mit Pökelsalz eingerieben und unter öfterem Wenden 4 bis 6 Tage an einem kühlen Ort belassen. Am zweiten Tag gießt man einen kleinen Sud hinzu, für den 1/4 Liter Wasser mit einigen Zwiebelringen, Pfefferkörnern und einem Stückchen Lorbeerblatt eine Weile gekocht wird. Für den Gebrauch wird das Fleisch gewaschen und abgetrocknet, in der Mitte so durchgeschnitten, daß die beiden Brusthälften an einer Seite zusammenhängend bleiben. Die ausgebreitete Fleischfläche wird nun ziemlich dicht mit grobgehackten Essiggurken, Kapern, Zwiebel und ein wenig Pfeffer bestreut, straff eingerollt und mit Bindfaden gebunden. Der Boden der Bratpfanne wird mit Zwiebelringen und 200 Gramm Wurzelwerk, etwas Thymian und Basilikum ausgestreut, das Fleisch daraufgegeben und von der Pökellake gerade so viel beigefügt, daß das Gericht genug Salzgeschmack aufweist. Außerdem kommt noch ein Spritzer Essig und Wasser dazu. Dann brät man das Fleisch unter häufigem Begießen im Rohr goldfarben. Nachdem der Bindfaden abgelöst wurde, schneidet man das Fleisch in Scheiben und übergießt es mit dem Saft, wozu der Bratrückstand ein wenig mit Mehl gestaubt, durchgeröstet, mit Wasser vergossen und verkocht und schließlich geseiht wird.
Als Beilage dienen Bratkartoffeln.

GEBRATENE SCHWEINSSTELZE

4 Portionen

2 Schweinsstelzen (Schweinshaxen)
kleingehackte Schweinsknochen
Knoblauch
Kümmel
Salz

Zur Verwendung für Braten gelangen meist die hinteren Stelzen. Die vorderen werden gewöhnlich ausgelöst und würfelig geschnitten zu kleinen Speisen verarbeitet.
Die Stelzen werden 30 Minuten in kochendem Wasser mit etwas Salz gekocht (blanchiert). Dann werden die Schwarten quer zur Fleischfaser eingeschnitten (geschröpft) und die Stelzen wie Jungschweinernes 2 Stunden gebraten.

GLASIERTES PRAGER KARREE

4 Portionen

1 kg Selchkarree (geräuchertes Kotelettstück)
Petersilie
1 große Zwiebel
1 Knoblauchzehe
10 g Zucker
Pfefferkörner

1 Kilogramm zartes Selchkarree, das eine mäßige Fettschichte aufweisen soll, wird in einer passenden Bratpfanne mit kaltem Wasser bis zur halben Höhe aufgegossen. Dazu fügt man 1 Sträußchen grüne Petersilie, ein paar Pfefferkörner, 1 große grobgeschnittene Zwiebel und 1 fein zerdrückte Knoblauchzehe. Das Fleisch läßt man im geschlossenen Rohr kernig weich dünsten und löst dann die Knochen aus. Nun wird das Fleisch an der schönen Seite gut überzuckert in die mit wenig geseihtem Sud versehene Pfanne zurückgelegt und im heißen Rohr weiter gebraten, bis die in der Hitze schmelzende Zuckerbestreuung eine Art Glasur bildet bzw. bis das Fleisch genügend weich geworden ist. Dabei wird nur bedarfsweise immer ein wenig geseihte Kochflüssigkeit zugegossen. Den Rest läßt man separat einkochen, so daß zuletzt ein dünner sirupartiger Saft entsteht, mit dem das in Scheiben aufgeschnittene Fleisch reichlich übergossen wird. Als Beilage dienen Gabelkraut und lockere Kartoffelknödel.

PÖKELFLEISCH MIT BIER

4 Portionen

1 kg Schweinsschlegel (Keule)
Pökelsalz
Knoblauch
80 g Wurzelwerk
Zwiebelringe
40 g Selch(Räucher)speck
1/4 l Bier
1/2 Eßlöffel Tomatenmark
20 g Butter
1 Teelöffel Mehl
weißer Pfeffer

Ein Stück mageres Schweinsschlegelfleisch im Gewicht von 1 Kilogramm wird mit Pökelsalz, weißem Pfeffer und ein klein wenig Knoblauch eingerieben, in ein enges Geschirr gepreßt und 4 bis 6 Tage kühl gestellt. In dieser Zeit wird das Fleisch einige Male umgedreht. Dann streut man ein passendes Bratgeschirr mit 80 Gramm blättrig geschnittenem Wurzelwerk, einigen Zwiebelringen und 40 Gramm würfelig geschnittenem Selchspeck aus, legt das Fleisch darauf und schiebt es ins heiße Rohr. Der Fleischsaft, der sich durch das Pökeln gebildet hat, wird mit 1/4 Liter hellem Bier aufgekocht, und mit dieser Flüssigkeit wird das Fleisch während des Bratens nach und nach begossen.

Sobald das Fleisch genügend weich geworden ist, kocht man den Saft mit 1/2 Eßlöffel Tomatenmark, 20 Gramm Butter, in die man 1 Teelöffel Mehl eingearbeitet hat, tüchtig durch, verdünnt nach Bedarf mit Wasser zu einer molligen Sauce, die samt den Wurzeln passiert, nochmals aufgekocht und schließlich über das in Scheiben geschnittene Fleisch gegossen wird.
Als Beilage passen Räuberknödel.

GEBACKENER SCHINKEN

1 Schinken
1 kg Roggenmehl
50 g Fett
30 g Germ (Hefe)
Salz

Um einem Schinken die volle Feinheit des Geschmacks zu erhalten, ist es üblich, den rohen Schinken in Brotteig einzuhüllen und zu backen. Für die Teigbereitung wird 1 Kilogramm Roggenmehl auf ein Brett gegeben, eine Grube darin gemacht und 50 Gramm Fett und Salz beigefügt. Man löst 30 Gramm Germ mit 1/4 Liter lauem Wasser auf, schüttet dies ebenfalls hinzu und macht aus dem Ganzen unter Beifügung von lauem Wasser nach Bedarf einen festen geschmeidigen Teig an, der gut geknetet wird. Nach zweistündigem Rasten wird der Teig in eine fingerdicke, genügend große Platte gerollt, die mit Wasser leicht bepinselt wird, ehe man den rohen Schinken mit der Schwarte nach unten darauflegt und darüber den Teig vollkommen schließt. Den Schinken legt man mit der schönen Seite nach oben auf ein schwach gefettetes Backblech und läßt ihn mit einem Tuch bedeckt warm stehen, bis der Teig aufgegangen ist. Dann mit Wasser bestrichen im mittelheißen Backofen 3 bis 3 1/2 Stunden backen, bis eine lange Nadel sich verhältnismäßig leicht hindurchstechen läßt.

Genauso können Teile des Schinkens oder rohes Selchkarree zubereitet werden. Dabei verringert sich die Backzeit um 1 1/2 Stunden.

Gebackene, gebratene und gedünstete Portionsgerichte vom Schwein

GEBACKENE SCHWEINSKOTELETTS

4 Portionen

4 Schweinskoteletts à 120–140 g
Mehl
2 Eier, Öl
Semmelbrösel (Paniermehl)
Backfett
Petersilie
4 Zitronenspalten, Salz

Etwas stärker geklopfte Schweinskoteletts werden gesalzen, bemehlt, durch leicht gewässerte und ein wenig mit Öl verschlagene Eier gezogen und mit Semmelbröseln, ohne diese anzuklopfen, eingehüllt. In zumindest fingerdick heißem Fett werden die Koteletts unter nur einmaligem Umdrehen 6 bis 10 Minuten, je nachdem, ob mit oder ohne Knochen, goldgelb gebacken. Sie werden mit gezupfter Petersilie und Zitronenspalten verziert.

GEBACKENE SCHWEINSSCHNITZEL

4 Portionen

4 Schweinsschnitzel vom Schlegel à 140–160 g
Mehl, 2 Eier, Öl
Semmelbrösel (Paniermehl)
Backfett, Petersilie
4 Zitronenspalten, Salz

Die Zubereitung erfolgt genauso wie bei gebackenen Schweinskoteletts, wobei aber zu beachten ist, daß die Backzeit der fast um die Hälfte dünner geschnittenen Schnitzel 4 Minuten nicht übersteigen darf, da das Fleisch sonst trocken wird.

SCHWEINSKOTELETTS, GEBRATEN

4 Portionen

4 Schweinskoteletts à 140–160 g
Knoblauch
Mehl
60 g Fett
20 g Butter
Kümmel, gemahlen
Salz

Die Koteletts werden nur mäßig geklopft, gesalzen, mit Kümmel bestreut und nur auf Wunsch mit Knoblauch gewürzt. Die schöne Seite taucht man in Mehl, legt die Koteletts mit der bemehlten Seite nach unten in sehr heißes Fett und brät sie ziemlich rasch goldfarben, nach dem Umdrehen etwas langsamer fertig. Das Bratfett wird zum Teil abgegossen, ein Stückchen Butter in die Pfanne gegeben und aufgeschäumt. Die Koteletts anrichten, den Bratrückstand mit ein wenig Wasser zu einem kurzen, rasch verkochten Saft aufgießen und damit das Fleisch glasieren.

GARNIERTE SCHWEINSKOTELETTS

4 Portionen

4 Schweinskoteletts
à 140–160 g
Mehl
200 g Sellerieknollen
Zitronensaft
200 g Erbsen
200 g Karotten
200 g Kohlsprossen (Rosenkohl)
200 g Kohlrabi
400 g Kartoffeln
100 g Fett
40 g Butter
Petersilie
Zucker
Kümmel
Pfeffer
Salz

4 daumendicke Schweinskoteletts werden schwach geklopft, gesalzen, leicht gepfeffert und bemehlt. An Gemüsen braucht man jeweils 200 Gramm kugelig ausgestochene, roh geschälte Sellerieknollen, die in Salzwasser zugesetzt und mit etwas Zucker und Zitronensaft kernig weich gekocht werden; Erbsen und kugelig ausgestochene rohe Karotten, die in Salzwasser weich gekocht werden; gleichmäßige Kohlsprossen, die man putzt, an der glattgeschnittenen Unterseite mit einem Kreuzeinschnitt versieht und in kochendem Salzwasser kernig weich kocht; roh geschälte Kohlrabi kugelig ausgestochen und wie Karotten gekocht; 400 Gramm roh geschälte, ebenfalls kugelig ausgestochene Kartoffeln, die langsam in Fett goldbraun gebraten werden (dies jedoch erst zum Schluß). Zur Fertigstellung ordnet man alle vorbereiteten, gekochten und abgeseihten Gemüse, jedes für sich, in kleine Geschirre, würzt alles mit Salz, fügt ein wenig Butter und Kochsud hinzu, pfeffert Sellerie, Sprossen und Kohlrabi leicht und würzt Karotten und Erbsen mit Zucker und gehackter Petersilie. Nun läßt man die Gemüse heiß dämpfen und die Kartoffelkugeln bereits langsam im Fett braten, während die 4 vorbereiteten Schweinskoteletts mit der schönen Seite nach unten in bodenbedeckt heißem Fett rasch goldbraun gebraten, umgedreht, leicht mit Kümmel bestreut und nun auch von der anderen Seite etwas langsamer fertiggebraten werden. Dann legt man die Schweinskoteletts auf eine passende Platte und gruppiert die Gemüse in der beschriebenen Reihenfolge rundherum. Das Bratfett zum Teil abgießen, durch 20 Gramm Butter ersetzen und gut aufschäumen lassen. Mit 6 Eßlöffel Wasser aufkochen und über das Fleisch gießen.

BAUERN-SCHWEINSKOTELETTS

4 Portionen

4 Schweinskoteletts
à 140–160 g
20 g Mehl
60 g Fett
150 g Wurzelwerk
50 g Zwiebel
2 kleine Essiggurken
2 Champignons
1 Paar Würstchen
Knoblauch
2 Tomaten
2 Kartoffeln
Kümmel, gemahlen
Pfeffer
Salz

Es werden 4 Schweinskoteletts im Einzelgewicht von 140 bis 160 Gramm mäßig geklopft, gesalzen und mit Kümmel bestreut, beidseitig in Mehl getaucht, dann in heißem Fett goldgelb überbraten und beiseite gestellt. Im gleichen Fett werden 150 Gramm bleistiftstark und 5 Zentimeter lang geschnittene Wurzeln von Karotte, gelber Rübe und Sellerie sowie 50 Gramm feinstgehackte Zwiebel etwas angeröstet, worauf 2 blättrig geschnittene Essiggurken, 2 ebenso geschnittene Champignons und 1 Paar in Scheibchen geschnittene Würstchen beigefügt werden. Gewürzt wird mit ein wenig Knoblauch und Pfeffer, alles kurz durchgeschwitzt und schließlich mit Wasser oder Suppe gerade so viel vergossen, daß die vorgebratenen Schweinskoteletts bequem darin eingebettet werden können. Obenauf gibt man noch 2 halbierte Tomaten und 2 in dickere Stäbchen geschnittene rohe Kartoffeln und dünstet alles zusammen weich.

JÄGERNDORFER SCHWEINSKOTELETTS

4 Portionen

4 Schweinskoteletts
à 140–160 g
Knoblauch
20 g Fett
20 g Butter
1 große Zwiebel
1 Eßlöffel Senf
1 Teelöffel Kapern
1/8 l Sauerrahm
1 gehäufter Teelöffel Mehl
Kümmel, gemahlen
Salz

4 daumendicke Schweinskoteletts werden nur mäßig geklopft, mit Salz, etwas Kümmel und zerdrücktem Knoblauch eingerieben und dann von beiden Seiten in einem Gemisch von 20 Gramm Fett und 20 Gramm Butter zu goldbrauner Farbe gebraten. Nachdem man die Koteletts beiseite gelegt hat, schwitzt man im Bratfett 1 große, feinnudelig geschnittene und dann grobgehackte Zwiebel goldgelb, unterrührt dies mit 1 Eßlöffel Senf, 1 Teelöffel feingehackten Kapern und 1/8 Liter saurem Rahm, der mit 1 gehäuften Teelöffel Mehl abgesprudelt wurde. Nach dem Aufkochen mit Wasser mollig-flüssig verdünnen und die wieder eingelegten Schweinskoteletts ganz langsam weich dünsten.
Als Beilage dienen heurige Kartoffeln.

DEBREZINER SCHWEINSKOTELETTS

4 Portionen

4 Schweinskoteletts à 140–160 g
1 Paar Debreziner Würstel
20 g Mehl
40 g Fett
1 kleine Zwiebel
Knoblauch
1 Eßlöffel Tomatenmark
2 Essiggurken
Paprika
Pfeffer
Salz

4 Schweinskoteletts im Einzelgewicht von 140 bis 160 Gramm werden geklopft, gesalzen, gepfeffert, von beiden Seiten in Mehl getaucht, in 40 Gramm Fett beidseitig rasch gebraten und beiseite gestellt. Im selben Fett röstet man 1 kleine feingehackte Zwiebel gelb, würzt mit erbsgroß zerdrücktem Knoblauch, einer Prise Paprika, 1 Eßlöffel Tomatenmark, gibt 1 Paar feingeschnittene Debreziner Würstel und 2 nudelig geschnittene Essiggurken dazu, schwitzt alles durch und gießt Wasser gerade so viel auf, daß die eingelegten Schweinskoteletts bedeckt sind. Dann wird das Ganze zugedeckt weich gedünstet.
Salzkartoffeln als Beilage.

SZEGEDINER SCHWEINSKOTELETTS

4 Portionen

4 Schweinskoteletts à 140–160 g
1 Paar Würstchen
400 g Sauerkraut
Mehl
60 g Fett
50 g Selch(Räucher)speck
1 große Zwiebel
Knoblauch
1 Eßlöffel Tomatenmark
1 Teelöffel Paprika
Kümmel
Pfeffer
Salz

4 Schweinskoteletts werden leicht geklopft, gesalzen, gepfeffert, bemehlt und in 60 Gramm Fett beidseitig braungebraten und beiseite gestellt. Etwas Fett abgießen. Im restlichen Fett röstet man 50 Gramm kleinwürfelig geschnittenen Selchspeck gelb, röstet darin 1 große, nudelig geschnittene Zwiebel ebenfalls gelb und fügt 1 Paar blättrig geschnittene Würstchen, 1 Teelöffel Paprika, etwas Kümmel, Knoblauch und 1 Eßlöffel Tomatenmark bei. Nach kurzem Durchschwitzen wird 400 Gramm kurzgeschnittenes Sauerkraut daruntergemischt und mit so viel Wasser aufgegossen, daß die vorgebratenen Schweinskoteletts darin eingebettet werden können. Zugedeckt läßt man das Ganze weich dünsten.
Mit Salzkartoffeln servieren.

SCHWEINSSCHNITZEL ODER -FILETS NATUR

4 Portionen

4 Schweinsschnitzel vom Schlegel (Keule) à 160 g oder
8 Schweinsfilets à 80 g
Mehl
60 g Fett
20 g Butter
Petersilie
Zitronenspalten
Kümmel, gemahlen
Salz

Für 4 Portionen werden ebenso viele je 160 Gramm schwere Schnitzel oder 8 im gleichen Gesamtgewicht geschnittene Filets an den Rändern eingeschnitten, geklopft, gesalzen, mit Kümmel bestreut und an der schönen Seite in Mehl getaucht. Sie werden mit der bemehlten Seite nach unten in sehr heißes Fett gelegt und rasch von beiden Seiten goldfarben gebraten. Das Bratfett abgießen, dafür 20 Gramm Butter beigeben und nochmals aufbraten. Mit ganz wenig Wasser vergossen und aufgekocht, werden die Schnitzel oder Filets angerichtet und mit dem kurzen Saft übergossen. Verziert wird mit grüner Petersilie und Zitronenspalten.

KÜMMELSCHNITZEL

4 Portionen

4 Schweinsschnitzel vom Schlegel (Keule) à 140–160 g
Knoblauch
Mehl
40 g Fett
1 Eßlöffel Tomatenmark
Kümmel, gemahlen
Salz

4 Schweinsschnitzel im Einzelgewicht von 140 bis 160 Gramm werden mäßig geklopft, gesalzen, mit einer Spur Knoblauch eingerieben, stark mit Kümmel bestreut und an der schönen Seite in Mehl eingetaucht. Dann brät man die Schnitzel zuerst mit der bemehlten Seite nach unten in 40 Gramm gut erhitztem Fett goldbraun. Die Schnitzel umdrehen und auf scharfer Hitze auch von der anderen Seite zur Farbe braten. Die Schnitzel in der Pfanne zur Seite schieben, das Fett mit $^1/_2$ Teelöffel Mehl stauben und durchrösten. Dann erst gießt man mit Wasser gleich hoch wie das Fleisch auf, würzt mit 1 Eßlöffel Tomatenmark und dünstet das Fleisch zugedeckt langsam weich. Der Kümmelsaft soll zuletzt mollig-flüssig sein.
Als Beilage gibt man Nockerln, Nudeln oder Salzkartoffeln und eingebranntes Sauerkraut.

RHEINISCHE SCHWEINSSCHNITZEL

4 Portionen

4 Schweinsschnitzel vom Schlegel (Keule) à 140–160 g
Knoblauch
Mehl
40 g Fett
20 g Butter
1 große Zwiebel
1 Eßlöffel Tomatenmark
400 g Kartoffeln
Paprika
Kümmel, gemahlen
Pfeffer
Salz

4 Schweinsschnitzel werden mäßig geklopft, gesalzen, gepfeffert, leicht mit Knoblauch eingerieben, mit Kümmel eingestreut und in Mehl getaucht. Dann werden die Schnitzel in 40 Gramm sehr heißem Fett von beiden Seiten rasch gebraten und beiseite gestellt. Das Bratfett vermischt man mit 20 Gramm Butter, 1 großen, feinnudelig geschnittenen Zwiebel, einer starken Messerspitze Paprika und 1 Eßlöffel Tomatenmark. Die vorgebratenen Schweinsschnitzel werden nun abwechselnd mit je 2 kleinfingerdick geschnittenen rohen Kartoffelscheiben in die Zwiebel eingebettet. Das Ganze wird mit kaltem Wasser gleichhoch aufgefüllt und zugedeckt langsam weich gedünstet, wobei die Kartoffeln leicht zerfallen dürfen.

SELLERIESCHWEINSFILETS

4 Portionen

8 Schweinsfilets vom Schlegel (Keule) à 80 g
1 mittelgroße Sellerieknolle
Knoblauch
1 gehäufter Teelöffel Mehl
60 g Fett
50 g Zwiebel
20 g Tomatenmark
3 Kartoffeln
Kümmel
Pfeffer
Salz

8 dicklich geschnittene Schweinsschnitzel im Einzelgewicht von 80 Gramm werden mäßig geklopft und mit Salz nach Bedarf, ein wenig Pfeffer, gehacktem Kümmel, erbsgroß zerdrücktem Knoblauch und 1 gehäuften Teelöffel Mehl eingerieben. Das Fleisch wird nun in 60 Gramm sehr heißem Fett von beiden Seiten zu schwacher Farbe rasch angebraten, vom Fett gehoben und beiseite gestellt. Im Bratfett schwitzt man nun 50 Gramm feingehackte Zwiebel blaßgelb, fügt 1 mittelgroße geschälte und in feine Streifchen geschnittene Sellerieknolle bei, die ebenfalls kurz durchgeröstet wird, rührt 20 Gramm Tomatenmark darunter und gießt mit $^1/_2$ Liter Wasser auf. Nach dem Aufkochen werden die vorgebratenen Schweinsfilets eingelegt und zugedeckt kernig weich gedünstet. Dann fügt man 3 gekochte, grobwürfelig geschnittene Kartoffeln zur Speise und läßt alles zusammen vollends weich dünsten. Für Tisch werden die Schweinsfilets auf eine Platte geordnet und mit dem pikanten Ragout samt Saft übergossen.

Krenfleisch; Salzkartoffeln (Rezepte Seiten 257, 379).

PIKANTE SCHWEINSRÖLLCHEN

4 Portionen

4 Schweinsschnitzel vom Schlegel (Keule) à 140 g
20 g Butter
50 g Zwiebel
Petersilie
1/2 Knoblauchzehe
150 g Pilze
2 Eßlöffel Mehl
100 g Selch(Räucher)speck
3 Eßlöffel Wurzelwerk
1/8 l Sauerrahm
Zitrone
4 Kapern
Kümmel
Pfeffer
Salz

4 Schweinsschnitzel werden dünn geklopft, wobei sie nicht zerreißen dürfen, und von beiden Seiten gesalzen und gepfeffert. In 20 Gramm Butter röstet man 50 Gramm feingehackte Zwiebel gelb, fügt ganz wenig gehackten Kümmel, Petersilie und 1/2 zerdrückte Knoblauchzehe bei und röstet dann 150 Gramm grobgehackte Pilze heiß. Mit 1 Eßlöffel Mehl stauben, durchrösten, mit 2 bis 3 Eßlöffel Wasser zu sehr dicker Masse aufgießen und kurz verkochen. Damit bestreicht man die Schnitzel, rollt sie zusammen und bindet jedes Stück mit Bindfaden. Nun röstet man 100 Gramm feingehackten Selchspeck zu gelber Farbe, brät darin die Fleischrollen ein wenig an und stellt sie beiseite. Im Bratfett röstet man 3 Eßlöffel geriebenes Wurzelwerk gut durch, staubt mit 1 Eßlöffel Mehl und gießt nach abermaligem kurzen Rösten mit 1/8 Liter Sauerrahm und 1/4 Liter Wasser zu dünnflüssiger Sauce auf. Nachdem noch ein Stückchen Zitrone und 4 Kapern beigegeben wurden, legt man die Fleischrollen ein und dünstet sie langsam weich. Für Tisch werden die Bindfaden entfernt und das Fleisch mit der unpassierten Sauce übergossen.
Als Beilage Kartoffelknödel.

SCHWEINSJUNGFERNBRATEN IN KÜMMELSAFT

4 Portionen

4 Schweinslungenbraten à 100–120 g
Knoblauch
Mehl
40 g Fett
50 g Zwiebel
1 Teelöffel Tomatenmark
Suppe
Kümmel
Pfeffer
Salz

4 zarte Schweinslungenbraten werden enthäutet, gesalzen, gepfeffert und mit ein wenig zerdrücktem Knoblauch eingerieben. Dann bestaubt man sie rundherum mit Mehl und brät sie in 40 Gramm sehr heißem Fett von allen Seiten zu hellbrauner Farbe. Nun wird etwas feinstgehackte Zwiebel, 1 Teelöffel Tomatenmark und eine Prise Kümmel beigegeben, alles tüchtig durchgeschwitzt und schließlich mit Suppe gerade so viel aufgegossen, daß die vorgebratenen Jungfernbraten darin langsam weich dünsten können.
Salzkartoffeln als Beilage.

Schweinsjungfernbraten in Kohl; Mousselinekartoffeln, feine Kräutersauce (Rezepte Seiten 274, 378, 104).

SCHWEINSJUNGFERN-BRATEN IN KOHL

4 Portionen

- 4 Schweinslungenbraten à 100–120 g
- 1 Kopf Kohl (Wirsing)
- Fett
- 100 g Champignons
- Zitronenschale
- 1 mittelgroße Zwiebel
- Petersilie
- 1 Eßlöffel Tomatenmark
- Worcestersauce
- 4 Speckscheiben
- 20 g Butter
- Suppe
- Muskatnuß
- Paprika
- Pfeffer
- Salz

4 zarte Schweinslungenbraten werden enthäutet, gesalzen, gepfeffert und in heißem Bratfett rasch überbraten, dann beiseite gestellt. Im Bratfett wird nun ein feingehacktes Gemengsel aus 100 Gramm Champignons, der Schale von 1/4 Zitrone, 1 mittelgroßen Zwiebel und 1 Sträußchen grüner Petersilie tüchtig durchgeschwitzt, dann mit Salz, Paprika, Muskatnuß, 1 Eßlöffel Tomatenmark und einigen Tropfen Worcestersauce gewürzt, so daß zuletzt eine dickliche, fast streichfähige Masse entsteht. In genügend Salzwasser kocht man indessen einen halbierten und vom Strunk befreiten Kohlkopf halb weich, spült ihn kalt und läßt ihn abtropfen. Während die äußeren Kohlblätter in 4 Rechtecke ausgebreitet werden, die groß genug sind, um die Jungfernbraten einzuhüllen, wird das zarte Innere des Kohls fein gehackt und mit der Hälfte des angerösteten Gemengsels vermischt. Damit bestreicht man die ein wenig gesalzenen und gepfefferten Kohlrechtecke, legt die vorbereiteten Jungfernbraten darauf, hüllt sie vollkommen ein und setzt sie eng nebeneinander auf eine passende Bratpfanne. Über jedes Stück deckt man 1 dünne Speckscheibe, die mit Zahnstochern befestigt wird, damit sie beim Braten nicht abrollt. Das Ganze wird in ein mittelheißes Rohr gestellt und ungefähr 20 bis 25 Minuten gebraten, wobei der Speck gebräunt werden soll. Für Tisch werden die Zahnstocher entfernt und die Jungfernbraten angerichtet. Das überschüssige Bratfett wird abgegossen, dafür 20 Gramm Butter aufgeschäumt, die zweite Hälfte des angerösteten Gemengsels beigegeben, kurz durchgeschwitzt und schließlich mit Suppe zu einer molligen Sauce aufgegossen und kurz verkocht. Damit umkränzt man die Fleischportionen.
Foto Seite 274.

SCHWEINSJUNGFERNBRATEN IN BUTTERTEIG

4 Portionen

4 Schweinslungenbraten à 100–120 g
Butterteig
Fett
100 g Champignons
Zitronenschale
1 Eßlöffel Zwiebel
Petersilie
1 Eßlöffel Tomatenmark
Worcestersauce
1 Ei
Bratensaft oder Suppe
Muskatnuß
Paprika
Pfeffer
Salz

Das Vorrichten und Anbraten von Schweinslungenbraten und das Anrösten eines feingehackten Gemengsels geht wie bei Schweinsjungfernbraten in Kohl vor sich. Dann wird ein entsprechendes Stück Butterteig messerrückendick ausgerollt und so zurechtgeschnitten, daß die mit der Hälfte des Kräutergemengsels bestrichenen Jungfernbraten vollständig eingehüllt werden können. Damit der Teig an den Rändern besser klebt, bestreicht man ihn ein wenig mit Ei und setzt schließlich die Jungfernbraten mit der Naht nach unten in kleinen Abständen auf ein reines Backblech, bestreicht sie mit zerklopftem Ei, verziert mit Butterteigstreifen, bestreicht auch diese mit Ei und backt ca. 20 Minuten mittelheiß zu goldbrauner Farbe. Das übrige Kräutergemengsel wird mit etwas Bratensaft oder Suppe verdünnt aufgekocht und neben die angerichteten Jungfernbraten gegossen.

BAUERNSCHMAUS

4 Portionen

Sauerkraut
4 Semmelknödel
4 Schnitten Schweinskarree (Kotelettstück)
4 Schnitten Selchkarree (geräuchertes Kotelettstück)
4 Bratwürstchen

Auf 4 Fleischtellern werden je 1/2 Portion eingebranntes Sauerkraut und darauf 1 kleiner Semmelknödel gegeben; an die eine Seite legt man 1 Schnitte gebratenes Schweinskarree, an die andere Seite 1 Schnitte gekochtes Selchkarree. Außerdem wird links und rechts noch je 1/2 gebratenes Bratwürstchen angeordnet und alles gut mit Bratensaft beträufelt.

Würste, gebraten

Bratwürste werden anfangs in nicht zu heißes Fett gelegt und langsam von beiden Seiten durchgebraten, bis sie sich steif anfühlen. Erst zum Schluß geht man auf starke Hitze, um die Würste rasch von links und rechts zu schöner Farbe bräunen zu lassen. Durch Eintauchen der Würste in Milch erhält man schön braun gebratene Würste. Da das Aufspringen oft auch durch eine zu pralle Fülle

bedingt ist, soll man die Würste vor dem Braten ein wenig in die Länge drücken. Gewöhnlich ist ein Stückchen Darm an den Enden eingeschlagen, so daß trotz des Drückens keine Fülle austritt.
Bei *Leberwürsten* genügt es, die Holzspeile an den Enden auszuziehen, bevor sie, zum Unterschied von den Bratwürsten, in das stark erhitzte Bratfett gelegt und möglichst rasch von beiden Seiten zur Farbe gebraten werden. Erst dann läßt man die Leberwürste bei verminderter Hitze vollends durchbraten.
Blutwürste werden so wie Leberwürste gebraten, nachdem die Abbindung an beiden Seiten der Wurst entfernt bzw. abgeschnitten wurde. Dicke Blutwürste schneidet man am besten in fingerdicke Scheiben auf, die in ziemlich stark erhitztes Fett gelegt und von beiden Seiten krustig durchgebraten werden.
Beim Braten aller Hauswürste ist auf das unangenehme Spritzen des Fettes zu achten. Vor Verbrennungen schützt man sich am einfachsten so, daß man einen Geschirrdeckel vor sich hinhält, wenn man die Würste wendet. Während des Bratens kann die Pfanne teilweise zugedeckt sein.

Ragoutgerichte vom Schwein

4 Portionen

SCHWEINSGULASCH

600 g mageres Schweinefleisch von der Schulter
60 g Fett
200 g Zwiebel
1 Eßlöffel Tomatenmark
1 Knoblauchzehe
20 g Mehl
4 Eßlöffel Sauerrahm
1 Eßlöffel Paprika
Kümmel
Salz

In 60 Gramm sehr heißem Fett röstet man 200 Gramm feinstgehackte Zwiebel goldgelb, würzt mit 1 gestrichenen Eßlöffel Paprika und gießt sofort mit 1/8 Liter Wasser auf. Dann fügt man 600 Gramm in nußgroße Würfel geschnittenes mageres Schweinefleisch hinzu, würzt mit dem nötigen Salz, einer Prise Kümmel, 1 Eßlöffel Tomatenmark und 1 großen, fein zerdrückten Knoblauchzehe. Das Ganze läßt man zugedeckt langsam halb weich dünsten. Nun sprudelt man 20 Gramm Mehl mit 4 Eßlöffel Sauerrahm und 1/8 Liter kaltem Wasser zu einem dünnen, glatten Teig und rührt diesen kräftig in das Gulasch ein. Dann wird bedarfsweise mit Wasser zu einer leicht molligen Sauce verdünnt und das Gulasch langsam gedünstet, bis das Fleisch kernig weich geworden ist.
Als Beilage Kartoffelknödel oder Salzkartoffeln.

4 Portionen

DEBREZINER GULASCH

600 g Schweinefleisch von der Schulter
1 Paar Debreziner Würstchen
200 g Zwiebel
80 g Selch(Räucher)speck
2 Knoblauchzehen
1 Eßlöffel Tomatenmark
2 Essiggurken
1 gehäufter Eßlöffel Mehl
2 gehäufte Teelöffel Paprika
Kümmel

200 Gramm feingeschnittene Zwiebel werden in 80 Gramm grob gehacktem, glasig geröstetem Selchspeck goldgelb geröstet, mit 2 gehäuften Teelöffel Paprika, 1 Prise Kümmel, 2 kleinen zerdrückten Knoblauchzehen und 1 Eßlöffel Tomatenmark gewürzt und nach kurzem abermaligem Durchrösten mit 1 Eßlöffel Wasser abgelöscht. Dann gibt man 600 Gramm grobblättrig geschnittenes Schweinefleisch dazu und läßt es im eigenen Saft kernig weich dünsten. Nun streut man 1 Paar in dünne Scheiben geschnittene Debreziner Würstchen, 2 blättrig geschnittene Essiggurken und 1 mäßig gehäuften Eßlöffel Mehl ein, röstet eine Weile wie trocken weiter und gießt zuletzt mit Wasser nach Bedarf zu mollig-flüssiger Bindung auf. Noch 10 Minuten langsam fertigdünsten.

4 Portionen

FISOLENSCHWEINERNES

600 g Schweinefleisch von der Schulter
600 g Fisolen (grüne Bohnen)
1 mittelgroße Zwiebel
1 Knoblauchzehe
40 g Fett
1/8 l Sauerrahm
30 g Mehl
Dille
Kümmel
Pfeffer
Salz

600 Gramm blättrig geschnittenes, nicht zu fettes Schweinefleisch wird mit 1 mittelgroßen, grobgehackten Zwiebel, 1 fein zerdrückten Knoblauchzehe, dem nötigen Salz, einer Prise Pfeffer und Kümmel vermischt. Das Fleisch röstet man in 40 Gramm sehr gut erhitztem Fett zu einiger Farbe, gießt mit knapp 3/4 Liter Wasser auf und läßt aufkochen. Nun mischt man 600 Gramm kleinstückig geschnittene Fisolen ein und dünstet das Ganze zugedeckt, bis Fleisch und Fisolen kernig weich geworden sind. Zuletzt rührt man 1/8 Liter Sauerrahm, welcher mit 30 Gramm Mehl versprudelt wurde, gründlich ein und läßt noch 10 Minuten langsam fertigdünsten. Zum Schluß mit gehackter Dille bestreuen.
Als Beilage passen Röstkartoffeln.

> Bei Verwendung von Tiefkühlfisolen werden diese erst beigegeben, wenn das Fleisch kernig weich geworden ist.

4 Portionen

SCHWEINSPÖRKÖLT

600 g mageres Schweinefleisch von der Schulter
80 g Fett
250 g Zwiebel
2 Knoblauchzehen
4 Tomaten
30 g Mehl
1 Eßlöffel Paprika
Kümmel
Salz

In 80 Gramm heißem Fett röstet man 250 Gramm feingehackte Zwiebel gelb, würzt mit 1 schwachem Eßlöffel mildem Paprika, rührt durch, löscht sofort mit einem Spritzer Wasser ab und gibt 600 Gramm würfelig geschnittenes mageres Schweinefleisch dazu. Gewürzt wird mit Salz, einer Prise Kümmel, 2 zerdrückten Knoblauchzehen und 4 würfelig geschnittenen abgezogenen Tomaten. Das Ganze läßt man zugedeckt 1/2 Stunde langsam dünsten. Gegen Schluß staubt man mit 30 Gramm Mehl, verrührt gut und vergießt schließlich mit Wasser zu einer molligen Sauce, in der das Fleisch vollends weich gedünstet wird.

4 Portionen

KRAUTFLEISCH

500 g Schweinefleisch von der Schulter
500 g Sauerkraut
100 g Selch(Räucher)speck
1 große Zwiebel
Essig
2 Knoblauchzehen
Lorbeerblatt
Kümmel
weißer Pfeffer
Salz

In 100 Gramm würfelig geschnittenem und glasig angeröstetem Speck schwitzt man 1 große, feinnudelig geschnittene Zwiebel hellgelb, fügt einen Spritzer Essig und 500 Gramm unterspicktes Schweinefleisch mit der Schwarte in Würfel geschnitten bei und würzt mit Salz, weißem Pfeffer, etwas Kümmel, einem Stückchen Lorbeerblatt und 2 zerdrückten Knoblauchzehen. Alles zugedeckt halb weich dünsten lassen. Dann fügt man 500 Gramm gewaschenes und kurz geschnittenes Sauerkraut darunter und gießt mit Wasser so viel auf, daß das Kraut noch ein wenig herausragt. Das Ganze dünstet man zugedeckt vollends weich.

Für *Tomatenkrautfleisch* erfolgt die Zubereitung genauso. Zugleich mit dem Kraut werden 4 geschälte, würfelig geschnittene und von den Kernen leicht ausgedrückte Tomaten beigegeben und alles zusammen weich gedünstet.

4 Portionen

KÜMMELFLEISCH

600 g mageres Schweinefleisch von der Schulter

In 50 Gramm gut erhitztem Fett wird 1 mittelgroße feingehackte Zwiebel gelbgeröstet, dann gibt man 600 Gramm grobblättrig geschnittenes mageres

50 g Fett
1 mittelgroße Zwiebel
Knoblauch
1 Eßlöffel Tomatenmark
4 mittelgroße Kartoffeln
Kümmel
Pfeffer
Salz

Schweinefleisch, das nötige Salz, eine starke Prise Kümmel, etwas Pfeffer, zerdrückten Knoblauch und 1 Eßlöffel Tomatenmark dazu und läßt alles zusammen im eigenen Saft zugedeckt dünsten, bis das Fleisch halb weich geworden ist. Dann fügt man 4 roh geschälte und in halbnußgroße Würfel geschnittene Kartoffeln hinzu, gießt mit Wasser gerade bedeckt auf und läßt alles zusammen zugedeckt dünsten, bis die Kartoffeln fast zerfallen.

STEIRISCHES SCHWEINERNES

4 Portionen

600 g Schweinefleisch von der Schulter mit Schwarte
300 g Wurzelwerk
1 große Zwiebel
3–4 Kartoffeln
1 Knoblauchzehe
Essig
Kren (Meerrettich)
Majoran
Lorbeerblatt
Kümmel
Pfeffer
Salz

600 Gramm in Würfel geschnittenes Schweinefleisch mit Schwarte, 300 Gramm grob nudelig geschnittene Wurzeln von Karotten, gelber Rübe und Sellerie, 1 große nudelig geschnittene Zwiebel und 3 bis 4 roh geschälte, geviertelte Kartoffeln vermischt man in einem passenden Geschirr mit Salz, gestoßenem Pfeffer, Kümmel, ganz wenig Lorbeerblatt, zerriebenem Majoran und 1 zerdrückten Knoblauchzehe, gießt das Ganze dann mit kaltem Wasser gleich hoch auf und läßt zugedeckt langsam weich kochen. Zum Schluß säuert man das „Steirische“ mit einem tüchtigen Schuß Weinessig und bestreut mit geriebenem Kren.

Innereien vom Schwein

SPANFERKELLEBER MIT KREN

4 Portionen

2 Stück Spanferkelleber
8 dünne Brustspeckscheiben
Mehl
60 g Fett
Pfeffer
Salz

Die Spanferkellebern werden in Scheiben geschnitten, gesalzen, gepfeffert und schwach bemehlt. Die Scheiben in heißes Fett legen, rasch an einer Seite hellbraun braten und umdrehen. Nun werden 8 dünne geräucherte Brustspeckscheiben hinzugegeben und alles flott fertiggebraten. Die Leber wird angerichtet und mit den gebratenen Speckscheiben belegt.

Dazu reicht man Kartoffelpüree, besetzt mit goldgelb gerösteten Zwiebelringen.

GERÖSTETE SCHWEINSNIEREN

4 Portionen

400 g Schweinsnieren
60 g Fett
2 mittelgroße Zwiebeln
20 g Butter
Suppe oder Bratensaft
Majoran
Pfeffer
Salz

400 Gramm in dünne Blätter geschnittene Schweinsnieren werden roh mit Pfeffer und Majoran gewürzt. In 60 Gramm Fett läßt man 2 mittelgroße feingehackte Zwiebeln goldbraun rösten, gibt die Nieren dazu und röstet alles auf großer Hitze durch, bis sich nichts Blutiges mehr zeigt. Statt des abgegossenen Bratfettes wird 20 Gramm Butter dazugegeben und durchgeschwitzt. Nun wird noch mit Salz gewürzt, mit ein wenig Suppe oder Bratensaft aufgegossen, einmal aufgekocht und sogleich serviert.

SCHWEINSNIEREN MIT HIRN

4 Portionen

300 g Schweinsnieren
1 Schweinshirn
60 g Fett
2 mittelgroße Zwiebeln
20 g Butter, Suppe
Majoran, Pfeffer, Salz

Die Zubereitung erfolgt mit feinblättrig geschnittenen Schweinsnieren wie im Rezept vorher. Nach der Butterzugabe wird ein feingehacktes Schweinshirn mitgeröstet. Dann salzen, ganz wenig mit Suppe aufgießen,. rasch verkochen und sogleich auftragen.

SARDELLEN-SCHWEINSZUNGE

4 Portionen

2 Schweinszungen
3 Salzsardellen
10 Kapern
40 g Butter
1/4 l Sauerrahm
1 Teelöffel Mehl
Pfeffer
Salz

2 Schweinszungen werden in genügend Salzwasser langsam weich gekocht, dann in kaltes Wasser gelegt, von der Zungenhaut abgelöst und schön zugeputzt. Jede Zunge in 3 bis 4 Schnitten der Länge nach aufschneiden. Inzwischen werden 3 geputzte Salzsardellen mit 10 Kapern fein gehackt, in 40 Gramm Butter heiß geschwitzt, leicht gepfeffert und mit 1/4 Liter Sauerrahm aufgegossen, der mit 1 Teelöffel Mehl glatt versprudelt wurde. Nach dem Aufkochen legt man die vorbereiteten Zungen ein und dünstet sie langsam noch 10 Minuten.
Als Beilage Petersilienkartoffeln oder flaumiges Kartoffelpüree.

Faschiertes

Im allgemeinen wird Rindfleisch mit Schweinefleisch gemischt, während Kalbfleisch gewöhnlich für ausgesprochene Kalbsfarcen verwendet wird. Das Fleisch muß dazu von einwandfreier Beschaffenheit sein und auch von Häuten und Flechsen ausgeschnitten werden. Faschiertes sollte möglichst rasch zubereitet und sofort verzehrt werden.
In gewerblichen Küchen in Österreich müssen die Bestimmungen des Österreichischen Lebensmittelbuches hinsichtlich der Zusammensetzung und Verarbeitung von Faschiertem befolgt werden.

FASCHIERTES (Hackfleisch), GRUNDREZEPT

4 Portionen

500 g Faschiertes (Hackfleisch) bestehend aus
2/3 Rindfleisch
1/3 fettes Schweinefleisch
1 Semmel
2 Knoblauchzehen
1 Ei
Fett
Zwiebel
Petersilie
Pfeffer
Salz

Für 500 Gramm Faschiertes wird 1 Semmel kalt eingeweicht, mäßig ausgedrückt und ebenfalls faschiert. Gewürzt wird mit Salz und Pfeffer nach Bedarf, 2 zerdrückten Knoblauchzehen, ferner kommt 1 Ei und 1 kleine feingehackte und in wenig Fett gelbgeröstete Zwiebel sowie eine Prise gehackte Petersilie dazu. Alles zusammen tüchtig abarbeiten. Je besser abgearbeitet, um so fester hält der Braten zusammen und kann während des Bratens weder springen noch reißen. Ist die Masse zu fest oder schlecht formbar, etwas kaltes Wasser einkneten. Diese Farce wird, wenn nicht anders angegeben, für die nachstehenden Rezepte verwendet.

> Nach Geschmack kann auch eine Prise Majoran in die Farce eingemischt werden.

4 Portionen

FALSCHER HASE

Faschiertes (Hackfleisch), Grundrezept
Fett

Ein vorgerichtetes Faschiertes wird auf bebröseltem oder naßgemachtem Brett (im letzteren Fall mit nassen Händen) zu einer gleichmäßig dicken, drei Finger hohen Rolle geformt. Dann wird der Braten in eine passende, gut mit Fett ausgestrichene Bratpfanne gelegt und bei mittlerer Hitze ungefähr 45 bis 50 Minuten unter öfterem Begießen mit dem Eigensaft gebraten. Wenn der Braten einmal Farbe erreicht hat, kann man ab und zu immer ein bißchen Wasser nachgießen. Faschiertes Fleisch ist dann fertig gebraten, wenn ein Fingereindruck elastisch erwidert wird. Für Tisch wird das Faschierte in Scheiben aufgeschnitten und mit dem Bratensaft übergossen.

4 Portionen

FASCHIERTE LAIBCHEN

Faschiertes (Hackfleisch), Grundrezept
Fett
Butter
Suppe
Tomatenmark

Aus vorgerichtetem Faschierten werden auf bebröseltem oder nassem Brett 4 gleich große, etwa fingerdicke runde oder ovale Laibchen geformt, die auf mit heißem Fett versehener Bratpfanne langsam von beiden Seiten braungebraten werden. Zum Schluß gibt man noch ein Stückchen Butter auf die Pfanne, brät alles noch einen Moment kurz durch und vergießt schließlich mit etwas Suppe zu einem kurzen, dünnen Saft, der mit ein wenig Tomatenmark verbessert werden kann.

Für *faschierte Paprikaschnitzel* werden fertiggebratene Laibchen mit Paprikasauce aufgegossen und noch 10 Minuten langsam gedünstet. Für *faschierte Tomatenschnitzel* wird mit Tomatensauce aufgegossen und gedünstet, während *faschierte Rahmschnitzel* mit Rahmsauce aufgegossen werden und mit einem Stückchen Zitrone und einigen Kapern versehen 10 Minuten gedünstet werden.

FASCHIERTES ZWIEBELSCHNITZEL

4 Portionen

Faschiertes (Hackfleisch), Grundrezept
Fett
1 große Zwiebel
Butter
Suppe

Die Schnitzel werden genauso hergestellt wie faschierte Laibchen. Sie werden jedoch in etwas mehr Fett gebraten, in dem man zugleich 1 feinnudelig geschnittene Zwiebel goldgelb mitrösten läßt. Das Fett wird dann abgetropft, dafür ein Stückchen Butter mitgeröstet, schließlich mit wenig Suppe aufgegossen und verkocht. Der Zwiebelsaft wird über die angerichteten Schnitzel gegeben.

GEFÜLLTES KRAUT

4 Portionen

Faschiertes (Hackfleisch), Grundrezept
8 Blätter Weißkraut (Weißkohl)
Fett
8 Speckscheiben
Paprikakraut
Salz

Von einem Weißkrautkopf entfernt man den Strunk und kocht den Krautkopf ca. 10 Minuten in Salzwasser. Denn trennt man 8 oder mehr Blätter ab, kocht sie in Salzwasser halb weich, wässert sie kalt ab und schneidet die großen Rippen aus. In jeweils 1 oder 2 Blatt wird ein Häufchen Faschiertes gegeben und eingewickelt. Das gefüllte Kraut nebeneinander in eine passende, gefettete Kasserolle legen und jedes einzelne Stück mit einer dünnen Speckscheibe belegen, die man mit Zahnstochern befestigt. So läßt man das Ganze mittelheiß durchbraten, entfernt dann die Zahnstocher, gibt obenauf eine dichte Lage Paprikakraut und läßt alles zusammen noch 20 Minuten dünsten.
Foto Seite 291.

Übriggebliebenes Weißkraut kann fein in Streifen geschnitten als Unterlage für das gefüllte Kraut dienen.

GEFÜLLTE PAPRIKA

4 Portionen

8 Paprikaschoten
500 g Faschiertes (Hackfleisch) bestehend aus
1/2 Rindfleisch
1/2 Schweinefleisch

Mit 500 Gramm halb Rind- und halb Schweinefleisch und 80 Gramm ausgekühltem, gedünstetem Reis macht man ein Faschiertes ohne Verwendung von Semmel. Die blaßgrünen plumpen Paprikaschoten, die milder sind als die dunkelgrünen, spitzen, werden an der Stielseite abgedeckelt, von

80 g Reis
2 Knoblauchzehen
1 Eidotter
Fett
Zwiebel
Petersilie
1/2 l Tomatensauce
Pfeffer
Salz

den weißen Samenkernen ausgeputzt und einmal mit kochendem Wasser abgebrüht. Die Früchte füllt man dann mit dem Faschierten voll, stülpt den Deckel darauf, salzt sie, schlichtet sie in ein passendes Geschirr eng nebeneinander ein, bespritzt sie mit Wasser und läßt sie im mittelheißen Rohr langsam durchbraten. Dann übergießt man die Paprika mit nicht zu süßer Tomatensauce und läßt sie langsam dünsten, bis sich die Hüllen weich anfühlen.

FASCHIERTE BUTTERSCHNITZEL

4 Portionen

400 g Kalbfleisch
1 Semmel
1 Ei
50 g Butter
Suppe
Zitronensaft
Muskatnuß
Salz

400 Gramm von allen Häuten befreites Kalbfleisch wird mit 1 abgerindeten und gut ausgedrückten Semmel fein faschiert. Dann gibt man nach Bedarf Salz und geriebene Muskatnuß hinzu und arbeitet das Ganze mit 1 Ei sehr gut ab, formt daraus 4 fingerdicke ovale Schnitzel, die in 50 Gramm aufgeschäumter Butter langsam goldfarben gebraten werden. Zum Schluß ganz wenig mit Suppe zu einem kurzen Saft vergießen, mit dem die Schnitzel überzogen werden. Mit Zitronensaft mäßig betropfen.

KÖNIGSBERGER KLOPSE

4 Portionen

300 g Faschiertes (Hackfleisch) aus Kalbfleisch
1 Semmel
1 Ei
ca. 10 g Stärkemehl
40 g Mehl
40 g Butter
Kapern
Petersilie
Zitronensaft
Muskatnuß
Salz

Kalbfleischfarce wie für faschierte Butterschnitzel wird mit ca. 10 Gramm Stärkemehl abgearbeitet. Aus der Masse 6 bis 8 kleine Knödel formen, in leicht gesalzenes kochendes Wasser einlegen und langsam etwa 10 Minuten kochen. Eventuell Probeknödel kochen. Aus 40 Gramm Mehl und ebenso viel Butter röstet man eine gelbe Schwitze, vergießt mit 5/8 Liter Klopssuppe zu einer dicklichen Sauce, die mit einigen Kapern verkocht und schließlich mit gehackter Petersilie und Zitronensaft gewürzt wird. Darin läßt man die Klopse noch eine Weile dünsten.
Gedünsteter Reis als Beilage.

4 Portionen

POLPETTI

Kalbfleischfarce wie für faschierte Butterschnitzel
Fett
1/2 l Paprikasauce
50 g Selch(Räucher)speck

Aus vorgerichtetem Faschierten werden 8 bis 12 kleine Laibchen geformt, wie faschierte Butterschnitzel fertiggebraten, das Bratfett weggegeben, mit Paprikasauce aufgegossen und noch 10 Minuten langsam gedünstet. Während des Dünstens gibt man in die Paprikasauce noch 50 Gramm geröste-ten Selchspeck.

4 Portionen

WEINBLÄTTER-DELIKATESSE

8 schöne Weinblätter
300 g Kalbfleisch
1 Semmel
1 Champignon
Petersilie
20 g Butter
1 Ei
1/4 l Sauerrahm
1 Teelöffel Mehl
Muskatnuß
Pfeffer
Salz

Junge glänzende Weinblätter werden in kochendem Wasser einige Male aufgekocht, kalt geschwemmt, abgetropft und flach ausgebreitet. Für 4 Portionen faschiert man 300 Gramm Kalbfleisch mit 1 eingeweichten, gut ausgedrückten Semmel sehr fein, röstet 1 feingehackten Champignon und etwas Petersilie in 20 Gramm Butter ein wenig durch, gibt das Geröstete mit Salz, Pfeffer, Muskatnuß und 1 Ei zum Fleisch und arbeitet alles gut ab. Damit füllt man die Weinblätter, bindet die Rollen leicht und legt sie nebeneinander in eine gebutterte Kasserolle, in der man sie zugedeckt ca. 1/2 Stunde im Rohr dünstet. Zum Schluß versprudelt man 1/4 Liter sauren Rahm mit 1 Teelöffel Mehl, überzieht damit die von den Bindfaden befreiten Rollen und brät eine Weile im offenen Geschirr weiter, bis der Überzug etwas Farbe angenommen hat.

4 Portionen

KALBSHASCHEE

400 g Kalbsbraten
30 g Butter
Zwiebel
Sardellen
Petersilie
Kapern
Zitronensaft
30 g Mehl
Suppe, Weißwein
Muskatnuß, Pfeffer, Salz

400 Gramm Kalbsbraten wird fein gehackt und in folgender Sauce eine Weile gedünstet: In 30 Gramm Butter läßt man ein Stückchen feingehackte Zwiebel gelb anlaufen, würzt mit feingehackten Sardellen, Petersilie, Kapern, Salz, Pfeffer, Muskatnuß und Zitronensaft, staubt mit 30 Gramm Mehl und gießt mit Suppe zu einer dicklichen Sauce auf, die mit einem Spritzer Weißwein verbessert wird. Das Haschee soll dicklich gehalten sein und kann in einem Reisrand serviert werden.

FALSCHER SCHWEINSJUNGFERNBRATEN

4 Portionen

500 g Schweinefleisch
2 Semmeln
1 Knoblauchzehe
3 Eier
1 kleine Zwiebel
Petersilie
Fett
Zitrone
Butter
Muskatnuß
Kümmel
Paprika
Pfeffer
Salz

500 Gramm unterspicktes Schweinefleisch wird mit 2 eingeweichten und ausgedrückten Semmeln mittelfein faschiert und mit Salz, Pfeffer, gestoßenem Kümmel, 1 zerdrückten Knoblauchzehe, 2 ganzen Eiern und 1 kleinen, mit etwas Petersilie feingehackten und in ganz wenig Fett angeschwitzten Zwiebel sowie ein wenig feingehackter Zitronenschale und Muskatnuß vermischt und sehr gut abgearbeitet bzw. wie ein zäher Teig geknetet. Aus dieser Farce formt man 4 gleichgroße Teile auf nassem Brett zu 20 Zentimeter langen Stangen, die spitze Enden und eine bauchige Mitte aufweisen. Man setzt sie nebeneinander in eine passende, mit Wasser ausgespülte Bratpfanne, bestreicht sie mit gewässertem Ei, bestreut sie in der Mitte zuerst mit Kümmel, dann mit wenig Paprika und brät sie ungefähr 25 Minuten im Rohr zu hellbrauner Farbe. Dann läßt man in der gleichen Pfanne ein Stückchen Butter aufschäumen, fügt einige Tropfen Zitronensaft und etwas Wasser bei, läßt alles aufkochen und passiert den Saft neben die angerichteten Schweinsjungfernbraten.
Dazu reicht man Kartoffelpüree und Blattsalate.

FASCHIERTE SCHWEINSSCHNITZEL

4 Portionen

Faschiertes (Hackfleisch) wie bei Falschem Schweinsjungfernbraten
Butter
Zitronensaft
Petersilie

Eine wie bei Falschem Schweinsjungfernbraten hergestellte Farce wird zu 4 fingerdicken, ovalen Schnitzeln geformt, die in Butter goldbraun gebraten werden. Die Bratbutter wird mit Zitronensaft und gehackter Petersilie gewürzt und mit $^1/_8$ Liter Wasser kurz aufgegossen und verkocht.

Hammelfleisch

Unter Hammel oder Schöps versteht man das verschnittene männliche Schaf. Die Qualität, die von Alter, Rasse und Haltung abhängig ist, erkennt man am nicht allzu dunkelroten Fleisch und an einer möglichst kernigen und weißen Fettschichte. Hammelfleisch ist wegen seiner Saftigkeit, seines Wohlgeschmacks und seines Nährwertes mit den anderen Schlachtfleischarten gleichzusetzen.
Von den Innereien ergeben nur die Nieren und die Zunge erlesene Gerichte.
Hammel verlangt kräftige Würzung bei der Zubereitung. Außer Salz und Pfeffer harmonieren vor allem Knoblauch, Petersilie und Thymian. Hammelfleischgerichte sollten immer sehr heiß aufgetragen werden.
Der Hammel wird geviertelt oder so aufgeteilt, daß sich ein Hammelrücken ergibt. Das Hinterviertel besteht aus der Keule und dem Karree. Das Vorderviertel aus Schulter, Brust und Hals.

Beilagen zu Hammelfleisch

Kartoffeln in den verschiedensten Zubereitungsarten (Mousseline-, Zwiebelkartoffeln); zu Saucengerichten Kartoffelkroketten, Reis, manchmal auch Teigwaren;
Mischgemüse, gedünsteter Kohl, weiße Bohnen, Fisolen, Kohlsprossen, glasierte Schalotten, gefüllte Tomaten, Blattspinat;
Blatt- und Gemüsesalate.

HAMMELBRATEN WIENER ART

4 Portionen

1 kg Hammelfleisch von Schlegel (Keule) oder Schulter
Knoblauch
Zwiebelringe

Ein Stück Hammelfleisch von Schlegel oder Schulter im Gewicht von 1 Kilogramm wird mit Knoblauch, Salz und Pfeffer gewürzt. Um eine schönere Form zu erhalten, wird das Fleisch gerollt und gebunden, dann in eine Pfanne gegeben, die mit

Pilze
40 g Butter
Tomatenmark
Suppe
Pfeffer
Salz

Zwiebelringen und blättrig geschnittenen Pilzen ausgestreut wurde, mit 40 Gramm zerlassener Butter begossen und langsam unter öfterem Begießen mit dem eigenen Saft in 1½ Stunden goldbraun gebraten. Sobald der eigene Saft vollends verdampft ist, gießt man immer ein wenig Wasser nach, aber nicht mehr, als zum Übergießen des Fleisches gerade notwendig ist. Wenn das Fleisch die genügende Weichheit aufweist, hebt man es von der Pfanne, läßt den Bratensatz vollends bräunen, gießt einen Teil des Fettes ab, gibt ganz wenig Tomatenmark in die Pfanne, schwitzt rasch an und vergießt mit Suppe zu kurzem Saft, der aufgekocht, sauber passiert und nochmals aufgekocht wird. Den aufgeschnittenen Braten damit umkränzen.

HAMMELKEULE, ENGLISCH GEBRATEN

4 Portionen

1 kg Hammelkeule
Knoblauch
Öl
40 g Fett
20 g Butter
etwas Suppe
Pfeffer
Salz

Eine der geschmacklich hervorragendsten Fleischspeisen liefert eine englisch gebratene Hammelkeule. Unter „englisch braten“ versteht man „blutig“ braten, so wie ein Roastbeef gebraten wird. Dazu wird eine ganze Hammelkeule nach Belieben hohl ausgelöst oder auch mit dem Knochen (oder für 4 Personen ein dickes Stück Schlegelfleisch im Gewicht von 1 Kilogramm) ganz leicht mit Knoblauch und genügend mit Salz und Pfeffer eingerieben, mit Öl leicht bestrichen und ½ Stunde kühl gestellt. Dann legt man das Fleisch in eine bodenbedeckt mit sehr heißem Fett gefüllte Pfanne und brät es über starker Hitze rundum goldbraun, stellt es dann ins heiße Rohr und brät weiter, bis ein Fingereindruck elastisch erwidert wird. Sicherer ist die Probe mit einer langen kalten Nadel, die man rasch durch den dicksten Teil des Fleisches sticht, 3 Sekunden ruhig stecken läßt, rasch wieder herauszieht und jene Stelle an ihr mit den Lippen befühlt, die ungefähr in der Mitte des Fleisches steckte. Fühlt man eine angenehme Wärme, ist das Fleisch gut, innen schön rosig und doch nicht roh. Das Fleisch sogleich von der Pfanne nehmen und erst nach einigem Stehen in dünne Scheiben aufschnei-

Gefülltes Kraut, in Paprikakraut gedünstet (Rezepte Seiten 285, 413).

WEINGUT
GEWURZ

den. Das Bratfett gießt man ab, schäumt dafür ein Stückchen Butter hellbraun auf, vergießt und verkocht mit ein wenig Suppe zu einem kurzen Saft, der geseiht neben das Fleisch gegossen wird.
Foto Seite 292.

HAMMELKEULE MIT WURZELN

1 kg Hammelfleisch vom Schlegel (Keule)
250–350 g Wurzelwerk
3 Knoblauchzehen
4 Kartoffeln
Weinessig
1 Lorbeerblatt
Majoran
Thymian
Pfeffer
Salz

Ein 1 Kilogramm schweres Stück Fleisch vom Schlegel wird gut gesalzen und gepfeffert, dann mit kaltem Wasser gerade bedeckt zugestellt und mit einem Gewürzsäckchen, enthaltend 3 Knoblauchzehen, 1 Lorbeerblatt, 1 Prise Majoran, 1 Stämmchen Thymian, halb weich gekocht. Dann fügt man 250 bis 350 Gramm nudelig geschnittenes Wurzelwerk und 4 roh geschälte, geviertelte Kartoffeln bei, kocht alles zusammen zugedeckt weich und säuert zum Schluß mit Weinessig. Das Fleisch in Scheiben schneiden, mit Wurzeln und Kartoffeln bedecken und mit heißer gesäuerter Suppe begießen.

HAMMELRÜCKEN

4–6 Portionen

1 1/2 kg Hammelrücken
Knoblauch
40 g Fett
20 g Butter
etwas Suppe
Pfeffer
Salz

Vom Hammelrücken wird nur das oberste, auf der Fettschichte liegende Häutchen abgezogen. Die Bauchlappen werden mit Bindfaden straff an den Rücken gebunden. Mit Salz, Pfeffer und Knoblauch einreiben, anbraten und mit der schönen Seite nach oben unter öfterem Begießen mit Eigensaft fertigbraten. Das Fleisch darf am Knochen noch leicht rosa bleiben. Saft wie bei Hammelkeule englisch gebraten herstellen.
Tranchieren: Mit langem, schlankem Messer die Rückenfilets herunterlösen und in schwach fingerdicke Scheiben schneiden, eventuell in ursprünglicher Form wieder auf das Knochengerüst setzen.

HAMMELFLEISCH MIT DILLE

4 Portionen

1 kg Hammelfleisch von Schulter oder Schlegel (Keule)
1 1/2 Teelöffel Dille

Ein knochenloses Stück Hammelschulter oder Hammelschlegel im Gewicht von 1 Kilogramm wird mit Salz, ein wenig Pfeffer und zerdrücktem Knoblauch sowie ein paar Tropfen Öl eingerieben

Hammelkeule, englisch gebraten; glasierte Schalotten, englische Fisolen, glasierte Karotten, Buttererbsen (Rezepte Seiten 290, 419, 403, 406, 402).

Knoblauch
Öl
150 g Wurzelwerk
1 mittelgroße Zwiebel
40 g Mehl
60 g Fett
2 Eßlöffel Sauerrahm
Zitronensaft
Pfefferkörner
Pfeffer
Salz

und nach 1 Stunde kaltem Beizen in 1 Liter kochendes Wasser eingelegt. Nach Beigabe von 150 Gramm geputztem Wurzelwerk, 1 grob zerschnittenen Zwiebel, ein paar Pfefferkörnern und noch fehlendem Salz wird das Fleisch langsam kernig weich gekocht. Dann röstet man 40 Gramm Mehl in 60 Gramm Fett zu hellgelber Farbe, schwitzt darin 1 gehäuften Teelöffel feingehackte Dille einen Augenblick an, gießt mit der samt Wurzeln durch ein feines Sieb gestrichenen Suppe zu einer molligdicklichen Sauce auf und läßt einige Minuten verkochen. Mit 2 Eßlöffel glattgerührtem Sauerrahm, ein wenig Zitronensaft und frischer gehackter Dille vollenden. Damit überzieht man das in Scheiben aufgeschnittene Fleisch.
Petersilienkartoffeln als Beilage.

HAMMELKOTELETTS VOM ROST

4 Portionen

8 Hammelkoteletts à 80 g
Knoblauch
Öl
Hofmeisterbutter
Kresse
Pfeffer
Salz

Je Portion berechnet man immer 1 fleischiges und 1 knochiges Rippchen im Gesamtgewicht von 160 Gramm. Ganz leicht geklopft, mit Salz, Pfeffer und Knoblauch gewürzt, werden die Koteletts $1/2$ Stunde vor Gebrauch mit Öl bestrichen, dann in sehr heißem Fett oder am Rost mit einmaligem Wenden rasch braun gebraten, bis ein Fingerdruck elastisch erwidert wird. Sie müssen innen ein wenig rosa bleiben und kommen ohne Saft, mit 1 Scheibe Hofmeisterbutter belegt und mit frischer Kresse garniert, zu Tisch.

GEDÜNSTETE HAMMELKOTELETTS

4 Portionen

8 Hammelkoteletts à 80 g
Knoblauch
40 g Fett
30 g Mehl
$1/2$ l Suppe
Essig
1 Eßlöffel Tomatenmark

8 Hammelkoteletts werden mäßig geklopft, gesalzen, gepfeffert, leicht mit Knoblauch eingerieben und in 40 Gramm Fett von beiden Seiten langsam braun gebraten. Im selben Fett wird dann 30 Gramm Mehl langsam sattbraun geröstet, mit $1/2$ Liter Suppe aufgegossen und mit einem Spritzer Essig, 1 Eßlöffel Tomatenmark und 1 Teelöffel Senf gewürzt. Nach dem Aufkochen werden die

1 Teelöffel Senf
$^1/_{16}$ l Rotwein
Pfeffer
Salz

vorgebratenen Hammelkoteletts eingelegt und zugedeckt langsam weich gedünstet. Zum Schluß verbessert man die Sauce mit $^1/_{16}$ Liter Rotwein. Als Beilage dient gedünstete Tarhonya.

4 Portionen

HAMMELSTEAK MIT CURRY

4 Hammelsteaks vom Schlegel (Keule) à 150 g
Knoblauch
40 g Butter
1 große Zwiebel
$^1/_2$ Apfel
2 Teelöffel Currypulver
30 g Mehl
$^1/_8$ l Sauerrahm
$^1/_4$ l Suppe
Pfeffer
Salz

4 stark fingerdick und oval geschnittene Hammelsteaks im Einzelgewicht von 150 Gramm werden ganz leicht geklopft, gesalzen, gepfeffert und leicht mit Knoblauch eingerieben, in 40 Gramm Butter leicht überbraten und beiseite gestellt. Im Bratrückstand schwitzt man 1 große, auf dem Reibeisen geriebene Zwiebel, $^1/_2$ geriebenen Apfel und 2 Teelöffel Currypulver durch, staubt mit 30 Gramm Mehl, röstet wieder, gießt mit $^1/_8$ Liter Sauerrahm und $^1/_4$ Liter Suppe auf, würzt mit Salz und verkocht alles recht gut zu einer nicht zu dicken Sauce, in der die vorgebratenen Steaks weich gedünstet werden. Für Tisch ordnet man das Fleisch in einen Reisrand und gießt die Sauce darüber.

4 Portionen

MUTTON CHOP

4 Hammelrückenstücke à 160–200 g
Knoblauch
Öl
Fett
Pfeffer
Salz

Bei 4 quer über den hinteren Teil (Sattel) des Rückens in zwei Finger breiter Dicke geschnittenen Hammelfleischstücken werden die seitlichen Fleischlappen nach dem Salzen, Pfeffern und Würzen mit Knoblauch mittels Spießchen an der Innenseite des Fleischstückes festgespießt. Die Zubereitung erfolgt wie bei Hammelkoteletts vom Rost.

HAMMELGULASCH

4 Portionen

750 g Hammelfleisch von der Schulter
300 g Zwiebel
60 g Fett
1 Eßlöffel Tomatenmark
2 Knoblauchzehen
1 Eßlöffel Mehl
2 Teelöffel Paprika
Salz

300 Gramm feingehackte Zwiebel wird in 60 Gramm Fett gelbgeschwitzt, mit 2 gehäuften Teelöffeln Paprika versetzt, noch einen Augenblick durchgeröstet und mit 1/8 Liter Wasser aufgegossen. Dann gibt man 750 Gramm mageres, würfelig geschnittenes Hammelfleisch dazu, würzt mit Salz, 1 Eßlöffel Tomatenmark und 2 zerdrückten Knoblauchzehen und dünstet alles zugedeckt fast weich, achtet aber darauf, daß der Eigensaft zuletzt ziemlich eingedünstet ist. Darüber wird dann 1 Eßlöffel Mehl gestaubt, und nach kurzem Schwitzen vergießt man mit Wasser zu molliger Sauce, in der das Fleisch vollends weich gedünstet wird.

HAMMELRAGOUT

4 Portionen

600 g Hammelfleisch von der Schulter
1 Knoblauchzehe
200 g Wurzelwerk
1 mittelgroße Zwiebel
40 g Mehl
60 g Fett
1 Teelöffel Senf
1 Eßlöffel Tomatenmark
Essig
4 Eßlöffel Rotwein
1/2 Lorbeerblatt
Pfeffer
Salz

600 Gramm mageres, ausgelöstes Hammelfleisch wird in Würfel geschnitten, die man mit dem nötigen Salz, einer Prise Pfeffer und 1 großen, mit Salz fein zerdrückten Knoblauchzehe abmischt. Weiters vermengt man das Fleisch mit 200 Gramm geputztem, blättrig geschnittenem Wurzelwerk, 1 mittelgroßen, grobnudelig geschnittenen Zwiebel, 40 Gramm Mehl und 1/2 Lorbeerblatt. Dann läßt man in einer breiten Pfanne 60 Gramm Fett sehr heiß werden und röstet darin unter Rütteln und Durchlockern das Fleisch samt den Wurzeln zu schöner brauner Farbe. Nun gießt man mit 1 Liter Wasser auf, so daß eine dünne Sauce entsteht, fügt 1 Teelöffel Senf, 1 Eßlöffel Tomatenmark, 1 Spritzer Essig und 4 Eßlöffel Rotwein bei und läßt alles langsam dünsten, bis das Fleisch genügend weich geworden ist. Mit einer Gabel nimmt man dann die Fleischstückchen aus der Sauce und legt sie abgetropft in ein reines Geschirr. Die Sauce, die inzwischen mäßig dicklich geworden ist, wird samt den Wurzeln durch ein feines Sieb passiert, über das Fleisch gegossen und alles nochmals gut aufgekocht.
Als Beilage passen Nudeln, Semmelknödel oder Nockerln.

HAMMELPILAW

4 Portionen

500 g Hammelfleisch von der Schulter
250 g Reis
200 g Zwiebel
60 g Fett
Tomatenmark
Knoblauch
geriebener Käse
1 Teelöffel Paprika
Kümmel
Salz

200 Gramm feingehackte Zwiebel wird in 60 Gramm Fett gelbgeröstet, dann verrührt man 1 gehäuften Teelöffel Paprika darin und gibt sogleich 500 Gramm kleinwürfelig geschnittenes mageres Hammelfleisch, Salz, etwas Tomatenmark, Knoblauch und eine Prise Kümmel dazu. Unter langsamem Dünsten im eigenen Saft läßt man das Fleisch halb weich werden. Dann mischt man 250 Gramm trockenen Reis unter, röstet ein Weilchen, gießt dann mit 1/2 Liter Wasser auf und dünstet das Ganze zugedeckt langsam weich. Für Tisch in eine Form pressen, stürzen und mit geriebenem Käse bestreuen.

HAMMELFLEISCH MIT BOHNEN

4 Portionen

500 g Hammelfleisch von der Schulter
300 g weiße Bohnen
40 g Fett
1 Teelöffel Mehl
1 Knoblauchzehe
Zwiebel
1 Eßlöffel Tomatenmark
1 Lorbeerblatt
Pfeffer
Salz

500 Gramm mageres Hammelfleisch wird würfelig geschnitten, gesalzen und gepfeffert und in 40 Gramm heißem Fett braun angebraten. Mit 1 gehäuften Teelöffel Mehl stauben, 1 zerdrückte Knoblauchzehe und etwas gehackte Zwiebel beifügen, kurz durchrösten, 1 Eßlöffel Tomatenmark beigeben und schließlich mit Wasser bis zur oberen Fleischlage aufgießen. Sobald das Fleisch, das langsam gedünstet wird, ziemlich weich geworden ist und die Sauce eine mollige Konsistenz aufweist, verrührt man 300 Gramm weiße Bohnen darunter, die mit 1 Lorbeerblatt weich gekocht und dann abgeseiht wurden. Alles zusammen noch ein Weilchen dämpfen lassen. Der Bohnensud wird zum Lockern der Speise verwendet.

Nach Geschmack kann mit einem Spritzer Essig abgeschmeckt werden.

4 Portionen

IRISH STEW

500 g Hammelfleisch von der Schulter
250 g Wurzelwerk
1 große Zwiebel
4 mittelgroße Kartoffeln
2 Knoblauchzehen
1 Kopf Kohl (Wirsing)
Thymian
Majoran
1/2 Lorbeerblatt
Pfeffer
Salz

500 Gramm mageres, würfelig geschnittenes Hammelfleisch wird in genügend Salzwasser halb weich gekocht. Nun vermengt man es in einem passenden Geschirr mit 250 Gramm stäbchenförmig geschnittenem Wurzelwerk aus Karotten, gelber Rübe und Sellerieknolle, 1 großen nudelig geschnittenen Zwiebel und 4 roh geschälten, geviertelten Kartoffeln, würzt mit Salz, Pfeffer, 1 Prise Majoran, 1 Stämmchen Thymian, 1/2 Lorbeerblatt und 2 zerdrückten Knoblauchzehen und gießt bis knapp über die obere Lage mit Hammelsuppe auf. Das Irish Stew läßt man flott aufkochen, belegt als Abschluß mit gevierteltem oder geachteltem gut gereinigtem Kohl und läßt dann zugedeckt langsam dünsten, bis alles genügend weich geworden ist.

4 Portionen

HAMMEL STEIRISCHE ART

800 g Hammelfleisch von Schulter, Hals und Brust
2 Eßlöffel Essig
150 g Zwiebel
250 g Wurzelwerk
3 Knoblauchzehen
Kren (Meerrettich)
Zucker
Thymian
Majoran
Lorbeerblatt
Gewürzkörner
Pfefferkörner
Salz

800 Gramm Hammelfleisch von Schulter, Hals und nicht zu fetter Brust wird kurz kalt gewaschen, würfelig geschnitten und in ein genügend großes Geschirr über 2 Eßlöffel kochenden Essig gegeben. Nachdem man das Fleisch zugedeckt ein paar Augenblicke im Essigdampf belassen hat, fügt man 150 Gramm feinnudelig geschnittene Zwiebel und 250 Gramm in zündholzstarke Streifen geschnittene Wurzelgemüse, bestehend zu gleichen Teilen aus gelber Rübe, Karotte und Sellerieknolle sowie einem kleinen Stück Petersilienwurzel, bei. In ein Leinenfleckchen bindet man ein paar zerquetschte Pfefferkörner, 2 bis 3 Gewürzkörner, 1 kleines Lorbeerblatt, 2 Stämmchen Thymian, 1 Prise Majoran und 3 Knoblauchzehen im ganzen und bettet dies in das Wurzelfleisch ein. Salzen nach Bedarf, gleich hoch mit kaltem Wasser aufgießen und alles zusammen zugedeckt nicht zu rasch dünsten, bis das Fleisch kernig weich geworden ist. Gegen Schluß pikantiert man mit 1 Teelöffelspitze Zucker und im Bedarfsfall noch mit ein wenig Essig. Das Gericht kommt dampfend zu Tisch und wird nach Belieben mit geriebenem Kren bestreut.
Mit Salzkartoffeln servieren.

Lamm- und Kitzfleisch

Als Lamm bezeichnet man junge Schafe. Das Fleisch ist hellrot, mit Fetträndern umrahmt. Das Fett soll kernig und hell sein. Schmieriges, gelbes Fett zeugt von weniger guter Qualität. Ähnliches Fleisch liefert das Zicklein oder Kitz, das Junge der Ziegen.
Von den Innereien sind das Lammbries, die vorzügliche Lammniere und die Lammleber für Gerichte geeignet. Die Zunge ist als Ragoutbestandteil zu verwenden.
Lamm wird in zwei vordere Viertel, bestehend aus Halsstück, zwei Schultern und zwei Brüsten, zerlegt, ferner in den Rücken, der bei Lamm gespalten wird, wenn Lammrippchen gebraucht werden, und zuletzt in zwei Schlegel oder Keulen.

Beilagen zu Lamm- und Kitzfleisch

Verschiedene Kartoffelzubereitungen, Reis;
Zuckererbsen, glasierte Schalotten, Spargel, gefüllte Tomaten, Pilze;
Blattsalate.

4 Portionen

LAMMBRATEN

1 1/2 kg Rücken oder ca. 1 kg Schulter oder Keule
kleingehackte Lammknochen
1 Knoblauchzehe
1/2 Teelöffel gehackte Petersilie
40 g Fett
20 g Butter
Pfeffer
Salz

Zum Braten sind der Rücken, die hohl ausgelösten Schultern oder die Keulen vorzuziehen. Die Brust wird, da sie wenig ausgiebig ist, mit Vorliebe gefüllt verarbeitet. Das gewählte Fleischstück wird, ohne zu drücken, kalt gewaschen, getrocknet, die äußere Haut abgezogen. Salz, Pfeffer, Knoblauch und feinstgehackte Petersilie werden miteinander vermischt, damit das Fleischstück eingerieben und mit der schönen Seite nach unten in eine mit kleingehackten Knochen ausgestreute Bratpfanne gelegt. Mit 40 Gramm Fett übergossen, brät man das Fleisch goldfarben, dreht es dann um und gießt erst nach dem Umdrehen ganz wenig Wasser zu, so daß der Saft nicht zu dünn wird. Zuletzt muß das Fleisch schön vom Saft glasiert erscheinen. Wenn aus einem Gabeleinstich ein wasserheller Tropfen quillt, ist das Fleisch genügend gebraten. Die Bratdauer beträgt ungefähr 3/4 Stunden, bei Keule etwas länger. Nachdem das Fleisch fertiggebraten ist, wird in der Bratpfanne 20 Gramm Butter heiß angeröstet und mit ein wenig Wasser zu kurzem Saft vergossen. Nach einigem Verkochen wird der Saft geseiht und nochmals aufgekocht, ehe er über das aufgeschnittene Fleisch gegossen wird.

LAMMBRATEN WIENER ART

4 Portionen

1 1/2 kg Rücken oder ca. 1 kg Schulter oder Keule
Speckreste
Wurzelwerk
Zwiebelringe
50 g Butter
1 Teelöffel Mehl
2 Champignons
1 kleine Karotte
Pfefferkörner
Salz

Der Boden einer passenden Bratpfanne wird mit Haut- und Speckresten, geschnittenem Wurzelwerk, einigen Zwiebelringen und Pfefferkörnern ausgestreut, darauf das gesalzene Fleischstück gelegt, mit 40 Gramm Butter übergossen und unter häufigem Begießen mit dem eigenen Saft, der fallweise immer mit ein wenig Wasser ergänzt wird, von beiden Seiten goldfarben gebraten. Wenn aus einem Gabeleinstich ein wasserheller Tropfen quillt, wird das Fleisch aufgeschnitten, das Wurzelwerk gestaubt, durchgeröstet, mit Wasser oder Suppe zu molligem Saft vergossen, der nach tüchtigem Verkochen samt den Wurzeln sauber passiert wird. Den Saft läßt man mit 2 blättrig geschnittenen, in Butter angeschwitzten Champignons und 1 Eßlöffel in dreieckige Blättchen geschnittenen, gekochten Karotten nochmals aufkochen und übergießt damit das angerichtete Fleisch.

4 Portionen

GLASIERTER LAMMBRATEN

1 kg Lammschlegel (Keule) oder Lammschulter
80 g Selch(Räucher)speck
Wurzelwerk
Zwiebelringe
2 Eßlöffel Fett
1/2 Teelöffel Mehl
20 g Butter
Lorbeerblatt
Thymian
weißer Pfeffer
Salz

Ein vom Mittelknochen ausgelöster Lammschlegel oder eine ausgelöste Lammschulter werden kurz kalt gewaschen, abgetrocknet und mit dünnen, mit Salz und weißem Pfeffer gewürzten Speckstreifchen gespickt. Eine passende Bratpfanne streut man mit einer kleinen Handvoll blättrig geschnittenem, geputztem Wurzelwerk, ein paar Zwiebelringen, einem Eckchen Lorbeerblatt und einer Spur Thymian aus, legt das Fleisch mit der schönen Seite nach unten darauf, übergießt es mit 2 Eßlöffel zerlassenem Fett und gießt neben das Fleisch 3 bis 4 Eßlöffel Wasser. Das Lämmerne wird nun unter seltenem Begießen zu hellbrauner Farbe gebraten, dann umgedreht und unter öfterem Begießen mit dem immer würziger werdenden Eigensaft schön goldbraun glasiert gebraten. Nur wenn die Gefahr des Anlegens besteht, darf ein bißchen Wasser nachgegossen werden. Sobald aus einem Nadelstich ein wasserheller Tropfen quillt, legt man das Fleisch beiseite, staubt die Bratpfanne mit 1/2 Teelöffel Mehl, fügt noch 20 Gramm Butter hinzu und röstet alles gut durch. Mit Wasser oder Knochensuppe zu einem mollig-dünnen Saft aufgießen und gut verkochen. Dann streicht man den Saft durch ein feines Sieb, läßt ihn nochmals aufkochen und überglänzt damit das in Scheibchen aufgeschnittene Lammfleisch. Der übrige Saft kommt separat zu Tisch.
Als Beilage gedünsteter Reis oder Champignonreis und in Butter geschwenkte Fisolen oder Blattsalate.

4 Portionen

LAMMBRATEN MIT CHAMPIGNONS

Zutaten wie bei glasiertem Lammbraten
zusätzlich
60 g Champignons
20 g Butter

Die Herstellung ist die gleiche wie bei glasiertem Lammbraten. Zur Fertigstellung des Saftes werden 60 Gramm feinblättrig geschnittene Champignons in 20 Gramm Butter kurz heiß geröstet, mit dem passierten Saft aufgegossen und ein paar Minuten verkocht. Mit dem Champignonsaft wird das in dünne Tranchen aufgeschnittene Fleisch überzogen. Als Beilage wird Risi-Pisi empfohlen.

LAMMKOTELETTS MIT KASTANIENPÜREE

4 Portionen

8 Lammkoteletts à 60–80 g
Fett
150 g Gansleber
Mehl
2 Eier
100 g Semmelbrösel (Paniermehl)
20 g Butter
Pfeffer
Salz

8 fingerdick geschnittene Lammkoteletts werden mäßig geklopft, gesalzen, gepfeffert und in wenig sehr heißem Fett goldfarben überbraten. Nach dem Auskühlen wird je eine Seite der Koteletts dünn mit glattgerührter, gebratener Gansleber oder Gansleberpastete bestrichen. Dann taucht man die Stücke zuerst in Mehl, dann in zerklopftes Ei und schließlich in Semmelbrösel. In fingerdick gut erhitztem Fett werden die Koteletts kurz vor Tisch von beiden Seiten goldfarben gebacken und nach dem Anrichten mit nußbraun ausgelassener Butter beträufelt.
Als Beilage reicht man Kastanienpüree.

ENGLISCHE LAMMKOTELETTS MIT ERBSEN

4 Portionen

8 Lammkoteletts à 60–80 g
500 g Zuckererbsen
60 g Fett
20 g Butter
Petersilie
Pfefferminzkraut
1 Teelöffel Zucker
Pfeffer
Salz

8 daumendick geschnittene Lammkoteletts werden halbfingerdick geklopft, gesalzen, leicht gepfeffert und dann in 60 Gramm Fett langsam von beiden Seiten zu schwacher Farbe überbraten und vom Fett genommen, Etwas Bratfett abgießen, 20 Gramm Butter, 500 Gramm vorgekochte Zuckererbsen, 1 Teelöffel Zucker, 1 Prise gehackte Petersilie, Salz nach Bedarf und etwas gehacktes Pfefferminzkraut beigeben und gut durchschwenken. Mit ein wenig Wasser oder Suppe saftig aufgießen, die Koteletts einbetten und einige Minuten dünsten lassen. Für Tisch werden die Koteletts herausgehoben, angerichtet und mit den Erbsen beidseitig eingefaßt.
Als separate Beilage passen frisch gebackene Waffelkartoffeln.
Foto Seite 309.

MARENGOLAMM ODER -KITZ

4 Portionen

600 g Lamm- oder Kitzfleisch
Knoblauch
60 g Fett
1 mittelgroße Zwiebel
2 Champignons
20 g Butter
1 Eßlöffel Tomatenmark
1 gehäufter Teelöffel Mehl
1/2 Lorbeerblatt
weißer Pfeffer
Salz

600 Gramm ausgelöstes Lamm- oder Kitzfleisch wird in kleinere Ragoutstücke geschnitten und mit Salz und weißem Pfeffer sowie einer Spur zerriebenem Knoblauch etwas abgemischt. Dann röstet man das Fleisch in 60 Gramm Fett auf großer Hitze zu einiger Bratfarbe und hebt es sogleich vom Fett. Im Bratrückstand röstet man 1 mittelgroße feinstgehackte Zwiebel goldgelb, schwitzt 2 feinblättrig geschnittene Champignons und 20 Gramm Butter kurz mit, gibt 1 Eßlöffel Tomatenmark und 1 gehäuften Teelöffel Mehl dazu und röstet wieder kurz durch. Schließlich wird mit Wasser zu einer mollig-flüssigen Sauce aufgegossen und aufkochen gelassen, bevor man das Fleisch einlegt und zugedeckt langsam weich dünsten läßt. Dabei läßt man 1/2 Lorbeerblatt ein paar Minuten mitdünsten.
Als Beilage passen in Butter erhitzte Spaghetti, bestreut mit geriebenem Parmesan, und Zuckererbsen.

LAMM- ODER KITZRAGOUT FRÜHLINGSART

4 Portionen

600 g Lamm- oder Kitzfleisch
1 gehäufter Teelöffel Mehl
50 g Fett
50 g Zwiebel
50 g Champignons
Petersilie
1 Eßlöffel Tomatenmark
Knoblauch
200 g Spargelspitzen
100 g Zuckererbsen
20 g Butter
Zucker
Kümmel
Pfeffer
Salz

Das Fleisch wird in kleinere Ragoutstücke geschnitten, gesalzen, gepfeffert und mit 1 gehäuften Teelöffel Mehl gut vermengt. Dann röstet man in 50 Gramm Fett 50 Gramm feingehackte Zwiebel blaßgelb an, fügt das Fleisch hinzu, das unter Rütteln und Lockern steif geröstet wird. Nun gibt man die blättrig geschnittenen Champignons, eine Prise gehackte Petersilie und Kümmel, 1 Eßlöffel Tomatenmark und erbsgroß zerdrückten Knoblauch bei. Nachdem man alles zusammen wieder ein Weilchen schwitzen ließ, gießt man mit Wasser zu einer dünnflüssigen Sauce auf und läßt das Fleisch darin kernig weich dünsten. Indessen legt man die gleichlang zurechtgeschnittenen Spargelköpfe in kochendes Salzwasser, dem eine Spur Zucker beigesetzt ist, kocht den Spargel weich und seiht ihn ab. Frische Zuckererbsen werden ebenso wie der Spargel gekocht. Wenn das Fleisch fast vollkommen weich ist, rührt man die Erbsen ein und dünstet vollends fertig. Das Ragout wird samt der Sauce in einer tiefen Schüssel angerichtet. Inzwischen hat man die Spargelstückchen in 20 Gramm Butter mit ganz wenig Salz, Zucker und Petersilie erhitzt und ordnet sie gehäuft auf das Ragout.

Dazu serviert man Risottoreis, der mit geriebenem Parmesan abgeschmeckt wurde.

GEBACKENES LÄMMERNES ODER KITZ

4 Portionen

600–800 g Lamm- oder Kitzfleisch
Mehl
2 Eier
Öl
Semmelbrösel (Paniermehl)
Backfett
Zitronenspalten
Petersilie
Salz

Zum Backen eignet sich jedes Stück der beiden Fleischgattungen. Man hat nur darauf zu achten, daß, je dicker und knochiger ein Fleischstück ist, es entsprechend längere Zeit braucht, um durchbacken zu können. Gewöhnlich rechnet man pro Portion 3 kleine Stücke Fleisch im Gesamtgewicht von 150 bis 200 Gramm. Dabei sollte jede Portion aus 1 knochigen und 2 fleischigen Stücken bestehen. Die Fleischstücke werden gesalzen, gut bemehlt und durch geklopfte Eier gezogen, denen je Ei eine halbe Eischale voll Wasser und 1 Teelöffel Öl untermischt sind. Dann werden die Stücke einzeln in lichte Semmelbrösel gehüllt, die aber nicht angeklopft werden dürfen. In genügend viel und gerade so heiß gemachtem Backfett, daß eine naßgemachte Gabelspitze ein leichtes Zischen verursacht, wird das Panierte eingelegt und beidseitig goldblond gebacken. Besonders dicke Stücke, wie beispielsweise vom Rücken, sticht man mit einem spitzen Messer ein, drückt dabei das Fleisch ein wenig zur Seite, um besser konstatieren zu können, ob das Fleisch genügend durchgebacken ist. Zeigt sich noch ein rosiger Schimmer, muß das Stück noch kurze Zeit weitergebacken werden. Dringt hingegen wasserheller Saft aus, dann kann abgetropft angerichtet werden. Mit Zitronenspalten und Petersilie garnieren.

Geflügel

Unter Geflügel versteht man das Hausgeflügel, also Hühner, Enten, Gänse, Truthühner und Tauben.
Die Hühner zerfallen in Back- und Brathühner, Poularden, Kapaunen und Suppenhühner. Die Backhühner stellen das jüngste und zarteste Geflügel dar. Brathühner wiegen ca. 1 Kilogramm, Poularden sind gemästete Hennen, Kapaunen hingegen gemästete und verschnittene Hähne. Als Suppenhühner bezeichnet man vollständig erwachsene Hühner, die aber, je älter sie sind, ein um so härteres und zähes Fleisch aufweisen, doch liefern sie eine ausgezeichnete Suppe.
Von den Enten und Gänsen ist der junge Enten- oder Gänsebraten sehr geschätzt, weit ausgiebiger ist natürlich das Fleisch von erwachsenen und überdies gemästeten Tieren.
Ob ein Geflügel jung ist, erkennt man bei den Hühnern an den hellroten Kämmen und dem schmiegsamen Brustknorpel; Enten und Gänse weisen hellgelbe Füße auf, deren Schwimmhäute sich leicht zerreißen lassen. Außerdem läßt sich der obere Teil des Schnabels leicht nach aufwärts brechen. Truthühner müssen einen noch schmiegsamen Brustknorpel und ferner nicht zu dunkelrot gefärbte Lappen an Kopf und Kehle aufweisen.

Küchenmäßiges Vorrichten von Geflügel

In erster Linie sind alle noch vorhandenen Federn und Stifteln, das sind die oft in der Haut steckengebliebenen Federkielhülsen, von jedem Geflügel sorgfältig zu entfernen. Dann werden die feinen Härchen über offener Flamme vollständig abgesengt. Das Geflügelklein, das sind Hals, Flügel und Füße, wird von sämtlichem Geflügel gesondert geputzt. Eine Ausnahme machen nur die Backhühner, denen nur die Füße knapp unter dem Kniegelenk abgehackt werden. Die Flügel werden abgesetzt, so daß das erste Flügelglied noch am Körper bleibt. Die Halshaut schneidet man längs der Rückenseite auf und hackt Hals mit Kopf knapp am Körper ab; darauf noch die Haut vom Kopf trennen. Eine Ausnahme machen die Gänse, wenn der Hals für gefüllten Ganskragen verwendet werden soll. In diesem Fall darf die Haut nicht längs aufgeschnitten werden. Die Füße werden bei allem Hausgeflügel knapp unter dem Kniegelenk abgehackt. Sämtliches Geflügel wird zum Ausnehmen vom After bis fast zum Brustknorpel aufgeschnitten. Von der Halsseite werden mit dem Finger Luft- und Speiseröhre gelockert, und nun entfernt man die Innereien vorsichtig von der Afterseite her. Bei Fettgänsen und Enten trachtet man, den Fettpanzer, der den ganzen Hohlraum mit der Leber ausfüllt, durch vorsichtiges Ablösen rundum vom Fleisch in einem Stück herauszubekommen. Von der Leber wird sofort die Galle entfernt. Dann wäscht man das Geflügel, trocknet es und bindet, „dressiert“, es nach dem entsprechenden Würzen.

Das Binden (Bridieren, Dressieren) von Geflügel

Um dem Geflügel bessere Form zu geben und es besser tranchieren zu können, wird es mittels Dressiernadel und Schnur gebunden.

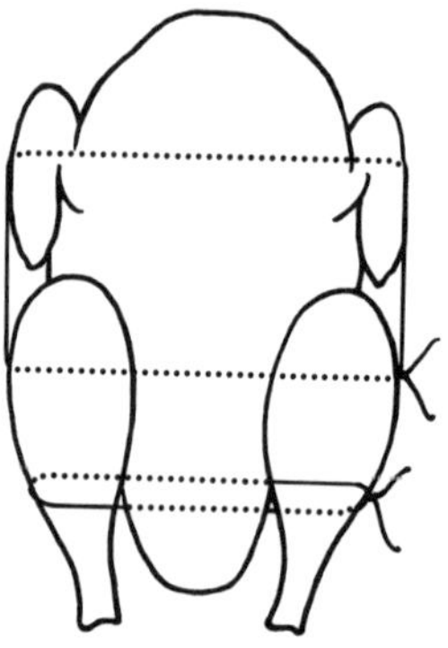

Abbildung a

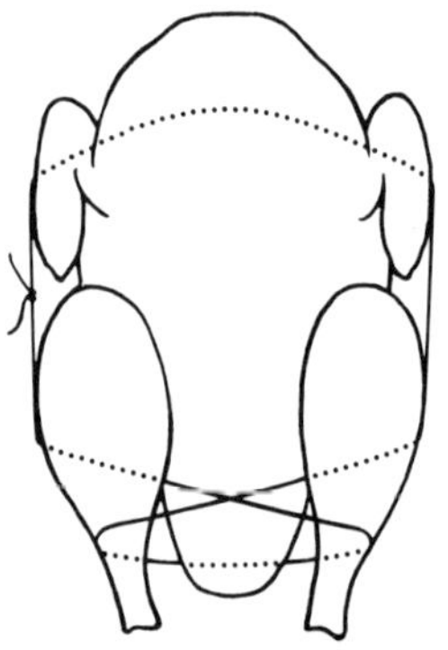

Abbildung b

Zuerst werden beide Flügel und die Halshaut an den Körper geheftet, dann wie ersichtlich die beiden Schenkel durchstechen, die Schnur straffen und verknoten. Oberhalb des Beinendes durch die Bauchhaut stechen, unterhalb der Beine zurückstechen und straff zusammenknoten (Abbildung a).

Einfacher und ohne Nadel wird nach Abbildung b gebunden: Eine ca. 70 Zentimeter lange Schnur wird unter Beine und Körper gelegt. An beiden Enden hochheben und, wie auf der Zeichnung ersichtlich, kreuzen. Dabei die Schnur jeweils unter dem Schenkel zum Flügel führen. Nun ein Schnurende zwischen Halsstumpf, Körper und Halshaut legen und mit dem anderen Ende straff zusammenziehen und verknoten.

BRATHUHN

2–4 Portionen

1 mittelgroßes junges Huhn
2 Eßlöffel Fett
20 g Butter
Salz

Von einem sauber gereinigten Huhn mittlerer Größe entfernt man Kopf mit Hals, die Flügel bis zum ersten Gelenk und die Füße knapp unter dem Kniegelenk. Dann von innen nach außen salzen und so binden oder „dressieren", daß die Schenkel eng an den Körper gepreßt sind. Mit der Brust nach unten in eine erhitzte und am Boden mit Fett bedeckte Pfanne legen. Im ziemlich heißen Rohr brät man das Huhn unter häufigem Begießen und Wenden 30 bis 35 Minuten von allen Seiten goldbraun fertig. Jeder Wasserzuguß während des Bratens ist streng zu vermeiden. Das Huhn ist dann durchgebraten, wenn einige Tropfen wasserheller Saft aus dem Inneren hervortreten, sobald man es mit der Hinterseite nach abwärts hochhebt. Nach 5 Minuten langem Liegen auf dem Schneidbrett wird das Huhn zuerst der Länge nach halbiert, dann werden die Schenkel im Gelenk abgetrennt und die Brüste in zwei oder drei schräg zum Flügelknochen verlaufende Schnitten geteilt. Mit dem Rücken gegeneinander legt man die Brüste auf eine Anrichteplatte, legt die Schenkel an ihren ursprünglichen Stellen auf und betropft alles mit ein wenig Saft. Der übrige Saft wird in einer Saucenschüssel extra gereicht. Zur Herstellung des Bratensaftes wird das Bratenfett zu drei Viertel abgegossen, der Bratensatz zur Braunfärbung erhitzt, 20 Gramm Butter beigegeben und aufgeschäumt, mit Wasser zu kurzem, goldbraunem Saft aufgegossen und verkocht, geseiht und nochmals aufgekocht.

Bratfertig vorgerichtete *Hühnerkeulen* sind auf die gleiche Weise zuzubereiten.

GEFÜLLTES BRATHUHN

2–4 Portionen

1 mittelgroßes junges Huhn
1 Semmel
50 g Butter
Petersilie
1 Eidotter
Muskatnuß
Salz

Vom küchenfertig vorgerichteten Huhn die Halshaut knapp hinter dem Kopf durchschneiden, zurückschieben und den nackten Hals knapp an der Brust abhacken. Mit zwei Fingern löst man vorsichtig die Brusthaut vom Brustfleisch so los, daß ein möglichst großer Hohlraum entsteht, der aber außer der Füllöffnung keine anderen Löcher aufweist. Zur Fülle wird 1 abgerindete Semmel eingeweicht, gut ausgedrückt, mit 20 Gramm Butter, etwas Salz, gewiegter Petersilie, Muskatnuß und 1 Eidotter abgerührt. Diese Fülle drückt man in den Hohlraum, vernäht die Öffnung und brät das Huhn wie im Rezept vorher. Anstelle des Fettes wird aber Butter genommen, außerdem wird langsamer gebraten (bei weniger Hitze), dafür ca. 45 Minuten. Damit die Fülle beim Aufschneiden nicht zerquetscht wird, schneidet man die Haut zuerst mit einer Schere auf.

Statt mit einer Semmelfülle kann auch mit den bei gefüllter Kalbsbrust angegebenen Füllen gearbeitet werden. Die Semmelfülle kann mit kleinwürfelig geschnittener, in Butter angeschwitzter Hühnerleber oder blättrig geschnittenen Champignons verbessert werden.

BRATHUHN MIT CHAMPIGNONS

2–4 Portionen

1 mittelgroßes junges Huhn
20 g Champignons
2 Eßlöffel Fett
20 g Butter
$1/2$ Teelöffel gehackte Petersilie
Salz
Garnitur
kugelige Bratkartoffeln

Die Zubereitung erfolgt wie bei Brathuhn, man gibt aber vor dem Braten Champignonreste (z. B. Stiele) in das Innere. Das fertige, aufgeschnittene Huhn wird in einen feuerfesten Topf geordnet, in der Bratbutter röstet man 10 Gramm blättrig geschnittene Champignons und $1/2$ Teelöffel gehackte Petersilie kurz an, ehe mit Wasser zu kurzem Saft vergossen und verkocht wird, mit dem man dann das Huhn überzieht, rundum mit kugelig ausgestochenen Bratkartoffeln umlegt und zugedeckt einmal aufdämpfen läßt.

Englische Lammkoteletts mit Erbsen; Waffelkartoffeln (Rezepte Seiten 302, 384).

BRATHUHN IN DER KASSEROLLE

2–4 Portionen

Zutaten wie bei Brathuhn mit Champignons

Garnitur

kugelige Bratkartoffeln

Kohlsprossen (Rosenkohl) mit Butter

glasierte Schalotten

Fisolen (grüne Bohnen) mit Butter

glasierte Karotten

sautierte Champignons

Zuckererbsen mit Butter

Das wie Brathuhn mit Champignons zubereitete Huhn wird aufgeschnitten in ein feuerfestes Geschirr geordnet. Man umlegt mit der Garnitur in Häufchenform, übergießt das Huhn mit dem Champignonsaft, deckt das Ganze zu und läßt einmal aufdämpfen.

Foto Seite 310.

GEBRATENE POULARDE ODER KAPAUN

4 Portionen

1 Poularde bzw. Kapaun

2 Eßlöffel Fett

20 g Butter

Salz

1 Poularde oder 1 Kapaun, sauber geputzt, wird genauso vorgerichtet und nur mit Fett und ohne jeden Wasserzusatz goldfarben gebraten wie das Brathuhn. Die Bratdauer für Poularden, die etwas kleiner als Kapaune sind, beträgt rund 1 Stunde, die der Kapaune 1 bis 1¼ Stunden. Eine normal große Poularde reicht leicht für 4, ein Kapaun für 4 bis 6 Portionen. Das Zerteilen erfolgt wie bei Brathuhn oder man trennt zuerst die Schenkel ab, dann trennt man die Brüste vom Rücken, der einmal durchgehackt als Unterlage dient. Darüber legt man die in schräge Filets aufgeschnittenen Brüste und ordnet die ebenfalls schön zerteilten Schenkel oder Keulen formschön an. Das Ganze wird mit ein wenig Saft betropft, während der übrige Saft extra serviert wird.

> Das tischfertig auf einer genügend großen Platte angerichtete Masthuhn kann mit feinen Gemüsen, wie gratiniertem Karfiol, Zuckererbsen, Karotten, Fisolen und gefüllten Champignons, schön garniert werden.

Brathuhn in der Kasserolle, kugelige Bratkartoffeln, Kohlsprossen mit Butter, glasierte Schalotten, Fisolen mit Butter, glasierte Karotten, sautierte Champignons, Zuckererbsen mit Butter (Rezepte Seiten 311, 378, 409, 419, 402, 406, 420, 401).

GEFÜLLTE POULARDE ENGLISCHE ART

4–6 Portionen

1 Poularde
Poulardenleber
120 g Selch-(Räucher)fleisch
100 g Kalbsnierenfett
20 g Butter
1 kleine Zwiebel
Petersilie
weiße Semmelbrösel (Paniermehl)
2 Eier
Bratfett
Muskatnuß
Majoran
Pfeffer
Salz

In 20 Gramm Butter wird 1 kleine feingehackte Zwiebel gelbgeschwitzt, mit einer Prise gehackter Petersilie versetzt und dann zu 120 Gramm feinfaschiertem rohem Selchfleisch, 100 Gramm grobgehacktem Kalbsnierenfett und der geschabten Masthuhnleber gegeben. Das Ganze vermischt man mit weißen Semmelbröseln zu einer eher weichen Masse, würzt sie mit etwas Salz, Majoran, Muskatnuß und Pfeffer, arbeitet 2 ganze Eier darunter und füllt dies in das Innere einer mit Salz und Majoran ausgestreuten Poularde. Man vernäht die Füllöffnung, salzt die Poularde auch von außen und brät sie mit Fett übergossen im mittelheißen Bratrohr langsam 1½ Stunden goldbraun. Die durch das Braten steifgewordene Fülle wird beim Aufschneiden in Scheiben geschnitten, das Fleisch darüber geordnet und mit dem kurz vergossenen Bratensaft überzogen.

BACKHUHN

2–4 Portionen

1 junges Huhn
Mehl
Ei
Milch
Öl
Semmelbrösel (Paniermehl)
Backfett
Petersilie
Zitronenspalten
Salz

Kleine Backhühner sind für 2, größere für 3 bis 4 Portionen berechnet. Ein sauber gereinigtes junges Huhn wird der Länge nach halbiert und jede Hälfte wieder geteilt, so daß 2 vordere und 2 hintere Viertel entstehen. Zu betonen ist, daß die Haut bei einem richtigen Backhuhn nicht abgezogen werden darf. Nur bei größeren Hühnern kann man, muß aber nicht, die Haut abziehen. Hühner, deren Haut schon zäh ist, sollten als Backhühner überhaupt nicht verwendet werden. Die vorgerichteten Fleischstücke werden leicht mit Salz eingerieben und vollständig bemehlt. Für die Panier verschlägt man je Ei eine halbe Eischale voll Milch, etwas Salz und 1 Teelöffel Öl, überzieht damit Stück um Stück und hüllt sie dann, ohne zu drücken oder anzuklopfen, in lichte, nicht zu feine Semmelbrösel ein. In einer Pfanne läßt man gut zwei Finger dick Backfett gerade so heiß werden, daß eine naßgemachte Gabelspitze ein leises Zischen verursacht, legt die Hühnerstücke mit der schönen Seite nach unten ein, backt zu einer goldblonden Farbe, dreht um und backt flott fertig. Ein zweimaliges Wenden im Fett ist unbedingt zu unterlassen, da sonst die Bröseldecke aufweicht und abfällt. Leber und Magen werden, da sie weniger lang brauchen, entweder später dazugelegt oder früher vom Fett genommen. Um das unangenehme Spritzen der Leber zu verhindern, durchsticht man sie roh einige Male mit einer Gabel. Bei ganz jungen Backhühnern beträgt die Backzeit 8 bis 10 Minuten, bei größeren entsprechend länger. Ein Backhuhn verliert aber viel von seiner Saftigkeit und damit sehr an Qualität, wenn es zu lang gebacken wird. Im Zweifel schneidet man den Schenkel im Gelenk ein wenig ein, und wenn sich nichts Blutiges mehr zeigt, dann sofort vom Fett nehmen. Zum Backhuhn gehört gebackene Petersilie. Als weitere Garnierung dienen Zitronenspalten.

SAUTIERTES HUHN

2–4 Portionen

1 mittelgroßes junges Huhn
Mehl
Fett
20 g Butter
Salz

Ein sauber geputztes Brathuhn wird roh geviertelt, mit Salz eingerieben, an der Hautseite bemehlt und mit der bemehlten Seite nach unten in eine Pfanne mit heißem Fett gelegt und von beiden Seiten nicht zu rasch goldfarben gebraten. Zum Durchziehen stellt man es noch ein Weilchen ins heiße Rohr, bis aus einem Gabeleinstich ein wasserheller Tropfen ausdringt. Das Bratfett abgießen, dafür 20 Gramm Butter aufschäumen und das Huhn anrichten. Erst dann gießt man mit Wasser zu kurzem, gut verkochtem Saft auf, mit dem das Geflügel überzogen wird.

SAUTIERTES HUHN MIT CHAMPIGNONS

2–4 Portionen

1 mittelgroßes junges Huhn
100 g Champignons
Mehl
Fett
30 g Butter
Petersilie
Salz

Die Zubereitung erfolgt wie bei sautiertem Huhn. Zum Schluß werden in der aufgeschäumten Butter 100 Gramm blättrig geschnittene Champignons geröstet, mit wenig Wasser aufgegossen, kurz verkocht und die angerichteten Hühnerstücke damit übergossen. Mit gehackter Petersilie überstreuen.

2–4 Portionen

PAPRIKAHUHN

1 junges Huhn
80 g Fett
1 mittelgroße Zwiebel
1 Teelöffel Tomatenmark
40 g Selch(Räucher)speck
4 Eßlöffel Sauerrahm
20 g Mehl
2 Teelöffel Paprika
Salz

Ein geviertelte junges Huhn wird gesalzen und in 80 Gramm Fett von allen Seiten rasch angebraten. Im selben Fett röstet man 1 mittelgroße feingehackte Zwiebel hellgelb, würzt mit 2 Teelöffel Paprika und 1 Teelöffel Tomatenmark. Mit 1/2 Liter Suppe oder Wasser aufgießen. Darin dünstet man das angebratene Huhn weich, legt die Stücke dann in eine reine Kasserolle, wo sie mit 40 Gramm kleinwürfelig geschnittenem, goldgelb geröstetem Selchspeck übergossen werden. 4 Eßlöffel Sauerrahm mit etwas Wasser und 20 Gramm Mehl verrühren und damit den Dünstfond binden, über das Huhn passieren und alles noch kurze Zeit dämpfen lassen.
Als Beilage dienen Haluska oder Nockerln.

Knoblauch und Zitronenschale können mitgedünstet werden.

2–4 Portionen

EINGEMACHTES HUHN

1 junges Huhn
100 g Wurzelwerk
1/2 kleine Zwiebel
40 g Mehl
40 g Butter
Zitronensaft
Karfiol(Blumenkohl)-röschen
2 Eßlöffel Erbsen
Lorbeerblatt
Muskatnuß
Salz

Das gut gereinigte Huhn halbieren und in 1 Liter kochendes Wasser einlegen, leicht salzen, ein kleines Stück Lorbeerblatt, geputztes Wurzelwerk und Zwiebel beifügen und langsam gar kochen. 40 Gramm Mehl in 40 Gramm Butter gelbschwitzen, vergießen und mit der geseihten Suppe zu einer glatten, nicht zu dünnen Sauce verkochen, in die das in Viertel geteilte Huhn eingelegt wird. Alles noch ein Weilchen dämpfen, nachdem mit Zitronensaft und Muskatnuß mäßig nachgewürzt wurde. Weiters fügt man noch einige kleine gekochte Karfiolröschen und 2 Eßlöffel gekochte grüne Erbsen bei. Man kann auch das mitgekochte Wurzelwerk, in Würfel zerschnitten, in die Sauce geben.

Das Gericht kann durch das Verschlagen von 2 Eidottern und 1/16 Liter Obers (Süßrahm) verfeinert werden, doch darf es dann nicht mehr kochen.

GEFLÜGELRISOTTO

4 Portionen

Hühnerklein
(Flügel, Hals, Magen
und Leber)
von 2 jungen Hühnern
300 g Reis
80 g Fett
1 mittelgroße Zwiebel
1–2 Champignons
Parmesan
Pfeffer
Salz

Das Hühnerklein wird sauber geputzt und gewaschen. Flügel und Hals zerlegt man in Stückchen, Magen und Leber werden dickblättrig geschnitten, das Ganze mit Salz und Pfeffer gewürzt und in 80 Gramm Fett über starker Hitze zu einiger Farbe geröstet. Dann nimmt man das Fleisch vom Fett und röstet darin 1 mittelgroße, feingehackte Zwiebel gelb, fügt 300 Gramm auf einem Tuch trockengewischten Reis hinzu und röstet langsam weiter, bis der Reis glasig erscheint. Nun streut man 1 bis 2 blättrig geschnittene Champignons ein, würzt mit ein wenig Pfeffer, fügt nach abermaligem kurzen Rösten das Geflügeljunge bei und gießt mit 1/2 Liter Wasser oder Suppe (die man aus Kopf und Füßen des Geflügels gekocht hat) auf. Den Risotto läßt man rasch aufkochen und dann zugedeckt langsam ausdünsten, bis der Reis körnig zerfällt. Dabei darf nur ab und zu mit einer Gabel aufgelokkert werden. Für Tisch in wasserbenetzte Portionsschalen pressen, stürzen und mit einem Häufchen geriebenem Parmesan besetzen.
Als Beilage dient grobnudelig geschnittener pikanter Endiviensalat.

Das Geflügelklein von älteren Hühnern muß nach dem Anrösten ein wenig aufgegossen und vorgedünstet werden, damit es nicht zu hart bleibt.

HÜHNERLEBER MIT ZWIEBEL

4 Portionen

400 g Hühnerleber
2 mittelgroße Zwiebeln
60 g Fett
40 g Butter
etwas Suppe
Majoran
Pfeffer, Salz

In 60 Gramm heißem Fett werden 2 mittelgroße, feinnudelig geschnittene Zwiebeln blaßgelb geröstet, 400 Gramm Hühnerleberstückchen dazugegeben und flott durchgeröstet. Gewürzt wird mit Salz, Pfeffer und ganz wenig Majoran. Das Fett vollständig abgießen, mit 40 Gramm Butter nochmals scharf anbraten, mit ein wenig Suppe aufgießen, einmal aufdämpfen lassen und sofort servieren.

Hühnerleber mit Zwiebel kann im Reisring angerichtet werden.

> Verbessert wird das Gericht, wenn anstelle von Suppe mit 1/4 Liter brauner Sauce aufgegossen und mit etwas Madeira abgeschmeckt wird. Allerdings wird dann kein Majoran verwendet.

Ente 4 Portionen
Gans 6–8 Portionen

ENTE ODER GANS, GEBRATEN

1 junge Ente oder Gans
80 g Fett
20 g Butter
Salz

Nachdem eine junge Ente bzw. Gans sauber ausgenommen, gereinigt, von innen und außen mit Salz eingerieben und mit Bindfaden formgerecht dressiert wurde, legt man das Geflügel mit der Brust nach unten in ein passendes, nicht zu großes Bratgeschirr, begießt mit 80 Gramm flüssigem Fett und brät bei guter Hitze unter öfterem Begießen zuerst den Rücken goldgelb, dreht dann um und brät unter öfterem Begießen mit dem Eigenfett zu goldbrauner Farbe fertig. Das Fleisch ist dann genügend gebraten, wenn beim Hochhalten des Geflügels mit dem Hinterteil nach abwärts aus dem Inneren einige wasserhelle Tropfen rinnen. Die Bratdauer für eine junge Ente beträgt etwa 3/4 Stunden, für eine junge Gans etwa 1 1/2 Stunden. Beim Braten ist jeder Wasserzuguß streng zu vermeiden. Während das Geflügel ein Weilchen zum Überkühlen auf dem Brett liegenbleibt, gießt man den größten Teil des Bratfetts ab, läßt in der Pfanne 20 Gramm frische Butter heiß aufschäumen und vergießt mit Wasser zu einem goldbraunen, dünnen, kräftigen Saft, der nach gutem Verkochen geseiht wird. Das Teilen von Ente und Gans erfolgt so, daß man zuerst der Länge nach halbiert, dann jede Hälfte in Brust und Keule teilt und die Viertel in beliebig schöne Stücke schneidet. Als Leckerbissen gilt die Brust, die wohl nur wenig Fleisch aufweist, aber von vielen wegen der weichen Knorpel geschätzt wird. Das tischfertig angerichtete Geflügel wird mit einem Teil des Saftes übergossen, der übrige Saft wird extra serviert.

Passende Beilagen sind Gurkensalat, heuriger Krautsalat, gedünstetes Kraut und heurige Kartoffeln oder Knödel.
Foto Seite 327.

> Nach Wunsch kann die Bauchhöhle mit ungeschälten, ausgestochenen Äpfeln gefüllt bzw. das Innere des Geflügels mit Majoran leicht eingerieben werden.
> Richtig knusprig wird die Ente oder Gans, wenn gegen Ende der Bratzeit mit dem wasserlosen, ausgebratenen Eigenfett häufig begossen wird.

ENTE, MIT NUDELN GEFÜLLT

4 Portionen

1 junge Ente
120 g Bandnudeln
2 Eier
80 g Butter
Petersilie
80 g Fett
Muskatnuß
Salz

120 Gramm Bandnudeln kocht man in Salzwasser 6 bis 8 Minuten, seiht und frischt sie ab und läßt sie gut abtropfen. Inzwischen schlägt man über heißem Wasserbad 2 ganze Eier, 60 Gramm Butter, eine Prise Salz und Muskatnuß zu schaumiger Masse, rührt die Nudeln und etwas gehackte Petersilie darunter und füllt dies in das Innere einer vorbereiteten, gut gewürzten Ente. Nach dem Vernähen und Dressieren wird das Geflügel so wie im Rezept für Ente gebraten. Durch die Fülle erhöht sich die Bratdauer. Die durch die Hitze gestockte Nudelfülle dient beim Anrichten, in kleinfingerdicke Scheiben aufgeschnitten, als Unterlage für das Fleisch.

> *Ente mit Semmelfülle* wird mit Salz und Majoran ausgestreut, mit einer Semmelfülle wie bei gefüllter Kalbsbrust vollgefüllt, vernäht und gebraten.

4 Portionen

GEFÜLLTE ENTE MIT LEBER

1 junge Ente
Entenleber
150 g Schweinefleisch
100 g Kalbsleber
1 Semmel
1 Ei
Petersilie
2 Eßlöffel grüne Erbsen
40 g Butter
80 g Fett
Muskatnuß
Pfeffer
Salz

Das Füllen und Braten erfolgt wie bei Ente, mit Nudeln gefüllt. Die Fülle besteht aus 150 Gramm Schweinefleisch, das mit 100 Gramm Kalbsleber und 1 eingeweichten, gut ausgedrückten Semmel fein faschiert wird. Das Faschierte wird mit 1 Ei, Salz, Pfeffer, Muskatnuß und Petersilie gut abgearbeitet. Zum Schluß mischt man 2 Eßlöffel gekochte grüne Erbsen und die würfelig geschnittene, in etwas Butter steif geröstete Entenleber bei.

6–8 Portionen

GANSBRATEN MIT ÄPFELN UND KASTANIEN

1 junge Gans
2 Äpfel
200 g geschälte Edelkastanien
40 g Butter
80 g Fett
Majoran
Salz

Eine sauber vorgerichtete junge Gans wird mit Salz und Majoran ausgestreut, mit geschälten, geviertelten rohen Äpfeln und mit gleich viel geschälten, in 20 Gramm Butter halb weich vorgebratenen Kastanien vollgefüllt und so wie im Rezept für Gans gebraten. Für Tisch wird die Fülle als Unterlage verwendet oder gehäuft angerichtet und das Fleisch schön rundum gelegt.

4 Portionen

GANSBRATEN MIT WEINKRAUT

4 gebratene Gansstücke à 200 g
400 g Sauerkraut
60 g Selch(Räucher)speck
1 mittelgroße Zwiebel
Weinessig
Knoblauch
1/8 l Weißwein
1 Eßlöffel Zucker
Kümmel
Salz

Reste von Gansbraten können als Weinkrautgans aufgetischt werden. 60 Gramm würfeligen Selchspeck läßt man gelb anlaufen, röstet darin 1 mittelgroße, nudelig geschnittene Zwiebel goldgelb und fügt 1 Eßlöffel Zucker bei. Wenn dieser zu schmelzen beginnt, wird mit etwas Weinessig abgelöscht. Nun gibt man 400 Gramm rohes, gewaschenes und kurz geschnittenes Sauerkraut dazu, würzt mit Salz, Kümmel und erbsgroß zerdrücktem Knoblauch, gießt bis fingerbreit zur Krauthöhe mit Wasser und knapp 1/8 Liter Weißwein auf, steckt die gebratenen Gansstücke in das Kraut und läßt alles zugedeckt langsam weich dünsten.

4 Portionen

GANSBIEGEL MIT RITSCHER

1 Paar Ganskeulen
250 g gelbe Erbsen
100 g grüne Erbsen
125 g Graupen
Gansfett
1 mittelgroße Zwiebel
1 Teelöffel Tomatenmark
Knoblauch
Paprika
weißer Pfeffer
Salz

1 Paar schöne Ganskeulen reibt man mit Salz und weißem Pfeffer ein, legt sie in halbfingerdick heißes Gansfett und brät sie langsam zu goldbrauner Farbe. Vorher hat man schon 250 Gramm über Nacht geweichte ganze gelbe Erbsen in purem Wasser weich gekocht. Ebenso kocht man 125 Gramm grobe Graupen in reichlich Salzwasser weich, schwemmt sie kalt ab und läßt abtropfen. Im Bratfett röstet man 1 mittelgroße, feingehackte Zwiebel gelb, würzt mit einer starken Messerspitze Paprika, 1 Teelöffel Tomatenmark und haselnußgroß zerdrücktem Knoblauch und mischt nach kurzem Durchschwitzen die zum Teil nur abgeseihten Erbsen und die vollkommen abgetropften Graupen darunter, so daß das Ganze suppig gebunden erscheint. Darin werden die vorgebratenen Ganskeulen eingebettet, 100 Gramm frische grüne Erbsen beigefügt und das Ganze zugedeckt langsam weich gedünstet. Die Keulen werden mit dem Ritscher überdeckt aufgetragen.

4 Portionen

GANSLEBER, GEBRATEN

480 g Gansleber
Mehl
100 g Butter
Paprika
Pfeffer
Salz

Je Portion berechnet man 3 kleinfingerdicke Scheibchen Fettgansleber im Gesamtgewicht von 120 Gramm. Die Leber wird nur so viel geklopft, daß sie gleich dick ist. Gewürzt wird mit Salz und Pfeffer oder nach Belieben Paprika. An der schönen Seite in Mehl tauchen, mit der bemehlten Seite nach unten in 100 Gramm klar aufgeschäumte Butter legen und bei schwacher Hitze von beiden Seiten zu goldbrauner Farbe braten. Nachdem die Leber angerichtet wurde, vergießt und verkocht man das Bratfett mit Suppe oder Wasser zu kurzem Saft, mit dem die angerichtete Gansleber überzogen wird.

GANSLEBER FEINSCHMECKER-ART

4 Portionen

400 g Gansleber
2 Sardellen
60 g Schinken
20 g Mehl
60 g Butter
2 Champignons
etwas Suppe
Pfeffer
Salz

400 Gramm Gansleber wird in kleinfingerdicke Scheiben aufgeschnitten, in die man kurze, dicklich geschnittene Stückchen von Sardelle und gekochtem Selchfleisch oder Schinken eindrückt. Dann wird die Gansleber leicht gesalzen, schwach gepfeffert, an der schönen Seite bemehlt und zuerst mit der bemehlten Seite nach unten in 60 Gramm klar ausgelassener, nicht zu heißer Butter langsam beidseitig goldfarben gebraten. In der Bratbutter werden 2 feinblättrig geschnittene Champignons angeschwitzt, mit ein wenig Suppe zu dünnem Saft aufgegossen, kurz verkocht und damit die Gansleber überzogen.
Als Beilage dienen kleine gekochte Karfiolröschen mit Bierteig überzogen und in heißem Fett goldfarben gebacken.

GANSLEBER MIT ZWIEBEL

4 Portionen

480 g Gansleber
2 mittelgroße Zwiebeln
10 g Mehl
80 g Fett
40 g Butter
Pfeffer
Salz

Pro Portion werden 3 kleinfingerdick geschnittene Gansleberscheiben mit dem Messerrücken nur so viel geklopft, daß eine gleichmäßige Dicke erzielt wird. Dann würzt man die Gansleber mit dem nötigen Salz, ein klein wenig Pfeffer und taucht sie an der schönen Seite in Mehl. Nun legt man die Leber zuerst mit der bemehlten Seite nach unten in 80 Gramm mäßig erhitztes Fett und brät sie langsam braun. Umdrehen und auch von der anderen Seite langsam braun braten. Dann hebt man die Leber vom Fett und röstet darin 2 mittelgroße, sehr feinnudelig geschnittene Zwiebeln über großer Hitze rasch goldfarben bis hellbraun, läßt alles Fett abtropfen und gibt dafür 40 Gramm Butter zu. Nur ganz kurz durchrösten. Zuletzt wird mit Wasser, Suppe oder Bratensaft zu einem leichtflüssigen Saft aufgegossen, in den man die Leber einlegt und noch 2 bis 3 Minuten im offenen Geschirr ziehen läßt. Für Tisch wird die Gansleber angerichtet und mit dem Zwiebelsaft überzogen.
Als Beilage gedünsteter Reis oder geröstete Kartoffeln.

GEBRATENER INDIAN (Truthahn) MIT ÄPFELN

6–8 Portionen

1 junger Indian (Truthahn)
2–3 Äpfel
120 g Fett
20 g Butter
1 Teelöffel Mehl
Majoran oder Petersilie
Salz

Sollte der Indian beim Kauf nicht schon fertig vorgerichtet sein, so wird er von allen feinen Härchen abgesengt, von Füßen, Flügeln und Hals mit Kopf befreit, kurz kalt gewaschen und mit einem Tuch abgetrocknet. Das Würzen erfolgt mit Salz von innen und außen, innen kann man außerdem mit Majoran oder Petersilie ausstreuen und so wie bei Gänsen 2 bis 3 Äpfel einnähen. Der formgerecht dressierte Indian wird mit der Brust nach unten in eine seiner Größe entsprechende Bratpfanne gelegt, mit 120 Gramm Fett übergossen, nach ca. 15 Minuten Bratzeit auf die andere Brusthälfte gelegt, nach weiteren 15 Minuten umgedreht und unter häufigem Begießen weitergebraten. Gegen Ende der Bratzeit soll aller Eigensaft verdampft sein. Es darf zu dieser Zeit jedoch die Rohrhitze nicht mehr übermäßig sein, da die Bratkruste sonst leicht verbrennen und einen bitteren Saft liefern würde. Wenn ein Gabeleinstich in die Keulen oder in das dicke Brustfleisch die gewünschte Weichheit des Fleisches erkennen läßt, wird der Indian 10 Minuten aufs Brett gelegt, dann so wie eine Gans aufgeschnitten. Den Bratrückstand bräunen, einen Teil Fett abgießen, 20 Gramm Butter und 1 schwachen Teelöffel Mehl beigeben und durchschwitzen. Dann mit Wasser zu einem kräftigen, goldbraunen und dünnen Saft vergießen, tüchtig verkochen und seihen.

Beim Indian ist besonders auf das Alter zu achten. Ist das spitz auslaufende Brustbein noch schmiegsam, kann man mit einem guten Braten rechnen.

GEBRATENER INDIAN (Truthahn) MIT KASTANIEN

10 Portionen

1 junger Indian (Truthahn)
600 g Edelkastanien
1 Teelöffel Selleriegrünes
60 g Butter
80 g Fett
1 Teelöffel Mehl
Salz

Der Indian wird vorgerichtet wie im Rezept vorher und von außen und innen sehr gut mit Salz, innen außerdem mit 1 Teelöffel feingehacktem Selleriegrünem eingerieben. 600 Gramm Edelkastanien werden an einer Seite eingeschnitten, mit kaltem Wasser gerade bedeckt zugestellt, zugedeckt scharf aufgekocht und langsam eine Weile kochen gelassen, bis man die grobe Außen- und die feine Innenschale ohne Schwierigkeit ablösen kann. Die geschälten Kastanien werden in 40 Gramm Butter kurz überröstet und dabei ein wenig gesalzen. Dann füllt man die Kastanien in den Hohlraum des Indians, vernäht die Füllöffnung mit dünnem Faden und legt den Vogel mit der Brustseite nach unten in eine passende Bratpfanne. Darüber gießt man 80 Gramm zerlassenes Fett. Unter ab und zu erfolgendem Übergießen mit dem Bratensaft läßt man zuerst die eine Brusthälfte, dann die andere je 15 Minuten braten. Dann wird der Indian umgedreht und unter immer häufigerem Begießen mit dem goldbraun werdenden Saft weitergebraten, bis ein Nadeleinstich in das Schenkelfleisch die nötige Weichheit anzeigt. Nun wird der Indian von der Pfanne gehoben, das Bratfett mit 20 Gramm Butter und 1 schwachen Teelöffel Mehl kurz durchgeröstet und mit Wasser nach Bedarf zu einem dünnen, kräftigen und fetten Saft aufgegossen, den man kurz verkochen läßt und dann seiht. Das Tranchieren erfolgt mit Hilfe eines großen, scharfen Messers. Zuerst wird der Faden entfernt, dann der Indian an der Brustseite bis zum Hals durchgeschnitten. Die Kastanien herausheben und bergartig auf die Anrichteschüssel ordnen. Nun wird der Indian gänzlich in zwei Hälften geteilt, die in 2 vordere und 2 hintere Viertel zerlegt und schließlich in gefällige Stücke aufgeschnitten werden, die man über die Kastanien ordnet. Mit einem Teil des Saftes das Fleisch überglänzen, den übrigen Saft separat zu Tisch geben.

Als weitere Beilage Endiviensalat oder gemischter Salat, bestehend aus Endivien-, Sellerie- und feinnudelig geschnittenem rohem Rotkrautsalat.

GEBRATENE TAUBE

1 Portion

1 junge Taube
Speckstreifen
Pfeffer
Salz

Eine sauber gerupfte und ausgenommene junge Taube (erkenntlich am schmiegsamen Brustknorpel) wird nur von den Zehen gestutzt, von Hals und Flügeln getrennt, innen und außen mit Salz und Pfeffer eingerieben, nach Belieben an der Brust mit dünnen Speckstreifen gespickt und ohne Wasserzusatz genau wie ein Brathuhn ungefähr 15 bis 18 Minuten in guter Hitze gebraten.

TAUBEN WILDBRETART

4 Portionen

4 Tauben
$^1/_{16}$ l Weinessig
Wurzelwerk
Zwiebelringe
1 Zitronenspalte
1 Knoblauchzehe
Speck
2 Eßlöffel Mehl
$^1/_8$ l Sauerrahm
Lorbeerblatt
Thymian
Wacholderbeeren
Pfeffer
Salz

4 vorgerichtete Tauben werden mit folgender Beize kalt übergossen, 5 Tage kalt gestellt und dabei öfters gewendet: $^1/_2$ Liter Wasser, $^1/_{16}$ Liter Weinessig mit etwas Wurzelwerk, Thymian, Wacholderbeeren, 1 Zitronenspalte und 1 Knoblauchzehe ohne Salz 10 Minuten kochen lassen. Nach dem Beizen werden die Tauben abgetropft, mäßig gesalzen und gepfeffert, auf einer Unterlage von Speck, Wurzelwerk und Zwiebeln goldfarben gebraten, wobei man ab und zu mit ein wenig Beize, die daneben kocht, übergießt. Wenn das Fleisch halb weich geworden ist, wird das Wurzelwerk mit 2 Eßlöffel Mehl gestaubt, durchgeröstet, mit der kochenden Beize und $^1/_8$ Liter Sauerrahm aufgegossen, sofort glattgerührt und gut verkocht. Darin dünstet man die Tauben vollends weich, halbiert sie dann und übergießt sie zuletzt mit der fein passierten Sauce.

Als Beilage gibt man in Butter heiß geschwenkte Bandnudeln.

Wildbret

Unter die Kategorie Wildbret fallen Haar- und Schwarzwild sowie Federwild (Wildgeflügel).
Zum ersteren zählen Hirsch, Reh, Gemse, Hase, Wildkaninchen und Wildschwein.
Zum Federwild zählen Fasan, Wildente und -gans, Rebhuhn, Wachtel und Schnepfe.
Das Wildfleisch wird im allgemeinen besser verdaut als das Fleisch von „Hausschlachttieren". Gebot ist es, jede Art von Wild vor Gebrauch einige Zeit kühl zu lagern oder, wie man es noch nennt, „abhängen" zu lassen. Erst dann erhält es seinen feinsten Geschmack, den beliebten und unerläßlichen Haut-gout. Das Lagern richtet sich nach dem Alter der Tiere; jüngere brauchen eine kürzere Zeit als die älteren. Doch darf das Abhängenlassen nie übertrieben werden, denn keineswegs soll das Wild so lange lagern, bis es „riecht".
Haar- und Schwarzwild wird immer von den Innereien befreit, Federwild mit den Innereien gelagert.

Beilagen zu Wildbret

Serviettenknödel, Kartoffelkroketten; zu gedünstetem Wild bzw. Ragoutgerichten alle Arten von Teigwaren und Knödeln;
Rotkraut, Ananaskraut, Fisolen (grüne Bohnen), Kohlsprossen (Rosenkohl), Pilze, Specklinsen, glasierte Schalotten, Kohlkugeln;
glasierte Kastanien, pochierte, mit Preiselbeeren oder Ribisel (Johannisbeeren) gefüllte Äpfel oder Birnen, in Butter sautierte Apfelscheiben, mit *glasierten Weintrauben* gefüllt (dazu werden geschälte Weintrauben im ganzen oder ungeschälte Weintrauben halbiert in Butter und etwas Zucker heiß geschwenkt);
in Butter geschwenkte Weichseln (Sauerkirschen), Kirschen, Marillen (Aprikosen) oder Orangenscheiben;
Preiselbeerkompott, Hagebuttensauce.

Haar- und Schwarzwild

Küchenmäßiges Vorrichten von Haar- und Schwarzwild

Haarwild wird so wie Schlachtvieh abgezogen (abgebalgt). Das ausgewachsene oder ältere Wildschwein wird in den Küchen weniger berücksichtigt, wohl liefert aber das junge Tier, genannt Frischling, ein tadellos zartes und aromatisches Fleisch. Die Haut eines Frischlings wird wie bei Haarwild abgezogen. Der Wildschweinkopf wird über offener Flamme abgebrannt.
Das Beizen des Wildes wird nach unterschiedlichen Regeln vorgenommen. Nicht immer und nicht jedes Wild ist zu beizen. Gegen das Beizen spricht die Tatsache, daß dabei die Blutsäfte zu sehr ausgelaugt werden, wodurch das Fleisch saftlos und auch geschmacklos wird, und es ist nur ein schwacher Trost, wenn auch die Beize beim Kochen mitverwendet wird. Gebeizt wird vorwiegend das Fleisch älterer Tiere, das gedünstet wird. Manche Speisen, z. B. Hirsch- oder Rehpfeffer, müssen gebeizt werden, denn nur so ergibt sich der typische Geschmack. Die Dauer des Beizens sollte sich auf einige Tage beschränken, bei zu langem Beizen entstehen unerwünschte Geschmackstoffe.
Da Wildfleisch fettarm ist, wird es meist gespickt. Dazu wird frischer oder Selchspeck verwendet. Dabei werden ca. 5 Zentimeter lange, dünne Speckstreifen kurz in das Tiefkühlfach zum Absteifen gestellt, dann gepfeffert oder mit Pastetengewürz bestreut mittels Spicknadel durch das Fleisch gezogen. Es wird immer längs der Fleischfaserung gespickt.

BEIZE

1 l Wasser für
3–5 kg Fleisch
1/8 l Weinessig
100 g Wurzelwerk
1 kleine Zwiebel
1 Zitronenspalte
Gewürzkörner
Wacholderbeeren
Koriander
Lorbeerblatt
Thymian
Pfefferkörner

Die Wassermenge, die zum Kochen der Beize gebraucht wird, soll immer möglichst knapp berechnet werden. Darum gibt man auch das zu beizende Fleisch in ein enges Geschirr (am besten Porzellan- oder Tongeschirr), damit nicht überflüssige Hohlräume eine zu große Flüssigkeitsmenge beanspruchen. Die Beize selbst besteht aus 1 Liter Wasser für 3 bis 5 Kilogramm Fleisch, das mit 1/8 Liter Weinessig, 100 Gramm Wurzelwerk, 1 kleinen, nudelig geschnittenen Zwiebel, je 5 Pfeffer- und Gewürzkörnern, 1 Lorbeerblatt, 1 Stämmchen Thymian, 1 Zitronenspalte, einigen Wacholderbeeren und etwas Koriander langsam 15 Minuten gekocht wird. Kein Salz verwenden, da das Fleisch sonst rot wird. Die Beize wird erst nach dem vollständigen Erkalten über das Wild gegossen. In den nachfolgenden Rezepten wird auf die Notwendigkeit des Beizens besonders verwiesen.

Hirsch

Der Hirsch stellt das ausgiebigste Wildbret dar. Die edelsten Fleischteile liefert der Rücken, dann die Keulen; die nächste Qualität liefern die Schultern, die gewöhnlich gerollt werden, wenn ihr Fleisch nicht zu kleinen oder faschierten Speisen verwendet wird. Dann folgt das sogenannte mindere Fleisch von Brust und Hals, das für kleine Speisen, wie Hirschragout und Gulasch, aber auch zur Pastetenerzeugung zu verwenden ist.

HIRSCHBRATEN

4 Portionen

1 kg Hirschbraten
von Rücken oder
Schlegel (Keule)
Speck

1 Kilogramm Rücken oder abgelegenes Schlegelfleisch wird fein abgehäutet und reichlich mit in Salz und Pfeffer gewälzten Speckstreifen gespickt. Eine Bratpfanne wird mit Haut- und Speckresten,

Gebratene Ente; Bratäpfel, Kartoffelknödel, gedünstetes Rotkraut (Rezepte Seiten 316, 386, 414).

100 g Wurzelwerk
Zwiebelringe
2 Eßlöffel Fett
Mehl
Tomatenmark
Zitronensaft
Lorbeerblatt
Wacholderbeeren
Thymian
Pfeffer
Salz

100 Gramm Wurzelwerk, einigen Zwiebelringen, einem Stückchen Lorbeerblatt, Wacholderbeeren und Thymian ausgestreut, das gesalzene und gepfefferte Fleisch mit der schönen Seite nach unten daraufgelegt, mit 2 Eßlöffel Fett begossen und mit einem Spritzer Wasser versehen. Im mittelheißen Rohr brät man unter seltenem Begießen, bis einige Farbe erreicht ist, dreht das Fleisch um und begießt es gegen Ende der Bratzeit immer häufiger mit dem Eigensaft, der fallweise mäßig mit Wasser verdünnt wird. Wenn ein Gabeleinstich die gewünschte Weichheit des Fleisches erkennen läßt, wird es in dünne Scheiben aufgeschnitten und mit dem Natursaft übergossen. Dazu verröstet man mit der Wurzellage einen Staub Mehl und ganz wenig Tomatenmark, vergießt und verkocht mit Wasser zu molliger Beschaffenheit, schmeckt mit Zitronensaft ab und streicht den Saft durch ein Sieb.

HIRSCHBRATEN ENGLISCHE ART

4 Portionen

1 kg Hirschschlegel (Keule) oder
1½ kg Rücken
Speckstreifen
Senf
Fett
20 g Butter
Pfeffer
Salz

Ein sehnenloses Stück Hirschschlegel oder Rücken wird reichlich mit salz- und pfeffergewürzten Speckstreifen gespickt, mit Salz, Pfeffer und ein wenig Senf eingerieben und auf eine Pfanne gelegt, auf der halbfingerdick Fett sehr heiß gemacht wurde. Ohne das Fleisch mit der Gabel anzustechen, brät man es rasch von allen Seiten braun, stellt es zum Durchziehen ins heiße Rohr, und wenn ein Fingereindruck elastisch erwidert wird, nimmt man das Fleisch vom Fett. Es muß innen schön rosa sein und wird in dünne Scheiben aufgeschnitten. Nun wird alles Bratfett von der Pfanne abgegossen, dafür ein Stückchen Butter aufgeschäumt und schließlich alles mit Wasser zu einem kurzen, kräftigen Saft vergossen, den man nach tüchtigem Aufkochen abseiht.

Das Fleisch kann zusätzlich mit gestoßenen Wacholderbeeren eingerieben werden.

Rehrücken, gebraten; gebratene Apfelscheiben mit glasierten Weintrauben (Rezepte Seiten 333, 324).

GEDÜNSTETES HIRSCHFRICANDEAU

4 Portionen

1 kg Hirschschlegel (Keule)
60 g Selch(Räucher)speck
100 g Wurzelwerk
1 Zitronenscheibe
Fett
Rotwein
1 gehäufter Eßlöffel Mehl
Senf
2 Eßlöffel Preiselbeeren
Thymian
Lorbeerblatt
Pfeffer
Salz

1 Kilogramm Hirschschlegelfleisch wird abgehäutet, reichlich mit in Salz und Pfeffer gewälzten Selchspeckstreifchen gespickt und mit Salz und Pfeffer eingerieben. Die Haut- und Speckreste röstet man mit 100 Gramm blättrig geschnittenem Wurzelwerk hellbraun, würzt mit ein wenig Thymian, Lorbeerblatt und 1 Zitronenscheibe, legt das Fleisch ein und übergießt es mit ein wenig Fett. Im heißen Rohr brät man unter fallweisem Zugießen von Rotwein zu schöner brauner Farbe. Nun staubt man das Wurzelwerk mit 1 gehäuften Eßlöffel Mehl, fügt etwas Senf und 2 Eßlöffel Preiselbeeren hinzu und vergießt mit Wasser zu leichtflüssiger Sauce, in der man das Fleisch langsam weich dünstet. Das Hirschfleisch in dünne Schnitten schneiden und mit der fein passierten Sauce überziehen.

HIRSCHSCHNITZEL, NATURGEBRATEN

4 Portionen

4 Hirschschnitzel vom Schlegel (Keule) à 140 g
Selch(Räucher)speck
Mehl
50 g Fett
40 g Butter
Worcestersauce
Pfeffer
Salz

Vom abgehäuteten Hirschschlegel schneidet man 4 handgroße Schnitzel im Einzelgewicht von 140 Gramm, die an den Rändern eingeschnitten, geklopft, gesalzen und gepfeffert werden. Dann spickt man sie mit sehr dünnen und langen Speckstreifen und taucht die schöne Seite in Mehl. Mit der bemehlten Seite nach unten legt man die Schnitzel in eine Pfanne mit 50 Gramm sehr heißem Fett, brät rasch von beiden Seiten zu schöner Farbe und nimmt sie sofort vom Fett, damit sie innen ein wenig rosa bleiben. Das Bratfett wird abgegossen, dafür ein Stückchen Butter aufgeschäumt, mit Wasser oder Suppe zu dünnem Saft vergossen und verkocht und zuletzt mit einigen Tropfen Worcestersauce verbessert. Darin läßt man die vorgebratenen Schnitzel noch einmal kurz aufdämpfen und reicht sie mit dem Saft überzogen sofort. Dazu Champignonreis und Preiselbeeren.

> Auf die gleiche Art sind alle vom Haarwild geschnittenen Filets, Medaillons usw. zu braten.

HIRSCHFILETS NATUR

4 Portionen

8 Hirschfilets vom Schlegel (Keule) à 80 g
Selch(Räucher)speck
Mehl, 50 g Fett
Zitronensaft
Pfeffer, Salz

8 Hirschfilets werden genauso vorgerichtet und gebraten wie naturgebratenes Hirschschnitzel. Sie werden aber nicht mehr im Saft aufgedämpft, sondern gleich angerichtet und mit dem kurzen kräftigen Natursaft, der mit etwas Zitronensaft abgeschmeckt wurde, umkränzt.

CHAMPIGNON-HIRSCHFILETS

4 Portionen

8 Hirschfilets vom Schlegel (Keule) à 80 g
120 g Champignons
Öl
60 g Fett
1/2 Zwiebel
Petersilie
Knoblauch
1 Eßlöffel Mehl
1/8 l Sauerrahm
Kapern
1 Zitronenspalte
Kümmel
Pfeffer
Salz

8 Hirschfilets werden geklopft, gesalzen, gepfeffert und ein wenig mit Öl eingerieben. Das Fleisch wird in 60 Gramm Fett von beiden Seiten rasch zu einiger Farbe gebraten und beiseite gestellt. Im Bratfett röstet man 1/2 feingehackte Zwiebel gelb, schwitzt darin 120 Gramm blättrig geschnittene Champignons, würzt mit Kümmel, Petersilie und einer Spur Knoblauch, staubt mit 1 Eßlöffel Mehl und röstet nochmals kurz durch. Mit 1/8 Liter Sauerrahm gießt man zuerst zu sehr dicker Sauce auf, und erst, wenn diese gut verrührt und verkocht ist, verdünnt man mit Wasser oder Suppe zu molliger Konsistenz. In der Sauce werden die vorgebratenen Filets unter Zusatz von einigen Kapern und 1 kleinen Zitronenspalte weich gedünstet.

HIRSCHSTEAK

4 Portionen

4 Hirschsteaks à 150 g
Selch(Räucher)Speck
Mehl, Öl
Butter
Worcestersauce
Pfeffer, Salz

Unter Hirschsteak versteht man ein zumindest daumendick geschnittenes Stück Fleisch aus dem vollkommen abgehäuteten Hirschsattel (Rücken). Es wird so wie Hirschschnitzel natur in Öl halb englisch gebraten.
Eine beliebte Beilage sind Preiselbeeren oder Sauce Cumberland.

WILDGULASCH MIT RAHM

4 Portionen

600 g Hirsch- oder Rehschulter
50 g Mehl
100 g Selch(Räucher)speck
2 mittelgroße Zwiebeln
Zitrone
6–8 Kapern
1/4 l Sauerrahm
2 Teelöffel Paprika
Thymian
Majoran
Pfeffer
Salz

600 Gramm grobwürfelig geschnittenes Schulterfleisch von Hirsch oder Reh wird mit Salz, etwas Pfeffer, einer Spur fein zerriebenem Majoran und Thymian und mit 50 Gramm Mehl gut abgemengt. Dann röstet man 100 Gramm kleinwürfelig geschnittenen, schwach geselchten Speck zu blaßgelber Farbe und fügt 2 mittelgroße feingehackte Zwiebeln hinzu, die ebenfalls blaß geröstet werden. Das vorbereitete Fleisch wird beigefügt und durchgeröstet, bis es sich steif anfühlt. Nun gibt man 2 Teelöffel Paprika und ein kleines Stück Zitrone sowie 6 bis 8 Kapern hinzu, gießt nach kurzem Schwitzen mit 1/4 Liter Sauerrahm auf und läßt das Ganze dick binden. Nun erst wird mit Wasser zu dünnflüssiger Konsistenz aufgegossen und das Fleisch in der Sauce zugedeckt langsam weich gedünstet.

Als Beilage werden Knödel serviert.

HIRSCHRAGOUT IN RAHMSAUCE

4 Portionen

600 g Hirschfleisch von Schulter oder Hals
1 mittelgroße Zwiebel
150 g Wurzelwerk
40 g Mehl
60 g Fett
1/4 l Sauerrahm
Kapern
1/4 Zitrone
Weißwein
1/2 Lorbeerblatt
Rosmarin
Pfeffer
Salz

600 Gramm würfelig geschnittenes Hirschfleisch von der Schulter oder vom Hals wird mit dem nötigen Salz, einer Prise Pfeffer, 1 mittelgroßen, sehr fein gehackten Zwiebel, 150 Gramm roh geriebenem Wurzelwerk und 40 Gramm Mehl abgemischt. Das Ganze röstet man in 60 Gramm Fett über kräftiger Hitze zu einiger Bratfarbe durch und gießt schließlich mit 1/4 Liter Sauerrahm auf. Nachdem sich alles dick binden konnte, fügt man ein paar Kapern, 1/4 Zitrone, 1/2 Lorbeerblatt und ein klein wenig Rosmarin hinzu und gießt mit Wasser nach Bedarf zu einer dünnen Sauce auf, in der man das Fleisch langsam weich dünstet. Das Fleisch mit der Gabel in ein Geschirr umstechen. Die mollig-dicklich gewordene Sauce wird mit einem Spritzer Weißwein verbessert und über das Fleisch passiert.

Als Beilage Semmelknödel.

Reh

Das Reh zählt, wenn es nicht zu alt ist, zu den feinsten Genüssen, die das Wildbret beschert. Geteilt wird das Reh in den Rücken, 2 Schlegel (Keulen), Schultern, Brustfleisch und Hals. Der Rücken und die Schlegel werden meist gebraten oder im ganzen gedünstet. Das Vordere, Schultern, Brustfleisch und Hals, wird meist für Ragoutgerichte verwendet.
Wegen der Zartheit des Fleisches wird Reh im allgemeinen nicht gebeizt. Beim Fleisch älterer Tiere ist das Beizen jedoch empfehlenswert.

REHRÜCKEN, GEBRATEN

6–8 Portionen

1 Rehrücken
Speck
Öl
150 g Wurzelwerk
Zwiebelringe
2 Eßlöffel Fett
1/2 Teelöffel Mehl
20 g Butter
Tomatenmark
Lorbeerblatt
Thymian
Pfeffer
Salz
Garnitur
6–8 Apfelscheiben
Weintrauben
40 g Butter
Zucker

Ein sauber abgehäuteter und reichlich gespickter Rehrücken wird mit Salz, Pfeffer und Öl eingerieben. Den Boden einer passenden Bratpfanne bestreut man mit geschnittenem Wurzelwerk, einigen Zwiebelringen, Haut- und Speckresten, wenig Lorbeerblatt und Thymian. Darauf legt man den Rücken mit der Oberseite nach unten, gießt 2 Eßlöffel Fett und einige Eßlöffel Wasser hinzu und brät alles zu einiger Farbe. Dann dreht man den Rücken um und brät unter fallweisem Begießen mit dem nach Bedarf verdünnten Eigensaft schön braun, bis sich das Fleisch durch einen Fingerdruck nicht mehr einbuchten läßt. Zuletzt soll der Rükken schön vom Saft glasiert erscheinen, weshalb man nicht zu stark verdünnen darf. Die Pfanne wird nun mit ganz wenig Mehl gestaubt, 20 Gramm Butter und etwas Tomatenmark beigegeben und gut verröstet. Man gießt mit Wasser oder Suppe zu dünnem, kräftigem Saft auf, der nach flottem Verkochen durch ein Sieb gestrichen wird. Mit einem Teil des Saftes überzieht man den portionierten Rehrücken und umlegt mit in Butter gebratenen Apfelscheiben, die mit glasierten Weintrauben besetzt sind. Der übrige Saft wird extra gereicht.

Foto Seite 328.

GEDÜNSTETER REHSCHLEGEL

4–6 Portionen

1 kg Rehschlegel (Keule)
60 g Selch(Räucher)speck
kleingehackte Rehknochen
Zwiebel
150 g Wurzelwerk
60 g Fett
40 g Mehl
1/4 Zitrone
Petersilie
1/2 Eßlöffel Tomatenmark
1/2 Eßlöffel Senf
Essig
2 gehäufte Eßlöffel Preiselbeeren
Rotwein
1/4 Orange
Wacholderbeeren
Gewürzkörner
1 Lorbeerblatt
Thymian
Pfeffer
Salz

1 Kilogramm Rehschlegel im ganzen wird von den feinen Häutchen abgezogen, mit gepfefferten Selchspeckstreifchen reichlich gespickt und mit Salz und Pfeffer eingerieben. Den Boden einer passenden Bratpfanne streut man mit kleingehackten Rehknochen, Speck- und Hautresten, einem Stückchen grob zerschnittener Zwiebel und 150 Gramm blättrig geschnittenem Wurzelwerk aus, legt das Fleisch darauf und übergießt es mit 60 Gramm zerlassenem Fett. Dann wird das Fleisch schön braun angebraten. Nun staubt man die Pfanne mit 40 Gramm Mehl, brät weiter, bis auch das Mehl eine braune Färbung aufweist, und fügt nun 1 Lorbeerblatt, ein paar Gewürzkörner, Wacholderbeeren, ein wenig Thymian, 1/4 Zitrone und grüne Petersilie hinzu und gießt mit 1 Liter kaltem Wasser auf. In der aufgekochten dünnen Sauce wird der Rehschlegel langsam weich gedünstet, wobei man die Sauce mit 1/2 Eßlöffel Tomatenmark, 1/2 Eßlöffel Senf, einem Schuß Essig und 2 gehäuften Eßlöffel eingemachten Preiselbeeren pikantiert. Für Tisch wird das Rehfleisch in Scheiben aufgeschnitten und mit der feinpassierten, mit einem Schuß Rotwein und dem Saft von 1/4 Orange versehenen und nochmals aufgekochten braunen Sauce überzogen. Als Beilage Nudeln.

REHSTEAK VOM ROST

4 Portionen

4 Rehsteaks vom Schlegel (Keule) à 140–160 g
Selch(Räucher)speck
Öl
Hofmeisterbutter
Zitronenscheiben
Pfeffer
Salz

Rehsteaks werden von den ausgelösten, zuparierten Teilen des Rehschlegels fingerdick, möglichst oval geschnitten und leicht geklopft. Reichlich gespickt, mit Salz, Pfeffer und Öl eingerieben und 1/2 Stunde kalt gebeizt, werden die Rehsteaks in sehr heißem Öl in der Pfanne oder am Rost von beiden Seiten rasch braun gebraten und, wenn ein Fingereindruck elastisch erwidert wird, sogleich angerichtet und mit Hofmeisterbutter belegt. Als Verzierung dienen Zitronenscheiben.
Sauce Cumberland oder Preiselbeeren werden separat gereicht.

REHNÜSSCHEN CUMBERLAND

4 Portionen

600 g Rehschlegel (Keule)
1 Eidotter
2 Eßlöffel Obers (Süßrahm)
Kognak
50 g Speckstreifen
8 Edelkastanien
40 g Fett
Zwiebel
1 Teelöffel Tomatenmark
1/2 Teelöffel Senf
Lorbeerblatt
Ingwer
Thymian
Pfeffer
Salz

600 Gramm Rehschlegelfleisch abhäuten und daraus 8 kleine, ovale Schnitzel schneiden, und zwar so, daß etwa 100 Gramm Rehfleischparüren verbleiben. Diese Parüren werden fein faschiert, mit 1 Eidotter, Salz, Pfeffer, Ingwer, 2 Eßlöffel Obers und ein paar Tropfen Kognak vermischt. Inzwischen werden die 8 Rehschnitzel breit ausgeklopft und mit dünnen, gesalzenen und gepfefferten Speckstreifchen sternförmig gespickt. Das Fleisch selbst wird auch noch mit Salz und Pfeffer gewürzt. Nun verteilt man über die Schnitzel die vorbereitete Rehfarce und besetzt jedes Fleischstück mit 1 gebratenen, sauber geschälten Edelkastanie. Die Stücke schlägt man paketartig zusammen und bindet sie mit einem Faden. Die Nüßchen in eine passende Pfanne mit bodenbedeckt gut erhitztem Fett einlegen, auf guter Hitze rasch von allen Seiten zu heller Farbe anbraten, vom Fett nehmen und beiseite legen. Ins Bratfett gibt man nun die vorhandenen Haut- und Speckreste, ein bißchen Zwiebel, eine Spur Lorbeerblatt und Thymian, röstet gut durch, fügt 1 Teelöffel Tomatenmark und 1/2 Teelöffel Senf hinzu und gießt das Ganze mit etwa 1/8 Liter Wasser oder Suppe auf. Nach dem Aufkochen werden die vorgebratenen Nüßchen eingelegt und zugedeckt weich gedünstet. Der Saft soll zuletzt goldbraun und mollig-flüssig eingedämpft sein. Für Tisch werden die Nüßchen von den Bindfaden befreit, in der Mitte einer runden Platte angerichtet und mit dem geseihten Natursaft glasiert.

Mit knusprig gebackenen Strohkartoffeln umrahmen und als separate Beilage Sauce Cumberland geben.

REHFILETS WIENER ART

4 Portionen

12 kleine Rehschnitzel vom Schlegel (Keule) à 40 g
Butter
Pfeffer
Salz

Je Portion werden 3 kleine Rehschnitzel dünn geklopft, gesalzen, gepfeffert, in sehr heißer Butter rasch abgebraten, mit dem kurz vergossenen Saft einmal aufgedämpft und sogleich angerichtet.
Garniert wird mit Rotkraut und Blattspinat. Preiselbeeren und Serviettenknödel reicht man extra.

REHRAGOUT IN RAHMSAUCE

4 Portionen

600 g Rehschulter
60 g Fett
150 g Wurzelwerk
2 Eßlöffel Mehl
1/4 l Sauerrahm
1 Teelöffel Senf
Kapern
1 Sardelle
1 Zitronenspalte
1/2 Lorbeerblatt
Thymian
Pfeffer
Salz

600 Gramm ausgelöste Rehschulter wird in Ragoutwürfel geschnitten, mit Salz und etwas Pfeffer versehen und dann in 60 Gramm heißem Fett steifgeröstet. Nun gibt man 150 Gramm geputzte, kleingeschnittene Wurzeln von Karotte und Sellerie bei, staubt mit 2 Eßlöffel Mehl und röstet weiter. Jetzt gießt man mit 1/4 Liter Sauerrahm auf und läßt zuerst dick binden, ehe mit Wasser mollig-flüssig verdünnt wird. An Gewürzen gibt man 1/2 Lorbeerblatt, 2 Stämmchen Thymian, 1 Teelöffel Senf, ein paar Kapern, 1 gehackte Sardelle und 1 kleine Zitronenspalte hinzu und dünstet das Fleisch zugedeckt kernig weich. Dann werden die Fleischstückchen mittels einer Gabel aus der Sauce gehoben und abgetropft in ein frisches Geschirr gegeben. Die Sauce wird samt dem Wurzelwerk fein passiert und wieder über das Fleisch gegossen, das man noch einige Minuten dünsten läßt.
Als Beilage passen Spätzle oder Knödel.

REHJUNGES

4 Portionen

1 kg Rehfleisch von Schulter, Hals und Brust
60 g Fett
120 g Wurzelwerk
Zwiebelringe
40 g Mehl
1 Eßlöffel Tomatenmark
1 Zitronenspalte

1 Kilogramm Rehfleisch von Schulter, Hals und Brust (von den starken Knochen gelöst) wird würfelig geschnitten, gesalzen, gepfeffert, in 60 Gramm sehr heißem Fett rasch durchgeröstet und vom Fett genommen. Im Bratfett röstet man Rehparüren, 120 Gramm geschnittenes Wurzelwerk, einige Zwiebelringe und eventuell ein Stückchen Selchknochen über flotter Hitze zu brauner Farbe, staubt mit 40 Gramm Mehl und röstet auch dieses

2 Eßlöffel
Preiselbeermarmelade
1 Teelöffel Senf
Rotwein
Weinessig
$1/2$ Lorbeerblatt
Thymian
Pfeffer
Salz

braun. Dann würzt man mit $1/2$ Lorbeerblatt, 1 Zitronenspalte, gießt mit 1 Liter Wasser auf und dünstet in der Sauce das Fleisch weich. Zuletzt werden die Fleischstückchen herausgenommen und die Sauce noch mit 2 Eßlöffel Preiselbeermarmelade, 1 Teelöffel Senf, 1 Spritzer Rotwein und Weinessig tüchtig aufgekocht, samt den Wurzeln passiert und darin das Rehfleisch nochmals gedünstet. Die Sauce muß eine schöne braune Farbe aufweisen, leicht flüssig sein und pikant süß-säuerlich schmecken.

Hase

Die abgehangenen Tiere werden erst vor Gebrauch abgebalgt, ausgeweidet und dabei das Blut aufgefangen, das zur Bereitung von Hasenjungem ein notwendiger Bestandteil ist. Ein Hase zerfällt in Rücken (2 größere oder 3 kleinere Portionen), 2 hintere Keulen oder Läufe (die etwa 3 Portionen ergeben) und das „Hasenjunge“, bestehend aus 2 Schultern, dem Hals, Brustfleisch, Kopf, der Leber, Lunge mit Herz und Hasenblut.

Küchenmäßiges Vorrichten des Hasen

Den Hasen mittels Haken oder Schnur an den Hinterläufen aufhängen. An den Innenseiten der Hinterläufe das Fell längs bis zu den Beingelenken einschneiden. Der nächste Schnitt durch das Fell erfolgt vom Brustkorb bis zum Kopf. An den Innenseiten der Blätter wird das Fell wie bei den Läufen eingeschnitten. Von oben beginnend, wird nun das Fell abgezogen, dabei kann vorsichtig mit dem Messer nachgeholfen werden. Der Hals wird ebenfalls mit abgezogen, im Fell verbleiben nur der Kopf und die in den Gelenken abgetrennten Beine der Vorderläufe. Nun wird die Bauchdecke durch einen Schnitt von den Keulen zum Hals geöffnet. Die Innereien herauslösen, von der Leber sofort die Galle entfernen. Die Läufe kurz hinter den Hüftknochen vom Rücken trennen. Dann sind die Blätter (Schultern) vom Rumpf zu lösen. Die Brust samt Bauchlappen wird nun vom Rücken abgetrennt. Zuletzt wird noch der Hals vom Rücken abgesetzt.

HASENRÜCKEN, NATURGEBRATEN

2–3 Portionen

1 Hasenrücken
Speck
Öl
50 g Wurzelwerk
Zwiebelringe
1 Eßlöffel Fett
Mehl
10 g Butter
Tomatenmark
Orangen- und Zitronensaft
Rotwein
Zitronenscheiben
Preiselbeeren
Lorbeerblatt
Thymian
Pfeffer
Salz

Wenn das Fleisch von einem jungen Hasen stammt, soll der Hasenrücken nur gebraten werden. Wird er zugleich mit den Läufen in Sauce zubereitet, genügt es, den Rücken darin nur kurze Zeit zu dünsten, während die Läufe schon vorher in der Sauce weich zu dünsten sind. Deshalb verwendet man für Naturhasenbraten immer nur den Rücken, der sauber abgehäutet, reichlich gespickt und so gebraten wird wie Rehrücken. Der Bratensatz wird zuletzt mit einigen Tropfen Orangen- und Zitronensaft und einem Spritzer Rotwein gelöst. Als Garnitur dienen mit Preiselbeeren besetzte Zitronenscheiben.

HASENRÜCKEN, PIKANT GEBRATEN

2–3 Portionen

1 Hasenrücken
80 g Selch(Räucher)speck
Öl
80 g Wurzelwerk
Zwiebel
1 Zitronenspalte
2 Eßlöffel Fett
1/2 Teelöffel Mehl
1/2 Teelöffel Tomatenmark
Lorbeerblatt
Thymian
Pfeffer
Salz

Der Rücken eines Feldhasen wird zuerst mit einem kleinen scharfen Messer von den feinen Häutchen abgelöst, die das Rückenfleisch umspannen. Dann schneidet man etwa 80 Gramm schwach geselchten Speck in schmale Streifen, die mit Salz und Pfeffer reichlich gewürzt und zum Spicken des Rückens verwendet werden. Zuletzt reibt man den Rücken leicht mit Salz, Pfeffer und ein bißchen Öl ein. Nun wird der Boden einer passenden, nicht zu großen Kasserolle mit 80 Gramm blättrig geschnittenem Wurzelwerk, etwas Zwiebel sowie den Haut- und Speckresten ausgestreut. Man fügt ein Stückchen Lorbeerblatt, 1 Stämmchen Thymian und 1 winzige Zitronenspalte bei und legt den Hasenrücken zuerst mit der gespickten Seite nach unten ein. Über das Fleisch gießt man 2 Eßlöffel Fett, daneben 3 bis 4 Eßlöffel Wasser. Hat die Rippenseite Farbe genommen, wird der Hasenrücken umgedreht und unter öfterem Begießen mit dem Eigen-

saft schön braun durchgebraten, bis nach ca. 3/4 Stunden Bratzeit aus einem Gabeleinstich ein wasserheller Tropfen quillt. Nun wird die Wurzellage mit Mehl gestaubt, mit ein wenig Tomatenmark durchgeröstet und mit Wasser oder Suppe zu dünner Bindung aufgegossen. Der Saft wird durch ein feines Sieb passiert und nochmals aufgekocht. Das Fleisch portionieren und mit dem Saft überziehen.
Mit Kartoffelkroketten servieren.

4–5 Portionen

HASE IN RAHMSAUCE

1 Hasenrücken
2 Hasenläufe (Keulen)
60 g Selch(Räucher)speck
150 g Wurzelwerk
50 g Zwiebel
40 g Fett
40 g Mehl
Kapern
1 Teelöffel Senf
1 Zitronenspalte
1/4 l Sauerrahm
Worcestersauce
Weißwein
1 Lorbeerblatt
Thymian
Pfefferkörner
Pfeffer
Salz

Ein bratfertig vorgerichteter Hasenrücken und die beiden hinteren Läufe werden von den feinen Häuten exakt abgezogen, mit dünnen Speckstreifen, die mit ein wenig Pfeffer gewürzt wurden, gespickt. Das Fleisch mit dem notwendigen Pfeffer und ein wenig Salz einreiben und auf eine Unterlage von 150 Gramm blättrig geschnittenem Wurzelwerk, den Häuten, einem Stückchen grob zerschnittener Zwiebel, ein paar Pfefferkörnern, 1 Lorbeerblatt und 2 Stämmchen Thymian auflegen und mit 40 Gramm Fett überziehen. Unter seltenem kleinen Wasserzuguß wird das Hasenfleisch im heißen Rohr unter öfterem Begießen mit dem eigenen Saft von allen Seiten schön braun gebraten. Dann legt man die Hasenstücke beiseite und staubt die Bratpfanne mit 40 Gramm Mehl. Nach kurzem Durchrösten fügt man ein paar Kapern, 1 Teelöffel Senf und 1 Zitronenspalte hinzu und gießt mit 1/4 Liter Sauerrahm auf. Nachdem sich alles dick binden konnte, wird mit Wasser nach Bedarf zu einer mollig-flüssigen Sauce verdünnt, in die man nach dem Aufkochen die Hasenläufe einlegt und ganz langsam weich dünsten läßt. Den Hasenrücken, der viel früher weich wird, legt man erst gegen Schluß in die Sauce, oder man nimmt ihn früher heraus. Zuletzt wird die Sauce durch ein feines Sieb gestrichen, mit ein paar Tropfen Worcestersauce und einem Spritzer Weißwein pikantiert, über das Hasenfleisch gegossen und alles zusammen noch eine kurze Weile gedünstet.

GEBEIZTER HASENLAUF

3–4 Portionen

2 Hasenläufe (Keulen)
100 g Wurzelwerk
1 kleine Zwiebel
1 Zitronenscheibe
Essig
40 g Selch(Räucher)speck
30 g Mehl
Rotwein
1/2 Orange
1 Teelöffel Senf
1 Teelöffel Tomatenmark
1 Eßlöffel Preiselbeeren
Thymian
1/2 Lorbeerblatt
5 Gewürzkörner
5 Pfefferkörner
Pfeffer
Salz

2 schöne Hasenläufe werden mit folgender Beize kalt übergossen und 2 Tage kühl gestellt: 1/2 Liter Wasser, 100 Gramm blättrig geschnittenes Wurzelwerk, 1 kleine nudelig geschnittene Zwiebel, je 5 Gewürz- und Pfefferkörner, 1/2 Lorbeerblatt, etwas Thymian, 1 kleine Zitronenscheibe und einen Spritzer Essig läßt man zusammen 10 Minuten verkochen. Vor der Fertigstellung werden die feinen Häutchen von den Hasenläufen abgezogen und das Fleisch mit leicht gesalzenen und gepfefferten Selchspeckstreifchen gespickt und außerdem mit dem nötigen Salz und ein bißchen Pfeffer eingerieben. Mit den Speck- und Hautresten sowie den Wurzeln aus der Beize wird der Boden einer passenden Bratpfanne ausgelegt, die Hasenläufe mit etwas Beize daraufgegeben und dann im heißen Rohr unter öfterem Begießen braun gebraten. Dabei wird von der Beize immer nur soviel, wie unbedingt nötig ist, beigefügt. Zuletzt staubt man das Wurzelwerk mit 30 Gramm Mehl, röstet gut durch und gießt mit der restlichen Beize, nach Bedarf Wasser und einem Spritzer Rotwein auf, so daß eine leicht gebundene Sauce entsteht, die mit dem Saft von 1/2 Orange, je 1 Teelöffel Senf und Tomatenmark und 1 Eßlöffel Preiselbeeren verbessert wird. Nun läßt man die Hasenläufe in der Sauce genügend weich dünsten. Dann werden sie mit der feinpassierten Sauce überzogen zu Tisch gegeben. Als Beilage passen Semmelknödel.

PIKANTES HASENRAGOUT

4 Portionen

750 g Hasenfleisch (Schulter, Hals)
1 große Zwiebel
40 g Mehl
100 g Selch(Räucher)speck
1/4 l Sauerrahm
1 Eßlöffel Preiselbeeren
1/4 Zitrone
Thymian, Majoran
Pfeffer, Salz

750 Gramm von den groben Knochen ausgelöstes Hasenfleisch wird in zuckerwürfelgroße Stückchen geschnitten, mit Salz nach Bedarf, Pfeffer, 1 großen, feingehackten Zwiebel, etwas Majoran und Thymian und 40 Gramm Mehl im rohen Zustand abgemischt. Nun schwitzt man 100 Gramm kleinwürfelig geschnittenen Selchspeck zu blaßgelber Farbe, fügt das abgemischte Fleisch hinzu und röstet alles zu brauner Farbe. Man gießt mit 1/4 Liter gesprudeltem Sauerrahm auf, läßt unter Rüh-

ren aufkochen und fügt 1 Eßlöffel Preiselbeeren, 1/4 Zitrone und Wasser nach Bedarf bei, so daß eine mollige Sauce entsteht, in der man das Fleisch langsam weich dünsten läßt. Das Fleisch umstechen und die Sauce über das Fleisch passieren.
Als Beilage dienen Nockerln.

HASENJUNGES

4 Portionen

1 kg Hasenjunges (Schulter, Hals, Kopf, Brustfleisch, Leber, Lunge und Herz von Feldhasen)
Hasenblut
100 g Wurzelwerk
1/6 Zitrone
Zwiebel
40 g Fett
40 g Mehl
1 Eßlöffel Tomatenmark
1/2 Teelöffel Senf
2 Eßlöffel Preiselbeeren
1 Orangenspalte
Rotwein
1 Teelöffel Zucker
1/2 Lorbeerblatt
Thymian
Pfefferkörner
Salz

Das kurz kalt gewaschene Hasenjunge wird mit kaltem Wasser fingerdick bedeckt aufgefüllt, mit dem nötigen Salz, ein paar Pfefferkörnern, 1/2 Lorbeerblatt, ganz wenig Thymian, 100 Gramm grob zerschnittenem Wurzelwerk, 1/6 Zitrone und einem Stückchen grob zerschnittener Zwiebel versehen und zugedeckt langsam gekocht, bis das Fleisch kernig weich geworden ist. Man hebt es vom Sud, frischt mit kaltem Wasser ab und zerteilt wie folgt: Die Schultern werden im Gelenk durchgeschnitten, Kopf, Hals, Brustfleisch und Lunge werden halbiert, Leber und Herz blättrig geschnitten. Dann karamelisiert man 1 Teelöffel Zucker in 40 Gramm Fett, fügt 40 Gramm Mehl bei und röstet langsam zu einer dunkelbraunen Schwitze, die mit dem geseihten Kochsud zu einer molligen Sauce aufgegossen und glatt verkocht wird. Nun fügt man noch 1 Eßlöffel Tomatenmark, 1/2 Teelöffel Senf, 2 Eßlöffel Preiselbeeren, 1 dünne Orangenspalte und das mit einem Schuß Rotwein abgerührte Hasenblut dazu, so daß eine recht pikante, süß-säuerliche Sauce entsteht, die man 20 Minuten langsam kochen läßt. Dann wird die Sauce durch ein feines Sieb gestrichen und darin das vorbereitete Hasenfleisch vollkommen weich gedünstet.
Als Beilage Semmelknödel.

Wildschwein

So wenig die älteren Wildschweine als Leckerbissen anzusprechen sind, so zart und wohlschmeckend erweist sich das junge Wildschwein, genannt Frischling.
Während ältere Tiere meist gedünstet werden, wird der Frischling auch gebraten zubereitet.

WILDSCHWEINERNES MIT WURZELN

4 Portionen

600 g Schulter vom jungen Wildschwein (Frischling)
200 g Wurzelwerk
1 mittelgroße Zwiebel
2 Knoblauchzehen
Essig
1/8 l Rotwein
Kren (Meerrettich)
1 Teelöffel Zucker
1 Teelöffel Koriander
5 Gewürzkörner
10 Pfefferkörner
1 Lorbeerblatt
Thymian
Rosmarin
Salz

600 Gramm kochfertig vorbereitetes Fleisch vom Frischling wird in 12 gleiche Teile zerlegt, in einem passenden Geschirr mit 200 Gramm zündholzdick nudelig geschnittenem Wurzelwerk, bestehend aus Karotten, gelber Rübe und Sellerieknolle, und 1 mittelgroßen feinnudelig geschnittenen Zwiebel vermischt. 10 zerquetschte Pfefferkörner, 5 Gewürzkörner, 1 glattgestrichener Teelöffel Koriander, 1 Lorbeerblatt, 2 Stämmchen Thymian, ein bißchen Rosmarin und 2 Knoblauchzehen im ganzen werden in ein Leinensäckchen eingebunden und in das Fleisch eingebettet. Man würzt mit dem nötigen Salz, 1 mäßig gehäuften Teelöffel Zucker, einem tüchtigen Schuß Essig und 1/8 Liter Rotwein. Das Ganze wird mit kaltem Wasser gleich hoch aufgegossen und zugedeckt langsam gedünstet, bis das Fleisch genügend weich geworden ist. Das Wildschweinerne wird mit ein wenig geriebenem Kren dampfend aufgetragen.
Als Beilage Salzkartoffeln und Hagebuttensauce.

JUNGES WILDSCHWEIN IN DER KRUSTE

6 Portionen

1 kg junges Wildschwein (Frischling) vom Schlegel (Keule)
100 g Wurzelwerk
1 mittelgroße Zwiebel
1 Knoblauchzehe
Rotwein
Weißwein
Essig
100 g Schwarzbrotbröseln
Butter
Zucker
Zimt
Koriander
Lorbeerblatt
Pfefferkörner
Salz

Ein Stück sauberes von allen Borsten abgeflammtes Frischlingsfleisch im Gewicht von 1 Kilogramm wird nach dem Waschen mit Salz eingerieben, mit Wurzelwerk, Zwiebel, Pfefferkörnern, Lorbeerblatt, Koriander und 1 Knoblauchzehe in eine Kasserolle gebettet, mit je einem Teil Rotwein, Weißwein, Essig und Wasser, zusammen gerade nur so viel, wie das Gericht zum Dünsten unbedingt braucht, aufgegossen und zugedeckt weich gedünstet. Dann wird das Fleisch abgetropft, auf eine gebutterte feuerfeste Porzellanschüssel gelegt und dicht mit Schwarzbrotbröseln bestreut, die vorher mit etwas Zimt und Zucker vermengt und mit Rotwein befeuchtet wurden. Mit Butter beträufelt, läßt man das Fleisch im nicht zu heißen Rohr knusprig überbacken.
Dazu Hagebuttensauce servieren.

Federwild (Wildgeflügel)

Abhängen sollen nur Fasan, Rebhuhn und Schnepfe. Die anderen Arten werden frisch verwendet. Das Reifen geschieht am besten in den Federn und sollte sich auf 3 bis 5 Tage beschränken.

Küchenmäßiges Vorrichten von Federwild

Das Rupfen der Federn geschieht immer in kleinen Partien von unten nach oben. Nach dem Rupfen sind die feinen Härchen über offener Flamme abzusengen. Das Ausnehmen erfolgt wie bei Hausgeflügel. Die Füße werden gewöhnlich nur von den Zehen gestutzt, Flügelknochen und Hals zumeist abgetrennt. Besonderheiten in der Zurichtung werden bei den entsprechenden Rezepten vermerkt.

Das Spicken von Wildgeflügel wird nicht mehr angewandt. Von großem Vorteil ist aber das Umwickeln mit Speck (Bardieren), um das Austrocknen der Geflügelbrust zu vermeiden. Dazu wird das bereits gebundene und gewürzte Geflügel mit frischen oder Selchspeckscheiben umlegt und diese mit Bindfaden befestigt.

GEBRATENER FASAN

2–3 Portionen

1 Fasan
1 Speckplatte
40 g Bratfett
20 g Butter
Pfeffer
Salz

1 tadellos gereinigter, von den feinen Härchen abgesengter Fasan wird von den Zehen gestutzt, von Kopf mit Hals und Flügeln abgetrennt, von innen und außen gesalzen und gepfeffert und mit Bindfaden so gebunden, daß er beim Braten die Form behält. Dann bedeckt man die Brust mit einer recht dünnen Speckplatte, die ebenfalls mit Bindfaden befestigt wird, und legt den Fasan mit der Brust nach unten in eine nicht zu große Kasserolle, gießt ein wenig Fett darüber und brät im gut erhitzten Rohr unter seltenem Begießen mit dem eigenen Saft, bis der Rücken einige Farbe genommen hat. Dann dreht man um, und je mehr es gegen das Ende der Bratzeit geht, um so häufiger muß mit dem Eigensaft begossen werden. Nach 30 Minuten

wird die Speckscheibe von der Brust abgelöst, so daß auch diese Farbe nehmen kann. Bei jungen Fasanen soll jeder Wasserzuguß während des Bratens unterbleiben. Die Gesamtbratdauer beträgt 45 bis 50 Minuten. Wenn nach dieser Zeit ein wasserheller Tropfen aus dem hochgehaltenen Fasan rinnt, ist das Geflügel genügend gebraten. Zur Zubereitung des Saftes wird das Eigenfett teilweise abgegossen, dafür ein Stückchen Butter heiß aufgeschäumt, mit Suppe oder Wasser kurz vergossen, gut verkocht und abgeseiht. Der Fasan wird der Länge nach halbiert. Dann trennt man die Schenkel ab und schneidet im Gelenk durch. Die Brüste schneidet man schräg zum Flügelknochen in dünne Filets, setzt diese formgerecht auf eine Anrichteplatte, legt die Schenkel so daran, daß sich die Füße kreuzen, und betropft ein wenig mit Saft. Der übrige Saft wird extra gereicht.
Als Beilagen dienen Serviettenknödel, Rotkraut, Specklinsen, pochierte Birnen, mit Preiselbeeren gefüllt, glasierte Weintrauben.
Foto Seite 345.

> Junge Fasane weisen spitze Sporen und einen biegsamen Brustknorpel auf und sind am besten zu braten. Ältere Fasane eignen sich nur für gedünstete Speisen. Für gebratenen Fasan sollte nur Fasanhahn verwendet werden.

UNGARISCHER FASAN

2–3 Portionen

1 Fasan
Selleriegrünes
100 g Speck
2 grüne Paprika
20 g Mehl
1/8 l Sauerrahm
1/2 Teelöffel Paprika
Majoran
Kümmel
Pfeffer
Salz

1 Fasan wird bratfertig vorgerichtet, innen und außen mit Salz und Pfeffer eingerieben und innen außerdem mit ganz wenig Kümmel und Majoran ausgestreut sowie mit einigen Blättchen Selleriegrünem versehen. In einer Kasserolle röstet man 100 Gramm kleinwürfeligen frischen oder schwach geselchten Speck zu gelber Farbe, hebt ihn ab und stellt beiseite. Im Fett wird nun der vorgerichtete Fasan unter öfterem Begießen ca. 45 Minuten im gut erhitzten Rohr goldbraun gebraten, halbiert und dann geviertelt. Die Schenkel werden einmal im Gelenk, die Brüste zwei- bis dreimal schräg

Gebratener Fasan; glasierte Weintrauben, pochierte Birnen, mit Preiselbeeren gefüllt, gedünstetes Rotkraut (Rezepte Seiten 343, 324, 414).

durchgeschnitten. Den Fasan in eine frische Kasserolle einordnen und mit dem Speck bestreuen. Im Bratfett werden 2 frische oder eingelegte feinnudelig geschnittene grüne Paprika tüchtig durchgeschwitzt, mit rotem Paprika gewürzt und mit 20 Gramm Mehl gestaubt. Nach kurzem Durchrösten gießt man mit 1/8 Liter Sauerrahm auf und läßt dick verkochen, ehe mit Wasser oder Suppe zu molliger Sauce verdünnt und nach dem Aufkochen damit der Fasan übergossen wird, den man nun zugedeckt langsam weich gedünstet.
Als Beilage dienen Salzkartoffeln oder Tarhonya.

4 Portionen

REBHUHN IN SPECK

4 Rebhühner
4 große Selch-(Räucher)speckscheiben
2 Eßlöffel Butter
Pfeffer
Salz

4 junge Rebhühner, deren spitz auslaufender Brustknorpel noch weich und biegsam ist, werden sauber gerupft, von den feinen Härchen abgesengt, ausgenommen, kalt gewaschen und gut abgetrocknet. Nun werden die Hühner mit Salz und Pfeffer innen und außen eingerieben, jedes in eine genügend große, sehr dünne Speckplatte eingewickelt und mit Bindfaden gebunden. 25 Minuten vor Tisch legt man die Rebhühner mit der Brustseite nach unten in eine passende Bratenkasserolle, übergießt sie mit 2 Eßlöffel zerlassener Butter und brät sie im ziemlich heißen Rohr etwa 15 Minuten, bis unter öfterem Begießen mit dem Eigenfett und unter Wenden des Geflügels die Speckumhüllung hellbraun und knusprig geworden ist. Nun nimmt man die Speckhülle ab und brät die Rebhühner im eigenen Fett ziemlich scharf noch ungefähr 5 bis 10 Minuten weiter, damit sie eine schöne Bratfarbe erhalten. Für Tisch werden die Rebhühner zuerst halbiert und dann geviertelt, die Brüstchen mit einem Schrägschnitt und die Schenkel im Gelenk geteilt und das Fleisch angerichtet. Über die Hühner legt man die gebratenen Speckscheiben. Das Bratfett wird zum Großteil abgegossen, der Rest mit einigen Eßlöffel Wasser oder Suppe aufgefüllt, scharf verkocht und über das Geflügel geseiht.
Als Beilage eignen sich Rotkraut, Specklinsen, Preiselbeeren oder Sauce Cumberland.

Rumpsteak; Hofmeisterbutter, Kartoffeln, in Folie gebacken, Gemüsegarnitur (Rezepte Seiten 352, 54, 379).

REBHUHN IN KOHL

4 Portionen

2 Rebhühner
1 Kopf Kohl (Wirsing)
80 g Selch(Räucher)speck
1 mittelgroße Karotte
1 Paar Würstchen
1 Teelöffel Tomatenmark
Pfeffer
Salz

2 sauber ausgenommene Rebhühner werden von den feinen Härchen abgesengt, kalt gewaschen, abgetrocknet, innen und außen mit Salz und Pfeffer eingerieben und dann in eine kleine Bratkasserolle gelegt, deren Boden mit 80 Gramm kleinwürfelig geschnittenem Speck ausgestreut wurde. Mit 2 Eßlöffel Wasser begossen, stellt man die Hühner ins heiße Rohr und brät sie unter häufigem Begießen mit dem Eigensaft ca. 20 Minuten. Handelt es sich um ältere Rebhühner, die sich für diese Speise ohne weiteres eignen, müssen sie nach dem Braten mit ein wenig Wasser aufgegossen und zugedeckt weich gedünstet werden. Inzwischen kocht man 1 geviertelten und vom Strunk befreiten Kohlkopf in ganz wenig Salzwasser fast weich. Dann röstet man in dem geseihten Bratfett der Hühner 1 mittelgroße feinblättrig geschnittene Karotte und 1 Paar blättrig geschnittene Würstchen heiß, ordnet darauf die halbierten Hühner, die an der Innenseite noch gesäubert wurden, und über die Hühner die abgetropften Kohlviertel. Der Bratenrückstand samt Speck und 1 Teelöffel Tomatenmark wird mit ca. 1/4 Liter Kohlsud aufgegossen, aufgekocht und über die eingeordnete Speise gegeben. Zugedeckt dünstet man die Rebhühner vollends weich und gibt sie möglichst im Kochgeschirr dampfend zu Tisch.

SCHNEPFE MIT CROUTONS

4 Portionen

4 Schnepfen
4 Selch(Räucher)-speckscheiben
40 g Selch(Räucher)speck
Petersilie
1 Eßlöffel Zwiebel
Rotwein
2 Eidotter
Butter

4 sauber gereinigte Schnepfen werden innen und außen gesalzen, Hals und Kopf werden nicht abgetrennt. Den langen Schnabel spießt man bei den Schenkeln quer durch den Körper, hüllt mit 1 Speckscheibe ein und brät bei guter Hitze und fleißigem Begießen mit dem Eigenfett 15 Minuten, wobei gegen Ende die Speckscheiben abgenommen werden, damit die Schnepfen Farbe nehmen können. Für die Herstellung der Croutons

8 kleine Weißbrotscheiben
Muskatnuß
Pfeffer
Salz

werden die Eingeweide (ohne Magen) mit Speck, Petersilie und Zwiebel feinst gehackt, in kleinem Geschirr tüchtig heiß geschwitzt, mit Salz, Pfeffer und Muskatnuß gewürzt, mit einem Spritzer Rotwein abgelöscht und eingedämpft. Zuletzt versteift man das Mus mit Eidotter und bestreicht damit zierlich geschnittene, in Butter gelb gebackene Weißbrotscheiben erhaben voll. Die Schnepfen werden angerichtet und mit den Croutons umlegt. Der kurz verkochte Buttersaft wird extra gereicht.

3–4 Portionen

BAYERISCHE WILDENTE

1 Wildente
1/4 l Rotwein
Essig
150 g Wurzelwerk
100 g Zwiebel
100 g Selch(Räucher)speck
40 g Butter
20 g Mehl
Lorbeerblatt
Thymian
Pfefferkörner
Salz

1 Wildente wird sauber gerupft, ausgenommen, gesengt und gewaschen. Inzwischen kocht man 1/4 Liter Rotwein, 1/4 Liter Wasser, einen Spritzer Essig, etwas Wurzelwerk, Zwiebel, Pfefferkörner, Thymian und ein Stückchen Lorbeerblatt 5 Minuten und übergießt mit der kalt gewordenen Marinade die in ein enges Geschirr gepreßte Ente, die 2 bis 3 Tage unter öfterem Wenden kalt stehenbleibt. Dann wird die abgetropfte Ente an der Brustseite mit Selchspeckstreifen reichlich gespickt, innen und außen gesalzen, mit der Brust nach unten auf eine Unterlage von 60 Gramm geschnittenen Wurzeln in eine passende Bratpfanne gelegt und mit 40 Gramm zerlassener Butter übergossen. Unter anfangs nicht zu häufigem Begießen mit der Marinade wird die Ente nach der halben Bratzeit umgedreht, damit die Brust schön glasiert werden kann. Zuletzt wird das Wurzelwerk ganz wenig gestaubt und durchgeröstet, mit der restlichen Marinade vergossen und zu leichtflüssiger Sauce gut verkocht. Die tranchierte Ente wird mit der samt den Wurzeln feinstpassierten Sauce überzogen.
Dazu serviert man Kartoffelknödel und Specksauerkraut.

3–4 Portionen

WILDENTE IN RAHM

1 Wildente
1/8 l Essig
200 g Wurzelwerk
1/4 Zitrone
2 Zwiebeln
Selch(Räucher)speck
40 g Fett
30 g Mehl
1/4 l Sauerrahm
1 Teelöffel Senf
1 Teelöffel Preiselbeeren
Kapern
Rotwein
Thymian
Lorbeerblatt
Pfefferkörner
Pfeffer
Salz

1 sauber gerupfte, ausgenommene und kochfertig vorgerichtete Wildente wird 4 bis 6 Tage lang gebeizt. Zur Beize kocht man 1/2 Liter Wasser mit 1/8 Liter Essig, ein wenig zerschnittenem Wurzelwerk, Pfefferkörnern, Thymian, Lorbeerblatt, 1/4 Zitrone und 1 mittelgroße, grob zerschnittene Zwiebel 10 Minuten und gießt das Ganze nach dem Erkalten über die Ente. Zur Fertigstellung wird die Wildente gut abgetropft, mit Salz und Pfeffer eingerieben und in eine passende Kasserolle eingelegt, deren Boden mit Speck oder Speckresten, 150 Gramm blättrig geschnittenem Wurzelwerk und 1 kleinen, grob zerschnittenen Zwiebel ausgestreut wurde. Über die Ente zieht man 40 Gramm Fett und brät sie im heißen Rohr unter ab und zu erfolgendem Zuguß von ein wenig Beizflüssigkeit hellbraun. Dann staubt man das Wurzelwerk mit 30 Gramm Mehl, röstet kurz durch und gießt mit 1/4 Liter Sauerrahm auf. Nachdem sich das Ganze dick binden konnte, wird mit der Beizflüssigkeit mollig-suppig verdünnt, mit Salz nach Bedarf nachgewürzt und mit 1 Teelöffel Senf, ebensoviel Preiselbeeren und ein paar gehackten Kapern verbessert. In dieser Sauce läßt man die Wildente langsam weich dünsten. Für Tisch wird sie in schöne Teile zerlegt und mit der sehr fein passierten mollig-dicklich gewordenen Rahmsauce reichlich überzogen. Der Rest der Sauce kommt separat zu Tisch. Den letzten Schliff erhält die Rahmsauce, wenn sie nach dem Passieren mit einem Schuß Rotwein nochmals aufgekocht wird.
Als Beilage empfiehlt sich Risottoreis.

Eine junge *Wildgans* liefert – zubereitet und behandelt wie Wildente – ebenfalls ein vorzügliches Gericht.

Grillgerichte

Unter Grillen versteht man ein Braten von Speisen über offener Glut. Alles zu grillende Fleisch von Schlachtvieh, Wild, Geflügel und Fischen wird portionsweise und bratfertig vorgerichtet, mit Salz und Pfeffer gewürzt und ganz leicht mit Öl bestrichen oder in etwas Öl eingelegt. Nach Geschmack können beim Marinieren jeweils zur Fleischgattung passende Gewürze beigegeben werden, z. B. Pfeffer, Wacholder, Neugewürz (Piment), Knoblauch, Lorbeer. Über den heißen Rost streicht man mit einem Pinsel Öl und legt das zu grillende Fleischstück zuerst mit der schönen Seite nach unten auf. Sobald die nötige Farbe erreicht ist, wird umgedreht und je nach Bedarf rascher oder langsamer fertiggebraten. Helle Fleischarten (Kalb, Schwein, Lamm, Huhn) werden durchgebraten, während die dunklen Fleischarten (Rind, Wild) englisch, das heißt immer noch leicht blutig oder rosa, gebraten werden. Bei Grillapparaten, die von beiden Seiten zugleich hitzen, ist ein Wenden des Grillgutes selbstverständlich nicht nötig. Ein wesentliches Merkmal aller am Rost gebratenen, also gegrillten Speisen ist, daß sie ohne Saft aufgetragen werden. Sie werden mit einer dicken Scheibe Hofmeisterbutter belegt und eventuell mit Brunnenkresse garniert angerichtet.

Beilagen zu Grillgerichten

Alle Arten von im Rohr oder im Fett gebackenen Kartoffeln.
Gemüse wird meist gekocht und dann in Butter geschwenkt. Manche Gemüse, wie Paprika, Tomaten, Zucchetti, Melanzani und Pilze, werden gewürzt, beölt und mit dem Fleisch gegrillt.
Neben verschiedenen Salaten sind auch Gewürzgurken, Zwiebelsenf und Mixed Pickles als Beilage zu empfehlen.
Auch die im Handel erhältlichen Grillsaucen können als Begleitung zu Grillgerichten serviert werden.

FISCH, GEGRILLT

4 Portionen

800 g beliebiger Fisch
Zitronensaft
Öl
Semmelbrösel
(Paniermehl)
Hofmeisterbutter
Salz

Sehr gut geeignet sind Hecht, Fogosch, Zander, Blaufelchen, Rheinanke, Kabeljau, Dorsch, Steinbutt und Seezunge. Sie werden bratfertig vorgerichtet, mit Salz und Zitronensaft gewürzt, an der schönen Seite zuerst mit Öl bestrichen, dann in Semmelbrösel gedrückt und über Grillhitze an der Bröselseite goldbraun gebraten, bis ein Nadeleinstich die nötige Weichheit des Fisches anzeigt. Mit dicken Scheiben von Hofmeisterbutter belegen.
Salz- oder Butterkartoffeln, Salat und Sauce tatare als Beilagen.

FLEISCH, GEFLÜGEL UND INNEREIEN, GEGRILLT

4 Portionen

600–800 g beliebiges Fleisch von Schlachttieren, Geflügel oder Innereien
Öl
Hofmeisterbutter
Pfeffer
Salz

Roh portioniertes Fleisch, aber auch größere Stücke von Fleisch oder Geflügel werden wie beim Braten in der Pfanne hergerichtet und gewürzt. Mit Öl bestreichen oder durch wenig Öl ziehen und auf dem gefetteten Rost unter Wenden bei Unterhitze, ohne Wenden bei Ober- und Unterhitze, braten, bis ein Fingerdruck elastisch erwidert wird.
Portionierte Gerichte mit Hofmeisterbutter belegen und sofort servieren. Größere Stücke, wie Chateaubriand (doppeltes Beefsteak) oder Entrecote, werden bei Tisch tranchiert und meist mit Bearner Sauce serviert.

Zum Grillen besonders geeignet sind folgende Stücke von Schlachttieren, Geflügel und Innereien:

Rind: Chateaubriand (doppeltes Beefsteak)
Entrecote
Beefsteak
Filets mignon
Rumpsteak (Foto Seite 346)

Kalb:	Kalbsfilet Kalbsmedaillon Kalbskotelett Kalbsteak Kalbspaillarde (ein ganz dünn geklopftes Kalbsnaturschnitzel)
Schwein:	Schweinskotelett Schweinsfilet
Hammel und Lamm:	Hammel- und Lammkotelett Medaillon oder Nüßchen von Hammel und Lamm
Geflügel:	Truthahnschnitzel oder Medaillon Geflügelbrüste Halbierte junge Hühner
Innereien:	Leber von Kalb und Lamm Kalbsniere Kalbsbries (blanchieren, in Scheiben schneiden, salzen, durch Butter ziehen und grillen)

Spieße vom Grill

Auf Holz- oder Metallspieße gesteckt, können die verschiedensten Variationen von Fleisch und Gemüse zusammengestellt werden. Das Fleisch hiezu, gleichgültig welcher Art, wird in halbfingerdicke Scheiben mit einem Durchmesser von 4 bis 6 Zentimeter geschnitten, Pilze werden genauso dick geschnitten, Zwiebeln schneidet man der Länge nach bleistiftdick in Scheiben, Frühstücksspeck wird halbbleistiftdick geschnitten. Sämtliche Zutaten sind mit Salz und Pfeffer zu würzen. Zur Fertigstellung spießt man Fleisch abwechselnd mit Zwiebel und Speck oder Fleisch abwechselnd mit Pilzen (Champignons) und Speck bzw. halbgekochten Sellerieschieben, rohen Melanzanischeiben, Tomatenscheiben oder rohen Apfelscheiben (bei Gansleber) auf. Die Spießchen werden auf dem sehr gut erhitzten Grill gebraten, bis das Fleisch elastisch steif geworden ist. An Fleisch kann jedes beliebige Schlachtviehfleisch und jede belie-

bige Innerei verwendet werden, selbstverständlich auch Geflügel, Geflügelleber, Fische usw. Immer ergeben Spießchen eine würzige und aparte Speise.
Als Garnierung empfehlen sich Mixed Pickles, saure Gurken, Oliven, Senf, Kren (Meerrettich), Zitronenspalten, Worcestersauce, Tomatenketchup.
Als Beilage dienen Kartoffeln, wie Pommes frites, Pommes chips und Pommes pailles.

1 Portion

CORDON-BLEU-SPIESS

100 g Kalbfleisch vom Schlegel (Keule)
4 Würfel Emmentaler
4 Scheiben Frühstücksspeck
4 Scheiben Schinken
Öl
Pfeffer
Salz

4 bleistiftdicke und ca. 4 Zentimeter große Scheibchen Kalbsschlegelfleisch im Gesamtgewicht von etwa 100 Gramm werden ganz schwach geklopft, leicht gesalzen und gepfeffert. 4 halbnußgroße Stücke Emmentaler werden gepfeffert und jedes Stück in 1 hauchdünne Scheibe Frühstücksspeck eingehüllt. Schließlich werden noch 4 halbbleistiftdicke, 4 Zentimeter große Scheiben Schinken benötigt, die man leicht pfeffert. Die vorbereiteten Zutaten werden nun abwechselnd aufgespießt und am Grill gebraten. Die Grillspieße werden trocken angerichtet.
Als Beilage passen Sauce tatare und Pommes frites.

1 Portion

ENTENLEBERSPIESS

100 g Entenleber
40 g Frühstücksspeck
40 g Salami
Öl
Pfeffer, Salz

5 bleistiftdicke, talergroße Scheiben Entenleber mit ebenso viel halbbleistiftdicken Scheiben Frühstücksspeck und Salami aufspießen.

1 Portion

FRANKFURTER SPIESSCHEN

1 Frankfurter (Wiener) Würstchen
2 Speckscheiben
2 Zwiebelscheiben
Öl
Pfeffer, Salz

1 Frankfurter Einspänner in 5 Teile schneiden und abwechselnd mit Speck- und Zwiebelscheiben aufspießen.

GANSLEBERSPIESS

1 Portion

60 g Gansleber
60 g Apfelscheiben
60 g Champignons
Öl
braune Butter
Muskatnuß, Pfeffer, Salz

Gleiche Teile Gansleber, Apfelscheiben und Champignons aufspießen, zusätzlich mit einer Spur Muskatnuß würzen, zuletzt mit brauner Butter betropfen.

HIRTENSPIESS

1 Portion

60 g Lammfleisch
60 g Kaiserfleisch
60 g Zwiebel
Öl
Pfeffer, Salz

Gleiche Teile halbfingerdickes Lammfleisch, Zwiebelscheiben und Kaiserfleisch abwechselnd aufspießen.

HUBERTUSSPIESS

1 Portion

100 g Wildfleisch
40 g Champignons
40 g Selch(Räucher)speck
Schalottenzwiebeln
Öl
Pfeffer, Salz

Wildfleisch, Champignons, Selchspeck und Schalottenzwiebeln abwechselnd aufspießen.
Foto Seite 363.

HÜHNERSPIESS

1 Portion

80 g Hühnerbrustfleisch
50 g Champignons
50 g Frühstücksspeck
Öl
Pfeffer, Salz

Hühnerbrustfleisch, Champignons und Frühstücksspeck abwechselnd aufspießen.

HÜHNERLEBER-SPEZIALSPIESS

1 Portion

50 g Hühnerleber
3 Scheiben magerer Speck
50 g Champignons
50 g Bananen
Öl
Pfeffer, Salz

3 halbierte Hühnerlebern würzen und in Speck einwickeln, abwechselnd mit je 6 Scheiben Champignons und Bananen aufspießen.

SPIESSCHENFLEISCH INDISCHE ART

1 Portion

80 g Lammfleisch
50 g Bambussprossen
50 g Frühstücksspeck
Öl
Pfeffer, Salz

5 Scheiben Lammfleisch mit ebenso vielen Scheibchen Bambussprossen und Frühstücksspeck aufspießen.

KALBSLEBERSPIESS

1 Portion

80 g Kalbsleber
50 g Frühstücksspeck
50 g Apfelscheiben
Öl
Pfeffer, Salz

5 Scheiben rohe Kalbsleber abwechselnd mit Frühstücksspeck und Apfelscheiben aufspießen.

KÄRNTNER SPIESS

1 Portion

30 g Kalbfleisch
30 g Rindfleisch
30 g Schweinefleisch
30 g Frühstücksspeck
20 g Tomaten
20 g Karotten
20 g Champignons
Öl
Butter
Pfeffer, Salz

Je 1 Scheibe Kalb-, Rind- und Schweinefleisch abwechselnd aufspießen mit gleichen Teilen Frühstücksspeck, 1 Tomatenscheibe, 1 gekochten Karottenscheibe und 1 Champignonscheibe zum Schluß. Mit braungebrannter Butter betropfen. Zuckererbsen und Strohkartoffeln als Beilage geben.

KITZBÜHELER STECKERLFLEISCH

1 Portion

30 g Hirsch- oder Rehfleisch
30 g Rindslungen-(lenden)braten
30 g Schweinefleisch
30 g rohes Hausselch-(räucher)fleisch
2 Scheiben Zwiebel
Öl
Spezialpaprika
Salz

Die zart geklopften, leicht gesalzenen und mit Spezialpaprika gewürzten Fleischstücke werden mit 1/2 Teelöffel Öl betropft und auf einen Holzspieß in folgender Reihung gesteckt: Schweinefleisch, Zwiebelscheibe, Hirsch- oder Rehfleisch, Hausselchfleisch, Zwiebel und Lungenbraten.

NIERENSPIESS

1 Portion

80 g Hammel-, Lamm- oder Schweinsnieren
40 g Zwiebel, 40 g Speck
40 g Tomaten
Öl
Pfeffer, Salz

Scheiben von Hammel-, Lamm- oder Schweinsnieren mit Zwiebel, Speck und Tomaten aufspießen.

RAZNJICI

1 Portion

100 g Schweinefleisch vom Schlegel (Keule)
30 g Frühstücksspeck
Öl
Paprika
Salz

100 Gramm mageres Schweinefleisch wird in 4 bis 5 halbfingerdicke, nicht zu große Scheiben aufgeschnitten. Das Fleisch wird mäßig geklopft, gesalzen, leicht papriziert und abwechselnd mit hauchdünn geschnittenem Frühstücksspeck aufgespießt. Als Beilage gehackte Zwiebel und Senf.

SPEZIALSPIESS

1 Portion

30 g Kalbsbries
30 g Kalbsleber
30 g Kalbfleisch
30 g Champignons
30 g Speckscheiben
Öl
Pfeffer, Salz

Blanchiertes Kalbsbries, Kalbsleber, Kalbfleisch, Champignons und Speckscheiben werden aufgespießt.

SCHASCHLIK

1 Portion

100 g Hammel- oder Lammfleisch
30 g Selch(Räucher)speck
1/2 Tomate
1 kleine Zwiebel
Knoblauch
Öl
Pfeffer
Salz

100 Gramm mageres Hammel- oder Lammfleisch wird in kleine, halbfingerdicke Scheibchen geschnitten und abwechselnd mit ebenso dicken Scheibchen von überbratenem Selchspeck, fester, reifer Tomate und roher Zwiebel aufgespießt. Das Ganze wird mit Salz, Pfeffer und zerdrücktem Knoblauch gewürzt, mit ein wenig Öl betropft und gegrillt.
Fertig gegrillte Schaschliks werden auf gedünstetem Reis angerichtet und mit gehackter Petersilie bestreut.

SCHWEINSJUNGFERN-SPIESS

1 Portion

80 g Schweinslungenbraten
50 g Kaiserfleisch
50 g Zwiebel oder Pilze
Öl
Kümmel, Pfeffer, Salz

Scheiben von Schweinslungenbraten, Kaiserfleisch, Zwiebeln oder Pilzen aufspießen, zusätzlich mit Kümmel würzen.

SCHWYZER SPIESSLI

1 Portion

5 kleine Würfel Emmentaler
5 Scheiben Salami
5 Scheiben Frühstücksspeck
5 Scheiben Melanzani oder Pilze
Öl
Pfeffer

5 kleine Würfel Emmentaler leicht pfeffern, dann in je 1 hauchdünne Scheibe Salami und darüber in ebenso dünn geschnittenen Frühstücksspeck wikkeln. Die Käsestücke werden abwechselnd mit bleistiftdick geschnittenen, etwa talergroßen Scheibchen Melanzani oder bleistiftdick geschnittenen Pilzen auf einen dünnen Spieß gesteckt. Das Schwyzer Spießli auf dem geölten Grill unter einmaligem Wenden bis zum Glasigwerden der Speckhülle heiß braten.
Als Beilage reicht man gebackene Kartoffeln und Salate.

WIENER SPIESS

1 Portion

30 g Kalbfleisch
30 g Kalbsleber
30 g Kalbsbries (Kalbsmilch)
30 g Frühstücksspeck
30 g Zwiebel
Öl
Pfeffer, Salz

Je 1 Scheibe Kalbfleisch, Zwiebel, Kalbsleber, Frühstücksspeck und Bries wird gesalzen, gepfeffert und aufgespießt.

BERNER GRILLWÜRSTEL

1 Portion

1 Paar Frankfurter (Wiener) Würstchen
1 Schnitte Emmentaler
1 Scheibe Frühstücksspeck
Paprika

1 Paar Frankfurter Würstchen mit einem Längseinschnitt versehen, der 2/3 der beiden Würstchen durchschneidet. In diesen Einschnitt 1 bleistiftdicke schmale Schnitte mit Paprika gewürzten Emmentaler einlegen, die Würstchen mit dünn geschnittenem Frühstücksspeck umwickeln und, damit der Speck nicht abfällt, mit Zahnstochern

durchspießen. Die Würstchen werden trocken am Grill gerade so weit überbraten, daß der Speck ein wenig knusprig wird.
Mit Weißbrot und Senf servieren.

4 Portionen

CEVAPCICI

500 g Rindfleisch
Öl
Pfeffer
Salz

500 Gramm vorderes Rindfleisch wird mittelfein faschiert. Das Fleisch würzt man mit dem nötigen Salz und Pfeffer und knetet es unter Zusatz von 1/16 Liter nach und nach hinzugegebenem Wasser zu einer leimig bindenden Masse. Mit Hilfe eines Dressiersackes mit grobem, glattem Spritzröhrchen dressiert man die Fleischmasse in Form von fingerlangen und fingerdicken Würstchen auf einen Fettpapierbogen. Danach werden die Cevapcici mit Öl bestrichen und am Grill gebraten, bis sie braun und steif sind.
Als Beilage wird grobgehackte Zwiebel und französischer Senf gegeben.

Durch Beigabe von 80 Gramm Hammelfleisch schmeckt Cevapcici besonders gut.

Braten am Spieß

Das Braten am Spieß wird bei ganzen Fischen, ganzen Jungtieren (Spanferkel, Lamm, Kitz), Geflügel oder größeren Stücken (Braten) von Schlachttieren angewandt. Die Würzung erfolgt wie bei den Braten angegeben. Das zu bratende Stück wird auf den Spieß gesteckt, mit den Haltezinken befestigt, mit Öl bestrichen und unter ständigem Rotieren und öfterem Bestreichen mit Öl unter Hitzeeinwirkung gebraten. Das Am-Spieß-Braten geschieht über Holzkohle, in herkömmlichen Grillgeräten mit Spießvorrichtung und mit Ober-, Seiten- oder Unterhitze. Viele moderne Haushaltsherde haben schon Vorrichtungen zum Braten am Spieß. Die Garzeiten müssen dann allerdings immer um 1/4 der normalen Bratzeit verlängert werden.
Grillstelze (Foto Seite 364).

BOHNENGULASCH

4 Portionen

300 g weiße Bohnen
2 große Zwiebeln
80 g Fett
2 Eßlöffel Tomatenmark
1 Knoblauchzehe
½ Lorbeerblatt
1 gehäufter Eßlöffel Paprika
Salz

300 Gramm kleine weiße Bohnen werden über Nacht in Wasser eingeweicht, am nächsten Tag mit dem Weichwasser zugestellt, mit ½ Lorbeerblatt versehen und langsam kernig weich gekocht. Nun röstet man 2 große, feingehackte Zwiebeln in 80 Gramm Fett goldgelb, würzt mit 1 gehäuftem Eßlöffel Paprika und fügt sofort 2 Eßlöffel Tomatenmark und 1 fein zerdrückte Knoblauchzehe hinzu. Dann gießt man mit den Bohnen samt Sud auf, salzt und läßt bis zum vollständigen Weichwerden und teilweisen Zerfallen der Bohnen langsam fertigdünsten.
Eventuell blättrig geschnittene Würstchen als Einlage geben.

BOHNENSELCHFLEISCH

4 Portionen

250 g weiße Bohnen
500 g Selch-(Räucher)fleisch
1 kleine Zwiebel
Knoblauch
1 Teelöffel Mehl
Lorbeerblatt
weißer Pfeffer

250 Gramm über Nacht in kaltem Wasser geweichte weiße Bohnen werden mit 1 kleinen, feingehackten Zwiebel, ganz wenig zerdrücktem Knoblauch, weißem Pfeffer, einem Stückchen Lorbeerblatt und 1 Teelöffel Mehl gut abgemischt und zusammen mit 500 Gramm Selchfleisch in ein enges Geschirr eingebettet. Dann gießt man mit kaltem Wasser etwa zwei Finger dick bedeckt auf, läßt aufkochen und nach tüchtigem Durchrühren zugedeckt im Rohr weich dünsten. Die Bohnen dürfen weder zu suppig noch zu dick sein. Für Tisch gibt man die Bohnen in eine tiefere Schüssel und belegt sie mit dem in dünne Scheiben aufgeschnittenen Selchfleisch.

ECHT BÜCHELSTEINERNES

4 Portionen

150 g Rindfleisch
150 g Kalbfleisch
150 g Schweinefleisch
150 g Hammelfleisch
100 g Karotten
100 g Sellerieknolle
2 Kartoffeln
1 große Zwiebel
50 g Rindermark
1/2 Kopf Kohl (Wirsing)
1 Knoblauchzehe
Majoran
Thymian
Pfeffer, Salz

Je 150 Gramm blättrig geschnittenes mageres Fleisch von Rind, Kalb, Schwein und Hammel, zusammen also 600 Gramm, werden mit je 100 Gramm Karotten und Sellerieknolle, beides in dreieckige Blättchen geschnitten, vermischt. Weiters gibt man 2 roh geschälte, blättrig geschnittene Kartoffeln, 1 große, nudelig geschnittene und dann grob gehackte Zwiebel, 50 Gramm Rindermark in Scheiben und 1/2 Kohlkopf, der in halbfingerbreite Streifen geschnitten wurde, dazu. Gewürzt wird mit Salz, Pfeffer, wenig Majoran, zerriebenem Thymian und 1 großen, zerdrückten Knoblauchzehe. Mit 1 1/2 Liter Wasser aufgießen und alles zugedeckt langsam weich dünsten.

EIERNOCKERLN

4 Portionen

3 Eier
gekochte Nockerln
40 g Butter
Salz

Für 4 Portionen werden gekochte Nockerln auf eine breite Pfanne mit 40 Gramm Butter gegeben, leicht gesalzen, heiß geschwenkt und etwas angekrustet. Dann gießt man 3 ganze, mit etwas Salz verquirlte Eier darüber. Einmal kurz durchrühren und das Ganze, ohne weiter zu rühren, von unten goldfarben anbacken. Für Tisch stürzen.
Mit grünem Salat auftragen.

DÜRNSTEINER FLEISCHRESTEL

4 Portionen

250 g beliebige Fleischreste
40 g Fett
1 kleine Zwiebel
1 Teelöffel Selleriegrün
1/4 l Sauerrahm
6 mittelgroße Kartoffeln
Butter
20 g Semmelbrösel (Paniermehl)
Kümmel
Majoran
Pfeffer, Salz

250 Gramm feinnudelig geschnittene Reste von gekochtem oder gebratenem Fleisch beliebiger Art werden mit Salz, Pfeffer und fein zerriebenem Majoran nach Geschmack untermischt. Dann röstet man in 40 Gramm Fett 1 kleine, feingehackte Zwiebel blaßgelb, würzt mit 1 Teelöffel gehacktem Selleriegrünem, fügt das nudelig geschnittene Fleisch hinzu, das nun recht gut angeröstet wird, gießt dann mit 1/4 Liter gesprudeltem Sauerrahm auf und läßt unter Durchrühren einmal aufkochen. Nun schneidet man 6 roh geschälte, mittelgroße Kartoffeln in halbfingerdicke Scheiben auf und legt

damit nach dem Würzen mit Salz, Pfeffer und Kümmel eine entsprechend große gebutterte Kasserolle am Boden und Rand aus. Die restlichen Kartoffeln werden in kleine Würfel geschnitten, in das vorbereitete, ziemlich wässerig aussehende Fleisch eingemengt und damit die mit den Kartoffelscheiben ausgelegte Kasserolle gefüllt. Obenauf streut man eine dünne Lage Semmelbrösel und backt das Fleischrestel im gut erhitzten Rohr etwa 50 bis 60 Minuten. Für Tisch wird das Gericht gestürzt.
Als Beilage grüner Salat.

GRAMMELSTERZ

4 Portionen

100 g Grammeln (Grieben)
750 g Kartoffeln
200 g Mehl
100 g Fett
Kümmel
Pfeffer
Salz

750 Gramm roh geschälte und geviertelte Kartoffeln werden kalt gewaschen, fast gleich hoch mit kaltem Wasser aufgefüllt, mit Salz und ganz wenig Kümmel gewürzt und zugedeckt kernig weich gekocht. Daneben röstet man 200 Gramm Mehl vollständig trocken in einer Pfanne, bis ein angenehmer Mehlbackgeruch zu verspüren ist. Dieses Mehl schüttet man auf die kochenden Kartoffeln, die nicht vom Wasser abgeseiht wurden, und kocht, ohne umzurühren, langsam weiter, bis das daraufgeschüttete Mehl eine Art Decke bildet. Dann seiht man das überschüssige Wasser durch Neigen des Topfes vollständig ab und zerrührt nun die Kartoffeln mit dem Mehl zu einer zusammenhaltenden Masse. Inzwischen hat man in 100 Gramm Fett die gesalzenen und leicht gepfefferten Grammeln heiß geröstet, verteilt darüber den Sterz in kleinen Stücken und dünstet ihn unter öfterem Durchschaufeln und gleichzeitigem Zerkleinern etwa $^1/_2$ Stunde im Rohr aus. Der Grammelsterz wird gehäuft angerichtet.
Dazu entweder gesprudelte saure Milch oder grünen Salat auftragen.

HEIDENSTERZ

4 Portionen

500 g Heiden-(Buchweizen)mehl
120–150 g Selch-(Räucher)speck

500 Gramm Heidenmehl wird in einer Pfanne über kleiner Hitze trockengeröstet, bis ein angenehmer Backgeruch ausströmt und das Mehl eine blaßgelbe Farbe hat. Nebenbei läßt man ungefähr 1 Liter

Hubertusspieß (Rezept Seite 355).

1 l saure Milch
Salz

leicht gesalzenes Wasser aufkochen, das nun schöpflöffelweise und nur nach Bedarf zum gerösteten Mehl gegossen wird. Dabei muß immer wieder gut durchgeröstet werden, und es darf immer nur soviel Wasser hinzukommen, wie das Mehl leicht aufsaugen kann, um sterzartig klumpig zu werden. Zuletzt muß der Sterz in lauter saftige Klümpchen zerfallen und zerrührt sein. Zugedeckt noch 1/2 Stunde ausdünsten lassen. 15 Minuten vor Tisch röstet man 120 bis 150 Gramm kleinwürfelig geschnittenen Selchspeck zu hellbrauner Farbe und gießt das Fett samt den Grammeln über den Sterz, der noch auf Salzgehalt geprüft und eine weitere Viertelstunde zugedeckt ausgedünstet wird. Der Heidensterz kommt mit gesprudelter saurer Milch zu Tisch.

4 Portionen

GRENADIERMARSCH

600 g Kartoffeln
250 g Nudelteigfleckchen
80 g Selch(Räucher)speck
1 kleine Zwiebel
1/2 Teelöffel Petersilie
Kümmel
Pfeffer
Salz

In 80 Gramm würfelig geschnittenem, goldgelb ausgelassenem Selchspeck röstet man 1 kleine, mittelfein gehackte Zwiebel blaßgelb und fügt 600 Gramm gekochte, grobblättrig geschnittene Kartoffeln sowie 250 Gramm abgekochte, kaltgespülte und gut abgetropfte Nudelteigfleckchen hinzu. Gewürzt wird mit dem nötigen Salz, einer Prise Pfeffer, Kümmel und 1/2 Teelöffel gehackter Petersilie. Alles unter wiederholtem Durchschaufeln und Auflockern zu teilweiser Krustenbildung rösten. Der Grenadiermarsch wird locker gehäuft angerichtet.
Endiviensalat als Beilage.

4 Portionen

GRIESSNUDELN

250 g Nudeln
80 g grober Grieß
70 g Fett
1 Eßlöffel Essig
Pfeffer
Salz

250 Gramm fertig gekaufte Nudeln werden in ungefähr 1 Liter scharf kochendem Salzwasser 10 Minuten flott gekocht, dann abgeseiht, mit kaltem Wasser überspült und gut abgetropft. Inzwischen wird in 70 Gramm Fett 80 Gramm grober Grieß langsam zu hellbrauner Farbe geröstet, gesalzen

Grillstelze; pikante Garnitur (Rezept Seite 359).

und mit 1 Eßlöffel Essig abgelöscht. Dann verteilt man noch 2 Eßlöffel Nudelsud über den Grieß, läßt kurz ausdämpfen, mischt nun die abgekochten Nudeln darunter, die man unter Durchschaufeln gründlich erhitzen läßt. Die Grießnudeln können auch leicht gepfeffert werden.
Als Beilage Endiviensalat.

Für *süße Grießnudeln* wird der Grieß nur mäßig gesalzen. Die locker gehäuft angerichteten Nudeln werden nach Geschmack überzuckert.

4–6 Portionen

GRIESS-STRUDEL

80 g grober Grieß
1/4 l Milch
90 g Butter
200 g Mehl
3 Eier
1 Eßlöffel Öl
1/8 l Sauerrahm
Petersilie
Semmelbrösel
(Paniermehl)
Muskatnuß
Salz

Zuerst kocht man 1/4 Liter Milch mit etwas Salz und 20 Gramm Butter auf, läßt 80 Gramm groben Grieß unter Rühren einlaufen und dick verkochen. Zugedeckt zum Auskühlen stellen. Dann wird aus 200 Gramm Mehl, 1 ganzen Ei, etwas Salz, 1 schwachen Eßlöffel Öl und lauwarmem Wasser nach Bedarf ein halbweicher Teig seidenglatt geknetet, bis er sich von Brett und Händen löst. Zu einem Laib geformt und von oben stark mit Öl bestrichen, legt man den Teig auf ein stark bestaubtes Brett und läßt ihn 20 Minuten rasten. Während dieser Zeit rührt man 40 Gramm weiche Butter mit nach und nach 2 Eidottern und abwechselnd und löffelweise mit der überkühlten Grießmasse sowie 1/8 Liter Sauerrahm recht schaumig, würzt mit ein wenig Muskatnuß und gehackter Petersilie und rührt schließlich noch den sehr steif geschlagenen Schnee von 2 Eiweiß ein. Jetzt wird der Teig auf einem glatt aufgebreiteten, gut mit Mehl eingeriebenen Tischtuch zuerst ein wenig ausgerollt und die Teigfläche stark mit Öl bestrichen. Nun zieht man den Teig von der Mitte aus durch Untergreifen mit den Händen etwa 60 Zentimeter breit und 80 Zentimeter lang papierdünn aus und schneidet die dicken Ränder schließlich weg. Über die Teigfläche wird vorsichtig die vorbereitete Grießmasse verteilt und verstrichen, doch so, daß an einer Seite ein zwei Hände breiter Teigstreifen ohne Fülle bleibt.

Den Strudel durch Heben des Tuches nach der ungefüllten Teigseite hin schlangenförmig einrollen. Die Strudelschlange wird mit einem stark bemehlten Kochlöffelstiel in 12 gleich große Portionen bis auf das Tischtuch durchgedrückt. Die Druckstellen mit der Teigkarte vollends durchschneiden. Wenn der Teig dabei an den Druckstellen gerissen ist und die Fülle bloßliegt, so macht dies nichts aus, da die Fülle beim Kochen nicht ausdringt. Ungefähr 15 Minuten vor Tisch legt man die Strudelportionen in ein genügend breites, mit kochendem Salzwasser gefülltes Geschirr, kocht sie nicht zugedeckt langsam von der einen Seite 7 Minuten, dann umgedreht auch von der anderen Seite 7 Minuten durch (Gesamtkochzeit ungefähr 15 Minuten) und hebt die Portionen mit einer Backschaufel vom Sud. Die Strudel werden abgetropft angerichtet und mit goldbraun gerösteten Butterbröseln überzogen.
Dieser Strudel eignet sich als Beilage zu Saucengerichten, z. B. Beuschel oder Bruckfleisch.

> Als *Süßspeise* serviert man *Grießstrudel* in Butterbröseln gewälzt, angezuckert und mit Zwetschken(Pflaumen)- oder Marillen(Aprikosen)röster. Petersilie und Muskatnuß bleiben weg.

4 Portionen

TIROLER GRÖSTEL

750 g Kartoffeln
300 g gekochtes Rindfleisch oder Bratenreste
60 g Fett
1 mittelgroße Zwiebel
1 Teelöffel Selleriegrünes
Pfeffer
Salz

Tiroler Gröstel besteht aus 750 Gramm frisch gekochten, grobblättrig geschnittenen Kartoffeln, 300 Gramm grobnudelig geschnittenen, gekochten Rindfleisch- oder Bratenresten, gewürzt mit Salz und Pfeffer. In 60 Gramm Fett röstet man 1 mittelgroße, mittelfein geschnittene Zwiebel goldgelb, fügt die Kartoffeln samt Fleisch hinzu und röstet alles bis zum teilweisen Ankrusten tüchtig durch. Dabei streut man 1 Teelöffel feingehacktes Selleriegrünes darüber. Locker gehäuft anrichten.
Mit Tomatensauce oder Sardellensauce umkränzen.

> Würziger schmeckt das Tiroler Gröstel mit etwas Majoran.

KARTOFFEL-FLEISCHAUFLAUF

4 Portionen

750 g Kartoffeln
400 g beliebiges Fleisch
40 g Fett
1 kleine Zwiebel
Petersilie
4 Eßlöffel Obers (Süßrahm)
3 Eier
80 g Butter
Semmelbrösel (Paniermehl)
Muskatnuß
Pfeffer
Salz

400 Gramm beliebiges Fleisch wird in kleinere Stücke zerschnitten, gesalzen, gepfeffert und dann in 40 Gramm sehr heißem Fett steif geröstet. Die Fleischstückchen feinnudelig schneiden. Im Bratfett röstet man 1 kleine, feinstgehackte Zwiebel, vermischt mit etwas grüner Petersilie, heiß und vermengt dies mit dem geschnittenen Fleisch. Dann zerdrückt man 750 Gramm frisch gekochte, noch heiß geschälte Kartoffeln fein und rührt sie mit Salz nach Bedarf, etwas Pfeffer, geriebener Muskatnuß, 4 Eßlöffel Obers, 3 ganzen Eiern und 60 Gramm zerlassener Butter gut ab. Zuletzt wird das vorbereitete Fleisch gut eingemischt und die Masse in eine gebutterte, mit Semmelbröseln ausgestreute Kasserolle gut zwei Finger dick eingefüllt. Den Auflauf schiebt man in ein mittelheißes Rohr und läßt ihn ca. 1 Stunde goldfarben durchbacken. Für Tisch in Portionen aufschneiden.
Mit Kopf- oder Endiviensalat auftragen.

SCHINKENKARTOFFELN

4 Portionen

400 g Kartoffeln
100 g Schinken
ca. 1/4 l Sauce Béchamel
1 Ei
100 g Butter
Reibkäse
Semmelbrösel (Paniermehl)
Muskatnuß
Pfeffer
Salz

Würfelig geschnittene gekochte Kartoffeln werden mit gehacktem Schinken und so viel Béchamelsauce verrührt, wie zu einer festen Masse notwendig ist. Dann würzt man mit Salz, Pfeffer und geriebener Muskatnuß, verrührt 1 ganzes Ei darunter und füllt die Kartoffeln in eine gebutterte Backform zwei Finger dick ein, streut geriebenen Käse, Semmelbrösel und einige Butterflocken darüber und läßt das Ganze im Rohr durchbacken, bis die Masse stockt. In Würfel ausgestochen und mit 60 Gramm gebräunter Butter übergossen auftragen.

KARTOFFELGULASCH MIT SPECK UND WURST

4 Portionen

1 kg Kartoffeln
120 g Selch(Räucher)speck
2 Knackwürste
2 mittelgroße Zwiebeln
2 Eßlöffel Tomatenmark
2 Teelöffel Paprika
Kümmel

Zuerst schneidet man 120 Gramm Selchspeck in kleine Würfel und schmilzt ihn zu blaßgelber Farbe. Dann fügt man 2 mittelgroße feingehackte Zwiebeln bei, die man ebenfalls blaßgelb röstet, würzt mit 2 Teelöffel Paprika, 2 Eßlöffel Tomatenmark und 1 Prise Kümmel und fügt gleichzeitig 2 grobnudelig geschnittene Knackwürste bei. Nachdem man alles gut durchgerührt hat, mischt man 1 Kilogramm roh geschälte, gewürfelte Kartoffeln ein und füllt mit kaltem Wasser gleich hoch auf. Das Ganze zugedeckt weich dünsten, bis die Kartoffeln teilweise zerfallen und das Gulasch dadurch mäßig gebunden ist.

KARTOFFELKRAPFEN

4 Portionen

300 g Kartoffeln
200 g Topfen (Quark)
100 g Mehl
1 Ei
80 g Butter
Salz

300 Gramm gekochte, fein passierte oder geriebene Kartoffeln werden mit 200 Gramm fein passiertem Topfen, 100 Gramm Mehl, einer Prise Salz und 1 ganzen Ei zu einem glatten Teig geknetet. Aus dem Teig wälzt man eine handgelenkdicke Schlange, die in kleinfingerdicke Scheiben geschnitten wird. Die schön geformten Kartoffelkrapfen brät man in bodenbedeckt erhitzter Butter beidseitig zu goldbrauner Farbe.
Als Beilage dienen Tomatensauce und Endiviensalat.

> Wird der Teig zu weich, gibt man ein wenig Grieß bei; wird der Teig hingegen zu fest, arbeitet man etwas saure Milch ein.

MAJORANKARTOFFELN MIT FLEISCHEINLAGE

4 Portionen

1 kg Kartoffeln
200 g Schweinsschulter
1 große Zwiebel oder
2 Porreestangen

200 Gramm Schweinsschulter wird in fingerdicke kurze Stückchen geschnitten, die man mit dem nötigen Salz, einer Prise Paprika oder Pfeffer, einer starken Prise Majoran, 1 großen gehackten Zwiebel

1 Eßlöffel Mehl
60 g Fett
Petersilie
Majoran
Paprika oder Pfeffer
Salz

oder 2 samt dem zarten Grün in feine Ringe aufgeschnittenen Porreestangen und 1 Eßlöffel Mehl vermischt. Das Ganze röstet man in 60 Gramm heißem Fett, bis das Fleisch steif geworden ist und eine lichte Röstfarbe angenommen hat. Nun mengt man roh geschälte, geviertelte Kartoffeln ein, gießt mit Wasser gerade bedeckt auf und kocht alles zugedeckt ganz langsam, bis die Kartoffeln beinahe zerfallen. Knapp vor dem Auftragen bestreut man die Majorankartoffeln mit reichlich gehackter Petersilie.

4–6 Portionen

KARTOFFELPUFFER

1 kg Kartoffeln
Sauerrahm
Fett
Salz

1 Kilogramm roh geschälte Kartoffeln werden in 2 Liter kaltes Wasser eingerieben, dann auf ein Haarsieb geschüttet und gut ausgedrückt. Das Wasser läßt man ruhig stehen, bis es klar geworden ist. Dann gießt man es vorsichtig ab und gibt das am Boden festgesetzte Stärkemehl zu den Kartoffeln. Mit Salz nach Bedarf und so viel gesprudeltem Sauerrahm versetzt, daß eine dickbreiige Masse entsteht, rührt man die Kartoffeln gut durch und setzt davon auf eine mit heißem Fett versehene Pfanne eigroße Häufchen, die halbfingerdick auseinandergestrichen werden. Die entstandenen Plätzchen backt man mittelheiß auf dem Herd oder im Rohr von beiden Seiten zu goldbrauner Farbe und gibt sie sehr heiß zu Tisch.
Salat oder eine beliebige Sauce als Beilage.

4 Portionen

SCHWEIZER KARTOFFELN

1 kg Kartoffeln
90 g Butter
40 g Mehl
1/4 l Milch
Zitronensaft

1 Kilogramm gekochte, noch heiß geschälte Kartoffeln werden grobblättrig geschnitten und mit ein wenig Salz und Pfeffer gewürzt. Dann schwitzt man in 50 Gramm Butter 40 Gramm Mehl blaßgelb und gießt mit 1/4 Liter Milch zu sehr dicker Sauce

3 Eßlöffel Parmesan
2 Eier
1/8 l Sauerrahm
1/2 Teelöffel
Schnittlauch
Semmelbrösel
(Paniermehl)
Reibkäse
Muskatnuß
Pfeffer
Salz

auf. Die noch heiße Sauce verrührt man innig mit Zitronensaft, Muskatnuß und 3 Eßlöffel geriebenem Parmesan, 2 Eidottern, 1/8 Liter saurem Rahm oder Milch und schließlich mit dem steifen Schnee von 2 Eiweiß. Nun mischt man die vorbereiteten Kartoffeln und 1/2 Teelöffel feingeschnittenen Schnittlauch ein, füllt das Ganze stark zwei Finger dick in eine gefettete, mit Semmelbröseln ausgestreute Kasserolle, bestreut von oben mit einer dünnen Lage Reibkäse, Semmelbröseln und ein paar Butterflöckchen und backt die Schweizer Kartoffeln im gut erhitzten Rohr zu goldbrauner Oberfarbe durch.
Für Tisch in Portionen ausstechen und mit pikant mariniertem grünem Salat oder mit Tomatensauce umkränzt auftragen.

In die Schweizer Kartoffeln kann man würfelig geschnittenen Emmentaler, Schinken und hartgekochte Eier mischen.

GEFÜLLTE KARTOFFELKNÖDEL

4 Portionen

750 g Kartoffeln
2 Eier
100 g Grieß
100 g Mehl
20 g Butter
200 g Rind- und Schweinefleisch
1 mittelgroße Zwiebel
20 g Fett
Petersilie
Knoblauch
1 Eßlöffel Semmelbrösel (Paniermehl)
Pfeffer
Salz

750 Gramm frisch gekochte Kartoffeln werden noch heiß geschält und sofort fein zerdrückt, dann mit 1 ganzen Ei, einer Prise Salz, 100 Gramm Grieß, 100 Gramm Mehl und 20 Gramm Butter rasch zu einem mittelfesten Teig geknetet, den man zu einer handgelenkdicken Rolle formt und in 8 Teile aufschneidet. Inzwischen wird 200 Gramm faschiertes Rind- und Schweinefleisch mit 1 mittelgroßen, feingehackten Zwiebel in 20 Gramm Fett geröstet und mit ein wenig gehackter Petersilie und zerdrücktem Knoblauch, 1 ganzen Ei, Salz, Pfeffer und 1 Eßlöffel Semmelbrösel mit Wasser nach Bedarf zu einer geschmeidig-weichen Fülle vermischt, mit der die Teigstücke gleichmäßig besetzt werden. Die daraus geformten, nahtlos geschlossenen Knödel legt man in kochendes Salzwasser ein und kocht sie im offenen Geschirr langsam 12 Minuten.
Als Beilage Gabelkraut.

TIROLER KNÖDEL

4 Portionen

6 Semmeln
50 g Selch(Räucher)speck
$^1/_2$ Zwiebel
Petersilie
160 g gekochtes Selch(Räucher)fleisch
ca. $^1/_8$ l Milch
2 Eier
ca. 60 g Mehl
Salz

Den Selchspeck kleinwürfelig schneiden und glasig rösten, feingehackte Zwiebel und Petersilie beigeben und kurz mitrösten. Das Geröstete über die würfelig geschnittenen Semmeln gießen. Das kleinwürfelig geschnittene Selchfleisch und die mit Milch und Salz versprudelten Eier beigeben, durchmischen und etwas ziehen lassen. Zuletzt mengt man das Mehl darunter. Aus der Masse mit nassen Händen Knödel formen und in Salzwasser ca. 12 Minuten kochen.
Mit Sauerkraut oder warmem Krautsalat servieren.

Foto Seite 381.

KNÖDEL, GERÖSTET MIT EI

4 Portionen

4 Semmelknödel
4 Eier
60 g Butter
Petersilie

4 erkaltete Semmelknödel werden in dünne Blätter geschnitten, in Butter krustig angeröstet, mit Petersilie bestreut, ganz flach ausgebreitet und mit den zerquirlten Eiern begossen. Ohne zu rühren, läßt man das Ganze goldfarben anbacken. Die Knödel gestürzt anrichten. Grüner Salat als Beilage.

KÄRNTNER KASNUDELN

4–6 Portionen

Teig
300 g Mehl
1 Ei
Öl
Salz

Fülle
600 g fettarmer Topfen (Quark)
2 Eßlöffel Sauerrahm
60 g Butter
250 g Kartoffeln
4 Eier
Petersilie, Kerbel
Minzeblätter
Butter oder Schmalz und Speckwürfel
Salz

Aus 300 Gramm Mehl, 1 Ei, Salz und etwas Wasser einen mittelfest gehaltenen Nudelteig kneten. Mit Öl bestreichen und $^1/_2$ Stunde rasten lassen.
Zur Fülle werden 600 Gramm Topfen mit 2 Eßlöffel Sauerrahm, 60 Gramm Butter, 250 Gramm gekochten, geschälten und zerdrückten Kartoffeln, 3 Eiern, Salz, gehackter Petersilie, Kerbel und Minzeblättern auf dem Brett gut abgearbeitet. Den Nudelteig nicht zu dünn ausrollen, mit gezacktem rundem Ausstecher Scheiben ausstechen. Auf jede Scheibe $^1/_2$ Eßlöffel Fülle setzen, die Ränder der Scheiben mit zerklopftem Ei bestreichen, zusammenklappen und die Ränder fest aneinanderdrükken. Die Kasnudeln werden in Salzwasser ca. 10 Minuten gekocht, dann herausgehoben, angerichtet und mit zerlassener Butter oder mit in Schmalz glasig gerösteten Speckwürfeln begossen.

Foto Seite 382.

KATZENGSCHROA

4 Portionen

200 g Schweinefleisch
100 g Schweinsleber
100 g Kalbsmilz
60 g Fett
2 mittelgroße Zwiebeln
Knoblauch
20 g Mehl
Majoran
Pfeffer
Salz

In 60 Gramm heißem Fett röstet man 2 mittelgroße, grobgehackte Zwiebeln zu blaßgelber Farbe, fügt 200 Gramm dünnblättrig geschnittenes, mageres Schweinefleisch, 100 Gramm blättrig geschnittene Schweinsleber und 100 Gramm in dünne Streifen geschnittene Kalbsmilz hinzu, würzt mit Pfeffer, einer Prise zerriebenem Majoran und erbsgroß zerdrücktem Knoblauch und röstet das Ganze, bis sich das Fleisch steif anfühlt. Dann wird die Speise mit Salz nach Bedarf gewürzt und mit 20 Gramm Mehl gestaubt, wieder gut durchgeschwitzt und mit Wasser zu molliger Bindung aufgegossen. Zugedeckt läßt man das Ganze langsam dünsten, bis das Fleisch genügend weich geworden ist.
Als Beilage serviert man Kartoffelschmarren.

KRAUTFLECKERLN

4 Portionen

600 g Weißkraut (Weißkohl)
2 Eier
Mehl
60 g Fett
1 mittelgroße Zwiebel
Essig
1 Eßlöffel Zucker
Kümmel
Pfeffer
Salz

Aus 2 ganzen Eiern, einer Prise Salz und Mehl nach Bedarf wird ein fester Teig seidenglatt geknetet und ausgerollt. Daraus werden daumennagelgroße Fleckerln geschnitten, gekocht und kalt geschwenkt. Frisches Weißkraut wird gesäubert, vom Strunk befreit, feinnudelig geschnitten und dann noch einige Male durchgehackt. In 60 Gramm Fett schmilzt man 1 glattgestrichenen Eßlöffel Zucker goldbraun, schwitzt darin 1 mittelgroße, feingehackte Zwiebel kurz durch, löscht mit einem Schuß Essig ab und fügt das Kraut bei. Mit Salz nach Bedarf, einer Prise Pfeffer und Kümmel würzen und unter öfterem Durchrühren nicht zugedeckt zu hellbrauner Farbe weich ausdünsten lassen. Dabei wird nur im Bedarfsfall mit Wasser gespritzt, gerade so viel, daß das Kraut nicht anbrennen kann. Zuletzt die gekochten Fleckerln einmengen und erhitzen, locker gehäuft anrichten.

LEBERGRÖSTEL

4 Portionen

300 g Schweinsleber
600 g Kartoffeln
2 Semmelknödel
1 mittelgroße Zwiebel oder Porree
60 g Fett
1 Eßlöffel Tomatenmark
Majoran
Pfeffer
Salz

300 Gramm Schweinsleber wird in dünne Blätter geschnitten und mit einer Prise feingeriebenem Majoran und Pfeffer gewürzt. 600 Gramm gekochte Kartoffeln schneidet man ebenso wie 2 Semmelknödel in dicke Blätter. Dann röstet man 1 mittelgroße, feingehackte Zwiebel bzw. fein in Streifen geschnittenen Porree in 60 Gramm Fett tüchtig heiß, röstet darin die Leber rasch steif, fügt 1 Eßlöffel Tomatenmark, das notwendige Salz und die vorbereiteten Kartoffeln und Knödel bei und schwenkt alles gründlich heiß. Zum Schluß wird ganz wenig Suppe oder Wasser zugegeben, damit die Speise saftiger wird.
Als Beilage dient grüner Salat.

BAYERISCHER LEBERSCHMAUS

6–8 Portionen

200 g Schweinefleisch
½ Schweinslunge
100 g Schweinsschwarteln
300 g Schweinsleber
2 Knoblauchzehen
Petersilie
1 kleine Zwiebel
50 g Fett
2 Semmeln
Kümmel
Majoran
Neugewürz (Piment)
1 Lorbeerblatt
Pfeffer
Salz

200 Gramm halbfettes Schweinefleisch wird in dünne Blätter geschnitten, mit Salz, Pfeffer, 2 zerdrückten Knoblauchzehen, ein bißchen Majoran, gehackter Petersilie, ein wenig Kümmel und 1 kleinen, feingehackten Zwiebel untermischt. Dies röstet man in 50 Gramm sehr heißem Fett rasch durch und läßt überkühlen. Daneben kocht man eine halbe Schweinslunge und 100 Gramm Schweinsschwarteln in Salzwasser mit 1 Lorbeerblatt weich und läßt ebenfalls auskühlen. Im kalten Lungensud werden 2 Semmeln eingeweicht, die man dann gut ausdrückt. Nun faschiert man alles zusammen zweimal durch, also das geröstete Schweinefleisch, die gekochte Lunge und die Schwarteln und ergänzt dies mit 300 Gramm roher Schweinsleber. Die Masse wird noch ein wenig mit Neugewürz gut abgemischt und dann in eine gefettete Kasserolle eingefüllt. Zugedeckt stellt man das Geschirr in ein mittelheißes Rohr und läßt den Leberschmaus ¾ Stunden backen.
Für Tisch stürzen und portionieren und mit einer Beilage von Kraut und gerösteten Kartoffeln warm auftragen. In kaltem Zustand wird der Leberschmaus in schöne Scheiben aufgeschnitten, die man mit Kren oder beliebigem Salat serviert.

PILZLINGRISOTTO

4 Portionen

200 g beliebige Pilze
250 g Reis
80 g Butter
1 mittelgroße Zwiebel
Parmesan
Pfeffer
Salz

In 80 Gramm gut erhitzter Butter läßt man 1 mittelgroße, feingehackte Zwiebel goldgelb anlaufen, fügt 250 Gramm trockenen, auf einem Tuch blankgewischten Reis bei und röstet weiter, bis der Reis glasig und teilweise blaßgelb geworden ist. Dann fügt man das nötige Salz, eine Prise Pfeffer und 200 Gramm grobgeschnittene frische Pilze beliebiger Art hinzu und gießt nach abermaligem kurzen Rösten mit 1/2 Liter Wasser oder Würfelsuppe auf. Nach dem Aufkochen läßt man den Risotto zugedeckt langsam 25 Minuten dünsten. Dann mit der Gabel auflockern. Für Tisch wird der Risotto portionsweise in einen wasserbenetzten Schöpflöffel oder in eine Suppenschale gedrückt, gestürzt und mit geriebenem Parmesan bestreut. Dazu serviert man Paprika- oder Tomatensauce.

Foto Seite 399.

SCHINKENFLECKERLN

4 Portionen

200 g Schinken
250 g Eierteigfleckerln
80 g Butter
2 Eier
Petersilie
20 g Semmelbrösel
(Paniermehl)
Pfeffer
Salz

250 Gramm fertig gekaufte Eierteigfleckerln werden in sprudelnd kochendem Salzwasser 8 bis 10 Minuten gekocht, dann abgeseiht, mit kaltem Wasser überspült und gut abgetropft. Inzwischen wird 60 Gramm Butter nach Bedarf gesalzen, leicht gepfeffert und mit nach und nach 2 Eidottern schaumig gerührt. Dann mengt man die abgetropfte Teigware und 200 Gramm mittelfein gehackten Schinken ein. Zuletzt wird der sehr steif geschlagene Schnee von 2 Eiweiß mit einer Prise gehackter Petersilie unter die Masse gemengt, die man nun in eine gefettete, mit Bröseln ausgestreute Kasserolle einfüllt und glattstreicht. Obenauf streut man eine schwache Lage Semmelbrösel und tropft 1 Eßlöffel zerlassene Butter darüber. Die Schinkenfleckerln werden im mittelheißen Rohr in ungefähr 45 Minuten zu brauner Oberfarbe gebacken und für Tisch in nette Portionen ausgestochen.
Mit Kopfsalat auftragen.

> In die Masse kann vor der Schneebeigabe noch zusätzlich 1/8 Liter Sauerrahm eingemischt werden.

SCHLESISCHES HIMMELREICH

4 Portionen

8 Kartoffelknödel
200 g Selch(Räucher)speck
400 g gedörrtes Mischobst, bestehend aus Apfelschnitzel, Zwetschken (Pflaumen), Birnen und Marillen (Aprikosen)
Stärkemehl
Zucker
Zimt
Salz

Dazu braucht man 8 Kartoffelknödel aus gekochten Kartoffeln, 200 Gramm kernigen Selchspeck, der in kochendem Wasser glasig überbrüht wird, und 400 Gramm gedörrtes Mischobst, bestehend aus Apfelschnitzel, Zwetschken, Birnen und Marillen, das am Tag vorher mit kaltem Wasser gleich hoch aufgefüllt und vor Gebrauch mit Zucker nach Geschmack, ein wenig Zimt und einer Prise Salz versehen und weich gekocht wird. Zur Bindung rührt man ein wenig Stärkemehl mit kaltem Wasser flüssig ab und verdickt damit das kochende Obst, so daß eine leicht gebundene Sauce entsteht. Die Anrichteweise ist folgende: In eine passende Schüssel legt man die Kartoffelknödel ein, die mit dem in dünne Scheiben aufgeschnittenen, gebrühten Speck bedeckt und mit dem heißen Mischobst samt Sauce übergossen werden.

WURSTGULASCH MIT GRÜNEM PAPRIKA

4 Portionen

2–3 Knackwürste
4–6 Paprikaschoten
80 g Selch(Räucher)speck
1 mittelgroße Zwiebel
4 Tomaten
Salz

4 bis 6 hellgrüne Paprikaschoten werden trocken gewischt, vom Stiel befreit und abgedeckelt. Die weißen Samenkerne und Fäden vollständig entfernen und die Schoten in halbbleistiftdicke Nudeln schneiden. In 80 Gramm kleinwürfelig geschnittenem, gelb angeschwitztem Selchspeck röstet man 1 mittelgroße, feingehackte Zwiebel gelb, fügt die geschnittenen Paprikaschoten und 4 geschälte und geviertelte Tomaten bei, salzt nach Bedarf und läßt das Ganze zugedeckt im eigenen Saft dünsten, wobei öfter umgerührt werden muß. Wenn der Paprika weich geworden ist, gibt man noch 2 bis 3 enthäutete und in dünne Blätter geschnittene Knackwürste hinzu und gießt nach einigem Schwitzen mit ganz wenig Wasser auf, so daß eine mollige Bindung entsteht.
Dazu Salzkartoffeln als Beilage.

Beilagen

Kartoffeln

KARTOFFELN, IN DER SCHALE GEKOCHT

4 Portionen

800 g–1 kg Kartoffeln
Salz

Die Kartoffeln, gleichgültig welcher Art, werden sauber gewaschen, mit kaltem Wasser bedeckt zugestellt, leicht gesalzen, zum Kochen gebracht und zugedeckt nicht zu rasch weich gekocht. Das Salzen des Kochwassers verbessert nicht nur den Geschmack der Kartoffeln, sondern es verhindert auch weitgehend das Aufspringen. Wenn ein Gabeleinstich die nötige Weichheit anzeigt, wird das Wasser abgegossen. Die Kartoffeln bleiben zugedeckt und werden noch heiß geschält. Die dankbarste Gattung sind die gelben, glatt- und rauhschaligen Kartoffeln für fast sämtliche Speisen, doch eignen sich die sogenannten „mehligen“ Kartoffeln besser für Teige und Püree, während die „Kipflerkartoffeln“ besonders für Salatzubereitung herangezogen werden. Die sogenannten „heurigen“ Kartoffeln sind junge, vorzeitig geerntete Knollen, die sowohl geschabt als auch mit der Schale gekocht werden können.

SALZKARTOFFELN

4 Portionen

750 g Kartoffeln
Kümmel
Salz

Eine zweite Art, Kartoffeln zu kochen, ist das Kochen im roh geschälten Zustand. Das Grundrezept bilden die Salzkartoffeln. 750 Gramm werden roh geschält, geviertelt, gewaschen, mit kaltem Wasser, Salz und etwas Kümmel zugestellt und zugedeckt aufgekocht. Der Schaum zu Beginn des Kochens wird abgenommen. Dann zugedeckt nicht zu rasch fast weich kochen lassen, das Wasser

abseihen und die Kartoffeln im eigenen Dampf ziehen lassen, bis sie ganz weich geworden sind.
Foto Seite 273.

Butterkartoffeln sind in Butter geschwenkte Salzkartoffeln.
Petersilienkartoffeln sind in Butter und Petersilie geschwenkte Salzkartoffeln. Allerdings wird hier beim Kochen kein Kümmel beigegeben.

4 Portionen

KARTOFFELPÜREE

750 g Kartoffeln
40 g Butter
Milch
Fett
Zwiebelringe
Muskatnuß
Salz

So wie Salzkartoffeln, aber ohne Kümmel gekochte Kartoffeln werden brennheiß durch ein Sieb gestrichen, mit 40 Gramm frischer Butter zuerst schaumig gerührt, dann mit kochend heißer Milch nach Bedarf zu einem glatten, dicklichen Brei angerührt, gesalzen und leicht mit Muskatnuß gewürzt. Man besetzt das Püree mit einem Häufchen in Fett goldgelb und trocken gerösteten Zwiebelringen.

4 Portionen

MOUSSELINE-KARTOFFELN

600 g mehlige Kartoffeln
60 g Butter
4 Eidotter
ca. 1/4 l Obers (Süßrahm)
Muskatnuß
Salz

600 Gramm geschälte Kartoffeln vierteln und in leicht gesalzenem Wasser weich kochen. Abseihen, sofort passieren und mit 50 Gramm Butter, Salz, Muskatnuß und 4 Eidottern mittels Schneerute schaumig aufrühren. Mit Obers zu glatter Konsistenz bringen. Eine gebutterte Auflaufschale mit der Kartoffelmasse füllen, mit 30 Gramm zerlassener Butter begießen und im heißen Rohr überbacken.
Foto Seite 274.

4 Portionen

BRATKARTOFFELN

750 g Kartoffeln
Mehl
60 g Fett
Salz

Kleinere, in der Schale gekochte, geschälte Kartoffeln werden mit Salz und ein wenig Mehl bestreut und in heißem Fett zu goldgelber Farbe gebraten.
Foto Seite 310.

Geschmacklich von Vorteil ist es, wenn die Kartoffeln im Fett, in dem eine Fleischspeise gebraten wird, mitbraten können.

SCHLOSSKARTOFFELN

4 Portionen

750 g Kartoffeln
Fett
Salz

750 Gramm kleinere, roh geschälte und in Sechstel geschnittene Kartoffeln werden gewaschen und gut abgetropft in so viel heißes Fett gegeben, daß dieses über den Kartoffeln zusammensteht. Unter Schütteln backt man sie nicht zu rasch goldfarben, dabei müssen sie innen durchbacken. Sie kommen, vom Fett abgetropft und mit feinem Salz überstreut, zu Tisch.

KARTOFFELN, IN FOLIE GEBACKEN

4 Portionen

8 mittelgroße Kartoffeln
120 g Butter
Salz

Rohe, mehlige, augenarme Kartoffeln werden mit der Schale gewaschen, in Alufolie gewickelt und ohne weitere Zutaten im Rohr ungefähr 45 Minuten gebacken. Danach wird die Folie oben geöffnet, die Kartoffeln gesalzen und pro Portion mit 30 Gramm frischer Butter belegt.
Foto Seite 346.

KARTOFFELSCHMARREN

4 Portionen

750 g Kartoffeln
60 g Fett
(Schmalz, Schweinefett)
Zwiebel
Pfeffer
Salz

In 60 Gramm Fett röstet man ein Stückchen grob gehackte Zwiebel goldgelb, fügt 750 Gramm blättrig geschnittene, gekochte Kartoffeln bei, würzt leicht mit Salz und Pfeffer und röstet die Kartoffeln zu leichten, goldgelben Rändern. Dabei werden die Kartoffeln teilweise zerdrückt.

GERÖSTETE KARTOFFELN I

4 Portionen

750 g Kartoffeln
40 g Fett
(Schmalz, Schweinefett)
Zwiebel
Salz

750 Gramm gekochte und geschälte ausgekühlte Kartoffeln werden auf einem Kartoffelreißer gerieben oder mit einer Gabel zerdrückt, leicht gesalzen und in 40 Gramm heißem Fett unter öfterem Wenden gut durchgeröstet. Werden die Gerösteten mit Zwiebel gewünscht, röstet man im Fett zuerst ein wenig feingehackte Zwiebel goldfarben.

GERÖSTETE KARTOFFELN II

4 Portionen

750 g Kartoffeln
40 g Fett
Petersilie oder
Dille und Kümmel
Salz

750 Gramm gekochte Kartoffeln werden halbiert und in einer Bratpfanne mit Salz und 1 mäßig gehäuften Eßlöffel feingehackter Petersilie bestreut, mit 40 Gramm zerlassenem Fett betropft und zugedeckt unter wiederholtem Durchrütteln gründlich überröstet, bis sich teilweise Krusteln bilden. Anstelle von Petersilie kann auch feingehackte Dille genommen werden. Dabei wird auch eine Prise grobgehackter Kümmel eingestreut.

GRATINIERTE KARTOFFELN

4 Portionen

600 g Kartoffeln
ca. 1/4 l Sauce Béchamel
1 Eidotter
Petersilie
Butter
Parmesan
Semmelbrösel
(Paniermehl)
Muskatnuß
Pfeffer
Salz

In Scheiben geschnittene, gekochte Kartoffeln verrührt man mit Sauce Béchamel zu einer dicklichen Masse, würzt mit Salz, Pfeffer und geriebener Muskatnuß, verrührt noch 1 Eidotter und gehackte Petersilie darunter und füllt die Masse in eine feuerfeste, gebutterte Porzellanschüssel, streut geriebenen Parmesan, Semmelbrösel und einige Butterflocken darüber und backt im heißen Rohr goldbraun.

Für *Käsekartoffeln* werden 400 Gramm gekochte Kartoffeln und 200 Gramm Hartkäse würfelig geschnitten und so weiter behandelt, wie oben angegeben.

KARTOFFELKROKETTEN

4 Portionen

750 g Kartoffeln
20 g Butter
4 Eier
Mehl
Semmelbrösel
(Paniermehl)
Backfett
Muskatnuß
Salz

So wie Salzkartoffeln gekochte und zuletzt im eigenen Dampf weichgewordene Kartoffeln werden sofort durch ein Sieb gestrichen, mit 20 Gramm Butter, 2 Eidottern, Salz nach Bedarf und ein wenig Muskatnuß noch möglichst heiß vermischt. Von dem Teig formt man daumenstarke Röllchen, zieht sie durch Mehl, zerquirlte Eier und Semmelbrösel und backt sie in heißem Fett goldgelb.

Tiroler Knödel; Specksauerkraut (Rezepte Seiten 372, 413).

GEBACKENE KARTOFFELSTÄBCHEN (Pommes frites)

4 Portionen

750 g Kartoffeln
Fett
Salz

Roh geschälte Kartoffeln werden zu bleistiftstarken, vierkantigen Stäbchen geschnitten, die kalt abgespült und gut abgetropft in eine Pfanne mit genügend viel und ziemlich stark erhitztem Fett gegeben werden. Bei eher kräftiger Hitze und unter öfterem Schütteln werden die Kartoffeln so lange gebacken, bis sie gar sind und gleichzeitig etwas Farbe genommen haben. Vom Fett heben und überkühlen lassen. Bei Gebrauch in erhitztem Fett (180 Grad) zu goldbrauner Farbe backen, vom Fett abtropfen, mit Salz bestreuen und sofort servieren.

> Bei der Zubereitung von Pommes frites und verschiedenen anderen gebackenen Kartoffelspeisen empfiehlt sich die Verwendung eines Drahtbackkorbes mit dazu passendem Geschirr, „Fritüre“ genannt.

KARTOFFELSCHNITZEL (Pommes chips)

4 Portionen

5–6 Kartoffeln
Backfett
Salz

5 bis 6 roh geschälte, mehlige Kartoffeln werden in kleine runde Scheiben gehobelt und anschließend in fließendem Wasser gewässert. In gut erhitztem Fett werden die Kartoffelscheiben dann unter Durchlockern knusprig gebacken. Kurz abtropfen lassen und salzen.

STROHKARTOFFELN (Pommes pailles)

4 Portionen

750 g Kartoffeln
Backfett
Salz

750 Gramm geschälte Kartoffeln werden kurz kalt gewaschen und in messerrückendicke Blätter geschnitten, die man zündholzdick in Streifen schneidet. Die Kartoffelstreifen streut man dann in reichlich sehr gut erhitztes Fett ein und backt sie unter wiederholtem Durchlockern mittels einer Gabel rasch goldblond knusprig. Vom Fett vollständig abtropfen lassen, leicht mit Salz bestreuen und locker gehäuft anrichten.

Kärntner Kasnudeln; grüner Salat (Rezepte Seiten 372, 426).

4 Portionen

KARTOFFELNESTER

500 g Kartoffeln
Backfett
Salz

Dazu bedarf es einer Nestchenform aus Drahtgeflecht, die aus einem kleineren und einem größeren miteinander verbundenen Löffel besteht. Die Nestchenform wird vor dem Einlegen der Kartoffeln immer im Backfett erhitzt. Zündholzstark geschnittene rohe Kartoffeln werden halbfingerdick in den größeren Teil des Löffels eingelegt, mit dem kleineren Löffel eingeschlossen und die Nester in so viel heißem Fett, daß es über den Backlöffel reicht, goldgelb und knusprig gebacken. Die Form öffnen. Mit einem Schlag auf das Drahtgeflecht löst man das Nest von der Form. Nach dem Abtropfen vom Fett mit feinem Salz bestreuen und je nach Geschmack mit Gemüsen, Eiern, Fisch, Fleisch, Ragout usw. füllen.

4 Portionen

WAFFELKARTOFFELN

800 g mittelgroße mehlige Kartoffeln
Backfett
Salz

Für diese Kartoffelzubereitung wird ein Kartoffelhobel mit gewellter Schneide benötigt. Möglichst gleich große Kartoffeln schälen und an einer Seite abflachen. Nach jedem Hobelvorgang wird die Kartoffel um 90 Grad gedreht. Dadurch entstehen gitterförmige Kartoffelscheiben. Dazu muß am Beginn die Hobeldicke genau eingestellt werden. Die Kartoffeln in fließendem Wasser wässern. Gut abgetropft partienweise in Fett goldbraun backen. Vom Fett abgetropft leicht salzen.
Foto Seite 309.

4 Portionen

BOUILLONKARTOFFELN

750 g Kartoffeln
1 gehäufter Eßlöffel Selleriegrün
Porreeringe
Rindsuppe
Schnittlauch
weißer Pfeffer
Salz

750 Gramm roh geschälte und in Scheiben geschnittene Kartoffeln werden in passendem Geschirr mit Salz, weißem Pfeffer sowie 1 gehäuften Eßlöffel feingehacktem Selleriegrünen und feinen Porreeringen vermischt, bis zum oberen Rand mit Rindsuppe aufgegossen und zugedeckt langsam weich gekocht, bis die Kartoffeln zu zerfallen beginnen. Man gibt sie mit Schnittlauch bestreut als Beilage zu gekochtem Rindfleisch.

EINGEBRANNTE KARTOFFELN

4–6 Portionen

1 kg Kartoffeln
40 g Fett oder
60 g Selch(Räucher)speck
30 g Mehl
1 Eßlöffel Zwiebel
Petersilie
Knoblauch
Essig
1 Lorbeerblatt
Kümmel
Pfeffer
Salz

Aus 40 Gramm Fett oder 60 Gramm feingehacktem rohem oder Selchspeck und 30 Gramm Mehl bereitet man eine goldbraune Einbrenn, fügt 1 Eßlöffel feingehackte Zwiebel, vermischt mit grüner Petersilie, bei, röstet kurz durch, würzt mit einer Prise Kümmel, Salz, Pfeffer, 1 Lorbeerblatt und nach Belieben etwas Knoblauch, löscht mit einem Schuß Essig ab und gießt mit Suppe oder Wasser zu einer nicht zu dicken Sauce auf, die man mindestens 15 Minuten verkochen läßt. Dann wird die Sauce über 1 Kilogramm gekochte, blättrig geschnittene Kartoffeln passiert und das Ganze nochmals tüchtig durchgekocht. Wenn nötig noch etwas Essig und Salz beifügen.

MAJORANKARTOFFELN

4 Portionen

750 g Kartoffeln
40 g Fett
30 g Mehl
1 Eßlöffel Zwiebel
Petersilie
Knoblauch
Suppe
Majoran
Muskatnuß
Pfeffer
Salz

Aus 40 Gramm Fett und 30 Gramm Mehl wird eine lichte Einbrenn geröstet, 1 Eßlöffel feingehackte Zwiebel, vermischt mit Petersilie, beigegeben, kurz verröstet und mit einer starken Prise Majoran, erbsgroß zerdrücktem Knoblauch, Salz, Pfeffer und Muskatnuß gewürzt. Mit Suppe oder Wasser (im letzteren Fall etwas Suppenwürze beifügen) zu mäßig dicker Sauce aufgießen und gut verkochen. 750 Gramm gekochte, blättrig geschnittene Kartoffeln in die Sauce geben und alles noch eine Weile verkochen lassen.

RAHMKARTOFFELN

4 Portionen

600 g Kartoffeln
40 g Fett
1 kleine Zwiebel
1/4 l Sauermilch
1 Teelöffel Mehl
1 Ei
1 Eßlöffel Parmesan
Petersilie
Muskatnuß

In 40 Gramm heißem Fett wird 1 kleine feingehackte Zwiebel gelb geröstet. 600 Gramm roh geschälte, dickblättrig geschnittene Kartoffeln hinzufügen, mit ein wenig Salz, einer Prise Pfeffer und ein wenig gehacktem Kümmel würzen und wieder gut durchrösten. Dann sprudelt man 1/4 Liter saure Milch mit 1/8 Liter Wasser, 1 Teelöffel Mehl, 1 ganzen Ei, 1 Eßlöffel geriebenem Parmesan und einer Prise gehackter Petersilie gut ab, würzt

Kümmel
Pfeffer
Salz

mit Salz nach Bedarf und ein wenig Muskatnuß und rührt dies unter die Kartoffeln. Das Ganze wird glattgestrichen und zugedeckt im heißen Rohr durchgebacken, bis sich die Kartoffeln weich durchstechen lassen. Für Tisch in schöne Portionen ausstechen.

ungefüllt: 4–6 Portionen
gefüllt: 6–8 Portionen

KARTOFFELKNÖDEL

500 g Kartoffeln
150–180 g Mehl
2 Eidotter
20 g Butter
Salz

500 Gramm am Vortag gekochte Kartoffeln werden fein gerieben oder mit dem Rollholz zerdrückt und mit 150 bis 180 Gramm Mehl, 2 Eidottern, einer Prise Salz und 20 Gramm Butter gut abgearbeitet. Daraus werden nicht zu große Knödel geformt, die in kochendes Salzwasser eingelegt und im offenen Geschirr ganz langsam 12 bis 15 Minuten gekocht werden.
Foto Seite 327.

> Bei Kartoffelteig empfiehlt es sich, einen Probeknödel zu kochen. Ist dieser zu weich, etwas Mehl beifügen, ist er zu fest, zerlassene Butter einmengen.

8 Portionen

WALDVIERTLER KARTOFFELKNÖDEL

1½ kg Kartoffeln
1 Eßlöffel Mehl
20 g Fett
Salz

50 Gramm am Vortag gekochte, fein zerdrückte Kartoffeln werden mit 1 Kilogramm roh geschälten, geriebenen und in einem Tuch vom Wasser abgepreßten Kartoffeln sowie 1 Eßlöffel Mehl, 20 Gramm Fett und einer Prise Salz zu einem zähen Teig abgearbeitet, von dem nicht zu große Knödel in kochendes Salzwasser eingelegt und langsam 25 Minuten gekocht werden.

8 Portionen

RÄUBERKNÖDEL

1 kg Kartoffeln
20 g Fett
1 Eßlöffel Porree
300 g Semmeln
1 gehäufter Teelöffel Salz

1 Kilogramm roh geschälte Kartoffeln werden gerieben, nicht ausgepreßt, sondern gleich mit 20 Gramm zerlassenem Fett, 1 gehäuften Teelöffel Salz, 1 Eßlöffel feingehacktem weißem Porree und 300 Gramm kleinwürfelig geschnittenen Semmeln

abgemischt. Nach 1/2 Stunde wird der Teig nochmals kurz und gründlich durchgearbeitet und zu 8 Knödeln geformt, die man in kochendes Salzwasser einlegt und nicht ganz zugedeckt 25 Minuten langsam kochen läßt.

4 Portionen

KARTOFFEL-GRIESSKNÖDEL

400 g Kartoffeln
120 g Grieß
20 g Butter
1 Ei
Salz

400 Gramm am Vortag gekochte Kartoffeln werden fein gerieben und mit 20 Gramm weicher Butter, 1 ganzen Ei, dem nötigen Salz und 120 Gramm Grieß zu einem glatten Teig geknetet, den man 1/2 Stunde kühl rasten läßt. Dann formt man aus dem Teig 8 gleich große Knödelchen, die in kochendes Salzwasser eingelegt und im offenen Geschirr ganz langsam 15 Minuten gekocht werden.

6–8 Portionen

KARTOFFELNUDELN

Zutaten wie bei Kartoffelknödeln
60 g Butter

Aus einem Teig wie für Kartoffelknödel werden doppelhaselnußgroße Teilchen geschnitten, die auf bemehltem Brett kleinfingerlang so gerollt werden, daß die Enden spitz auslaufen, während die Mitte bauchig bleibt. Die vom Mehl so gut wie möglich abgestaubten Nudeln werden in kochendem Salzwasser nicht zu rasch ungefähr 8 Minuten gekocht, kalt abgespült und abgetropft und dann in 60 Gramm heißer Butter durchgeschwenkt.

4 Portionen

KARTOFFELZWECKEN

500 g Kartoffeln
50 g Wurzelwerk
200 g Mehl
20 g Butter
Salz

500 Gramm gekochte, feingeriebene Kartoffeln werden mit 50 Gramm roh geriebenem Wurzelwerk, 200 Gramm Mehl und dem nötigen Salz zu einem glatten Teig geknetet, den man zu fingerdikken Schlangen wälzt. Davon werden zentimetergroße Stückchen abgezupft oder geschnitten, die

man in kochendes Salzwasser einlegt, 10 bis 12 Minuten langsam im offenen Geschirr kocht, abseiht, kalt überspült und schließlich in 20 Gramm heißer Butter schwenkt. Dabei wird leicht gesalzen.

Reis

REIS, GEDÜNSTET, WIENER ART

4 Portionen

250 g Reis
1 kleine Zwiebel
2 Gewürznelken
60 g Butter
Salz

250 Gramm Reis wird kalt gewaschen, abgetropft, mit 1/2 Liter Wasser, 1 sehr kleinen, mit 2 Gewürznelken besteckten Zwiebel, einer Prise Salz und 30 Gramm Butter einmal aufgekocht und dann bei nicht zu großer Hitze weich gedünstet (ca. 25 Minuten). Die Zwiebel entfernt man zum Schluß, läßt den Reis 5 Minuten ohne Deckel stehen, gibt die restliche Butter bei und lockert mit der Gabel.

Damit gedünsteter Reis schön zerfällt, muß er sowohl mit der richtigen Menge Wasser als auch mit dem nötigen Quantum Fett zugesetzt werden. Großkörniger Langkornreis verlangt mehr Wasser als eine kleinkörnige Gattung.

PILAWREIS

4 Portionen

250 g Langkornreis
60 g Fett
1 kleine Zwiebel
Salz

In 60 Gramm Fett röstet man 1 kleine feingehackte Zwiebel gelb, fügt 250 Gramm trockenen, mit einem Tuch gewischten Reis bei, salzt ein wenig, röstet weiter, bis der Reis ein glasiges Aussehen bekommen hat, und gießt mit 1/2 Liter Wasser oder Suppe auf. Aufkochen lassen und ca. 25 Minuten zugedeckt weich dünsten. Während des Dünstens wird ab und zu mit einer Gabel aufgelockert.

Für *Safranreis* wird Safranpulver vor dem Aufgießen beigegeben.
Foto Seite 239.

4 Portionen

CHAMPIGNONREIS

250 g gedünsteter Reis
120 g Champignons
20 g Butter
Petersilie
Salz

In aufgeschäumter Butter blättrig geschnittene Champignons rösten, Salz und gehackte Petersilie beifügen und dem fertig gedünsteten Reis beimengen.

4 Portionen

RISI-PISI

250 g gedünsteter Reis
80 g grüne Erbsen
1 gehäufter Eßlöffel Parmesan

Fertig gedünsteter Reis wird mit 1 Eßlöffel geriebenem Parmesan und 80 Gramm gekochten grünen Erbsen vermischt. Für Tisch mit geriebenem Käse bestreuen.

4 Portionen

SCHINKENREIS

250 g gedünsteter Reis
60 g Schinken
20 g Selch(Räucher)speck

60 Gramm feingehackten Schinken oder Selchfleisch schwitzt man in 20 Gramm gehacktem Selchspeck heiß und unterrührt ihn in fertig gedünsteten Reis Wiener Art oder Pilawreis.

4 Portionen

CURRYREIS

250 g Reis
30 g Butter
1 gehäufter Teelöffel Zwiebel
1 Teelöffel Curry
Salz

250 Gramm großkörnigen Reis gibt man in 2 Liter kochendes, schwach gesalzenes Wasser und läßt ihn langsam körnig-weich kochen. Der Reis wird dann vollständig abgeseiht, etwas geschwemmt, gut abgetropft und in bebutterter Pfanne im heißen Rohr gut übertrocknen gelassen. Zur Fertigstellung schwitzt man in 30 Gramm heiß zerlassener Butter 1 gehäuften Teelöffel feinstgehackte Zwiebel blaßgelb, fügt 1 glattgestrichenen Teelöffel Curry bei und mischt den Reis und das nötige Salz locker darunter. Der Curryreis wird sehr heiß locker gehäuft angerichtet.

Teigwaren

Wenn man es vorzieht, statt Fertigprodukte zu kaufen, hausgemachte Teigwaren herzustellen, beachte man stets, daß der Teig nur mit Ei, also ohne Wasserzusatz, abgearbeitet wird. Die Produkte werden so ein schönes gelbes Aussehen aufweisen und bei aller Weichheit doch kernig bleiben. Die Mengenberechnung geht so vor sich, daß man immer 50 Gramm Mehl oder 50 Gramm fertige trockene Teigwaren je Portion nimmt.
Teigwaren werden immer in reichlich sprudelnd kochendes Salzwasser eingelegt und gerade nur so lange gekocht, bis sie beim Durchbeißen keinen weißen (rohen) Kern im Inneren mehr aufweisen. Dann werden sie sofort auf ein Sieb geschüttet und tüchtig kalt geschwemmt. Unterläßt man das Kaltspülen, kleben die Teigwaren gern zusammen. Die weitere Behandlung erfolgt nach den gewünschten Rezepten.
Selbstgemachte Teigwaren brauchen kürzere Zeit zum Garwerden als Fertigprodukte.
Im allgemeinen wird immer zehnmal soviel Wasser wie Teigware zum Kochen genommen.
Werden Teigwaren auf Vorrat gekocht, so werden sie kurz in kochend heißes Salzwasser gehalten und dann in erhitzter Butter geschwenkt.

NUDELTEIG

4 Portionen

4 Eier
ca. 200 g Mehl
Salz

4 Eier, etwas Salz und so viel Mehl, wie die Eier zu einem festen, gut gekneteten Teig annehmen, mischen und kneten. Nach einigem Rasten den Teig ganz dünn ausrollen, wobei man aber so wenig wie möglich mit Mehl staubt. Die Teigflekken werden nach kurzem Übertrocknen in ca. 14 Zentimeter breite Streifen geschnitten, die übereinander gelegt in 1/2 Zentimeter breite Bandnudeln geschnitten werden. Aus diesem Teig werden auch feine Suppennudeln und Fleckerln geschnitten. Partieweise mit den Fingern lockern.
In reichlich kochendes Wasser eingelegt, werden

die Nudeln 6 Minuten gekocht, abgeseiht, kalt abgeschwemmt und in heißer Butter geschwenkt.

Außer Salz kann auch ein klein wenig zerlassenes Fett zum Teig gegeben werden.

4 Portionen

HALUSKA

Nudelteig aus 4 Eiern und ca. 200 g Mehl
80 g Selch(Räucher)speck
Salz

Unter Haluska versteht man geradelte, ungleiche Stücke aus einem dünn ausgerollten Nudelteig. Sie werden in Salzwasser gekocht und mit goldgelb ausgelassenen Selchspeckwürfelchen heiß geschwenkt.

4 Portionen

MAKKARONI NATUR

200 g Makkaroni
30 g Butter
Salz

200 Gramm ungebrochene Makkaroni werden in Salzwasser abgekocht, abgefrischt und dann unter Schütteln der Pfanne in 30 Gramm Butter heiß geschwenkt.

4 Portionen

SPAGHETTI

200 g Spaghetti
30 g Butter
Salz

Spaghetti werden genau wie Makkaroni behandelt.

4 Portionen

WASSERSPATZEN

250 g Mehl
40 g Butter
1 Eiweiß
Salz

Aus 250 Gramm Mehl, 20 Gramm geschmolzener Butter, einer Prise Salz, nach Belieben 1 rohen Eiweiß und kaltem Wasser nach Bedarf mischt man, ohne viel abzuschlagen, einen weichen Teig ab. Davon sticht man mit wasserbenetztem Teelöffel kleine Nockerln aus, die in kochendes Salzwasser eingelegt werden. Sobald die Nockerln innen nicht mehr teigig sind, werden sie abgegossen, kalt gespült und abgetropft, in 20 Gramm zerlassene Butter gegeben, leicht gesalzen und heiß geschwenkt.

MEHLNOCKERLN

4 Portionen

250 g Mehl
60 g Butter
ca. 1/8 l Milch
2 Eier, Salz

Die Zubereitung erfolgt wie bei Wasserspatzen. Zur gleichen Menge Mehl wird 40 Gramm Butter genommen, Milch anstatt Wasser und 2 ganze Eier. Foto Seite 240.

RAHMSPÄTZLE

4 Portionen

200 g Mehl
1 Ei
ca. 1/8 l Sauerrahm
30–40 g Butter
Salz

200 Gramm Mehl rührt man mit 1 ganzen Ei, einer reichlichen Prise Salz und so viel gesprudeltem Sauerrahm ab, daß ein weicher Teig entsteht, der nicht abgeschlagen werden darf. Diesen Teig gibt man auf ein nasses kleines Schneidbrett, das auf den Rand eines mit kochendem Salzwasser gefüllten Geschirrs aufgestützt wird. Nun trennt man mit einem in das kochende Wasser eingetauchten Messer von dem Teig zuerst immer fingerdicke Streifen ab, von denen jedesmal wieder mit dem nassen Messer stark haselnußgroße Teilchen abgeschnitten und hintereinander in das kochende Wasser gegeben werden. Die Rahmspätzle benötigen eine Kochdauer von 8 Minuten. Dann werden sie abgeseiht und abgetropft in einer Pfanne mit 30 bis 40 Gramm heißer Butter geschwenkt.

Als Gang für sich werden die Rahmspätzle dicht mit geriebenem Parmesan bestreut und mit pikant mariniertem grünem Salat oder streifig geschnittenem Endiviensalat als Beilage aufgetragen.

POLENTA, GEKOCHT

4 Portionen

250 g Maisgrieß
60 g Butter
Salz

$^1/_2$ Liter Wasser, eine Prise Salz und 20 Gramm Butter läßt man aufkochen, läßt unter Rühren 250 Gramm grobgrießliches Polentamehl (Maisgrieß) einlaufen und dünstet das Ganze ungefähr 15 Minuten unter Rühren zu einer festeren Masse. Dann formt man die Polenta zu einer armdicken Rolle und läßt sie noch 10 Minuten zugedeckt ziehen, ehe sie in Scheiben aufgeschnitten und mit 40 Gramm geklärter Butter übergossen wird.

TARHONYA

4 Portionen

200 g Tarhonya
60 g Selch(Räucher)speck
1 mittelgroße Zwiebel
20 g Butter
1 Teelöffel Paprika
Salz

Unter dieser Bezeichnung versteht man eine vollkommen ausgetrocknete, käuflich erhältliche Eierteigware in Erbsengröße. In 60 Gramm glasiggelb ausgelassenen Selchspeckwürfelchen röstet man 1 mittelgroße, gehackte Zwiebel blaßgelb, gibt 20 Gramm Butter bei, streut 200 Gramm Tarhonya ein und röstet eine kurze Weile heiß durch. Dann würzt man mit 1 glattgestrichenen Teelöffel Paprika und dem nötigen Salz und gießt mit $^1/_2$ Liter kaltem Wasser auf. Das Ganze läßt man flott aufkochen und dann zugedeckt so wie Reis langsam ausdünsten, wobei nur ab und zu mit einer Gabel aufgelockert werden darf. Für Tisch wird Tarhonya in eine Schöpflöffelform gepreßt und als Beilage für Saucen oder Saucenfleisch angerichtet.

Knödel

SEMMELKNÖDEL

4 Portionen

4 Semmeln
Zwiebel
Petersilie
40 g Fett bzw. Butter
1 gehäufter Eßlöffel Mehl

4 Semmeln werden würfelig geschnitten und ins Rohr zum Trocknen gestellt. Etwas feingehackte Zwiebel und Petersiliengrünes in 40 Gramm Fett anschwitzen, darin die Semmeln rösten, salzen, mit 1 gehäuften Eßlöffel Mehl stauben und vermischen, dann mit $^1/_{16}$ Liter Milch, versprudelt mit 1 Ei,

1/16 l Milch 1 Ei Salz	übergießen, durcharbeiten und anziehen lassen. Mit nassen Händen werden 4 Knödel geformt, die in kochendes Salzwasser eingelegt und 10 Minuten gekocht werden.

> Um ein Zerfallen von Semmelknödeln zu verhindern, muß die Knödelmasse fest zusammengepreßt werden, bevor sie anzieht.

4 Portionen

SERVIETTENKNÖDEL

5 Semmeln 150 g Butter Zwiebel Petersilie 2 Eier 1/16 l Milch Salz	5 würfelig geschnittene Semmeln werden im Rohr getrocknet. Inzwischen schwitzt man in 50 Gramm Butter ein Stückchen feingehackte Zwiebel, vermischt mit Petersilie, gibt dies mit etwas Salz, 2 ganzen Eiern und 1/16 Liter Milch zu den Semmeln, drückt alles fest zusammen und formt nach einigem Rasten eine armdicke Rolle, die in eine naßgemachte und bebutterte Serviette fest eingerollt und mit Bindfaden gebunden wird. Die Rolle wird in kochendes Salzwasser eingelegt und 25 Minuten langsam gekocht. Dann auswickeln, in Scheiben schneiden und je Portion mit 20 Gramm goldbraun gerösteter Butter übergießen. Foto Seite 187.

> Sollen die *Serviettenknödel als Mehlspeise* mit Zwetschkenröster aufgetragen werden, entfällt die Zwiebel- und Petersilienzugabe. Außerdem wird in der Übergußbutter 1 Eßlöffel Semmelbrösel goldfarben geröstet und damit die Scheibchen überzogen.

4 Portionen

PALFFYKNÖDEL

250 g geschnittene Semmeln 1 Eßlöffel Mehl 120 g Butter 60 g Selch(Räucher)speck 1/8 l Milch 3 Eier Salz	250 Gramm klein geschnittene Semmeln, vermischt mit 1 Eßlöffel Mehl, übergießt man mit 60 Gramm heiß zerlassener Butter und 60 Gramm kleinwürfelig geschnittenem, hellgelb ausgelassenem Selchspeck. 1/8 Liter Milch verquirlt man mit 3 ganzen Eiern und dem nötigen Salz und gießt dies über die Semmeln. Gut durchmischen, fest zusammendrükken und 1/2 Stunde kühl stellen. Dann bindet man

die Semmelmasse in eine durch Wasser gezogene, gut ausgewundene und bebutterte Serviette in Form einer Kugel nicht zu straff ein und legt den verhältnismäßig großen Knödel in genügend leicht gesalzenes, kochendes Wasser. Nach einer Kochdauer von 45 bis 50 Minuten wird der Palffyknödel aus der Serviette genommen, wie eine Melone aufgeschnitten und mit 60 Gramm braun gebrannter Butter betropft.

GRIESSKNÖDEL MIT SEMMELN

4 Portionen

100 g Grieß
2 Semmeln
1/4 l Milch
40 g Butter
2 Eier
Petersilie
Salz

1/4 Liter Milch läßt man mit etwas Salz und 20 Gramm Butter aufkochen, schüttet unter Rühren 100 Gramm Grieß dazu, läßt ihn gut ausquellen und stellt das Ganze kalt. Dann 2 leicht entrindete, würfelig geschnittene, in 20 Gramm Butter krustig angeröstete Semmeln, 2 ganze Eier und 1 Prise Petersilie einarbeiten. Nach 1/2 Stunde werden daraus 4 Knödel geformt, die man in kochendes Wasser einlegt und im offenen Geschirr langsam 12 Minuten kocht.

HEIDENMEHL- (Buchweizenmehl)KNÖDEL

4 Portionen

200 g Heidenmehl (Buchweizenmehl)
4 Semmeln
Petersilie
60 g Speck
1/2 Teelöffel Salz

4 kleinwürfelig geschnittene, aufgebackene Semmeln werden mit 1/2 Teelöffel Salz, 200 Gramm Heidenmehl und einer Prise gehackter Petersilie vermischt. Nebenbei wird 60 Gramm kleingewürfelter Speck goldbraun ausgelassen und über das Semmel-Mehl-Gemisch gebrannt. Nun arbeitet man nach und nach so viel kochendes Wasser ein, daß ein formhältiger, nicht zu fester, aber auch nicht zu weicher Teig entsteht. Nach einstündigem Rasten formt man aus dem Teig 8 gleich große Knödel, die in leicht kochendes Salzwasser eingelegt und im offenen Geschirr langsam 12 Minuten gekocht werden.

KARTOFFEL-SEMMEL-KNÖDEL

4–6 Portionen

1 kg Kartoffeln
2 Semmeln
1 Eßlöffel Butter
2 Eßlöffel Mehl
Salz

2 altbackene Semmeln werden in haselnußgroße Würfel geschnitten, die man in einer Kasserolle mit 1 Eßlöffel gelöster Butter überzieht und unter öfterem Durchmischen im warmen Rohr trocknen läßt. Daneben werden 1 Kilogramm roh geschälte Kartoffeln gerieben und dann gut vom eigenen Wasser durch ein Tuch abgepreßt. Die zurückbleibende teigartige Kartoffelmasse wird recht innig mit 2 Eßlöffel Mehl und den Semmelwürfeln vermischt, dabei nach Bedarf gesalzen und mit abgesetztem, vom Pressen erhaltenen Kartoffelwasser nur so viel gelockert, daß ein zäher Knödelteig entsteht. Davon formt man Knödel, die in kochendes Salzwasser eingelegt und im offenen Geschirr 25 bis 30 Minuten gekocht werden.

Hülsenfrüchte

ERBSENPÜREE

4 Portionen

300 g Erbsen
1 Selchknochen
60 g Selch(Räucher)speck
1 kleine Zwiebel
Petersilie
20 g Mehl
Lorbeerblatt
Thymian
Pfeffer
Salz

300 Gramm grüne oder gelbe halbe Erbsen werden über Nacht geweicht, am nächsten Tag mit dem Weichwasser fingerdick bedeckt zugestellt, mit gestoßenem Pfeffer, einem Stückchen Lorbeerblatt, 1 Stämmchen Thymian und, wenn vorhanden, mit 1 Selchknochen versehen und langsam bis zum Zerfallen gekocht. Dann in 60 Gramm würfelig geschnittenem, gelb angeschwitztem Selchspeck 1 kleine, gehackte Zwiebel, vermischt mit grüner Petersilie, gelb rösten, mit 20 Gramm Mehl stauben und kurz verrösten. Nun wird die Einmach mit den Erbsen samt Sud aufgegossen, gesalzen und dicklich verkocht. Dann durch ein Sieb drücken und anrichten.

Nach Belieben mit einem Häufchen goldgelb gerösteter, feinnudelig geschnittener Zwiebel besetzen oder mit etwas nußbraun gebrannter Butter übergießen.

4 Portionen

BOHNENPÜREE

300 g Bohnen
Zutaten wie bei Erbsenpüree

Die Herstellung erfolgt wie bei Erbsenpüree mit Bohnen beliebiger Gattung. Allerdings weist ein Püree aus farbigen Bohnen meist eine unschöne Farbe auf. Bohnenpüree wird für Tisch nur mit ein wenig nußbrauner Butter übergossen.

4 Portionen

LINSEN, EINGEBRANNT

300 g Linsen
60 g Selch(Räucher)speck
30 g Mehl
1 Essiggurke
5 Kapern
Zitrone
Petersilie
1 Salzsardelle
1/2 Knoblauchzehe
1/2 kleine Zwiebel
Essig
1 Teelöffel Senf
1/2 Lorbeerblatt
Majoran
Thymian
Salz

300 Gramm verlesene, über Nacht geweichte Linsen werden mit frischem Wasser gerade bedeckt zugestellt und nicht zu weich gekocht. Dann schwitzt man in 60 Gramm feingehacktem Selchspeck 30 Gramm Mehl goldbraun und versetzt mit feingehacktem „Pikanten", bestehend aus 1 Essiggurke, 5 Kapern, der feinen Schale von 1/4 Zitrone, 1 kleinen Sträußchen Petersilie, 1 Salzsardelle, 1/2 Knoblauchzehe, 1/2 kleinen Zwiebel, 1/2 Lorbeerblatt, ganz wenig Majoran und Thymian. Nach kurzem Durchrösten wird mit einem Spritzer Essig abgelöscht, mit dem Linsensud zu glatter, leicht gebundener Sauce aufgegossen, mit Salz, Zitronensaft und 1 Teelöffel Senf gewürzt und gut verkocht. Darin läßt man die Linsen noch eine Weile verkochen.

4 Portionen

SPECKLINSEN I

Zutaten wie bei Linsen, eingebrannt
80 g Selch(Räucher)speck

Dünn eingebrannte Linsen werden für Tisch mit 80 Gramm würfelig geschnittenem, goldgelb geröstetem Selchspeck samt heißem Fett übergossen.

4 Portionen

SPECKLINSEN II

300 g Linsen
120 g Frühstücksspeck
1 kleine Zwiebel
Petersilie
1/8 l braune Grundsauce
Pfeffer
Salz

120 Gramm kleinwürfelig geschnittener Frühstücksspeck wird gelb geschwitzt, darin 1 kleine, feingehackte Zwiebel goldfarben geröstet und mit Petersilie, Salz und Pfeffer gewürzt. Nun 300 Gramm in Salzwasser weichgekochte Linsen beifügen, 1/8 Liter braune Grundsauce einmischen und das Ganze einige Minuten ziehen lassen.

4 Portionen

LINSENPÜREE

250 g Linsen
40 g Fett
20 g Mehl
1 kleine Zwiebel
40 g Butter
Petersilie
Salz

250 Gramm weichgekochte Linsen werden zum Großteil abgeseiht. Eine helle Einbrenn aus 40 Gramm Fett und 20 Gramm Mehl verröstet man mit 1 kleinen, feingehackten Zwiebel, vergießt mit den Linsen samt Sud zu dicklicher Bindung und passiert das Ganze nach tüchtigem Verkochen durch ein feines Sieb. Für Tisch mit 40 Gramm nußbrauner Butter, in der ein wenig gehackte Petersilie heiß geröstet wurde, übergießen.

Gemüse

Gemüse ist durch den Gehalt an Vitaminen, Mineralstoffen und erfrischenden Geschmacksstoffen als Menübestandteil besonders zu empfehlen.
Sehr wichtig ist es, die natürlichen Nährsalze und Vitamine der Gemüsesorten für die fertigen Speisen zu erhalten. Darum sollen besonders die Grün-, Kraut- und Wurzelgemüse in wenig Wasser weich gekocht und der Kochsud zum Vollenden der Speisen mitverwendet werden. Auch durch die Wahl der richtigen Zubereitungsart, möglichst kurzes Garen und sofortiges Servieren, wird Gemüse alle wichtigen Nähr- und Geschmacksstoffe behalten.
Beliebte Zubereitungsarten für Gemüse sind das Dünsten, Dämpfen, Kochen, Braten, Gratinieren und Backen.

4 Portionen

ARTISCHOCKENGEMÜSE

3 Artischocken
Zitronensaft
20 g Butter
1 kleine Zwiebel
1 Knoblauchzehe
2 Tomaten
3 Kartoffeln

Die Blätterspitzen von 3 Artischocken werden ebenso wie die Stiele gestutzt, nachdem zuvor die groben äußeren Blätter ganz entfernt wurden. Nun viertelt oder sechstelt man die Früchte, wobei das „Heu“ aus dem Inneren entfernt wird, legt sie in gesalzenes, mit Zitronensaft versetztes Wasser und kocht sie halb weich. Inzwischen schwitzt man

Pilzlingrisotto; Tomatensauce (Rezepte Seiten 375, 117).

2 Eßlöffel Erbsen
2 Eßlöffel Karotten
Petersilie
Weißwein
Kümmel
Pfeffer
Salz

in 20 Gramm Butter 1 kleine, feingehackte Zwiebel gelb, fügt 1 zerdrückte Knoblauchzehe und 2 geschälte, würfelig geschnittene Tomaten oder 1 Eßlöffel Tomatenmark bei, legt die Artischocken abwechselnd mit 3 roh geschälten, länglich geteilten Kartoffeln ein, streut 2 Eßlöffel Erbsen und ebensoviel grobnudelig geschnittene, gekochte Karotten darüber, würzt mit Kümmel, Pfeffer, Salz und Petersilie, gießt bis zum oberen Rand mit Kochsud und einem Spritzer Weißwein auf und dünstet das Ganze zugedeckt weich.

4 Portionen

BROCCOLI MIT BUTTER

600 g Broccoli (Spargelkohl, Tiefkühlware)
40 g Butter
Salz

Broccoli in kochendes Salzwasser einlegen und mehr ziehend als kochend garen. Herausheben und gut abtropfen. Anrichten und mit aufgeschäumter Butter übergießen.
Foto Seite 400.

4 Portionen

BROCCOLI POLONAISE

600 g Broccoli (Spargelkohl)
120 g Butter
80 g Semmelbrösel (Paniermehl)
Salz

Die in kochendem Salzwasser gargezogenen Broccoli übergießt man mit in Butter gerösteten Semmelbröseln, die ganz zuletzt etwas gesalzen werden.

> Die Brösel kann man durch Hobelmandeln ersetzen und diese geröstet über die Broccoli gießen.

4 Portionen

GRÜNE ERBSEN, EINGEMACHT

400 g grüne Erbsen
60 g Butter
1 gehäufter Teelöffel Mehl
Petersilie
Milch
Zucker
Salz

400 Gramm grüne Erbsen werden in kochendem Salzwasser weich gekocht und abgefrischt. Dann schwenkt man sie in passendem Geschirr mit 60 Gramm Butter heiß, stäubt 1 gehäuften Teelöffel Mehl darüber, würzt mit Salz, Zucker und gehackter Petersilie, vergießt mit halb Kochsud, halb Milch zu dicklicher Bindung und läßt alles zusammen noch kurz verkochen.

Gemüseplatte: Broccoli mit Butter, gratinierter Karfiol, Fisolen im Speckhemd, sautierte Champignons, Buttererbsen, sautierte Tomaten, Kohlsprossen mit Butter, glasierte Karotten, gedünsteter Fenchel (Rezepte Seiten 401, 81, 404, 420, 402, 417, 409, 406, 402).

ENGLISCHE ZUCKERERBSEN

4 Portionen

600 g Erbsen
60 g Butter
Zucker
Salz

600 Gramm zarte grüne Erbsen werden in Salzwasser mit ganz wenig Zuckerzusatz weich gekocht, abgeseiht und trocken angerichtet. Auf jede Portion legt man ein Stückchen frische Butter.

> Dosenerbsen läßt man zur Hälfte mit dem Konservenwasser und halb frischem Wasser einmal aufkochen. Entsprechend gesalzen verwendet man sie so wie frische Zuckererbsen.

ZUCKERERBSEN MIT BUTTER

4 Portionen

600 g Erbsen
40 g Butter
Petersilie
1 Teelöffel Zucker
Salz

Die wie vorher gekochten Zuckererbsen werden abgeseiht und gut abgetropft. In heißer Butter wird 1 Teelöffel Zucker geschmolzen, dann gibt man die Erbsen bei und schwenkt sie mit Salz und gehackter Petersilie heiß.

Fotos Seiten 239, 292, 310.

FENCHEL, GEDÜNSTET

4 Portionen

4 Stück Fenchel
2 Scheiben Hamburgerspeck
1/2 Zwiebel
1 Karotte
ca. 1/4 l Rindsuppe
Salz

Die Fenchelstücke werden zugeputzt, gewaschen und längs halbiert, 5 Minuten in Salzwasser gekocht und herausgehoben. In einer passenden Kasserolle kleingeschnittenen Speck glasig rösten, feingeschnittene Zwiebel beigeben, kurz durchrösten und 1 kleinstwürfelig geschnittene Karotte darüberstreuen. Nun den Fenchel mit der Schnittseite nach unten einlegen, bis zur halben Höhe des Fenchels mit Rindsuppe aufgießen, zum Kochen bringen und zugedeckt im Rohr ca. 3/4 Stunde dünsten.

Foto Seite 400.

FISOLEN IN DILLE (Dillbohnen)

4 Portionen

500 g Fisolen (grüne Bohnen)

500 Gramm fleischige, möglichst zarte Fisolen werden sauber abgefädelt, gewaschen, in verscho-

30 g Fett
30 g Mehl
1 Teelöffel Zwiebel
Petersilie
1 Teelöffel Dille
Knoblauch
3–4 Eßlöffel Sauerrahm
Essig
Pfeffer
Salz

bene Vierecke geschnitten und in 1/2 Liter kochendem Salzwasser weich gekocht. Inzwischen wird in 30 Gramm Fett 30 Gramm Mehl goldgelb angeröstet, darin 1 Teelöffel feingehackte Zwiebel, vermischt mit Petersilie, kurz angeschwitzt, 1/2 Teelöffel feingehackte Dille und nach Belieben ein wenig Knoblauch dazugegeben und nach einmaligem Durchrühren sofort mit 3 bis 4 Eßlöffel Sauerrahm und Kochsud zu dicklicher Sauce aufgegossen. Gewürzt wird mit Pfeffer und einem Spritzer Essig. Nach 10 Minuten Verkochen kommen die abgeseihten Fisolen dazu. Noch einmal kurz durchkochen und zuletzt etwas frische Dille einrühren.

FISOLEN (grüne Bohnen) MIT BRÖSELN

4 Portionen

500 g Fisolen (grüne Bohnen)
80 g Semmelbrösel (Paniermehl)
120 g Butter
Salz

Die von den Fäden geputzten jungen Fisolen werden in Salzwasser weich gekocht, abgeseiht und trocken angerichtet. Mit etwas gesalzener Polonaise übergießen. Für die Polonaise wird 120 Gramm Butter aufgeschäumt, 80 Gramm Brösel beigegeben und blond geröstet. Zuletzt etwas salzen.

ENGLISCHE FISOLEN (grüne Bohnen)

4 Portionen

500 g Fisolen (grüne Bohnen)
60 g Butter
Pfeffer
Salz

Die in Salzwasser weichgekochten, abgeseihten und trocken angerichteten Fisolen werden mäßig mit Pfeffer und falls nötig mit Salz gewürzt und mit Butterstückchen belegt.
Foto Seite 292.

FISOLEN (grüne Bohnen) MIT BUTTER

4 Portionen

500 g Fisolen (grüne Bohnen)
40 g Butter
Pfeffer, Salz

Die gekochten und abgefrischten Fisolen werden in aufgeschäumter Butter geschwenkt und mit Salz und frisch gemahlenem Pfeffer abgeschmeckt.
Foto Seite 310.

4 Portionen

FISOLEN (grüne Bohnen) IM SPECKHEMD

400 g Prinzeßbohnen
8 Scheiben magerer Speck
20 g Butter
Pfeffer
Salz

400 Gramm gekochte Prinzeßbohnen werden bündelweise in 4 Portionen geteilt, gesalzen und gepfeffert. Um jedes Bündel wickelt man 1 bis 2 magere Speckscheiben. Mit der Naht nach unten in eine bebutterte Pfanne legen. Die nicht mit Speck gedeckten Teile mit Butter bepinseln. Im heißen Rohr so lange erhitzen, bis der Speck Farbe genommen hat und leicht knusprig ist. Das sich dabei in der Pfanne bildende Fett wird über die Bohnen gegossen.

Foto Seite 400.

GURKENGEMÜSE

4 Portionen

1 kg Gurken
40 g Fett
30 g Mehl
1 Teelöffel Zwiebel
Petersilie
1/2 Teelöffel Dille
1/8 l Sauerrahm
Knoblauch
Essig
Zucker
Pfeffer
Salz

1 Kilogramm frische feste Gurken werden geschält, der Länge nach halbiert, entkernt und in grobe Streifen geschnitten, die in kochendem Salzwasser einmal aufgekocht und sofort kalt gespült werden. In 40 Gramm Fett röstet man 30 Gramm Mehl goldgelb, schwitzt darin 1 Teelöffel feingehackte Zwiebel, vermischt mit Petersilie, an, fügt dann 1/2 Teelöffel gehackte Dille bei und vergießt mit 1/8 Liter Sauerrahm zu dicklicher Sauce, die mit Salz, Pfeffer, ganz wenig Zucker, nach Belieben Knoblauch und einem Spritzer Essig gewürzt wird. Darin läßt man die abgetropften Gurken dünsten. Zuletzt mit etwas frischer Dille und gehackter Petersilie vollenden.

4 Portionen

KARFIOL(Blumenkohl)GEMÜSE

1 große Rose Karfiol (Blumenkohl)
40 g Fett
30 g Mehl
Zwiebel
Petersilie
Zitronensaft
Milch
Muskatnuß, Salz

1 Karfiolrose wird in kleine Teile zerlegt, das zarte Grüne feinnudelig geschnitten, das Ganze kalt gewaschen, mit kaltem Wasser bis fast zum oberen Rand aufgefüllt, gesalzen und langsam kernig weich gekocht. Der Schaum beim Aufkochen wird abgenommen. Inzwischen bereitet man aus 40 Gramm Fett und 30 Gramm Mehl eine lichte Schwitze, röstet darin sehr wenig feinstgehackte Zwiebel und Petersilie kurz an, würzt mit Muskat-

nuß und Zitronensaft und vergießt mit Karfiolsud zu dicklicher Sauce, die nach gutem Verkochen mit ein wenig Milch verschlagen wird, ehe die kernig weich gekochten Karfiolröschen samt dem Grünen darin noch ein Weilchen gedünstet werden.

Ein eventuelles Braunwerden der Karfiolrose beim Kochen ist zu verhindern, indem man dem Kochwasser Zitronensaft beifügt.

4 Portionen

EINGEMACHTE KAROTTEN

600 g Karotten
40 g Mehl
40 g Butter
1/8 l Milch
1 gehäufter Teelöffel Petersilie
1 gehäufter Teelöffel Zucker
Muskatnuß
Salz

600 Gramm Karotten werden zuerst kalt gewaschen, dann dünn geschält oder geschabt und mittels gezacktem Dressiermesser in bleistiftdicke kurze Stäbchen geschnitten. Dann werden die Karotten mit Wasser gerade bedeckt aufgefüllt, mit einer Prise Salz und ein wenig Zucker versehen und zugedeckt langsam weich gekocht. Inzwischen röstet man 40 Gramm Mehl in 40 Gramm Butter goldgelb, gießt mit 1/8 Liter kalter Milch und, nachdem sich diese dick binden konnte, mit abgeseihtem Karottensud zu einer molligen Einmachsauce auf, die glatt verrührt und kurz verkocht wird. Dabei wird mit 1 Teelöffel Zucker und einem Hauch Muskatnuß gewürzt. Die Karotten einmengen und noch kurz dünsten. Zuletzt bestreut man das Gemüse mit 1 gehäuften Teelöffel feingehackter grüner Petersilie.

4 Portionen

KAROTTEN MIT BUTTER

600 g Karotten
60 g Butter
Petersilie
Zucker
Salz

Sauber geschälte Karotten werden in 3 Zentimeter lange und bleistiftstarke Stäbchen geschnitten, in leicht gesalzenem und gezuckertem Wasser weich gekocht und kalt gespült. Gut abgetropft schwenkt man sie mit Zusatz von entsprechend Salz, Zucker und gehackter Petersilie in 60 Gramm Butter heiß.

Statt der bleistiftstarken Stäbchen können aus den Karotten mittels Kugelausstecher auch Kugeln geformt werden. Ganze junge, sehr zarte und kleine Karotten werden im ganzen gelassen.

4 Portionen

KAROTTEN, GLASIERT

600 g Karotten
40 g Butter
Rindsuppe
Petersilie
1 Eßlöffel Zucker

600 Gramm geschälte Karotten werden, wenn sie groß genug sind, haselnußgroß ausgestochen oder in gleichmäßige Stäbchen geschnitten (kleine junge Rübchen bleiben im ganzen). 1 Eßlöffel Zucker und 40 Gramm Butter beigeben und mit Rindsuppe bis zur Hälfte auffüllen. Zugedeckt läßt man sie weich dämpfen. Gegen Schluß soll der Flüssigkeitsgehalt schön eingedämpft sein und die Karotten vom Eigensaft glasiert erscheinen. Sie werden für Tisch mit feingehackter Petersilie bestreut.

Fotos Seiten 187, 222, 292, 310, 400.

4 Portionen

KOCHSALAT, EINGEMACHT

500 g Kochsalat
30 g Mehl
30 g Fett
Petersilie
Zwiebel
Zucker
Pfeffer
Salz

500 Gramm Kochsalatstauden werden abgeblättert, der Strunk ausgeschnitten, das Gemüse in reichlich kaltem Wasser sauber gewaschen und abgetropft in 1/2 Liter sprudelnd kochendem Salzwasser so lange gekocht, bis sich die Blattrippen kernig weich anfühlen. Einen Teil des Kochsuds stellt man beiseite, den Kochsalat spült man kalt, läßt das Wasser ablaufen, drückt ihn gut aus und hackt ihn grob. Inzwischen 30 Gramm Mehl in 30 Gramm Fett hellgelb anschwitzen, ein wenig mit grüner Petersilie feingehackte Zwiebel darin durchrösten, mit Kochsud oder Rindsuppe zu nicht zu dicker Sauce aufgießen und 10 Minuten verkochen lassen. Dann kommt der Kochsalat, ganz wenig Pfeffer und eine Spur Zucker dazu. Alles einmal gut aufkochen lassen.

4 Portionen

KOCHSALAT MIT ERBSEN

500 g Kochsalat
3 Eßlöffel grüne Erbsen
30 g Mehl, 30 g Fett
Petersilie, Zwiebel
Zucker
Pfeffer, Salz

Die Zubereitung erfolgt genau wie bei Kochsalat, eingemacht, doch werden zum Schluß noch 3 Eßlöffel weichgekochte grüne Erbsen beigefügt und mit dem Gemüse aufgekocht.

KOHL (Wirsing), EINGEMACHT

4 Portionen

2 kleinere Köpfe Kohl (Wirsing)
40 g Fett
30 g Mehl
1 Eßlöffel Zwiebel
Petersilie
Knoblauch
20 g Butter
Majoran
Pfeffer
Salz

2 kleinere Kohlköpfe werden halbiert, vom Strunk ausgeschnitten, dann in halbfingerdicke Streifen geschnitten, in reichlich kaltem Wasser gewaschen und abgetropft in 3/4 Liter kochendes, leicht gesalzenes Wasser gegeben. Wenn die dicken Blattrippen kernig weich geworden sind, gießt man einen Teil des Kochsuds ab und stellt ihn beiseite. Der Kohl wird kalt abgefrischt, abgetropft und ausgedrückt. In 40 Gramm Fett röstet man 30 Gramm Mehl hellbraun an, fügt 1 Eßlöffel feingehackte Zwiebel, vermischt mit Petersilie, bei, röstet kurz durch, gibt 1 Messerspitze zerdrückten Knoblauch und eine Prise Majoran hinzu und gießt nach kurzem Durchrösten sofort mit Kochsud oder Rindsuppe zu dicklicher Sauce auf, in die nach 10 Minuten langem Verkochen der Kohl eingemischt, schwach gepfeffert und einmal tüchtig aufgekocht wird. Zuletzt rührt man 20 Gramm frische Butter in das Gemüse.

> Mit dem Kohl können auch einige rohe Kartoffelscheiben weich gekocht werden. Dann einmachen wie oben beschrieben.

GEDÜNSTETER KOHL (Wirsing)

4 Portionen

1 großer Kopf Kohl (Wirsing)
40 g magerer Selch-(Räucher)speck
1 kleine Zwiebel
4 Selch(Räucher)-speckscheiben
Suppe
Pfeffer
Salz

1 geviertelter und geputzter Kohlkopf wird in Salzwasser halb weich gekocht, kalt abgeschwemmt und gut abgetropft. In 40 Gramm feinwürfelig geschnittenem Speck röstet man 1 kleine feingehackte Zwiebel goldgelb, gibt die inzwischen mit Salz und Pfeffer mäßig gewürzten Kohlviertel dazu, bedeckt sie mit 4 angebratenen dünnen Scheiben Selchspeck und vergießt das Ganze mit wenig Suppe oder Gemüsekochwasser und läßt es zugedeckt weich dünsten. Hat man zum Dünsten eine feuerfeste Porzellanschüssel oder eine entsprechende Kasserolle verwendet, so serviert man die Speise gleich im Kochgeschirr.

GEDÜNSTETE KOHLKUGELN

4 Portionen

1 mittelgroßer Kopf Kohl (Wirsing)
Zwiebelringe
1 Karotte
4 Scheiben Frühstücksspeck
Rindsuppe
Pfeffer
Salz

Den Kohl putzen und bis zum gelben Kern entblättern. Den Kern vierteln. Die äußeren Blätter und das Innere in Salzwasser kernig weich kochen, abfrischen und gut abtropfen lassen. Ein kleineres Geschirr mit Zwiebelringen und Karottenscheiben belegen. Auf ein Tuch je ein Viertel der Kohlblätter mit dem Gelben legen, salzen, pfeffern und durch Zusammendrehen des Tuches Kugeln formen. Jede Kohlkugel mit 1 Scheibe Speck umwickeln und in das vorbereitete Geschirr legen. Mit gut gewürzter Rindsuppe untergießen und zugedeckt im Rohr fertigdünsten. Zuletzt den Speck einige Minuten ohne Deckel Farbe nehmen lassen.

KOHLRABI, EINGEMACHT

4 Portionen

4 Kohlrabi
30 g Mehl
40 g Fett
Zwiebel
Petersilie
Zitronensaft
1 Teelöffel Zucker
Muskatnuß
weißer Pfeffer
Salz

4 mittelgroße Kohlrabi werden geschält, halbiert und in dünne Blätter geschnitten. Holzige Früchte sollen nicht verkocht oder nur zu Püree verarbeitet werden. Von den Blättern der Pflanze nimmt man die zarteren und schneidet sie nudelig. Beides zusammen wird in 1/2 Liter leicht gesalzenem Wasser weich gekocht. Inzwischen bereitet man aus 30 Gramm Mehl und 40 Gramm Fett eine gelbe Schwitze, röstet darin etwas feingehackte Zwiebel und Petersilie kurz an, würzt mit 1 Teelöffel Zucker, einer Prise weißem Pfeffer und Muskatnuß und vergießt mit Kochsud oder Rindsuppe zu nicht zu dicker Sauce, in der nach tüchtigem Verkochen die Kohlrabi samt Blättern noch ein Weilchen gedämpft werden. Einige Tropfen Zitronensaft und gehackte Petersilie zum Schluß verbessern das Gemüse.

KOHLSPROSSEN(Rosenkohl)-GEMÜSE

4 Portionen

500 g Kohlsprossen (Rosenkohl)
30 g Mehl
30 g Butter
Petersilie
Porree
Muskatnuß
Pfeffer
Salz

Die Kohlsprossen werden an der Unterseite glattgeschnitten, von unten mit einem Kreuzeinschnitt versehen und in 1/2 Liter Salzwasser langsam weich gekocht. Inzwischen wird aus 30 Gramm Mehl und ebensoviel Butter eine gelbe Schwitze geröstet, mit einer Prise gehackter Petersilie und gehacktem Porree durchgeschwitzt, mit dem Kochsud zu dicklicher Sauce aufgegossen und gut verkocht. Darin läßt man die Kohlsprossen, gewürzt mit Pfeffer und Muskatnuß, noch ein Weilchen dünsten.

KOHLSPROSSEN (Rosenkohl) MIT BUTTER

4 Portionen

500 g Kohlsprossen (Rosenkohl)
40 g Butter
Pfeffer
Salz

Die an der Unterseite glattgeschnittenen und mit einem Kreuzeinschnitt versehenen Kohlsprossen werden in Salzwasser langsam weich gekocht und abgefrischt. Gut abgetropft werden sie in aufgeschäumter Butter heiß geschwenkt und leicht gesalzen und gepfeffert.
Fotos Seiten 310, 400.

KOHLSPROSSEN (Rosenkohl) MIT SPECK

4 Portionen

500 g Kohlsprossen (Rosenkohl)
80 g magerer Speck
20 g Butter
1 Eßlöffel feingehackte Zwiebel
Pfeffer
Salz

80 Gramm Speck in kleine Würfel schneiden. In einer Pfanne 20 Gramm Butter aufschäumen, Speck beigeben und glasig rösten. 1 Eßlöffel feingehackte Zwiebel beigeben und kurz anschwitzen. Die gekochten und gut abgetropften Kohlsprossen in die Pfanne geben, salzen, pfeffern und alles zusammen auf starker Hitze schwenken.
Foto Seite 187.

KÜRBISKRAUT UNGARISCHE ART

4–6 Portionen

2 kg Kürbis
100 g Selch(Räucher)speck
1 große Zwiebel
2 Eßlöffel Tomatenmark
1 Knoblauchzehe
Dille
30 g Mehl
3 Eßlöffel Sauerrahm
1 Teelöffel Paprika
Kümmel
1 Teelöffel Salz

1 ungefähr 2 Kilogramm schwerer Kürbis wird geschält, halbiert, entkernt, grobnudelig geschnitten, mit 1 Teelöffel Salz eingestreut, 1/2 Stunde kalt gestellt und dann ausgedrückt. In 100 Gramm gehacktem Selchspeck röstet man 1 große Zwiebel goldgelb, fügt 1 Teelöffel Paprika, 2 Eßlöffel Tomatenmark, 1 zerdrückte Knoblauchzehe, ein bißchen gehackte Dille und Kümmel und das Kürbisgemüse bei und läßt alles auf großer Hitze 10 Minuten durchrösten bzw. dünsten. Dann werden 30 Gramm Mehl und 3 Eßlöffel Sauerrahm glattgerührt, damit das Gemüse gebunden und noch kurz verkocht.

KÜRBISPÜREE

4 Portionen

2 1/2 kg Kürbis
60 g Butter
Zucker
weißer Pfeffer
Salz

Geschälter, entkernter Kürbis wird in grobe Würfel zerschnitten, mit ganz wenig Wasser, Salz und weißem Pfeffer versehen und zugedeckt weich gedünstet. Dann sofort passieren, nochmals aufkochen, schwach zuckern und mit 60 Gramm hellbraun gebrannter Butter vollenden.

WEISSKRAUT (Weißkohl), GEDÜNSTET

4 Portionen

1 kg Weißkraut (Weißkohl)
Zitronensaft
Kren (Meerrettich)
60 g Fett
1 mittelgroße Zwiebel
1/16 l Weinessig
10 g Mehl
Suppe
Weißwein
1 Eßlöffel Zucker

1 Kilogramm nudelig geschnittenes Weißkraut wird mit Kümmel, dem Saft von 1/2 Zitrone und ganz wenig geriebenem Kren vermischt. In 60 Gramm Fett läßt man 1 Eßlöffel Zucker goldfarben anlaufen, röstet darin 1 mittelgroße, nudelig geschnittene Zwiebel gelb, löscht mit 1/16 Liter gewässertem Weinessig ab, fügt das Kraut bei, etwas weißen Pfeffer und Salz und dünstet das Ganze zugedeckt fast weich. Das Kraut soll zuletzt eine hellbraune Färbung aufweisen und fast ohne Flüssigkeit sein. Nun staubt man mit 10 Gramm

Kümmel
weißer Pfeffer
Salz

Mehl, röstet durch und gießt mit so viel Suppe oder Wasser auf, daß eine leichte Bindung entsteht. Mit einem Spritzer Weißwein noch 10 Minuten dünsten.

WEISSKRAUT (Weißkohl) MIT DILLE

4 Portionen

1 kleiner Kopf Weißkraut (Weißkohl)
60 g Fett
1 kleine Zwiebel
Petersilie
Knoblauch
1 Teelöffel Dille
20 g Mehl
1/8 l Sauerrahm
Kümmel
weißer Pfeffer
Salz

1 kleiner Kopf Weißkraut wird geviertelt, vom Strunk befreit, zuerst in fingerbreite Streifen, dann fleckerlartig geschnitten. In 60 Gramm Fett röstet man 1 kleine, mit etwas Petersilie feingehackte Zwiebel gelb, fügt das Kraut, Salz, Kümmel, weißen Pfeffer und ganz wenig Knoblauch bei, gießt einige Eßlöffel Wasser hinzu und dünstet zugedeckt weich. Dann mit 1 Teelöffel gehackter Dille und 20 Gramm Mehl verrösten, mit 1/8 Liter gesprudeltem Sauerrahm und Wasser nach Bedarf zu leichter Bindung aufgießen und noch 10 Minuten zusammen dünsten.

SÜSSKRAUT

4 Portionen

1 kg Weißkraut (Weißkohl)
1 Selchknochen
1 mittelgroße Kartoffel
1/16 l Weinessig
60 g Selch(Räucher)speck
30 g Mehl
1 kleine Zwiebel
2 Eßlöffel Zucker
Kümmel
weißer Pfeffer
Salz

1 Kilogramm halbfingerdick geschnittenes und dann grob gehacktes Weißkraut wird mit 1/2 Liter Wasser, 1 Selchknochen, 1 mittelgroßen, roh geschälten und würfelig geschnittenen Kartoffel, Salz, Kümmel, weißem Pfeffer, 2 Eßlöffel Zucker und 1/16 Liter Weinessig zugesetzt und weich gekocht. Aus 60 Gramm würfeligem, gelbgeröstetem Selchspeck und 30 Gramm Mehl wird eine gelbe Einbrenn bereitet, darin 1 kleine, gehackte Zwiebel durchgeschwitzt und mit dem Kochsud zu glatter Sauce aufgegossen, in der das Kraut noch 10 Minuten gedünstet wird.

WEINKRAUT

4 Portionen

1 kg Weißkraut (Weißkohl)
60 g Fett
1 mittelgroße Zwiebel
Essig
Knoblauch
1 Eßlöffel Mehl
1/8 l Weißwein
1 gehäufter Eßlöffel Zucker
Kümmel
Salz

1 Kilogramm feinnudelig geschnittenes Weißkraut wird mit kochendem Wasser abgebrüht und nach 5 Minuten abgeseiht. In 60 Gramm Fett läßt man 1 Eßlöffel Zucker zerschmelzen, ohne daß er Farbe nimmt, röstet darin 1 mittelgroße, nudelig geschnittene Zwiebel blaßgelb, löscht mit einem Spritzer Essig ab und fügt das Kraut, Salz, Kümmel und ganz wenig Knoblauch bei. Zugedeckt langsam weich dämpfen, mit 1 Eßlöffel Mehl stauben, verrösten und schließlich mit 1/8 Liter Weißwein und Wasser nach Bedarf zu leichter Bindung aufgießen. Noch 10 Minuten dünsten lassen.

SAUERKRAUT, EINGEBRANNT

4 Portionen

500 g Sauerkraut
60 g Selch(Räucher)speck
1 mittelgroße Zwiebel
20 g Mehl
1 Knoblauchzehe
Kümmel
Salz

Sauerkraut wird, sollte es zu stark gesäuert sein, einmal kalt durchgewaschen und abgetropft, sonst nur ausgedrückt und einige Male durchgeschnitten. In ein passendes Kochgeschirr füllt man bis fast zur Krauthöhe kaltes Wasser auf, würzt mit Salz und Kümmel und kocht rasch kernig weich. Mittlerweile wird in 60 Gramm gehacktem Selchspeck 1 mittelgroße, feinnudelig geschnittene Zwiebel gelb geröstet, mit 20 Gramm Mehl gestaubt und goldgelb geröstet. Nun fügt man noch 1 zerdrückte Knoblauchzehe hinzu, röstet ganz kurz durch, gießt sofort mit dem Krautwasser zu dicklicher Sauce auf und läßt 10 Minuten verkochen. Dann kommt das Kraut hinzu, und alles zusammen wird noch eine Weile verkocht.

Besser wird das eingebrannte Sauerkraut, wenn ein Selchknochen oder eine Selchschwarte mitgekocht wird oder wenn man die Einbrenn mit halb Krautwasser und halb Selchsuppe aufgießt. Sauerkraut soll nie zu weich gekocht werden. Aufgewärmtes Sauerkraut sieht zwar nicht mehr so schön aus wie frisches, doch schmeckt es besser.

SPECKSAUERKRAUT NATUR

4 Portionen

500 g Sauerkraut
100 g Selch(Räucher)speck
1 mittelgroße Zwiebel
1 Knoblauchzehe
Zucker
Kümmel
Pfeffer
Salz

500 Gramm Sauerkraut wird einige Male durchgeschnitten, bis zur Dreiviertelhöhe mit Wasser aufgefüllt, mit Salz und Kümmel gewürzt und zugedeckt flott kernig weich gekocht. Inzwischen röstet man 100 Gramm kleinwürfeligen Selchspeck gelb, schwitzt darin 1 mittelgroße, feinnudelig geschnittene Zwiebel goldfarben und würzt mit wenig Pfeffer und 1 zerdrückten Knoblauchzehe. Das Kraut samt Sud und einer Spur Zucker beifügen und noch kurz verkochen lassen.
Foto Seite 381.

PAPRIKAKRAUT

Die Herstellung erfolgt wie bei Specksauerkraut natur. Nachdem die Zwiebel goldfarben geworden ist, würzt man mit Knoblauch, 1 Teelöffel Paprika und 1 Eßlöffel Tomatenmark.
Foto Seite 291.

> Eine geschmackliche Verbesserung erreicht man, wenn man der gelbgerösteten Zwiebel 1/2 in feine Streifen geschnittene Paprikaschote beigibt.

GABELKRAUT

4 Portionen

500 g Sauerkraut
100 g Selch(Räucher)speck
1 mittelgroße Zwiebel
1 kleine Knoblauchzehe
Kümmel
Salz

500 Gramm Sauerkraut wird ein paarmal durchgeschnitten, mit kaltem Wasser bis zur Dreiviertelhöhe aufgefüllt, nach Bedarf gesalzen und mit einer Prise Kümmel versehen. Das Kraut zugedeckt 15 Minuten scharf kochen lassen. Daneben röstet man in 100 Gramm kleinwürfelig geschnittenem, gelb zerlassenem Speck 1 mittelgroße, feinnudelig geschnittene Zwiebel zu blaßgelber Farbe, würzt mit 1 kleinen zerdrückten Knoblauchzehe, mischt das Ganze unter das kochende Sauerkraut und läßt noch kurz verkochen. Für Tisch wird das Sauerkraut mit einer Gabel locker angerichtet.

> Besonders gut wird diese Speise, wenn man das Kraut mit Bratensaft reichlich betropft.

4 Portionen

ROTKRAUT (Rotkohl), GEDÜNSTET

1 kg Rotkraut (Rotkohl)
2 Äpfel
Zitronensaft
60 g Fett
1 große Zwiebel
1/16 l Weinessig
20 g Mehl
1/16 l Rotwein
2 Eßlöffel Staub(Puder)zucker
Kümmel
Pfeffer
Salz

1 Kilogramm feinnudelig geschnittenes Rotkraut wird mit 2 geschälten, blättrig geschnittenen Äpfeln, einer Prise Kümmel, Pfeffer und dem Saft von 1/2 Zitrone vermischt. In 60 Gramm Fett läßt man 2 Eßlöffel Staubzucker goldfarben zerschmelzen, fügt 1 große, nudelig geschnittene Zwiebel bei, röstet sie gelb und löscht mit 1/16 Liter Weinessig ab. Dann gibt man das Kraut dazu, läßt zugedeckt langsam fast weich dünsten, salzt, staubt mit 20 Gramm Mehl und verröstet. Mit so viel Wasser aufgießen, daß eine leichte Bindung entsteht, noch 10 Minuten dünsten, zuletzt mit 1/16 Liter Rotwein und ein wenig Zitronensaft verbessern. Noch einmal aufkochen lassen.

Fotos Seiten 327, 345.

4 Portionen

MELANZANI(Auberginen)-GEMÜSE

3 Melanzani (Auberginen)
1 gehäufter Teelöffel Mehl
Zwiebel
60 g Fett
3 Tomaten
Zitronensaft
Essig
Suppe
Schnittlauch
Zucker
Muskatnuß
weißer Pfeffer
1 Teelöffel Salz

3 Melanzani werden geschält und in nicht zu dünne Scheibchen geschnitten, die man mit 1 Teelöffel Salz bestreut und nach 1/2 Stunde gut ausdrückt. Dann vermischt man sie mit 1 gehäuften Teelöffel Mehl, röstet sie mit etwas feingehackter Zwiebel in 60 Gramm Fett auf starker Hitze rasch durch, fügt 3 geschälte, würfelig geschnittene Tomaten bei, würzt mit weißem Pfeffer, Muskatnuß, Zitronensaft, Zucker und einem Spritzer Essig und vergießt mit Suppe zu leichter Bindung. Nun dünstet man das Ganze in kurzer Zeit weich. Für Tisch mit Schnittlauch bestreuen.

GEDÜNSTETER PORREE (Lauch)

4 Portionen

600 g Porree (Lauch)
20 g Butter
Bratensaft
Rindsuppe
Salz

Vom Porree das Grüne entfernen. Das verbleibende Weiße, Gelbe bzw. Hellgrüne der Länge nach bis zur Mitte aufschneiden und unter fließendem Wasser gut reinigen. In ca. 8 Zentimeter lange Stücke schneiden und in Salzwasser fast weich kochen. Dann in eine gebutterte Kasserolle legen, mit Bratensaft und ein wenig Suppe untergießen und zugedeckt weich dünsten.

SELLERIEGEMÜSE

4 Portionen

1 große Sellerieknolle
Rindsuppe
Petersilie
Selleriegrünes
30 g Mehl
40 g Butter
2 Eßlöffel Sauerrahm
Zitronensaft
Pfeffer
Salz

1 große oder 2 kleine Sellerieknollen schält man, schneidet sie in Stäbchen oder Würfel, kocht sie einmal in Salzwasser auf und seiht sie ab. Dann gießt man bis zum oberen Rand mit Rindsuppe auf, würzt mit Pfeffer, feingehacktem Petersilien- und Selleriegrünem und kocht zugedeckt weich. Inzwischen schwitzt man 30 Gramm Mehl in 40 Gramm Butter gelb, vergießt mit Selleriesud und 2 Eßlöffel Sauerrahm zu dicklicher Sauce, in der die Sellerie noch 10 Minuten verkocht wird. Zuletzt mit Zitronensaft verbessern.

SPARGELGEMÜSE

4 Portionen

500 g Spargel
30 g Butter
30 g Mehl
Petersilie
2 Eßlöffel Obers (Süßrahm)
Zucker
Salz

500 Gramm geschälter Spargel wird in zentimeterlange Stückchen zerschnitten, bis zum oberen Rand mit kochendem Wasser aufgefüllt, schwach gesalzen und etwas gezuckert und dann weich gekocht. Inzwischen bereitet man aus 30 Gramm Butter und schwach 30 Gramm Mehl eine goldgelbe Schwitze, würzt mit einer Prise Petersilie und vergießt mit Spargelsud zu dicklicher Sauce. Nach tüchtigem Verkochen gibt man die Spargelstückchen hinein und verbessert mit 2 Eßlöffel Obers.

SPINAT, EINGEBRANNT, WIENER ART

4 Portionen

500 g Spinat
40 g Fett
30 g Mehl
Zwiebel
Petersilie
Knoblauch
$^1/_2$ l Kalbsknochen- oder Rindsuppe
Muskatnuß
Pfeffer
Salz

500 Gramm Spinat von den groben Stielen befreien, einige Male in reichlich kaltem Wasser waschen und abtropfen lassen. In $^1/_2$ Liter sprudelnd kochendem Salzwasser flott kochen. Wenn sich der Spinat leicht zerdrücken läßt, abseihen, gut kalt schwemmen, abtropfen, ausdrücken und durch ein Sieb streichen. Inzwischen röstet man in 40 Gramm Fett 30 Gramm Mehl gelb, fügt ein Stückchen Zwiebel, das mit ein wenig grüner Petersilie feingehackt wurde, bei, röstet noch ein Weilchen, gibt erbsgroß zerdrückten Knoblauch bei, rührt einmal rasch durch und gießt sofort mit schwach $^1/_2$ Liter Suppe zu dicklicher Sauce auf. Gut verkochen, dann den passierten Spinat einrühren, leicht mit Pfeffer und geriebener Muskatnuß würzen, das Ganze einmal tüchtig aufkochen lassen und sogleich von der Hitze nehmen, da der Spinat bei längerem Kochen die frische Farbe verliert.

> Damit sich bei längerem Stehen keine Haut bildet, zerpflückt man einige kleine Butterstückchen über dem Spinat.

SPINAT ENGLISCHE ART

4 Portionen

500 g Spinat
80 g Butter
Salz

Der sauber verlesene und in Salzwasser weichgekochte Spinat wird abgeseiht, gut abgetropft und, ohne zu passieren, sehr heiß angerichtet. Auf die Spinatblätter setzt man pro Portion ein Stück Butter im Gewicht von 20 Gramm.

> Noch besser schmeckt Blattspinat, wenn er nach dem Kochen abgefrischt und gut abgetropft in aufgeschäumter Butter mit Salz und Pfeffer geschwenkt wird.

SCHWARZWURZELN IN BUTTERSAUCE

4 Portionen

500 g Schwarzwurzeln
Zitrone
40 g Mehl
40 g Butter
Petersilie
1/4 l Kalbsknochen- oder Rindsuppe
1/4 l Obers (Süßrahm)
Muskatnuß
Salz

500 Gramm gewaschene Schwarzwurzeln werden geschält und sofort in zitronengesäuertes Wasser gelegt, damit sie sich nicht verfärben. 10 Gramm Mehl in 1/2 Liter kaltem Wasser verrühren, Salz und 1 Zitronenspalte beigeben und darin die Schwarzwurzeln unter öfterem Aufrühren aufkochen und schließlich langsam weich kochen lassen. Kochdauer 3/4 bis 1 Stunde. Die weichgekochten Schwarzwurzeln werden in zwei Zentimeter lange Stücke zerschnitten. Aus 40 Gramm Butter und schwach 30 Gramm Mehl bereitet man eine gelbe Schwitze, würzt mit einer kleinen Prise gehacktem Petersilien- oder Selleriegrün, vergießt mit je 1/4 Liter Suppe und Obers zu dicklicher Sauce und verkocht diese gut. Die Schwarzwurzeln, etwas Zitronensaft und Muskatnuß beifügen und alles noch ein Weilchen verkochen.

SAUTIERTE TOMATEN

4 Portionen

6 Tomaten
Öl
Petersilie
Pfeffer
Salz

6 feste Tomaten werden vom Stielansatz befreit, halbiert, von den Kernen vorsichtig ausgedrückt, mäßig gesalzen und gepfeffert und zuerst mit der Schnittfläche nach unten in ziemlich heißes Öl gelegt, rasch gebraten und umgedreht. Nachdem sie durchgebraten sind, werden sie mit der Schnittfläche nach oben samt dem Bratöl angerichtet und mit gehackter Petersilie bestreut.

Foto Seite 400.

TOMATEN CLAMART

4 Portionen

4 mittelgroße Tomaten
Öl
40 g Butter
160 g Zuckererbsen
Zucker
Pfeffer, Salz

Den Stielansatz der gewaschenen Tomaten ausschneiden, die Tomaten quer halbieren und das Innere mittels Parisienneausstecher herauslösen. Eine Pfanne beölen, die Tomaten einlegen und mit Salz und Pfeffer würzen. In 20 Gramm Butter etwas Zucker schmelzen, gekochte Zuckererbsen

und etwas Salz beifügen und heiß schwenken. Damit werden die Tomaten gehäuft gefüllt, mit Butterstücken besetzt und im Rohr ca. 5 Minuten erhitzt.
Foto Seite 222.

4 Portionen

TOPINAMBURGEMÜSE

1 kg Topinambur
1 Zitronenspalte
60 g Butter
1 Eßlöffel Mehl
1 Eßlöffel Tomatenmark
Petersilie
Rindsuppe
Weißwein
Zucker
Pfeffer
Salz

1 Kilogramm gewaschene Topinambur werden mit kaltem Wasser, versetzt mit Salz und 1 Zitronenspalte, zugestellt, langsam weich gekocht, geschält und blättrig geschnitten. Dann schwitzt man die mit Salz und Pfeffer gewürzten Scheibchen in 60 Gramm Butter heiß, staubt mit 1 Eßlöffel Mehl, verrührt 1 Eßlöffel Tomatenmark und eine Prise gehackte Petersilie darunter und gießt mit Rindsuppe zu leichter Bindung auf. Nach Geschmack wird das Gemüse noch gezuckert und mit einem Spritzer Weißwein versetzt. Kurze Zeit verkochen lassen.

4 Portionen

GEBACKENE ZWIEBELRINGE

2 große Zwiebeln
Mehl
1 Ei
Semmelbrösel
(Paniermehl)
Backfett

Von 2 großen weißen Zwiebeln werden vom mittleren Drittel 2 Millimeter dicke, gleichmäßige Ringe geschnitten, von denen man das innere Drittel entfernt. Die auseinandergenommenen Zwiebelringe werden stark bemehlt, durch 1 gut gesalzenes, zerklopftes, ungewässertes Ei gezogen und mit Semmelbröseln eingehüllt. Zur Fertigstellung wird mindestens daumendick Fett so stark erhitzt, daß eine naßgemachte Gabelspitze darin ein Zischen verursacht. Die Zwiebelringe legt man nebeneinander ein und backt sie unter womöglich nur einmaligem Wenden zu semmelblonder Farbe. Die Ringform darf dabei nicht zerstört werden. Nach dem Backen trocken beiseite legen und als Auflage für Pürees und englisch gebratenes Rindfleisch oder als Garnierungsbestandteil verwenden.

4 Portionen

GLASIERTE SCHALOTTEN

400 g Schalotten
40 g Butter
Zitronensaft
Selleriegrünes
1 gehäufter Eßlöffel Zucker
Pfeffer
Salz

Geschälte Schalotten oder Perlzwiebeln werden in 40 Gramm Butter, 1 gehäuften Eßlöffel Zucker, dem nötigen Salz, einer Prise Pfeffer und 3 Eßlöffel Wasser zugedeckt langsam gedünstet, bis die Zwiebeln kernig weich geworden sind. Dann läßt man sie im offenen Geschirr unter wiederholtem Schwenken eindünsten, bis sie wie glasiert aussehen, würzt mit ein wenig Zitronensaft und feinstgehacktem Selleriegrünem und richtet locker gehäuft an.

Fotos Seiten 292, 310.

4 Portionen

KASTANIENPÜREE

500 g Edelkastanien
Sellerieblatt
Milch
Maraschino
Zucker
Salz

500 Gramm Edelkastanien werden an einer Seite eingeschnitten, auf ein Blech gegeben, mit Wasser bespritzt und im Rohr langsam gebraten, bis sie sich schälen lassen. Oder man kocht sie ebenfalls eingeschnitten in purem Wasser 10 Minuten und schält sie. Die Kastanien mit leichter, neutraler Suppe oder Wasser bis zum oberen Rand aufgießen und mit einem Sellerieblatt versehen zugedeckt langsam weich kochen. Dann werden sie abgeseiht, sofort passiert und mit halb Milch und halb Sud zu einem dicklichen Püree angerührt. Der Geschmack wird durch Hinzufügen von einem Spritzer Maraschino, einer Spur Salz und Zucker gehoben.

4 Portionen

GLASIERTE KASTANIEN

500 g Edelkastanien
1 Eßlöffel Zucker
Salz

So wie für Kastanienpüree geschälte, schöne Kastanien werden bis zum oberen Rand mit leichter Suppe oder schwach gesalzenem Wasser aufgegossen, mit 1 Eßlöffel Zucker versehen und zugedeckt, ohne zu rühren, fast weich gekocht. Dann läßt man den Kochsud separat zu dünnflüssigem Sirup einkochen und schwenkt darin die Kastanien, die zuletzt schön vom Saft glasiert sein sollen.

Pilze

4 Portionen

SAUTIERTE CHAMPIGNONS

500 g Champignons
40 g Butter
Pfeffer
Salz

Geputzte und gewaschene Champignons je nach Größe vierteln oder halbieren. Eine Pfanne gut erhitzen, Butter einlegen und aufschäumen. Nun die Champignons beigeben und auf starker Hitze zu leichter Braunfärbung rösten, salzen und pfeffern.

Nach Wunsch mit gehackter Petersilie bestreuen.

Fotos Seiten 239, 310, 400.

4 Portionen

CHAMPIGNONS MIT RAHM

400 g Champignons
60 g Butter
2 Teelöffel Mehl
1/8 l Obers (Süßrahm)
Pfeffer
Salz

400 Gramm sauber gereinigte Champignons werden blättrig geschnitten, mit Salz und Pfeffer gewürzt, in 60 Gramm Butter rasch auf starker Hitze durchgeröstet, mit Mehl gestaubt und mit 1/8 Liter Obers aufgegossen. Kurz verkochen lassen und sogleich auftragen.

> Nach Belieben kann in der Butter auch etwas feinstgehackte Zwiebel angeschwitzt werden, ehe die Champignons beigefügt werden.

4 Portionen

EINGEMACHTE PILZE

500 g Steinpilze
60 g Fett
1 kleine Zwiebel
Petersilie
Knoblauch
1/10 l Sauerrahm
1 Eßlöffel Mehl
Kümmel
Pfeffer
Salz

Am besten eignen sich zu allen Pilzgerichten die noch geschlossenen Pilze. Sind sie bereits offen, soll der sogenannte „Bart“ entfernt werden, der, solange die Pilze noch frisch sind, zu verschiedenen pikanten Saucen mitverwendet werden kann.

500 Gramm Steinpilze werden vom erdigen Wurzelansatz abgeschnitten, der Stiel abgeschabt, dann die Pilze sauber gewaschen und dünnblättrig geschnitten. In 60 Gramm Fett röstet man 1 kleine, feingehackte Zwiebel goldgelb, würzt mit einer

Prise Kümmel, Pfeffer, gehackter Petersilie und erbsgroß zerdrücktem Knoblauch, fügt die geschnittenen Pilze bei, dünstet alles unter öfterem Umrühren auf guter Hitze ziemlich flott halb weich und salzt nach Bedarf. Der Sauerrahm wird mit 1 Eßlöffel Mehl und etwas Flüssigkeit verrührt und die Pilze damit gebunden. Noch weitere 5 Minuten langsam dünsten.

PILZE MIT EI

4 Portionen

480 g fertiggestellte eingemachte Pilze
4 Eier
Salz

Pro Portion fertige Pilze läßt man 1 Spiegelei langsam steif ziehen und besetzt damit die angerichteten Pilze. Oder man verrührt knapp vor dem Auftragen je Portion 1 ganzes Ei in die kochheißen Pilze und läßt etwas steif werden.

EIERSCHWAMMERLN (Pfifferlinge) FÖRSTER-ART

4 Portionen

500 g Eierschwammerln (Pfifferlinge)
40 g Butter
80 g magerer Speck
150 g grobgewürfelte Zwiebel
80 g Schinken
Petersilie
Pfeffer
Salz

In 40 Gramm Butter röstet man den in grobe Streifen geschnittenen Speck glasig, gibt 150 Gramm Zwiebel bei und röstet gelb. Zuletzt in grobe Streifen geschnittenen Schinken mitrösten. Gut geputzte und gewaschene Eierschwammerln, die größeren halbiert, die kleineren im ganzen, beigeben, salzen, pfeffern und auf starker Hitze rösten. Zudecken und 2 Minuten dünsten. Beim Anrichten mit gehackter Petersilie bestreuen.
Foto Seite 433.

Eierschwammerln Förster-Art werden gerne als Garnitur zu Wildgerichten serviert.

EIERSCHWAMMERLN (Pfifferlinge) WIENER ART

4 Portionen

500 g Eierschwammerln (Pfifferlinge)
60 g Fett
1 kleine Zwiebel
Knoblauch
Petersilie
1 Eßlöffel Mehl
Suppe
3 Eßlöffel Sauerrahm
Kümmel
Pfeffer
Salz

In 60 Gramm Fett röstet man 1 kleine feingehackte Zwiebel gelb, würzt mit ein wenig Kümmel, zerdrücktem Knoblauch, gehackter Petersilie und Pfeffer und gibt 500 Gramm sauber geputzte, kurz gewaschene und gut abgetropfte Eierschwammerln dazu. Die Pilze bleiben dabei im ganzen, wenn sie klein sind, sonst zerschneidet man sie in Viertel. Das Ganze läßt man über starker Hitze so lange dünsten, bis sich die Schwämme halb weich anfühlen und der Wassergehalt fast ganz verdampft ist. Dann staubt man mit 1 Eßlöffel Mehl, verröstet gut und gießt mit Suppe und 3 Eßlöffel Sauerrahm zu leichter Bindung auf, salzt nach Bedarf und dünstet die Schwammerln langsam vollständig weich.

Salate

In diesem Kapitel werden Beilagensalate behandelt. Verschiedene kombinierte oder Mischsalate sind bereits bei den kalten Vorspeisen besprochen. Bei einzelnen Salaten ist die jeweilige Marinade im Rezept angeführt.
Voraussetzung für erstklassige Salate ist bestes Grundmaterial, d. h. von frischen Blattsalaten und Gemüse abgesehen, auch bester Essig, wobei Wein- oder Apfelessig vorzuziehen ist. Die Qualität eines Salates wird auch durch das Salatöl bestimmt. Es gibt neutral schmeckende Öle von bester Qualität bzw. auch Öle mit hervorragendem Eigengeschmack, z. B. Olivenöl und Kürbiskernöl.
Blattsalate werden immer kurz gewaschen und gut abgetropft, und zwar entweder durch Stehenlassen im Salatkorb oder durch Schwenken desselben. Salate sollten immer wieder mit frischen Kräutern variiert werden, was besonders für Blattsalate gilt.
Rohe und gekochte Gemüsesalate meist längere Zeit mit Marinade vermischt ziehen lassen, wobei gekochte Gemüsesalate mit etwas Kochwasser und Marinade noch im warmen Zustand mariniert werden.

Für *gemischte Salate* können fast alle beliebigen Salate herangezogen werden. Beim Anrichten ist darauf zu achten, daß die Farben harmonieren. Weiters dürfen die Salate nicht zu suppig angemacht werden, damit verschiedenfarbige Marinaden nicht durcheinanderrinnen.

Salatmarinaden

Grundmarinaden werden für Blatt- und gekochte Gemüsesalate verwendet. Gewürze in Essig und Wasser auflösen, dann das Öl einrühren.
Nach Belieben kann statt Essig auch Zitronensaft verwendet werden. Die praktische Anwendung einer Zitronenmarinade wird sich jedoch auf die Blattsalate sowie auf Sellerie- und Tomatensalat beschränken.

Grundmarinade I

2 Eßlöffel Weinessig
2 Eßlöffel Öl
1 Eßlöffel Wasser
1 glattgestrichener Teelöffel Zucker
Salz

Grundmarinade II

2 Eßlöffel Weinessig
2 Eßlöffel Öl
1 Eßlöffel Wasser
1 glattgestrichener Teelöffel Zucker
1 glattgestrichener Eßlöffel mittelfein gehackte Zwiebel
Salz

Grundmarinade III

2 Eßlöffel Weinessig
2 Eßlöffel Öl
1 Eßlöffel Wasser
1 glattgestrichener Teelöffel Zucker
1 glattgestrichener Eßlöffel mittelfein gehackte Zwiebel
1 Teelöffel Senf
Salz

Grundmarinade IV

2 Eßlöffel Weinessig
2 Eßlöffel Öl

1 Eßlöffel Wasser
1 glattgestrichener Teelöffel Zucker
1 glattgestrichener Eßlöffel mittelfein gehackte Zwiebel
1 Teelöffel Senf
1 Eßlöffel Tomatenmark
Salz

Rahmmarinade

1/16 l Sauerrahm
1/2 Eßlöffel Essig oder Saft von 1/2 Zitrone
2 Eßlöffel Öl
Zucker
Pfeffer
Salz

1/2 Eßlöffel Essig wird mit einer Prise Zucker, Salz und Pfeffer vermischt. Dann Rahm und Öl einrühren.

Spezialmarinade

2 Eidotter
2 Eßlöffel Weinessig
1 Eßlöffel Wasser
4 Eßlöffel Öl
1/2 Teelöffel Senf
Zucker
Pfeffer
Salz

Die Eidotter mit Wasser, Essig und den Gewürzen verrühren. Das Öl wird wie bei Mayonnaise eingerührt.
Bestens für Blattsalate geeignet.

Roquefort-Dressing

80 g Roquefort
Zitronensaft
2 Eßlöffel Öl
Pfeffer
Salz

Den passierten Roquefort mit Zitronensaft, Salz, Pfeffer und Öl aufrühren. Mit Wasser auf richtige Konsistenz bringen.
Eventuell 2 Eßlöffel Sauerrahm beigeben.

Französische Salatsauce

1 Eidotter
$^1/_{10}$ l 10prozentiger Essig
350 g Öl
350 g Wasser
50 g Senf
20 g Estragon
5 g Worcestersauce
20 g Knoblauch
30 g Zucker
20 g Salz

Alle Zutaten gut miteinander verrühren.
Diese Salatsauce kann auf Vorrat zubereitet und in Flaschen gefüllt werden.

4 Portionen

BOHNENSALAT

200 g weiße Bohnen
2 Eßlöffel Bohnensud
2 Eßlöffel Weinessig
Petersilie
2–3 Eßlöffel Öl
1 glattgestrichener Eßlöffel Zwiebel
weißer Pfeffer, Salz

Mit einer pikanten Marinade aus Weinessig, Bohnensud, weißem Pfeffer, Petersilie, Salz und 2 bis 3 Eßlöffel Öl begießt man 200 Gramm weichgekochte weiße Bohnen, solange diese noch heiß vom Kochen sind. Die Bohnen müssen sehr weich gekocht sein, dürfen aber nicht zerfallen. Nach zweistündigem Stehen mit gehackter Zwiebel vermischen oder bestreuen.

4 Portionen

GURKENSALAT

1 kg Salatgurken
Knoblauch
Grundmarinade II
Schnittlauch
Paprika
$^1/_2$ Teelöffel Salz

1 Kilogramm frische Salatgurken schält man und hachelt sie auf dem Gurkenhobel in dünne Blätter, die man mit $^1/_2$ Teelöffel Salz und erbsgroß zerdrücktem Knoblauch vermengt. Nach halbstündigem Stehen werden die Gurken mit Grundmarinade II angemacht. Für Tisch mit Paprika und Schnittlauch bestreuen.
Foto Seite 188.

Die Zubereitung von *Gurkensalat mit Rahm* erfolgt ähnlich. Statt mit Öl wird der nicht zu suppig angerichtete Salat mit $^1/_8$ Liter Sauerrahm untermischt.

BELGISCHER ENDIVIENSALAT (Chicorée)

4 Portionen

6–8 Endivien
Essig
2 Eßlöffel Mayonnaise
$^1/_{16}$ l Obers (Süßrahm)
Senf, Zucker
Salz

Endivien putzen, waschen und eventuell die Mitte keilförmig ausschneiden. Daumendicke Scheiben schneiden, mit Essig und Salz beträufeln und durchrühren. Mayonnaise mit Obers, Senf und einer Prise Zucker vermischen und damit den Salat vollenden.
Foto Seite 434.

FISOLEN(Grüne-Bohnen)-SALAT

4 Portionen

500 g Fisolen
(grüne Bohnen)
Grundmarinade II oder III
Salz

500 Gramm Fisolen werden gut abgefädelt, in längliche Streifchen geschnitten und in kochendes Salzwasser gegeben. Nachdem sie weich geworden sind, frischt man sie mit kaltem Wasser ab, läßt abtropfen und macht den Salat mit Grundmarinade II oder III an.

> Nach Belieben können Zucker und Zwiebel auch entfallen. In diesem Fall wird etwas weißer Pfeffer beigegeben.

HÄUPTEL(Kopf)SALAT

4 Portionen

2 Salatköpfe
Grundmarinade I
oder
Spezialmarinade
oder
französische Salatsauce
oder
Rahmmarinade

2 Salatköpfe werden vom Wurzelansatz und den äußeren groben und eventuell welken Blättern befreit, von unten kreuzweise bis in die Mitte der Köpfe eingeschnitten und dann auseinandergelöst. Der Salat wird in reichlich fließendem Wasser gründlich gewaschen, aber keineswegs im Wasser ausgelaugt. Zum Anmachen wird der gut abgetropfte Salat in eine Schüssel gelegt, mit Marinade begossen, locker durchgemengt und abgeschmeckt, d. h. eventuell noch etwas Marinade beigegeben. Den Salat ohne viel Flüssigkeit schön anrichten, dabei die schönsten Viertel obenauf legen. Wird der Salat längere Zeit vor Tisch angemacht, fällt er bald zusammen und wird welk.
Fotos Seiten 188, 382, 433, 434.

Die Zubereitung für Endiviensalat bzw. Vogerlsalat erfolgt ebenso. Für *Endiviensalat* (Foto Seite 434) nimmt man die gut gewaschenen, grobnudelig geschnittenen Blätter von 5 bis 6 Endivienpflanzen für 4 Portionen. Für *Vogerl-(Rapunzel-, Feld)salat* werden für 4 Portionen 3 bis 4 Handvoll tadellos gereinigter und gewaschener Vogerlsalat genommen (Fotos Seiten 188, 434).

HÄUPTEL(Kopf)SALAT MIT SPECK

4 Portionen

2 Salatköpfe
80 g Selch(Räucher)speck
1/16 l gewässerter Weinessig
Zucker
Salz

Gut abgetropften Häuptelsalat mit ca. 1/16 Liter gewässertem Weinessig, einer Prise Zucker und Salz vermischen. Knapp vor Tisch übergießt man den Salat je Portion mit 20 Gramm kleinwürfelig geschnittenem und goldgelb geröstetem Selchspeck samt dem heißen Fett.

MIMOSA-SALAT

4 Portionen

2 Salatköpfe
Grundmarinade I
1 hartgekochtes Ei
Schnittlauch

Ein mit Marinade vermischter, bereits angerichteter Häuptelsalat wird mit feingehacktem Ei und Schnittlauch bestreut.

KARFIOL(Blumenkohl)SALAT

4 Portionen

2 Rosen Karfiol (Blumenkohl)
Grundmarinade I
Schnittlauch
oder
Petersilie
oder
Selleriegrün
weißer Pfeffer
Salz

2 kleine Karfiolrosen werden in kleine Röschen zerteilt, kurz kalt gewaschen, mit kochendem Salzwasser gerade bedeckt aufgefüllt und langsam weich gekocht. Der Karfiolstrunk kann in zart gewürfelter Form mitverkocht werden. Zur Fertigstellung wird Grundmarinade I mit Karfiolsud nach Bedarf zu mildem Geschmack vermischt, mit weißem Pfeffer gewürzt und damit der abgeseihte, noch heiße Karfiol übergossen. Zuletzt wird noch etwa fehlendes Salz beigefügt. Den Salat zugedeckt erkalten lassen. Für Tisch mit gehacktem Schnittlauch, Petersilien- oder Selleriegrün bestreuen.

KAROTTENSALAT

4 Portionen

500 g Karotten
Grundmarinade I
Kren (Meerrettich)
Petersilie

500 Gramm weichgekochte Karotten werden feinblättrig oder nudelig geschnitten, mit Grundmarinade I und etwas geriebenem Kren pikant angemacht und mit Petersilie bestreut.

KARTOFFELSALAT

4 Portionen

500 g Kartoffeln
ca. 1/16 l Essig
Zwiebel
3 Eßlöffel Öl
Petersilie
Zucker
weißer Pfeffer
Salz

500 Gramm gekochte Kartoffeln werden noch warm in Scheiben geschnitten, mit Essig und ca. 1/8 Liter Wasser, einer Prise Zucker, Salz, weißem Pfeffer und gehackter Zwiebel pikant angemacht und zuletzt mit Öl betropft. Nach Belieben mit gehackter Petersilie bestreuen.

Für Kartoffelsalat sollen niemals mehlige Kartoffeln verwendet werden, da diese leicht zerfallen. Mehlige Sorten werden am besten nur für Püree, Kartoffelteige oder Salzkartoffeln verwendet.

KARTOFFELSALAT, WARM

4 Portionen

500 g Kartoffeln
1 Teelöffel Zwiebel
Selleriegrün
1/16 l Weinessig
3 Eßlöffel Schweinsbratensaft
1/2 Teelöffel Zucker
weißer Pfeffer

500 Gramm frisch gekochte gelbe Kartoffeln werden blättrig geschnitten, mit feingehackter Zwiebel, vermischt mit Selleriegrünem, einer Prise Zucker und weißem Pfeffer, gewürzt und dann mit 1/16 Liter kochendem, nicht zu scharfem Weinessig und 3 Eßlöffel Schweinsbratensaft angemacht. Der Salat kann wohl überkühlt, doch nicht gänzlich erkaltet aufgetragen werden.

MAYONNAISESALAT

4 Portionen

500 g Kartoffeln
2–3 Eßlöffel Mayonnaise
2 Eßlöffel Essig
Zwiebel
Zucker
weißer Pfeffer, Salz

500 Gramm blättrig geschnittene, ausgekühlte Kartoffeln würzt man mit Salz, weißem Pfeffer, einer Spur Zucker, 2 Eßlöffel Essig und wenig feinstgehackter Zwiebel. Etwas Wasser beigeben, bis der Salat saftig wirkt. Nach einigem Marinieren mengt man 2 bis 3 Eßlöffel Mayonnaise ein.

KRAUTSALAT, WEISSER

4 Portionen

500 g Weißkraut (Weißkohl)
$^1/_{10}$ l gewässerter Weinessig
1 Teelöffel Kren (Meerrettich)
2 Eßlöffel Öl
Zucker
Kümmel
Salz

500 Gramm Weißkraut wird vom Strunk befreit, feinnudelig geschnitten und dann kalt abgeschwemmt. Inzwischen kocht man $^1/_{10}$ Liter gewässerten Weinessig mit einer Prise Salz, Kümmel und ganz wenig Zucker 5 Minuten, brüht damit das Kraut ab, drückt es zusammen und läßt den Salat 1 Stunde kalt beizen. Dann mit 1 Teelöffel geriebenem Kren vermischen und mit 2 Eßlöffel Öl begießen.

KRAUTSALAT, WARM

4 Portionen

500 g Weißkraut (Weißkohl)
$^1/_{10}$ l gewässerter Weinessig
1 Teelöffel Kren (Meerrettich)
60 g Selch(Räucher)speck
Zucker
Kümmel
Salz

Ein wie Krautsalat zubereiteter Salat ohne Öl wird mit der eigenen Flüssigkeit einmal tüchtig aufgekocht und dann mit 60 Gramm würfelig geschnittenem, goldgelb geröstetem Selchspeck samt Fett heiß abgebrannt.

ROTKRAUT(Rotkohl)SALAT

4 Portionen

500 g Rotkraut (Rotkohl)
1 Apfel
1 Teelöffel Kren (Meerrettich)
Zitronensaft
$^1/_{10}$ l Weinessig
2 Eßlöffel Rotwein
3 Eßlöffel Öl
2 Stück Würfelzucker
Kümmel
Salz

500 Gramm feinnudelig geschnittenes Rotkraut wird mit 1 geschälten, feinnudelig geschnittenen Apfel, 1 Teelöffel geriebenem Kren und dem Saft von $^1/_2$ Zitrone vermengt. Inzwischen kocht man $^1/_{10}$ Liter Weinessig mit 2 Eßlöffel Rotwein, 2 Stück Würfelzucker, Salz und Kümmel auf, übergießt damit in heißem Zustand das Kraut, drückt es zusammen und läßt den Salat, der schließlich mit 3 Eßlöffel Öl begossen wird, 2 Stunden kalt ziehen.

4 Portionen

LINSENSALAT

200 g Linsen
2 Eßlöffel Linsensud
2 Eßlöffel Weinessig
Petersilie
2 Eßlöffel Öl
1 glattgestrichener Eßlöffel Zwiebel
weißer Pfeffer
Salz

200 Gramm in viel Salzwasser langsam weichgekochte Linsen werden noch heiß wie Bohnensalat angemacht.

4 Portionen

GRÜNER-PAPRIKA-SALAT

8 grüne Paprikaschoten
1/8 l Weinessig
Zwiebel
2 Eßlöffel Öl
Petersilie
1/2 Teelöffel Zucker
Salz

8 hellgrüne Paprikaschoten werden abgestielt, der Länge nach halbiert, von allen weißen Samenkernen ausgeputzt und ein Weilchen ins heiße Rohr gelegt, damit sich die Haut abziehen läßt. Dann schneidet man die Paprika grobnudelig, würzt sie mit dem nötigen Salz und übergießt sie mit 1/8 Liter kochendem Weinessig. Nach 1 Stunde zugedecktem Beizen wird der Salat mit 1/2 Teelöffel Zucker und einem Stückchen roh geriebener Zwiebel abgemischt, wenn notwendig mit Wasser etwas gemildert und mit 2 Eßlöffel Öl betropft. Für Tisch mit reichlich gehacktem Petersiliengrün bestreuen.

Auf gleiche Weise läßt sich mit roten Paprikaschoten *Roter-Paprika-Salat* herstellen.

4 Portionen

PILZSALAT

400 g Steinpilze
2 Eßlöffel Weinessig
Petersilie
2–3 Eßlöffel Öl
Kümmel
weißer Pfeffer
Salz

400 Gramm schöne Steinpilze werden gereinigt, in dünne Blätter geschnitten und in 1/8 Liter kochendem Salzwasser mit ein wenig Kümmel zugedeckt langsam weich gedünstet. Erkaltet wird der Salat mit 2 Eßlöffel Weinessig, gehackter Petersilie und weißem Pfeffer angemacht und mit 2 bis 3 Eßlöffel Öl begossen.

RADICCIOSALAT

4 Portionen

300 g Radiccio
französische Salatsauce
oder
Spezialmarinade
oder
Rahmmarinade mit
Knoblauch gewürzt

Radiccio von den äußeren Blättern und eventuell nicht mehr knackigen Rändern befreien, Wurzel wegschneiden, äußere Blätter ablösen, das Herz von unten kreuzweise einschneiden, auseinanderreißen und waschen. Äußere Blätter und die Herzen mit einer der angegebenen Salatmarinaden vermischen.

Foto Seite 434.

RETTICHSALAT

4 Portionen

500 g Rettich
1/10 l Weinessig
2 Eßlöffel Öl
Schnittlauch
Pfeffer
Salz

500 Gramm sauber gewaschener geschälter Rettich wird feinnudelig geschnitten, mit kochendem Wasser übergossen, sogleich abgefrischt und abgetropft. Angemacht wird mit Essig, Salz, Pfeffer, Öl und Schnittlauch.

> Das Abbrühen mit kochendem Wasser kann unterbleiben, wenn man den Salat knusperig und schärfer wünscht.

ROTE-RÜBEN-SALAT

4 Portionen

4 mittelgroße rote Rüben
1/8 l Weinessig
1 Teelöffel Kren
(Meerrettich)
3 Stück Würfelzucker
Kümmel
Salz

4 mittelgroße rote Rüben werden mit Wasser bedeckt kalt zugestellt, langsam weich gekocht, bis sich die Haut abdrücken läßt, kalt geschwemmt, geschält und in dünne Blätter geschnitten, die man in eine Porzellanschüssel gibt. 1/8 Liter gewässerten Weinessig, 3 Stück Würfelzucker, Salz nach Bedarf und eine Prise Kümmel läßt man 5 Minuten scharf kochen und überbrüht damit die roten Rüben, mischt noch 1 Teelöffel geriebenen Kren ein und läßt den Salat 24 Stunden kalt stehen.

Foto Seite 154.

4 Portionen

SELLERIESALAT

2 mittelgroße Sellerieknollen
Zitronensaft
Essig
2 Eßlöffel Öl
Schnittlauch
1 Stück Würfelzucker
weißer Pfeffer
Salz

2 mittelgroße Sellerieknollen werden roh geschält und feinblättrig geschnitten. In einem Geschirr vermischt man die Sellerie mit dem Saft von 1/2 Zitrone, einem Spritzer Essig, 1 Stück Würfelzukker, einer Prise Salz und weißem Pfeffer, füllt bis zur oberen Schichte kaltes Wasser nach, läßt alles zugedeckt aufkochen, dann ohne Deckel weiterkochen, bis die Blätter genügend weich geworden sind. Auskühlen lassen, mit Essig nach Bedarf nachsäuern und mit 2 Eßlöffel Öl begießen. Für Tisch nicht zu suppig anrichten und nach Belieben mit gehacktem Schnittlauch bestreuen.

4 Portionen

SPARGELSALAT

600 g Spargel
ca. 3 Eßlöffel Weinessig
Schnittlauch
2–3 Eßlöffel Öl
1 Teelöffel Zucker
weißer Pfeffer
Salz

600 Gramm Spargel wird sorgfältig geschält, von den holzigen Enden befreit und in 3 Zentimeter große Stücke geschnitten. 1/4 Liter Wasser wird gesalzen, mit 1 Teelöffel Zucker versehen und aufgekocht. Den Spargel einlegen und zugedeckt weich kochen lassen. Zum Schluß fügt man Essig zu angenehm saurem Geschmack hinzu und läßt den Spargel erkalten. Dann erst vollendet man den Salat mit einer Prise weißem Pfeffer, fein gehacktem Schnittlauch oder Selleriegrünem und 2 bis 3 Eßlöffel Öl.

4 Portionen

TOMATENSALAT

6–8 Tomaten
1 Eßlöffel Essig
2 Eßlöffel Öl
Zwiebel
Schnittlauch
Zucker
Pfeffer
Salz

6 bis 8 reife Tomaten werden 7 Sekunden in kochendes Wasser gelegt, bis sich die Haut abziehen läßt. Schälen, in nicht zu dünne Scheiben schneiden und dabei die Kerne entfernen. Dann verrührt man 1 Eßlöffel Essig, 2 Eßlöffel Öl, etwas gehackte Zwiebel, eine Prise Salz, Pfeffer und Zucker zu einer pikanten Marinade und vermengt damit die Tomatenscheiben. 2 Stunden beizen lassen und beim Anrichten mit Schnittlauch bestreuen.
Foto Seite 188.

Eierschwammerln Förster-Art; grüner Salat mit Rahmmarinade
(Rezepte Seiten 421, 426, 424).

GEMISCHTE ROHKOST-PLATTE MIT JOGHURT

4 Portionen

2 Tomaten
Salatgurke
1 Fenchel
1 rote Paprikaschote
1 Stange Porree
1 Bund Radieschen
1 Rettich
2 Karotten
1/8 Kopf Rotkraut (Rotkohl)
1/2 Apfel
Kresse
Radiccio
Zitronensaft
Essig, Senf, Petersilie
Zucker, Pfeffer, Salz
Joghurt-Dressing
ca. 1/4 l Joghurt
1 Eßlöffel Zitronensaft
Senf
1 glattgestrichener Teelöffel Zucker
weißer Pfeffer, Salz

Geschälte Tomaten sechsteln und mit Salz und Zitronensaft würzen. Salatgurke blättrig schneiden und salzen. Fenchel feinst hobeln und mit Zitronensaft, Pfeffer und Salz marinieren. Paprikaschote in feine Streifen schneiden, mit Salz, Essig und einer Prise Zucker marinieren. Das gleiche geschieht mit in Streifen geschnittenem Porree, Radieschen, dem mit dem Rettichschneider geschnittenen Rettich und Streifen von Karotten. Rotkraut in feine Streifen schneiden und mit gerissenem Apfel, Zitronensaft, Salz und Zucker marinieren. Die Kresse wird naturbelassen angerichtet. Radiccio mit Senf, Salz und Zucker sowie Zitronensaft marinieren.
Alle Salate auf einer Platte bunt gemischt anordnen, mit Joghurt-Dressing leicht überziehen und einige der Salate mit gehackter Petersilie bestreuen.
Für das Joghurt-Dressing 1 Eßlöffel Zitronensaft mit etwas Senf, 1 glattgestrichenen Teelöffel Zukker, Salz und weißem Pfeffer gut vermischen. Joghurt schaumig abtreiben (rühren) und den gewürzten Zitronensaft einmischen.
Foto Seite 451.

GURKENROHKOST

4 Portionen

1 Salatgurke
Dille
Zitronensaft
2 Eßlöffel Sauerrahm
Schnittlauch
50 g Karotten
50 g Kohlrabi
50 g Nüsse
1/2 Kopf grüner Salat
weißer Pfeffer
Salz

1 mittelgroße, feste Salatgurke wird geschält, in dünne Blätter geschnitten, dann mit ein wenig gehackter Dille, dem Saft von 1/2 Zitrone, einer Prise Salz und weißem Pfeffer gewürzt und mit 2 Eßlöffel Sauerrahm unterrührt. Der Salat, der nicht zu suppig sein darf, wird in der Mitte einer flachen Glasschüssel bergartig angerichtet und dicht mit gehacktem Schnittlauch bestreut. An drei Stellen garniert man den Salat mit je einem Häufchen roh geriebenen Karotten, Kohlrabi und Nüssen und legt die Zwischenräume der Garnitur locker mit nudelig geschnittenem grünem Salat aus.

Blattsalate: Salatherzen, Radiccio-, Endivien-, belgischer Endivien-, Vogerlsalat; Brunnenkresse (Rezepte Seiten 426, 431, 427, 426, 427).

KOHLRABI-FRISCHKOST

4 Portionen

6 Kohlrabi
2 Stangen Porree
1 Eßlöffel Kren (Meerrettich)
1 Eßlöffel Tomatenmark
Essig
Vogerl(Rapunzel-, Feld)-salat
3 Tomaten
Schnittlauch
Zucker
Salz

6 zarte Kohlrabi werden geschält und mittelfein nudelig gerissen. 2 junge Porreestangen werden samt dem zarten Grün in feine Streifen geschnitten. Das Ganze macht man mit 1 gehäuften Eßlöffel geriebenem Kren, 1 Eßlöffel Tomatenmark, einem Spritzer Essig und dem nötigen Salz zu einem pikant-sauren, saftarmen Salat an, der mit einer Prise Zucker im Geschmack gehoben und nach einstündigem Beizen in Glasschüsselchen angerichtet wird. Den Rand faßt man mit Vogerlsalat und Tomatenscheiben ein und bestreut die Mitte mit Schnittlauch.

ROTKRAUT(Rotkohl)-FRISCHKOST

4 Portionen

1/2 Kopf Rotkraut (Rotkohl)
1 Kohlrabi
3 Äpfel
4 Eßlöffel Öl
Zitronensaft
100 g Nüsse
Zucker
Selleriesalz

1/2 fester Rotkrautkopf wird nach dem Säubern ebenso wie 1 geschälter Kohlrabi und 3 ungeschälte Äpfel fein gerieben. Alles zusammen mit 4 Eßlöffel Öl, etwas Selleriesalz, Zitronensaft und Zucker nach Geschmack abmischen. 1 Stunde beizen lassen. Für Tisch mit 100 Gramm grobgehackten Nüssen bestreuen.

ROSENSAUERKRAUT

4 Portionen

750 g Sauerkraut
1 mittelgroße rote Rübe
1 Eßlöffel Öl
1 kleine Essiggurke
1 Teelöffel Senf
1 Teelöffel Zucker
Paprika

1 mittelgroße, roh geschälte rote Rübe wird zu Brei verrieben, den man mit einer Prise Paprika, 1 Eßlöffel Öl, 1 glattgestrichenem Teelöffel Zucker, 1 kleinen, feingehackten Essiggurke und 1 Teelöffel Senf gründlich abmischt. Darunter wird nun 750 Gramm rohes kurzgeschnittenes Sauerkraut gemengt und dabei Wasser oder gestockte saure Milch nach Bedarf zugegeben, so daß ein saftarmer Salat entsteht. Das Rosensauerkraut wird gehäuft angerichtet.
Dazu heiß geschälte Kartoffeln auftragen.

ALBERTÄPFEL

4–6 Portionen

6 Äpfel
Zitronensaft
6 Datteln
20 g Nüsse
Schlagobers (Schlagsahne)
Zucker

4 große Äpfel werden geschält, halbiert, ausgehöhlt und mit Zitronensaft beträufelt. Das ausgehöhlte Apfelfleisch wird mit 2 geschälten Äpfeln, 6 entkernten Datteln und 20 Gramm Nüssen grob gehackt. Damit sich die Äpfel nicht verfärben, mischt man sie mit Zitronensaft ab. Mit dem Gehackten werden die Äpfel vollgefüllt, gut überzuckert und für Tisch mit steifem ungezuckertem Schlagobers garniert.

Diese Apfelrohkost soll möglichst immer erst knapp vor Tisch hergestellt werden.

OBERSAPFELKREN

4 Portionen

3–4 Äpfel
Zitronensaft
50 g Mandeln
1 Eßlöffel Kren (Meerrettich)
1/4 l Schlagobers (Schlagsahne)
1 Eßlöffel Zucker

3 bis 4 Äpfel werden gewaschen, von Stiel und Blütenansatz befreit, sonst aber samt Schale und Kerngehäuse fein gerieben. Den Apfelbrei vermischt man mit dem Saft von 1/4 Zitrone, 50 Gramm geschälten und feingeriebenen Mandeln, 1 Eßlöffel Zucker und 1 gehäuften Eßlöffel feingeriebenem Kren. Knapp vor Tisch wird diese Mischung in 1/4 Liter steifgeschlagenes Obers cremig eingerührt und in tiefen Glasschüsselchen bergartig angerichtet.
Dazu Biskotten servieren.

ROHKOSTBIRNEN

4–6 Portionen

7–9 Birnen
50 g Honig
Zitronensaft
100 g Walderdbeeren

3 feste grüne Birnen samt Schale und Kerngehäuse reiben, mit Honig und Saft von 1 Zitrone vermischen. Darunter mischt man 4 bis 6 Stück geschälte, zart würfelig geschnittene Birnen. Die Rohkost wird in tiefen Glasschüsseln angerichtet und mit Walderdbeeren bestreut.

WALDORF-ROHKOST

4–5 Portionen

½ Sellerieknolle
150 g Walnußkerne
5 Äpfel
Zitrone
3 Tomaten
grüner Salat
50 g Karotten

Mayonnaise
2 Eidotter
Senf
⅛ l Öl
Zucker
Salz

2 rohe Eidotter, eine Messerspitze Senf, ein bißchen Salz und Zucker rührt man unter tropfenweiser Zugabe von ⅛ Liter bestem Öl zu einer sehr festen Mayonnaise und mischt ½ roh geriebene Sellerieknolle und etwas Zitronensaft darunter. Nun schneidet man 150 Gramm Walnußkerne in kleine Stückchen, 5 geschälte, mürbe Äpfel in kleine Würfel und mischt dies ebenfalls in die Mayonnaise, so daß zuletzt eine pikante, ziemlich kompakte Masse entsteht. Der Salat wird gehäuft angerichtet, mit zarten Tomatenscheiben kranzförmig eingefaßt und rundum abwechselnd mit nudelig geschnittenem grünen Salat und Zitronenspalten garniert. Die bergartige Mitte wird mit locker geriebenen rohen Karotten bestreut.

BIRCHER MÜESLI

1 Portion

1 Eßlöffel Haferflocken
3 Eßlöffel Milch
Zitronensaft
1 Eßlöffel Obers (Süßrahm)
2 Teelöffel Honig
2 mittelgroße Äpfel
1 Eßlöffel Nüsse

1 glattgestrichener Eßlöffel Haferflocken wird mit 3 Eßlöffel Milch mindestens 6 Stunden kalt geweicht. Dann verrührt man darin den Saft von ½ Zitrone, 1 Eßlöffel dickes Obers, 2 Teelöffel Honig und 2 mittelgroße, samt Schale und Kerngehäuse geriebene Äpfel. Die Speise mit 1 Eßlöffel feingeriebenen Nüssen bestreuen.

SCHWEIZER MÜESLI

4 Portionen

100 g Karfiol (Blumenkohl)
100 g Karotten
100 g gelbe Rüben
1 Kohlrabi
2 Äpfel
4 Eßlöffel Nüsse
Schlagobers (Schlagsahne)
Zitronenspalten
Zucker

Je 100 Gramm Karfiol, Karotten, gelbe Rüben, 1 geschälter Kohlrabi und 2 Äpfel samt Schale und Kerngehäuse werden, jedes für sich, gerieben. Auf 4 Glastellern wird in der Mitte Schlagobers angerichtet und rundherum das geriebene Gemüse bzw. die Äpfel jedes für sich angeordnet. Ein sechstes Häufchen wird von geriebenen Nüssen, vermischt mit Zucker, gebildet und das Ganze mit Zitronenspalten garniert. Jeder mischt sich die einzelnen Bestandteile der Platte bei Tisch selbst breiartig ab. Dazu serviert man Vollkornbrot.

Kalte Küche

Eine besondere Berücksichtigung erfahren die Pasteten, Galantinen und Fleischschaumspeisen, die das Grundelement von vielerlei Arten von kalten Platten bilden. Bei der Herstellung von kalten Speisen muß dem Geschmack die höchste Aufmerksamkeit geschenkt werden, obwohl in der kalten Küche auch für das Auge zu arbeiten ist. Als Prinzip gilt die moderne Lehre der einfachen Linienführung unter Vermeidung von unnützem Zierat. Auch von kalten Platten soll man alles genießen können.

Pasteten, Terrinen, Galantinen

HAUSGEMACHTE GANSLEBERPASTETE

1 kg Fettgansleber
3 Trüffeln
Kognak
500 g Speck
1 mittelgroße Zwiebel
Petersilie
2–3 Champignons
250 g Schweinefleisch
250 g Kalbfleisch
Madeirawein
Speckplatten
Madeira-Aspik
1 Lorbeerblatt
Pastetengewürz
Salz

Eine große Fettgansleber im Gewicht von 800 Gramm bis 1 Kilogramm wird von den roten Äderchen befreit, rundum ein wenig zugeschnitten und in 3 oder 6 möglichst gleich große Teile zerlegt. Dann drückt man verstreut einige Trüffelstückchen ein, reibt sie mit Salz und Pastetengewürz ein und läßt sie, mit 2 Gläschen Kognak übergossen, 2 Stunden kalt marinieren. Inzwischen schmilzt man 500 Gramm rohen Speck glasig, schwitzt darin 1 mittelgroße, nudelig geschnittene Zwiebel, die Gansleberabschnitte, etwa vorhandene Trüffelreste, ein wenig Petersilie und 2 bis 3 blättrig geschnittene Champignons heiß. Das Ganze wird durch ein engmaschiges Sieb passiert und zum Stocken kalt gestellt. Dann dreht man 250 Gramm mageres Schweinefleisch und 250 Gramm Kalbfleisch einige Male durch eine feinlochige Fleischmaschine, so daß eine möglichst feine Farce entsteht, die außerdem im Mörser gestoßen werden soll, um vollkommen glatt zu werden. Die inzwischen gekochte passierte Masse wird schaumig gerührt und nach und nach das faschierte Fleisch untergemischt. Zuletzt würzt man mit Salz, Pastetengewürz, einem Spritzer Madeirawein und dem Kognaksaft, der vom Marinieren der Gansleberstücke vorhanden ist. Mit dieser Masse wird ein entsprechend großer, am Boden und an den Seiten mit dünnen Speckplatten ausgekleideter Porzellantopf am Boden und an den Seiten ausgelegt. Man legt die marinierten Gansleberstücke ein und verstreicht dazwischen immer wieder mit Farce. Mit dem Rest der Farce wird der Porzellantiegel fast voll gefüllt und glatt verstrichen, dann auch von oben mit einer dünnen Speckplatte abgeschlossen. Darauf legt man 1 kleines Lorbeerblatt und bestreut ein wenig mit Salz und Pastetengewürz. Mit dem Porzellandeckel verschließen, der noch mit Bindfaden niedergebunden werden kann. Bis zur Dreiviertelhöhe stellt man den Tiegel in ein kaltes Wasserbad in ein Geschirr, das höher als der Tiegel ist, deckt auch das Kochgeschirr zu und stellt das Ganze ins mittelheiße Rohr, wo die Pastete je nach Größe des Tiegels 2 bis 3½ Stunden langsam gekocht wird. Zeigt sich das in der Pastete nach oben gestiegene Fett trüb, muß noch weiter gekocht werden. Erst wenn das Fett vollkommene Klarheit erreicht hat, stellt man alles samt dem Wasserbad kalt.

Wird die Pastete rasch verbraucht, läßt man alles Fett nach halbem Überkühlen abtropfen, reinigt das Geschirr und gießt den vorhandenen freien Raum mit flüssig gelöstem, nicht zu warmem Madeira-Aspik aus und läßt stocken.

> Um die Pastete an kühlem Ort beliebig lang aufbewahren zu können, übergießt man sie nach vollständigem Erkalten mit lauwarm gelöstem Fett, das in gestocktem Zustand jeden Luftzutritt verhindert.

GANSLEBERPASTETE IN DER KRUSTE

Zutaten wie bei Hausgemachter Gansleberpastete
1 Speckplatte

Der Pastetenteig: 500 Gramm Mehl, 2 Eidotter, 200 Gramm Butter und etwas Salz macht man mit Wasser nach Bedarf, nach und nach hinzugegossen, unter flottem Arbeiten zu einem festeren Teig an,

Pastetenteig
500 g Mehl
2 Eidotter
200 g Butter
1 Ei
Salz

der 2 Stunden zugedeckt kalt gestellt wird. Dann auf schwach bemehltem Brett stark messerrückendick ausrollen und damit sowohl den Boden als auch die Seitenteile der Pastetenform auskleiden. Die Füllung wird in gleicher Art hergestellt wie bei Gansleberpastete, doch wird die einzulegende Leber eher in kleinere als zu große Stücke zerteilt. Boden und Seiten der Form polstert man mit der Pastetenfarce schön aus, drückt die marinierten Leberstücke abwechselnd mit Farce ein, verstreicht von oben glatt und bedeckt das Ganze mit einer dünnen Speckplatte, legt 1 Lorbeerblatt in die Speckmitte und bestreut ein wenig mit Pastetengewürz. Nun wird aus Pastetenteig ein messerrükkendicker Deckel ausgerollt und darauf gelegt. Dabei drückt man die Teigränder ordentlich aneinander und sticht in die Mitte der Teigdecke ein geldstückgroßes Loch, durch das ein kleiner Papierrauchfang gesteckt wird, damit der Dampf beim Backen abziehen kann. Aus übriggebliebenem Teig sticht man kleine Blätter und rollt dünne Schlangen und besetzt damit nach eigener Phantasie den Pastetenoberteil mit einer Blättergirlande, nachdem die Teigdecke mit zerklopftem Ei bestrichen wurde. Die Pastete wird auf einem Backblech stehend im mittelheißen Rohr und bei stets gleichbleibender Hitze langsam goldbraun gebacken, wobei man für eine 1½-Kilogramm-Form 80 Minuten, für eine 2-Kilogramm-Pastete bis zu 2 Stunden Backzeit rechnet. Nach dem Backen stellt man die Pastete samt der Form 24 Stunden kalt und füllt dann den durch das Backen entstandenen Hohlraum mit flüssig gelöstem, jedoch kühlem Madeira-Aspik durch den „Rauchfang" vollkommen aus und läßt gut erstarren. Für Tisch wird die Pastete vorsichtig aus der Form genommen, in kleinfingerdicke Scheiben aufgeschnitten und entweder mit würfelig geschnittenem Madeira-Aspik umkränzt aufgetragen, oder man löst den Deckel vorsichtig ab, sticht einen Teil der Pastete mit einem heißgemachten, scharfkantigen Eßlöffel zu kleinen muschelförmigen Scheibchen aus, die auf dem verkehrt wieder auf die Pastete gelegten Deckel um ein Häufchen gehacktes Madeira-Aspik erhaben angerichtet werden.

FLEISCHPASTETE

600 g Kalbfleisch
400 g Speck
100 g Kalbs- oder Schweinsleber
Zwiebel
10 g Butter
2 Eier
$^1/_8$ l Obers (Süßrahm)
2 Eßlöffel Kognak
Pastetengewürz
Salz

Diese Zubereitungsart eignet sich für Kalbfleisch-, Schweinefleisch- und Schinkenpasteten. 600 Gramm Kalbfleisch oder 300 Gramm Kalbfleisch und ebensoviel mageres Schweinefleisch wird mit 400 Gramm frischem Speck und 100 Gramm Leber einige Male fein faschiert. Zugleich wird auch ein Stückchen feingehackte, in 10 Gramm Butter gelb geschwitzte Zwiebel mitfaschiert. Das Faschierte wird mit 2 ganzen Eiern, $^1/_8$ Liter Obers, Salz, Pastetengewürz und 2 Eßlöffel Kognak innig abgerührt und entweder wie hausgemachte Gansleberpastete vollendet und gekocht oder so wie Gansleberpastete in der Kruste in eine mit Pastetenteig ausgelegte Form gefüllt und gebacken.

WILDPASTETE

500 g beliebiges Wildfleisch
Speckstreifen
Pökelzungen- oder Schinkenstreifen
2 Eßlöffel Kognak
200 g Schweinefleisch
100 g Kalbfleisch
250 g Speck
100 g Schweins- oder Hasenleber
1 kleine Zwiebel
1 Champignon
$^1/_2$ Sardelle
Selleriegrünes
2 Eier
ca. $^1/_8$ l Obers (Süßrahm)
Pastetengewürz
Salz

Anzuwenden für Reh-, Hirsch- und Hasenfleisch. Von 500 Gramm abgehäutetem Wildfleisch werden die edleren Teile im Ausmaß von $^1/_3$ des Gesamtgewichts in fingerdicke Streifen geschnitten, die mit feinen Speckstreifen gespickt und dann mit ebenso vielen fingerdicken Speck-, Pökelzungen- oder Schinkenstreifen vermischt werden. Mit Salz und Pastetengewürz sowie 2 Eßlöffel Kognak würzen und 1 Stunde kalt beizen. Der Rest des Wildfleisches wird mit 200 Gramm unterspicktem Schweinefleisch, 100 Gramm Kalbfleisch, 150 Gramm rohem Speck und 100 Gramm Leber einige Male durch eine feinlochige Fleischmaschine getrieben. In 100 Gramm würfelig geschnittenem, glasig angeröstetem Speck wird 1 kleine Zwiebel gelbgeschwitzt, 1 blättrig geschnittener Champignon, $^1/_2$ Sardelle und ein wenig Sellerie- oder Petersiliengrünes beigefügt, nochmals kurz durchgeschwitzt und das Ganze durch ein feines Sieb gestrichen. Das Passierte wird dann nach und nach mit dem faschierten Fleisch, 2 ganzen Eiern und $^1/_8$ Liter Obers tüchtig abgerührt und mit Salz, Pastetengewürz und der Kognakmarinade gewürzt.
Die Pastete kann gekocht oder gebacken werden.

Im ersteren Fall legt man eine entsprechend große Dunstform mit dünnen Speckscheiben aus, während für gebackene Pasteten die Form genauso mit Pastetenteig auszukleiden ist wie bei Gansleber in der Kruste. Über den Teig legt man überdies dünne Speckscheiben. Zuerst werden der Boden und die Seiten der Form mit vorbereiteter Farce ausgekleidet, worauf abwechselnd mit Farce die marinierten Fleisch-, Speck- und Pökelzungen- oder Schinkenstreifen eingefüllt werden. Zuletzt alles glatt verstreichen. Die Vollendung der gekochten Pastete geht wie bei Hausgemachter Gansleberpastete vor sich und die der gebackenen Pastete wie bei Gansleberpastete in der Kruste. Gekochte Wildpastete eignet sich vorzüglich für warmes Auftragen. Dazu alles Fett abtropfen und die Pastete stürzen. Dann wird sie mit Trüffelsauce oder Champignonsauce umkränzt aufgetragen. Das Ausgießen der gebakkenen Pastete erfolgt nach dem Auskühlen mit flüssig gelöstem Madeira-Aspik. Die für Tisch in Scheiben aufgeschnittene Pastete wird mit Sauce Cumberland serviert.

Die Herstellung wird erleichtert, wenn man die Einlagen statt nudelig würfelig schneidet.

Geflügel- und Wildgeflügelpasteten

Die Herstellung erfolgt nach den gleichen Vorschriften und mit gleichen Mengen wie im Rezept für Wildpastete. Statt Speck verwendet man dünne Trüffelstreifchen zum Spicken der zum Einlegen bestimmten Fleischstreifchen. Doch kann das zum Einlegen bestimmte Fleisch auch würfelig geschnitten werden, muß aber auf jeden Fall in ein wenig Butter steif geschwitzt werden. Bei Hausgeflügelpasteten wird Aspik, welches mit Weißwein abgeschmeckt wurde, verwendet. Pasteten von Wildgeflügel werden mit Madeira-Aspik ausgegossen.

PASTETENHERSTELLUNG, EINFACH

800 g beliebiges Fleisch
Zwiebel
80 g Butter
200 g Speck
100 g Schweins- oder Kalbsleber
1 Eßlöffel Kognak
2 Eier
1/8 l Obers (Süßrahm)
Pastetengewürz
Pfeffer
Salz

Diese Herstellungsart eignet sich für jede gewünschte Pastetengattung, wie Leber-, Schlachtfleisch-, Geflügel-, Wild-, Wildgeflügel- und Fischpasteten. 800 Gramm vollkommen entsehntes, abgehäutetes Fleisch bleibt zur Hälfte roh, während die andere Hälfte in kleine Stücke geschnitten, mit ein wenig gehackter Zwiebel, Salz und Pfeffer abgemischt und in 80 Gramm Butter steif geröstet wird. Das rohe und das angebratene Fleisch samt Bratfett wird, wenn es ausgekühlt ist, zusammen mit 200 Gramm Speck und 100 Gramm Leber einige Male fein faschiert, mit Salz, Pastetengewürz und 1 Eßlöffel Kognak oder Slibowitz gewürzt, mit 2 Eidottern und 1/8 Liter Obers tüchtig abgerührt und schließlich mit dem steifen Schnee von 2 Eiweiß unterzogen.
Mit der Masse füllt man eine mit dünnen Speckplatten ausgelegte oder bloß gefettete und gestaubte Dunstform fast voll, oder man füllt sie in eine mit Pastetenteig ausgelegte Pastetenform und vollendet wie bei Gansleberpastete in der Kruste.

GASCOGNER PFEFFERRÜCKEN

1 kg Bauchfleisch (ohne Schwarte) vom Schwein
2 Knoblauchzehen
100 g Kalbs- oder Schweinsleber
300 g Kalbsschulter
300 g Schweinsschulter
300 g roher Speck (vom Rücken oder besser vom Göderl)
Worcestersauce
1/16 l Rotwein
3 Eier
ca. 1/8 l Obers (Süßrahm)

Das Bauchfleisch einmal aufschneiden, so daß eine möglichst große Fläche entsteht. Klopfen, mit Salz, Pfeffer und Knoblauch einreiben. Leber, Kalbfleisch und Schweinefleisch werden von den gröbsten Häuten befreit, zusammen mit dem Speck in grobe Würfel geschnitten und mit Pfeffer, 2 Knoblauchzehen, Thymian, Worcestersauce, Rotwein und Salz vermischt. Pressen und über Nacht marinieren lassen. Das Fleisch zweimal durch die feine Scheibe faschieren, mit 3 ganzen Eiern, 1/8 Liter Obers und der Einlage innig vermischen. Eine Rehrücken- oder Kastenform mit Bauchfleisch auslegen, die Fülle, ohne Hohlräume zu lassen, einfüllen, Bauchfleisch darüberschlagen und mit Alufolie abdecken. Die Form in eine Pfanne stellen, mit

Aspik
Thymian
Pfefferkörner
Pfeffer, Salz

Einlage
1 Eßlöffel grüner Pfeffer
2 Eßlöffel gewürfelter Speck
2 Eßlöffel gewürfelte Pökelzunge
2 Eßlöffel gewürfelte Dörrpflaumen

Wasser bis Dreiviertelhöhe der Form auffüllen, zum Siedepunkt bringen und dann im Rohr, ohne kochen zu lassen, 2 bis 2 1/2 Stunden garen. Herausnehmen und mit einem Brett beschwert gut auskühlen lassen. Die Form kurz in heißes Wasser tauchen, den Rücken herausstürzen, mit Aspik bestreichen und in reichlich gestoßenem Pfeffer wälzen. Aufgeschnitten auf einer Platte anrichten. Als Garnitur gefüllte Tomaten, gefüllte Oliven und geschälte Gurkenscheiben, mit Chilischoten belegt. Es kann aber auch mit Mixed Pickles, frischen Paprikaschoten und ähnlichem garniert werden.
Foto Seite 452.

TERRINE PROVENCER ART

300 g Kalbsschulter
300 g Schweinsschulter
300 g Geflügelkeulen
150 g Schweinsleber
450 g Göderlspeck
1/16 l Rotwein
1/16 l Armagnac
2–3 Knoblauchzehen
2–3 Schalottenzwiebeln
Worcestersauce
3 Eier
ca. 1/8 l Obers (Süßrahm)
Madeira-Aspik
Thymian, Kümmel
Pfeffer, Salz

Einlage
1 Eßlöffel grüner Pfeffer
2 Eßlöffel kleingeschnittene Dörrpflaumen
2 Eßlöffel kleingeschnittene Selch(Räucher)speckwürfel
1 kleine Dose Champignons (kleinwürfelig geschnitten)

Das von den gröbsten Häuten befreite Fleisch, Leber und Speck großwürfelig schneiden, mit Rotwein, Armagnac, Knoblauch, geschnittenen Schalottenzwiebeln, Salz, Pfeffer, Thymian, Kümmel und Worcestersauce über Nacht marinieren. Am nächsten Tag durch die mittlere Scheibe faschieren, salzen, Eier und Obers beigeben und gut kneten. Zuletzt die Einlage einmengen. Eine entsprechend große längliche, runde oder ovale feuerfeste Form mit der Farce auffüllen, diese fest einpressen und mit Alufolie gut bedecken. Die Form in eine Pfanne stellen, mit kochendem Wasser bis Dreiviertelhöhe der Form auffüllen und im Rohr 2 bis 2 1/2 Stunden, ohne kochen zu lassen, garen. Als Garprobe sticht man eine Nadel ein; es muß ein klarer Saft austreten. Die Terrine mit einem Brett beschwert gut auskühlen lassen. Dann wird das Geschirr an den Rändern und Seiten gereinigt. Die Hohlräume gießt man mit Madeira-Aspik aus, abschließend erhält auch die Oberfläche eine Schicht Aspik. Die Terrine wird in der Form geschnitten und angerichtet.
Dazu serviert man Stangenbrot.
Foto Seite 469.

Alle feinen Pastetenfarcen können als Terrine zubereitet werden.

HÜHNERGALANTINE

Hühnergalantine
1 Huhn mit ca. 1½ kg
1 Hühnerleber
400 g Speck
100 g Pökelzunge
2 Eßlöffel Kognak
Pistazien
3 Trüffeln
200 g Kalbfleisch
300 g Schweinefleisch
3 Eier
Speckscheiben
Muskatnuß
Nelkengewürz
Ingwer
Pastetengewürz
weißer Pfeffer
Salz

Suppe und Fertigstellung
Hühnerklein und -knochen
100 g Wurzelwerk
¼ l Buttereinmachsauce
¼ l Aspik
Schnittlauch
Porree
Gurken
Radieschen
1 hartgekochtes Ei
Karotten
Zunge
Pfefferkörner
Salz

Ein Huhn im Gewicht von 1½ Kilogramm wird sauber geputzt und von den feinen Härchen über einer offenen Flamme abgesengt, dann mit einem Tuch gewischt. Kopf und Hals entfernen. Die Flügel im ersten Gelenk und die Füße genau im Gelenk abhacken. Das Huhn wird entlang dem Rücken aufgeschnitten und so ausgelöst, daß die Haut unverletzt bleibt, aber das Fleisch zum Großteil von der Haut entfernt wird. Nachdem alles Fleisch von den Knochen abgelöst ist, schneidet man das Brustfleisch in haselnußgroße Würfel. Auch 100 Gramm in siedendem Wasser kurz überbrühten Speck und 100 Gramm gekochte Pökelzunge in Würfel schneiden, mit dem Hühnerfleisch vermischen und alles leicht mit Salz, weißem Pfeffer, Muskatnuß, Nelkengewürz und Ingwer oder aber mit Pastetengewürz würzen. Das Ganze begießt man mit 2 Eßlöffel Kognak, mengt noch einige abgezogene, halbierte Pistazien und zarte Trüffelwürfelchen ein und läßt alles kalt marinieren. Das Fleisch des Huhnes wird für ein angenommenes Gewicht von 600 Gramm mit 200 Gramm Kalbfleisch, 300 Gramm unterspicktem Schweinefleisch, der Hühnerleber und 300 Gramm frischem Schweinespeck so oft durch eine Fleischmaschine gedreht, bis die Farce so fein wie möglich geworden ist. Das Faschierte mit 3 ganzen Eiern, Salz und Pastetengewürz nach Geschmack zu einer geschmeidigen, glatten und in gewisser Beziehung zähen Masse abarbeiten.

Zuletzt werden die vorbereiteten Würfel von Fleisch, Speck und Zunge samt der Marinade beigefügt und gut vermischt. Die Haut des ausgelösten Huhnes wird ausgebreitet, die Fülle daraufgegeben, die Haut straff um die Fülle gezogen und zusammengenäht. Die Galantine hat nun die Form einer Rolle, die noch mit dünnen Speckscheiben umwickelt und dann in eine Serviette gehüllt wird. Durch Zusammendrehen der Serviette und geschicktes Abbinden mit Bindfaden wird die Galantine so straff wie möglich eingerollt.

Hühnerklein und -knochen setzt man mit 100 Gramm Wurzelwerk, Pfefferkörnern, Salz und

Wasser nach Bedarf zu einer Suppe auf, legt die Galantine ein und läßt sie unter dem Siedepunkt 1 1/2 Stunden garziehen. Nach fast völligem Erkalten im Sud wird die Galantine aus der Suppe genommen, ausgewickelt, in die gereinigte Serviette neuerlich straff eingerollt, abgebunden und dann, mit einem leichten Brett beschwert, 24 Stunden kalt gestellt. Aus der Galantinensuppe bereitet man eine dickliche Buttereinmachsauce, die gut ausgekocht und dabei vollständig entfettet wird. Zum Überziehen wird 1/4 Liter lauwarmer Sauce mit 1/4 Liter warm gelöstem gut gelierendem Aspik vermischt und im Eiswasser so weit zurückgekühlt, daß die Sauce fast stockt, aber noch flüssig ist. In diesem Augenblick muß die sehr kalte Galantine in einem Guß überzogen werden. Die Sulzsauce stockt dann in kurzer Zeit. Die Dekorationsmuster müssen Stück für Stück einzeln aufgelegt und dabei immer mit gelöstem Aspik befeuchtet werden. Für Stiele und Blätter von Blumen verwendet man heiß überbrühten Schnittlauch und Porree, für Blumenkelche zurechtgeschnittene Gurken, für die Blumen selbst gehackte rote Radieschenschalen, vermischt mit gehacktem, gekochtem Eiweiß für Nelken, oder ausgestochenes gekochtes Eiweiß, Karotten und Zunge für Margeriten oder Phantasieblumen. Zuletzt muß alles mit gelöstem, fast wieder gelierendem Aspik überglänzt werden.

Mit entsprechend verändertem Grundmaterial kann dieses Rezept auch für Galantinen anderer Art herangezogen werden.

Kalte Platten

Salate in Bombenform

Als Garnierung von kalten Platten werden häufig kleine gestürzte Salatbömbchen verwendet. Größere Salatbomben nimmt man gerne als Mittelstück einer kalten Platte oder als Gang für sich. Alle diese Bomben sind der besseren Wirkung halber nicht nur mit Aspik auszukleiden, sondern außerdem zu dekorieren. Die Dekoration wirkt um so schöner, je weniger Farbengemisch sie aufweist, bzw. die Farben müssen aufeinander abgestimmt sein. Ebenso ist auf die Größe des zu dekorierenden Objekts Rücksicht zu nehmen, da sich eine Dekoration in großen Mustern auf kleinen Bomben nie schön ausnimmt.

Als Füllung kommen Salate und Schaumbrot von Schinken, Wild, Gansleber usw. in Frage. Salate, die für diesen Zweck verwendet werden können, sind: französischer Salat, russischer Salat und Waldorf-Salat. Die Salate werden, wie in den Rezepten angegeben, vollkommen fertig gemischt, jedoch nicht mit Mayonnaise angemacht, da zum Anmachen die im Arbeitsvorgang zuletzt verbliebene Aspikmayonnaise verwendet wird.

Die Formen, die gefüllt werden, können von verschiedener Größe und Gestalt sein, glattwandige Formen eignen sich jedoch am besten. Empfehlenswert sind insbesondere die hohen Kuppelformen, ferner die Halbkugelformen, in nächster Folge glattwandige, konische Formen und zuletzt zylindrische Formen. Sämtliche Formen sind im Interesse des einwandfreien Stürzens aus Metall zu wählen. Die Herstellung einer Salatbombe zerfällt in fünf Abschnitte:

1. Das Auskleiden der Formen mit Aspik (Chemisieren)

Es wird so viel vollkommen klares und gut gelierendes Aspik warm aufgelöst, wie dem gesamten Rauminhalt der zu füllenden Form oder, bei Herstellung mehrerer kleinerer Förmchen, deren Fassungsraum entspricht. Dieses aufgelöste Aspik wird in eisgekühltem Wasser unter leisem Durchrühren so weit zurückgekühlt, daß es schließlich wieder kalt wird, aber trotzdem flüssig bleibt. In diesem

Stadium füllt man das Aspik in die bis zum oberen Rand in Eiswasser stehenden Formen voll ein, wartet einige Augenblicke, und wenn man mit dem Zeigefinger an der Formenwand fühlt, daß sich bereits eine dünne Schicht Aspik angestockt hat, nimmt man die Form (bzw. eine Form nach der anderen) aus dem Eiswasser heraus, gießt das noch flüssige Aspik in das frühere Geschirr zurück und stellt die Sulzform selbst verkehrt auf ein Gitter, damit alles flüssige Aspik abtropft. Bald stellt man sie aber wieder ins Eiswasser zurück, damit die Sulzschicht gut anstockt.

2. Das Dekorieren

Als Beispiel A nehmen wir die Dekorierung einer Kuppelform und bereiten folgendes vor: 1 dünne runde Essiggurkenscheibe, eine Reihe schwach haselnußgroß ausgestochene dünne Trüffelpunkte und erbsgroß ausgestochene Punkte aus einer dünnen roten Radieschenschale. Genau in die Mitte der im Eiswasser stehenden Sulzform legt man mit Hilfe einer langen Nadel das mit etwas flüssigem Aspik befeuchtete Gurkenscheibchen und fixiert es mit einer zweiten Nadel auf seinen richtigen Platz. Um das Gurkenscheibchen herum setzt man ebenso mit Hilfe von Nadeln (man bedient sich am besten der sogenannten Dressiernadeln, wie man sie zum Vernähen des Geflügels verwendet) die mit flüssigem Aspik befeuchteten Trüffelpunkte kreisförmig an, während die kleineren roten Radieschenpunkte, mit der schönen Seite nach außen natürlich, so wie vorher rund um die Trüffelpunkte schön angeordnet werden. Das Befeuchten jedes einzelnen Teiles der Dekoration ist ungemein wichtig, da anderenfalls die Dekoration nicht anstocken könnte und damit keinen Halt bekäme. Als nette Randverzierung setzt man wie vorher einen exakt gelegten Kreis von Trüffelpunkten in der Drittelhöhe der Form an und krönt zum Abschluß noch jeden Trüffelpunkt mit einem kleineren roten Radieschenpunkt. Ist die Dekoration solcherart vollendet, betropft man sie ganz leicht mittels Pinsel mit flüssig gelöstem, keineswegs aber warmem Aspik, damit die eingelegten Muster schön einsulzen können.
Als Beispiel B nehmen wir die Dekoration von kleinen konischen Metallförmchen (der Fachausdruck lautet „Dariolform“), wozu die wie beschrieben zuerst mit einem dünnen Aspikmantel versehenen Förmchen genau in die Mitte einen haselnußgroß ausgestochenen

Punkt von einem dünn geschälten roten Radieschen eingelegt bekommen. Der kantige Bodenrand der Förmchen wird mit kleinen, gleichmäßigen und ebenfalls mit Aspik befeuchteten gekochten Zuckererbsen perlenartig eingefaßt. Diese einfache Dekoration wie im Beispiel A mit flüssig gelöstem, jedoch kühlem Aspik betropfen, damit sie gut einsulzen kann.

3. Das Auskleiden der dekorierten Form mit Aspikmayonnaise

Dazu wird gleich viel fertige Mayonnaise und lauwarm gelöstes Aspik vorsichtig untereinander verrührt und dann das Ganze im Eiswasser unter sehr behutsamem Rühren (damit keine Luftblasen eingerührt werden) so weit zurückgekühlt, daß die Masse wohl noch flüssig, besser gesagt, dickflüssig ist, aber bald ins Sulzen gerät. Damit wird die Form nun vollgefüllt, die man einige Sekunden ruhig im Eiswasser stehen läßt. Sobald eine dünne Schicht der Aspikmayonnaise angestockt ist, wird die Form sofort entleert, dann wieder zurück ins Eiswasser gegeben, damit nunmehr die Sulzpolsterung endgültig stocken kann.

4. Das Füllen

Der gewünschte Salat (es können alle mit Mayonnaise gebundenen Salate verwendet werden) kann statt mit purer Mayonnaise auch mit flüssig gelöster Aspikmayonnaise, die vom Auskleiden der Form übriggeblieben ist, zu ziemlich weicher Beschaffenheit angemacht werden. Wenn aber der vollständig fertige Salat zur Verwendung gelangen soll, so braucht nur ungefähr der vierte Teil lau gelöstes, gut gelierfähiges Aspik unterrührt werden, wodurch er ebenfalls ein fast wäßriges Aussehen erhält. Natürlich darf weder Aspikmayonnaise noch Aspik im zweiten Fall zu warm verwendet werden, und wenn, ist der Salat im Eiswasser zurückzukühlen, ehe er nun in die vorbereitete Form voll eingefüllt und zum vollständigen Stocken aufs Eis gestellt wird. Wird Schaumbrot als Füllung verwendet, so wird dieses nach der Obersbeigabe sofort in die vorbereitete garnierte Bomben- oder Portionsform gefüllt. Zuletzt gießt man die offene Seite der Sulzform noch halbfingerdick mit flüssig gelöstem Aspik aus und läßt das Ganze am besten einige Stunden gut erstarren.

Gemischte Rohkostplatte mit Joghurt (Rezept Seite 435).

5. Das Anrichten

Die vollkommen gestockte Form wird einen Augenblick in heißes Wasser gehalten und ohne Zaudern auf die vorbereitete sehr kalte Glas- oder Silberplatte gestürzt. Mit kleineren Formen verfährt man ebenso. Die Bombe wird nun mit Eischeiben, Spargel, marinierten Salatherzen, Schinken, Zunge, Lachs und ähnlichem garniert.

SCHAUMBROT, GRUNDREZEPT

4 Portionen

Unter Schaumbrot versteht man eine äußerst zarte, feine Farce, die in verschiedenster Form serviert werden kann. Gleichgültig, welche Fleisch- oder Fischgattung den Grundbestandteil liefert, bleibt die Proportion der Zusammensetzung gleich. Besonders wichtig ist das geschmacklich vollendete Braten oder Dünsten der verwendeten Fleischsorten. Damit die Farce möglichst fein wird, muß das Fleisch nicht nur einige Male fein faschiert, sondern überdies im Mörser gestoßen und durch ein feines Sieb gestrichen werden.

Grundbestandteil laut Einzelrezept
100 g Béchamelsauce
80 g Butter
60 g Aspik
1/10 l Schlagobers (Schlagsahne)
Pastetengewürz
Salz

Die Butter wird mit nach und nach beigegebener kalter Béchamelsauce (bei Wild mit kalter Wildsauce) und dem gestoßenen Fleisch sehr schaumig gerührt und mit Pastetengewürz und Salz gewürzt. Dann rührt man das warm gelöste Aspik unter und zieht zuletzt das halb geschlagene Obers darunter. Die Masse wird nun in Portionsformen oder in Schüsseln für mehrere Portionen gefüllt, mit zartem, dem Grundmaterial entsprechendem Dekor versehen und mit wenig Aspik (2 Millimeter dick) übergossen. Schaumbrot kann auch in mit Aspik ausgekleidete und dekorierte Formen gefüllt werden.

SCHINKENSCHAUMBROT

4 Portionen

250 g Schinken
Madeira
Kognak
Paprika

250 Gramm gekochter magerer Schinken wird feinst faschiert und im Mörser gestoßen, dann wie im Grundrezept vollendet, wobei zusätzlich mit einer Prise Paprika, etwas Madeira und Kognak gewürzt wird.

Gascogner Pfefferrücken; pikante Garnitur (Rezept Seite 444).

HÜHNERSCHAUMBROT

4 Portionen

200 g Huhn
50 g Gansleberpastete
Kognak

200 Gramm ausgelöstes Fleisch eines Brat- oder zarten Suppenhuhnes wird im gebratenen bzw. gekochten Zustand mit 50 Gramm Gansleberpastete vermengt. Bei der Zubereitung laut Grundrezept wird mit einem Spritzer Kognak verbessert.

WILDSCHAUMBROT

4 Portionen

300 g Wildfleisch
Wurzelwerk
Zwiebel
20 g Butter
20 g Mehl
Rotwein
kalte Wildsauce
Madeira
Kognak
Pfeffer
Salz

300 Gramm entsehntes Wildfleisch (Wildgeflügel) mit etwas Wurzelwerk, Zwiebel, Salz und Pfeffer in 20 Gramm Butter braun braten, mit 20 Gramm Mehl stauben, mit $^1/_4$ Liter Wasser und einem Spritzer Rotwein aufgießen und langsam weichdünsten. $^1/_{10}$ Liter dickliche Sauce passieren und kalt stellen, das Fleisch feinst faschieren und stoßen, dann vollenden wie im Grundrezept, wobei statt der vorgeschriebenen Béchamelsauce die kalte Wildsauce verwendet und zusätzlich mit Madeira und Kognak abgeschmeckt wird.

GANSLEBERSCHAUMBROT

4 Portionen

300 g Gansleber
Butter
Madeira
Kognak
Pfeffer
Salz

300 Gramm rohe Gansleber mit Salz und Pfeffer gewürzt in ein wenig Butter durchbraten, passieren und kalt wie im Grundrezept zubereiten. Dabei wird zusätzlich mit Madeira und Kognak gewürzt. Als Garnitur eignen sich Trüffelscheiben und Madeira-Aspik.

FISCHSCHAUMBROT

4 Portionen

250 g Fischfleisch
2 Sardinen
Zitronensaft
Cayennepfeffer

250 Gramm abgehäutetes und entgrätetes Fischfleisch im gekochten oder naturgebratenen Zustand feinst stoßen und durch ein Sieb passieren. Vollendung laut Grundrezept, jedoch ohne Pastetengewürz. Gewürzt wird mit 2 enthäuteten, entgräteten und passierten Sardinen, Zitronensaft und Cayennepfeffer.

FISCHROULADE

8–10 Personen

Roulade und Fertigstellung
Fischfarce
600 g beliebiges Fischfleisch
60 g Mehl
190 g Butter
1/8 l Milch
Zitronenschale
3 Eiweiß
Muskatnuß
weißer Pfeffer
Salz

Roulade und Fertigstellung
2 kg Fogosch
Zitrone
Petersilie
Crevetten
Butter
Zwiebel
150 g Wurzelwerk
Essig
Aspikmayonnaise
1 Lorbeerblatt
Pfefferkörner
weißer Pfeffer
Salz

Für die Fischfarce eignen sich besonders Hecht, Lachs, Fogosch oder Zander. Vorerst werden 60 Gramm Mehl mit 40 Gramm Butter, etwas Salz und Muskatnuß abgerührt und dann über linder Hitze mit 1/8 Liter kochend heißer Milch aufgegossen und so lange gut durchgerührt, bis sich die Masse von Geschirr und Löffel löst. Nach dem Auskühlen mischt man das vollkommen entgrätete Fischfleisch unter und faschiert alles zusammen einige Male sehr fein. Dann rührt man 150 Gramm Butter schaumig, fügt nach und nach das Faschierte bei, würzt mit Salz, weißem Pfeffer, Muskatnuß und fein abgeriebener Zitronenschale und zieht zuletzt noch den steifen Schnee von 3 Eiweiß darunter. Nun entfernt man Haut, Gräten und Eingeweide eines 2 Kilogramm schweren Fogoschs so, daß die beiden Fleischhälften unverletzt im ganzen bleiben. Diese beiden Fleischhälften werden der Länge nach eingeschnitten, jedoch nicht durchgetrennt, so daß das rohe Fleisch, schwach halbfingerdick, ähnlich einem Biskuit für Roulade, ausgebreitet werden kann. Dabei beachtet man, daß die schöne Seite nach unten zu liegen kommt, und würzt den Fisch mit Salz, weißem Pfeffer, Zitronensaft und gehackter Petersilie. Über die Fläche streicht man halbfingerdick die Fischfarce auf. Um eine bessere Farbwirkung zu erreichen, kann die Farce mit Crevetten vermischt werden oder mit festem Tomatenmark rot oder mit passiertem Tiefkühlspinat grün gefärbt werden. Dann rollt man das Ganze möglichst straff zusammen, hüllt die Roulade in eine butterbestrichene Serviette fest ein und bindet sie mit Bindfaden ab. Die Rolle legt man in einen kochenden Sud, bestehend aus so viel Wasser, daß es knapp über die Roulade zusammensteht, Salz, Pfefferkörnern, einem Stückchen Zwiebel, 150 Gramm blättrigem Wurzelwerk, 1 Lorbeerblatt, einem Sträußchen Petersilie und einem Spritzer Essig. Das Ganze läßt man je nach der Dicke der Roulade unter dem Siedepunkt garen und dann auskühlen. Im erkalteten Zustand wird die Roulade aus dem Sud gehoben, aus der Serviette gewickelt, gut abgetropft und mit Aspikmayonnaise vollkommen überzogen. Dazu wird die Aspikmayonnaise zuerst lauwarm flüssig aufgelöst und dann unter Rühren im Eiswasser so weit zurückgekühlt, daß sie wohl noch flüssig ist, aber jeden Augenblick stocken kann und der Löffel schön überzogen erscheint. Nach dem vollständigen Erstarren auf Eis wird die Roulade in Scheiben aufgeschnitten, die auf einer Platte aufgelegt werden. Der freie Plattenraum wird mit exakt würfelig geschnittenem Aspik, einigen zarten Zitronenscheiben und Petersilie garniert.

KALTER FOGOSCH

6 Portionen

1 1/2 kg Fogosch
Zwiebelringe
Porree
Schnittlauch
Karotten
1 hartgekochtes Ei
Essiggurken
1/4 l Aspik
Zitronenscheiben
Petersilie
1/2 Lorbeerblatt
Gewürzkörner
Pfefferkörner
Salz

Ein mittelgroßer Fogosch im Gewicht von 1 1/2 Kilogramm wird sauber geschuppt, ausgenommen, von den Flossen befreit und kalt gewaschen. Den dann gesalzenen Fisch legt man in eine passende Pfanne, in die Pfeffer- und Gewürzkörner, ein paar Zwiebelringe und 1/2 Lorbeerblatt gestreut werden. Nun gießt man mit ganz wenig Wasser auf, läßt den Fogosch zugedeckt im kurzen Sud etwa 20 Minuten langsam dünsten und dann auskühlen. Nach dem Erkalten wird der Fisch auf ein Gitter gehoben und nun mit Hilfe zweier Spick- oder Dressiernadeln mit einem einfachen Blumenmuster verziert. Zum Garnieren dienen überkochte, zurechtgeschnittene Porreeblätter, Schnittlauch, ausgestochene Karotten und kleingehacktes Eiweiß sowie Essiggurkenscheiben. Die einzelnen Stücke der Dekoration werden vor dem Auflegen jeweils in flüssiges Aspik getaucht, damit sie ansulzen können. Zuletzt wird der Fisch mit kühl-flüssigem Aspik zur Gänze überzogen und nun auf eine Servierschüssel übersetzt, wo er mit würfelig geschnittenem Aspik und Zitronenscheiben eingefaßt und mit gezupfter Petersilie verziert wird.

GESULZTER WURZELKARPFEN

4 Portionen

800 g Karpfen
250 g Wurzelwerk
1 mittelgroße Zwiebel
Petersilie
Zitrone
Essig
10 g Trockenaspik
1 hartgekochtes Ei
1 gehäufter Teelöffel Zucker
Lorbeerblatt
Thymian
Pfeffer
Salz

Zuerst schneidet man 250 Gramm geputztes Wurzelwerk, und zwar gleich viel Sellerieknolle, Karotte und gelbe Rübe, in zündholzstarke Streifchen, während 1 mittelgroße Zwiebel feinnudelig aufzuschneiden und ein wenig grüne Petersilie fein zu hacken ist. Daneben reibt man 4 schön geschnittene Karpfenportionen mit Salz nach Bedarf, ein wenig Pfeffer und Zitronensaft ein und läßt sie eine Weile kalt marinieren. Die Wurzeln werden samt Zwiebel, mit Wasser gut bedeckt, in einer genügend breiten Pfanne langsam ziemlich weichgekocht. Dann würzt man den Wurzelsud mit Salz, Essig, 1 gehäuften Teelöffel Zucker, einem Stückchen Lorbeerblatt und 2 Stämmchen Thymian zu sehr pikantem Geschmack und bettet die marinierten Karpfenstücke in die Wurzeln ein. Nachdem alles ganz langsam weitere 30 Minuten kochen konnte, fügt man 10 Gramm in Wasser gequollenes Trockenaspik hinzu, hebt die Fische nach ein paar Minuten vom Sud und ordnet sie, stark mit Wurzeln bedeckt und mit Petersilie bestreut, auf eine passende Schüssel. Auf jede Fischportion legt man 1 Eischeibe, den Schüsselrand garniert man mit halben Zitronenscheiben. Den abgeseihten Fischsud läßt man im kalten Wasserbad auf Fingerwärme zurückkühlen. Mit diesem kühlflüssigen Gelee übergießt man den Wurzelfisch und läßt kalt stocken.

ROASTBEEF-RÖLLCHEN

4 Portionen

8 Scheiben Roastbeef
100 g Mayonnaise
600 g französischer Salat
1 Teelöffel Tomatenmark
Sardellen
Gewürzgurken, Senf
150 g beliebiges Fleisch
1/8 l Aspik
Zitronenscheiben
Petersilie

Von einem Stück kalten, englisch gebratenen Roastbeef werden 8 dünne Scheiben geschnitten. Die Fülle besteht aus Mayonnaise, die mit doppelt soviel französischem Salat untermengt werden kann und mit ein wenig Tomatenmark, gehackten Sardellen, Gewürzgurken und Senf pikant abgerührt wird. Damit bindet man feinnudelig geschnittenes, gebratenes oder gekochtes Fleisch bzw. Selchfleisch, Pökelzunge oder Wurst zu kompakter Fülle. Damit werden die Roastbeefscheiben gerade so stark gefüllt, daß sie nach dem Einwickeln stark daumendicke Röllchen ergeben. Zwei solche Röllchen legt man auf einen halbfingerdicken Sockel aus französischem Salat und überglänzt jedes Stück mit kühlflüssig gelöstem, fast wieder stockendem Aspik. Mit gewürfeltem Aspik, dünnen Zitronenscheiben und gezupfter Petersilie garnieren.

8–10 Portionen

SCHINKENROULADE

200 g Schinken
140 g Mehl
120 g Butter
1/4 l Milch
1/8 l Aspik
1/8 l Schlagobers (Schlagsahne)
2 Eßlöffel Kognak
5 Eier
Petersilie
5 hartgekochte Eier
Zucker
Muskatnuß
Paprika
Salz

Aus 40 Gramm Mehl und 40 Gramm Butter bereitet man eine helle Schwitze, die mit 1/4 Liter Milch aufgegossen, gut verkocht und dann kalt gestellt wird. Nachher rührt man 80 Gramm Butter und 200 Gramm feinstfaschierten Schinken oder gekochtes mageres Selchfleisch unter löffelweiser Zugabe der kalten Sauce recht schaumig, rührt ferner löffelweise 1/8 Liter lau gelöstes Aspik und 1/8 Liter steifgeschlagenes Obers hinzu, würzt mit Salz, einer Prise Paprika, Muskatnuß und 2 Eßlöffel Kognak. Dann werden 5 Eiweiß zuerst steif geschlagen, ein klein wenig Salz und haselnußgroß Zucker beigefügt und nochmals recht steif geschlagen. In den Schnee werden 4 Eidotter roh eingerührt und zuletzt 100 Gramm Mehl und eine Prise gehackte Petersilie eingemischt. Diese Masse streicht man schwach fingerdick auf ein gefettetes und gestaubtes Backblech in Form eines Rechteckes gleichmäßig auf und backt das Biskuit im sehr heißen Rohr goldgelb. Das Biskuit wird dann auf einen Bogen mit Mehl gestaubtes Papier gestürzt, sogleich eingerollt, mit dem Papier umwickelt und kalt gestellt. Nach dem Erkalten wird das Biskuit wieder aufgerollt, mit der vorbereiteten Fülle schwach fingerdick gleichmäßig bestrichen und wieder möglichst straff eingerollt. Etwas Füllmasse läßt man zurück und bestreicht damit die Roulade auch von außen. Die Außenseite wird mit kleingehackten gekochten Eiern vollkommen eingehüllt. Obenauf bestreut man mit einem dünnen Streifen gehackter Petersilie, kühlt das Ganze und schneidet die Roulade dann in Scheiben, die auf eine lange Platte aufgelegt und mit würfelig geschnittenem Aspik eingefaßt werden.

SCHINKENTORTELETTEN

4–5 Portionen

Torteletten
50 g Butter
120 g Mehl
Sauerrahm
Salz

Füllung
200 g Schinken
französischer Salat
40 g Butter
20 g Mehl
$^1/_8$ l Milch
Petersilie
Kognak
1 Ei
Aspik
Muskatnuß
Pfeffer
Salz

Für die Torteletten, das sind kleine gebackene Teigschüsselchen, wird aus 50 Gramm Butter, 120 Gramm Mehl, einer Prise Salz und ein wenig Sauerrahm nach Bedarf ein lockerer, seidenglatter Teig geknetet, den man nach einigem Rasten zwei Messerrücken dick ausrollt. Aus der Teigfläche sticht man runde Böden in der Größe kleiner flacher Blechförmchen, die man mit je 1 Teigboden auslegt und gut ausdrückt. Die Torteletten werden im mittelheißen Rohr „blind", d. h. ohne Fülle, hellbraun gebacken. Nach dem Erkalten füllt man die Torteletten glattgestrichen mit französischem Salat. Inzwischen wird 200 Gramm sehr fein faschierter Schinken in 40 Gramm Butter heiß geröstet, mit 20 Gramm Mehl gestaubt und nach abermaligem kurzen Rösten mit $^1/_8$ Liter Milch aufgegossen. Das Ganze läßt man dick und glatt verkochen, würzt mit ein wenig feinstgehackter Petersilie, geriebener Muskatnuß, Pfeffer und etwas fehlendem Salz. Außerdem kann ein Spritzer Kognak beigefügt werden. In die noch heiße Masse schlägt man 1 ganzes Ei und rührt nun alles mittels Schneerute bis zum Kaltwerden schaumig. Mit dieser Schinkenfülle werden die vorbereiteten Torteletten mittels grobem Sternspritzröhrchen in Form einer Randeinfassung gefällig aufgespritzt. Der Mittelraum wird mit gehacktem Aspik ausgefüllt.

PÖKELZUNGE MIT GANSLEBER

4 Portionen

200 g Pökelzunge
150 g Gansleber
60 g Butter
Zwiebel
Petersilie
Ingwer
Pfeffer
Salz

In 60 Gramm Butter röstet man ein Stückchen grobgehackte Zwiebel blaßgelb, fügt 150 Gramm in Würfel geschnittene frische Gansleber, eine Prise Salz, Pfeffer, gehackte Petersilie und geriebenen Ingwer bei und röstet die Gansleber langsam zu schöner hellbrauner Farbe. Durch ein Sieb passieren. Nach dem Erkalten wird die passierte Gansleber sehr schaumig gerührt. Bis dahin hat man ein 200 Gramm schweres Mittelstück einer sehr weich gekochten, kalten Pökelzunge der Länge nach in etwa linealdicke Tranchen geschnitten, die man nur halb so dick mit Ganslebermus füllt, zusammensetzt und zuletzt auch von außen vollkommen mit Ganslebermus einhüllt, das man schön glattstreicht und sogleich entweder mit gehackter Petersilie oder mit mittelfein gehacktem, hartgekochtem Eiweiß dicht einstreut. Die Zunge wird nun möglichst auf Eis erstarren gelassen. Knapp vor Tisch in halbbleistiftdicke Tranchen quer zur Längsseite aufschneiden und portionsweise auf Glastellerchen legen. Mit grünen Salatherzen und würfelig geschnittenem Madeira-Aspik einfassen.

SANDWICHTORTE

12–16 Portionen

Torte
1 Weißbrot in Tortenform
250 g Butter
150 g Schinken
Petersilie
3 hartgekochte Eier
2 Sardellen
100 g gebratenes Fleisch
2 Eßlöffel Parmesan
Schnittlauch
Kren (Meerrettich)
Pfeffer
Salz

Dekoration
Salami
Aspik
Gewürzgurken
Räucherlachs
2 hartgekochte Eier
Petersilie

Dazu bestellt man beim Bäcker Weißbrot in Tortenform, das man in höchstens halbzentimeterdicke Blätter schneidet, von denen 5 für eine Torte verwendet werden. Das Brot vom Vortag wird entrindet. Die Blätter werden wie folgt aufeinandergesetzt und immer ein wenig angedrückt. Erstes Blatt: 50 Gramm Butter, 100 Gramm gehackten Schinken, Salz, Pfeffer, gehackte Petersilie gut abtreiben und die Masse auf dem Brotblatt schön verstreichen, das zweite Blatt aufsetzen, leicht andrücken. 50 Gramm Butter mit 2 hartgekochten Eiern, 2 gehackten Sardellen, Pfeffer und Petersilie schaumig rühren und wie vorher aufstreichen, ehe das dritte Blatt aufgedrückt wird. Die Fülle wird wie beim ersten Blatt zubereitet, statt Schinken verwendet man die gleiche Menge gebratenes, kaltes und ebenfalls feingehacktes Fleisch. Die Fülle für das vierte Blatt besteht aus 50 Gramm Butter, 2 Eßlöffel geriebenem Parmesan, 1 gekochten, passierten Eidotter, Salz, Pfeffer und ein wenig Schnittlauch, alles zusammen gut abgerührt. Nachdem das fünfte und letzte Blatt aufgesetzt wurde, treibt man nochmals 50 Gramm Butter mit etwas geriebenem Kren, Salz und Pfeffer ab und bestreicht damit die Torte sowohl von oben als auch am Rand. Der Rand wird mit 50 Gramm feingehacktem Schinken eingehüllt, während man die Oberseite mit Messereindrücken in Portionen teilt, die möglichst gleichmäßig dekoriert werden.

Beispiel: 2 Zentimeter vom Mittelpunkt werden kleine Salamistanitzchen, gefüllt mit gewürfeltem Aspik, aufgelegt, und zwar so, daß die Stanitzchen einen Kranz bilden. Daran reiht man für jede Portion je 1 fächerartig geschnittene, ganz kleine Gewürzgurke. Ein wellenförmig gelegtes Band in Zentimeterbreite aus geräuchertem Lachs schließt sich an die Gurken an, während der Abschluß gegen den Tortenrand von halben, mit dem Eischneider geschnittenen Eischeiben gebildet wird. Dazwischen verziert man mit grüner Petersilie. Die Torte muß einige Stunden kalt stehen und wird für Tisch mit einem scharfen Messer (immer wieder in warmes Wasser getaucht) in möglichst dünne Teile geschnitten.

Auf dieselbe Art können aus 1 Weißbrotwecken *Sandwichschnitten* hergestellt werden.

12 Portionen

JÄGERWECKEN

1 kg Sandwichwecken (langes, dünnes Weißbrot)
180 g Selch(Räucher)speck
Zwiebel
200 g Kalbs-, Schweins- oder Wildleber
3 Essiggurken
3 Sardellenringe
2 hartgekochte Eier
10 Mandeln
100 g Pökelzunge
100 g Räucherwurst
Muskatnuß
Pfeffer
Salz

Zur Fülle für einen abgekappten und ausgehöhlten Sandwichwecken im Gewicht von 1 Kilogramm wird 100 Gramm grobgehackter Selchspeck glasig geröstet und darin ein Stückchen feinstgehackte Zwiebel weichgeschwitzt. Dann fügt man 200 Gramm blättrig geschnittene Kalbs-, Schweins- oder Wildleber bei und röstet, bis sich nichts Blutiges mehr zeigt. Die Leber wird dann zweimal durch die Fleischmaschine gedreht, nach dem Erkalten sehr schaumig gerührt und mit folgenden Dingen untermengt: 3 großwürfelig geschnittenen Essiggurken, 3 grobgehackten Sardellenringen, 2 hartgekochten, kleinwürfelig geschnittenen Eiern, 10 geschälten, feinstreifig geschnittenen Mandeln, 80 Gramm kleinwürfelig geschnittenem Selchspeck, je 100 Gramm gekochter, grobwürfelig geschnittener Pökelzunge und geräucherter Wurst. An Gewürzen fügt man noch Salz, ein bißchen Pfeffer und geriebene Muskatnuß hinzu und stopft damit die Brothöhlung voll. Kalt erstarren lassen, dann erst aufschneiden.

12 Portionen

LEBERWECKEN

1 kg Weißbrot
250 g Kalbs- oder Schweinsleber
60 g Fett
1 mittelgroße Zwiebel
1/2 Teelöffel Petersilie
1 Eßlöffel Tomatenmark
1 Sardelle
40 g Mehl
60 g Butter
Kognak
4–6 Essiggurken
2 hartgekochte Eier
60 g Nüsse
Muskatnuß
Majoran
Pfeffer
Salz

In 60 Gramm heißem Fett wird 1 mittelgroße, feinstgehackte Zwiebel goldgelb geröstet. Dann fügt man 250 Gramm feinfaschierte rohe Kalbs- oder Schweinsleber bei und röstet weiter, bis nichts Blutiges mehr zu bemerken ist. Nun würzt man mit dem nötigen Salz, ein wenig geriebener Muskatnuß, einer Prise Majoran, ein wenig Pfeffer oder Paprika und 1/2 Teelöffel feinstgehackter Petersilie sowie 1 Eßlöffel Tomatenmark und 1 feingehackten Sardelle. Das Ganze wird mit 40 Gramm Mehl gestaubt, wieder kurz geröstet und dann mit nur so viel Wasser aufgegossen, daß eine sehr dicke, fast teigartige Bindung entsteht. Nach dem zugedeckten Überkühlen fügt man 60 Gramm frische Butter hinzu, rührt alles mit der Schneerute sehr schaumig und verbessert den Geschmack dabei mit einem kleinen Spritzer Kognak. Zuletzt mischt man noch 4 bis 6 kleinwürfelig geschnittene Essiggurken, 2 hartgekochte, kleinwürfelig geschnittene Eier und 60 Gramm grobgehackte Nüsse ein und füllt damit einen ausgehöhlten Weißbrotwecken im Gewicht von 1 Kilogramm. Es empfiehlt sich, die Weißbrotanschnitte in ganz wenig Milch oder Wasser einzuweichen, auszudrücken, durch ein Sieb zu streichen und ebenfalls zur Lebermasse zu geben. Nach zweistündigem Kühlen wird der Wecken aufgeschnitten, angerichtet und mit Petersilie verziert.

Warme Mehlspeisen

Strudel

14 Portionen

GEZOGENER APFELSTRUDEL

Teig
300 g Mehl
1 Ei
1 Eßlöffel Öl
Salz

Fülle
2 kg Äpfel
1 Eßlöffel Öl
80 g Butter
80 g Semmelbrösel (Paniermehl)
50 g Rosinen
50 g Nüsse
Zitronensaft
Kristallzucker
Zimt

Aus 300 Gramm Mehl, 1 ganzen Ei, einer Prise Salz, 1 Eßlöffel Öl und lauwarmem Wasser nach Bedarf macht man einen halbweichen Teig an, der so lange am unbemehlten Brett abgearbeitet und geknetet wird, bis er sich von Brett und Händen löst und seidenglatt geworden ist. Auf eine mit Mehl bestaubte Stelle am Brett legen, mit Öl bestreichen und 20 Minuten rasten lassen.
Nach dieser Zeit wird über einen großen Tisch ein Tuch gespannt und dieses stark mit Mehl bestaubt. Den in die Mitte gelegten Teig rollt man etwas in die Breite und bestreicht dann die Oberfläche stark mit Öl, wodurch verhindert wird, daß der Teig zusammenklebt, falls er beim Ausziehen aufeinanderfällt. Das Ausziehen geht so vor sich, daß mit dem bemehlten Handrücken unter den Teig gegriffen wird, wobei immer von der Teigmitte aus gegen die Tischkanten sachte zu ziehen ist, bis der Teig, papierdünn geworden, über alle Kanten gepannt ist. Spannt man zuerst eine gezogene Seite über eine Eckkante des Tisches, so bekommt der Teig einen gewissen Halt und kann dann leichter über die anderen Kanten gezogen werden. Nun werden die dicken Teigränder abgeschnitten und die dünne Teigfläche mit etwas warm gelöster Butter betropft. Darüber streut man 80 Gramm Semmelbrösel, die in 40 Gramm Butter goldfarben geröstet wurden, doch läßt man eine Längsseite des Teiges ungefähr zwei Hände breit unbestreut. Auf die Bröesellage werden 2 Kilogramm geschälte, nicht zu dünnblättrig geschnittene säuerliche Äpfel gleichmäßig verteilt, darüber streut man 50 Gramm

Rosinen und 50 Gramm grob geriebene Nüsse, beträufelt mit ein wenig Zitronensaft und überstreut das Ganze mit ein wenig Zimt und Kristallzucker nach Belieben, doch eher zu wenig als zu viel. Durch Hochheben des Tischtuches rollt man den Strudel gegen die freie Teigseite zu ein, trachtet, daß die Naht nach unten kommt, und schneidet die entstandene Schlange in backblechlange Stücke zurecht. Diese Stücke legt man in kleinen Abständen auf das gebutterte Backblech, bestreicht den Strudel auch von oben mit zerlassener Butter und backt ihn in übermittelheißem, geschlossen gehaltenem Rohr ungefähr 30 bis 40 Minuten zu hellbrauner Farbe, wobei ab und zu mit Butter zu bestreichen ist. Für Tisch in Portionen schneiden und tüchtig überzuckern.

Bei allen gezogenen Strudeln ist darauf zu achten, daß nicht zu viel Brösel eingestreut werden, da die Strudel sonst zu trocken würden. Aber auch zu wenig Brösel zu verwenden hat seine Nachteile, da in diesem Fall der Obstsaft beim Backen ausläuft und unangenehm ankrustet.

GEZOGENER BIRNENSTRUDEL

14 Portionen

2 kg Birnen
Zutaten wie bei gezogenem Apfelstrudel

Die Herstellung erfolgt wie bei gezogenem Apfelstrudel. Statt Äpfel werden feste grüne Birnen zur Füllung verwendet, die reichlich mit Zitronensaft betropft werden.

GEZOGENER KIRSCHENSTRUDEL

14 Portionen

2 kg entkernte Kirschen
Zutaten wie bei gezogenem Apfelstrudel

Die Herstellung erfolgt wie bei gezogenem Apfelstrudel. Als Fülle werden statt Äpfel 2 Kilogramm entkernte Kirschen einer vollsaftigen dunklen Gattung verwendet.

GEZOGENER ZWETSCHKEN-(Pflaumen)STRUDEL

14 Portionen

Strudelteig wie bei gezogenem Apfelstrudel
2 kg Zwetschken (Pflaumen)
120 g Semmelbrösel (Paniermehl)
80 g Butter
30 g Zitronat
60 g Nüsse
60 g Kristallzucker
Zimt

Die Herstellung erfolgt wie bei gezogenem Apfelstrudel. Die Fülle besteht aus 120 Gramm Semmelbröseln, die in 80 Gramm Butter braun geröstet werden, ferner aus 2 Kilogramm halbierten, entkernten Zwetschken, 30 Gramm grobgehacktem Zitronat, 60 Gramm grobgeriebenen Nüssen und 60 Gramm mit Zimt gewürztem Zucker.

GEZOGENER WEINTRAUBENSTRUDEL

8–10 Portionen

Strudelteig wie bei gezogenem Apfelstrudel
1,60 kg kernarme Weintrauben
4 Eier
100 g Staub(Puder)zucker
Zitronenschale
50 g geriebene Haselnüsse
50 g Mehl
40 g Butter
Zimt

Die gewaschenen, gerebelten Trauben gut abtropfen lassen. 4 Eidotter mit 50 Gramm Staubzucker, Zimt und Zitronenschale schaumig rühren. 4 Eiweiß zu Schnee schlagen, 50 Gramm Staubzukker beigeben und kurz weiterschlagen. Schnee, Haselnüsse und Mehl in den Dotterabtrieb einziehen. Den gezogenen Strudelteig mit Butter beträufeln und fingerdick mit Nußmasse bestreichen. Die Weinbeeren aufstreuen, den Strudel zusammenrollen und auf ein gebuttertes Backblech legen. Unter öfterem Bestreichen mit Butter ca. 35 Minuten flott backen.

Foto Seite 470.

GEZOGENER TIROLERSTRUDEL

14 Portionen

Strudelteig wie bei gezogenem Apfelstrudel
130 g Butter
120 g Staub(Puder)zucker
6 Eier
1/2 Zitrone
1 Eßlöffel Rum

120 Gramm Butter und 90 Gramm Zucker rührt man nach und nach mit 6 Eidottern sehr schaumig, fügt dann die feine Schale und den Saft von 1/2 Zitrone, 1 Eßlöffel Rum, eine Prise Zimt sowie 140 Gramm grobgehackte Nüsse und je 60 Gramm gereinigte Rosinen, kleinwürfelig geschnittene Feigen, entkernte Datteln und farbige Belegfrüchte

140 g Nüsse
60 g Rosinen
60 g Feigen
60 g Datteln
60 g Belegfrüchte (Dickzuckerfrüchte)
1/4 l Milch
1 Paket Vanillezucker
Zimt

bei. Nun werden 6 steifgeschlagene Eiweiß mit 30 Gramm Zucker nochmals sehr steif ausgeschlagen und der Schnee in die vorige Masse behutsam eingerührt. Die Masse wird gleichmäßig über einen wie bei Apfelstrudel gezogenen Teig verteilt und dann der Strudel durch Hochheben des Tuches zu einer handgelenkdicken Schlange eingerollt. Auch in diesem Fall bleibt ein zwei Hände breiter Teigstreifen ohne Fülle, so daß der Strudel zuletzt doppelt in den Teig eingehüllt ist. Die backpfannenlang zurechtgeschnittenen Strudelstücke legt man in die mit Butter gefettete Pfanne eng nebeneinander ein, backt den Strudel im mittelheißen Rohr ca. 30 Minuten zu goldbrauner Farbe und gießt dann 1/4 Liter heiße Milch, in der 1 Paket Vanillezucker aufgelöst wurde, darüber. Nach weiteren 15 bis 20 Minuten Backzeit wird alle Flüssigkeit aufgesogen und der Strudel durchgebacken sein. Portionsweise ausstechen und überzuckert servieren.

MILCHRAHMSTRUDEL

14 Portionen

Strudelteig wie bei gezogenem Apfelstrudel
10 Semmeln
1 l Milch
120 g Butter
230 g Staub(Puder)zucker
Zitronenschale
4 Eier
1/8 l Sauerrahm
60 g Rosinen
Vanille
Salz

Zur Fülle werden 10 abgerindete Semmeln in Milch geweicht, gut ausgedrückt und passiert. Dann rührt man 100 Gramm Butter, 120 Gramm Staubzucker, etwas feingewiegte Zitronenschale, nach und nach 4 Dotter und die passierten Semmeln sehr schaumig und fügt noch 1/8 Liter Sauerrahm, ein bißchen Salz und 60 Gramm Rosinen bei. 4 steifgeschlagene Eiweiß verschlägt man mit 30 Gramm Zucker und rührt den Schnee in den Abtrieb, der dann halbfingerdick auf einen gezogenen Strudelteig aufgetragen wird. Durch Heben des Tuches rollt man den Strudel ein und legt ihn in eine passende, mit Butter bestrichene Backpfanne so ein, daß die Naht nach unten kommt. Mit Butter betropfen und mittelheiß goldfarben backen, dann mit 1/4 Liter heißer Milch, in der man ein Stückchen Vanille ausziehen läßt, übergießen und weiterbacken, bis alle Flüssigkeit gut eingesogen ist und ein Nadeleinstich rein bleibt. Für Tisch portionieren, überzuckern und mit süßer Vanillemilch umkränzen. Dazu läßt man 1/2 Liter Milch mit 80 Gramm

Zucker und einem Stückchen Vanille 10 Minuten kochend heiß ziehen.
Man kann auch eine dünn gehaltene Vanillesauce dazu servieren.

Alle mit gerührten Massen gefüllten Strudel, wie Milchrahmstrudel, Topfenstrudel, dürfen nicht zu heiß gebacken, jedoch müssen sie gut ausgebacken werden. Im Gegensatz zu obstgefüllten Strudeln würden diese Strudel bei zu wenig Ausgebackensein zusammenfallen. Ein 5 Zentimeter dicker Milchrahmstrudel braucht bei richtiger Backtemperatur fast 1 Stunde Backzeit.

GEZOGENER TOPFENSTRUDEL

14 Portionen

Strudelteig wie bei gezogenem Apfelstrudel
750 g Topfen (Quark)
140 g Butter
120 g Staub(Puder)zucker
4 Eier
1/4 l Sauerrahm
Zitronenschale
30 g Vanillezucker
60 g Rosinen
Salz

Für die Fülle rührt man 120 Gramm Butter, 120 Gramm Staubzucker, nach und nach 4 Eidotter, 750 Gramm passierten Topfen und 1/4 Liter Sauerrahm schaumig und würzt mit ganz wenig Salz und Zitronenschale. 4 Eiweiß steifen Schnee verschlägt man mit 30 Gramm Vanillezucker und rührt den Schnee dann mit 60 Gramm Rosinen in den Abtrieb. Damit wird ein dünn gezogener Strudelteig halbfingerdick bestrichen. Den Strudel durch Heben des Tuches locker einrollen und dann mit der Naht nach unten in eine gebutterte Backpfanne legen. Von oben mit Butter beträufeln und mittelheiß goldfarben backen, bis ein Nadeleinstich rein bleibt. Für Tisch portionieren und überzuckern. Mit Vanillesauce umkränzen.

GRIESS-STRUDEL

14 Portionen

Strudelteig wie bei gezogenem Apfelstrudel
300 g Grieß
200 g Butter
6 Eier, 3/8 l Sauerrahm
60 g Semmelbrösel (Paniermehl)
Staub(Puder)zucker
Salz

140 Gramm Butter mit nach und nach 6 Eidottern, 3/8 Liter Sauerrahm und 300 Gramm grobem Grieß schaumig rühren. 6 Eiweiß steifen Schnee ein wenig salzen, sehr fest ausschlagen und dann in den Abtrieb einrühren. Damit wird ein gezogener Strudelteig halbfingerdick bestrichen, mit Butter leicht betropft und dann durch Heben des Tuches zusammengerollt. Zu achten ist darauf, daß der Strudel zuletzt vom Teig doppelt eingehüllt ist, was man

dadurch erreicht, daß ein zwei Hände breiter Streifen des ausgezogenen Teiges ohne Fülle bleibt und das Rollen nach der ungefüllten Seite hin erfolgt. Mit einem bemehlten Kochlöffelstiel drückt man von der entstandenen Schlange etwa handbreite Portionen ab, drückt die einzelnen Teile mit einer Teigkarte gänzlich durch und verschließt die Schnittränder durch Zusammendrücken mit den Fingern. In einem genügend breiten Geschirr bringt man gesalzenes Wasser zum Kochen, legt die Strudelportionen ein und kocht sie langsam, bis ein Nadeleinstich rein bleibt. Nach einer Kochzeit von ungefähr 10 Minuten müssen die Strudel umgedreht werden, damit sie durchkochen können. Vom Wasser heben, abtropfen lassen, in eine gebutterte Pfanne legen und jede Portion mit 1 Eßlöffel gezuckerten Butterbröseln überziehen. Dazu werden 60 Gramm Semmelbrösel in 60 Gramm Butter goldfarben geröstet und leicht gezuckert. Die Grießstrudel dann in ein mäßig heißes Rohr schieben und noch 10 Minuten ziehen lassen. Überzuckert servieren.
Dazu gibt man Zwetschken(Pflaumen)röster.

Aufläufe, Koche, Puddings

Aufläufe

Dazu braucht man eine größere Pfanne, die zu einem Drittel mit kaltem Wasser gefüllt wird, und eine kleinere, mit Butter gefettete und je nach Rezept ausgestreute Pfanne, in die die Auflaufmasse zwei Finger dick eingefüllt und die dann in die größere Wasserpfanne gestellt wird. Das Ganze schiebt man in ein untermittelheißes Rohr und backt bei offener Türe sehr langsam ungefähr 1 1/2 Stunden, bis ein Nadeleinstich rein bleibt. Es wird also bloß die Oberseite richtig gebacken, während die Unterseite ohne Farbe bleibt. Wird zu heiß oder im geschlossenen Rohr gebacken, geht der Auflauf anfangs riesig hoch auf, fällt aber dann zusammen und wird speckig. Für Tisch in Würfel ausstechen und mit Saucen bzw. Säften umkränzen.

Terrine Provencer Art (Rezept Seite 445).

REISAUFLAUF

6–8 Portionen

90 g Rundkornreis
$1/2$ l Milch
60 g Butter
50 g Staub(Puder)zucker
Zitronenschale
3 Eier
30 g Rosinen
Semmelbrösel (Paniermehl)
Salz

90 Gramm Rundkornreis in $1/2$ Liter Milch mit ein wenig Salz und 10 Gramm Butter vollkommen weich und dick kochen und kalt stellen. Dann 50 Gramm Butter mit 30 Gramm Zucker, etwas Zitronenschale und nach und nach 3 Eidottern recht schaumig rühren. Dabei den ausgekühlten Reis und 30 Gramm Rosinen einmischen. Nun werden 3 steifgeschlagene Eiweiß mit 20 Gramm Zucker versetzt und fertig geschlagen. Den Schnee in die Reismasse einrühren. Damit wird eine gebutterte und mit Semmelbröseln ausgestreute Backpfanne gut zwei Finger dick gefüllt, glattgestrichen und im mittelheißen Rohr langsam fast 1 Stunde zu goldbrauner Farbe gebacken, bis ein leichter Fingereindruck erwidert wird. Für Tisch in Würfel ausstechen und überzuckern.
Mit Himbeersaft umkränzen.

Reisauflauf mit Äpfeln wird auf gleiche Weise hergestellt; vor dem Einrühren des Schnees werden 3 geschälte, blättrig geschnittene Äpfel beigegeben, nachdem man diese zuvor mit Zukker, Zimt und ein wenig Zitronensaft eine Weile marinieren ließ. Statt mit Himbeersaft umlegt man mit Apfelkompott.

TIROLER REISAUFLAUF

6–8 Portionen

Zutaten wie bei Reisauflauf
Kompottobst
Zitronensaft
Rum
Kakaopulver

Die halbe Reisauflaufmasse wird fingerdick in eine gebutterte und mit Semmelbröseln ausgestreute Backpfanne gefüllt und 20 Minuten mittelheiß gebacken. Darauf verteilt man dann ebenfalls fingerdick würfelig geschnittenes Kompottobst beliebiger Gattung, das mit Zitronensaft und Rum gewürzt wurde. Die übrige, noch rohe Reisauflaufmasse wird mit Kakaopulver nach Bedarf braun gefärbt und über die Obstfülle glatt verstrichen. Das Ganze langsam $3/4$ Stunden backen, bis die Masse gestockt ist. In Würfel ausstechen, überzukkern und mit kleinwürfeligen Kompottfrüchten samt Saft umkränzen.

Gezogener Weintraubenstrudel (Rezept Seite 465).

SEMMELAUFLAUF MIT ÄPFELN

6–8 Portionen

6 Semmeln
4 mittelgroße Äpfel
Zitronensaft
1/8 l Weißwein
100 g Staub(Puder)zucker
40 g Rosinen
2 Eier
20 g Butter
Rum
Zimt

4 säuerliche, mittelgroße Äpfel werden geschält, in Sechstel geteilt, vom Kernhaus ausgeschnitten und dann mit dem Saft von 1/4 Zitrone, 1/8 Liter Weißwein, 100 Gramm Zucker und 40 Gramm Rosinen glasig gedünstet. Nach dem Erkalten legt man die Äpfel abgetropft beiseite. Inzwischen werden 6 altbackene Semmeln in halbfingerdicke Scheiben geschnitten, die man mit dem kalten Apfelsud nur befeuchtet und damit eine gebutterte Kasserolle am Boden und am Rand auslegt. Darauf ordnet man die Äpfel samt Rosinen, bettet dazwischen Semmelscheiben ein und schließt mit den restlichen Semmelscheiben ab. Das Ganze soll knapp drei Finger hoch sein. Den restlichen Apfelsaft verschlägt man mit einer Prise Zimt, 2 ganzen Eiern und 20 Gramm zerlassener Butter, übergießt damit den Kuchen und backt diesen im mittelheißen Rohr langsam 50 bis 60 Minuten. Für Tisch stürzen, mit Rum ein wenig beträufeln und gut überzuckern.

MANNHEIMER ÄPFELAUFLAUF

6–8 Portionen

500 g Äpfel
Zitrone
70 g Butter
70 g Staub(Puder)zucker
5 Eier
60 g Mandeln
30 g Semmelbrösel (Paniermehl)
1 Teelöffel Mehl
Zimtrinde

500 Gramm Äpfel werden geschält, in kleine Spalten zerteilt, entkernt und in leichtem Zuckerwasser mit einer Zitronenspalte und etwas Zimtrinde halb weich gekocht. Auf einem Sieb abtropfen und auskühlen lassen. Dann 70 Gramm Butter mit 50 Gramm Zucker, etwas feiner Zitronenschale und nach und nach 5 Eidottern flaumig abtreiben. 5 Eiweiß werden steif geschlagen und mit 20 Gramm Zucker nochmals sehr steif geschlagen. Den Schnee nebst 40 Gramm mit der Schale geriebenen Mandeln und 30 Gramm lichten Semmelbröseln samt 1 Teelöffel Mehl vorsichtig in den Abtrieb einrühren. Damit füllt man eine mit Butter gefettete und mit

geriebenen Mandeln ausgestreute Backform stark fingerdick, legt die gekochten Apfelspalten ein und verteilt den Rest der Masse darüber. Im mittelheißen Rohr bei anfangs einen Spalt offener Rohrtüre langsam 1 Stunde backen, bis ein leichter Fingereindruck erwidert wird. Für Tisch in Würfel ausstechen oder, wenn die Masse in einer Tortenform gebacken wurde, wie eine Torte portionieren und überzuckern. Mit dem Kochwasser der Äpfel umkränzen.

Auf gleiche Weise läßt sich *Mannheimer Kirschenauflauf* zubereiten. Statt der Äpfel werden vollsaftige dunkle Kirschen im rohen Zustand verwendet. Die Kirschen können entkernt, aber auch mit den Kernen verarbeitet werden.

6–8 Portionen

GRIESSAUFLAUF

100 g Grieß
1/2 l Milch
70 g Butter
70 g Staub(Puder)zucker
3 Eier
20 g Mandeln
Vanille
Salz

100 Gramm Grieß in 1/2 Liter Milch mit etwas Salz, Vanille und 30 Gramm Butter dick einkochen und auskühlen lassen. Dann 40 Gramm Butter mit 40 Gramm Zucker und nach und nach 3 Eidottern schaumig rühren, wobei ebenfalls nach und nach der ausgekühlte Grieß eingemischt wird. Zuletzt den steifen Schnee von 3 Eiweiß mit 30 Gramm Zucker nochmals steif schlagen und unter die vorige Masse ziehen. Damit wird eine gefettete und mit abgezogenen, feingeriebenen Mandeln ausgestreute Backform zwei Finger hoch gefüllt und mittelheiß in anfangs einen Spalt offenem Rohr langsam durchgebacken, bis ein leichter Fingereindruck erwidert wird. Für Tisch in Würfel portionieren.
Mit einer mit Weißwein verdünnten, kochend heißen Hagebuttenmarmelade umkränzen.

6–8 Portionen

FEINER TOPFEN(Quark)AUFLAUF

250 g Topfen (Quark)
70 g Butter
60 g Staub(Puder)zucker
$1/4$ Zitrone
3 Eier
20 g Vanillezucker
$1/8$ l Obers (Süßrahm)
120 g Mandeln
40 g Feinkristallzucker
20 g Semmelbrösel (Paniermehl)

60 Gramm Butter rührt man mit 60 Gramm Staubzucker, der fein abgeriebenen Schale und dem Saft von $1/4$ Zitrone und nach und nach 3 Eidottern sehr schaumig und fügt ebenso nach und nach 250 Gramm fein zerdrückten oder locker passierten Topfen hinzu. Dann wird der steifgeschlagene Schnee von 3 Eiweiß mit 20 Gramm Vanillezucker nochmals sehr steif ausgeschlagen und nebst $1/8$ Liter Obers und 80 Gramm abgezogenen, feingeriebenen Mandeln in die Topfenmasse eingemischt. Damit füllt man eine gebutterte und mit weißen Semmelbröseln oder geriebenen Mandeln ausgestreute Kuchenform zwei Finger hoch, streut obenauf ein Gemisch von je 40 Gramm geschälten, grobgehackten Mandeln und Kristallzucker und backt den Auflauf im mittelheißen Rohr 50 Minuten. Warm portionieren.
Mit gesüßter Milch umkränzt auftragen.

4–6 Portionen

SCHEITERHAUFEN

4 Semmeln
$1/8$ l Milch
50 g Staub(Puder)zucker
3 Eier
3 große Äpfel
Zitronensaft
50 g Butter
30 g Rosinen
30 g Mandeln
1 Paket Vanillezucker
Zimt

4 blättrig geschnittene und geröstete Semmeln werden mit einem Gemisch von $1/8$ Liter Milch, 20 Gramm Zucker, einer Prise Zimt und 1 ganzen Ei übergossen, worauf man sie, sobald die Flüssigkeit eingesaugt ist, abwechselnd mit 3 großen, blättrig geschnittenen und mit Zitronensaft beträufelten Äpfeln gut zwei Finger dick in eine gebutterte Pfanne einlegt und dabei 30 Gramm Rosinen und 30 Gramm geschälte, grob geriebene Mandeln dazwischenstreut. Dann 40 Gramm Butter mit 30 Gramm Zucker und nach und nach 2 Eidottern schaumig abtreiben, 2 steife Eiweiß mit 1 Paket Vanillezucker nochmals steif schlagen und zur Buttermasse rühren und damit die Semmelmasse in der Pfanne überstreichen. Das Ganze wird mittelheiß $3/4$ Stunden goldfarben gebacken und in Portionen ausgestochen zu Tisch gegeben.
Foto Seite 487.

EISKOCH

4–6 Portionen

4 Semmeln
Milch
40 g Butter
110 g Staub(Puder)zucker
3 Eier
1 Paket Vanillezucker
30 g weiße Semmelbrösel (helles Paniermehl)
20 g Mandeln
Rum
Preiselbeer- oder Ribisel- (Johannisbeer)marmelade
2 Eiweiß
Zitronensaft

4 abgerindete Semmeln blättrig schneiden, in kalter Milch weichen, gut ausdrücken und grob passieren oder bloß ein wenig zerrühren. 40 Gramm Butter, 40 Gramm Zucker, nach und nach 1 ganzes Ei und 2 Eidotter schaumig abtreiben und dabei die Semmelmasse mit einrühren. Dann 2 Eiweiß steifen Schnee mit 1 Paket Vanillezucker nochmals steif schlagen und in die vorige Masse nebst 20 Gramm weißen Semmelbröseln und 20 Gramm abgezogenen, geriebenen Mandeln einmischen. Damit wird eine gebutterte und mit Bröseln ausgestreute Pfanne schwach zwei Finger dick gefüllt und langsam 3/4 Stunden gebacken. Nun schwach mit Rum bespritzen und eine halbzentimeterdicke Lage Preiselbeer- oder Ribiselmarmelade aufstreichen. Aus 2 Eiweiß und 70 Gramm Zucker bereitet man eine Eierschaummasse, würzt sie mit etwas Rum und Zitronensaft und bedeckt damit die Marmeladefüllung gleichmäßig. Dann überzuckern und im sehr heißen Rohr noch kurz überbacken, bis eine blaßbraune Farbe erreicht ist. Für Tisch in Portionen ausstechen und überzuckern.
Nach Belieben mit einem Häufchen geschlagenem Obers, an der Seite angerichtet, servieren.

LINZER KOCH

4–6 Portionen

250 g Bäckereibrösel
Milch
60 g Butter
30 g Staub(Puder)zucker
Zitronen- und Orangenschale
4 Eier
1 Paket Vanillezucker
60 g Mandeln oder Haselnüsse

250 Gramm Bäckereibrösel von Torten, Germteig, Mürbteig, Biskuit usw. werden mit Milch nach Bedarf gerade so viel befeuchtet, daß sie wohl feucht, aber nicht naß sind. Dann 60 Gramm Butter mit 30 Gramm Zucker, etwas Zitronen- und Orangenschale und nach und nach 4 Eidottern schaumig rühren, wobei die Bröselmasse mit etwas Zimt gewürzt und mit eingerührt wird. 4 steifgeschlagene Eiweiß werden mit 1 Paket Vanillezucker nochmals steif geschlagen und zusammen mit 60

Mehl
Backoblaten
Ribisel(Johannisbeer)-marmelade
Himbeersaft
Zimt

Gramm geriebenen Mandeln oder Haselnüssen in den Abtrieb eingerührt. Mit der Hälfte davon füllt man die gebutterte und mit Mehl ausgestreute Pfanne daumendick, legt Backoblaten darüber, füllt stark messerrückendick mit passierter Ribiselmarmelade und verstreicht die übrige Masse darauf. Im mittelheißen Rohr langsam 60 Minuten goldbraun backen, bis ein leichter Fingereindruck erwidert wird. Für Tisch in Würfel ausstechen, überzuckern und mit Himbeersaft umkränzen.

4–6 Portionen

NUSSKOCH

70 g Butter
70 g Staub(Puder)zucker
Zitronenschale
4 Eier
30 g Vanillezucker
60 g Nüsse
50 g Semmelbrösel (Paniermehl)
Zimt

70 Gramm Butter, 70 Gramm Zucker, etwas Zimt und Zitronenschale mit nach und nach 4 Eidottern schaumig abtreiben. 4 steifgeschlagene Eiweiß werden mit 30 Gramm Vanillezucker nochmals steif geschlagen und dann nebst 60 Gramm geriebenen Nüssen und 50 Gramm Semmelbröseln in die vorige Masse gerührt. Damit füllt man eine gebutterte Backform zwei Finger dick voll und backt bei mittlerer Hitze langsam ungefähr 50 Minuten. Für Tisch in Würfel ausstechen und überzuckern.
Mit Nußcremesauce umkränzen.

Weinkoch ist ein Nußkoch, das mit Glühwein umkränzt wird.

4 Portionen

BRANDTEIGKRAPFEN IN MILCH

1 l Milch
180 g Mehl
2 Eier
1 Eidotter
50 g Staub(Puder)zucker
50 g Butter
Vanille
Salz

$1/4$ Liter Milch, ganz wenig Salz und 180 Gramm Mehl rührt man zuerst kalt ab und röstet dies dann über Hitze, bis sich die Masse ballt. Noch heiß, rührt man nach und nach 2 ganze Eier und 1 Eidotter ein, so daß schließlich wohl eine glatte, jedoch ziemlich feste Masse vorhanden ist. In einer Pfanne läßt man $3/4$ Liter Milch mit 50 Gramm Zucker und Vanille und 50 Gramm Butter aufkochen und legt nußgroße Kugeln von der Brandteigmasse ein, die man mit gefetteten Händen geformt hat. Die Brandteigkrapfen läßt man sehr langsam 20 bis 25 Minuten zugedeckt durchkochen und stellt dann die Pfanne noch 15 Minuten ins heiße Rohr. Die Mehlspeise wird portionsweise auf Tellern angerichtet, mit der restlichen Kochmilch umkränzt und überzuckert.

SALZBURGER NOCKERLN

2–3 Portionen

40 g Butter
60 g Staub(Puder)zucker
3 Eier
10 g Mehl
1/8 l Milch
Vanille

40 Gramm Butter mit 30 Gramm Zucker und nach und nach 3 Eidottern sehr schaumig rühren; 3 Eiweiß steifen Schnee mit 30 Gramm Zucker nochmals sehr steif schlagen. Schnee und Buttermasse zusammenrühren und gleichzeitig 10 Gramm Mehl einmengen. Eine servierfähige Backform mit kochend heißer, mit Vanille abgeschmeckter Milch halbfingerhoch füllen, darauf 3 große Nockerln setzen, mit Zucker überstauben und im sehr heißen Rohr etwa 5 Minuten rasch goldfarben backen, überzuckern und sofort auftragen. Richtig zubereitet sind die Nockerln innen cremig.

Dieselbe Masse kann auch in Form von großen Nocken auf geklärte Butter von links und rechts ziemlich rasch goldbraun gebacken werden und ist sofort aufzutragen.

Einfacher bereitet man Salzburger Nockerln auf folgende Weise zu: Eiweiß steif schlagen, Zukker beigeben und weiterschlagen. Eidotter beigeben, kurz vermischen, dann Mehl locker einmengen. Je weniger man rührt, um so besser.

Foto Seite 488.

Puddings

Unter Pudding versteht man im allgemeinen feine Auflaufmassen, die im Dunst gekocht werden, zum Unterschied von den Aufläufen selbst, die zum Großteil aus den gleichen Massen bestehen, jedoch gebacken werden. Ein Hauptaugenmerk gilt immer dem richtigen Kochen. Wenn ein Rezept eine Abweichung von der Norm nicht besonders vorschreibt, wird die bis daumenbreit unter den oberen Rand vollgefüllte Form *ohne* Deckel in ein kaltes Wasserbad gestellt, und zwar so, daß das Wasser bis zu Dreiviertel der Formenhöhe reicht. Das Wasserbadgeschirr selbst muß höher als die Puddingform sein, damit man das Ganze zudecken kann. Dann läßt man aufkochen und weiterhin ganz langsam fortkochen, bis ein Nadeleinstich in die Puddingmasse rein bleibt. Bald nach Kochbeginn wird das Geschirr bloß dreiviertel zugedeckt, so daß überschüssiger Dunst entweichen kann. Erst gegen Schluß deckt man wieder eine Weile ganz zu, niemals aber die Puddingform selbst zudecken. Je langsamer und gleichmäßiger das Kochen vor sich geht, um so schöner wird der Pudding werden. Wenn das Kochen zu rasch vor sich geht, dehnt sich die Masse anfangs sehr aus, steigt über die Form, fällt aber bald zusammen und weist beim Anschnitt große Poren auf. Die Kochdauer beträgt für kleine Förmchen ungefähr 35 Minuten, von 1-Liter-Formen aufwärts 1 Stunde und darüber.

VANILLEPUDDING

8–12 Portionen

90 g Mehl
70 g Butter
3/16 l Milch
4 Eier
20 g Vanillezucker
Salz

Diese Masse ist als Grundmasse für die meisten Puddings anzusprechen. 90 Gramm Mehl, 70 Gramm warmgelöste Butter und 3/16 Liter kalte Milch zusammen fein absprudeln, über schwacher Hitze rösten und rühren, bis sich die Masse vom Geschirr löst. Ganz leicht salzen und noch heiß nach und nach 4 rohe Eidotter einrühren, so daß eine mittelfeste geschmeidige Masse entsteht. 4 Eiweiß festen Schnee versetzt man mit 20 Gramm Vanillezucker, schlägt nochmals sehr steif und

rührt ihn in die vorige Masse. Damit füllt man bis daumendick unter den oberen Rand eine gebutterte und mit Zucker ausgestreute Puddingform und kocht wie beschrieben langsam 1 Stunde.
Für Tisch stürzen und mit Vanillesauce umkränzen.

8–12 Portionen

ERDBEERPUDDING

Zutaten wie bei Vanillepudding
2 Eßlöffel Erdbeermark
1 Eßlöffel Ribisel-(Johannisbeer)saft

Die Herstellung erfolgt wie bei Vanillepudding. Nach dem Abrösten der Masse setzt man 2 Eßlöffel passiertes Erdbeermark und 1 Eßlöffel gepreßten roten Ribiselsaft bei, röstet abermals, bis sich die Masse vom Geschirr löst, und behandelt weiter wie beschrieben. Der Pudding ist besonders langsam zu kochen.
Für Tisch stürzen und den heißen Pudding mit passiertem Erdbeermark, das mit Staubzucker und Zitronensaft verrührt wurde, umkränzen.

8–12 Portionen

ORANGENPUDDING

Zutaten wie bei Vanillepudding
Orangenschale
1 Eßlöffel Orangensaft

Die Herstellung erfolgt wie bei Vanillepudding. In die Masse wird vor Einrühren des Schnees die abgeriebene Schale von 1 Orange und 1 Eßlöffel Orangensaft gegeben.
Mit Orangensauce umkränzen.

8–12 Portionen

KARAMELPUDDING

20 g Staub(Puder)zucker
1/4 l Milch
90 g Mehl
70 g Butter
4 Eier
20 g Vanillezucker
Salz

20 Gramm Zucker läßt man zuerst goldbraun zerschmelzen und vergießt mit 1/4 Liter Milch. Nach kurzem Verkochen und Überkühlen weiter wie Vanillepudding behandeln.
Mit Karamelsauce servieren.

8–12 Portionen

SCHOKOLADENPUDDING

Zutaten wie bei Vanillepudding
180 g Schokolade
1/4 l Milch
2 Eidotter
50 g Staub(Puder)zucker

Die Herstellung erfolgt wie bei Vanillepudding mit dem Unterschied, daß der zu röstenden Masse 80 Gramm geriebene Schokolade beigemischt wird. Der gestürzte Pudding wird mit einer über Hitze dicklich gerührten Schokoladencreme, bestehend aus 1/4 Liter Milch, 2 Eidottern, 50 Gramm Zucker und 100 Gramm Schokolade, überzogen.

Zu empfehlen ist es, in die Puddingmasse 5 Eidotter einzurühren, während 4 Eiweiß genügen.

Omeletten

3–4 Portionen

BISKUITOMELETTE

3 Eier
70 g Staub(Puder)zucker
50 g Mehl
Butter
Marillen(Aprikosen)-marmelade

3 Eidotter und 40 Gramm Zucker schaumig rühren. Dann 3 Eiweiß steifen Schnee mit 30 Gramm Zucker nochmals steif schlagen und nebst 50 Gramm Mehl in die vorige Masse einrühren, die nun auf eine mit Butter gefettete und mit Mehl gestaubte Omelettenpfanne etwa zwei Finger hoch aufgetragen wird. Leicht mit Zucker und Mehl bestäuben und dann im mittelheißen Rohr backen, bis ein Nadeleinstich rein bleibt. Sofort stürzen, mit Marillenmarmelade füllen, zusammenklappen, wobei die Omelette seitwärts bricht, überzuckern und sogleich auftragen.

3–4 Portionen

OMELETTE STEPHANIE

Zutaten wie bei Biskuitomelette
Kompottfrüchte

Vorstehende Biskuitomelette mit Marillenmarmelade bestreichen, würfelig geschnittene Kompottfrüchte in wenig Eigensaft erwärmen und damit die Omelette füllen.

OMELETTE AUX CONFITURES

4 Portionen

6 Eier
2 Eßlöffel Staub(Puder)zucker
40 g Butter
Marillen(Aprikosen)-marmelade
Salz

6 ganze Eier werden mit 2 Eßlöffel Zucker und ganz wenig Salz verquirlt. Omelettenpfanne erhitzen, Butter aufschäumen, die Eiermasse eingießen und unter Schütteln und Durchrühren halbsteif anziehen lassen. Dann mit Marillenmarmelade füllen, dreifach zusammenlegen, auf eine Platte stürzen und überzuckern.

OMELETTE SOUFFLÉE

4 Portionen

4 Eiweiß
60 g Kristallzucker
80 g Staub(Puder)zucker
2 Eidotter
240 g beliebige Marmelade oder
120 g Schokolade oder
4 Eßlöffel schwarzer Kaffee oder
Zitronen- oder Orangensaft
Butter

4 steifgeschlagene Eiweiß werden mit 60 Gramm Kristallzucker nochmals sehr steif geschlagen. Dann 80 Gramm Staubzucker und 2 Eidotter innig einrühren. Zugleich wird der gewünschte Geschmack eingemischt, nach dem die Omelette benannt wird, wie Marmelade von Marillen, Erdbeer, Himbeer usw. (je Portion 80 Gramm oder 30 Gramm geriebene, fettarme Schokolade oder 1 Eßlöffel starker schwarzer Kaffee oder Zitronen- oder Orangensaft). Die Masse wird auf einer buttergefetteten und mit Zucker ausgestreuten Platte pyramidenförmig aufgetragen, mit Zucker überstäubt und im ziemlich heißen Rohr goldfarben überbacken. Sofort auftragen. Die Masse bleibt innen cremig, darf also nicht durchgebacken sein.

OMELETTE SURPRISE

4 Portionen

Biskuitmasse
von 3 Eiern

Butter, Zucker
4 Eßlöffel Kompottfrüchte
2 Eßlöffel Likör
4 Portionen Speiseeis

Eierschaummasse
2 Eiweiß, 50 g Zucker

Dazu benötigt man einen Biskuitboden, der auf eine gebutterte und mit Zucker bestaubte Platte gelegt wird. Mit würfelig geschnittenen Kompottfrüchten belegen, mit Likör begießen. Eis auf die Früchte legen, mit Eierschaummasse bestreichen und mit Eierschaummasse mittels Sternröhrchen dekorativ garnieren. Dann mit Zucker bestäuben und im sehr heißen Rohr 1 bis 2 Minuten backen lassen, damit die Konturen Farbe nehmen. Sogleich auftragen.

PALATSCHINKEN

4 Portionen

200 g Mehl
1 Eßlöffel Staub(Puder)zucker
2 Eier
ca. $^3/_8$ l Milch
Butter bzw. Öl
Marillen(Aprikosen)-marmelade
Salz

200 Gramm Mehl, 1 Eßlöffel Staubzucker, 1 Prise Salz, 2 ganze Eier und kalte Milch nach Bedarf zu einem dünnflüssigen glatten Teig verrühren. Auf einer Omelettenpfanne läßt man geklärte Butter oder Öl sehr heiß werden, gießt so viel davon ab, wie leicht abrinnt, und bringt nun von dem vorbereiteten Teig gerade so viel darauf, daß damit der Pfannenboden dünn überzogen ist. Das Backen erfolgt am besten auf starker Hitze rasch zuerst von der einen, dann von der anderen Seite zu einer goldbraunen, marmorierten Farbe. Wenn der Teig auf diese Weise aufgebraucht ist, werden die Palatschinken mit verdünnter Marillenmarmelade bestrichen, zusammengerollt und mit der Oberseite nach unten wieder in die Omeletten- oder sonst eine passende Pfanne eingelegt, in der man zuvor 20 Gramm Butter klar zerlassen hat. Nach kurzem nochmaligem Überbacken mit der schönen Seite nach oben anrichten und überzuckern.

TOPFENPALATSCHINKEN

4 Portionen

250 g Topfen (Quark)
5 Eier
50 g Staub(Puder)zucker
80 g Mehl
Milch
Fett
60 g Butter
Zitronenschale
4–6 Eßlöffel Sauerrahm
20 g Vanillezucker
50 g Rosinen
Salz

Aus 1 ganzen Ei, 1 Messerspitze Salz, 1 Teelöffel Zucker, 80 Gramm Mehl und kalter Milch nach Bedarf wird ein dünnflüssiger, glatter Teig gerührt, von dem man auf heißer, gut gefetteter Omelettenpfanne eine Reihe ganz dünner Palatschinken goldbraun backt. Nebenbei rührt man 60 Gramm weiche Butter mit 40 Gramm Zucker sehr schaumig und fügt nach und nach 3 Eidotter, die feingehackte Schale von $^1/_4$ Zitrone, 250 Gramm passierten Topfen und 4 bis 6 Eßlöffel Sauerrahm hinzu. Dann schlägt man den steifen Schnee von 3 Eiweiß mit 20 Gramm Vanillezucker nochmals sehr steif und rührt den Schnee locker unter die Topfenmasse. Damit werden nun die Palatschinken schwach bleistiftdick gefüllt, mit ein wenig verlese-

nen Rosinen bestreut und zusammengerollt. Jede Palatschinke wird quer halbiert. Die Stücke legt man mit den Schnittseiten nach oben schindelartig nebeneinander und mehr aufrechtstehend als liegend in eine buttergefettete Auflaufschüssel ein. Zuletzt wird 1/8 Liter Milch mit 1 ganzen Ei und 1 Teelöffel Zucker versprudelt und über die Topfenpalatschinken gegossen, die nun im mittelheißen Rohr in 35 bis 40 Minuten zu goldbrauner Oberfarbe ausgebacken werden. Für Tisch in der Backschüssel belassen oder aber portionsweise ausstechen und überzuckert sehr heiß auftragen.
Eventuell mit dünner, heißer Vanillecremesauce servieren.
Foto Seite 505.

WACHAUER PALATSCHINKEN

4 Portionen

500 g Weintrauben
1 Ei
1/2 l Milch
100 g Mehl
1 Eßlöffel Öl
2 Eidotter
160 g Butter
30 g Cremepulver
200 g Staub(Puder)zucker
Mandelaroma
50 g Mandeln
1/8 l Weißwein
20 g Stärkemehl
Salz

Aus 1 ganzen Ei, 1/4 Liter Milch, 100 Gramm Mehl, 1 Eßlöffel Öl und etwas Salz einen glatten Teig rühren und nach ca. zehnminütigem Rasten daraus Palatschinken backen. Für die Fülle kocht man aus 1/4 Liter Milch, 2 Eidottern, 60 Gramm Butter und 30 Gramm Cremepulver eine Creme, die man auskühlen läßt. 100 Gramm Butter mit 100 Gramm Zucker und Mandelaroma schaumig rühren, die passierte Creme und die gehobelten Mandeln einmengen. Damit die Palatschinken bestreichen, zusammenrollen, auf eine Platte legen, anwärmen und mit Weintraubensauce übergießen. Dazu karamelisiert man 100 Gramm Zucker in einer Pfanne, löscht mit Weißwein ab und läßt kurz aufkochen. Das mit etwas Weißwein glattgerührte Stärkemehl und die entkernten Weintrauben dazugeben und einmal aufwallen lassen.

Schmarren

KAISERSCHMARREN

4 Portionen

150 g Mehl
3 Eier
ca. 1/4 l Milch
30 g Staub(Puder)zucker
70 g Butter
40 g Rosinen
Salz

150 Gramm Mehl, 1 Prise Salz, 3 Eidotter und kalte Milch nach Bedarf zu einem leichtflüssigen Teig absprudeln, in den der mit 30 Gramm Zucker nochmals steifgeschlagene Schnee von 3 Eiweiß eingerührt wird. Diese Masse gießt man fingerdick auf eine große, breite Omelettenpfanne, auf der 40 Gramm Butter stark erhitzt wurde, streut 40 Gramm Rosinen darauf und läßt am Herd von unten goldbraun anbacken. Dann noch 30 Gramm Butter auf die Pfanne geben, den halbgebackenen Kuchen umdrehen und auch von der anderen Seite gerade so viel backen, bis nichts mehr vom rohen Teig vorhanden ist. Nun zerreißt man das Ganze mit zwei Gabeln in kleine Stücke und läßt noch ein Weilchen ausdünsten. Die Farbe des fertigen Kaiserschmarrens soll goldgelb bis goldbraun sein.
Für Tisch überzuckern und mit Zwetschken(Pflaumen)röster auftragen.

GRIESS-SCHMARREN

4 Portionen

180 g Grieß
1/2 l Milch
60 g Butter
30 g Rosinen
Salz

1/2 Liter Milch, 60 Gramm Butter, ein bißchen Salz aufkochen, 180 Gramm groben Grieß langsam einlaufen und dick verkochen lassen, Rosinen beigeben. Dann in stark mit Butter gefetteter Pfanne im heißen Rohr unter öfterem Zerkleinern gut durchbacken, so daß kleine Krusteln entstehen.
Angezuckert mit Zwetschken(Pflaumen)röster zu Tisch geben.

KIPFEL(Hörnchen)-SCHMARREN

4 Portionen

8 Kipferln (Hörnchen)
1 Ei
3/16 l Milch
1 Eßlöffel Staub(Puder)zucker
30 g Rosinen

8 mürbe Kipferln blättrig schneiden, 1 Ei oder 2 Eidotter, 3/16 Liter Milch, 1 Eßlöffel Zucker und 30 Gramm Rosinen verquirlen und damit die Kipferln übergießen. Nach einer Weile in einer Pfanne mit 50 Gramm Butter im heißen Rohr goldfarben durchbacken. Dabei mit einer Backschaufel zer-

50 g Butter
Vanillezucker
Zimt

kleinern. Es kann mit einer Prise Zimt und Vanillezucker gewürzt werden.
Überzuckert mit Zwetschken(Pflaumen)röster zu Tisch geben.

> *Semmelschmarren* wird genauso hergestellt. Statt der Kipferln werden 5 blättrig geschnittene Semmeln verwendet.

Knödel, Tascherln, Nudeln

6–8 Portionen

GERMKNÖDEL (Hefeklöße)

Germ(Hefe)teig V
Powidl (Pflaumenmus)
Butter
Mohn oder
brauner Lebkuchen
Staub(Puder)zucker
Salz

Ein fertiggestellter, sehr fester Germteig V mit Zucker wird nach kurzem Rasten schlangenförmig ausgerollt und in eigroße Teile zerschnitten, die man zu nahtlosen Kugeln formt. Dann handtellergroß ausrollen, jeden Teil mit halbnußgroß festem Powidl in der Mitte füllen und den Teig gut um die Fülle schließen. Die ganz wenig flachgedrückten Knödel legt man auf ein mehlbestaubtes Tuch auf ein Brett und läßt sie zugedeckt an mäßig warmem Ort knapp um die Hälfte höher aufgehen. Bis dahin wird leicht gesalzenes Wasser zum Kochen gebracht, in das man die Knödel – so viele wie bequem Platz haben – einlegt und zuerst von der einen Seite 6 Minuten im nicht ganz zugedeckten Geschirr ganz langsam kochen läßt. Danach umdrehen, jeden Knödel mit einer Nadel ein paarmal einstechen und ebenso lange von der anderen Seite im offenen Geschirr fertigkochen und sogleich vom Sud heben.
Eine zweite Methode, die Knödel zu kochen, besteht darin, einen Topf halbvoll mit Wasser zu füllen, ein Tuch straff darüber zu spannen und festzubinden und das Wasser zum Kochen zu bringen. Nun die aufgegangenen Knödel in kleinen Abständen auf das Tuch legen, dann eine genau passende Kasserolle über das Kochgeschirr stülpen und die Knödel im Dampf kochen, bis eine einge-

stochene Nadel rein bleibt. Bei diesem Kochverfahren ist ein Zusammenfallen nahezu ausgeschlossen. Für Tisch übergießt man die Knödel mit 1 Eßlöffel klar zerlassener Butter je Portion und streut geriebenen Mohn und Zucker oder geriebenen braunen Lebkuchen vermischt mit Zucker darüber.

KARTOFFELTEIG

500 g Kartoffeln
150 g Mehl
30 g Butter
1 Ei
Salz

500 Gramm am Vortag gekochte Kartoffeln werden fein zerdrückt oder gerieben und mit 150 Gramm Mehl, 30 Gramm Butter, einer Prise Salz und 1 ganzen Ei zu einem mittelfesten Teig abgearbeitet.

Vor dem Verarbeiten empfiehlt es sich, ein Probestückchen in kochendes Wasser zu legen. Ist es zu weich nach dem Garkochen, muß noch etwas Mehl, sonst aber etwas Butter in die Masse kommen.

TOPFEN(Quark)TEIG

350 g Topfen (Quark)
100 g Butter
3 Eier
120–150 g Mehl
Salz

100 Gramm Butter mit nach und nach 350 Gramm passiertem Topfen, 3 ganzen Eiern, ein bißchen Salz und 120 bis 150 Gramm Mehl zu einem mittelfesten Teig verrühren und vor Verwendung eine Weile kalt rasten lassen. Diese Masse ergibt einen sehr feinen Teig für Tascherln und Knödel, ist aber recht vorsichtig zu kochen. Eine Probe wie im Rezept vorher ist unbedingt nötig.

ZWETSCHKEN(Pflaumen)-KNÖDEL

16–20 Stück
Zwetschken (Pflaumen)
Kartoffel- oder Topfenteig
Mandeln oder Würfelzucker
50 g Butter

Kartoffel- oder Topfenteig auf bestaubtem Brett 5 Millimeter dick ausrollen und in passende Vierecke schneiden, so daß darin je 1 ganze Zwetschke, in die statt des Kerns 1 abgezogene Mandel oder 1 Stück Zucker eingesetzt wird, vollständig eingehüllt werden kann. Die Knödel legt man in leicht

Scheiterhaufen (Rezept Seite 474).

ZIMT

60–80 g Semmelbrösel (Paniermehl)
Staub(Puder)zucker
Salz

kochendes, leicht gesalzenes Wasser und kocht sie, ohne zuzudecken, je nach der Dicke des Teiges, langsam 8 bis 10 Minuten. Inzwischen in breiter Pfanne 50 Gramm Butter mit 60 bis 80 Gramm Semmelbröseln goldfarben rösten und nach Geschmack zuckern. In diesen Bröseln werden die gekochten, abgetropften Knödel gewälzt und dann überzuckert heiß aufgetragen.

MARILLEN(Aprikosen)-KNÖDEL

16–20 Stück

Marillen (Aprikosen)
Kartoffel- oder Topfenteig
Würfelzucker
50 g Butter
60–80 g Semmelbrösel (Paniermehl)
Staub(Puder)zucker
Salz

Die Herstellung erfolgt wie bei Zwetschkenknödeln. Als Fülle werden kleine Marillen verwendet, in die man statt des Kerns 1 Stück Würfelzucker einsetzt.

KIRSCHENKNÖDEL

16–20 Stück

Herzkirschen
Kartoffel- oder Topfenteig
50 g Butter
60–80 g Semmelbrösel (Paniermehl)
Staub(Puder)zucker
Salz

Die Herstellung erfolgt wie bei Zwetschkenknödeln. Als Fülle werden je Knödel 3 Stück nicht entkernte Herzkirschen genommen.

TOPFEN(Quark)KNÖDEL

16 Stück

200 g Topfen (Quark)
6 Semmeln
60 g Butter
1 Eidotter, 1 Ei
$^1/_8$ l Sauerrahm
60 g Mehl, 60 g Grieß
50 g Butter
60 g Semmelbrösel (Paniermehl)
Staub(Puder)zucker
Salz

6 abgerindete Semmeln werden kleinwürfelig geschnitten, 60 Gramm Butter mit 200 Gramm passiertem Topfen, 1 Eidotter, 1 ganzen Ei und ein bißchen Salz schaumig gerührt, $^1/_8$ Liter milder Sauerrahm, 60 Gramm Mehl und 60 Gramm Grieß beigegeben und zuletzt die Knödel geformt, die in leicht gesalzenes, kochendes Wasser eingelegt und 15 Minuten langsam gekocht werden. Für Tisch werden die Knödel in Semmelbröseln, die man mit Butter goldbraun geröstet hat, vorsichtig gewälzt und angezuckert.

Salzburger Nockerln (Rezept Seite 477).

POWIDLTASCHERLN

6–8 Portionen

Kartoffelteig
Powidl (Pflaumenmus)
Rum, 1 Ei
80 g Semmelbrösel (Paniermehl)
60 g Butter
Staub(Puder)zucker
Zimt, Salz

Kartoffelteig wird auf bestaubtem Brett 3 Millimeter dick ausgerollt und mit einem 6-Zentimeter-Ausstecher rund ausgestochen. Die Mitte der Plätzchen besetzt man mit 1/2 Teelöffel voll geschmeidig gemachtem Powidl, der mit etwas Zimt, Zucker und Rum abgemischt wurde, legt den Teig halbmondförmig übereinander und drückt die vorher mit zerklopftem Ei oder Wasser bestrichenen Teigränder zusammen. Die Tascherln werden in kochendes Salzwasser gelegt, 6 bis 8 Minuten langsam gekocht, dann abgetropft in eine Pfanne gegeben, in der 80 Gramm Semmelbrösel mit 60 Gramm Butter und etwas Zucker goldfarben geröstet wurden. Nachdem die Tascherln mit Bröseln rundherum eingehüllt sind und noch ein Weilchen im Rohr ausdünsten konnten, gibt man sie überzuckert zu Tisch.

Tascherln aus Topfen(Quark)teig werden genauso hergestellt, nur wird statt Kartoffelteig Topfenteig verwendet. Gefüllt kann mit jeder beliebigen Marmelade oder auch mit Obststückchen werden. Beim Kochen ist vorsichtig zu hantieren, damit der Teig nicht zerfällt.

KARTOFFELNUDELN

6–8 Portionen

Kartoffelteig
50 g Butter
60 g Semmelbrösel (Paniermehl)
Staub(Puder)zucker
Salz

Kartoffelteig wird in halbnußgroße Teilchen geschnitten, die auf wenig gestaubtem Brett mit der Hand zu spitzen, in der Mitte bauchigen Würstchen gerollt werden. In kochendes Salzwasser einlegen, 8 Minuten langsam kochen lassen, dann abgetropft in mit Butter braun gerösteten Semmelbröseln wälzen und kräftig überzuckern.

Dazu Zwetschken(Pflaumen)kompott oder Zwetschken(Pflaumen)röster.

WALDVIERTLER MOHNNUDELN

4–6 Portionen

750 g Kartoffeln
80 g Butter
1 Ei
300 g helles Roggenmehl
200 g Mohn
50 g Staub(Puder)zucker
Milch
2 Eßlöffel Honig
Zimt
Salz

750 Gramm frisch gekochte Kartoffeln werden heiß geschält, fein zerdrückt und mit 50 Gramm frischer Butter, 1 ganzen Ei, 1 Prise Salz und 300 Gramm hellem Roggenmehl zu einem glatten Teig geknetet. Aus diesem Teig werden dickbauchige Nudeln gewälzt, die in kochendes Salzwasser eingelegt, aufgekocht und 8 Minuten im offenen Geschirr gekocht werden. Dann die vom Sud gehobenen Nudeln im kalten Wasser überkühlen und gut abtropfen lassen. Inzwischen erhitzt man in einer breiten Pfanne 200 Gramm gemahlenen Mohn mit 50 Gramm Zucker und 30 Gramm Butter, wobei der Mohn mit ein wenig Milch saftig gemacht und mit 1 Prise Zimt gewürzt wird. Man schwenkt die Nudeln im Mohn, wobei nach und nach 2 Eßlöffel warm zerlassener Honig darüber verteilt wird.

NUDELTEIG FÜR MEHLSPEISEN

4 Portionen

2 Eier
1 Eßlöffel Milch
ca. 200 g Mehl
Salz

Für 4 ausgiebige Portionen rechnet man 2 ganze Eier, 1 Eßlöffel Milch oder Wasser, etwas Salz und Mehl, soviel wie nötig ist, damit man einen festen Teig erhält, der vollkommen glatt geknetet und in zwei Teile geteilt wird, die man 10 Minuten rasten läßt. Nachher auf möglichst wenig gestaubtem Brett in der Stärke eines dicken Papierbogens ausrollen, eine Weile übertrocknen lassen, bis der Teig nicht mehr klebt, und in halbzentimeterbreite Nudeln (Bandnudeln) schneiden.

NUSSNUDELN

4–6 Portionen

Bandnudeln
60 g Butter
Nüsse
Staub(Puder)zucker

Bandnudeln werden in kochendes Salzwasser gegeben, 8 Minuten flott gekocht, dann kalt gespült, abgetropft und in 60 Gramm zerlassener Butter heiß geschwenkt. Für Tisch portionsweise anrichten und mit geriebenen Nüssen und Zucker dicht bestreuen.

DAMPFNUDELN MIT CREME

10 Portionen

Germ(Hefe)teig II
Butter
$^{1}/_{3}$ l Milch
1 Paket Vanillezucker
2 Eidotter
80 g Staub(Puder)zucker

Ein weichgehaltener Germteig II wird auf genügend gestaubtem Brett, ohne ihn vorher rasten zu lassen, stark fingerdick ausgerollt. Davon sticht man mit kleinem rundem Ausstecher Stücke in der Größe eines halben Eies aus und setzt sie, mit zerlassener Butter reichlich befettet, gedrängt nebeneinander in eine gut gefettete Backpfanne reihenweise ein. Die Teigreste schlägt man rasch zusammen und sticht wieder aus, bis aller Teig aufgebraucht ist. Zugedeckt an warmem Ort um die Hälfte höher aufgehen lassen und dann im mittelheißen, anfangs einen Spalt offenen Rohr goldbraun backen, bis ein Nadeleinstich rein bleibt. Nach dem Backen stürzen, auseinanderlösen und mit Vanillecremesauce umkränzt auftragen.
Für die Creme wird $^{1}/_{3}$ Liter Milch mit 1 Paket Vanillezucker aufgekocht, 2 Eidotter mit 80 Gramm Zucker schaumig gerührt und unter ständigem Schlagen die kochende Milch zugegossen, jedoch nicht mehr aufkochen gelassen.

In Fett gebackene Mehlspeisen

BACKTEIG MIT MILCH ODER WEISSWEIN

4 Portionen

120 g Mehl
1 Ei
1 Eßlöffel Öl
$^{1}/_{8}$ l Milch oder Weißwein
10 g Staub(Puder)zucker
Salz

Aus 120 Gramm Mehl, 1 Eidotter, einer Prise Salz, 1 Eßlöffel Öl und $^{1}/_{8}$ l Milch oder Weißwein wird ein glatter Teig gerührt, der mit dem festen Schnee von 1 Eiweiß und etwas Zucker untermischt wird. Vor der Verwendung einige Minuten rasten lassen.

GEBACKENE ANANASSPALTEN

4 Portionen

Backteig
Ananasspalten
Zitronensaft
Orangenlikör
Backfett
Zucker
Zimt

Die Herstellung erfolgt wie bei gebackenen Apfelspalten. Statt Apfelspalten werden eingelegte, gut abgetropfte Ananasspalten verwendet, die mit Zitronensaft und etwas Orangenlikör mariniert wurden.

GEBACKENE APFELSPALTEN

4 Portionen

Backteig
3 Äpfel
Zitronensaft
Rum
Backfett
Staub(Puder)zucker
Zimt

3 Äpfel werden geschält und in kleinfingerdicke Scheiben geschnitten. Das Kerngehäuse ausstechen und die Apfelscheiben mit Zucker, Zimt, etwas Zitronensaft und Rum eine Weile marinieren. Inzwischen bereitet man einen Backteig, taucht die Apfelspalten einzeln so ein, daß sie rundum vom Teig überzogen sind, und backt sie in heißem Fett von beiden Seiten zu goldbrauner Farbe. Vom Fett abgetropft und gut überzuckert sogleich zu Tisch geben.

SCHLOSSERBUBEN

4 Portionen

Backteig
250 g Dörrzwetschken (Pflaumen)
30 g Mandeln
Backfett
40 g Schokolade
50 g Staub(Puder)zucker
Zimt

Über Nacht in kaltem Wasser geweichte große Dörrzwetschken werden entkernt und bekommen statt des Kerns 1 abgezogene Mandel eingesetzt. Mit Zucker und Zimt leicht gewürzt, taucht man sie in Backteig, von dem sie vollständig umhüllt sein müssen. Die Zwetschken in heißem Fett goldfarben backen. Inzwischen wird feingeriebene Schokolade mit gleichviel Zucker auf einem Teller vermengt. Darin wälzt man die noch heißen, vom Fett abgetropften „Schlosserbuben", überzuckert sie und serviert sofort.

Foto Seite 506.

SCHNEEBALLEN

6–8 Portionen

250 g Mehl
3 Eidotter
1 Ei
60 g Butter
40 g Staub(Puder)zucker
1 Eßlöffel Sauerrahm
Rum
Weißwein
Backfett
Salz

250 Gramm Mehl, 3 Eidotter, 1 ganzes Ei, 60 Gramm Butter, 40 Gramm Zucker, 1 Eßlöffel Sauerrahm, 1 Spritzer Rum, ein bißchen Salz und so viel Weißwein, wie nötig ist, arbeitet man zu einem festeren, gut gekneteten Teig und läßt ihn 10 Minuten kühl rasten. Dann wird er auf mäßig bestaubtem Brett dreimal halbfingerdick ausgerollt und jedes Mal auf 3 Teile zusammengeschlagen. Nach einigem Rasten gut messerrückendick ausrollen und in viereckige Stücke (ca. 12 mal 12 Zentimeter) schneiden. Einschnitte machen, doch so, daß der Teig an den Rändern nicht durchgeschnitten wird. Durch die Einschnitte zieht man einen Kochlöffelstiel, so daß immer ein Teigstreifen oben, einer unten läuft. Das Gebilde recht locker in Kugelform in eine Kasserolle mit genügend gut erhitztem Fett gleiten lassen und die Schneeballen hellbraun backen.
Man gibt sie überzuckert und mit verdünntem Himbeersaft zu Tisch.

POLSTERZIPF

6–8 Portionen

Teig wie für Schneeballen
1 Ei
Marillen(Aprikosen)-marmelade
Backfett
Staub(Puder)zucker

Ein fertiger Schneeballenteig wird messerrückendick ausgerollt, in 10 mal 10 Zentimeter große Vierecke geradelt, deren Ränder man mit gewässertem Ei leicht bestreicht. In die Mitte der Teigfelder gibt man ein wenig Marillenmarmelade, schließt den Teig darüber so, daß etwas Luft mit eingeschlossen wird und drückt die Ränder aufeinander, so daß dreieckige Gebilde entstehen. Dann von beiden Seiten in heißem Fett goldfarben backen, vom Fett abtropfen lassen und überzuckert zu Tisch geben.

TIROLER BAUERNKRAPFEN

4–6 Portionen

200 g Mehl
50 g Butter
2 Eier

Auf ein Brett gibt man 200 Gramm Mehl und bröselt es mit 50 Gramm fester Butter und ein bißchen Salz gut ab. Dann fügt man 2 ganze Eier

80 g Feigen
80 g Dörrzwetschken (Pflaumen)
80 g Rosinen
Backfett
Staub(Puder)zucker
Salz

bei, arbeitet aus dem Ganzen einen verhältnismäßig weichen Nudelteig, der so dünn wie möglich ausgerollt und von allem überflüssigen Mehl abgepinselt wird. Aus der Teigfläche werden beliebig große Quadrate oder Rechtecke geschnitten bzw. runde Scheiben ausgestochen, diese in der Mitte mit einem Häufchen kleingeschnittenen Feigen, Dörrzwetschken und Rosinen gefüllt, worauf man die Quadrate dreieckig, die Rechtecke täschchenförmig, die Plätzchen hingegen halbmondförmig übereinanderschlägt und die Ränder fest zusammendrückt. Diese Tascherln werden knapp vor Tisch in genügend gut erhitztes Backfett eingelegt und in recht guter Hitze rasch goldfarben gebakken, dann abgetropft angerichtet und überzuckert. Eine passende Beilage stellt Himbeersaft dar.

10 Portionen

SALZBURGER APFELRADEL

Germ(hefe)teig IV
10 Äpfel
Zitronensaft
Rum
2 Eiweiß
1 Paket Vanillezucker
Backfett
Staub(Puder)zucker
Zimt

Ein weich gehaltener, fließender Germteig IV wird vorbereitet. 10 feste Äpfel schälen, daraus kleinfingerdicke Scheiben schneiden, die vom Kernhaus ausgestochen, dann mit etwas Zimt, Zucker, Zitronensaft und Rum gewürzt und eine Weile mariniert werden. Sobald der Teig in Gärung gekommen ist, schlägt man den steifen Schnee von 2 Eiweiß mit 1 Paket Vanillezucker nochmals sehr steif und rührt den Schnee in den weichen Teig locker ein. Nun taucht man die Apfelscheiben nacheinander ein und legt sie, stark vom Teig überzogen, in zumindest fingerdick gut erhitztes Backfett, in dem sie ziemlich flott von beiden Seiten zu goldgelber Farbe gebacken werden. Die vom Fett abgetropften Apfelradel kommen überzuckert sehr heiß zu Tisch.

12 Portionen

GEBACKENE MÄUSE

Germ(Hefe)teig IV
Backfett
Staub(Puder)zucker

Einen halbweichen Germteig IV läßt man zugedeckt fast noch einmal so hoch aufgehen, erhitzt bis dahin zwei Finger dick Backfett gerade so stark, daß eine naßgemachte Gabelspitze ein leises

Zischen verursacht, sticht mit einem befetteten Eßlöffel halbeigroße Nocken aus dem Teig und legt diese ins Fett. Man läßt sie von allen Seiten goldfarben backen und gibt sie abgetropft und reichlich überzuckert zu Tisch.

12 Portionen

BÖHMISCHE DALKEN

Germ(Hefe)teig IV
Butter
Powidl (Pflaumenmus)
Rum
Staub(Puder)zucker
Zimt

Einen sehr weich zubereiteten Germteig IV läßt man zugedeckt in der Teigschüssel fast noch einmal so hoch aufgehen. Bis dahin wird die Dalkenform (Metallform mit kreisrunden, laibchenförmigen Vertiefungen) auf dem Herd erhitzt, in jede Vertiefung etwas Butter eingelegt und aufgeschäumt. Mit einem befetteten Eßlöffel sticht man vom aufgegangenen Teig gut halbeigroße Teile ab und legt jeden Teil in eine Vertiefung. Die Dalken rasch anbacken, dann umdrehen und zu goldbrauner Farbe durchbacken. Sollten die Vertiefungen während des Backens „austrocknen", muß immer ein wenig Butter nachgegeben werden. Für Tisch werden die Dalken mit Powidl dick bestrichen, zu zweit zusammengesetzt und überzuckert. Oder man gibt sie nur überzuckert und nebenbei mit einem Häufchen Powidl angerichtet. Der Powidl wird mit etwas Zucker, Zimt und Rum abgeschmeckt.

4 Portionen

SPRITZKRAPFEN

1/8 l Milch
20 g Butter
100 g Mehl
2 Eier
Backfett
Staub(Puder)zucker
Salz

1/8 Liter Milch, 20 Gramm Butter und ein bißchen Salz aufkochen, 100 Gramm Mehl einrühren und rösten, bis sich die Masse von Geschirr und Löffel löst. Noch heiß 2 ganze große Eier nach und nach hinzurühren, so daß eine mittelfeste Masse entsteht. Eventuell ist noch 1 Dotter oder etwas Eiweiß nachzugeben. Davon formt man mittels Sternspritze Ringe mit 6 Zentimeter Durchmesser auf gebuttertes Papier. Das Papier an einer Seite

hochziehen und verkehrt in heißes Fett einlegen. Wenn sich die Spritzkrapfen gelöst haben, das Papier entfernen. Man backt die Krapfen beidseitig langsam ungefähr 10 Minuten zu goldheller Farbe und richtet sie überzuckert an.
Mit Himbeersaft umkränzen.
Foto Seite 506.

Brandteigkrapferln mit Himbeersaft werden aus dem gleichen, nur ein wenig fester gehaltenen Brandteig wie für Spritzkrapfen hergestellt. Mit befetteten Händen werden nußgroße Kugeln geformt, die man in nicht zu heißes Backfett einlegt und im Fett schwimmend langsam 20 Minuten goldfarben backt. Sie werden überzukkert und mit Himbeersaft umkränzt zu Tisch gegeben.
Da die Krapferln beim Backen stark aufgehen, dürfen nicht zu viele auf einmal eingelegt werden.

ARME RITTER (Pflaumenpofesen)

6 Portionen

6 Semmeln
250 g Powidl (Pflaumenmus)
1/4 l Milch
2 Eier
1 Paket Vanillezucker
60 g Staub(Puder)zucker
Mehl
Backfett
Rum
Zimt
Salz

6 altbackene Semmeln werden in fingerdicke Scheiben geschnitten. Jede Scheibe versieht man mit einem Einschnitt, so daß Taschen entstehen, in die man etwas Powidl einstreicht. Nebenbei wird 1/4 Liter Milch mit 2 ganzen Eiern, 1 Paket Vanillezucker, 60 Gramm Staubzucker und einer Spur Salz versprudelt. Durch diese Eiermilch werden die vorbereiteten Semmelscheiben gezogen, so daß sie gerade nur befeuchtet werden. Die restliche Eiermilch versprudelt man mit Mehl nach Bedarf zu einem molligflüssigen Teig, durch den die Semmelscheiben gezogen werden. Dann in fingerdick gut erhitztem Backfett goldfarben backen. Die Armen Ritter werden mit Zimtzucker bestreut und mit folgender Powidlsauce umkränzt aufgetragen: 200 Gramm Powidl mit Zucker nach Geschmack, einer Prise Zimt, einem Spritzer Rum und Wasser nach Bedarf zu mollig-dicklicher Beschaffenheit abrühren und kochend erhitzen.

Kalte Mehlspeisen

Mehlspeisen aus Germ(Hefe)teig

So grundverschieden die einzelnen Germteigmehlspeisen in ihrer Zusammensetzung auch sein mögen, ein Hauptaugenmerk gilt bei allen diesen Rezepten der Herstellung eines Dampfels (Vorteiges) für die Gärprobe, weil davon das einwandfreie Gelingen des Teiges ganz wesentlich abhängt. Die verwendete Germ muß frisch sein, darf weder zu kalt noch zu warm mit Milch oder Wasser und Mehl vermischt werden, und das Dampfel selbst soll, bis es dem Teig mit allen übrigen Zutaten beigefügt wird, gerade schön aufgegangen sein.

Das gute Abschlagen bzw. Kneten des Teiges ist Bedingung. Ferner soll der Teig, nachdem er einmal fertig angemacht und abgearbeitet ist, noch kurze Zeit rasten, bevor er zu den bestimmten Gebäcken verarbeitet wird. Ein vor der endgültigen Verarbeitung mäßig aufgegangener und schließlich wieder kurz abgeschlagener bzw. gekneteter Germteig erhält eine feinere Porung. Der ausgefertigte Germteig wird immer mit einem Tuch zugedeckt an nicht zu warmem Ort zum Aufgehen gebracht, wobei er durchschnittlich um die Hälfte höher bzw. voluminöser werden und sich samtartig anfühlen soll.

Das Bestreichen verschiedener Gebäcke mit zerklopftem Ei hat in erster Linie den Zweck, einen schönen Backglanz zu erzielen. Bei Germteiggebäcken kann auch mit gewässertem Ei gearbeitet werden. Dazu wird 1 ganzes Ei mit der Gabel verschlagen und etwas Wasser beigefügt.

Das Backen erfolgt je nach der Dicke der einzelnen Erzeugnisse mehr oder weniger heiß im vorgeheizten Rohr.

Zu Beginn des Backens läßt man die Rohrtür einen Fingerbreit offen, um den Teig schön aufgehen zu lassen. Dadurch wird das Reißen und Springen des Gebäcks vermieden.

GERM(Hefe)TEIG I

500 g Mehl
25 g Germ (Hefe)
60 g Staub(Puder)zucker
ca. $^1/_8$ l Milch
80 g Butter
1 Ei
1 Eidotter
Zitronenschale
1 glattgestrichener Teelöffel Salz

Das Mehl wird in eine Schüssel gegeben und darin eine Grube gemacht. Man bröselt die Germ in die Grube, bestreut mit ein wenig Zucker und macht mit einigen Eßlöffel lauwarmer Milch und Mehl eine kleine Menge weichen Teig an, der mit Mehl dicht bestaubt und so vorbereitet zugedeckt warm gestellt wird, bis das Dampfel schön aufgegangen und das daraufgestreute Mehl rissig geworden ist. Inzwischen wird die warmgelöste Butter mit Ei, Eidotter, Salz, Zitronenschale und etwa $^1/_8$ Liter Milch abgesprudelt, dies zu Mehl und Dampfel gegeben und noch so viel lauwarme Milch beigefügt, daß ein mittelfester Teig entsteht, der so lange abgeschlagen bzw. durchgeknetet wird, bis er sich von Geschirr und Händen vollkommen löst. Nach kurzem Rasten verarbeiten, wie in den Rezepten angegeben.

> Es ist wichtig, daß die beigegebene Milch wirklich nur lauwarm und nicht etwa heiß ist, da das schöne Aufgehen des Germteiges dadurch beeinträchtigt würde.

GERM(Hefe)TEIG II

600 g Mehl
30 g Germ (Hefe)
70 g Staub(Puder)zucker
ca. $^1/_8$ l Milch
100 g Butter
Zitronenschale
1 Eßlöffel Rum
2 Eidotter
1 Ei
1 glattgestrichener Teelöffel Salz

Die Germ wird mit einer Prise Zucker zuerst weichflüssig gerührt, dann mit $^1/_8$ Liter lauwarmer Milch und Mehl, so viel benötigt wird, zu einem weichen Teig glatt angemacht, mit ein wenig Mehl bestäubt und zugedeckt zum Aufgehen an einen warmen Ort gestellt. Inzwischen rührt man die Butter mit Zucker, Zitronenschale, Salz, Rum und nach und nach 2 Eidottern und 1 ganzen Ei zu einer schaumigen Masse, fügt diese nebst dem aufgegangenen Dampfel zum übrigen Mehl und verrührt alles unter Zusatz von lauwarmer Milch zu einem weicheren Teig, der so lange abgeschlagen werden muß, bis er sich von Geschirr und Löffel löst.

GERM(Hefe)TEIG III

500 g Mehl
30 g Germ (Hefe)
40 g Staub(Puder)zucker
ca. $^1/_8$ l Milch
60 g Butter
Zitronenschale
1 Eßlöffel Rum
2 Eier
1 glattgestrichener Teelöffel Salz

Die Herstellung des Teiges erfolgt wie bei Germteig I. Der Teig muß mittelfest sein und wird nach kurzem Rasten aufgearbeitet.

GERM(Hefe)TEIG IV

400 g Mehl
50 g Germ (Hefe)
80 g Staub(Puder)zucker
ca. $^1/_8$ l Milch
100 g Butter
Zitronenschale
Spritzer Rum
2 Eidotter
2 Eier
Messerspitze Salz

Die Zubereitung erfolgt wie bei Germteig II. Der fertig abgeschlagene Teig muß sehr weich gehalten werden und wird in dem Geschirr, in dem er zubereitet wurde, zugedeckt warm gestellt. Sobald der Teig um die Hälfte höher aufgegangen ist, kann er verarbeitet werden.

GERM(Hefe)TEIG V

500 g Mehl
15 g Germ (Hefe)
2 Eier
40 g Butter
ca. $^1/_8$ l Milch
1 glattgestrichener Teelöffel Salz

für Süßspeisen
15–20 g Staub(Puder)-zucker

500 Gramm Mehl, 15 Gramm Germ, 2 ganze Eier oder 1 Ei und 1 Dotter, 40 Gramm Butter, 1 Teelöffel Salz und lauwarme Milch oder Wasser nach Bedarf werden wie bei Germteig I zu einem sehr festen Teig angemacht und seidenglatt geknetet. Ist der Teig für Süßspeisen bestimmt, werden 15 bis 20 Gramm Zucker mitverarbeitet. Nach halbstündigem Rasten aufarbeiten.

MOHNSTRUDEL

Germ(Hefe)teig I
250 g Mohn
60 g Staub(Puder)zucker
1 Eßlöffel Honig
40 g Rosinen
Rum
40 g Semmelbrösel (Paniermehl)
¼ l Milch
1 Ei
Zimt

Für die Fülle wird 250 Gramm feingemahlener Mohn mit 60 Gramm Zucker, 1 Eßlöffel Honig, 40 Gramm Rosinen, Spritzer Rum, 40 Gramm Semmelbröseln und etwas Zimt vermischt, mit ¼ Liter Milch fast kochend erhitzt, dann kalt gestellt. Die Fülle soll weder zu fest noch zu wässerig sein. Im Bedarfsfall werden Brösel oder Milch nachgegeben. Germteig I wird nach kurzem Rasten in 2 Teile geteilt, die man auf schwach bestaubtem Brett zu kleinfingerdicken viereckigen Flächen ausrollt. Darauf verteilt man ebensodick die überkühlte Fülle, rollt die Strudel handgelenkdick und so straff wie möglich ein, wobei die offenen Seiten links und rechts durch Überziehen mit Teig verschlossen werden. Dann legt man die Strudel in genügendem Abstand auf ein schwach gefettetes Backblech und drückt sie dabei ein wenig in die Breite. Mit einem Tuch bedeckt an warmem Ort um die Hälfte höher aufgehen lassen, dann mit gewässertem Ei bestreichen, in ein übermittelheißes Rohr schieben und 35 bis 45 Minuten goldbraun backen.

NUSS-STRUDEL

Germ(Hefe)teig I
200 g Walnüsse
60 g Semmelbrösel (Paniermehl)
1 Eßlöffel Honig
60 g Staub(Puder)zucker
40 g Rosinen
Zitronenschale
Rum
20 g Butter
¼ l Milch
1 Ei
Zimt

Die Zubereitung erfolgt wie bei Mohnstrudel mit folgender Nußfülle: 200 Gramm mittelfein geriebene Walnüsse, 60 Gramm Semmelbrösel, 1 Eßlöffel Honig, 60 Gramm Zucker, 40 Gramm Rosinen, Zimt, geriebene Zitronenschale, Spritzer Rum, 20 Gramm Butter und ¼ Liter Milch zusammen fast zum Kochen erhitzen und überkühlt verwenden.

WIENER KAFFEE-GUGELHUPF (-napfkuchen)

Germ(Hefe)teig II
60 g Rosinen
Butter
Mehl
Mandeln
Vanillezucker
Staub(Puder)zucker

Eine Gugelhupfform von 15 bis 20 Zentimeter Höhe und ungefähr 20 Zentimeter Durchmesser wird am Zapfen sehr gut gefettet, während die gerillte Formenwand wohl sorgfältig, jedoch nicht zu stark mit Butter ausgestrichen wird. Wird nämlich zu stark gefettet, bekommt der Gugelhupf ein rauhes Aussehen. Nach dem Befetten mit Mehl ausstauben und durch Aufklopfen alles überflüssige Mehl entfernen. Die einzelnen Rillen werden mit halben Mandeln am Boden und in halber Formhöhe ausgelegt, die man mit etwas frischer Butter befestigt, damit sie Halt bekommen. Nun wird ein Germteig II, nachdem er tüchtig abgeschlagen wurde, mit 60 Gramm Rosinen vermischt, die man aber nur kurz einschlägt, und füllt mit diesem Teig die vorbereitete Form gut halb- bzw. schwach dreiviertelvoll. An warmem Ort läßt man den Kuchen zugedeckt aufgehen, bis die Form stark daumenbreit zum oberen Rand gefüllt erscheint. Auf ein Backblech stellen und in ein mittelheißes Rohr schieben, dessen Tür die ersten 10 Minuten einen fingerbreiten Spalt offenbleibt, damit der Teig vollends hoch aufgehen kann. Die Backdauer beträgt bei später etwas verminderter Hitze 1 Stunde. Wenn ein Nadeleinstich rein bleibt, auf ein Sieb stürzen, mit Vanillezucker leicht bestäuben und nach dem Erkalten stark überzukkern.

> Wenn der Gugelhupf beim Backen aufspringt, ist entweder der Teig nicht genügend aufgegangen oder die Anfangshitze beim Backen war zu groß.

MARMORGERMGUGELHUPF (-napfkuchen)

Germ(Hefe)teig II
80 g Kochschokolade
50 g Korinthen
Butter
Mehl
Schokoladeglasur

Ein mittelfest gehaltener Germteig II wird in 2 Teile geteilt; in den einen Teil arbeitet man 80 Gramm erwärmte Kochschokolade, den anderen vermengt man mit 50 Gramm Korinthen. Beide Teile füllt man abwechselnd in eine gefettete, gestaubte Gugelhupfform dreiviertelvoll ein und verfährt weiter so wie im Rezept für Wiener Kaffeegugelhupf. Nach Belieben mit Schokoladeglasur überziehen.

GERMSTRIEZEL (Hefezopf)

Germ(Hefe)teig I
40 g Rosinen
Butter
1 Ei
Hagelzucker oder gehobelte Mandeln

Germteig I wird mit 40 Gramm Rosinen durchgeknetet. Dann teilt man den Teig in 3 gleiche Teile, die schlangenförmig ausgerollt werden, und zwar mit zwei dünn verlaufenden Enden und einer bauchigen Mitte. Aus den 3 Schlangen wird ein nicht zu lockerer Zopf geflochten, dessen Enden entsprechend zusammengedrückt werden, damit ein Auseinanderfallen unmöglich ist. Der Striezel wird auf ein schwach mit Butter gefettetes Backblech gelegt und zugedeckt an einen warmen Ort gestellt. Nach halbhohem Aufgehen vorsichtig mit stark gewässertem Ei bestreichen, mit Hagelzucker oder gehobelten Mandeln mäßig bestreuen und dann in nicht zu heißem Rohr goldbraun backen, bis ein Nadeleinstich rein bleibt. Zu Beginn des Backens läßt man die Rohrtür einen fingerbreiten Spalt offen, damit der Teig vollends aufgehen kann.

> Um zu verhindern, daß der Striezel beim Backen nicht hoch bleibt, sondern breit läuft, darf der Teig nicht zu weich gehalten werden.

GEFLOCHTENER KAFFEEKRANZ

12 Portionen

Germ(Hefe)teig I
1 Ei
150 g Marmelade
3 Eßlöffel Staub(Puder)zucker
schwarzer Kaffee (Mokka)

Ein Germteig I wird in 3 gleiche Teile geteilt, die man zu gleich starken Schlangen wälzt und dann zu einem Zopf flicht, der kranzförmig zusammengeschlossen wird. Der Kranz wird mit einem Tuch bedeckt warm gestellt, bis er um die Hälfte höher aufgegangen ist. Mit gewässertem Ei bestreichen und im mittelheißen Rohr goldbraun backen. Der Kaffeekranz wird noch heiß zuerst mit dünner, kochend heißer Marmelade und dann mit folgender dünner Glasur bepinselt: 3 Eßlöffel Zucker mit nur so viel schwarzem Kaffee abrühren, daß ein dicker Brei entsteht. Die Glasur unter Rühren mäßig erhitzen, wobei sie streichfähig dünn wird.

SAVARIN

12 Portionen

Germ(Hefe)teig I (halbe Masse)
Butter
Mehl
Zitronensaft
50 g Staub(Puder)zucker
6 Eßlöffel Rum
$^{1}/_{4}$ l Schlagobers (Schlagsahne)

Unter Savarin versteht man eine sehr feine Germmehlspeise, die in einer Ringform gebacken wird und warm zu Tisch kommt. Ein sehr weichgehaltener Germteig I wird in eine gebutterte, gestaubte Ringform halb bis schwach dreiviertelvoll gefüllt. Sobald der Teig an warmem Ort die Form fast gefüllt hat, backt man den Savarin im mittelheißen Rohr goldbraun, bis ein Nadeleinstich rein bleibt. Dann vorsichtig stürzen, die Form reinigen, den Germteigring wieder in die Form geben und noch heiß mit folgendem Rumsirup tränken: $^{1}/_{8}$ Liter Wasser, Saft von $^{1}/_{2}$ Zitrone und 50 Gramm Zucker aufkochen lassen, 6 Eßlöffel Rum beigeben und damit den Kuchen löffelweise tränken. Nun wird $^{1}/_{4}$ Liter Schlagobers steif geschlagen, nicht gezukkert in einen Dressiersack gefüllt und damit zuerst eine Fußeinfassung rund um den gestürzten Kuchen gespritzt, dann auch obenauf Obers dressiert und der fertige Kuchen sogleich und vor allem warm serviert.

Kann auf Vorrat gebacken und bei Bedarf getränkt werden.

Topfenpalatschinken (Rezept Seite 482).

FASCHINGSKRAPFEN

ca. 25 Stück

Germ(Hefe)teig III
Mehl
Fett
Marillen(Aprikosen)-marmelade
Staub(Puder)zucker

Ein mittelfester Germteig III wird nach einigem Rasten auf ein gestaubtes, vorgewärmtes Brett gestürzt und fingerdick ausgerollt. Daraus sticht man mit rundem, glattem Ausstecher kleine Küchlein mit 5 Zentimeter Durchmesser aus. Die Krapfen legt man mit der Unterseite nach oben auf ein mit Mehl bestaubtes, auf einem Brett oder Blech liegendes Tuch. Die Teigreste zusammenkneten, wieder ausrollen und ausstechen wie vorher, bis aller Teig aufgebraucht ist. Mit einem zweiten mit Mehl bestaubten Tuch zudecken und an warmem Ort um die Hälfte höher aufgehen lassen. Inzwischen mindestens zwei Finger hoch Fett gerade so viel erhitzen, daß eine naßgemachte Gabelspitze ein leises Zischen verursacht. Nun werden die aufgegangenen Krapfen, ohne zu drücken, mit der Oberseite nach unten ins Fett gelegt, das Geschirr eine Weile zugedeckt, bis von unten eine goldbraune Färbung erreicht ist. Die Krapfen mittels einer Gabel umdrehen und im nunmehr offenen Geschirr auf der anderen Seite ebenfalls goldbraun backen. Vom Fett nehmen, abtropfen lassen und mittels einer kleinen Schere in den weißen Gürtel der Krapfen einen kleinen Einschnitt machen. Durch den Schlitz füllt man haselnußgroß Marillenmarmelade ins Innere der Krapfen, wozu man sich einer kleinen Papiertüte bedient, in die die Marmelade eingefüllt wurde. Der Schlitz selbst ist bei aufmerksamer Behandlung kaum erkennbar. Für Tisch überzuckern.

> Mit einer speziellen Krapfentülle kann ohne Einschneiden Marmelade eingefüllt werden.

Vorne Schlosserbuben, hinten Spritzkrapfen (Rezepte Seiten 493, 496).

ca. 25 Stück

BUCHTELN

Germ(Hefe)teig I
Powidl (Pflaumenmus) oder Marmelade
Butter

Ein fertiggestellter Germteig I wird nach kurzem Rasten in ca. 25 gleich große Teile geschnitten, die man, ohne viel zu stauben, in handtellergroße Flächen ausrollt. Die Mitte der Teigplätzchen wird mit schwach teelöffelgroß Powidl oder Marillenmarmelade gefüllt. Den Teig paketartig um die Fülle schließen und jedes einzelne Stück in zerlassene Butter tauchen. Stück für Stück mit der Naht nach unten in eine gut gefettete Backpfanne nebeneinander einlegen. Dann auch von oben mit zerlassener Butter betropfen und zugedeckt um die Hälfte höher aufgehen lassen. Das Backen erfolgt im mittelheißen Rohr, wobei man zu Backbeginn die Rohrtür einen fingerbreiten Spalt offenläßt, damit die Buchteln schön aufgehen können. Wenn ein Nadeleinstich nach ungefähr 35 bis 40 Minuten Backzeit rein bleibt, werden die Buchteln vorsichtig aus der Pfanne gestürzt, wobei sie, wenn sie beim Einlegen genügend gefettet wurden, auseinanderfallen oder sich zumindest schön voneinander lösen lassen.

ca. 36 Stück

GERMKIPFERLN MIT MOHN-, NUSS- ODER MARMELADENFÜLLUNG

Germ(Hefe)teig I
Mohnfülle wie für Mohnstrudel oder
Nußfülle wie für Nußstrudel oder
Marillen(Aprikosen)-marmelade
1 Ei

Ein fertiggestellter Germteig I wird nach kurzem Rasten zu einer Schlange gerollt, die man in nußgroße Teile zerschneidet, kugelig formt und dann auf unbestaubtem Brett handtellergroß ausrollt. In die Mitte der Teigplätzchen setzt man 1 Teelöffel Mohn- oder Nußfülle, die nicht zu weich gehalten sein darf, oder aber man füllt mit teelöffelgroß fester Marillenmarmelade. Der Teig wird über die Fülle geschlagen und mit den Händen so gerollt, daß eine bauchige Mitte mit zwei spitz zulaufenden Enden entsteht. Die etwa 15 Zentimeter langen Würstchen biegt man in Kipferlform ab, setzt sie mit der Naht nach unten auf ein schwach gefettetes Backblech und läßt sie zugedeckt um die Hälfte höher aufgehen. Dann werden sie mit gewässertem Ei bestrichen und im mittelheißen Rohr goldfarben gebacken. Zu Beginn des Backens bleibt die Rohrtür einige Minuten einen fingerbreiten Spalt offen.

> Während Mohn- und Nußkipferln überzuckert aufgetragen werden, kann man die Marmeladekipferln nach dem Überkühlen mit Schokoladeglasur überziehen.

ca. 25 Stück

GERMTEIGSCHNECKEN

Germ(Hefe)teig I
2 Eßlöffel Kristallzucker
60 g Rosinen
60 g Zitronat
60 g Nüsse
Butter
Zimt

Glasur
Zitronensaft
ca. 3 Eßlöffel Staub(Puder)zucker

Ein fertiggestellter, ziemlich fester Germteig I wird nach kurzem Rasten auf schwach gestaubtem Brett zu einer 30 Zentimeter breiten und zwei Messerrücken dicken Fläche in Rechteckform ausgerollt. Darauf streut man 2 Eßlöffel Kristallzucker, vermischt mit Zimt, 60 Gramm Rosinen und ebensoviel gehacktes Zitronat und 60 Gramm grobgeriebene Nüsse. Das Ganze rollt man straff zu einem Strudel zusammen und schneidet davon zwei Finger breite Stücke, die in größeren Abständen mit der Schnittseite auf ein leicht mit Butter gefettetes Backblech gesetzt und dabei mit der hohlen Hand ein wenig niedergedrückt werden. Damit die Schnecken beim Backen nicht aufrollen können, ist es gut, die Teigenden unter die Stücke einzuschlagen, wenn man sie auf das Backblech setzt. Zugedeckt läßt man die Schnecken um die Hälfte höher aufgehen und backt sie im mittelheißen Rohr goldfarben, bis ein Nadeleinstich rein bleibt. Inzwischen rührt man den Saft von ½ Zitrone und 1 Teelöffel Wasser mit Staubzucker nach Bedarf zu dicklicher Glasur ab, erwärmt sie ein wenig und überpinselt damit die Schnecken gleich nach dem Backen.

> Zusätzlich zur angegebenen Fülle kann noch 100 Gramm grobgehackte Kochschokolade auf den Teig gestreut werden.

TOPFENKOLATSCHEN AUS GERMTEIG

ca. 25 Stück

Germ(Hefe)teig I
500 g Topfen (Quark)
180 g Staub(Puder)zucker
4 Eidotter
Zitronenschale
Vanillezucker
1 Ei
Rosinen

Für die Fülle wird 350 Gramm passierter Topfen mit 120 Gramm Zucker, 3 Eidottern (oder 1 ganzen Ei und 1 Dotter) sowie etwas abgeriebener Zitronenschale und Vanillezucker gut durchgerührt. Germteig I rollt man nach kurzem Rasten auf schwach gestaubtem Brett zwei Messerrücken dick aus und schneidet daraus Quadrate von je 15 Zentimeter Seitenlänge. Die Spitzen mit zerklopftem Ei befeuchten. Die Mitte der Teigfelder besetzt man mit 1 Eßlöffel Topfenfülle, streut einige Rosinen darauf und legt die 4 Teigspitzen des Quadrats in der Mitte über der Fülle so übereinander, daß sich die Teigenden höchstens geldstückgroß dekken. Die Kolatschen legt man nun auf ein gefettetes Backblech, das mit ein wenig Mehl überstäubt wurde, und läßt sie zugedeckt an warmem Ort um die Hälfte höher aufgehen. Mit Ei bestreichen. Das Backen erfolgt in anfangs einen kleinen Spalt offengehaltenem Rohr und dauert ungefähr 30 bis 35 Minuten. Nach Erreichen einer goldgelben Farbe und gehörigem Durchbackensein vom Blech nehmen und überzuckern.

Topfenkolatschen können auch aus Plunderteig hergestellt werden. Auf gleiche Weise können Powidl(Pflaumenmus)kolatschen hergestellt werden. Dann wird Powidl als Fülle mit einem Spritzer Rum, Zucker und Zimt verbessert.

KAPRITZEN, WINDRÄDER, SCHWEINSOHREN AUS GERMTEIG

ca. 25 Stück

Germ(Hefe)teig I
150 g Powidl (Pflaumenmus)
1 Ei
150 g Marmelade

Ein mittelfester Germteig I wird nach halbstündigem warmen Rasten zu einer halbbleistiftdicken Fläche ausgerollt und teils in 8 mal 8 Zentimeter große Vierecke, teils in zwei Finger breite Streifen geradelt. Für Kapritzen füllt man die Quadrate mit

50 g Nüsse
50 g Kristallzucker
50 g Rosinen

Powidl und schlägt die Stücke dreieckig zusammen, nachdem der Teigrand mit zerklopftem Ei bestrichen wurde. Für Windräder versieht man die Vierecke mit 4 Kreuzeinschnitten, legt sie in der Form von Windrädern zusammen und versieht sie in der Mitte mit einem Tupfen Marmelade. Für Schweinsohren wird der zwei Finger breite Teigstreifen mit grobgeriebenen Nüssen, Kristallzucker und geschnittenem Dörrobst oder Rosinen bestreut. Den Teig rollt man von links und rechts zur Mitte ein, so daß eine zusammenhängende Doppelrolle entsteht, die man mit der Schnittseite genauso auf ein leicht gefettetes Backblech auflegt wie die übrigen Gebäcke. Nach dem Aufgehen werden die Stücke mit zerklopftem Ei bestrichen und übermittelheiß goldbraun gebacken.

Diese Gebäcke können auch aus Plunderteig hergestellt werden.

KARTOFFELBROT

30 g Germ (Hefe)
600 g Mehl
1/8 l Milch
60 g Butter
60 g Staub(Puder)zucker
2 Eier
2–3 Kartoffeln
50 g Rosinen
Salz

30 Gramm Germ verrührt man mit einer Prise Zucker, 100 Gramm Mehl und lauwarmer Milch nach Bedarf zu einem glatten Teig und läßt diesen, mit Mehl bestaubt, zugedeckt an warmem Ort hoch aufgehen. Inzwischen werden 60 Gramm Butter mit 60 Gramm Zucker und 1 ganzen Ei schaumig abgetrieben und nebst etwas Salz zum aufgegangenen Dampfel gemischt. Nun fügt man 500 Gramm Mehl und 2 bis 3 große, am Vortag gekochte und fein zerriebene Kartoffeln bei und macht alles mit lauwarmer Milch zu einem festen Teig an, der tüchtig zu kneten ist. Nachdem noch 50 Gramm Rosinen eingearbeitet wurden, formt man einen schönen Brotlaib, legt ihn auf ein bestaubtes Backblech und stellt ihn zugedeckt warm. Nach halbhohem Aufgehen mit stark gewässertem Ei bestreichen und im mittelheißen Rohr bei zuerst ein wenig geöffneter Rohrtür langsam goldbraun backen, bis eine eingestochene Nadel rein bleibt.

PRESSBURGER MOHN- UND NUSSBEUGEL

ca. 20 Stück

Mohnfülle bzw. Nußfülle wie für Mohn- bzw. Nußstrudel
210 g Mehl
70 g Butter
20 g Staub(Puder)zucker
10 g Germ (Hefe)
Milch
2 Eidotter
Salz

210 Gramm Mehl, 70 Gramm Butter, 20 Gramm Zucker, 10 Gramm Germ und ganz wenig Salz zuerst miteinander gut abbröseln, dann mit fast kalter Milch nach Bedarf und 1 Eidotter zu einem festen glatten Teig tüchtig abarbeiten. Nach 15 Minuten Rasten davon nußgroße Teile handtellergroß ausrollen, mit 1 gehäuften Teelöffel ausgekühlter fester Mohnfülle bzw. Nußfülle besetzen, mit dem Teig schön einschlagen und daraus Würstchen formen, die eine bauchige Mitte und zwei spitze Enden aufweisen. Während die Mohnbeugel in der Mitte hufeisenförmig abgebogen und dabei ein wenig hochgedrückt werden, biegt man bei den Nußbeugeln bloß die Spitzen nach abwärts, setzt die Kipferln auf ein leicht befettetes Blech und bestreicht sie sofort mit Eidotter. An kühlem Platz trocknen lassen, nochmals mit Dotter bestreichen, kurz trocknen lassen und in mittelheißem Rohr backen.

Mehlspeisen aus Germbutterteig (Plunderteig)

GERMBUTTERTEIG (Plunderteig)

Germ(Hefe)teig
40 g Germ (Hefe)
ca. 1/8 l Milch
400 g Mehl
40 g Staub(Puder)zucker
40 g Butter
2 Eidotter
Zitronenschale
1/2 Teelöffel Salz

Butterziegel
300 g Butter
40 g Mehl

Die Germ in kalter Milch auflösen, die übrigen Zutaten möglichst kalt beigeben und einen seidigen Teig kneten. Dabei wird die Butter am besten bei Küchentemperatur verwendet. Der Teig wird nun mit einem Tuch bedeckt kalt gestellt.

Für den Butterziegel wird gekühlte Butter in dünne Scheiben geschnitten, kurz mit Mehl geknetet und zu einem zwei Finger dicken quadratischen Ziegel geformt.

Anschließend wird sofort mit dem Einschlagen des Butterziegels begonnen. Dazu den Germteig kreuzweise einschneiden, zu einem vierfachen Stern ausrollen, Butterziegel auflegen, mit den

4 Teigzipfen bedecken, so daß der Ziegel vollkommen in Germteig eingeschlagen ist. Den Teig fingerdick ausrollen und die beiden kürzeren Enden in die Mitte schlagen. Daraufhin das Ganze noch einmal zusammenklappen. Es entstehen dabei 4 Butterschichten und 5 Teigschichten. Im Kühlschrank kurz kühlen, dann nochmals ausrollen und wie beschrieben zusammenlegen. Den Teig läßt man mit feuchtem Tuch bedeckt 1/2 Stunde kalt rasten. Dann erst wird er verarbeitet.
Plunderteig wird meist zwei Messerrücken dick ausgerollt, je nach Rezept verarbeitet und auf leicht gefettete Bleche gesetzt. Es erfolgt nun ein kurzes Aufgehen, dann wird mit gewässertem Ei bestrichen und bei ca. 200 Grad flott gebacken.

Das Gelingen von Plunderteig ist davon abhängig, daß der Teig sich bei der Zubereitung nicht erwärmt. Bei Erwärmung würde bereits während der Verarbeitung ein Aufgehen erfolgen.

PLUNDERTEIGSCHNECKEN

ca. 25 Stück

Germbutterteig
Zutaten wie bei Germteigschnecken

Dieses vorzügliche Gebäck wird genauso hergestellt wie Schnecken aus Germteig; statt Germteig wird Germbutterteig verwendet.

PLUNDERTEIGKIPFERLN (-hörnchen)

ca. 25 Stück

Germbutterteig
Marillen(Aprikosen)-marmelade
Mandeln
1 Ei

Zwei Messerrücken dick ausgerollter Germbutterteig wird in 10 Zentimeter breite und 15 Zentimeter lange Rechtecke geschnitten. Die Längsränder bestreicht man mit gewässertem Ei, setzt in die Mitte der Teigflächen teelöffelgroß feste Marillenmarmelade, drückt die eibestrichenen Teigränder aufeinander und schließt sie. Dann leicht abbiegen, daß eine Kipferlform entsteht, auf ein reines Backblech legen und zugedeckt um ein Drittel höher aufgehen lassen. Nun mit gewässertem Ei bestreichen, mit gehobelten Mandeln bestreuen und im mittelheißen Rohr nicht zu rasch goldbraun backen.

10–12 Portionen

KRANZKUCHEN

Germbutterteig (halbe Masse)
50 g Aranzini (überzuckerte Orangenschalen)
50 g Zitronat
50 g Rosinen
50 g Mandeln
Butter
Staub(Puder)zucker
Zimt

Glasur
100–150 g Staub(Puder)zucker
Zitronensaft

Die halbe Menge eines Germbutterteiges rollt man nach halbstündigem Rasten zwei Messerrücken dick zu einer 30 Zentimeter breiten Fläche aus. Darauf streut man 50 Gramm gehackte Aranzini, 50 Gramm gehacktes Zitronat, 50 Gramm Rosinen und 50 Gramm grobgeriebene, abgezogene Mandeln, bestäubt ein wenig mit Zimt und Zucker und tropft ganz wenig gelöste Butter darauf. Nun wird das Ganze wie eine Roulade straff zusammengerollt. Man setzt die Roulade mit der Naht nach unten aufs Brett und schneidet sie der Länge nach in 2 gleiche Hälften. Die inneren Schnittseiten werden nach außen gelegt, so daß die früheren äußeren, gerundeten Seiten aneinanderliegen, drückt die Enden ein wenig zusammen und dreht das Ganze ein paarmal so, wie man ein Wäschestück auswindet. Dadurch bekommen die durchschnittenen, früher inneren Teiglagen eine spiralförmige Windung. Nun drückt man die beiden Enden aneinander und formt das Ganze zu einem Kranz, der auf ein leicht gefettetes Backblech gelegt wird. Nachdem der Kranzkuchen an nicht zu warmem Ort um ein Drittel höher aufgegangen ist, backt man ihn in mittelheißem geschlossenen Rohr goldfarben. Sofort nach dem Backen wird er mit dicker Wasserglasur überpinselt.
Zur Glasur rührt man 120 bis 150 Gramm Staubzucker mit einigen Tropfen Zitronensaft und Wasser dickflüssig ab und erwärmt vor Gebrauch ganz wenig.

ca. 25 Stück

MÄHRISCHE KOLATSCHEN

Germbutterteig
Mohnfülle wie für Mohnstrudel
Butter
1 Ei

Germbutterteig wird stark messerrückendick ausgerollt, in 12 mal 12 Zentimeter große Quadrate geschnitten, die in der Mitte mit je 1 gehäuften Teelöffel Mohnfülle besetzt werden. 3 Teigecken schließt man so über der Fülle zusammen, daß immer eine Teigecke die andere deckt und zieht über die ganze Kolatsche die vierte Teigecke so, daß die Spitze unter das Stück gesteckt werden kann. Auf schwach gefettetem Backblech zugedeckt um ein Drittel höher aufgehen lassen, dann mit gewässertem Ei bestreichen und im mittelheißen geschlossenen Rohr goldfarben durchbacken.

Mehlspeisen aus Butterteig

BUTTER- ODER BLÄTTERTEIG

Butterteig wird ausschließlich mit Butter hergestellt, während bei Blätterteig entsprechende Margarine verwendet wird.

250 g Mehl
250 g Butter
1 Eidotter
1 Eßlöffel Weinessig
Salz

Vorbereitung: Auf ein kaltes Brett häuft man 250 Gramm Mehl, von dem 2 Eßlöffel in 250 Gramm feste, zähe Butter eingearbeitet wird. Die Butter formt man zu einem viereckigen schwachen Ziegel und stellt sie kalt. Unebene Ränder des Butterziegels schneidet man glatt und gibt den Butterrest zum übrigen Mehl, das nun mit einer Prise Salz, 1 Eidotter (bei größeren Mengen rechnet man je 1 Kilogramm 1 ganzes Ei), 1 starken Eßlöffel Weinessig oder dem Saft von 1/2 Zitrone und kaltem Wasser nach Bedarf zu einem halbfesten Teig glatt geknetet wird, den man zu einem Laib formt, von oben mit einem Kreuzeinschnitt versieht und zugedeckt kalt rasten läßt.

Das Einrollen: Nach 15 bis 20 Minuten Rasten wird der Teig auf bestaubtem Brett zu einem Vierstern ausgerollt, und zwar so, daß die Mitte dick bleibt, die Ecken jedoch dünn auslaufen. Auf die Mitte der Teigplatte legt man den kalten Butterziegel, der mit den Teigenden so eingefaßt wird, daß erstens die Butter vollständig eingeschlossen erscheint und daß zweitens der Teig sowohl von oben als auch von unten ziemlich gleichmäßig dick die Butter umschließt. Durch leichtes Klopfen mit dem Rollholz treibt man den Teig ein wenig in die Breite und rollt ihn schwach kleinfingerdick in Form eines Rechteckes aus. Nun pinselt man alles Mehl von der Oberfläche sauber ab und legt die linke und die rechte Teigseite so gegeneinander auf die Teigmittellage, daß sich die Ränder berühren. Abermals das Mehl abpinseln und nun die linke über die rechte Teigseite legen, so daß der Butterteig die Form eines langgestreckten Buches aufweist. Damit ist die erste Tour beendet. Man bedeckt den Teig mit einem feuchten, jedoch nicht nassen Tuch und läßt ihn 10 bis 15 Minuten kalt rasten. Nach dieser Zeit wird der Butterteig ebenso wie vorhin ausgerollt, diesmal aber nur auf 3 Teile zusammengelegt, ehe man neuerdings 10 Minuten rasten läßt. Das Ausrollen, Einschlagen und Rastenlassen wird noch zweimal wiederholt, wobei die dritte Tour dreifach und die letzte Tour wieder vierfach zusammengeschlagen wird. Während der Rastpausen immer mit feuchtem Tuch oder Plastik bedecken. Nach einer letztmaligen Rastpause von 15 Minuten ist der Butterteig verarbeitungsfähig.

Damit der Teig beim Rollen schön kantig und geradlinig wird, muß ab und zu in die Ecken gerollt werden. Zu beachten ist auch, daß der Teig während des Rollens sowohl von oben als auch von unten genügend, dennoch nicht zuviel mit Mehl gestaubt ist. Muß der Teig gehoben werden, geschieht dies nicht mit den Händen, sondern durch Aufrollen mit dem Rollholz, um jedes unnötige Drücken und Anfassen des Teiges zu vermeiden.

Das Backen: Butter- oder Blätterteig wird zum Backen auf ungefettetes Blech gelegt. Das Blech kann vorher mit Wasser benetzt werden. Nach dem Ausarbeiten des Teiges soll mindestens 20 Minuten gerastet werden. Das Backen geschieht anfänglich bei starker Hitze (ca. 220 Grad). Das Rohr muß von Anfang des Backens an vollkommen geschlossen gehalten werden, auch ist in dieser Zeit das Öffnen und Nachsehen zu vermeiden, da die eindringende kalte Luft sehr leicht ein Zusammenfallen des Teiges bewirkt, solange dieser noch nicht genügend Stand bekommen hat. Erst wenn eine goldgelbe Färbung erreicht und die Blätterung vollzogen ist, soll die Hitze auf ca. 150 Grad gedrosselt und der Teig langsam fertiggebacken werden. Ein Hauptaugenmerk ist dem restlosen

Durchbackensein aller Butterteiggebäcke zuzuwenden, da schlecht oder unvollkommen gebackener Teig beim Essen stets zäh wirkt. Butter- oder Blätterteig schmeckt backfrisch am besten. Zuletzt sei noch die Dicke der einzelnen Gebäcke berücksichtigt, die eine um so langsamere Ausbackzeit erfordern, je dicker im Teig sie sind.

> Die richtige Backrohrhitze für das Backen von Butterteigen ist dann erreicht, wenn sich ein normales Blatt Schreibpapier im Rohr innerhalb einer Minute ganz schwach gelblich färbt.

BLÄTTERTEIG, HOCHGEHEND

250 g Mehl
250 g Butter
1 Eidotter
1 Teelöffel Öl
1 Eßlöffel Weinessig
Salz

Die Herstellungsweise ist die gleiche wie bei Butter- oder Blätterteig. In den Vorteig kommt außer den angegebenen Zutaten 1 Teelöffel Öl. Dieser Teig muß eher weich als zu fest gehalten sein, er wird seidenglatt geknetet, bis er sich von Händen und Brett löst und Blasen wirft. Dieser Butterteig blättert höher als der vorher angegebene, ist aber etwas weniger mürbe.

APFELSTRUDEL AUS BUTTERTEIG

8–12 Portionen

Butterteig
120 g Äpfel
ca. 80 g Staub(Puder)zucker
60 g Rosinen
40 g Nüsse
1 Ei
Zimt

Ein Stück fertig gerollter und gerasteter Butterteig wird messerrückendick in ein langgestrecktes Rechteck ausgerollt, so daß die Backblechlänge und eine doppelte Handbreite erreicht wird. An den beiden Längsseiten radelt oder schneidet man einen fingerbreiten Streifen Teig ab, den man später zum Verzieren nimmt, außerdem ist damit die Möglichkeit geboten, den Teig gleichmäßig breit zu schneiden. Die Teigfläche rollt man auf das Rollholz auf und vom Rollholz auf ein reines Backblech wieder ab, wodurch ein unnötiges Anfassen des Teiges vermieden wird. Die Mittellänge des Teigstreifens wird drei Finger breit mit geschälten und nicht allzu dünnblättrig geschnittenen säuerlichen Äpfeln etwa stark handrückendick gefüllt, darüber streut man Zucker, Zimt, Rosinen und nach Belieben ein wenig grobgeriebene Nüsse. Dann legt man die linke Teigseite über die Äpfel, bestreicht den Teigrand mit gewässertem Ei und deckt mit der rechten Teigseite so zu, daß die beiden Teigenden höchstens fingerbreit übereinander liegen. Dies ist wichtig, da der doppelt übereinanderliegende Teig nur schwer durchbacken kann bzw. länger brauchen würde, um fertig zu sein, als die einfachen Teiglagen. Nun wird der Strudel auch von oben mit gewässertem Ei bestrichen und mit den vorher abgeschnittenen Teigschlangen im Zickzack belegt. Auch diese werden mit Ei bestrichen. Nach dem Rasten wird der Strudel in ein übermittelheißes Rohr geschoben, nach Erreichung einer goldgelben Farbe verringert man die Hitze und backt langsam insgesamt 35 bis 45 Minuten goldbraun fertig. Für Tisch überzuckern.

KIRSCHEN- ODER WEICHSEL(Sauerkirschen)-STRUDEL AUS BUTTERTEIG

8–12 Portionen

Butterteig
600 g Kirschen oder Weichseln (Sauerkirschen)
80 g Staub(Puder)zucker
Mandeln
1 Ei
Zimt

Die Herstellung ist genauso vorzunehmen wie bei Apfelstrudel. Statt Äpfel werden abgestielte Kirschen oder Weichseln, die man mit den Kernen beläßt, verwendet. Rosinen und Nüsse können wegbleiben, oder man ersetzt sie durch 1 Eßlöffel grobgeriebene Mandeln.

8–12 Portionen

PREISELBEERKIPFERLN

Butterteig
Preiselbeer- oder Ribisel-(Johannisbeer)marmelade
1 Ei
Staub(Puder)zucker

Stark messerrückendick gerollter Butterteig wird in 12 Zentimeter breite Streifen geschnitten, die man in stumpf auslaufende Dreiecke schneidet oder radelt. In die Mitte der breiten Dreieckseite setzt man ein Häufchen festere Preiselbeer- oder auch Ribiselmarmelade mit Kernen, schlägt die Breitseite über die Marmeladefüllung, dreht den Teig um und legt so zusammen, daß die stumpfe Dreieckspitze nach oben zu liegen kommt. Jedes Stück wird sogleich in Kipferlform abgebogen, auf ein ungefettetes Backblech gelegt und zuletzt mit gewässertem Ei bestrichen. Nach dem Rasten in ein übermittelheißes Rohr stellen, geschlossen zu goldgelber Farbe backen, dann etwas langsamer zu hellbrauner Farbe durchbacken. Anzuckern.

8 Portionen

ÄPFEL IM SCHLAFROCK

Butterteig
8 kleinere Äpfel
1 Ei
Nüsse
Ribisel(Johannisbeer)-marmelade oder Preiselbeeren
Zitronensaft
Staub(Puder)zucker
Zimt
Gewürznelken

Ein fertiggestellter Butterteig wird nach einigem Rasten auf bestaubtem Brett gut messerrückendick ausgerollt und in gleichmäßige, 12 bis 15 Zentimeter breite Vierecke geschnitten, deren Enden mit gewässertem Ei betupft werden. In die Mitte der Teigvierecke stellt man je 1 kleineren geschälten und vom Kerngehäuse ausgehöhlten Apfel, streut ein wenig geriebene Nüsse oder Semmelbrösel in die Höhlung und füllt sie dann mit fester Ribiselmarmelade oder mit Preiselbeeren aus. Besonders schmackhaft werden die Äpfel, wenn man sie vor dem Auflegen mit Zucker, Zimt und Zitronensaft einreibt und eine Weile marinieren läßt. Nun schließt man die 4 Teigecken über den Äpfeln so, daß sich die Ecken nur höchstens geldstückgroß decken, steckt 1 Gewürznelke durch alle 4 Ecken, damit sie beim Backen nicht aufgehen können. Mit gewässertem Ei bestreichen und im heißen Rohr zuerst goldgelb, dann bei gedrosselter Hitze langsamer hellbraun durchbacken.

CREMESCHNITTEN

8–12 Portionen

Butterteig
Vanillecreme wie bei Cremekrapfen
Ribisel(Johannisbeer)-marmelade

Glasur
150–200 g Staub-(Puder)zucker
Zitronensaft

Fertig gerollter Butterteig wird auf bestaubtem Brett messerrückendick in Backblechgröße ausgerollt, auf das Rollholz aufgewickelt und dann auf das bereitstehende kalte Backblech abgerollt. Nachdem die überhängenden Teigränder am Backblechrand abgeschnitten wurden, durchlöchert man die Teigfläche in mäßigen Abständen mit einer Messerspitze, damit sich der Teig beim Backen nicht wirft. Das Backen erfolgt im geschlossenen übermittelheißen Rohr, wo man den Butterteigboden goldfarben und durch und durch backt. Mit einem steil gehaltenen Messer schneidet man den Boden in 2 gleiche Hälften, füllt die eine mit heißer Vanillecreme und bedeckt mit der zweiten Butterteighälfte, die verkehrt daraufgelegt und leicht angedrückt wird. Die Schnitten werden überzukkert oder aber mit dünner Ribiselmarmelade schwach bestrichen und dann mit heißer Zitronenwasserglasur überzogen. Das Schneiden in Portionen erfolgt mit steil gehaltenem dünnem Messer.
Zitronenwasserglasur: 150 bis 200 Gramm Staubzucker mit Zitronensaft und einigen Tropfen Wasser zu dicklicher Masse abrühren, unter Rühren ziemlich erwärmen und sogleich damit überziehen und glatt verstreichen.

SCHWEINSOHREN (PALMENBLÄTTER)

Butterteig
Blätterteig
Kristallzucker
Fett

Rohe Blätterteigreste werden in ein Stückchen frischen Butterteig eingeschlagen und alles 3 Millimeter dick ausgerollt. Dann entfernt man alles Mehl von Teig und Brett und bestreut sowohl den Teig als auch das Brett ziemlich dicht mit feinem Kristallzucker, schlägt den Teig nochmals zusammen und rollt ihn ungefähr 30 Zentimeter breit und zwei Messerrücken dick aus. Die Teigfläche wird nun nochmals gut überzuckert und von oben und unten zur Mitte zu, ohne viel zu drücken, wie eine Roulade locker eingerollt, so daß sich beide Rollen genau in der Mitte treffen. Von dieser zusammenhängenden Doppelrolle werden halbfingerdicke Scheibchen geschnitten, die in größeren Abständen mit der Schnittfläche auf ein leicht gefettetes, kaltes Backblech gelegt werden. In guter Mittelhitze im geschlossenen Rohr zu einiger Farbe backen, wobei die Stücke schön auseinandertreiben, dann Stück um Stück mit einer Backschaufel am Blech umdrehen, damit die Unterseite nach oben kommt, und in etwas verminderter Hitze langsam spröde ausbakken. Die Schweinsohren sehen, richtig gebacken, wie glasiert aus und werden ungezuckert als Jausengebäck genommen.

Der ausgerollte Teig kann auch mit ein wenig Zimt bestäubt werden.

Kuchen

SANDMASSE FÜR OBSTKUCHEN, LEICHT

12 Portionen

5 Eier
Zitronenschale
120 g Staub(Puder)zucker
120 g Mehl
60 g Butter

5 Eidotter werden mit geriebener Zitronenschale und 40 Gramm Staubzucker schaumig gerührt, Schnee von 5 Eiweiß wird mit 80 Gramm Zucker nochmals steif geschlagen und in den Dotterabtrieb gehoben. Gesiebtes Mehl darunterziehen und zuletzt auf 70 Grad erhitzte Butter vorsichtig einmischen.

SANDMASSE, GERÜHRT

12 Portionen

200 g Butter
200 g Staub(Puder)zucker
5 Eier
Zitrone
200 g Mehl

200 Gramm Butter mit 150 Gramm Zucker und nach und nach 5 Eidottern, etwas Zitronenschale und -saft sehr schaumig rühren. Dann den Schnee von 5 Eiweiß mit 50 Gramm Zucker nochmals recht steif schlagen, zur Buttermasse rühren und vorsichtig 200 Gramm Mehl einziehen.

FRÜCHTEGÂTEAU

12 Portionen

gerührte Sandmasse
Kompottobst
Butter
Mehl
Staub(Puder)zucker

Eine gerührte Sandmasse wird daumendick auf ein gefettetes und gestaubtes Backblech gestrichen, mit abgetropftem, nett geschnittenem Kompottobst belegt und langsam im mittelheißen Rohr ungefähr 45 Minuten gebacken. Beim Backen sinkt das Obst ein. Für Tisch bloß überzuckern.

SCHWÄBISCHER APFELKUCHEN

12 Portionen

1 kg Äpfel
180 g Mehl
120 g Butter
160 g Staub(Puder)zucker
1 Eidotter
Zitrone
$^1/_8$ l Weißwein
Vanille
Zimt

Eierschaummasse
4 Eiweiß
150 g Kristallzucker

Aus 180 Gramm Mehl, 120 Gramm Butter, 60 Gramm Zucker, 1 Eidotter, etwas Zimt und feiner Zitronenschale wird ein Teig geknetet. Nach kurzem Rasten wird ein 3 Millimeter dicker Boden ausgerollt, auf ein Blech gelegt, in regelmäßigen Abständen mit einer Gabel eingestochen und im mittelheißen Rohr goldfarben gebacken. Überkühlen lassen. Inzwischen schält und halbiert man 1 Kilogramm kleine Äpfel, entfernt das Kerngehäuse und reibt die Früchte sogleich mit Zitronensaft ein. 100 Gramm Zucker, $^1/_8$ Liter Wasser oder Weißwein und ein Stückchen Vanille läßt man aufkochen und dünstet darin die Äpfel partieweise fast weich, wobei sie nicht zerstört werden dürfen. Die gut abgetropften Äpfel legt man mit der Schnittseite nach unten eng nebeneinander auf den gebackenen Mürbteigboden. Inzwischen bereitet man eine Eierschaummasse und spritzt davon mittels Dressiersack mit größerem Sternröhrchen ein grobmaschiges Gitter über den Apfelbelag, überzuckert das Ganze und läßt im heißen Rohr gerade so lange überbacken, bis die Spritzkonturen ein wenig Farbe genommen haben. Der Kuchen kann auch so vollendet werden, daß man mit der Schaummasse zuerst die Vertiefungen des Obstbelages ausfüllt und glatt verstreicht und dann das Gitter aufspritzt. Für Tisch in viereckige Stücke aufschneiden. Der Kuchen wird kalt aufgetragen.
Für die Eierschaummasse werden 4 Eiweiß steif geschlagen. 150 Gramm Kristallzucker unter ständigem Schlagen einfließen lassen und weiterschlagen, bis der Zucker vollständig gelöst ist.

APFELKUCHEN

6 Portionen

Mürbteig
Butter
Äpfel
Zitronensaft
Rum
1 Eßlöffel geriebene Nüsse
30 g Rosinen
1 Eßlöffel Ribisel-(Johannisbeer)marmelade
1 Ei
Staub(Puder)zucker
Zimt

Eine leicht mit Butter gefettete, 2 bis 3 Finger hohe Backschale wird mit Mürbteig zwei Messerrücken dick ausgelegt und mit geschälten, blättrig geschnittenen Äpfeln, die mit Zucker, Zimt, Zitronensaft und einem Spritzer Rum gewürzt und mit 1 Eßlöffel geriebenen Nüssen, 30 Gramm Rosinen und 1 Eßlöffel Ribiselmarmelade untermischt wurden, gefüllt. Dann mit Teig bedecken und die Ränder gut verschließen. Mit Ei bestreichen und mittelheiß langsam backen, wobei bei einer Gesamthöhe des Backgutes von 5 Zentimetern 3/4 Stunden Backzeit zu berechnen ist. Im Backgeschirr oder aber gestürzt und mit der gezuckerten Backoberseite nach oben auftragen. Der Kuchen kann kalt oder warm serviert werden.
Dazu Vanillecremesauce reichen.

Ebenso wie mit Äpfeln sind Kuchen auch mit entkernten Kirschen, blättrig geschnittenen Birnen, geviertelten Marillen (Aprikosen) und halbierten Zwetschken (Pflaumen) herzustellen. Nur sollen bei allzu wasserhaltigen Früchten etwas in Butter geröstete Semmelbrösel mit den Früchten vermischt werden.

EINS-ZWEI-DREI-KUCHEN

8–10 Portionen

60 g Staub(Puder)zucker
120 g Butter
Zitrone
2 Eier
1/2 Paket Backpulver
1 Eßlöffel Rum
180 g Mehl
Preiselbeeren

60 Gramm Zucker und 120 Gramm Butter, bißchen Zitronensaft und -schale rührt man mit nach und nach 2 ganzen Eiern sehr schaumig, fügt dann 1/2 Paket Backpulver, das mit 1 Eßlöffel Rum gelöst wurde, bei und rührt zuletzt 180 Gramm Mehl ein. Mit der halben Masse füllt man eine gefettete und gestaubte Kuchenform fingerdick voll, streicht eine halbfingerdicke Lage eingemachte Preiselbeeren darauf und schließt mit dem übrigen Teig ab. Der Kuchen wird auf einem Backblech in ein mittelheißes Rohr geschoben und in mittelmäßiger Hitze langsam 1 Stunde gebacken. Nach dem Auskühlen stark überzuckern und in beliebige Portionen aufschneiden.

12 Portionen

BISCHOFSBROT

120 g Butter
160 g Staub(Puder)zucker
6 Eier
Zitronenschale
Orangenschale
80 g kandierte Früchte
Mandeln
Rosinen
160 g Mehl

120 Gramm Butter mit 120 Gramm Zucker und nach und nach 6 Eidottern sehr schaumig rühren, würzen mit Zitronen- und Orangenschale. 6 steifgeschlagene Eiweiß mit 40 Gramm Zucker nochmals steif schlagen, in die Buttermasse nebst 80 Gramm kleinwürfelig geschnittenen kandierten Früchten, vermischt mit streifig geschnittenen Mandeln und Rosinen, sowie 160 Gramm Mehl einrühren und in eine längliche gefettete und gestaubte Bischofsbrotform einfüllen. Gebacken wird im mittelheißen Rohr langsam fast 1 Stunde, wobei zu Anfang die Rohrtür einen fingerbreiten Spalt offenbleibt. Das Bischofsbrot ist dann genügend lang gebacken, wenn ein leichter Fingereindruck erwidert wird.
Anzuckern oder mit Schokoladeglasur überziehen.
Foto Seite 539.

> Ein eventuelles Absinken der Früchte im Bischofsbrot kann verhindert werden, indem man die Früchte mit ein paar Tropfen Rum oder Wasser befeuchtet und danach mit ein wenig Mehl einstaubt, bevor sie in die Masse eingerührt werden.

12–14 Portionen

FRUCHTRAHMKUCHEN

200 g Mehl
140 g Butter
120 g Staub(Puder)zucker
Zitronenschale
3 Eier
3/4 l Obers (Süßrahm)
1 Paket Vanillezucker
Kompottkirschen oder beliebige Marmelade
Zimt

Aus 120 Gramm Mehl, 80 Gramm Butter, 40 Gramm Zucker, bißchen Zimt und abgeriebener Zitronenschale sowie 1 Eidotter knetet man rasch einen Mürbteig, mit dem man den Boden einer Tortenform gleichmäßig auslegt. In den Teigboden sticht man mit einer Gabel eine Reihe Löcher und backt ihn im mittelheißen Rohr hellgelb vor. Inzwischen schwitzt man 80 Gramm Mehl in 60 Gramm Butter heiß, fügt 80 Gramm Zucker hinzu, gießt dies mit 3/4 Liter Obers auf und läßt kurz und dick verkochen. In die noch heiße Masse rührt man sogleich 2 Eidotter und den steifgeschlagenen, mit 1 Paket Vanillezucker gesüßten Schnee von 3

Eiweiß. Der vorgebackene Mürbteigboden wird nun mit einer Lage abgetropfter Kompottkirschen oder halbfingerdick mit einer beliebigen Marmelade versehen. Den Tortenrand mit einem steifen Halbpergamentpapier rundum auslegen und nun die Rahmcreme über den Fruchtbelag streichen. Dann wird der Kuchen in ein mittelheißes Rohr gestellt und bei stets einen fingerbreiten Spalt offengehaltener Rohrtür ganz langsam 70 bis 80 Minuten gebacken. Nach dem Erkalten aus der Form lösen und überzuckern.

WIENER GUGELHUPF (Napfkuchen)

12 Portionen

Butter
250 g Mehl
Mandeln
1/3 Paket Backpulver
100 g Öl
4 Eier
250 g Staub(Puder)zucker
1 Paket Vanillezucker
Zitronenschale
60 g Rosinen
Salz

Eine normalgroße Gugelhupfform wird am Zapfen stark und an den Rillenwänden schwach, jedoch sorgfältig mit Butter eingerieben und gründlich mit Mehl ausgestaubt. Das überflüssige Mehl wird durch Anklopfen der Form entfernt. Den Boden belegt man mit abgezogenen Mandeln. Dann versiebt man auf einem Bogen Papier 250 Gramm Mehl mit 1/3 Paket Backpulver und einer Messerspitze Salz. In einer passenden Teigschüssel werden 100 Gramm Öl, 1/10 Liter kaltes Wasser, 4 Eidotter, das Mehl und 250 Gramm Staubzucker gründlich verrührt. Nebenbei schlägt man den steifen Schnee von 4 Eiweiß mit 1 Paket Vanillezucker nochmals steif und rührt zum Schluß die fein abgeriebene Schale von 1/4 Zitrone, 60 Gramm Rosinen und den steifen Schnee in den vorbereiteten Teig ein. Damit füllt man die Form dreiviertel voll und schiebt den Gugelhupf auf einem Backblech in ein 10 Minuten lang kräftig vorgeheiztes Backrohr. Die Rohrtür wird sogleich geschlossen und die Hitze etwas gedrosselt. Nun wird der Gugelhupf bei gleichbleibender Mittelhitze 50 bis 60 Minuten goldbraun gebacken, bis ein Nadeleinstich rein bleibt. Wenn sich von oben Risse bilden, ist dies ein Zeichen besonderer Güte. Nach dem Backen auf ein Sieb stürzen, mit einem Tuch bedeckt auskühlen lassen und vor dem Servieren mit Staubzucker bestreuen.
Foto Seite 540.

SANDMASSEGUGELHUPF (-napfkuchen)

12 Portionen

200 g Butter
200 g Staub(Puder)zucker
4 Eier
Zitrone
$^{1}/_{16}$ l Milch
220 g Mehl
60 g Rosinen
Marmelade
Schokoladeglasur

200 Gramm Butter wird mit 150 Gramm Zucker und nach und nach 4 Eidottern, etwas Zitronenschale und -saft sehr schaumig gerührt. Kurz vor der Schneebeigabe wird $^{1}/_{16}$ Liter heiße Milch (70 Grad) in den Abtrieb gerührt. Dann werden 4 Eiweiß mit 50 Gramm Zucker recht steif geschlagen und zur Buttermasse gerührt, in die nun 220 Gramm Mehl und 60 Gramm Rosinen eingezogen werden. Diese Sandmasse wird in eine gefettete und gestaubte Gugelhupfform bis daumenbreit zum oberen Rand eingefüllt und bei anfangs einen Spalt offenem Rohr mittelheiß mindestens 1 Stunde gebacken, bis ein Nadeleinstich rein bleibt. Nach dem Überkühlen überzuckern oder mit Marmelade bestreichen und mit Schokoladeglasur überziehen.

MARMORGUGELHUPF (-napfkuchen) VON SANDMASSE

12 Portionen

200 g Butter
200 g Staub(Puder)zucker
4 Eier
Zitrone
$^{1}/_{16}$ l Milch
Vanille
220 g Mehl
20 g Kakao

Masse wie bei Sandmassegugelhupf herstellen, wobei man etwas Vanille beigibt. In $^{1}/_{3}$ der Masse 20 Gramm gesiebten Kakao einrühren. Gebutterte, mehlbestaubte Form mit halber heller Masse füllen, dann mit dunkler und mit heller Masse abschließen. Ca. 50 Minuten backen.
Foto Seite 540.

KAKAOKUCHEN

12 Portionen

40 g Kakaopulver
100 g Butter
240 g Staub(Puder)zucker
2 Eier
1 Paket Vanillezucker
300 g Mehl
1 Paket Backpulver
$^{1}/_{4}$ l Milch
Marmelade

100 Gramm weiche Butter mit 240 Gramm Zucker und 40 Gramm Kakaopulver sehr schaumig rühren und dabei nach und nach 2 Eidotter einrühren. Dann wird der steife Schnee von 2 Eiweiß mit 1 Paket Vanillezucker nochmals sehr steif geschlagen, worauf man mit einem Teil des Schnees die vorige Masse lockert, dann erst den übrigen Schnee einrührt. Schließlich rührt man noch 300 Gramm Mehl, das mit 1 Paket Backpulver versiebt wurde,

abwechselnd mit 1/4 Liter kalter Milch ein und füllt mit der Masse eine gefettete und gestaubte Kuchenform zwei Finger dick. Der Kakaokuchen wird in ein übermittelheißes, von Anfang an geschlossenes Rohr geschoben und erst, wenn sich der Kuchen in der Mitte bergartig gewölbt hat, ja sogar Neigung zum Aufspringen zeigt, wird die Hitze ein wenig zurückgenommen und in einer Gesamtbackzeit von 50 Minuten fertiggebacken. Nach dem Erkalten wird der Kuchen einmal quer halbiert, mit geschmeidiger Marmelade gefüllt und zusammengesetzt und schließlich stark überzuckert.

KIRSCHENKUCHEN

12 Portionen

Kirschen
6 Eier
120 g Staub(Puder)zucker
Zitronenschale
120 g Mehl
60 g Butter
1 weiße Oblate

2 ganze Eier, 4 Eidotter, 80 Gramm Zucker und Zitronenschale werden über heißem Wasserbad dickschaumig aufgeschlagen und dann kalt geschlagen. 4 steifgeschlagene Eiweiß werden mit 40 Gramm Zucker nochmals recht steif geschlagen, zur Dottermasse gerührt, dann 120 Gramm Mehl und zum Schluß recht vorsichtig 60 Gramm warmgelöste Butter eingerührt. Die halbe Masse wird in einen Tortenreifen gefüllt, ein weißer Oblatenboden daraufgelegt, mit abgestielten Kirschen dicht belegt und mit der übrigen Masse überdeckt. Der Kuchen wird im mittelheißen Rohr 1 Stunde gebacken. Für Tisch bloß überzuckern.

Auf die gleiche Weise ist auch *Weichsel(Sauerkirschen)kuchen* herzustellen.

KIRSCHEN-SCHOKOLADE-KUCHEN

12 Portionen

250 g Kirschen
120 g Schokolade
120 g Staub(Puder)zucker
4 Eier
60 g Nüsse
60 g Mehl
1 weiße Oblate

120 Gramm erwärmte Schokolade wird mit nur so viel warmem Wasser abgerührt, daß eine streichfähige Masse entsteht. Dieser fügt man 80 Gramm Zucker und 4 Eidotter bei und rührt das Ganze recht schaumig. Der steife Schnee von 4 Eiweiß wird mit 40 Gramm Zucker nochmals sehr steif und zäh ausgeschlagen und dann nebst 60 Gramm feingeriebenen Nüssen und 60 Gramm Mehl in die

vorige Masse eingerührt. Mit etwas mehr als der Hälfte dieser Masse füllt man eine gefettete und mit Mehl gestaubte Tortenform gut daumendick, legt darauf 1 zurechtgeschnittene weiße Oblate, die nun mit abgestielten Kirschen belegt wird. Über die Obstlage verstreicht man die restliche Masse glatt und schiebt den Kuchen dann in ein mittelheißes Backrohr, dessen Tür die ersten 15 Minuten einen fingerbreiten Spalt offenbleibt. Erst wenn der Kuchen eine mäßige Wölbung zeigt, wird die Rohrtür ganz geschlossen und der Kuchen in insgesamt 50 bis 60 Minuten durchgebacken, bis ein leichter Fingereindruck erwidert wird. Nach dem Erkalten aus der Form nehmen, gut überzukkern und in Tortenportionen aufschneiden.

KÖNIGSKUCHEN

8–10 Portionen

100 g Butter
100 g Staub(Puder)zucker
Zitronenschale
3 Eier
50 g Stärkemehl
50 g Mandeln
50 g Rosinen
1 Eßlöffel Rum
50 g Mehl
100 g Marillen-(Aprikosen)marmelade

100 Gramm weiche Butter rührt man mit 80 Gramm Zucker, der fein abgeriebenen Schale von 1/2 Zitrone oder Orange sowie nach und nach 3 Eidottern und 50 Gramm Stärkemehl sehr schaumig. Dann rührt man 50 Gramm abgezogene, grobgeriebene Mandeln, 50 Gramm kleine Rosinen oder Korinthen und 1 Eßlöffel Rum hinzu. Schließlich wird der steife Schnee von 3 Eiweiß mit 20 Gramm Zucker nochmals sehr steif ausgeschlagen und zugleich mit 50 Gramm Mehl in die vorige Masse eingerührt. Damit füllt man eine gefettete, gestaubte Zwiebackform zwei Finger dick und backt sie in Mittelhitze langsam 1 Stunde. Nach dem Backen stürzen und mit einem Tuch bedeckt über Nacht auskühlen lassen. Den Kuchen zweimal durchschneiden, stark mit Marillenmarmelade füllen, zusammensetzen und überzuckern. Erst vor dem Service aufschneiden.

MARILLEN(Aprikosen)-KUCHEN

16 Portionen

500 g Marillen (Aprikosen)
30 g Germ (Hefe)
50 g Staub(Puder)zucker
1/8 l Milch
450 g Mehl
60 g Butter
1/4 Zitrone
1 Teelöffel Rum
2 Eier
Zimt
1 Teelöffel Salz

Für ein Backblech in der Größe von 45 mal 30 Zentimeter wird 30 Gramm Germ mit 1 Eßlöffel Zucker und 1/8 Liter warmer Milch aufgelöst und 10 Minuten warm gestellt. Dann fügt man 450 Gramm Mehl, 60 Gramm zerlassene Butter, noch 40 Gramm Zucker, die feingehackte Schale und den Saft von 1/4 Zitrone, 1 Teelöffel Rum, 1 glattgestrichenen Teelöffel Salz und 2 ganze Eier hinzu. Aus dem Ganzen wird unter Zusatz von noch fehlender lauwarmer Milch ein seidenglatter, mäßig weicher Teig abgeschlagen, den man nach kurzem Rasten auf ein gefettetes Backblech mit Rändern fingerdick verteilt. Die ganze Teigfläche wird nun mit halbierten und dann geviertelten reifen Marillen mit der Hautseite nach unten belegt. Den Obstbelag leicht überzuckern und mit einem Stäubchen Zimt versehen. Nachdem der Teig an warmem Ort gut um die Hälfte höher aufgehen konnte und dabei polsterartig durch den Obstbelag dringt, schiebt man den Kuchen in ein gut erhitztes Rohr und backt ihn in 35 Minuten goldbraun. Nach dem Erkalten überzuckern und portionieren.

PFIRSICH-SCHOKOLADE-KUCHEN

16 Portionen

Pfirsiche
200 g Mehl
50 g Kakaopulver
1/2 Paket Backpulver
200 g Butter
350 g Staub(Puder)zucker
4 Eier
1 Eiweiß

Auf einem Bogen Papier werden 200 Gramm Mehl mit 50 Gramm Kakaopulver und 1/2 Paket Backpulver versiebt. Mittels Schneebesen rührt man 200 Gramm weiche Butter mit 200 Gramm Staubzukker und nach und nach 3 Eidottern und 1 ganzen Ei schaumig, wobei nach halber Eizugabe bereits die Hälfte des Mehl-Kakao-Backpulver-Gemisches löffelweise abwechselnd hinzugerührt werden soll. Zuletzt wird das restliche Mehl eingerührt und die Masse auf ein buttergefettetes, mit Mehl gestaubtes Backblech mit Rändern fingerdick aufgetragen. Über die Oberfläche werden nun halbierte Pfirsiche mit der Fleischseite nach oben in kleinen, gleichmäßigen Abständen aufgelegt. Den Kuchen im mittelheißen, von Anfang an geschlossenen

Rohr etwas über 20 Minuten backen. Inzwischen wird der steife Schnee von 4 Eiweiß mit einem Teil von 150 Gramm Zucker nochmals sehr steif ausgeschlagen und daraufhin der restliche Zucker locker einmeliert. Mit dem Schnee wird der gebackene Kuchen mit Hilfe eines Dressiersackes mit Sternröhrchen in Form eines grobmaschigen Gitters aufgespritzt, leicht überzuckert und für etwa 1 Minute in das gut mit Oberhitze erhitzte Backrohr geschoben, gerade nur so lange, bis die Spritzkonturen des Eierschnees zum Teil eine braune Farbe erreicht haben. Der Kuchen wird mit nassem Messer aufgeschnitten.

Statt der Pfirsiche können auch halbierte, entkernte Zwetschken (Pflaumen) genommen werden.

12–14 Portionen

REHRÜCKEN

140 g Butter
160 g Staub(Puder)zucker
100 g Schokolade
6 Eier
100 g Mandeln
40 g Semmelbrösel (Paniermehl)
40 g Mehl
Marmelade
Schokoladeglasur
Mandeln zum Garnieren

140 Gramm Butter, 120 Gramm Zucker, 100 Gramm erwärmte Schokolade und nach und nach 6 Eidotter sehr schaumig rühren. Dann den steifen Schnee von 6 Eiweiß mit 40 Gramm Zucker nochmals recht steif ausschlagen und nebst 100 Gramm mit der Schale feingeriebenen Mandeln, 40 Gramm Semmelbröseln und 40 Gramm Mehl in die Buttermasse einrühren. Damit wird eine gefettete und gestaubte große Rehrückenform gefüllt, im mittelheißen Rohr bei zuerst einen fingerbreiten Spalt offener Rohrtür langsam etwas mehr als 1 Stunde gebacken und dann gestürzt. Nach dem Auskühlen einmal quer durchschneiden, mit Marmelade füllen, auch von oben mit Marmelade bestreichen und mit dicker Schokoladeglasur überziehen. Zuletzt mit abgezogenen, gestiftelten Mandeln spicken.

16 Portionen

STREUSELKUCHEN

Germ(Hefe)teig I
beliebige Marmelade
210 g Mehl
70 g Mandeln
100 g Staub(Puder)zucker
Zitronenschale
140 g Butter
Zimt

Ein fester Germteig I wird nach kurzem Rasten halbfingerdick ausgerollt und auf ein leicht gefettetes Backblech mit Rändern gelegt. Darauf streicht man eine dünne Lage verdünnter beliebiger Marmelade und bedeckt dies mit einer zweiten Teiglage, die leicht angedrückt wird. Inzwischen wird 210 Gramm Mehl mit 70 Gramm feingeriebenen, abgezogenen Mandeln, 100 Gramm Zucker, Prise Zimt und etwas feingeriebener Zitronenschale trocken abgemischt. Dann fügt man 140 Gramm zerlassene Butter bei und verarbeitet alles zu einer bröseligen Masse, die gleichmäßig über den Kuchen gestreut wird. Nach halbhohem Aufgehen an warmem Ort im übermittelheißen Rohr 35 bis 45 Minuten zu goldgelber Farbe backen und nach dem Überkühlen in Stücke schneiden.

8–10 Portionen

WEINTRAUBENKUCHEN

200–250 g Weinbeeren
100 g Mehl
180 g Butter
160 g Staub(Puder)zucker
2 Eier
1 Eßlöffel Rum
1 Eßlöffel Milch
Zitronenschale
80 g Nüsse
1 Eßlöffel Mandeln
Kristallzucker
Zimt

Aus 100 Gramm gesiebtem Mehl, 180 Gramm weicher Butter und 60 Gramm Staubzucker, 1 Eidotter, 1 Eßlöffel Rum, ebensoviel Milch, ein klein wenig Zimt und feingehackter Zitronenschale knetet man rasch einen Teig, der 1/2 Stunde kalt gestellt wird. Inzwischen wird der steife Schnee von 2 Eiweiß mit dem dritten Teil von 100 Gramm Zucker nochmals sehr steif ausgeschlagen, dann rührt man den übrigen Zucker nebst 80 Gramm feingeriebenen Nüssen mit dem Kochlöffel ein. Nun rollt man die große Hälfte des Mürbteiges zu einem normalgroßen Tortenboden aus und bedeckt damit den Boden einer ungefetteten Tortenform. Über den Teig verteilt man die Schneemasse, in die 200 bis 250 Gramm verlesene Weinbeeren eingedrückt werden. Zuletzt deckt man das Ganze mit der ausgerollten zweiten Teighälfte zu und bestreicht die Oberfläche mit gewässertem Eidotter. Vom restlichen Teig werden ganz dünne Schlangen gewälzt, die man in Form eines Gitters auf die Kuchenoberfläche auflegt. Nachdem auch das Teiggitter mit gewässertem Eidotter bestrichen wurde, streut man 1 Eßlöffel grobgehackte Nüsse oder gehobelte Mandeln und ein wenig Kristallzucker auf und backt den Kuchen im mittelheißen Rohr zu goldblonder Farbe. Nach dem Auskühlen, am besten nach 2 bis 3 Stunden, löst man den Kuchen vorsichtig vom Formenrand los und schneidet ihn mit scharfem Messer in Portionen, die mit Staubzucker bestreut werden.

ROSINENBISKUIT

8–10 Portionen

200 g Rosinen
200 g Kristallzucker
4 Eier
200 g Mehl
1 Teelöffel Backpulver

200 Gramm Kristallzucker wird mit 4 ganzen Eiern über mäßig warmem Wasserbad zuerst nur lauwarm durchgeschlagen. Nach 1/2 Stunde setzt man die Eiermasse auf ein halbheißes Wasserbad, das langsam übermittelheiß werden soll, und schlägt sie dickschaumig warm auf. Dann wird kalt dickschaumig geschlagen. Nun mischt man 200 Gramm gesiebtes Mehl, vermischt mit 1 glattgestrichenen Teelöffel Backpulver und 200 Gramm leicht bemehlte Rosinen ein. Mit der Masse füllt man eine am Boden gerundete, gefettete und gestaubte Zwiebackform gut zwei Finger dick voll. Das Rosinenbiskuit schiebt man auf einem Backblech stehend in ein mittelheißes Rohr, dessen Tür die ersten 10 bis 12 Minuten offengehalten wird. Erst wenn sich die Masse schön heben konnte, schließt man das Rohr ganz und backt in insgesamt 45 Minuten fertig, bis ein leichter Fingereindruck erwidert wird. Nach dem Backen wird das Biskuit auf ein Brett gestürzt, mit einem Tuch bedeckt auskühlen gelassen, für Tisch in zentimeterdicke Scheiben aufgeschnitten und fein überzuckert.

Torten, Schnitten, Rouladen

Herstellung von Massen

Rühren der Massen ohne Butter
Die vorgeschriebene Eidotter- bzw. Eiermenge wird stets mit 3/4 der verwendeten Zuckermenge mittels Schneebesen oder Rührgerät so schaumig wie möglich gerührt, so daß eine blaßgelbe, trägflüssige Masse entsteht. 1/4 der Zuckermenge bleibt jeweils zum Einschlagen in den Schnee zurück.

Rühren von Buttermassen
Die im Rezept vorgeschriebene Buttermenge wird ein wenig erwärmt, damit sie sich leichter rühren läßt. Anfangs wird bloß mit 3/4 der vorgeschriebenen Zuckermenge ebenfalls mit Schneebesen schaumig gerührt, bei Schokolademassen und solchen Rezepten, die eine Beigabe von Würzmitteln vorschreiben, rührt man diese gleich von Anfang an mit. Erst wenn die Butter-Zucker-Masse schon schaumig ist, beginnt man mit dem Beifügen der vorgeschriebenen Eidotter- bzw. Eiermenge, und zwar kommt jeweils nur 1 Dotter hinzu, und es wird erst schaumig gerührt, ehe der nächste Dotter beigegeben wird. Auf diese Art wird man ein Gerinnen der Buttermasse stets vermeiden können.

Warmschlagen von Massen
Warm geschlagene Massen werden selten mit Eierschnee zum Schluß vermengt, sondern gewöhnlich mit ganzen Eiern von Grund auf hergestellt. Die vorgeschriebene Anzahl von Eiern und Dottern vermengt man mit der Gesamtmenge des benötigten Zuckers und setzt den Kessel auf ein passendes Geschirr, das mit fast kochendem Wasser gefüllt ist. Man beginnt sofort mit dem Schaumigschlagen der Masse und beendet dies erst, nachdem sie trägflüssig, blaßgelb und möglichst „hoch“ geworden ist. An kaltem Ort oder in kaltem Wasserbad weiterschlagen, bis die Masse ausgekühlt ist.

Schneeschlagen
Beim Schneeschlagen ist vor allem darauf zu achten, daß Schneekessel und Schneebesen oder Rührgerät peinlich sauber und insbesondere nicht fett sind. Das verwendete Eiweiß muß ohne jede Spur von Dotter sein. Sobald der Schnee festen Stand hat, also schon steif geworden ist, gibt man den vom Rühren der Masse zurückgelassenen Zucker bei und schlägt nun weiter gleichmäßig, bis die Schneemasse in gewisser Beziehung zäh und überaus steif geworden ist. Beachtet man diesen Wink beim Schneeschlagen, erhält man immer schöne und lockere Massen.

EINFACHE BISKUITMASSE

für 1 Torte oder 1 Roulade

6 Eier
150 g Staub(Puder)zucker
Zitrone
150 g Mehl

6 Eidotter mit 60 Gramm Zucker und etwas Zitronensaft und -schale schaumig rühren. 6 steife Eiweiß mit 90 Gramm Zucker nochmals steif schlagen. Nun wird der Schnee in den Dotterabtrieb vorsichtig eingezogen und abschließend das gesiebte Mehl eingehoben.

LEICHTE SANDMASSE, KALT

für 1 Torte

6 Eier
120 g Staub(Puder)zucker
Zitrone
120 g Mehl
30 g Butter

In eine Biskuitmasse rührt man knapp nach dem Mehl recht vorsichtig 30 Gramm halbheiß flüssig gelöste Butter ein.

LEICHTE SANDMASSE, WARM AUFGESCHLAGEN

für 1 Torte

140 g Kristallzucker
6 Eier
Zitronenschale
Vanille
140 g Mehl
30 g Butter

140 Gramm Zucker wird mit 6 ganzen Eiern, etwas abgeriebener Zitronenschale und Vanille über heißem Wasserbad zuerst dickschaumig warm und dann vollständig kalt geschlagen. Mit dem Kochlöffel 140 Gramm Mehl und zuletzt recht vorsichtig 30 Gramm warm zerlassene Butter einrühren.

Backen der Massen

Für alle gerührten und geschlagenen Tortenmassen gilt ein gleiches: Nie dürfen die Tortenreifen oder Ränder anderer Formen (mit Ausnahme von Rehrücken- und Zwiebackformen) gefettet und gestaubt werden, da sich die Masse sonst beim Backen einzieht und ungleichmäßige Ränder bekommt. Wenn man will, kann man den Boden der Backformen fetten und stauben, doch genügt es vollkommen, wenn man den Boden mit einem zurechtgeschnittenen Papierbogen auslegt. Die fertige Masse wird bis etwas unter den Formenrand eingefüllt, glatt verstrichen auf ein Backblech gestellt und in das mittelheiß vorgeheizte Rohr geschoben. Zu Beginn des Backens läßt man die Rohrtür einen fingerbreiten Spalt offen, damit die Masse langsam aufgehen kann, ohne vorher oben eine Kruste zu bekommen. Erst wenn sich eine leichte Wölbung zeigt, schließt man das Rohr ganz und backt in der vorgeschriebenen Zeit fertig. Die Backdauer beträgt für normalhohe Torten 50 Minuten bei leichten Massen (ohne Butterverwendung) und 1 Stunde bei schweren Massen. Ob eine Masse ausgebacken ist, zeigt auch ein Nadeleinstich an, der rein bleiben muß. Nun einige Hinweise auf Fehler beim Backen von Tortenmassen. Wenn eine Torte nicht aufgeht: zu kühles Backen oder zu wenig Rühren bzw. Schlagen der Masse. Wenn eine Torte rindhohl wird, d. h. nach dem Backen abblättert: Dies wird immer dann der Fall sein, wenn gleich zu Beginn eine zu große Hitze im Rohr ist und die Rohrtür vom Anfang an geschlossen gehalten wird. Durch zu heißes Backen von Anfang an passiert es auch sehr leicht, daß eine Masse wohl zuerst hoch aufgeht, dann aber zusammenfällt und speckig wird. Auch bei zu wenig langer Backzeit oder wenn die Masse zu leicht ist, fällt die Torte zusammen und wird leicht speckig. Ist die Ober- oder die Unterhitze zu groß, hält man sie durch Bedecken mit Papier oder Unterschieben eines zweiten Backbleches ab. Nach dem Backen legt man jede Torte, mit Mehl bestäubt, wenigstens 1/4 Stunde verkehrt auf das Backblech oder ein genügend großes Sieb und läßt sie dann, wieder umgedreht, am besten über Nacht, auskühlen. Zum Fertigmachen schneidet man die angebackene Tortenmasse vom Formenrand mit einem kleinen Messer los und stürzt sie. Nun noch das Papier flach abziehen und die Torte vollenden. Die beim Backen unten gewesene Seite ist zum Fertigstellen immer die Oberseite.

Cremen als Füllmaterial

BUTTERCREME MIT VANILLE

für 1 Torte

200 g Butter
150 g Staub(Puder)zucker
1 Paket Vanillezucker
2 Eidotter

200 Gramm geschmeidige Butter wird mit 150 Gramm Staubzucker, vermischt mit 1 Paket Vanillezucker, tüchtig gerührt. Dann 2 Eidotter beifügen und nochmals sehr schaumig rühren.

> Buttercreme wird nur leicht und luftig, wenn mindestens 10 Minuten mit dem Rührgerät auf Stufe 2 gerührt wird. Manche Margarinesorten lassen sich schaumiger rühren als Butter, allerdings darf diese Creme nicht als Buttercreme bezeichnet werden.

BUTTERCREME MIT GEKOCHTER CREME

für 1 Torte

120 g Staub(Puder)zucker
2 Eier
30 g Cremepulver oder Stärkemehl
Vanille
1/4 l Milch
150 g Butter

60 Gramm Zucker mit 2 ganzen Eiern, 30 Gramm Cremepulver oder Stärkemehl, Vanille und 1/4 Liter Milch zuerst fein abrühren, dann unter Rühren tüchtig aufkochen lassen und kalt stellen. Inzwischen 150 Gramm Butter mit 60 Gramm Zucker schaumig rühren und nach und nach die passierte kalte, gekochte Creme einrühren. Alles zusammen 10 Minuten rühren.

BUTTERCREME MIT WARMGESCHLAGENER CREME

für 1 Torte

100 g Vanillezucker
1 Ei
2 Eidotter
150 g Butter
50 g Staub(Puder)zucker

100 Gramm Vanillezucker mit 1 ganzen Ei und 2 Eidottern über Dunst dickschaumig warm aufschlagen und dann kalt schlagen. Schließlich 150 Gramm Butter mit 50 Gramm Zucker sehr schaumig rühren, wobei die kaltgeschlagene Creme nach und nach beigemischt wird.

ERDBEERCREME

für 1 Torte

Buttercreme
2 Eßlöffel Erdbeermarmelade
Kognak
Zitronensaft

Einer beliebigen Buttercreme rührt man nach und nach 2 Eßlöffel Erdbeermarmelade oder 1 Eßlöffel Erdbeermark bei, färbt zart rosa und würzt mit einem Spritzer Kognak und Zitronensaft.

KAFFEECREME

für 1 Torte

Buttercreme
3 Eßlöffel schwarzer Kaffee

In eine beliebige Buttercreme rührt man gegen Schluß nach und nach 3 Eßlöffel starken schwarzen Kaffee ein. Der Zusatz von Vanille kann unterbleiben.

KASTANIENCREME

für 1 Torte

Buttercreme mit Vanille
100 g Edelkastanien
1 Eßlöffel Maraschino

In eine Buttercreme mit Vanille rührt man gegen Schluß 100 Gramm gekochte, feinpassierte Kastanien oder entsprechend passierte Tiefkühlkastanien und würzt mit 1 Eßlöffel Maraschino.

MANDELCREME

für 1 Torte

Buttercreme mit gekochter Creme
50 g Mandeln
Kognak oder Mandelbitter

Einer Buttercreme mit gekochter Creme werden 50 Gramm Mandeln beigefügt, in geschältem Zustand gerieben. Ein Spritzer Kognak hebt den Geschmack. Es kann auch mit Mandelbitter abgeschmeckt werden.

Für *Nußcreme* werden 50 Gramm gebrannte geriebene Nüsse und 1 Teelöffel Rum beigefügt.

ORANGENCREME

für 1 Torte

Buttercreme mit gekochter Creme
2 Orangen

In eine Buttercreme mit gekochter Creme verrührt man den Saft von 2 Orangen und die feinstgehackte oder abgeriebene Schale von 1 Frucht.

für 1 Torte

PARISER CREME

250 g Schokolade
1/4 l Schlagobers
(Schlagsahne)

250 Gramm kleingeschnittene Schokolade und 1/4 Liter Schlagobers läßt man unter Rühren heiß auflösen und dann einmal tüchtig aufkochen. Die Masse kalt stellen. Erst dann rührt man mit einem Schneebesen ziemlich flott zu einer halbsteifen Creme, die bald anzieht und schön spritzfähig wird.

für 1 Torte

PUNSCHCREME

Buttercreme mit Vanille
2 Eßlöffel Rum
1 Orange

In eine Buttercreme mit Vanille rührt man nach und nach 2 Eßlöffel Rum, die feingehackte Schale und den Saft von 1 Orange und färbt zart rosa. Statt Orangensaft und -schale kann ein Gläschen Curaçao beigegeben werden.

für 1 Torte

SCHOKOLADECREME

Buttercreme mit
gekochter Creme
jedoch nur 60 g Staub-
(Puder)zucker
80–120 g Schokolade

Mit der Buttermasse zu einer Buttercreme mit gekochter Creme wird 80 bis 120 Gramm warmgeweichte Schokolade von Anfang an mitgerührt. Damit die Creme nicht zu süß wird, nimmt man nur die Hälfte der vorgeschriebenen Zuckermenge.

für 1 Torte

WEICHSEL(Sauerkirschen)-CREME

Buttercreme
2 Eßlöffel Weichseln
(Sauerkirschen)
Weichsellikör

Beliebige Buttercreme wird mit 1 Eßlöffel roh passierten Weichseln schaumig gerührt, schön rosa gefärbt und mit einem Spritzer Weichsellikör gewürzt.

Bischofsbrot (Rezept Seite 524).

Glasuren

WASSERGLASUR

für 1 Torte

250 g Staub(Puder)zucker
Zitronensaft
1/2 Eiweiß

Die einfachste, allerdings nicht feinste Glasur ist eine sogenannte Wasserglasur. Für eine mittelgroße Torte wird 250 Gramm feingesiebter Zucker mit dem Saft von 1/2 Zitrone, etwa 1/2 rohen Eiweiß und kaltem Wasser nach Bedarf zu einer ziemlich dicken Masse eine Weile gerührt. Zum Überziehen wird die Glasur auf schwacher Hitze unter Rühren gerade so viel erwärmt, daß sie, mit den Lippen befühlt, eine angenehm laue Wärme vermittelt. Zu warme Glasur trocknet rasch und wird bald brüchig, zu kalt überzogen, rinnt sie stark ab und trocknet schwer. Durch das Erwärmen wird sie etwas dünner, weshalb beim Anrühren der Glasur immer auf die richtige Konsistenz geachtet werden muß.

FONDANT

für 1 Torte

300 g Kristall- oder
Würfelzucker

Die feinste Glasur ist aus Fondant bzw. Schmelzzucker herzustellen. Die Herstellung ist bei einiger Aufmerksamkeit nicht schwer. Für 1 Torte berechnet man 300 Gramm Kristall- oder Würfelzucker, löst ihn mit 1/8 Liter Wasser warm auf und kocht unter Abschäumen ganz klar. Während des Weiterkochens muß der Zucker öfter „zusammengewaschen" werden. Dies geschieht, indem man einen Pinsel in kaltes Wasser taucht und damit den Rand des Kochgeschirrs immer wieder reinigt, so daß sich kein Schmutz und keine Kristalle ansetzen können. Gekocht wird bis zur Probe „Kettenflug", allerdings nicht zu stark. Zum Probenehmen bedient man sich einer Drahtschlinge mit erbsgroßer Öffnung, die man in den Zucker taucht. Sobald sich beim Blasen durch die Öffnung einige Zuckerbläschen aneinandergereiht von der Schlinge fortbewegen, wird das Kochgeschirr von der Hitze genommen und in ein kaltes Wasserbad gestellt. Damit sich auf der Zuckeroberfläche keine Haut bilden kann, bespritzt man sie ganz wenig mit

Vorne Wiener Gugelhupf, hinten Marmorgugelhupf (Rezepte Seiten 526, 527).

kaltem Wasser und läßt alles ganz ruhig fast vollständig erkalten, wobei der Zucker zähflüssig wird. Dann erwärmt man das Geschirr von außen nur so viel, daß sich die Zuckermasse leichter ablöst. Mit einem sauberen Kochlöffel wird die ganze Zuckermasse so lange durchgerührt, bis erst eine milchige und bald darauf eine vollkommen weiße Farbe erreicht und der Fondant fest geworden ist. Zusammenputzen, mit dem Handballen ein wenig drücken, wodurch der Fondant geschmeidig wird, und ihn dann, falls er nicht gleich aufgearbeitet wird, in eine Porzellanschale pressen und, mit einem nassen Leinenfleckchen bedeckt, kühl aufbewahren.

Für Gebrauch erwärmt man den Fondant unter ständigem Rühren im Wasserbad nur so viel, daß er, mit den Lippen befühlt, eine angenehme Wärme vermittelt, fügt den gewünschten Geschmack, Farbstoff und nach Bedarf flüssig gelösten (gekochten) Zucker bei, doch beachtet man, daß die Glasur ja nicht zu dünn wird. So vorbereitet, soll ohne Verzug überzogen werden.

Fondant ist auch fertig erhältlich.

für 1 Torte

DOBOSGLASUR (Karamelglasur)

200 g Staub(Puder)zucker

Für ein normal großes Dobostortenblatt berechnet man 200 Gramm feingesiebten Zucker, den man in kleiner Pfanne auf schwacher Hitze unter Rühren langsam schmelzen läßt, wobei er zuerst eine gelbliche Farbe annimmt. In diesem Stadium müssen alle beim Schmelzen entstandenen Klümpchen zerdrückt werden. Noch weiter erhitzen, bis eine schöne goldbraune Farbe erreicht ist und sofort damit überziehen. Überzogen wird immer nur das Deckblatt allein, es darf also nicht auf der gefüllten Torte aufliegen. Als Unterlage dient ein glattes Backblech oder ein Brett, das man dort mit Butter einfettet, wo der Rand des Tortenblattes aufliegt. Dies hat den Zweck, abfließende Zuckerglasur leicht abnehmen zu können. Zum Verstreichen der überaus heißen Dobosglasur bedient man sich eines mit Butter gefetteten Messers. Das gleichmäßige Verstreichen muß ziemlich flott vor sich gehen, damit der Zucker nicht vorzeitig erstarrt. Der am Messer haftengebliebene Zucker wird sogleich mit einem zweiten Messer abgenommen. Solange die Glasur noch weich ist, schneidet man auch sofort die gewünschten Portionen wieder mit einem gefetteten Messer und löst mit einem zweiten Messer ab, damit die Tortenteile nicht zerstört werden. Nach dem Auskühlen legt man die Portionsteile auf die fertig gefüllte Torte bzw. Schnitten.

> Zum Befetten des Messers zieht man die Klinge durch einen Butterziegel.

für 1 Torte

KAFFEEGLASUR

250 g Staub(Puder)zucker
schwarzer Kaffee
Eiweiß

250 Gramm feingesiebten Zucker mit starkem schwarzem Kaffe sowie ein wenig rohem Eiweiß dicklich abrühren und vor dem Überziehen leicht erwärmen.

für 1 Torte

PUNSCHGLASUR

Wasserglasur oder Fondant
1 Eßlöffel Rum
Orangensaft

Wasserglasur oder Fondant versetzt man mit einem Schuß Rum und Orangensaft und färbt zart rosa.

für 1 Torte

RUMGLASUR

Wasserglasur oder Fondant
1 Eßlöffel Rum

Wasserglasur oder Fondant wird mit 1 Eßlöffel Rum abgemengt und nicht gefärbt. Es ist zu achten, daß die Glasur durch die Rumzugabe nicht zu dünn wird.

für 1 Torte

SCHOKOLADEGLASUR

150 g Kochschokolade
250 g Kristall- oder Würfelzucker

In ein passendes Geschirr gibt man 150 Gramm klein zerschnittene Kochschokolade und läßt sie im halbheißen Wasserbad weich erwärmen. Inzwischen kocht man 250 Gramm Kristall- oder Würfelzucker mit 1/8 Liter Wasser unter anfänglichem Abschäumen genau 5 Minuten und kühlt dann den Zucker frei oder in kaltem Wasserbad auf „Fingerwärme" zurück. Nun gibt man ein wenig flüssigen Zucker zur weichen Schokolade und verrührt gut, wobei die Schokolade fest und trocken wird. Dann wieder ein bißchen Zucker nachgeben und gut verrühren und so weiter verfahren, bis aller Zucker verbraucht und die Glasur schön dickflüssig geworden ist. Es muß sehr gut verrührt und jedes Klümpchen zerdrückt werden, ehe die Glasur in das Stadium der Flüssigkeit tritt, weil sonst ein „Bröckligwerden" nur mühevoll zu verhindern ist. Sollte die Glasur nach der Zuckerzugabe augenscheinlich noch zu dick sein, was insbesondere dann der Fall ist, wenn die Schokolade wenig Fettgehalt aufweist, schwemmt man das Zuckergeschirr mit ein paar Tropfen Wasser und verwendet dies zum Verdünnen. Zum Überziehen muß die Schokoladeglasur auf kleiner Hitze „lippenwarm" gemacht werden, d. h. man muß eine angenehme Wärme verspüren, wenn man mit den Lippen daran fühlt. Wird die Glasur zu warm gemacht, so trocknet sie sehr rasch, wird vollständig glanzlos und oft auch grau. Ist sie jedoch zu kalt, trocknet sie schlecht und rinnt stark vom überzogenen Gegenstand ab.

Bei fettarmer Schokolade ist es gut, der Glasur 1 Teelöffel Öl oder zerlassene Butter beizugeben. Ob eine Schokolade fettarm ist, erkennt man mühelos daran, wenn sie nach dem Weichwerden ihre ursprüngliche Form fast unverändert beibehalten hat, anstatt wie fettreiche Schokolade sehr weich und ein wenig breiter zu werden.

TUNKMASSE (KUVERTÜRE) ZUM ÜBERZIEHEN

Zum Überziehen feiner Desserts, Bäckereien, Bonbons usw. wird Schokolade-Tunkmasse kleingeschnitten in ein passendes Geschirr gegeben und mit diesem in ein halbheißes Wasserbad gestellt, bis die Tunkmasse gleichmäßig erweicht und dabei dickflüssig geworden ist. Man stellt sie nun in ein kaltes Wasserbad, rührt öfter durch, bis die Masse wieder zu stocken anfängt. Unter leichtem Rühren im warmen Wasserbad wieder auflösen. Dann neuerdings kalt stellen und unter öfterem Durchrühren so weit zurückkühlen, daß die Schokolade, mit den Lippen befühlt, weder Wärme noch Kälte vermittelt, dennoch aber dickflüssig geblieben ist. Sehr zu achten ist darauf, daß kein Tropfen Wasser in die Tunkmasse kommt. Sollte sie sich bei der angegebenen Temperatur augenscheinlich als zu fest zum Überziehen erweisen, verdünnt man mit flüssig gelöster, lauwarmer Kakaobutter, im Haushalt auch mit Öl. Der richtige Grad zum Überziehen ist dann erreicht, wenn die Tunkmasse an einem eingetauchten und kühl gelegten Eßlöffelstiel alsbald erstarrt und einen schönen Mattglanz aufweist. Die zu überziehenden Objekte müssen kalt sein und nach dem Überziehen an kühlem Ort erstarren können.

für 1 Torte

SCHOKOLADEFONDANT

Fondant
Schokolade
Zucker

Fertiger Fondant wird mit warmgeweichter Schokolade oder Tunkmasse nach Bedarf untermischt und mit Zuckerlösung entsprechend verdünnt. Die Färbung ist hell wie bei Milchschokolade.

> Wird dunklere Färbung gewünscht, so wird gesiebter Kakao eingerührt.

für 1 Torte

ZITRONENGLASUR

Wasserglasur oder
Fondant
Zitronensaft

Herzustellen aus Wasserglasur mit dem Saft von 1 Zitrone oder Fondant mit Zitronensaft als Würze. Ganz leicht gelb färben.

Färben und Würzen von Glasuren

Weiße Grundglasuren, wie Wasserglasur und Fondant, werden für den jeweiligen Zweck mit dem gewünschten Geschmack und der dazu passenden Farbe versehen. Da die Geschmackswerte meist in flüssiger Form beigegeben werden, ist von Anfang an darauf zu achten, daß die Glasur nicht zu dünn wird. Mit Vorteil bedient man sich anstatt der natürlichen Geschmacksgeber der ätherischen Essenzen, die es für alle Arten von Geschmack gibt, die in der Backwarenerzeugung vorkommen. Da diese Essenzen sehr stark sind, ist damit vorsichtig umzugehen. Ebenso verhält es sich mit den zum Färben bestimmten Lebensmittelfarben. Diese sind sparsam zu verwenden, es soll immer zart und nicht „schreiend" gefärbt werden.

Technik des Überziehens

Ausgenommen Dobosglasur muß jede Glasur vor dem Überziehen vollkommen glatt, genügend dicklich und richtig temperiert sein, d. h. sie darf bloß eine angenehme Wärme vermitteln, wenn man mit den Lippen daran fühlt. Zu heiße Glasur trocknet zu rasch, wird glanzlos und hart. Zu kalt überzogen, wird man vergeblich auf das Trocknen warten, außerdem rinnt die Glasur zu stark ab. Um die Glasur saftiger und ihren Mattglanz länger zu erhalten, ist es angezeigt, alle zu überziehenden Objekte mit Marmelade zu bestreichen. Dazu wird passierte, unverdünnte Marillenmarmelade erhitzt, auf die Torte oder Schnitte gegossen und sofort glatt verstrichen.

Flach zu überziehende Gegenstände, wie Torten und Schnitten, glasiert man folgendermaßen: Man gießt die vorbereitete Glasur in genügender Menge auf die Oberfläche und verstreicht sie sofort mit einer Palette gleichmäßig nach allen Seiten, wobei man insbesondere beachtet, daß die Oberfläche mit einigen Strichen vollkommen bedeckt ist. Die über den Seiten abgeronnene Glasur wird flink über den Rändern verstrichen, so daß zuletzt alles eingehüllt ist. Überflüssige Glasuren streicht man mit dem Messer zusammen und gibt sie zurück ins Glasurtöpfchen. Bei Torten und Schnitten ist es immer vorteilhaft, sie auf einer festen Unterlage zu überziehen,

damit durch das Wegheben keine Sprünge in der Glasur entstehen können.
Krapfen und Dessertstücke überzieht man am besten so, daß die überzugsbereiten Objekte bis zum Boden, der natürlich frei bleibt, in die Glasur getaucht und mit Hilfe einer Überziehgabel oder einer zweizinkigen Fleischgabel aus der Glasur gehoben und auf ein Gitter mit Untersatzblech zum Abtropfen gestellt werden.
Die überzogenen Gegenstände, ob Torten, Schnitten oder anderes ist gleichgültig, läßt man im warmen, offenen Rohr ein wenig übertrocknen und stellt sie dann kalt.

Torten

12 Portionen

ANANASTORTE

Masse
4 Eier
120 g Staub(Puder)zucker
1/2 Zitrone
120 g Mehl
40 g Butter
Ananaskompottsaft

Fülle
2 Ananasscheiben
1 Eßlöffel Ananaskompottsaft
1/8 l Milch
1 Ei
60 g Staub(Puder)zucker
20 g Stärkemehl oder Cremepulver
150 g Butter

4 Eidotter werden mit 90 Gramm Zucker, Saft und Schale von 1/2 Zitrone schaumig gerührt. Dann schlägt man 4 steife Eiweiß mit 30 Gramm Zucker nochmals steif und rührt den Schnee in die Dottermasse ein. Nun 120 Gramm Mehl und zum Schluß recht vorsichtig 40 Gramm warm gelöste Butter einrühren. Die Masse füllt man in einen bloß am Boden gefetteten und gestaubten Tortenreifen knapp zwei Finger dick ein und backt sie im mittelheißen Rohr bei zuerst einen fingerbreiten Spalt offener Rohrtür langsam 1 Stunde, bis ein Fingereindruck leicht erwidert wird. Nach dem Backen wird die Torte samt dem Reifen auf ein Sieb gestürzt und über Nacht kalt gestellt. Dann löst man sie mit kleinem Messer glatt vom Formenrand los und schneidet sie in 2 gleich starke Blätter, die an den Innenseiten mit etwas Ananaskompottsaft beträufelt werden.
Zur Creme rührt man zuerst 1/8 Liter Milch, 1 ganzes Ei, 60 Gramm Zucker und 20 Gramm Stärkemehl oder Cremepulver glatt ab und läßt alles unter Rühren auf kleiner Hitze einmal tüchtig aufkochen. 2 Ananasscheiben werden fein gehackt und beiseite gestellt. Nun rührt man 150 Gramm

Butter nach und nach mit der dicken kalten Streckcreme und 1 Eßlöffel Ananaskompottsaft recht schaumig und füllt 1/3 der Creme in einen Dressiersack mit kleinen Sternröhrchen. In die übrige Creme wird die gehackte Ananasfrucht eingerührt, damit die Torte gefüllt und der Rand vollkommen eben verstrichen. Abschließend spritzt man ein Gitter mit Sterneinfassung auf.

12 Portionen

BISKOTTENTORTE

20 Biskuitbiskotten
(Löffelbiskuits)

Fülle
2 Eier
40 g Mehl
1/4 l Milch
4 Stück Würfelzucker
1 Orange
90 g Staub(Puder)zucker
1 Teelöffel Kognak
200 g Butter
1/4 l Schlagobers
(Schlagsahne)

Für eine normale Tortenform mit abhebbarem Boden werden ca. 20 Biskuitbiskotten quer halbiert und damit die tadellos reine Tortenform am Boden und Rand ausgelegt.
Zur Creme werden zuerst 2 ganze Eier, 40 Gramm Mehl, 1/4 Liter Milch, 4 Stück Würfelzucker, die an der Schale von 1 Zitrone oder Orange abgerieben wurden, und 40 g Staubzucker kalt recht gut verschlagen. Diese Masse läßt man unter ständigem Rühren auf kleiner Hitze tüchtig aufkochen. Dann wird der Saft von 1 Orange und 1 Teelöffel Kognak in die abgekochte Creme eingerührt, die man zugedeckt erkalten läßt. Nun rührt man 200 Gramm Butter und 50 Gramm Zucker mit nach und nach löffelweise hinzugegebener abgekochter Creme mittels Schneebesen recht flaumig und rührt zuletzt noch 1/8 bis 1/4 Liter steifgeschlagenes Obers rasch ein. Mit dieser Creme wird die ausgelegte Tortenform gefüllt und glattgestrichen. Das Ganze gut kühlen. Zum Fertigstellen wird die Torte aus dem Reifen gehoben, samt dem Tortenblech auf eine Glasschüssel gesetzt und mit steifgeschlagenem Obers schön garniert.

6–8 Portionen

BISKOTTEN-IGEL

Biskotten
(Löffelbiskuits)
Schokoladecreme
Schokolade
Mandeln

Biskotten setzt man mit Schokoladecreme zu einem „igelförmigen“ Gebilde zusammen, bestreut mit geriebener Schokolade und spickt reichlich mit abgezogenen gestiftelten Mandeln.

DOBOSTORTE

12 Portionen

Masse
4 Eier
80 g Staub(Puder)zucker
90 g Mehl

Fülle
Schokoladecreme

Glasur
Dobosglasur

4 Eidotter mit 50 Gramm Zucker schaumig rühren, dann 4 steife Eiweiß mit 30 Gramm Zucker nochmals steif schlagen, in die Dottermasse einrühren und dabei 90 Gramm Mehl einziehen. Mit einem Tortenreifen von normaler Größe zeichnet man 5 Ringe auf ein gut gefettetes und gestaubtes Blech und bestreicht diese Kreise mit der Biskuitmasse zwei Messerrücken dick, stellt in ein sehr heißes Rohr und backt bei geschlossenem Rohr zu goldgelber Farbe. Noch heiß lockert man das Biskuit und formt die Tortenböden durch Ausstechen mit dem Tortenreifen zu gleicher Größe. Das schönste Tortenblatt überzieht man mit Dobosglasur, während die übrigen 4 Teile mit Schokoladecreme gleichmäßig gefüllt, aufeinandergesetzt und die Torte von allen Seiten glatt verstrichen wird, ehe die portionierten, überkühlten und glasierten Oberteile aufgesetzt werden.

ELISABETHTORTE

12 Portionen

Masse
180 g Staub(Puder)zucker
Vanille
6 Eier
120 g Mehl
30 g Stärkemehl

Fülle
200 g Staub(Puder)zucker
15 Mandeln
200 g Butter
Vanille
20 Kaffeebohnen
Marillen(Aprikosen)-marmelade

Glasur
Rumglasur

150 Gramm Zucker und etwas Vanille rührt man mit 6 Eidottern sehr schaumig. Dann schlägt man 6 Eiweiß steif, fügt 30 Gramm Zucker bei, schlägt nochmals recht steif und mengt den Schnee in die Dottermasse. Dabei 120 Gramm Mehl, versiebt mit 30 Gramm Stärkemehl, einrühren. Die Masse füllt man in eine bloß am Boden gefettete und mit Papier ausgelegte Tortenform und stellt sie auf ein Backblech in ein mittelheißes Rohr. Die Backdauer beträgt ungefähr 50 Minuten. Am andern Tag schneidet man die Torte mit kleinem Messer glatt vom Formenrand los, zieht das Papier flach vom Boden ab und teilt sie in 3 gleiche Blätter.

Nun schmilzt man in kleiner Pfanne unter Rühren 200 Gramm Zucker auf kleiner Hitze zu goldgelber Farbe, röstet darin 15 abgezogene, feingehackte Mandeln kurz durch und gießt die Masse dann sofort auf ein ölgefettetes Blech zum Erstarren. Der Mandelkaramel wird dann fein gestoßen, mit 200 Gramm Butter, Vanille und 20 fein zerriebenen Kaffeebohnen sehr schaumig gerührt. Mit dieser Creme füllt man die Torte, überstreicht sie dünn mit erwärmter Marillenmarmelade und überzieht mit Rumglasur.

12 Portionen

ERDBEERSCHAUMTORTE

Masse
100 g Butter
100 g Staub(Puder)zucker
1 Ei
3 Eidotter
100 g Mehl
Semmelbrösel (Paniermehl)

Fülle
12 Ananaserdbeeren
120 g Erdbeermarmelade
80 g Nüsse
3 Eiweiß
100 g Staub(Puder)zucker

100 Gramm geschmeidige Butter mit 100 Gramm Zucker sehr schaumig rühren und dabei nach und nach 1 ganzes Ei und 3 Eidotter abwechselnd mit 100 Gramm Mehl hinzufügen. Die Masse wird kleinfingerdick in einem größeren und einem kleineren gefetteten und mit Semmelbröseln ausgestreuten Tortenreifen verteilt und mittelheiß 30 Minuten zu hellbrauner Farbe gebacken, gestürzt und mit einem Tuch bedeckt auskühlen gelassen. Zur Fertigstellung bestreicht man den großen Tortenboden und Rand mäßig dick mit Erdbeermarmelade und hüllt den Rand mit grobgeriebenen Nüssen ein. Dann setzt man den kleineren Tortenboden auf und bestreicht ihn dünn mit Marmelade. Bis dahin wird der steife Schnee von 3 Eiweiß mit nach und nach 100 Gramm Zucker zu einem sehr steifen Schnee geschlagen, den man mit 1 gehäuften Eßlöffel geleefester Erdbeermarmelade mittels Schneebesen fleißig rührt, bis ein zähsteifer, glänzender Schaum entstanden ist. Mit einem Teil des Schaumes verstreicht man die Tortenoberfläche, auf deren äußeren Rand 12 ausgesucht schöne Ananaserdbeeren aufgelegt werden. Zuletzt spritzt man die Torte mit Hilfe eines Sternspritzröhrchens mit der Schaummasse spiralförmig auf und faßt gleichzeitig die Erdbeeren ein. Die Spirale wird mit Erdbeermarmelade nachgezogen.

ESTERHÁZYTORTE

12 Portionen

Masse
10 Eiweiß
170 g Staub(Puder)zucker
30 g Zitronat
170 g Haselnüsse
140 g Mehl
Zimt

Fülle
2 Eidotter
100 g Staub(Puder)zucker
30 g Creme- oder Vanillepuddingpulver
1/4 l Milch
160 g Butter
Kognak
Marillen(Aprikosen)-marmelade

Glasur
Fondant
Tunkmasse

10 Eiweiß werden steif geschlagen, von 170 Gramm Staubzucker fügt man 1 Eßlöffel voll bei, schlägt wieder steif, wiederholt das Zuckereinschlagen noch einmal und rührt nun den übrigen Zucker, etwas Zimt, 30 Gramm feingehacktes Zitronat und 170 Gramm feingeriebene Haselnüsse, vermischt mit 140 Gramm Mehl, ein. Von dieser Masse werden auf gefetteten und gestaubten Backblechen 5 zwei Messerrücken dicke Böden in Tortenformgröße aufgestrichen und im mittelheißen Rohr zu lichter Farbe gebacken. Nach dem Auskühlen das Blech wieder erwärmen, damit die Tortenblätter leicht abgenommen werden können.
Zur Fülle rührt man 2 Eidotter, 100 Gramm Zucker, 30 Gramm Creme- oder Vanillepuddingpulver und 1/4 Liter Milch über Hitze bis zum Kochen und stellt kalt. Dann 160 Gramm Butter schaumig rühren und dabei die ausgekühlte dicke Creme löffelweise einrühren. Zuletzt mit einem Gläschen Kognak würzen und mit der Creme die Tortenblätter gleichmäßig füllen. Das oberste Blatt wird dünn mit Marillenmarmelade bestrichen. Den Rand der Torte mit steilgehaltenem Messer glattschneiden. Mit Fondant glasieren und sofort in 2-Zentimeter-Abständen dünne Streifen von Tunkmasse ziehen. Mit der Messerspitze sofort quer zu den Streifen das typische Esterházymuster ziehen.
Foto Seite 573.

KAFFEECREMETORTE

12–16 Portionen

Masse
6 Eier
120 g Staub(Puder)zucker
1/4 Zitrone
120 g Mehl
60 g Butter

6 Eidotter werden mit 90 Gramm gesiebtem Zukker sowie Saft und feingeschnittener Schale von 1/4 Zitrone sehr schaumig gerührt. Dann wird der steifgeschlagene Schnee von 6 Eiweiß mit 30 Gramm Zucker nochmals sehr steif ausgeschlagen und in die gerührte Dottermasse eingemischt. 120

Fülle
3/16 l schwarzer Kaffee
1 Ei
120 g Staub(Puder)zucker
30 g Cremepulver
250 g Butter
10 Kaffeebohnen
Rum
Biskottenbrösel

Gramm gesiebtes Mehl und zuletzt recht vorsichtig 60 Gramm warm gelöste Butter einrühren. Die Masse füllt man in einen ungefetteten Tortenreifen, der bloß am Boden mit einem zurechtgeschnittenen Blatt Papier ausgelegt wurde. Die Tortenform wird nun auf ein Backblech gehoben und auf diesem in ein mittelheißes Rohr gestellt, dessen Tür etwa 15 Minuten einen fingerbreiten Spalt offenbleibt und erst dann ganz geschlossen wird, wenn die Masse eine mäßige Wölbung aufweist. Die Backzeit beträgt insgesamt 1 Stunde und ist dann beendet, wenn ein leichter Fingereindruck erwidert wird. Die Torte im Reifen über Nacht auskühlen lassen.

Zur Kaffeecreme rührt man zuerst 3/16 Liter sehr starken schwarzen Kaffe mit 1 ganzen Ei, 60 Gramm Zucker und 30 Gramm Cremepulver kalt gut ab, läßt dann die Masse unter Rühren auf kleiner Hitze einmal tüchtig aufkochen. Zugedeckt kalt stellen. Nun rührt man 250 Gramm weiche Butter mit 60 Gramm Staubzucker und 10 mehlfein gestoßenen Kaffeebohnen schaumig und gibt die abgekochte, ausgekühlte Creme löffelweise unter fortwährendem Rühren hinzu. Die sehr flaumige Kaffeecreme würzt man zuletzt mit einem Spritzer Rum. Zur Fertigstellung wird die Torte glatt vom Rand losgeschnitten und gestürzt. Nachdem man das Papier vom Boden flach abgezogen hat, schneidet man die Torte in 3 gleich starke Blätter auf. Diese werden mit der vorbereiteten Creme gefüllt, zusammengesetzt und mit Creme von oben und am Rand verstrichen. Den Rand hüllt man mit zerdrückten, grobgesiebten Biskottenbröseln ein, während man die Oberfläche mit einem Gitter aus Creme, eingefaßt mit Sternpunkten, aufspritzt. Wurde alle Creme zum Füllen verwendet, kann die Kaffeecremetorte auch dicht mit klein zerbrochenen Hohlhippen oder mit geschabter Schokolade eingestreut werden. Aufgeschnitten wird die Torte erst nach gutem Erstarren der Creme.

KASTANIEN-OBERSCREMETORTE

12–16 Portionen

Masse
140 g Edelkastanien
140 g Butter
140 g Staub(Puder)zucker
6 Eier
70 g Zwiebackbrösel
50 g Mehl
Rum

Fülle
360 g Edelkastanien
Staub(Puder)zucker
$^1/_2$ l Schlagobers
(Schlagsahne)

Zuerst brät man 500 Gramm eingeschnittene Edelkastanien im Backrohr weich, löst sie aus den Schalen und streicht sie sauber durch ein Sieb. Nun rührt man 140 Gramm Butter mit 100 Gramm Zucker, 140 Gramm passierten Kastanien und nach und nach 6 Eidottern sehr schaumig, 6 steifgeschlagene Eiweiß werden mit 40 Gramm Zucker nochmals recht steif geschlagen. Mit einem Teil des Schnees lockert man die vorige Masse zuerst auf, rührt dann den übrigen Schnee und zuletzt noch 70 Gramm weiße Zwiebackbrösel, vermischt mit 50 g Mehl, ein. Die Masse füllt man in einen genügend großen Tortenreifen, dessen Boden mit einem Blatt Papier ausgelegt wurde, zwei Finger dick ein und stellt die Torte auf einem Backblech in ein mittelheißes Rohr, dessen Türe so lange einen fingerbreiten Spalt offenbleibt, bis die Masse eine leichte Wölbung zeigt. Erst dann, nach etwa 15 Minuten, wird ganz geschlossen und langsam zumindest 1 Stunde gebacken, bis ein leichter Fingereindruck erwidert wird. Zum Ausfertigen schneidet man die erkaltete Torte glatt aus dem Reifen, zieht das Papier am Boden flach ab und teilt sie in 2 oder 3 Blätter, die an den Innenseiten mit ein wenig Rum beträufelt werden.

Von den übriggebliebenen, passierten Kastanien bereitet man unter Zusatz von etwas Zucker nach Bedarf einen festen Teig und passiert diesen recht locker durch ein Sieb, wodurch lauter feine Nudeln entstehen. Nun schlägt man $^3/_8$ bis $^1/_2$ Liter gut gekühltes Schlagobers sehr steif und rührt die Hälfte der vorhandenen Kastanienmasse ein. Mit Vorteil macht man das so, daß man die passierten Kastanien zuerst mit ein wenig Obers glattrührt, ehe der übrige Schaum eingerührt wird. Damit füllt man nun die Torte, wobei sie schön zusammengesetzt wird. Mit einem Rest Obers verstreicht man auch von oben und an der Seite und streut die ganze Torte recht locker mit den noch übrigen Kastaniennudeln ein. Der Rand der Torte wird zum Schluß mit Schlagoberssternen garniert.

KIRSCHENCREMETORTE

12 Portionen

Masse
4 Eier
90 g Staub(Puder)zucker
1/2 Zitrone
30 g Vanillezucker
120 g Mehl
60 g Butter
Kirschwasser

Fülle
1/2 l Kompottkirschen
Zitronensaft
Kognak
1/8 l Kompottsaft
60 g Staub(Puder)zucker
1 Ei
30 g Creme- oder Puddingpulver
2 Likörgläser Kirschwasser
150 g Butter
40 g Vanillezucker
1/2 l Schlagobers (Schlagsahne)
1/2 Paket Vanillezucker

4 Eidotter rührt man mit 90 Gramm gesiebtem Zucker, Saft und feingeriebener Schale von 1/2 Zitrone sehr schaumig. Dann wird der steifgeschlagene Schnee von 4 Eiweiß mit 30 Gramm Vanillezucker versehen und nochmals sehr steif geschlagen. Nun rührt man den Schnee in die Dottermasse ein und mengt dabei 120 Gramm gesiebtes Mehl ein. Ganz zuletzt rührt man vorsichtig 60 Gramm warm zerlassene Butter ein und füllt die Masse dann in einen normal großen Tortenreifen, dessen Boden gut gefettet und gestaubt wurde. Die Form stellt man auf einem Backblech in ein mittelheißes Rohr, dessen Türe so lange einen fingerbreiten Spalt geöffnet bleibt, bis die Masse eine mäßige Wölbung aufweist. Erst dann wird ganz geschlossen und insgesamt 1 Stunde langsam fertiggebakken. Die Torte über Nacht im Reifen auskühlen lassen. Am nächsten Tag schneidet man sie mit einem kleinen Messer glatt vom Formenrand los und teilt sie mit einem langen Messer in 2 gleichstarke Blätter. Diese bespritzt man an den Innenseiten ganz leicht mit Kirschwasser.

Inzwischen hat man ein Halbliterglas Kompottweichseln oder -kirschen auf ein Sieb zum Abtropfen geleert. Nachdem alle Früchte entkernt wurden, hackt man gut die Hälfte davon grob und pikantiert sie mit etwas Zitronensaft und Kognak. Nun bereitet man folgende Creme: 1/8 Liter Kompottsaft von den Kirschen wird mit 60 Gramm Zucker, 1 ganzen Ei und 30 Gramm Creme- oder Puddingpulver über Hitze zu einer festen Masse geröstet, in die man noch heiß 2 Likörgläschen Kirschwasser oder Kognak einmischt und dann kalt stellt. Nun rührt man 150 Gramm weiche Butter mit 40 Gramm Vanillezucker unter löffelweiser Zugabe der abgekochten, kalten Creme sehr schaumig und mischt zuletzt die gehackten Kompottfrüchte ein. Mit dieser Creme wird die Torte gefüllt und zusammengesetzt. Zuletzt schlägt man 1/2 Liter Obers sehr steif, süßt mit 1/2 Paket Vanillezucker und bestreicht damit die Torte von oben und am Rand. Das übrige Obers füllt man in einen Dressiersack mit mittelgroßem glattem

Spritzröhrchen und spritzt damit die Oberfläche mit einem Gitter auf, das rundum mit nicht zu großen Punkten eingefaßt wird. Der Rand der Torte wird mit nebeneinander senkrecht verlaufenden Obersstreifchen gespritzt. Oben legt man als Verzierung die übriggelassenen entkernten Kompottkirschen auf und stellt die Torte bis zum Gebrauch kalt.

LINZER TORTE, GERÜHRTE WEISSE

12 Portionen

Masse
100 g Mandeln
5 Eier
140 g Butter
140 g Staub(Puder)zucker
Zitronenschale
140 g Mehl
1 weiße Oblate

Fülle
Himbeer- oder Ribisel-(Johannisbeer)marmelade

100 Gramm abgezogene geriebene Mandeln werden mit 2 Eiweiß im Mörser gut gestoßen. Dann rührt man sie mit 140 Gramm Butter, 140 Gramm Zucker und nach und nach 2 Eidottern und 3 ganzen Eiern sehr schaumig, würzt mit Zitronenschale und rührt 140 Gramm Mehl ein. Mit der halben Masse einen Tortenreifen füllen. 1 weiße Oblate darauflegen, messerrückendick mit Himbeer- oder Ribiselmarmelade füllen, die übrige Masse gitterförmig darüberspritzen und in mittelheißem Rohr bei zuerst einen fingerbreiten Spalt offengehaltener Rohrtür langsam 1¼ Stunden backen. Ohne zu stürzen, auskühlen lassen und für Tisch überzuckern.

LINZER TORTE, BRAUN

12 Portionen

Masse
200 g Butter
200 g Mehl
100 g Staub(Puder)zucker
100 g Mandeln
40 g braune Bäckereibrösel
Zitronenschale
1 Ei
Zimt, Nelkengewürz

Fülle
Ribisel(Johannisbeer)-marmelade

Garnitur
1 Ei
Hobelmandeln

200 Gramm harte Butter schneidet man in 200 Gramm Mehl und bröselt gut ab. 100 Gramm Zucker, 100 Gramm mit der Schale geriebene Mandeln, 40 Gramm braune Bäckereibrösel, etwas Zimt, Nelkengewürz und feine Zitronenschale dazugeben und das Ganze mit 1 ganzen Ei flott zu einem Teig anmachen, den man ½ Stunde kalt rasten läßt. Mit knapp dem halben Teig drückt man den Boden einer Tortenform aus, füllt halbfingerdick mit fester Ribiselmarmelade mit Kernen, doch so, daß der Rand gut fingerbreit frei bleibt. Von der Hälfte des übrigen Teiges formt man halbfingerdicke Schlangen und legt diese gitterförmig über die Marmeladefüllung, während der Rest des Teiges zu einer etwas dickeren Schlange gerollt wird, die gerade lang genug ist, um die Torte rundum

einzufassen. Nachdem die Einfassung ein wenig angedrückt wurde, bestreicht man alles mit gewässertem Ei, streut Hobelmandeln darüber und backt die Torte im mittelheißen Rohr langsam 70 Minuten zu schöner brauner Farbe. Erst am nächsten Tag aufschneiden und überzuckern.

12 Portionen

MALAKOFFTORTE

Biskotten (Löffelbiskuits)
150 g Butter
150 g Staub(Puder)zucker
100 g Mandeln
4 Eidotter
1/8 l Obers (Süßrahm)
Kognak
Schlagobers (Schlagsahne)
Vanillezucker
Weichseln (Sauerkirschen)

Mit Biskotten legt man eine reine Tortenform am Boden und an den Rändern aus. Aus 150 Gramm Butter und 150 Gramm Zucker, 100 Gramm abgezogenen, feingeriebenen Mandeln und nach und nach 4 Eidottern rührt man eine schaumige Creme, in die noch löffelweise 1/8 Liter ungeschlagenes Obers und ein Gläschen Kognak gerührt wird. Damit füllt man den Tortenboden schwach fingerdick, legt eine Lage Biskotten auf, füllt wieder mit Creme und Biskotten und so fort, bis alles aufgebraucht ist. Die letzte Lage wird von Biskotten gebildet. Gut kühlen, für Tisch mit schwach gesüßtem Schlagobers einstreichen, mit Oberssternen und eingelegten Weichseln verzieren.

Auf die gleiche Weise sind auch *Malakoffschnitten* herzustellen.

16 Portionen

MANDELCREMETORTE

Masse
140 g Staub(Puder)zucker
6 Eier
1/2 Zitrone
120 g Mehl
60 g Mandeln
40 g Butter
Rum

Fülle
120 g Zucker
80 g Mandeln
1/2 l Schlagobers (Schlagsahne)

100 Gramm Staubzucker mit 6 Eidottern sowie Saft und Schale von 1/2 Zitrone sehr schaumig rühren. 6 steifgeschlagene Eiweiß werden mit 40 Gramm Zucker nochmals recht steif ausgeschlagen und mit der vorigen Masse vermengt. Auf einem Blatt Papier hat man 120 Gramm Mehl mit 60 Gramm abgezogenen, getrockneten und feingeriebenen Mandeln gemischt, rührt dies behutsam in die Masse und zieht ganz zuletzt noch vorsichtig 40 Gramm warm gelöste Butter ein. Damit füllt man 2 Tortenreifen fingerdick voll und backt die Masse im mittelheißen Rohr 35 bis 40 Minuten, bis ein leichter Fingereindruck erwidert wird. Nach dem Auskühlen aus den Formen lösen und die Oberseiten beider Blätter mit ein wenig Rum bespritzen.

Inzwischen läßt man in einer Pfanne 120 Gramm Zucker unter Rühren auf kleiner Hitze zu hellbrauner Farbe zerschmelzen, gibt 80 Gramm Mandeln bei, röstet diese gut durch und gießt die sehr heiße Grillagemasse auf ein leicht mit Öl gefettetes Blech. Nach dem Erstarren wird die Grillagemasse gerieben. 1/2 Liter gut gekühltes Schlagobers schlägt man nun steif, vermengt unter die reichliche Hälfte des Obers die halbe Menge Grillagebrösel und füllt damit die Torte. Mit dem übrigen Obers verstreicht man die gefüllte Torte von den Seiten und von oben, streut sie dicht mit den restlichen Grillagebröseln ein und spritzt darüber mittels kleinen Sternröhrchens ein Gitter aus Obers über die ganze Torte. Vorsichtig aufschneiden, damit die Füllung nicht austritt.

Um die Mandeln leicht schälen zu können, gibt man sie in genügend kochendes Wasser, läßt aufwallen und eine Weile ziehen. Dann abseihen und einfach mit den Fingern aus den Schalen herausdrücken. Vor dem Reiben vollkommen austrocknen lassen.

12 Portionen

MARSCHALLTORTE

Masse
200 g Blätterteig

Fülle
140 g Mandeln
210 g Staub(Puder)zucker
6 Eiweiß

Von einem Blätterteig werden 2 linealdicke Tortenblätter mit einem Durchmesser von 24 Zentimeter ausgerollt, diese Teigböden auf reinem Backblech im ziemlich gut erhitzten Rohr goldfarben knusperig ausgebacken und dann auskühlen gelassen. Bis dahin werden 140 Gramm geschälte, feingeriebene Mandeln vorgerichtet und 210 Gramm Staubzukker auf einen Bogen Papier gesiebt. Dann werden 6 Eiweiß sehr steif geschlagen, mit 1 gehäuften Eßlöffel gesiebtem Zucker versehen und wieder sehr steif geschlagen. Noch 1 Eßlöffel Zucker beifügen und den Schnee schließlich äußerst zäh und kernig fertigschlagen. Nun werden der restliche Zucker und die Mandeln wohl gründlich, dennoch vorsichtig eingerührt. Mit der Schneemasse das eine Tortenblatt gleichmäßig füllen, das zweite Tortenblatt mit der Backunterseite nach oben auf die Fülle auflegen, leicht andrücken und den Schneerand der Torte mit nassem Messer glattstreichen. Die Torte wird nun sehr stark überzuckert und im ziemlich heißen Rohr gerade nur so lange überbacken, bis der aufgestreute Zucker zu schmelzen beginnt. Für Tisch wird die Marschalltorte mit steilgehaltenem nassem Messer in Portionen aufgeschnitten und überzuckert angerichtet.

NUSSCREMETORTE

12 Portionen

Masse
6 Eier
150 g Staub(Puder)zucker
Zitronenschale
100 g Nüsse
50 g Semmelbrösel (Paniermehl)
50 g Mehl
30 g Butter
Zimt
Rum

Fülle
2 Eidotter
20 g Cremepulver
60 Staub(Puder)zucker
1 Paket Vanillezucker
1/5 l Milch
50 g Nüsse
1 Likörglas Rum
1 Orange oder Zitrone
1 Eßlöffel Ribisel- (Johannisbeer)marmelade

Glasur
Kaffeeglasur
60 g Walnüsse

6 Eidotter mit 120 Gramm Staubzucker, etwas Zimt und Zitronenschale schaumig rühren. 6 steifgeschlagene Eiweiß werden mit 30 Gramm Zucker nochmals sehr steif ausgeschlagen und dann in die Dottermasse eingerührt. Auf einem Blatt Papier hat man 100 Gramm feingeriebene Nüsse, 50 Gramm Semmelbrösel und 50 Gramm Mehl zusammengemischt und rührt dies nun vorsichtig in die vorige Masse. Zuletzt noch 30 Gramm warm zerlassene Butter einziehen. Die Masse wird in einen ungefetteten Tortenreifen (bloß der Boden wird mit einem Blatt Papier ausgelegt) gefüllt, glatt verstrichen und im mittelheißen Rohr langsam fast 1 Stunde gebakken, bis ein leichter Fingereindruck erwidert wird. Zu Backbeginn läßt man das Rohr einen fingerbreiten Spalt offen und schließt erst dann ganz, wenn die Torte eine leichte Wölbung zeigt. Nach dem Backen samt dem Reifen auf das stark gestaubte Backblech oder auf ein Sieb verkehrt hinlegen und bis zum andern Tag kalt stellen. Dann mit kleinem Messer vom Formenrand lostrennen, stürzen und den Blechboden sowie das Papier abnehmen. Die Torte einmal quer durchschneiden. Die Schnittseiten werden mit etwas gezuckertem Rum beträufelt. Zur Fülle rührt man 2 rohe Eidotter, 20 Gramm Cremepulver, 60 Gramm Zucker, 1 Paket Vanillezucker und 1/5 Liter kalte Milch zuerst glatt ab und rührt diese Masse dann auf kleiner Hitze, bis sie einmal aufkocht. Noch heiß rührt man 50 Gramm geriebene Nüsse, ein Gläschen Rum, etwas Oran-

gen- oder Zitronenschale und -saft sowie 1 Eßlöffel Ribiselmarmelade in die Creme und füllt damit sogleich die Torte, die so zusammengesetzt wird, daß die glatte Backunterseite nach oben zu liegen kommt, die schließlich dünn mit Marmelade bestrichen wird. Zuletzt mit Kaffeeglasur überziehen und am Rand sogleich mit ausgesucht schönen Walnüssen kranzartig belegen.

12 Portionen

PUNSCHTORTE

Masse
Biskuitmasse
Rum
Marillen(Aprikosen)-marmelade

Fülle
2 Eßlöffel Rum
1 Eßlöffel Marillen-(Aprikosen)marmelade
Orangen- und Zitronensaft
30 g Staub(Puder)zucker
50 g Kakao

Glasur
Punschglasur

Eine Biskuitmasse füllt man in einen Tortenreifen und backt sie im zuerst einen fingerbreiten Spalt offenen Rohr langsam 50 Minuten, bis ein Nadeleinstich rein bleibt. Nach dem Auskühlen aus dem Reifen lösen und in 3 Blätter teilen. Das obere und untere Blatt an der Innenseite mit Rum betropfen und mit Marillenmarmelade bestreichen. Das Mittelblatt wird kleinwürfelig geschnitten und mit 2 Eßlöffel Rum, 1 Eßlöffel Marmelade, dem Saft von 1/2 Orange und 1/2 Zitrone sowie mit 30 Gramm Zucker, der mit 50 Gramm Kakao in 1/16 Liter Wasser aufgekocht wurde, befeuchtet, daß die Masse wohl genügend feucht, jedoch nicht naß ist. Damit füllt man den in den Tortenreifen gelegten Tortenboden, bedeckt mit dem Tortenoberteil und preßt das Ganze 1/2 Stunde mit einem passenden, beschwerten Deckel. Dann mit dünner Marillenmarmelade bestreichen und mit Punschglasur überziehen.

12 Portionen

SACHERTORTE

Masse
150 g Butter
150 g Schokolade
150 g Staub(Puder)zucker
8 Eier
150 g Mehl
Marillen(Aprikosen)-marmelade

150 Gramm Butter mit 150 Gramm weichgewärmter Schokolade, 100 Gramm Zucker und nach und nach 8 Eidottern sehr schaumig rühren. 8 steife Eiweiß mit 50 Gramm Zucker nochmals sehr steif schlagen, zuerst einen Teil, dann das übrige der Schneemasse mit dem Butterabtrieb verrühren und zugleich 150 Gramm Mehl einrühren. Die Masse in einen Tortenreifen füllen, glatt verstreichen und im

Glasur
Schokoladeglasur

mittelheißen Rohr bei zuerst einen fingerbreiten Spalt offener Rohrtür langsam 1 Stunde backen. Nach dem Backen eine Weile verkehrt auf ein Sieb stürzen, dann auskühlen lassen. Zum Fertigstellen wird die Torte aus dem Reifen geschnitten, mit der Backunterseite nach oben gelegt, messerrückendick mit erhitzter Marillenmarmelade bestrichen, also nicht gefüllt, und mit Schokoladeglasur überzogen. Mit kurz in warmes Wasser gehaltenem Messer aufschneiden und mit ungesüßtem Schlagobers an der Seite garnieren.

WINDTORTE

12–16 Portionen

Masse
6 Eiweiß
210 g Kristallzucker
210 g Staub(Puder)zucker

Fülle
1/2 l Schlagobers (Schlagsahne)

Dazu braucht man eine steife Windmasse, 3 Papierblätter mit eingezeichneten Kreisen in Tortenformgröße und einen Dressiersack mit mittelgroßem Sternröhrchen. Auf den Papierbogen I (Deckel) spritzt man einen daumenstarken Kreis, der mit gleichmäßigen, schön nebeneinandergesetzten Rosetten verziert wird. Das leere Mittelfeld spritzt man in Form eines nicht zu grobmaschigen Gitters aus, wozu zuerst in fingerbreiten Abständen Linien nebeneinander und dann in gleichen Abständen diagonale Linien darüber gezogen werden. Der Bogen II (Mittelstück) erhält bloß einen daumenstarken Kreis, der wieder mit schönen Rosetten aufgespritzt wird. Bogen III (Unterteil) erhält zuerst eine einfache Kreiseinfassung; das leere Mittelfeld füllt man entweder mit immer kleiner werdenden Kreisen oder aber mit eng nebeneinanderliegenden Linien zur Gänze aus. Die so vorbereiteten Papierbogen zieht man auf ein reines vorgewärmtes Backblech und trocknet die Windmasse mehr, als man sie backt, im bloß lauwarmen Rohr. Wenn man es nicht vorzieht, die Torte ganz weiß zu belassen, so darf höchstens nur eine helle Farbe erreicht werden. Um zu konstatieren, wann die Masse genügend durchgebacken ist, empfiehlt es sich, zugleich einige Windmassepunkte auf die einzelnen Papierbogen zu dressieren und mitzubacken bzw. zu trocknen. Sobald sich so ein

Probestück vom Papier lösen läßt und durch und durch spröde geworden ist, was immerhin einige Stunden dauern kann, wenn das Rohr, wie vorgeschrieben, nur lauwarm ist, werden die einzelnen Stücke der Torte vom Papier abgelöst und knapp vor Tisch gefüllt. Dazu schlägt man 1/2 Liter gut gekühltes Schlagobers recht steif, füllt es auf den mit dem Mittelteil versehenen Unterteil der Torte, verstreicht das Obers dabei glatt und beachtet, daß die Füllung ein wenig über die Torte ragt, damit der Deckel, der zuletzt aufgesetzt wird, die Obersfülle berührt.

Geteilt wird die Windtorte mit einer Tortenschaufel, oder man zersägt das obere Blatt mit einem feingezähnten langen Messer und schneidet dann in Portionen auf. Als Garnierung Belegweichseln. Das Obers zum Füllen wird nicht gezuckert.

PARISER BOMBE

12 Portionen

Sachertortenmasse
Pariser Creme
Marmelade
Tunkmasse
Weichsel (Sauerkirsche)
Angelikablättchen

Eine Sachertortenmasse wird in gefetteter und gestaubter Halbkugelform (Ulmer Kuchenform) langsam 1 1/4 Stunden im mittelheißen Rohr gebakken. Nach dem Auskühlen an der Breitseite einen Deckel abschneiden und die Bombe aushöhlen. Man füllt sie mit Pariser Creme, setzt den Deckel an, bestreicht mit Marmelade und überzieht mit Tunkmasse. Nach einigem Übertrocknen spritzt man mit einer Papiertüte aus der Tunkmasse wilde Linien über die Bombe und verziert sie in der Mitte mit einer abgetropften Weichsel und einigen Angelikablättchen.

Schnitten

CALAFATTI-SCHNITTEN

8–10 Portionen

200 g Mehl
1/3 Paket Backpulver
120 g Butter
180 g Staub(Puder)zucker

200 Gramm Mehl mit 1/8 Paket Backpulver und Spur Salz versieben, dann mit 120 Gramm weicher Butter, 60 Gramm Zucker, 60 Gramm feingeriebenen Nüssen, 2 Eidottern und Prise Zimt zu kurz

260 g Nüsse
2 Eidotter
Ribisel(Johannisbeer)-marmelade
Rum
5 Eiweiß
80 g Schokolade
Zimt
Salz

geknetetem, glattem Teig arbeiten. Mit dem Teig wird ein Backblech mit Rändern halbfingerdick ausgelegt, ein paarmal durchstochen und im heißen Rohr hellgelb angebacken. Nach dem Erkalten wird der Teigboden halbfingerdick mit Ribiselmarmelade bestrichen und mit ein wenig Rum betropft. Schließlich wird der steife Schnee von 5 Eiweiß mit nach und nach hinzugegebenen 120 Gramm Zucker nochmals sehr steif und zäh fertiggeschlagen und zuletzt 200 Gramm geriebene Nüsse und 80 Gramm geriebene fettarme Schokolade eingerührt. Die Masse verteilt man gleichmäßig über die Marmeladefüllung, überzuckert alles und backt die Schnitten im mittelheißen Rohr zu hellbrauner Farbe. Für Tisch überzuckern.

12 Portionen

DALMATINER SCHNITTEN

250 g Mehl
4 Eier
100 g Butter
260 g Staub(Puder)zucker
250 g Mandeln
Vanille
Zitronenschale

Aus 250 Gramm Mehl, 1 Ei, 1 Eidotter, 100 Gramm Butter und 60 Gramm Zucker wird ein glatter Teig gearbeitet, den man nach einigem Rasten auf bemehltem Brett stark messerrückendick ausrollt und in 5 Zentimeter breite Streifen schneidet, die auf ein reines Backblech gelegt werden. Nun bereitet man aus 200 Gramm abgezogenen, feingeriebenen Mandeln, 200 Gramm Staubzucker, etwas Vanille, feiner Zitronenschale, 1 Ei und dem vorher erübrigten Eiweiß eine gut durchgearbeitete Masse, mit der die Streifen so besetzt werden, daß sie in der Mitte erhaben, gegen die Seitenränder zu flach verlaufend aussehen. Die Seitenränder sind mit zerklopftem Ei zu bestreichen und mit einem bandförmig geschnittenen Teigstreifen einzufassen. Zuletzt wird alles noch mit Ei bestrichen, nach Belieben mit gehobelten Mandeln eingestreut und mittelheiß zu goldblonder Farbe gebacken.

FRUCHTSCHNITTEN

8–10 Portionen

Masse
200 g Mehl
1/3 Paket Backpulver
120 g Butter
80 g Staub(Puder)zucker
80 g Haselnüsse oder Mandeln
2 Eidotter
1/4 Zitrone
1 Ei
Zimt

Fülle
2 Eiweiß
100 g Staub(Puder)zucker
2 Äpfel
3/8 l Milch
40 g Vanillepuddingpulver

Belag
Himbeeren oder Erdbeeren

Für den Teigboden werden 200 Gramm Mehl, vermischt mit 1/3 Paket Backpulver, 120 Gramm geschmeidige Butter, 80 Gramm Zucker, 80 Gramm samt Schale geriebene Haselnüsse oder Mandeln, 2 Eidotter, Saft und fein abgeriebene Schale von 1/4 Zitrone und ein Prischen Zimt rasch zu einem zusammenhaltenden Teig geknetet. Nach kurzem Rasten rollt man den Teig zu einem handbreiten und kleinfingerdicken Streifen aus, den man auf ein Backblech auflegt. Die Teigseitenteile ein klein wenig zusammenschieben, so daß erhöhte Teigränder entstehen, die mit zerklopftem Ei bestrichen werden. Der im heißen Rohr hellbraun gebackene Teig wird mit folgender Creme gefüllt: Den steifen Schnee von 2 Eiweiß schlägt man mit einem Teil von 70 Gramm Zucker nochmals sehr steif. Dann den restlichen Zucker zusammen mit 2 geschälten, roh feingeriebenen Äpfeln kurz und kräftig einschlagen. Nebenbei gießt man 1/8 Liter Milch, versprudelt mit 40 Gramm Vanillepuddingpulver und 30 Gramm Zucker, in 1/4 Liter kochende Milch, läßt alles unter Rühren aufkochen und schlägt sogleich den vorbereiteten Schnee kräftig darunter. Damit wird der Teigboden gefüllt und sogleich in Portionen aufgeschnitten. Die einzelnen Portionen mit ausgesucht schönen Himbeeren oder Erdbeeren belegen.

RIBISEL(Johannisbeer)-SCHAUMSCHNITTEN

8–10 Portionen

250 g Ribisel (Johannisbeeren)
100 g Ribisel(Johannisbeer)marmelade
160 g Mehl
80 g Butter
160 g Staub(Puder)zucker
Zitronensaft

Aus 160 Gramm Mehl, 80 Gramm Butter, 40 Gramm Zucker, dem Saft von 1/2 Zitrone, 2 Eidottern und 1 Eßlöffel Wasser oder Wein wird rasch ein glatter Teig angemacht, den man nach 15 Minuten Rasten 3 Millimeter dick ausrollt und dann auf ein Backblech legt. Die Teigfläche wird mit einer Messerspitze ein paarmal durchstochen und dann im mittelheißen Rohr goldblond durch-

2 Eier
1 Eiweiß
80 g Mandeln

gebacken. Inzwischen schlägt man 3 Eiweiß steif, fügt von 120 Gramm Zucker den vierten Teil hinzu, schlägt nochmals steif und rührt den restlichen Zucker, ferner 80 Gramm geschälte, feinstiftelig geschnittene Mandeln und 250 Gramm abgezupfte, möglichst trockene Ribisel mittels Kochlöffel ein. Nun wird der vorgebackene Mürbteigboden ziemlich dick mit Ribiselmarmelade bestrichen, darüber verteilt man gleichmäßig stark die Schneefülle und überzuckert das Ganze. Der Kuchen wird 5 Minuten lang im heißen Rohr zu goldcremefarbiger Oberfläche überbacken. Für Tisch mit nassem Messer aufschneiden und warm oder auch kalt servieren.

Rouladen

12–14 Portionen

BISKUITROULADE

Biskuitmasse
Marillen(Aprikosen)-marmelade

Eine Biskuitmasse wird auf einen ungefetteten Bogen Papier fingerdick in Rechteckform aufgestrichen, im sehr heißen, von allem Anfang an geschlossen gehaltenen Rohr in 10 bis 12 Minuten gebacken und dann sofort auf einen mit Staubzukker bestreuten Papierbogen gestürzt. Das angebakkene Papier zieht man sogleich flach ab und füllt das Biskuit mit erwärmter Marillenmarmelade. Die Roulade möglichst straff zusammenrollen und eine Weile in das Papier einhüllen. Man gibt sie überzuckert zu Tisch.

12–14 Portionen

BAUMSTAMMROULADE

Masse
4 Eier
100 g Staub(Puder)-zucker
Zitrone
100 g Mehl

4 Eiweiß werden mit der Hälfte von 100 Gramm Zucker sehr steif geschlagen, dann den restlichen Zucker, etwas Zitronenschale und -saft und 4 Eidotter einmengen und zuletzt 100 Gramm Mehl einrühren. Die Masse streicht man fingerdick auf einen rechteckigen Papierbogen und backt das Biskuit im ziemlich heißen Rohr 10 Minuten goldfarben. Dann auf ein mit Mehl bestaubtes Blatt

Fülle
120 g Staub(Puder)-zucker
1 Ei
30 g Cremepulver
1/4 l Milch
200 g Butter
100 g Schokolade

Garnitur
Schokoladestreusel oder
30 g Pistazien

Papier stürzen, das angebackene Papier flach abziehen und die Roulade trocken einrollen und in Papier hüllen.
Während das Biskuit auskühlt, rührt man 60 Gramm Zucker, 1 ganzes Ei, 30 Gramm Cremepulver und 1/4 Liter Milch kalt ab, kocht das Ganze unter starkem Rühren einmal tüchtig auf und läßt auskühlen. Diese Masse rührt man löffelweise in einen Abtrieb aus 200 Gramm Butter und 60 Gramm Zucker schaumig ein, gibt ein wenig von der weißen Crememasse beiseite und rührt in das übrige noch 100 Gramm weichgewärmte Schokolade ein. Nun wird das Biskuit aufgerollt, mit der Hälfte der Schokoladecreme gefüllt und wieder eingerollt. Mit der übrigen Schokoladecreme die Roulade von außen schön verstreichen und dann mit mittelgroßem Sternröhrchen schöne Wellenlinien über die ganze Oberfläche ziehen. Ebenfalls mit einem Sternröhrchen spritzt man zuletzt kleine Punkte aus der zurückbehaltenen weißen Creme auf und streut den fertigen Baumstamm mit Schokoladestreusel oder geschälten, gehackten Pistazien ein.

16 Portionen

NUSSROULADE

Masse
5 Eier
120 g Staub(Puder)zucker
Vanille
Zitronenschale
80 g Mehl
80 g Nüsse
30 g Butter
Zimt

Fülle
Nußcreme

Garnitur
geriebene Nüsse
16 halbe Walnüsse

5 Eidotter mit 50 Gramm Zucker, Vanille, Zitronenschale und Zimt schaumig rühren. 5 Eiweiß zu Schnee schlagen, den restlichen Zucker nach und nach beigeben und den Schnee schließlich in den Dotterabtrieb einziehen. Das gesiebte Mehl wird mit den geriebenen Nüssen vermischt und zusammen mit 30 Gramm erhitzter Butter in die Masse eingerührt. Auf Papier fingerdick aufstreichen und bei 200 Grad backen. Auf stark bemehltes Papier stürzen und erst nach dem Auskühlen das angebackene Papier abziehen. Mit der Hälfte der Nußcreme bestreichen und dann einrollen. Dabei wird das Mehl abgekehrt. Mit der restlichen Creme wird die Oberfläche bestrichen. An der Seite mit geriebenen Nüssen einstreuen. Obenauf mit Cremerosetten garnieren und auf jede Rosette 1/2 bezuckerten Walnußkern aufsetzen.

8 Portionen

CREMEKRAPFEN

Brandteig
120 g Butter
120 g Mehl
4–5 Eier
Salz

Creme
1/8 l Milch
2 Eidotter
15 g Cremepulver
40 g Staub(Puder)zucker
1 Paket Vanillezucker
1 Blatt Gelatine
1/4 l Schlagobers
(Schlagsahne)

1/8 Liter Wasser mit ganz wenig Salz und 120 Gramm Butter aufkochen lassen, dann 120 Gramm Mehl langsam einlaufen lassen und so lange über Hitze rühren und rösten, bis sich die Masse von Geschirr und Löffel löst. In den noch heißen Brandteig werden nach und nach 4 bis 5 ganze Eier eingerührt, die notwendig sind, um eine geschmeidige, halbweiche, dennoch spritzfähige Masse zu erzielen. Wichtig ist, daß immer das hinzugegebene Ei vollkommen glatt verrührt sein muß, ehe das nächste Ei hinzukommt. Die Menge der benötigten Eier ist nicht genau zu bestimmen und richtet sich jeweils nach der verwendeten Mehlmenge und -gattung. Jedenfalls hängt das einwandfreie Gelingen von der erforderlichen Festigkeit des Teiges ab, der weder zu weich noch zu fest sein darf. Die Probe macht man am besten so, daß man den Löffel mit dem Teig hochzieht. Wenn sich die hochgezogene Teigspitze langsam umlegt, ohne aber die Konturen zu verlieren, so kann mit der Aufarbeitung begonnen werden. Manchmal ist es auch nötig, zum Schluß bloß 1 Dotter oder etwas Eiweiß allein nachzugeben statt des ganzen Eies, um ein Zuweichwerden zu verhindern. Von dieser Masse dressiert man nun mit größerem glattem Spritzröhrchen auf ein sehr schwach gefettetes Backblech stark nußgroße Krapferl in gehörigen Abständen auf. Die Krapferl werden leicht mit zerquirltem Ei bestrichen und dann in ein gut erhitztes, vom Anfang an geschlossen gehaltenes Rohr gestellt, das nicht geöffnet werden darf, bevor die Krapferl hochgegangen sind und etwas Farbe genommen haben, da sie sonst leicht zusammenfallen. Erst dann drosselt man die Hitze, damit die Gebäcke mittelheiß gut durchbacken können, bis sie sich in gewissem Maße spröde anfühlen. Nun schneidet man von oben einen kleinen Deckel ab, füllt den Hohlraum mit Vanillecreme so voll, daß etwas von

der Creme vorschaut, sobald der Deckel daraufgesetzt wird. Überzuckert zu Tisch geben.
Für die Vanillecreme wird 1/8 Liter Milch mit 2 Eidotter, 15 Gramm Cremepulver, 40 Gramm Zucker und 1 Paket Vanillezucker glattgerührt und unter ständigem Umrühren aufgekocht. Vom Herd nehmen, 1 Blatt in Wasser geweichte Gelatine beigeben und kaltrühren. Wenn die Creme zu stocken beginnt, das Schlagobers einziehen.

SCHOKOLADE-ECLAIRS

8 Portionen

Brandteig wie bei Cremekrapfen
1 Ei
3/8 l Schlagobers (Schlagsahne)
Schokoladesauce, kalt

Der Brandteig wird auf ein schwach gefettetes Backblech in fingerlangen und daumenstarken Stangen dressiert und wie Cremekrapfen gebacken. Nach dem Auskühlen werden die Eclairs der Länge nach halbiert, mit ungesüßtem, steifgeschlagenem Obers stark gefüllt und wieder zusammengesetzt. Mit kalter dicker Schokoladesauce überziehen.

SCHOKOLADE-BRANDKRAPFEN

8 Portionen

Brandteig wie bei Cremekrapfen
1 Ei
Marillen(Aprikosen)-marmelade
Schokoladeglasur

Fülle
50 g Schokolade
Läuterzucker
1/4 l Schlagobers (Schlagsahne)

So wie bei Cremekrapfen gebackene Brandkrapfen werden zuerst mit erwärmter Marillenmarmelade bepinselt und anschließend mit Schokoladeglasur überzogen. Nach dem Festwerden der Glasur auseinanderschneiden und mit folgender Creme füllen: 50 Gramm weichgewärmte Schokolade wird mit Läuterzucker nach und nach dicksaucig abgerührt und dann mit 1/4 Liter steifgeschlagenem Obers vermischt.

INDIANERMASSE

ca. 12–14 Stück = 6 Portionen

90 g Staub(Puder)zucker
4 Eier
Zitronenschale
100 g Mehl

60 Gramm Zucker mit 4 Eidottern recht schaumig rühren, etwas Zitronenschale und 1 Teelöffel Wasser dazugeben und gut verrühren. 4 Eiweiß steif schlagen, 30 Gramm Zucker beigeben und nochmals steif schlagen. Dann Schnee und Dottermasse zusammenrühren und dabei 100 Gramm Mehl vorsichtig einziehen.

Besonders knusperig werden die Erzeugnisse aus dieser Biskuitmasse, wenn das Mehl zur Hälfte aus Weizen- und zur Hälfte aus Kartoffelmehl besteht. In diesem Fall kann die halbe Menge Kartoffelmehl gleich mit der Dottermasse gerührt werden.

INDIANERKRAPFEN (Mohrenköpfe)

6 Portionen

Indianermasse
Marillen(Aprikosen)-marmelade
Schokoladeglasur
Schlagobers (Schlagsahne)

Aus einer Indianermasse dressiert man eigroße, halbkugelförmige Krapferl mittels Dressiersack mit breitem, glattem Spritzröhrchen auf einen blanken Papierbogen, überstaubt alles ein wenig mit Mehl und schiebt die Krapfen auf einem Blech in ein mittelheißes Rohr, das vollkommen offenbleibt. Wenn die Krapfen von rückwärts und von der Seite ein wenig Farbe zu nehmen beginnen, dreht man das Blech um, schließt das Rohr bis auf einen fingerbreiten Spalt und drosselt die Backhitze auf untermittelheiß, damit die Krapfen langsam durchziehen und durchbacken können. Sobald man einen Krapfen vom Papier abnehmen kann, wobei er nicht zusammenfallen darf und eine gewisse Festigkeit aufweist, legt man sie samt dem Papier zum Auskühlen (am besten über Nacht), löst sie dann ab und höhlt sie an der Breitseite mit kleinem, spitzem Messer etwas aus. Zwei und zwei solcher Hülsen werden für einen Krapfen zusammengesetzt und von unten ein wenig abgeschnitten, damit sie stehen können. Den Oberteil ein wenig mit Marillenmarmelade bestreichen. Dann mit Schokoladeglasur überziehen und trocknen lassen. Für Tisch anschneiden, auseinanderbrechen und mit steifgeschlagenem, nur ganz schwach gesüßtem oder noch besser ungesüßtem Schlagobers hoch füllen, daß die Krapfen einen mindest fingerbreiten weißen Gürtel aufweisen.

Himbeer- oder Erdbeerkrapfen werden mit Himbeer- oder Erdbeermarmelade bestrichen, mit Himbeer- oder Erdbeerglasur überzogen, nach dem Trocknen auseinandergenommen und mit steifem Schlagobers, das man mit etwas Himbeer- oder Erdbeermark oder -saft verrührt und schwach gesüßt hat, reichlich gefüllt.

6 Portionen

PUNSCHKRAPFERLN

Biskuitmasse
1 Orange
1/2 Zitrone
2 Eßlöffel Rum
1 Eßlöffel Marmelade
Läuterzucker
Punschglasur

Eine Biskuitmasse wird auf Papier halbfingerdick aufgestrichen und im ziemlich heißen Rohr rasch zu goldgelber Farbe gebacken. Auf ein mehlbestäubtes Brett stürzen und nach dem Auskühlen das Papier abziehen. Mit scharfem Ausstecher aus etwas mehr als der halben Masse kleine Plätzchen ausstechen. Das übriggebliebene Biskuit klein schneiden und mit folgendem versehen: Saft von 1 Orange und 1/2 Zitrone, etwas feingehackte Orangenschale, 2 Eßlöffel Rum, 1 Eßlöffel Marmelade und Läuterzucker nach Bedarf, damit das Biskuit wohl genügend feucht, jedoch nicht naß ist. Nach einer Weile preßt man die Krapferln aus, indem man den Ausstecher über ein Plätzchen steckt, mit Punschmasse füllt und ein zweites Plätzchen darauflegt, mit einem Gewicht zusammenpreßt und das Ganze durch den Ausstecher hindurchschiebt. Wenn alle Krapferln auf diese Weise vorbereitet sind, überzieht man sie mit Punschglasur und läßt sie, auf einem Gitter stehend, abtropfen und trocknen.

STANITZCHEN

2 Eier
100 g Staub(Puder)zucker
100 g Mehl
Anis
Schlagobers (Schlagsahne)
Beerenfrüchte

Zum Füllen mit leicht gesüßtem Schlagobers, bestreut mit Beerenfrüchten und überzuckert aufzutragen. Die Masse wird wie zu Anisscharten hergestellt. Man streicht sie stark messerrückendick auf ein gefettetes und gestaubtes Backblech auf und backt sie in sehr heißem geschlossenen Rohr flott hellgelb. Noch backheiß wird der Boden in 10 Zentimeter breite Streifen geschnitten, die man wieder in 12 Zentimeter lange Rechtecke zerteilt. Die Teile dreht man noch heiß nacheinander tütenförmig zusammen, preßt ein wenig an, damit die Form besser erhalten bleibt, und vollendet so Stück um Stück. Die Stanitzchen erstarren bald und werden trocken aufbewahrt.

Teebäckereien

Teebäckereien von Biskuitmassen

BISKOTTEN (Löffelbiskuits)

4 Eier
1 Eidotter
120 g Staub(Puder)-zucker
Zitrone
100 g Mehl

5 Eidotter und 80 Gramm Zucker sehr schaumig rühren und mit etwas Zitronensaft und -schale würzen. 4 steifgeschlagene Eiweiß mit 40 Gramm Zucker nochmals sehr steif ausschlagen, mit der Dottermasse vermischen und vorsichtig 100 Gramm Mehl einrühren. Die Masse füllt man in einen Dressiersack mit mittelgroßem, glattem Spritzröhrchen und dressiert davon auf einen Bogen reines Papier fingerlange Stangen, die an den Enden ein wenig verdickt sind. Dann bindet man etwas Staubzucker in ein durchlässiges Tuch und schüttelt es über den Biskotten, so daß sich eine leichte Zuckerwolke niedersenkt. Dann hebt man den Papierbogen an einer Längsseite hoch, damit der überflüssige Zucker abfällt, legt ihn auf ein reines Backblech und schiebt ihn in ein mittelheißes

Rohr, wo die Biskotten bei einen Fingerbreit offener Tür nicht zu rasch zu einer goldgelben Farbe gebacken werden. Nach dem Überkühlen mit einem Messer vom Papier lösen.
Foto Seite 574.

ANISSCHARTEN

2 Eier
100 g Staub(Puder)-zucker
100 g Mehl
Anis

2 ganze Eier rührt man mit 100 Gramm Staubzukker mittels Schneebesen halbschaumig. Dann wird 100 Gramm Mehl ebenfalls mit dem Schneebesen eingerührt. Von der Masse setzt man in größeren Abständen nußgroße Häufchen auf ein gut gefettetes und gestaubtes Backblech und schüttelt es, damit die Häufchen breit auslaufen können. Die Mitte der Plätzchen ein wenig mit Anis bestreuen. Das Blech wird in ein übermittelheißes Rohr geschoben, wo man die Scharten ziemlich flott goldgelb, an den Rändern jedoch braun backt. Man nimmt die Plätzchen noch heiß rasch vom Blech mittels breitem Messer ab und legt sie über einen hohl liegenden Kochlöffelstiel, biegt sie ein wenig ab und läßt erstarren.
Man richtet sie überzuckert neben oder über einem Häufchen Schlagobers an.

VANILLEBÄCKEREI

4 Eier
220 g Staub(Puder)zucker
1 Paket Vanillezucker
Zitronensaft
190 g Mehl

4 ganze Eier werden mit 220 Gramm Zucker und 1 Paket Vanillezucker über ziemlich heißem Wasserbad zuerst warm dickschaumig aufgeschlagen und dann langsam kalt geschlagen. Mit dem Saft von 1/2 Zitrone würzen und vorsichtig 190 Gramm Mehl mit dem Kochlöffel einrühren. Die Masse füllt man in einen Dressiersack mit glattem Spritzröhrchen, das eine Öffnung wie eine größere Erbse aufweist, und spritzt davon auf ein gut gefettetes und gestaubtes Backblech beliebige Formen, wie Ringe, Nullen oder Dreiecke. Die Bäckerei bestreut man dicht mit Zucker, läßt einige Zeit ruhig stehen und dreht dann das Blech vorsichtig um, damit überflüssiger Zucker abfallen kann. Nun stellt man das Blech in ein bloß lauwarmes, eher

kühles Rohr, bis sich von oben eine ganz leichte Kruste gebildet hat. Erst dann in mittelheißem, geschlossenen Rohr goldgelb backen. Dabei darf der Zucker nicht schmelzen. Richtig getrocknet und dann gebacken, hebt sich die Bäckerei ein wenig von der Unterseite ab. Nach dem Erkalten erwärmt man das Blech ein wenig und nimmt die Bäckerei mühelos ab. Trocken aufbewahren.

Teebäckereien von Mürbteig

MÜRBTEIG

180 g Mehl
120 g Butter
60 g Staub(Puder)-zucker
1 Eidotter
Zitronenschale
Zimt

180 Gramm Mehl, 120 Gramm Butter, 60 Gramm Staubzucker, 1 Eidotter, etwas Zimt und Zitronenschale rasch zu einem Teig kneten, der nach kurzem Rasten aufgearbeitet wird. Zu langes Kneten macht den Teig „brandig", dadurch wird die Qualität stark vermindert.

> Die Butter soll gut gekühlt sein und wird kurz vor der Verwendung dünn geschnitten oder gerissen.

LINZER TEIG

150 g Mehl
100 g Butter
50 g Mandeln
50 g Staub(Puder)zucker
1 Eidotter
Zitrone
Zimt

150 Gramm Mehl, 100 Gramm Butter, 50 Gramm abgezogene, feingeriebene Mandeln oder Haselnüsse, 50 Gramm Staubzucker, 1 Eidotter, Zimt, Zitronenschale und etwas Zitronensaft rasch zu einem mittelfesten Teig kneten. Vor dem Verarbeiten 1/2 Stunde kalt rasten lassen.

LINZER TEIG, BRAUN

140 g Mehl
140 g Butter
60 g Mandeln
60 g Staub(Puder)zucker
Zitronenschale
Zimt

140 Gramm Mehl, 140 Gramm Butter, 60 Gramm mit der Schale geriebene Mandeln, 60 Gramm Staubzucker, 1 starke Prise Zimt und etwas Zitronenschale rasch zu einem Teig kneten und 1 Stunde kalt rasten lassen.

Esterházytorte (Rezept Seite 551).

BUTTERBÄCKEREI

200 g Mehl
150 g Butter
100 g Staub(Puder)zucker
1 Paket Vanillezucker
100 g Marmelade
Salz

200 Gramm Mehl, 150 Gramm zerschnittene Butter, 100 Gramm Staubzucker, vermischt mit 1 Paket Vanillezucker und ein paar Körnchen Salz, rasch und nur so lange zusammenkneten, daß ein glatter Teig entsteht, den man strohhalmdick ausrollt. Daraus werden Scheiben ausgestochen, auf ein reines kaltes Backblech gelegt, in mittelheißem Rohr goldgelb gebacken, nach dem Auskühlen zu zwei und zwei mit beliebiger Marmelade zusammengesetzt und überzuckert.

FEINE MÜRBTEIGBÄCKEREI

200 g Mehl
150 g Butter
100 g Staub(Puder)zucker
1 Eidotter
Zitronenschale
1 Eßlöffel Rum
1 Ei
Mandeln
Zimt

Aus 200 Gramm Mehl, 150 Gramm weicher Butter, 100 Gramm gesiebtem Staubzucker, 1 Eidotter, ein bißchen Zimt, Zitronen- oder Orangenschale und 1 Eßlöffel Rum wird unter kurzem Kneten ein glatter Teig bereitet, den man $1/2$ Stunde kühl stellt. Dann arbeitet man den Teig zu zierlichen Brezerln oder Kipferln auf. Letztere werden mit zerklopftem Ei bestrichen und auf reinem Backblech mittelheiß goldfarben gebacken, während die mit Ei bestrichenen Brezerln in grobgeriebene Mandeln getaucht und ebenfalls goldgelb gebacken werden.

GESPRITZTE LINZER BÄCKEREI

160 g Butter
Zitronenschale
40 g Staub(Puder)zucker
60 g Mandeln
2 Eidotter
200 g Mehl
kandiertes Obst

160 Gramm Butter, etwas feinstgeriebene Zitronenschale und 40 Gramm Staubzucker mit 60 Gramm abgezogenen, geriebenen Mandeln und nach und nach 2 Eidottern schaumig rühren und zuletzt 200 Gramm Mehl einmengen. Von der Masse dressiert man mittels Spritztülle mit mittelgroßem Sternröhrchen beliebige Formen oder kleine Krapferln auf ein reines Backblech, belegt nach Belieben mit kandierten Obststückchen und backt sie bei mittlerer Hitze im geschlossenen Rohr flott goldgelb. Im Bedarfsfall ist die Hitze nach Erreichen einiger Farbe zu drosseln. Die Bäckerei wird nach halbem Auskühlen vom Blech genommen.

Gemischte Bäckerei: Biskotten, Nußmakronen, Mandelschnitten, Vanillekipferln, Kongreßkrapferln (Rezepte Seiten 570, 580, 581, 578, 582).

GEWÜRZSTERNE

120 g Mehl
80 g Butter
40 g Staub(Puder)zucker
60 g Mandeln
Orangenschale
Zitronenschale
1 Eßlöffel Milch
100 g Marmelade
Zimt
Muskatnuß
Ingwer
Nelkengewürz

120 Gramm Mehl und 80 Gramm harte, zerschnittene Butter bröselt man zuerst trocken ab, fügt 40 Gramm Staubzucker, 60 Gramm abgezogene, feingeriebene Mandeln, die feingehackte Schale von 1/2 Orange und 1/2 Zitrone, je eine starke Messerspitze Zimt, Muskatnuß, Ingwer und Nelkengewürz und 1 Eßlöffel kalte Milch bei und arbeitet das Ganze dann zu einem glatten Teig ab, den man 1 Stunde zum Rasten kühl stellt. Dann rollt man den Teig auf gut gestaubtem Brett 2 Millimeter dick aus und sticht mit einem entsprechenden Ausstecher nicht zu große Sterne aus, die in mäßigen Abständen auf ein ungefettetes, kaltes Backblech aufgelegt werden. Die Gewürzsterne backt man dann in gut erhitztem geschlossenen Rohr flott zu goldbrauner Farbe, nimmt sie vor dem vollständigen Erkalten vom Blech und setzt je 2 und 2 Sterne, mit Marmelade bestrichen, zusammen. Überzuckern.

HASELNUSSBÄCKEREI

210 g Mehl
140 g Butter
70 g Staub(Puder)zucker
70 g geriebene Haselnüsse
2 Eier
Orangenschale
1 Eßlöffel Rum
ganze Haselnüsse
Zimt

210 Gramm Mehl, 140 Gramm Butter, 70 Gramm Zucker, 70 Gramm geröstete, geschälte und feingeriebene Haselnüsse, 1 ganzes Ei, die feingehackte Schale von 1/2 Orange, 1 Prise Zimt und 1 Eßlöffel Rum macht man flott zu einem glatten Teig an, den man 1/2 Stunde kalt rasten läßt. Nach dieser Zeit wird der Teig in Schlangenform ausgewälzt, in schwach nußgroße Teilchen zerschnitten, die man zwischen den Händen zu Kugeln formt und auf ein reines Backblech in gehörigen Abständen auflegt. Die Kugeln werden ein wenig flachgedrückt und dann mit dem bemehlten Zeigefinger in der Mitte ein wenig eingedrückt. Zuletzt werden die Gebäcke mit gewässertem Ei leicht überstrichen. In die Vertiefung setzt man je 1 geröstete, geschälte Haselnuß und backt die Stücke im mittelheißen Rohr goldfarben.

HUSARENKRAPFERLN

250 g Mehl
180 g Butter
100 g Staub(Puder)zucker
50 g Mandeln
2 Eidotter
Vanille
Zitronenschale
1 Ei
Marillen(Aprikosen)-marmelade

250 Gramm Mehl, 180 Gramm Butter, 100 Gramm Staubzucker, 50 Gramm abgezogene, feinstgeriebene Mandeln, 2 rohe Eidotter, etwas Vanille und Zitronenschale macht man rasch zu einem Teig an, der nach einigem Rasten an kaltem Ort schlangenförmig ausgerollt und in 30 gleiche Teile zerschnitten wird. Die Teile formt man mit den Händen zu kleinen Kugeln, die in mäßigen Abständen auf ein reines Backblech gesetzt und in der Mitte mit bemehltem Daumen eingedrückt werden. Mit gewässertem Ei bestreichen und mittelheiß goldgelb backen. Inzwischen rührt man gut gelierende, passierte Marillenmarmelade glatt, füllt sie in eine Papiertüte, deren spitzes Ende abgeschnitten wird, und spritzt damit einen schwach haselnußgroßen Punkt auf jedes Krapferl, solange das Gebäck noch warm ist. Nach halbem Überkühlen vom Blech abnehmen.

INGWERPLÄTZCHEN

140 g Staub(Puder)zucker
1 Teelöffel Ingwer
1 Ei
1 Eidotter
1/4 Zitrone
40 g Butter
140 g Mehl

140 Gramm Staubzucker und 1 glattgestrichenen Teelöffel feingeriebenen Ingwer mit 1 ganzen Ei, 1 Eidotter, dem Saft und der fein abgeriebenen Schale von 1/4 Zitrone sehr schaumig rühren und dann 40 Gramm zerlassene Butter und 140 Gramm Mehl einarbeiten. Der Teig wird auf gestaubtem Brett 1/2 Zentimeter dick ausgebreitet und mit einem gerippten oder glatten 3-Zentimeter-Ausstecher zu Plätzchen ausgestochen. Diese ordnet man auf ein gefettetes, mehlgestaubtes Backblech, läßt sie über Nacht luftig kühl stehen und backt sie dann im übermittelheißen Rohr flott hellbraun. Trocken aufbewahren.

ROSINENPLÄTZCHEN

100 g Mehl
100 g Stärkemehl
100 g Butter
120 g Staub(Puder)zucker

100 Gramm Mehl und 100 Gramm Stärkemehl siebt man zusammen auf ein Blatt Papier. Dann rührt man 100 Gramm weiche Butter mit 120 Gramm Staubzucker und ein wenig fein abgeriebe-

Zitronenschale
2 Eier
Obers (Süßrahm)
50 g Rosinen

ner Zitronenschale schaumig und fügt nach und nach 2 ganze zerquirlte Eier abwechselnd mit dem gemischten Mehl hinzu. Zuletzt lockert man den Teig mit ein wenig Obers gerade nur so viel, daß er spritzfähig weich wird, und rührt noch 50 Gramm verlesene Rosinen ein. Von der Masse dressiert man kleine Häufchen auf ein schwach gefettetes, gestaubtes Backblech und backt die Plätzchen im übermittelheißen Rohr goldgelb bis hellbraun. Während des Backens laufen die Rosinenplätzchen ein wenig in die Breite. Sie werden noch heiß vom Blech genommen und trocken aufbewahrt.

SCHOKOLADERINGE

120 g Butter
80 g Staub(Puder)zucker
40 g Schokolade
1 Eidotter
120 g Mehl
80 g Mandeln

120 Gramm Butter mit 80 Gramm Staubzucker, 40 Gramm erwärmter Schokolade und 1 Eidotter sehr schaumig rühren. Dann 120 Gramm Mehl und 80 Gramm mit der Schale fein geriebene Mandeln bzw. Haselnüsse oder Nüsse einrühren. Die Masse füllt man in einen Dressiersack mit mittelgroßem Sternröhrchen und spritzt davon auf ein leicht gefettetes, gestaubtes Backblech zierliche Ringe, die nach kurzem, kühlem Rasten im mittelheißen Rohr sattbraun gebacken werden. Nach dem vollständigen Erkalten wird das Backblech ein wenig angewärmt, damit man die Ringe, die zuletzt überzuckert werden, abnehmen kann.

VANILLEKIPFERLN

140 g Mehl
100 g Butter
50 g Haselnüsse
50 g Vanillezucker
80 g Staub(Puder)zucker

Aus 140 Gramm Mehl, 100 Gramm Butter, 50 Gramm leicht gerösteten, von den Schalen befreiten, feingeriebenen Haselnüssen oder Mandeln und 30 Gramm Vanillezucker rasch einen Teig kneten, den man eine Weile kühl stellt. Dann schlangenförmig ausrollen, in 20 gleiche Teile schneiden, jedes Teilchen mit der Hand zu bauchiger Mitte und spitzen Enden ausrollen und in Kipferlform auf ein reines Backblech setzen. In mittelheißem Rohr goldgelb backen, nach halbem Überkühlen vom Blech nehmen und stark mit Staubzucker, vermischt mit Vanillezucker, einstreuen.
Foto Seite 574.

WIENER TASCHERLN

180 g Mehl
150 g Butter
30 g Vanillezucker
2 gekochte Eidotter
Zitronenschale
Marillen(Aprikosen)-marmelade
1 Ei
Hobelmandeln

180 Gramm Mehl, 150 Gramm feste, zerschnittene Butter, 30 Gramm Vanillezucker, 2 gekochte, passierte Eidotter und etwas feingehackte Zitronenschale macht man so rasch wie möglich zu einem Teig an, den man nach halbstündigem, kühlem Rasten auf bemehltem Brett stark messerrückendick ausrollt. Aus der Teigfläche schneidet oder radelt man Quadrate von ungefähr 12 Zentimeter Seitenlänge, besetzt die Mitte mit haselnußgroß fester Marillenmarmelade und bestreicht die Teigränder schwach mit Ei. Dann schlägt man die obere Teigfläche so über die untere, daß eine Art Stufe gebildet wird, und legt die Tascherln auf ein leicht gefettetes Backblech, bestreicht sie mit gewässertem Ei und streut sie leicht mit gehobelten Mandeln ein. Gebacken werden sie im mittelheißen Rohr zu goldgelber Farbe und bleiben ungezuckert.

ZIMTKARTEN

140 g Mehl
140 g Staub(Puder)zucker
70 g Butter
2 Eier
Zitronenschale
Mandeln
Zimt
Nelkengewürz

140 Gramm gesiebtes Mehl wird mit 140 Gramm Staubzucker, 70 Gramm weicher Butter, 1 ganzen Ei, 1 starken Prise Zimt, ein wenig Nelkengewürz und Zitronenschale zu einem rollfähigen, glatten Teig geknetet, den man auf bestaubtem Brett pappendeckeldick ausrollt und in kleine Rechtecke schneidet. Diese werden auf ein gefettetes gestaubtes Backblech aufgelegt, mit zerklopftem Ei bestrichen, mit einer abgezogenen halben Mandel belegt und mittelheiß goldfarben gebacken. Für Tisch stark überzuckern.

Teebäckereien von Mandel- und Nußmassen

MANDELMAKRONEN

150 g Mandeln
280 g Staub(Puder)zucker
Eiweiß

150 Gramm abgezogene, sehr fein geriebene und gesiebte Mandeln werden mit 280 Gramm Staubzucker und rohem Eiweiß nach Bedarf zu einer dickflüssigen Masse abgerührt, die man unter ste-

tem Rühren auf schwacher Hitze röstet, bis sie auf der Seite Blasen wirft, jedoch nicht kocht. Dann im kalten Wasserbad unter seltenerem Rühren vollständig abkühlen. Zuletzt soll die Masse schön geschmeidig sein. Man dressiert davon auf ein gut gefettetes und gestaubtes Backblech nußgroße Häufchen in kleinen Abständen. Die Makronen im mittelheißen Rohr goldfarben backen und nach halbem Überkühlen vom Blech nehmen. Sollte die Masse vor dem Dressieren augenscheinlich zu fest sein, wird vorsichtig mit rohem Eiweiß gelockert. Die Makronen müssen innen saftig bleiben. Es ist auch gut, nach Erreichen einiger Farbe 1 Eßlöffel Wasser in das Backrohr zu gießen und es sofort zu schließen, damit sich ein wenig Dampf entwickelt, wodurch die Makronen feine Sprünge erhalten.

NUSSMAKRONEN

Masse
150 g geriebene Nüsse
280 g Staub(Puder)zucker
Eiweiß
halbe Walnußkerne

Fülle
100 g Rohmarzipan
1 Eßlöffel Marillen-(Aprikosen)marmelade
Rum

Nußmakronenmasse wie vorstehende Mandelmakronenmasse herstellen. Mit glatter Tülle auf gefettetes, mehlbestaubtes Blech kleine Krapfen dressieren. Die Hälfte davon mit halben Walnußkernen belegen. Im mittelheißen Rohr backen. Inzwischen wird Marzipan mit Marmelade und Rum zu streichfähiger Konsistenz verarbeitet. Damit setzt man je eine mit Nußkernen belegte und eine unbelegte Makrone zusammen.
Foto Seite 574.

MANDELBÄCKEREI

200 g Mandeln
300 g Staub(Puder)zucker
Eiweiß
Zitronenschale
Belegobst

200 Gramm abgezogene, gut getrocknete Mandeln werden fein gerieben, mit 200 Gramm Staubzucker und so viel rohem Eiweiß abgemischt, daß eine feste, zähe Masse entsteht, die im Mörser fein gestoßen wird. Dann noch 100 Gramm Staubzukker, ein bißchen Zitronenschale und rohes Eiweiß beifügen, so daß zuletzt eine geschmeidige, festere Masse vorhanden ist, die man in eine Spritztülle mit kleinerem, glattem Spritzröhrchen füllt. Auf ein gut gefettetes und gestaubtes Backblech verschiedene Figuren, wie Biskotten, Ovale oder Plätzchen,

dressieren. Die Bäckerei kann man mit winzigen Stückchen Belegobst verzieren. In mittelheißem, geschlossenem Rohr goldfarben backen.

MANDELSCHNITTEN

200 g Mandeln
300 g Staub(Puder)zucker
Eiweiß
Zitronenschale
Backoblaten
Hobelmandeln
Tunkmasse

Die wie für Mandelbäckerei hergestellte Masse halbzentimeterdick auf Backoblaten aufstreichen und reichlich mit Hobelmandeln bestreuen. Im geschlossenen Rohr goldfarben backen. Vom Blech heben, in Schnitten teilen und diese schräg in Tunkmasse tauchen.
Foto Seite 574.

MANDELBÖGEN

200 g Mandeln
200 g Staub(Puder)zucker
Zitronenschale
1 Paket Vanillezucker
Eiweiß
1 Teelöffel Mehl
weiße Oblaten

150 Gramm geschält gehobelte oder fein gestiftelte Mandeln, 200 Gramm Staubzucker, ein bißchen feine Zitronenschale und 1 Paket Vanillezucker rührt man mit rohem Eiweiß nach Bedarf zu einer zähflüssigen Masse ab. Mit 1 Teelöffel Mehl versetzen und alles womöglich in einem Schneekessel unter ständigem Rühren auf schwacher Hitze so lange rösten, bis die Masse an der Seite Blasen wirft, jedoch nicht kocht. Schon vorher hat man handbreite Streifen von weißen Oblaten auf ein mehlbestreutes Brett gelegt. Nun wird die heiße Mandelmasse zwei Messerrücken dick aufgestrichen und mit gehobelten Mandeln tüchtig eingestreut. Mit einem Messer gut daumenbreite Streifen schneiden. Damit ein Ankleben der Masse an das Schnittmesser verhindert wird, drückt man das Messer bis zum Oblatenboden fest ein und trennt mit einem kleinen scharfen Messer längs der Messerschneide die Oblate durch. Die Streifchen legt man in kleinen Abständen über eine leicht gefettete und gestaubte Mandelbogenform und läßt sie an luftiger Stelle übertrocknen, bis sich von außen eine leichte Kruste gebildet hat. Dann im untermittelheißen Rohr langsam goldfarben backen und nach einigem Überkühlen von der Form nehmen. Die Masse ergibt ungefähr 15 Mandelbögen.

HASELNUSS-SCHOKOLADE-BUSSERLN

3 Eiweiß
90 g Staub(Puder)zucker
90 g Haselnüsse
40 g Schokolade

3 Eiweiß werden schaumig aufgeschlagen, 90 Gramm Staubzucker beigefügt und das Ganze über nicht zu scharfem Dunst zu einer zähen, schaumigen Masse ausgeschlagen, die nicht zu heiß werden darf. Dann rührt man den Schnee mit dem Schneebesen am besten im Rührgerät kalt und fügt nun 90 Gramm samt der Schale feingeriebene Haselnüsse oder Nüsse und 40 Gramm feingeriebene Schokolade ein. Von der Masse setzt man auf ein gut gefettetes und gestaubtes Backblech halbnußgroße Häufchen, die im mittelheißen Rohr krustig und braun gebacken werden. Sie werden mit Hilfe eines biegsamen Messers noch heiß vom Blech genommen und nach dem Erkalten verschlossen aufbewahrt.

KOKOSBUSSERLN

5 Eiweiß
280 g Staub(Puder)zucker
Zitronenschale
120 g Kokosette (Kokosflocken)
30 g Mehl
Zimt

5 Eiweiß werden mit 280 Gramm Staubzucker, etwas Zitronenschale und Zimt und 120 Gramm Kokosette vermengt. Dann röstet man die Masse unter stetem Rühren auf schwacher Hitze ziemlich heiß und rührt noch warm 30 Gramm Mehl ein. Davon spritzt man sogleich nußgroße Krapferln auf ein gefettetes und gestaubtes Backblech, läßt abkühlen und backt dann in gut erhitztem Rohr zu goldbrauner Farbe.

KONGRESSKRAPFERLN

200 g Rohmarzipan
Zitronenschale
2 Eidotter
Backoblaten
geschälte Mandeln

Rohmarzipan wird mit Zitronenschale und 1 Eidotter glatt geknetet. Eine fingerdicke Schlange formen und diese in drei Zentimeter lange Stücke teilen. Mit der Hand zu oben spitzzulaufenden Gebilden formen, die man auf Backoblaten setzt und 1 Stunde trocknen läßt. Dann mit Eidotter bestreichen, an der Seite jeweils mit 4 Mandeln

besetzen und bei starker Hitze (250 Grad) flämmen. Nach dem Auskühlen wird die überflüssige Backoblate abgeschnitten.
Foto Seite 574.

PIGNOLIENKIPFERLN (-hörnchen)

200 g Mandeln
310 g Staub(Puder)zucker
1 Teelöffel Mehl
ca. 3 Eiweiß
Vanille
Zitronenschale
150 g Pignolienkerne
Zimt

200 Gramm abgezogene, gut getrocknete und sehr fein geriebene Mandeln macht man mit 300 Gramm Staubzucker, 1 schwachen Teelöffel Mehl und rohem Eiweiß nach Bedarf zu einer mittelfesten Masse an. Dabei würzt man noch mit Vanille, ein bißchen Zimt und Zitronenschale. Auf ein Brett gibt man ein Häufchen Pignolienkerne, hüllt darin nußgroße Teilchen der Mandelmasse vollkommen ein und rollt diese zu bauchigen Würstchen mit spitzen Enden, die dann, in Kipferlform abgebogen, in kleinen Abständen auf ein gefettetes und gestaubtes Backblech gelegt werden. Die Kipferln werden im mittelheißen Rohr goldfarben durchgebacken und kurz vor Schluß des Backens mit einer gekochten Zuckerlösung überglänzt, wozu 1 Eßlöffel Zucker mit 1 Teelöffel Wasser einmal tüchtig aufgekocht wurde. Nach dem Auskühlen wohlverschlossen und trocken aufbewahren.

Windbäckerei

WINDMASSE

für 1 Torte

6 Eiweiß
210 g Feinkristallzucker
210 g Staub(Puder)zucker

6 Eiweiß werden steif geschlagen, 1 Eßlöffel Kristallzucker beigegeben und nochmals sehr steif geschlagen. Abermals 1 Eßlöffel Kristallzucker beigeben und wieder sehr steif ausschlagen, so daß ein fester, zäher Schnee entsteht. Nun fügt man noch ein wenig Kristallzucker bei, schlägt vorsichtig nochmals gut durch und rührt schließlich den übrigen Kristallzucker und den gesiebten Staubzucker mittels Kochlöffel ein.

Damit die Windmasse wohl gelingt, muß das verwendete Geschirr peinlich sauber sein. Im Eiweiß darf nichts von den Dottern sein, und der Schnee muß vollständig ausgeschlagen werden.

WINDBÄCKEREI ALS WEIHNACHTSBÄCKEREI

Windmasse

Windmasse wird in einen Dressiersack mit nicht zu großem Sternspritzröhrchen gefüllt. Davon spritzt man auf weiße Papierbögen verschiedene Formen, wie Ringe, Nullen, Arabesken, Paragraphen, Dreiecke und Vierecke. Die Bäckerei auf ein heißes Blech ziehen und im nur mäßig warmen Rohr mehr trocknen als backen, bis sich die Stücke leicht vom Papier lösen lassen und durch und durch spröde geworden sind.

Die Bäckerei kann nach dem Dressieren mit gemischtfarbigem Streuzucker mäßig bestreut werden. Zur braunen Windbäckerei wird die Windmasse mit Zuckerfarbe (Couleur) hellbraun gefärbt und mit ein wenig Kaffee-Essenz gewürzt. Für rosafarbige Bäckerei färbt man die Windmasse zart mit vegetabilischer roter Farbe. Während braune Bäckerei nicht eingestreut wird, macht sich roter Streuzucker auf rosa Bäckerei recht gut.

SPANISCHE WINDEIER, -RINGE UND -KIPFERLN (-hörnchen)

Windmasse
Mandeln

Für Windeier setzt man aus Windmasse mittels Eßlöffel stark eigroße, ovale Häufchen auf ein Papier; der obere Abschluß soll dabei eine Art „Kamm" werden. Ringe und Kipferln werden mit Dressiersack mit größerem Sternröhrchen dressiert. Die Ringe sind daumenstark und in einem Durchmesser von 8 Zentimeter aufzutragen. Die Kipferln sind in der Mitte verdickt, an den Enden spitz auslaufend zu dressieren. Nach dem Dressieren streut man die Bäckerei lose mit gehobelten Mandeln ein und backt sie dann im schwach mittelheißen Rohr cremefarben, bis die Stücke durch und durch spröde sind. Wenn die helle Farbe erreicht ist, soll die ohnedies schwache Rohrhitze stark gedrosselt werden, um die Bäckerei langsam austrocknen zu lassen. Wird zu heiß gebacken, kann es leicht passieren, daß der Zucker in der Windmasse an der Außenseite schmilzt und dadurch die ganze Bäckerei verdirbt.

PATIENCEBÄCKEREI

280 g Staub(Puder)zucker
150 g Mehl
5 Eiweiß
braune Zuckerfarbe

280 Gramm Staubzucker und 150 Gramm Mehl werden jedes für sich auf je ein Blatt Papier gesiebt. 5 steifgeschlagene Eiweiß versetzt man mit 30 Gramm Zucker, schlägt nochmals steif, gibt abermals 30 Gramm Zucker bei und schlägt sehr fest aus. Dann wird nochmals 30 Gramm Zucker beigefügt und tüchtig geschlagen. Nun färbt man mit brauner Zuckerfarbe (Couleur) hellbraun und rührt den restlichen Zucker und nachher das Mehl so innig ein, daß die Masse förmlich weich, gewissermaßen schmierig und glänzend wird. Die Masse füllt man in einen Dressiersack mit glattem Spritzröhrchen, das eine erbsgroße Öffnung aufweist und dressiert davon auf sorgfältig, jedoch nicht zu sehr gefettete und gestaubte Backbleche verschiedene Figuren, wie Ringe, Nullen, sonstige Ziffern, Paragraphen usw. Die dressierte Bäckerei wird vorerst in ein lauwarmes, eher kühles Rohr gestellt und erst, wenn sich oben eine ganz zarte Kruste gebildet hat, backt man im übermittelheißen Rohr zu goldbrauner Farbe. Dabei präsentiert sich die Oberseite vollkommen glatt und hebt sich von der Unterseite ein wenig ab. Nach dem Erkalten wird nur das Blech rasch erhitzt und durch Klopfen auf den Blechrand die Bäckerei leicht gelockert. Trokken aufbewahren.

Süßspeisen

Creme- und Fruchtdesserts

4 Portionen

ERDBEERSCHAUMCREME

150 g Walderdbeeren
2 Eier
150 g Staub(Puder)zucker
Weißwein
Zitronensaft
1 Eßlöffel Kognak

Der steife Schnee von 2 Eiweiß wird mit 30 Gramm Staubzucker sehr steif geschlagen und ein Weilchen beiseite gestellt. Dann rührt man 2 Eidotter mit 120 Gramm Zucker und ein paar Tropfen Weißwein sehr schaumig, würzt mit dem Saft von 1/4 Zitrone und 1 Eßlöffel Kognak und mischt 100 Gramm verlesene, grob durchgehackte Erdbeeren ein. Nun wird auch der steife Schnee eingemischt und der rohe Eierschaum dann in Glasschüsseln angerichtet. Darüber streut man noch eine Handvoll verlesene Walderdbeeren.

Statt frischen Walderdbeeren können auch Tiefkühlerdbeeren verwendet werden.

4 Portionen

KALTE FRUCHTCREME

Creme
2 Eier
90 g Staub(Puder)zucker
30 g Stärkemehl
20 g Butter
1/4 l Milch

Fruchtpüree
nach Belieben
120–200 g Erdbeeren,
Himbeeren,
Ribisel (Johannisbeeren),
Marillen (Aprikosen),
Pfirsiche

Für die Grundcreme wird der steife Schnee von 2 Eiweiß mit 1 Teelöffel Zucker von insgesamt 60 Gramm nochmals sehr steif geschlagen und dann der restliche Zucker ganz kurz und kräftig eingeschlagen. Nebenbei rührt man 2 Eidotter mit 30 Gramm Zucker, 30 Gramm Stärkemehl, 20 Gramm warm gelöster Butter und 1/4 Liter kalter Milch glatt und läßt die Masse unter ständigem Rühren einmal tüchtig aufkochen. In die heiße Creme wird ein kleiner Teil des vorbereiteten Schnees und das gewünschte, ebenfalls vorbereitete Fruchtpüree innig eingerührt. Dann den restlichen Schnee lokker einmischen. Die Fruchtcreme wird nun sogleich in kleine tiefe Glasschüsseln gefüllt und kalt zum Stocken gestellt.

Als Fruchtpüree eignen sich für die angegebene Crememenge für 4 Portionen entweder 150–200 Gramm verlesene Erdbeeren bzw. Himbeeren, Ribisel, Marillen oder Pfirsiche, sämtliche Früchte im gut gereiften Zustand roh durch ein Sieb passiert. Statt frischer Frucht kann auch Fruchtmark oder passierte Marmelade verwendet werden. Für Tisch werden die Fruchtcremen mit steifgeschlagenem Obers und mit verlesenen bzw. würfelig geschnittenen Früchten der betreffenden Fruchtgattung garniert. Dazu reicht man Waffeln oder Biskotten.

> Die Fruchtcremen können auch auf Biskuittortenböden aufgestrichen werden. Nach dem Stocken dekorativ mit Kompottfrüchten belegen.

BANANENCREME

6–8 Portionen

2 Bananen
500 g Äpfel
4 Eßlöffel Weißwein
100 g Kristallzucker
Zitronensaft
1/4 l Schlagobers (Schlagsahne)
Zimt

500 Gramm säuerliche Äpfel werden geschält, geviertelt und vom Kernhaus ausgeschnitten, mit 4 Eßlöffel Weißwein, 100 Gramm Zucker, dem Saft von 1/4 Zitrone und einem Stäubchen Zimt zugedeckt weich gedünstet. Die Äpfel samt 2 geschälten, rohen Bananen durch ein Sieb passieren. Die Fruchtmasse wird nach dem Erkalten mit 1/4 Liter steifgeschlagenem Obers vermischt, in Glasschüsseln oder breite Gläser gefüllt und mit Schlagobers und Bananenscheiben dekoriert.

BIRNEN MIT SCHOKOLADECREME

6 Portionen

6 Birnen
100 g Kristallzucker
Zitronensaft
100 g Kochschokolade
2 Eier
1/8 l Schlagobers (Schlagsahne)

6 mittelgroße, feste grüne Birnen werden abgestielt, dann geschält, der Länge nach halbiert und vom Kernhaus ausgeschnitten. In einem kleinen Kochgeschirr läßt man 1/8 Liter Wasser mit 100 Gramm Zucker und dem Saft von 1/4 Zitrone aufkochen. In diese Flüssigkeit die Birnen partieweise einlegen und langsam glasig und kernig weich kochen. Sobald eine Partie Birnen gekocht ist, hebt man sie

mit einem Tropflöffel vom Sud und legt sie abgetropft auf einen Teller beiseite. Den zurückbleibenden Birnenkompottsaft kocht man dann rasch ein, bis er wie dünnflüssiger Sirup geworden ist. In diesen heißen Sirup, den man von der Hitze nimmt, legt man 100 Gramm Kochschokolade ein und läßt das Ganze halb überkühlen. Bis dahin wird die Schokolade weich gewärmt sein, und nun werden 2 ganze Eier beigegeben und die Masse auf kleiner Hitze mit einem Schneebesen kräftig geschlagen, bis am Rand des Geschirres die ersten Kochblasen sichtbar werden. Nun schlägt man die Creme in kaltem Wasserbad weiter, bis sie völlig ausgekühlt ist, und überzieht damit die entweder in einer größeren vertieften Glasschüssel zusammen oder aber in 6 kleinen Glasschüsseln in Portionen aufgeteilten Birnen ziemlich dick. Die Früchte kühl stellen. Für Tisch mit steifgeschlagenem, ungezukkertem Obers garnieren.

> Die Schokoladecreme kann mit Kognak abgeschmeckt werden.

FRÜCHTETOPFEN(quark)-CREME

4–6 Portionen

500 g beliebiges Obst
150 g Topfen (Quark)
80 g Staub(Puder)zucker
Pfefferminzblätter
ca. 1/4 l Milch
30 g Mehl
20 g Butter

500 Gramm beliebiges frisches Obst, wie Birnen, Ringlotten, Äpfel, nach Geschmack auch gemischt, wird gesäubert und ungeschält in erbsgroße Würfel geschnitten, die man mit 80 Gramm Zucker und ein wenig feinstgehackten Pfefferminzblättern untermischt und 1/2 Stunde kalt beizen läßt. Inzwischen wird 150 Gramm passierter Topfen mit kalter Milch nach Bedarf cremigweich abgerührt. Nebenbei läßt man 30 Gramm Mehl in 20 Gramm Butter gelb anlaufen, gießt mit 1/4 Liter Milch zu einer kurz und dick verkochten Sauce auf, in die nach dem Erkalten nach und nach die Topfencreme eingerührt wird. Zuletzt mischt man die Früchte darunter und füllt die Creme in Portionsschüsseln. Die Oberfläche wird überzuckert und mit beliebigem Obst garniert.

MARASCHINOCREME MIT HIMBEEREN

6 Portionen

200 g Himbeeren
1 Ei
100 g Vanillezucker
1 Eßlöffel Maraschino
Zitronensaft
60 g Stärkemehl
7/8 l Milch
Salz

1 ganzes Ei mit 100 Gramm Vanillezucker, 1 Eßlöffel Maraschino und ein paar Tropfen Zitronensaft zu einer dickschaumigen Masse verrühren. Dann wird 60 Gramm feines Stärkemehl mit 1/8 Liter kalter Milch glatt abgerührt. Daneben läßt man 3/4 Liter Milch mit ein paar Körnchen Salz aufkochen, gießt das aufgelöste Stärkemehl hinzu und läßt unter Rühren abermals tüchtig aufkochen. In diese Masse schlägt man sogleich das schaumig gerührte Ei ein und rührt das Ganze im kalten Wasserbad bis auf Fingerwärme. Zuletzt mischt man 200 Gramm sauber verlesene trockene Himbeeren locker darunter und füllt die Creme in Portionsgläser. Nach dem Stocken mit Himbeeren besetzen.

GEFÜLLTE ORANGEN

6 Portionen

6 Orangen
140 g Würfelzucker
2 Eier
2 Eidotter
4 Blätter Gelatine
1 Eßlöffel Kognak
1/4 l Schlagobers (Schlagsahne)
50 g Kompottweichseln (-sauerkirschen)

6 schöne, gleich große Orangen quer halbieren, mit einem scharfkantigen Löffel alles Fruchtfleisch auskratzen, dabei aber die Schale nicht verletzen. Den Saft des Orangenfleisches drückt man durch ein Sieb, fügt 140 Gramm Würfelzucker bei, den man an der Schale von 1 Orange abgerieben hat, und kocht dies auf. Nach dem Auskühlen gibt man 2 ganze Eier und 2 Eidotter dazu und schlägt nun diese Masse im Wasserbad dickschaumig und mäßig heiß auf. Jetzt fügt man 4 Blätter farblose, kalt eingeweichte, dann abgetropfte Gelatine und 1 Eßlöffel Kognak bei und schlägt die Masse in kaltem Wasserbad kalt. Noch bevor die Creme stockt, rührt man 1/4 Liter steifgeschlagenes, ungezuckertes Obers ein und füllt damit die ausgehöhlten Orangenschalen so voll wie möglich. Einen Rest der Creme füllt man in tiefe Glasschüsseln oder in Bechergläser. Alles kalt zum Stocken stellen. Für Tisch spritzt man die gefüllten Orangen ebenso wie die übrige Creme mit steifem, ungezuckertem Schlagobers auf und garniert mit abgetropften Kompottweichseln.

ORANGENSCHAUMCREME

4 Portionen

3 Orangen
3 Eier
220 g Staub(Puder)zucker
1 Eßlöffel Honig
Zitronensaft
60 g Mandeln

3 ganze Eier, 220 Gramm Zucker, den Saft von 3 Orangen und die feinabgeriebene Schale von 1 Orange sowie 1 Eßlöffel Honig rührt man mittels Schneebesen (Rührgerät) dickschaumig und vollendet zum Schluß mit dem Saft von 1/2 Zitrone und 60 Gramm abgezogenen, feingeriebenen Mandeln. In Schüsseln oder Gläsern servieren.

TOPFEN(Quark)CREME MIT KIRSCHENKOMPOTT

4 Portionen

120 g Topfen (Quark)
60 g Staub(Puder)zucker
2 Eier
Milch
1 Paket Vanillezucker
2 Eßlöffel Kompottkirschensaft
100 g Kompottkirschen
30 g Haselnüsse

120 Gramm passierten Topfen mit 60 Gramm Zucker, 2 Eidottern und ein wenig kalter Milch nach Bedarf zu cremiger Beschaffenheit rühren. Der steifgeschlagene Schnee von 2 Eiweiß wird mit 1 Paket Vanillezucker nochmals sehr steif ausgeschlagen und in die vorige Masse eingerührt. Diese Creme füllt man in passende Gläser, die zuvor mit 2 Eßlöffel Kirschenkompottsaft ausgegossen wurden. Obenauf setzt man halbierte, entkernte Kompottkirschen und streut zwischen die Kirschen geriebene gebrannte Haselnüsse oder geriebene Schokolade.

WEINCREME MIT BISKOTTEN

8 Portionen

4 Blätter Gelatine
3 Eier
180 g Staub(Puder)zucker
1/4 l Weißwein
1 Eßlöffel Kognak
1/8 l Schlagobers (Schlagsahne)
Himbeersaft
Biskotten (Löffelbiskuits)

Zuerst weicht man 4 Blätter farblose Gelatine in kaltes Wasser ein. Dann wird der steife Schnee von 2 Eiweiß mit 20 Gramm Zucker nochmals sehr steif geschlagen. Weitere 40 Gramm Zucker einrühren. Nun gibt man in einen zweiten Schneekessel 1/4 Liter Weißwein, 2 Eidotter, 1 ganzes Ei, 120 Gramm Zucker und 1 Eßlöffel Kognak und schlägt dies auf schwacher Hitze so dickschaumig wie möglich und bis zum Sichtbarwerden der ersten Kochblasen. Jetzt gibt man die abgetropften Gelatineblätter hinzu, schlägt noch ein kleines Weilchen auf der schwachen Hitze und gibt den vorbereiteten Schnee dazu. Das Ganze nun in kaltem Wasserbad schlagen, bis die Creme nur mehr Fingertemperatur aufweist. 1/8 Liter gekühltes Obers sehr steif schlagen und mittels Schneebesen sogleich unter die Creme ziehen, die nun ohne Verzug in 8 Glasschüsseln gefüllt und zum Stocken kalt gestellt wird. Für Tisch wird die glatte Oberfläche der Weincreme mit dickem Himbeersaft eingelassen. Zuletzt mit ein paar Schlagoberslinien aufspritzen und mit halbierten Biskotten bestecken.

WEINCREMENOCKERLN MIT KARAMELÜBERGUSS

4 Portionen

Eierschaummasse
3 Eiweiß
150 g Staub(Puder)zucker

Weincreme
3/8 l Weißwein
1 Paket Vanillezucker
Zimtrinde
3 Gewürznelken
1 Zitronenscheibe
40 g Kristallzucker
60 g Staub(Puder)zucker
3 Eidotter

Karamelüberguß
100 g Staub(Puder)zucker
Milch

3 sehr steif geschlagene Eiweiß werden mit dem dritten Teil von 150 Gramm feingesiebtem Zucker nochmals sehr steif geschlagen, so daß ein fester, zäher, glänzender Schnee entsteht, in den der übrige Zucker mittels Kochlöffel eingerührt wird. Bis dahin läßt man 3/8 Liter leicht gewässerten Weißwein mit 1 Paket Vanillezucker, einer fingerlangen Zimtrinde, 3 Gewürznelken, 1 Zitronenscheibe und 40 Gramm Kristallzucker langsam 10 Minuten kochen. Nach dieser Zeit die Gewürze herausnehmen. Den Wein gießt man nun in ein möglichst breites Geschirr, läßt wieder aufkochen und legt von der Schneemasse doppelt eigroß abgestochene Nockerln, so viele wie bequem Platz haben, auf den fast kochenden Wein und läßt die Nockerln im offenen Geschirr 2 Minuten von der einen Seite, dann 2 Minuten von der anderen Seite durchziehen. Die Schneenockerln werden mit einer Backschaufel vom Weinsud gehoben und in Portionsschüsseln gelegt, die man zugedeckt zum Auskühlen stellt. Sobald aller Schnee auf diese Art aufgearbeitet ist, rührt man 3 Eidotter mit 60 Gramm Staubzucker recht schaumig und gießt unter starkem Schlagen den kochenden Wein hinzu. Die Weincreme kalt schlagen und damit die Nockerln überziehen. Knapp vor Tisch schmilzt man unter Rühren 100 Gramm Staubzucker auf schwacher Hitze zu goldbraunem, flüssigem Karamel, gießt diesen Zucker mit nur so viel Milch oder Wasser löffelweise auf, daß eine sirupartige Flüssigkeit entsteht, mit der die erkalteten Nockerln überzogen und sogleich serviert werden.

4 Portionen

SCHNEENOCKERLN

Eierschaummasse wie bei Weincremenockerln
1/2 l Milch
Vanille
2 Eßlöffel Kristallzucker
3 Eidotter

Aus Eierschaummasse sticht man große Nockerln ab und legt sie in ein breites Geschirr auf 1/2 Liter kochend heiße Milch, der ein Stückchen Vanille und 1 Eßlöffel Zucker beigegeben wurde. Die Nockerln dürfen unter gar keinen Umständen kochen, sondern sollen bloß von links und dann umgedreht von rechts je 2 bis 3 Minuten im unbedeckten Geschirr kochend heiß ziehen. Dann vorsichtig abheben und auf ein Sieb zum Auskühlen legen. Die übrige Milch wird mit 3 Eidottern und 1 Eßlöffel Zucker kochend heiß dickschaumig aufgeschlagen, dann kalt gerührt und damit die angerichteten Schneenockerln überzogen.

8–10 Portionen

KASTANIENREIS

500 g Edelkastanien
Rum
50 g Staub(Puder)zucker
1/4 l Schlagobers (Schlagsahne)

500 Gramm Edelkastanien werden an einer Seite aufgeschnitten, auf ein nasses Backblech aufgelegt und im heißen Rohr weich gebraten. Dann schält man sie sorgfältig und streicht sie durch ein feines Sieb. Nun knetet man einige Tropfen Rum und nach und nach so viel gesiebten Staubzucker in die Kastanienmasse ein, daß schließlich ein modellierfähig-zusammenhaltender Teig entsteht. Nicht zuviel Zucker beifügen, da der Teig sonst zu weich wird. Nun richtet man auf kleinen Glastellern 2 bis 3 gehäufte Eßlöffel steifgeschlagenes, ungezuckertes Obers an, hält ein grobes oder verkehrt gehaltenes Reibeisen darüber und preßt über das Obers ein eigroßes Stück des Kastanienteiges recht locker auf jeden Teller. Leicht überzuckern und möglichst bald auftragen.

Es kann auch Tiefkühlkastanienpüree verwendet werden.

KALTER ZITRONENREIS

4 Portionen

100 g Rundkornreis
1 Zitrone
$^1/_2$ l Milch
120 g Kristallzucker
1 Paket Vanillezucker
Staub(Puder)zucker
100 g Erdbeeren oder Himbeeren
Salz

100 Gramm kurz kalt gewaschener Reis wird mit $^1/_2$ Liter kalter Milch und einer Messerspitze Salz zugestellt und langsam dick eingekocht. Inzwischen kocht man 120 Gramm Zucker mit 4 bis 5 Eßlöffel Wasser gerade so lange, bis der Zucker perlenartig vom Löffel fällt bzw. merklich schwere Blasen bildet. In den heißen Zucker rührt man nun den dick eingekochten Reis mit 1 Paket Vanillezukker, der feinst abgeriebenen Schale von $^1/_4$ Zitrone und dem Saft von 1 Zitrone und füllt die Masse in Portionssturzförmchen, die mit einem feuchten Tuch ausgewischt und mit Staubzucker ausgestreut wurden. Nach dem Erstarren an kühlem Ort wird der Zitronenreis auf Glasteller gestürzt und mit frischen Erdbeeren oder Himbeeren, die mit einer Gabel zerquetscht und nach Geschmack gezuckert wurden, umkränzt.

Auf die gleiche Weise ist auch *kalter Orangenreis* herzustellen. Beide Reisarten können auch in Portionsschüsseln gefüllt, zum Stocken gebracht und für Tisch mit einem Häufchen verlesenen, gezuckerten Walderdbeeren oder Himbeeren besetzt werden.

GESTÜRZTER SCHOKOLADEREIS

6–8 Portionen

120 g Rundkornreis
80 g Schokolade
$^1/_2$ l Milch
Vanille
3 Blätter Gelatine
60 g Staub(Puder)zucker
$^1/_4$ l Schlagobers (Schlagsahne)
Salz

Garnitur
Schokoladesauce, kalt
Schlagobers (Schlagsahne)

120 Gramm kalt gewaschenen Reis übergießt man mit $^1/_2$ Liter kochendem, purem Wasser, seiht nach 4 Minuten ab, gießt den abgetropften Reis mit $^1/_2$ Liter kalter Milch auf, versieht ihn mit einigen Körnchen Salz und etwas Vanille und kocht ihn zugedeckt ganz langsam vollständig weich. 3 Gelatineblätter, in kaltem Wasser geweicht und abgetropft, beigeben. Weiters 60 Gramm Zucker und 80 Gramm gehackte oder geriebene Schokolade einmengen. Sobald der Schokoladereis in normaler Temperatur auf Fingerwärme zurückkühlen konnte, schlägt man $^1/_4$ Liter Schlagobers steif und mengt es locker in den Reis ein. Damit füllt man

kleine Portionsformen, die zuvor mit geruchlosem Öl gefettet und mit Staubzucker ausgestreut wurden. Den Schokoladereis läßt man an kaltem Ort stocken und stürzt ihn für Tisch durch seitliches Aufklopfen der Formen. Jede Portion mit kalter Schokoladesauce umkränzen und mit einer Rosette Schlagobers garnieren.

6 Portionen

GRIESSFLAMMERI

70 g Grieß
1/2 l Milch
20 g Butter
2 Eiweiß
60 g Staub(Puder)zucker
30 g Mandeln
Zitronensaft
Salz

1/2 Liter Milch, bißchen Salz und 20 Gramm Butter aufkochen lassen und dann 70 Gramm groben Grieß dick einkochen. Inzwischen 2 steif geschlagene Eiweiß mit 60 Gramm Staubzucker zu einem zähen Schnee schlagen, der zusammen mit 30 Gramm abgezogenen, feingeriebenen Mandeln und dem Saft von 1/2 Zitrone in die kochend heiße Grießmasse eingerührt wird. Damit füllt man eine wasserbenetzte beliebige Form und läßt an kaltem Ort gut stocken. Für Tisch stürzen.
Nach Belieben mit geschlagenem, ungezuckertem Obers verzieren und mit Himbeersaft umkränzen.

Fruchtsalate

6 Portionen

APFELSALAT MIT ORANGEN

4 Äpfel
3 Orangen
Zitronensaft
3 Eßlöffel Mandeln
1 Eßlöffel Honig
Maraschino
Staub(Puder)zucker

4 mürbe Äpfel werden geschält, feinblättrig geschnitten und sogleich mit dem Saft von 1 Zitrone vermengt. Weiters fügt man 1 Eßlöffel gehobelte Mandeln, 1 Eßlöffel Honig, 1 Spritzer Maraschino und Zucker nach persönlichem Geschmack bei, vermischt alles mit den Scheiben von 3 Orangen und läßt 1 Stunde kalt beizen. Dann anrichten und mit gehobelten Mandeln oder Mandelstiften bestreuen.
Foto Seite 607.

4 Portionen

APFELSALAT MIT NÜSSEN

5 Äpfel
100 g Nüsse
1 Eßlöffel Honig
Zitronensaft
Staub(Puder)zucker
Zimt

2 im Rohr weich gebratene Äpfel werden passiert, mit 1 Eßlöffel Honig, dem Saft von 1 Zitrone und einem Stäubchen Zimt unterrührt. Inzwischen werden 3 mürbe Äpfel geschält, in dünne Blätter geschnitten und sogleich in den Apfelbrei eingemischt. In einer tiefen Glasschüssel anrichten, mit 100 Gramm grobgehackten Nüssen überstreuen und gut überzuckern.
Schlagobers dazu reichen.

4 Portionen

BANANENSALAT

3 Bananen
1 Apfel
1 Eßlöffel Honig
Zitronensaft
Staub(Puder)zucker
Weißwein

3 geschälte Bananen werden würfelig geschnitten. 1 großer Apfel wird geschält und gerieben und mit 1 Eßlöffel Honig, dem Saft von 1 Zitrone und Zucker nach Bedarf abgemengt. Damit die Bananen vermischen und mit einem Spritzer Weißwein verbessern. 1 Stunde beizen lassen, für Tisch überzuckern.

4 Portionen

BANANEN-KIWI-SALAT

2 Bananen
3 Kiwifrüchte
60 g Kristallzucker
1/8 l Weißwein
Schlagobers (Schlagsahne) mit Vanillegeschmack

Zucker mit Weißwein einmal aufkochen lassen und ausgekühlt über die geschälten und in Scheiben geschnittenen Früchte gießen. Einige Zeit marinieren lassen. Dann anrichten und mit Schlagobers garnieren.
Foto Seite 607.

4 Portionen

BIRNEN-APFEL-SALAT

3 Birnen
3 Äpfel
Zitronensaft
50 g Nüsse
50 g Rosinen
Grand Marnier
4 Eßlöffel Schlagobers (Schlagsahne)

Je 3 geschälte Birnen und Äpfel werden grobnudelig geschnitten, mit dem Saft von 2 Zitronen, 50 Gramm grobgehackten Nüssen und 50 Gramm über Nacht in Wasser geweichten Rosinen vermengt, mit Grand Marnier abgeschmeckt und 1 Stunde kalt mariniert. Der Salat wird für Tisch mit einem Häubchen ungezuckertem Schlagobers besetzt.

BEERENFRUCHTSALAT

6 Portionen

200 g Ribisel (Johannisbeeren)
200 g Erdbeeren
200 g Himbeeren
1/2 Zitrone
200 g Kristallzucker
1/8 l Weißwein
Zimtrinde
2 Gewürznelken

Je 200 Gramm sauber verlesene, kalt gewaschene und gut abgetropfte Ribiseln, Erdbeeren und Himbeeren werden miteinander vermengt und mit dem Saft von 1/2 Zitrone gewürzt. Dann kocht man 200 Gramm Zucker mit 1/8 Liter Wasser oder Weißwein, der Schale von 1/4 Zitrone, einem Stückchen Zimtrinde und 2 Gewürznelken 2 Minuten scharf durch und seiht die Lösung nach dem Erkalten über die gemischten Beeren. Den Salat läßt man 1 Stunde kalt beizen.
Trockenes Biskuit dazu servieren.

ERDBEERSALAT

6 Portionen

400 g Erdbeeren
Zitronensaft
150 g Honig
200 g Ribisel (Johannisbeeren)
Rum

400 Gramm gut verlesene Wald- oder Gartenerdbeeren werden, ohne zu drücken, kalt gewaschen und abgetropft. Die Erdbeeren vermischt man mit dem Saft von 1/2 Zitrone und 150 Gramm Honig. Dann werden 200 Gramm frische rote Ribiseln durch ein Sieb passiert. Den gewonnenen Saft mit einem Spritzer Rum abschmecken und über die Erdbeeren gießen. 1 Stunde kalt beizen.

GEMISCHTER FRUCHTSALAT

4 Portionen

300 g Kompottfrüchte
300 g Frischobst
150 g Kristallzucker
Zitronensaft
Maraschino oder Grand Marnier

Die Kompottfrüchte (Marillen, Pfirsiche, Birnen, Ananas) und das Frischobst (Erdbeeren, Bananen, Ribisel, Himbeeren, Weintrauben, Äpfel, Orangen, Melone) in gefällige Stücke schneiden. Sofort mit Läuterzucker oder Kompottsaft, Zitronensaft und etwas Maraschino oder Grand Marnier begießen. Vorsichtig nur einmal mischen und einige Zeit marinieren. In Glasschüsseln anrichten.
Eventuell mit Schlagobers, gehobelten Mandeln oder gehackten Nüssen servieren. Oder in halber Melone anrichten.
Läuterzucker: 1/4 Liter Wasser mit 150 Gramm Zucker ca. 5 Minuten kochen.
Foto Seite 607.

KIRSCHENSALAT

6–8 Portionen

750 g Kirschen
250 g Weichseln (Sauerkirschen)
200 g Kristallzucker
Zitronensaft
1/8 l Rotwein
Schlagobers (Schlagsahne)

250 Gramm Weichseln werden entkernt. Die Kerne zerklopft man und bindet sie in ein Leinenfleckchen. Das Fruchtfleisch mit den eingebundenen Kernen, 200 Gramm Zucker, Saft von 1 Zitrone und 1/8 Liter leichtem Rotwein zum Kochen bringen und weich kochen. Dann sogleich durch ein Sieb passieren und nach dem Erkalten 750 Gramm entsteinte, dunkle Herzkirschen in das Passierte einmengen. Den in eine tiefe Glasschüssel gegebenen Salat läßt man 1 Stunde kalt beizen und verziert ihn für Tisch mit einem Häufchen geschlagenen Obers.

ORANGENSALAT MIT MARASCHINO

4 Portionen

4 Orangen
Maraschino
Staub(Puder)zucker

4 Orangen mit dem Messer so schälen, daß sämtliches Weiß der Schale entfernt wird. Quer zu den Spalten schneidet man die Früchte in dünne Blätter, legt diese schuppenartig auf Glasteller, betropft mit etwas Maraschino, bestreut mit ein wenig sehr fein geriebener Orangenschale und überzuckert das Ganze kräftig. 1 Stunde kalt beizen lassen.

Kompotte

Frisch gedünstetes Kompott soll nicht einfach wahllos mit „Zuckerwasser“ gekocht werden. Es wird schöner und bleibt ansehnlicher, wenn zuerst Läuterzucker bereitet wird. Für Beerenfrüchte, die stark wasserhältig sind, wird eine verstärkte Zuckerlösung bereitet, was in den betreffenden Rezepten berücksichtigt wird.
Die Früchte selbst sollen reif, von festem Fleisch und natürlich sauber gereinigt sein. Ist ein Waschen nötig, geschieht dies in reichlich kaltem Wasser, wobei die Früchte nicht gedrückt werden dürfen. Nachher auf einem Sieb abtropfen lassen.

LÄUTERZUCKER

Für 1 kg kochfertiges Obst

250 g Kristallzucker
3/8 l Wasser

Zucker mit Wasser verrühren und zum Kochen bringen. 8 Minuten kochen lassen, dabei den sich bildenden Schaum abheben und entfernen. In diese Zuckerlösung werden die Früchte eingelegt und langsam gekocht.

ANANASKOMPOTT

4–6 Portionen

Läuterzucker
1 kg Ananas
Vanille
1 Zitronenspalte

In Läuterzucker läßt man ein Stück Vanille mitkochen. Darin werden die Scheiben oder Würfel einer geschälten Ananasfrucht kernig weich gekocht, dann herausgehoben und in einer Glasschüssel zugedeckt kalt gestellt. Den Zuckersaft kocht man mit 1 kleinen Zitronenspalte noch 5 Minuten und seiht ihn erkaltet über die Früchte. Einen besonders feinen Geschmack erhält das Kompott, wenn die Ananasschalen in der Zuckerlösung mitgekocht werden. Vor dem Einlegen der Früchte entfernt man die Schalen.

APFELKOMPOTT

4–6 Portionen

Läuterzucker
4–6 Äpfel
1/2 Zitrone
Zimtrinde
Gewürznelken

Läuterzucker wird mit ein wenig Zitronenschale und -saft, Zimtrinde und Gewürznelken gekocht, dann abgeseiht und wieder zugestellt. Darin kocht man 4 bis 6 geschälte, in Viertel oder Sechstel geschnittene und entkernte säuerliche Äpfel kernig weich, hebt sie in eine Glasschüssel und läßt sie zugedeckt auskühlen. Der Zuckersaft wird noch 5 Minuten gekocht und schließlich erkaltet über die Früchte gegossen. Die Zuckerlösung kann auch mit halb Wasser und halb Weißwein zubereitet werden.

APFELPÜREE

4 Portionen

500 g Äpfel
150 g Kristallzucker
Zitronensaft
Zimt

500 Gramm gewaschene, vom Kerngehäuse befreite und blättrig geschnittene Äpfel werden mit 150 Gramm Zucker, dem Saft von 1/2 Zitrone und ganz wenig Wasser zugedeckt weich gedämpft,

sofort durch ein Sieb passiert, mit Zimt nach Geschmack gewürzt und kalt gerührt. Statt einem Spritzer Wasser kann zur Geschmackshebung auch Weißwein zum Dünsten der Äpfel verwendet werden.

BIRNENKOMPOTT

4–6 Portionen

Läuterzucker
4–6 Birnen, 1/2 Zitrone
Zimtrinde
Gewürznelken

Die Herstellung erfolgt wie bei Apfelkompott mit der gleichen Menge fester grüner Birnen, die geschält, geviertelt und entkernt werden.

ERDBEERKOMPOTT

4–6 Portionen

Läuterzucker
1 kg Wald- oder Ananaserdbeeren
Zitronensaft

Läuterzucker wird mit dem Saft von 1 Zitrone ergänzt. Dann legt man 1 Kilogramm gut verlesene Wald- oder Ananaserdbeeren ein, kocht einmal auf und gibt die Früchte vorsichtig in eine Glasschüssel. Nach weiteren 5 Minuten Kochzeit wird der Zuckersaft beiseite gestellt und erkaltet nur so viel über die kalten Früchte gegossen, daß das Kompott nicht zu suppig wird.

HEIDELBEERKOMPOTT

4 Portionen

750 g Heidelbeeren
Zitronensaft
150 g Kristallzucker
Rotwein

750 Gramm reife, reine Heidelbeeren werden mit dem Saft von 1/2 Zitrone, 150 Gramm Zucker, einem Spritzer Wasser und Rotwein versetzt und zugedeckt weich gedünstet. Kalt stellen und nach Bedarf mit Rotwein oder Wasser verdünnen.

Holunderkompott wird genauso zubereitet und schmeckt sehr gut, wenn es mit Zwetschken-(Pflaumen)röster zur Hälfte gemischt aufgetragen wird.

HIMBEERKOMPOTT

4–6 Portionen

1 kg Himbeeren
250 g Kristallzucker
1/10 l Rotwein
1/10 l Ribisel-(Johannisbeer)saft

250 Gramm Zucker wird mit 1/10 Liter Rotwein und 1/10 Liter frisch gepreßtem Ribiselsaft 5 Minuten klar gekocht. 1 Kilogramm gut verlesene Himbeeren einlegen, einmal vorsichtig aufkochen und sofort mit einem Löffel vom Saft nehmen. Während die Früchte zugedeckt kalt gestellt werden, läßt man den Zuckersaft leicht sirupartig einkochen und übergießt damit nach dem Auskühlen die Himbeeren.

KIRSCHENKOMPOTT

4–6 Portionen

Läuterzucker
1 kg Kirschen

In Läuterzucker legt man 1 Kilogramm abgestielte, schöne Kirschen beliebiger Gattung ein und kocht sie kernig weich. Rasch abkühlen. Das Kompott wird verfeinert, wenn die Zuckerlösung mit einigen zerstoßenen Kirschkernen gekocht und dann geseiht wurde.

MARILLEN(Aprikosen)-KOMPOTT

4–6 Portionen

Läuterzucker
1 kg Marillen (Aprikosen)
Zitronensaft

1 Kilogramm reife, jedoch nicht überreife Früchte werden kurze Zeit in kochend heißes Wasser gelegt, dann kalt geschwemmt. Sobald sich die Haut abziehen läßt, werden die Früchte geschält, halbiert und entkernt. So vorbereitet, werden nicht zu viele Spalten, besser gesagt, nur so viele Spalten auf einmal in den Läuterzucker eingelegt, als bequem nebeneinander Platz haben. Nachdem die Früchte unter langsamem Kochen halb weich geworden sind, hebt man sie mit einem Gitterlöffel aus der Zuckerlösung, legt sie in eine Porzellan- oder Glasschüssel und deckt sie zu, damit sich kein Häutchen bilden kann. Wenn alle Früchte auf diese Art gekocht sind, läßt man den Zuckersaft noch 5 Minuten langsam weiterkochen, würzt ihn mit Zitronensaft und gießt ihn kalt über die erkalteten Marillen.

4–6 Portionen

PFIRSICHKOMPOTT

Läuterzucker
$^{1}/_{8}$ l Weißwein
1 kg Pfirsiche
Zitronensaft

Die Herstellung ist die gleiche wie bei Marillenkompott. Der Läuterzucker wird jedoch mit $^{1}/_{4}$ Liter Wasser und $^{1}/_{8}$ Liter Weißwein gekocht.

4–6 Portionen

PREISELBEERKOMPOTT

750 g Preiselbeeren
300 g Kristallzucker
$^{3}/_{16}$ l Rotwein
Zitronensaft
Zimtrinde

300 Gramm Zucker, $^{3}/_{16}$ Liter Rotwein und ein Stückchen Zimtrinde werden zusammen 5 Minuten gekocht. 750 Gramm reife, sauber verlesene Preiselbeeren beifügen und diese langsam bis zur gewünschten Weichheit kochen lassen. Mit Zitronensaft verbessern und zugedeckt auskühlen lassen.

4–6 Portionen

RHABARBERKOMPOTT

1 kg Rhabarber
500 g Kristallzucker
Weißwein

500 Gramm Zucker, $^{1}/_{4}$ Liter Wasser und einen Spritzer Weißwein läßt man 5 Minuten unter anfänglichem Abschäumen kochen und legt dann immer partieweise geschälte und in fingerlange Stücke geschnittene Rhabarberstengel mit 1 Kilogramm Gesamtgewicht ein, die man kernig weich kochen läßt. Sofort in eine Glasschüssel heben. Der Zuckersaft wird noch weitere 5 Minuten gekocht und schließlich erkaltet über den Rhabarber gegossen.

4–6 Portionen

RIBISEL(Johannisbeer)-KOMPOTT

1 kg Ribisel
(Johannisbeeren)
300 g Kristallzucker

300 Gramm Zucker und $^{1}/_{4}$ Liter Wasser läßt man unter anfänglichem Abschäumen klar kochen, fügt dann 1 Kilogramm abgezupfte, reine Ribiseln bei und kocht einmal tüchtig auf. Das Kompott wird zugedeckt zum Auskühlen gebracht.

RINGLOTTEN(Reineclauden)-KOMPOTT

4–6 Portionen

Läuterzucker
1 kg Ringlotten (Reineclauden)
Zitronensaft

In Läuterzucker wird 1 Kilogramm abgestielte, nicht zu reife Ringlotten langsam weich gekocht, aus dem Saft gehoben und zugedeckt kalt gestellt. Die Zuckerlösung läßt man mit dem Saft von 1 Zitrone noch 5 Minuten verkochen und gießt sie erkaltet über die ausgekühlten Früchte.

> Damit die Ringlotten beim Kochen weniger aufspringen, sticht man sie im rohen Zustand mit einer Nadel einige Male ein.

STACHELBEERKOMPOTT

4–6 Portionen

1 kg Stachelbeeren
300 g Kristallzucker
Zitronensaft

Die Zubereitung erfolgt genau wie bei Ribiselkompott. Die Stachelbeeren sollen noch nicht zu reif sein. Der Geschmack wird durch Beifügung des Saftes von 1/2 Zitrone gehoben.

WEICHSEL(Sauerkirschen)-KOMPOTT

4–6 Portionen

Läuterzucker
1 kg Weichseln (Sauerkirschen)
Rotwein
Zitronensaft

Die Herstellung erfolgt wie bei Kirschenkompott. Eine Verfeinerung erfährt das Kompott, wenn der Läuterzucker mit halb Rotwein und halb Wasser sowie zerstoßenen Weichselkernen gekocht und dann geseiht wird, ehe darin die abgestielten Früchte nicht zu weich gekocht werden. Zuletzt mit etwas Zitronensaft würzen und möglichst rasch abkühlen.

WEINTRAUBENKOMPOTT

4–6 Portionen

1 kg Weintrauben
200 g Kristallzucker
Weißwein
Zitronensaft
Zimtrinde

Eine Zuckerlösung, bestehend aus 200 Gramm Zucker, 1/8 Liter Wasser, einem Spritzer Weißwein, einem Stückchen Zimtrinde und Saft von 1/2 Zitrone, läßt man langsam 10 Minuten kochen, fügt 1 Kilogramm abgezupfte schöne Weintrauben bei, läßt einmal aufwallen und stellt das Ganze zugedeckt zum Auskühlen.

ZWETSCHKEN(Pflaumen)-KOMPOTT

4–6 Portionen

Läuterzucker
1 kg Zwetschken (Pflaumen)
Rotwein oder Rum
Zimtrinde
2 Gewürznelken

1 Kilogramm feste reife Zwetschken wird abgestielt und gewischt, mit einer Nadel einige Male eingestochen, in Läuterzucker kernig weich gekocht, dann in eine Glasschüssel gelegt und zugedeckt auskühlen gelassen. Der Kompottsaft wird mit einem Stückchen Zimtrinde, 2 gehackten Gewürznelken, einem Spritzer Rotwein oder Rum noch einige Zeit langsam verkocht und schließlich erkaltet über die erkalteten Zwetschken geseiht.

ZWETSCHKEN(Pflaumen)-RÖSTER

4–6 Portionen

1 kg Zwetschken (Pflaumen)
200 g Kristallzucker
Zimtrinde

200 Gramm Zucker wird mit einem Stückchen Zimtrinde und 1/8 Liter Wasser so lange gekocht, bis der Zucker schwere Blasen wirft. Die Zimtrinde entfernen und 1 Kilogramm halbierte, entkernte Zwetschken beifügen, die unter gelegentlichem Rühren kernig weich gedünstet werden. Zugedeckt auskühlen lassen.

Auf ähnliche Weise lassen sich *Marillen(Aprikosen)röster*, *Kirschenröster* und *Weichsel(Sauerkirschen)röster* herstellen.

RUMTOPF

Saisonfrüchte
Erdbeeren
Weichseln (Sauerkirschen)
Marillen (Aprikosen)
Pfirsische
Ringlotten (Reineclauden)
Zwetschken (Pflaumen)
Birnen
Feinkristallzucker
Rum

Gut ausgereifte, aber vollständig fehlerfreie Früchte werden von Mai bis November nach und nach mit Zucker und Rum in einen Steinguttopf oder in ein großes Glas gefüllt. Ab Dezember sind die Rumtopffrüchte servierbereit.
500 Gramm Früchte werden mit 250 Gramm Feinkristallzucker vermischt und 2 Stunden in den Kühlschrank gestellt. In einen Steinguttopf oder in ein Glas mit gut passendem Deckel leeren, mit Rum gut bedecken und mit einem Löffel kurz mischen. Mit dem Deckel verschließen und am besten im Keller lagern.
Dieser Vorgang wird mit jeder Fruchtsorte wiederholt. Kleine Früchte bleiben dabei im ganzen;

große Früchte schälen und in gefällige Stücke schneiden.
Außer den angegebenen Früchten können auch Himbeeren, Ribisel (Johannisbeeren), Melonen oder Ananas verwendet werden.
Rumtopffrüchte passen gut zu Vanillecreme oder Vanilleeis mit Schlagobers. Aber auch nur mit Schlagobers und Schokoladesauce können sie serviert werden.

Der verwendete Rum sollte 40- bis 60prozentig sein.

Eisparfaits

Eisparfait läßt sich auch im Haushalt ohne Schwierigkeiten herstellen. Das Parfait besteht aus einer heiß aufgeschlagenen und dann kalt geschlagenen Eierschaummasse, die mit Früchtepürees, Schokolade, Nüssen usw. abgeschmeckt wird. Dann zieht man geschlagenes Obers locker darunter. Die Masse wird in metallene Formen gefüllt und im Tiefkühlfach rasch gefroren. Die Serviertemperatur sollte ca. minus 12 Grad betragen. Bei Gebrauch die Form kurz warm spülen und sofort stürzen, portionieren und mit Schlagobers, Fruchtsaucen oder Früchten, kandiertem Obst oder Waffeln servieren. Die Parfaitmassen können auch in Coupgläser gefüllt und tiefgekühlt werden. Beim Servieren obenauf garnieren. Eisparfait kann auch mit dem Eislöffel portioniert angerichtet werden oder in Kastenform tiefgefroren, in größere Würfel geschnitten und in gekühlten Coupgläsern oder auf Glastellern angerichtet gereicht werden.
Bei der Herstellung von Parfait im gewerblichen Betrieb müssen in Österreich die Vorschriften des Österreichischen Lebensmittelbuches beachtet werden.

ERDBEER-, HIMBEER-, MARILLEN(Aprikosen)-, PFIRSICHPARFAIT

15 Portionen

400 g beliebige Früchte
3 Eier
2 Eidotter
180 g Staub(Puder)zucker
Zitronensaft
1/2 l Schlagobers (Schlagsahne)

3 ganze Eier, 2 Eidotter, 180 Gramm Zucker und 1/8 Liter Wasser auf kochendem Wasserbad dickschaumig ziemlich warm und dann in kaltem Wasser vollständig kalt schlagen. In diese Masse werden 400 Gramm grob durch ein Sieb passierte beliebige rohe Früchte sowie der Saft von 1/2 Zitrone eingerührt. Bei Erdbeer- und Himbeerparfait sollte auch mit etwas Lebensmittelfarbe rot gefärbt werden. Dann 1/2 Liter Schlagobers einziehen. In Formen füllen und tiefkühlen.
Foto Seite 608.

MAKRONENPARFAIT

15 Portionen

Mandelmakronen
3 Eier
2 Eidotter
1/8 l Bohnenkaffee
180 g Staub(Puder)zucker
1/2 l Schlagobers (Schlagsahne)

Grundherstellung wie bei Fruchtparfait. Die Eiermasse wird mit 1/8 Liter Bohnenkaffee aufgeschlagen. In die Masse können geschnittene Mandelmakronen, klein geschnittene Südfrüchte oder kandierte Früchte oder auch klein zerbrochene Windbäckerei eingemischt werden.

MOKKAPARFAIT

15 Portionen

1/8 l Bohnenkaffee
3 Eier
2 Eidotter
180 g Staub(Puder)zucker
1/2 l Schlagobers (Schlagsahne)

Grundherstellung wie bei Fruchtparfait. Zum Aufschlagen der Eiermasse verwendet man 1/8 Liter sehr starken Bohnenkaffee.

PUNSCHPARFAIT

15 Portionen

3 Eier, 2 Eidotter
1/8 l russischer Tee
1 Orange, 1/4 Zitrone
1 Eßlöffel Rum
180 g Staub(Puder)zucker
1/2 l Schlagobers (Schlagsahne)

Grundherstellung wie bei Fruchtparfait. Zum Aufschlagen der Eiermasse verwendet man einen starken Absud von russischem Tee, gewürzt mit etwas Orangenschale, dem Saft von 1 Orange und 1/4 Zitrone und 1 Eßlöffel Rum.

SCHOKOLADEPARFAIT

15 Portionen

120 g Schokolade
3 Eier, 2 Eidotter
150 g Staub(Puder)zucker
1/2 l Schlagobers (Schlagsahne)

Grundherstellung wie bei Fruchtparfait. Statt der Früchte fügt man 120 Gramm feingeriebene Schokolade der Masse knapp nach dem Warmschlagen bei.

EISTORTE

12 Portionen

2–3 Sorten Parfaitmasse
Schlagobers (Schlagsahne)
Belegweichseln oder Schokolade und Hohlhippen

Eine Eistortenform wird mit 2 oder 3 verschiedenen Sorten Parfaitmasse lagenweise vollgefüllt. Den Deckel darüber pressen und dabei darauf achten, daß von der Füllung ein wenig austritt, so daß die Form vollkommen gefüllt ist. Dann läßt man die Form im Tiefkühlfach durchfrieren. Die herausgenommene Form wird kalt abgeschwemmt, dann einen Augenblick in warmes Wasser gehalten, rasch geöffnet und die Torte auf eine gut gekühlte Unterlage gestürzt. Man spritzt sie dann mit steifem, wenig gezuckertem Schlagobers mittels Sternröhrchen auf und dekoriert mit Belegweichseln oder farbigen Belegobststückchen. Man kann die Torte auch nur mit Schlagobers oben und am Rand verstreichen und dann von oben dicht mit geschabter Schokolade und am Rand mit klein zerbrochenen Hohlhippen einstreuen. Die Eistorte wird für Tisch wie jede andere Torte in Portionen aufgeschnitten.

Auf ähnliche Weise lassen sich auch Bomben-, Kapseln- und Eisfrüchteformen füllen.
Eistorten- und andere Formen stürzt man auch vorteilhaft auf Biskuitsockel, die mit passenden Likören parfümiert werden.

Von vorne: gemischter Fruchtsalat in Melone, Bananen-Kiwi-Salat, Apfelsalat mit Orangen (Rezepte Seiten 596, 595, 594).

Warme und kalte Dessertsaucen

Die meisten der beschriebenen Saucen können warm oder kalt zu den verschiedensten Mehl- oder Süßspeisen als Begleitsauce serviert werden. Dabei ist zu beachten, daß oft zu kalten Desserts heiße Saucen und zu warmen Mehlspeisen kalte Fruchtsaucen bestens harmonieren. Was die Fruchtsaucen anbelangt, soll während der Frischobstzeit nur frisch passiertes Obst die Grundbasis bilden.

ERDBEER-, HEIDELBEER- ODER HIMBEERSAUCE

4 Portionen

250 g Beerenfrüchte (in der Saison frisch, sonst Tiefkühlware)
ca. 40 g Staub-(Puder)zucker
Zitronensaft

Die Früchte passieren und mit Staubzucker und dem Saft von 1/2 Zitrone abschmecken.
Eventuell pro Portion 1 Eßlöffel Schlagobers einziehen, dann aber sofort verwenden.

APFELSAUCE

4 Portionen

2 mittelgroße Äpfel
Kristallzucker
1/8 l Weißwein
Zitronenschale
Zimtrinde

Geschälte und halbierte Äpfel werden mit Zusatz von Zucker, Weißwein, Zitronenschale und einem Stückchen Zimtrinde weich gedämpft und passiert. Nach Bedarf verdünnen und mit Zucker abschmecken.

HAGEBUTTENSAUCE

4 Portionen

Hagebuttenmarmelade
1/8 l Weißwein
Kognak

2 Teile Hagebuttenmarmelade und 1 Teil Weißwein werden zusammen abgerührt und einmal aufgekocht. Mit Kognak den Geschmack heben.

Erdbeerparfait mit Schokoladesauce (Rezepte Seiten 605, 611).

RIBISEL(Johannisbeer)SAUCE

4 Portionen

250 g Ribisel-(Johannisbeer)marmelade
Kristallzucker
Zitronensaft
Kirschwasser
Kartoffelmehl

Passierte Ribiselmarmelade wird mit Zucker, Wasser, Zitronensaft und Kirschwasser verrührt, aufgekocht und mit in kaltem Wasser flüssig gelöstem Kartoffelmehl ganz leicht gebunden. Nach tüchtigem Aufkochen von der Hitze nehmen und nochmals passieren.

SÜSSE ORANGENSAUCE

4 Portionen

250 g Orangenmarmelade
125 g Marillen-(Aprikosen)marmelade
Orangensaft
Kirschwasser
Curaçao

2 Teile Orangenmarmelade und 1 Teil Marillenmarmelade werden zusammen passiert, mit Orangensaft verdünnt und mit Kirschwasser und Curaçao im Geschmack gehoben.

CREMESAUCE

4–5 Portionen

6 Eidotter
200 g Staub(Puder)zucker
$1/2$ l Milch

6 Eidotter mit 200 Gramm Zucker schaumig rühren und dann mit $1/2$ Liter kochender Milch nach und nach verschlagen, bis die Masse sämig ist. Die Sauce selbst darf nicht kochen. Wird sie kalt verwendet, muß sie bis zum Kaltwerden geschlagen werden.

KARAMELSAUCE

4–5 Portionen

200 g Zucker
6 Eidotter
$1/2$ l Milch
Vanille

Hier gilt dieselbe Zubereitung wie bei Cremesauce, mit dem Unterschied, daß der verwendete Zucker zuerst goldblond über geringer Hitze zerschmolzen, mit ein wenig Wasser abgelöscht und dann mit einem Teil der verwendeten Milch aufgekocht und aufgelöst wird. Vanillegeschmack ist zu empfehlen.

NUSSCREMESAUCE

4–5 Portionen

100 g Nüsse
6 Eidotter
200 g Staub(Puder)zucker
$1/2$ l Milch

Cremesauce wird mit 100 Gramm feingeriebenen Nüssen vermengt, ehe sie über Hitze dicklich geschlagen wird.

VANILLECREMESAUCE

4 Portionen

Vanille
$1/4$ l Milch
2 Eier
170 g Staub(Puder)zucker
10 g Cremepulver
oder Stärkemehl

$1/4$ Liter Milch, 2 Eidotter, ein Stückchen Vanille oder 1 Paket Vanillezucker, 100 Gramm Zucker und 10 Gramm Cremepulver oder Stärkemehl zuerst kalt zu glatter Masse sprudeln und dann unter tüchtigem Rühren mit dem Schneebesen auf schwacher Hitze einmal fest aufkochen lassen. Inzwischen aus 2 Eiweiß und 70 Gramm Zucker eine Schneeschaummasse vorbereiten, die sogleich nach dem Abkochen der Creme mit dem Schneebesen eingerührt wird.

SCHOKOLADESAUCE, WARM

4 Portionen

80 g Schokolade
$1/4$ l Milch
60 g Staub(Puder)zucker
10 g Cremepulver
oder Stärkemehl
2 Eidotter

Einen kleinen Teil der Milch mit Zucker, Cremepulver oder Stärkemehl und Eidotter glattrühren, restliche Milch aufkochen. Das Glattgerührte einrühren und kurz aufkochen. Schokolade beigeben, erwärmen lassen und glattrühren.

SCHOKOLADESAUCE, KALT

4 Portionen

120 g Schokolade
120 g Kristallzucker
Obers

Zucker und Schokolade mit $1/8$ Liter Wasser ca. 5 Minuten kochen. Auskühlen und mit Wasser oder Obers auf die richtige Konsistenz bringen.
Eventuell mit Kognak abschmecken.

> Anstelle von Wasser kann auch sofort $1/8$ Liter Obers verwendet werden.

Foto Seite 608.

WEISSWEINSAUCE

4 Portionen

$1/2$ l Weißwein
100 g Kristallzucker
Zitronenschale
3 Eidotter
1 Teelöffel Kartoffelmehl
Zimtrinde

$1/2$ Liter Weißwein wird mit 100 Gramm Zucker, etwas Zitronenschale und Zimtrinde sowie 3 Eidottern und 1 Teelöffel Kartoffelmehl über gelinder Hitze fast bis zum Kochen geschlagen, dann passiert und im heißen Wasserbad weiter geschlagen, bis die Sauce gleichmäßig sämig bleibt.

WEINCHAUDEAU

2 Portionen

1/4 l Weißwein
100 g Kristallzucker
1 Ei
2 Eidotter

1/4 Liter Weißwein, 100 Gramm Zucker, 1 ganzes Ei und 2 Eidotter werden zuerst kalt verrührt, dann über Hitze fast kochend sehr schaumig geschlagen, sofort angerichtet und serviert.

> Wenn sich der Weinchaudeau bereits nach ganz kurzer Zeit absetzt, wurde er nicht über der richtigen Hitze schaumig geschlagen. Ist die Hitze zu gering, so können die Eidotter nicht so weit anziehen, um die Standfestigkeit des Chaudeaus zu bewirken; zu heiß darf der Chaudeau allerdings auch nicht aufgeschlagen werden, weil dann die Eier gerinnen.

ROTWEINSAUCE

4 Portionen

1/4 l Rotwein
1/2 Zitrone
100 g Kristallzucker
Kartoffelmehl
2 Eßlöffel Ribisel-(Johannisbeer)gelee
Zimtrinde

1/4 Liter Rotwein wird mit Schale und Saft von 1/2 Zitrone, etwas Zimtrinde und 100 Gramm Zucker aufgekocht, dann mit in kaltem Wasser abgerührtem Kartoffelmehl zu mäßiger Dicke eingekocht und passiert. Vor dem Service gibt man noch 2 Eßlöffel passiertes Ribiselgelee dazu.

Die Zusammenstellung von Speisenfolgen

Bei der Zusammenstellung von Speisenfolgen (Menüs) muß auf die richtige Reihenfolge der einzelnen Gänge, auf die Vollwertigkeit nach ernährungstechnischen Grundsätzen, auf die Jahreszeit, auf den Anlaß und auf die abwechslungsreiche Gestaltung größter Wert gelegt werden.
Ein Menü für den Alltag wird aus Suppe, Hauptspeise mit Beilagen, Süß- oder Mehlspeise bestehen. Die Suppe kann dabei durch eine kalte Vorspeise, warme Vorspeise oder eine Fischplatte ersetzt werden. Bei Menüs für besondere Anlässe werden meist mehr als drei Gänge geboten. Die klassische Menüfolge umfaßt 14 Gänge; aus dieser entstand, der heutigen Zeit entsprechend, die moderne verkürzte Speisenfolge:

Kalte Vorspeise
Suppe
Warme Vorspeise
Fleischplatte mit Garnitur, Gemüse und Salat
Süßspeise
Nachtisch (Dessert)

Sollte diese Menüfolge erweitert werden, so kann zwischen warmer Vorspeise und Fleischplatte eine Fischplatte oder zwischen Fleischplatte und Süßspeise ein warmes Zwischengericht (roh portioniertes Fleischgericht) eingeschoben werden.
Die Vollwertigkeit eines Menüs wird durch reichliches Anbieten von verschiedenen Gemüsen und Früchten (auch im rohen Zustand) erreicht. Man vermeide ein Überangebot von fett- und kohlehydratreichen Speisen, lege aber auf die Einbeziehung von Mineralstoffen und Vitaminen größten Wert. Bei größeren Menüs sollten daher auch die einzelnen Portionen zarter gehalten sein und jene Zubereitungsarten vermieden werden, die die Speisen mit Fett und Stärke anreichern.
Bei der Aufstellung von Menüs sollte auch die Jahreszeit mit den verschiedensten Saisonangeboten berücksichtigt werden. Es ist

leider üblich, zeigt aber wenig Verständnis, wenn Tiefkühlware anstelle von erhältlicher Frischware, wenn Dosenspargel in der Spargelzeit angeboten wird.
Die einzelnen Gänge einer Speisenfolge sollten sich auch in Aussehen, Zubereitung, Grundmaterial und Geschmack unterscheiden. Als Beispiele und Anregung mögen die folgenden Menüs für festliche Anlässe dienen.

Gurkenkaltschale

Schinkensoufflé

Champignon-Hirschfilet
Nudeln
Pochierte Äpfel mit Preiselbeeren

Wachauer Palatschinken

Briesragout im Reisring

Kraftsuppe mit Schlickkrapferln

Marengo-Filets
Serviettenknödel
Grüne Erbsen

Schlosserbuben

Marinierter Spargel

Lachs Wiener Art
Salzkartoffeln

Kalbschnitzel Förster-Art
Pilawreis
Häuptelsalat mit Spezialdressing

Biskuitroulade mit Weinchaudeau

Geflügelsalat

Wildkroketten
mit Sauce Cumberland

Hunyadi-Rostbraten
Tarhonya
Fisolen mit Butter

Kalter Zitronenreis

Artischocken, mit Tomaten gefüllt

Kraftsuppe mit Biskuitschöberl

Eier Lothringer Art

Zanderfilet in Weißweinsauce
Fleurons

Gebratener Indian mit Kastanien
Mousselinekartoffeln
Gemischter Blattsalat

Erdbeerschaumcreme

Hühnercocktail

Klare Wildsuppe

Melanzani Wiener Art

Scampi in Weinteig
mit Sauce tatare

Tournedos mit Mark
Kartoffeln, in Folie gebacken
Belgischer Endiviensalat

Salzburger Nockerln mit Erdbeersauce

Das Anrichten der Speisen

Die bestzubereitete Speise verliert an Güte, wenn sie lieblos angerichtet wird.
Die Speisen sollten appetitlich und geschmackvoll serviert werden.
Platten, Schüsseln sowie jedes andere Anrichtegeschirr nicht überladen, unzweckmäßige oder überflüssige Verzierungen vermeiden.
Das Anrichtegeschirr für warme Speisen wird immer warm gestellt.
In Fett gebackene Speisen werden immer auf Stoff- oder Papierserviette oder Zierpapier angerichtet.
Kalte Vorspeisen werden auf Glasplatten mit darunterliegender Silberplatte und Zierpapier angerichtet. Im Haushalt können auch Porzellanplatten (rund oder oval) Verwendung finden. Vorspeisencocktails werden in Cocktailgläsern serviert.
Rindsuppe und gebundene Suppen werden in der Suppenterrine serviert, können aber auch in Bouillonschalen gereicht werden. Kraftsuppen werden in Bouillonschalen eingestellt, während Spezialsuppen (Schildkrötensuppe, klare Ochsenschwanzsuppe) in Spezialtassen angerichtet werden.
Warme Vorspeisen werden auf runden Silber- oder Porzellanplatten, manche auch in Gratinierschüsseln angerichtet.
Fischgerichte auf länglichen Silber- oder Porzellanplatten anrichten, Fische in Weißweinsauce auch in der Gratinierschüssel.
Fleischgerichte werden auf ovalen Platten serviert. Wird für mehr als 4 Personen angerichtet, sollte die Sauce oder der Saft separat in einer Sauciere gereicht werden. Ragoutgerichte kommen in einer runden oder ovalen Schüssel mit Deckel (Timbal) zu Tisch.
Beilagen werden in Beilagenschüsseln (Timbals), Gratinierschüsseln oder auf runden Silberplatten angerichtet. In Fett gebackene Beilagen dabei auf Stoff- oder Papierserviette oder Zierpapier servieren.
Käse wird wie kalte Vorspeisen auf Glasplatten mit darunterliegender Silber- oder Porzellanplatte oder auf dem Käsebrett gereicht.
Warme Mehlspeisen kommen auf runden Porzellan- oder Silberplatten, manchmal in Gratinierschüsseln auf den Tisch.
Kalte Süßspeisen serviert man auf Glastellern mit Porzellan oder Silber darunter.
Obst wird im Obstkorb oder auf einer Glasplatte gereicht.

Das Decken des Tisches

Für das Aufdecken gibt es grundlegende Regeln, die man auch bei der täglichen Mahlzeit einhalten sollte.

Auf den möglichst mit einer Filzunterlage belegten Tisch wird das Tischtuch gebreitet. In die Mitte stellt man ein möglichst flaches Blumenarrangement, größere Tafeln können auch mit mehreren geschmückt werden. Bei weiterer Tischdekoration, wie Kerzenleuchtern oder Porzellanfiguren, soll darauf geachtet werden, daß der Tisch nicht überladen wirkt.

Nun wird für jeden Gast ein größerer Teller (Standteller) zwei Finger breit vom Tischrand entfernt aufgelegt. Die Standteller bleiben bis zum Dessert auf dem Tisch, es werden darauf die für die einzelnen Gänge nötigen Teller gestellt. Der Abstand zwischen den Gedecken sollte 60 bis 80 Zentimeter betragen.

Die Stoffservietten werden eher schlicht als zu kunstvoll auf den Standteller gelegt.

Links vom Gedeck, mehr zur Mitte des Tisches, steht der Salat- oder Kompotteller oder die Glasschüssel. Wird Gebäck, Brot oder Toast serviert, so steht der Brotteller ebenfalls links vom Standteller.

Links vom Teller liegt die Gabel, rechts, mit der Schneide nach innen, das Messer. Der Suppenlöffel wird rechts vom Messer gelegt. Oberhalb des Tellers liegt die Dessertgabel (Griff nach links) und darüber der Dessertlöffel (Griff nach rechts).

Die Gläser stehen über der Messerspitze rechts oben vom Standteller. Bei 2 Gläsern steht das linke, bei 3 Gläsern das mittlere als Richtglas über der Messerspitze. Die Gläser werden von links nach rechts in einer Schrägstellung von 45 Grad aufgestellt. Die Reihenfolge der aufgestellten Gläser richtet sich nach ihrer Benützung (siehe Skizze für erweiterte Menüfolgen und Festgedeck). Bei 4 Gläsern ist auch eine Viereckstellung möglich.

Gedeck für erweiterte Menüfolgen und Festgedeck

Werden vier- oder mehrgängige Speisenfolgen serviert, legt man das benötigte Besteck von Anfang an auf, grundsätzlich aber höchstens 4 Besteckteile an jeder der 3 Seiten des Tellers. Benötigt man darüber hinaus ein Spezialbesteck, so wird dieses mit dem betreffenden Gang mitserviert.

Besteck für: 1 Kalte Vorspeise
2 Suppe
3 Hauptspeise
4 Dessert
5 Brot und Butter

Glas für: A Rotwein
B Sekt
C Mineralwasser
D Weißwein

Wird Fisch oder warme Vorspeise serviert, so liegt der Suppenlöffel ganz rechts außen. Zwischen dem Suppenlöffel und dem großen Messer kommt das Fischmesser bzw. Dessertmesser zu liegen, links von der großen Gabel die Fischgabel bzw. die kleine Gabel (Dessertgabel). Wird Käse serviert, legt man oberhalb des Standtellers ein kleines Messer und eine kleine Gabel (Dessertbesteck) auf.

Das Servieren

Das Einstellen von Speisen und das Einschenken der Getränke erfolgt stets mit der rechten Hand auf der rechten Seite des Gastes. Eine Ausnahme bilden Salate, die von links serviert werden. Werden Speisen dargeboten oder vorgelegt, geschieht dies ebenfalls von der linken Seite.

Das Wegnehmen (Abservieren) gebrauchter Teller und das Einstellen frischer Teller hat stets von rechts zu geschehen. Ausnahme sind jene Serviergegenstände, die links vom Gast stehen, diese werden auch links abserviert.

Für den Haushalt können verschiedene Serviermethoden angewandt werden.

Beim *Vorlegen* werden dem Gast die Speisen von der Platte mittels Vorleger (Löffel und Gabel) von der linken Seite auf den Teller gelegt. Diese Methode empfiehlt sich nur, wenn geschultes Personal zur Verfügung steht.

Eine vornehme Art des Servierens ist das *Darbieten.* Von der linken Seite des Gastes werden die Speisen dargeboten. Der Gast nimmt sich mittels Vorleger die Speisen selbst von der Platte. Dem Gast steht es frei, sich nach Belieben zu bedienen. Die Hausfrau reicht dabei die Platten von Gast zu Gast.

Die dritte Methode ist das *Anrichten* auf einem Anrichtetisch (Gueridon). Dabei wird auf einem Anrichtetisch z. B. links die Fleischplatte auf einer Warmhalteplatte (Rechaud) plaziert, in der Mitte des Tisches stehen die vorgewärmten Fleischteller, oberhalb die Beilagen. Ganz rechts werden die Salatteller und die Salatschüssel gestellt. Außerdem liegt das benötigte Vorlegebesteck auf. Zuerst wird der Salat vom Servierenden angerichtet und links von den Gästen eingestellt. Nun wird Fleisch mit Beilagen angerichtet und serviert.

Nährstofftabelle mit Berechnung der Wärmeeinheiten

Die Mittelwerte der physiologischen Brennwerte betragen für 1 Gramm Fett 9,3 Kalorien oder 38 Joule, für 1 Gramm Eiweiß oder Kohlenhydrate 4,1 Kalorien oder 17 Joule. Für die Berechnung der Kalorienwerte werden nicht die Mittelwerte, sondern die für die Nahrungsmittel maßgebenden Brennwerte verwendet. Daher läßt sich aus den Gewichtsangaben von den in Nahrungsmitteln enthaltenen Nährstoffen allein nicht der exakte, sondern nur ein ungefährer Brennwert errechnen.
Die in folgender Tabelle aufscheinenden Angaben können nur als Durchschnittswerte gelten, da die Zusammensetzung von Nahrungsmitteln je nach Sorte, Wachstumsbedingungen, Art der Verarbeitung und Dauer der Lagerung schwankt.
Laut Bundesgesetz darf in Österreich ab 1. Jänner 1978 die Bezeichnung Kalorie nicht mehr verwendet werden. Als neue Maßeinheit gilt das Joule.
1 Kalorie = 4,186 bzw. 4,19 Joule
1 Joule (1 Wattsekunde) = 0,238 Kalorien

100 g Nahrungsmittel enthalten	Joule (kJ)	Kalorien (kcal)	Eiweiß g	Fett g	Kohlenhydrate g
Fische					
Aal	1281	306	12,2	27,60	–
Bachforelle	410	98	19,2	2,10	–
Barsch	352	84	18,9	0,70	–
Dorsch	285	68	16,0	0,30	–
Flunder, geräuchert	448	107	23,1	1,30	–
Hecht	335	80	18,4	0,50	–
Hering	264	63	7,2	3,60	–
Hummer	352	84	16,4	1,80	0,4
Kabeljau	130	31	7,3	0,10	–
Karpfen	678	162	19,8	9,10	–
Matjeshering	695	166	19,5	9,20	–
Schellfisch	297	71	16,9	0,30	–

100 g Nahrungsmittel enthalten	Joule (kJ)	Kalorien (kcal)	Eiweiß g	Fett g	Kohlenhydrate g
Schleie	502	120	17,5	4,90	–
Seelachs	490	117	15,4	5,80	–
Seezunge	272	65	14,6	0,60	–
Sprotten	1034	247	21,8	16,60	0,8
Steinbutt	268	64	14,0	0,70	–
Fleisch					
Rindfleisch, mittelfett	653	156	19,9	7,80	0,4
Kalbfleisch	502	120	21,7	3,10	0,5
Kalbshirn	490	117	9,0	8,60	–
Kalbsbries (-milch)	498	119	28,0	0,40	–
Kalbsleber	544	130	20,0	3,70	3,3
Kalbsniere	498	119	18,4	4,50	0,4
Schweinefleisch, mager	599	143	20,1	6,30	0,4
Schweinefleisch, fett	1633	390	15,1	35,00	0,3
Lamm	599	143	19,9	6,40	0,4
Hammel	1402	335	17,0	28,40	0,3
Schinken, gekocht	1710	410	23,5	34,00	–
Wurst					
Frankfurter (Wiener) Würstchen	1423	340	12,5	30,00	2,5
Mettwurst	1913	457	19,0	40,80	–
Blutwurst	921	220	10,0	10,00	20,0
Leberwurst	1406	336	13,0	25,00	12,0
Geflügel					
Huhn	523	125	20,0	4,50	–
Poularde	699	167	19,3	9,30	0,4
Gans	1444	345	22,2	30,00	–
Ente	1130	270	21,0	20,00	–
Taube	427	102	22,1	1,00	0,5
Wild, Wildgeflügel					
Reh	440	105	20,8	1,90	0,4
Hase	448	107	23,0	1,10	0,5
Fasan	465	111	22,3	1,90	0,5
Rebhuhn	481	115	24,3	1,40	0,5
Wildente	519	124	22,7	3,10	0,5

100 g Nahrungsmittel enthalten	Joule (kJ)	Kalorien (kcal)	Eiweiß g	Fett g	Kohlenhydrate g
Milch und Milchprodukte					
Vollmilch	280	67	3,4	3,60	4,8
Obers (Süßrahm)	904	216	3,6	18,40	3,5
Buttermilch	155	37	3,7	0,70	3,7
Schlagobers (Schlagsahne)	1264	302	2,7	30,00	3,0
Joghurt, einfach	234	56	3,3	2,80	3,9
Ziegenmilch	293	70	3,6	3,90	4,7
Rahmkäse	1737	415	16,0	37,00	1,7
Gervais	1725	412	13,5	37,60	1,7
Camembert (Fettkäse)	1222	292	13,5	22,80	1,7
Edamer (Fettkäse)	1595	381	25,7	28,10	3,5
Emmentaler	1771	423	27,4	32,30	2,5
Topfen (Quark)	410	98	17,2	1,20	4,0
Eier					
1 Hühnerei (= etwa 50 g)	310	74	5,6	5,30	0,3
Fette					
Butter	3286	785	0,7	83,70	0,8
Schweineschmalz	3872	925	0,3	99,50	–
Rindertalg	3830	915	0,5	98,20	–
Margarine	3311	791	0,5	84,60	0,4
Kokosfett	3885	928	–	99,80	–
Olivenöl	3872	925	–	99,40	0,2
Lebertran	3885	928	–	99,80	–
Getreideprodukte					
Weizenmehl, fein	1507	360	10,7	1,10	74,7
Maismehl	1499	358	1,2	–	85,1
Reis	1490	356	7,9	0,50	77,8
Weizengrieß	1524	364	11,0	2,50	72,0
Maisgrieß (Polenta)	1528	365	9,9	4,40	69,0
Hafermehl, Haferflocken	1612	385	13,4	5,90	67,0
Sago	1436	343	2,2	–	81,5
Hülsenfrüchte					
Linsen	1427	341	26,0	1,90	52,8
Erbsen	1381	330	23,4	1,90	52,7
Weiße Bohnen	1319	315	25,7	1,70	47,3
Gartenbohnen	1448	346	23,7	2,00	56,1
Sojabohnen	1792	428	33,7	19,20	27,1

100 g Nahrungsmittel enthalten	Joule (kJ)	Kalorien (kcal)	Eiweiß g	Fett g	Kohlen-hydrate g
Kartoffeln					
Ohne Schalen	377	90	2,0	–	20,0
Gemüse und Pilze (100 g genießbare Teile)					
Kohlrabi	151	36	2,5	0,20	6,0
Sellerie	188	45	1,4	0,30	8,8
Karotten	167	40	1,1	0,20	8,2
Rote Rüben	142	34	1,3	0,10	6,8
Schwarzwurzeln	289	69	1,8	0,50	14,8
Zwiebeln	180	43	1,3	0,10	9,4
Spargel, ungeschält	80	19	2,0	0,10	2,4
Rhabarber	42	10	0,7	0,10	3,0
Spinat	84	20	2,3	0,30	1,8
Endiviensalat	80	19	1,8	0,10	2,6
Häuptel(Kopf)salat	67	16	1,4	0,30	1,9
Karfiol (Blumenkohl)	134	32	2,5	0,30	4,6
Weißkraut (Weißkohl)	105	25	1,5	0,20	4,2
Rotkraut (Rotkohl)	121	29	1,7	0,20	4,8
Kohl (Wirsing)	151	36	2,7	0,50	5,0
Fisolen (grüne Bohnen)	159	38	2,6	0,20	0,3
Tomaten	138	33	0,9	1,70	3,4
Gurke, geschält	29	7	0,6	0,20	0,9
Kürbis	134	32	1,1	–	6,5
Champignons	138	33	4,9	0,20	3,6
Eierschwammerln (Pfifferlinge)	126	30	2,6	0,40	3,8
Steinpilze	197	47	5,4	0,40	5,1
Backwaren					
Weißbrot	1026	245	8,0	0,50	50,0
Schwarzbrot	942	225	8,0	1,00	45,0
Vollkornbrot (Graham-, Schrotbrot)	1051	251	8,1	0,90	51,0
Simonsbrot	996	238	6,0	0,90	50,0
Zwieback (aus Weizenmehl)	1566	374	9,9	2,60	75,5
Haferzwieback, Keks	1670	406	8,6	10,40	66,7
Blätterteig	2336	558	6,4	35,10	50,1
Lebkuchen	1457	348	6,2	1,10	76,2
Nudeln	1520	363	14,0	2,40	69,0

100 g Nahrungsmittel enthalten	Joule (kJ)	Kalorien (kcal)	Eiweiß g	Fett g	Kohlenhydrate g
Süßwaren					
Zucker	1716	410	–	–	99,8
Honig	1398	334	0,4	–	81,0
Schokolade	2093	500	5,5	20,00	70,0
Obst					
Äpfel	243	58	0,4	0,64	13,0
Birnen	247	59	0,4	0,27	13,6
Kirschen	285	68	0,8	0,64	15,0
Mirabellen	310	74	0,8	0,88	16,4
Pfirsiche	268	64	0,5	0,81	14,2
Zwetschken (Pflaumen)	318	76	0,8	0,95	16,8
Zitronen	293	70	0,5	–	8,0
Orangen (30% Schale)	255	61	0,8	1,35	12,6
Mandarinen	184	44	0,8	1,42	8,5
Melonen	126	30	0,8	–	6,4
Bananen	410	98	1,3	0,38	22,8
Gartenerdbeeren	188	45	1,3	1,84	7,8
Walderdbeeren	130	31	1,2	1,76	4,7
Ribisel (Johannisbeeren)	193	46	1,3	2,35	7,5
Weintrauben	314	75	0,7	0,77	17,7
Erdnüsse	2474	591	27,5	44,50	15,7
Haselnüsse, trocken	2855	682	17,4	62,60	7,2
Walnüsse, trocken	2788	666	16,7	58,50	13,0
Kastanien, frisch	946	226	6,1	4,10	39,7
Mandeln, trocken	2666	637	21,4	53,20	13,2

Begriffserklärungen und Fachausdrücke

Abfrischen, abschrecken: Übergießen oder -schwemmen mit kaltem Wasser (z. B. Grüngemüse oder Teigwaren). Mit einem Schuß kaltem Wasser abschrecken, z. B. bei Grießnockerln.

Abhängen, abliegen: Das Reifen von Fleisch, hervorgerufen durch Enzyme und Milchsäuren. Fleisch wird dadurch zarter, mürber, geschmackvoller.

Ablöschen, deglacieren: Mit wenig Wasser, Wein, Essig heißes bzw. röstendes Kochgut ablöschen. Auch zum Lösen des Bratensatzes.

Abschmalzen: Im Fett schwenken.

Abschwemmen: Spülen von Teigwaren im Wasser.

Abziehen: Mit in Wasser, Wein, Milch angerührter Stärke eine Speise binden.

Anschwitzen, anlaufen lassen: Gemüse, Wurzeln oder Zwiebeln in wenig Fett, ohne Farbe nehmen zu lassen, erhitzen.

Aspik: Gelee, Sulz, auch kalte Speise in Aspik.

Bäckerei: Kleingebäck.

Bähen: Semmeln oder Weißbrot, geschnitten, in wenig oder keinem Fett im Rohr trocknen bzw. leicht bräunen.

Bardieren: Mit Speck umwickeln bzw. belegen, um bei der Zubereitung das Austrocknen zu verhindern. Meist bei Wildgeflügel.

Beizen, marinieren: Fleisch, Wild, Geflügel, Gemüse in mit Gewürzen angereicherte Flüssigkeit legen.

Beugel: Hörnchen.

Beuschel: Lunge und Herz vom Kalb oder Schwein.

Blanchieren, ab- oder überbrühen (Garmachungsart): Ein kurzes Überkochen von Gemüsen, Fleisch, Innereien oder Knochen.

Blaukochen: Das Garziehen von bestimmten Fischen in einem Essig-Gewürzsud.

Bouquet garni: Kräutersträußchen, welches je nach Speise variiert werden kann (Petersilien-, Sellerie-, Porreegrünes, Thymian, Lorbeer, Knoblauch).

Bridieren, binden, dressieren: Zur besseren Formgebung Fisch, Fleisch, Geflügel oder Gemüse binden.

Bries: Kalbsmilch, Kalbsmilke.

Broccoli: Spargelkohl.

Brösel, Semmelbrösel: Geriebene Semmeln oder Weißbrot (Paniermehl).

Chemisieren: Eine Form mit Aspik auskleiden (auch mit Speiseeis auskleiden) oder mit Aspik dünn überziehen.

Crouton: Semmeln oder Weißbrot, beliebig geschnitten oder ausgestochen, in Butter gebraten oder im Rohr gebäht.

Dampfel: Gärprobe aus Flüssigkeit, Germ (Hefe), Mehl und wenig Zucker.

Deglacieren: Ablöschen und auflösen des Bratensatzes.

Degraissieren: Abfetten, entfetten von Flüssigkeit.

Dressieren: Form geben, z. B. mit dem Dressiersack und Lochtülle. Auch schönes Anrichten von Pürees. In Österreich auch das Binden von Fleisch und Geflügel.

Eierschwammerl: Pfifferling.

Einbrenn: Braune Mehlschwitze.

Einkochen, reduzieren: Dünnflüssige Speisen durch ständiges Kochen verdicken, auch das Kochen einer Gewürzreduktion.

Einmach: Helle Mehlschwitze.

Entenjunges: Entenklein.

Etamine: Seihtuch aus Leinen.

Farce: Fülle aus fein zerkleinertem Fleisch oder Fisch, mit Gewürzen, Obers (Süßrahm) versehen; mit oder ohne Einlagen.

Faschiertes: Hackfleisch.

Filetieren: Auslösen von Filets, z. B. bei Fisch.

Fisole: Junge Schnittbohne, grüne Bohne.

Flämmen: Rasches Überbacken bei Oberhitze.

Fleurons: Gebackene Blätterteighalbmonde.

Fond: Geschmacksangereicherte Flüssigkeit (weiß oder braun) als Aufgußmittel für Suppen und Saucen.

Galantine: Rollpastete.

Gelbe Rübe: Mohrrübe, Möhre.

Germ: Hefe.

Geselchtes: Geräuchertes, Rauchfleisch.

Glasieren: Grundzubereitungsart von Fleisch und Gemüse mit sirupartiger Flüssigkeit. Überziehen mit Aspik oder Glasuren.

Göderl: Schweinskinn.

Grammeln: Grieben.

Gratinieren: Grundzubereitungsart, gegarte Speisen mit deckender Sauce oder nur mit Käse und Butter bei Oberhitze rasch überbacken.

Hasenjunges: Hasenklein.

Haxl: Fuß.

Heidelbeere: Blaubeere.

Hühnerjunges: Hühnerklein.

Jungfernbraten: Lungenbraten, Filet vom Schwein.

Jus: Saft (Bratensaft, Fruchtsaft).

Kaiserfleisch: Gepökelte, geräucherte Schweinsbrust.

Kalbsstelze: Kalbshaxe, Hesse.

Kapaun: Masthahn.

Karfiol: Blumenkohl.

Karotte: Eine Mohrrübenart, Goldrübe.

Kipferl: Hörnchen.

Klären: Flüssigkeit durch Abschäumen und Entfetten so lange kochen, bis sie klar ist; oder mittels Eiweiß und Fleisch klären (z. B. Kraftsuppe).

Knödel: Kloß.

Kochsalat: Lattich.

Kohl: Wirsing.

Kohlsprossen, Sprossenkohl: Rosenkohl.

Kraut: Weißkohl, Chabis.

Kräuterbündel, Kräutersträußchen: Siehe Bouquet garni.

Kren: Meerrettich.

Legieren: Bereits fertige, nicht mehr kochende Sauce oder Suppe mit Eidotter und Obers verschlagen.

Marille: Aprikose.

Mehl: Glattes und griffiges Mehl. Darunter versteht man Weizenmehl. In der modernen Küchenpraxis wird fast ausschließlich glattes Mehl verwendet. Griffiges Mehl oder Mischmehle werden eventuell zum Bestauben von Tisch oder Brett oder für manche im Wasser gekochten Speisen (z. B. für Kartoffelteig oder Semmelknödel) verwendet.

Melanzani: Auberginen, Eierfrüchte.

Melieren: Vorsichtiges Untermischen oder Unterziehen von Mehl, Nüssen usw. in Massen.

Mollig: Sämig, dicklich, samtartig (z. B. bei Saucen).

Montieren: Fertige, nicht mehr kochende Suppen oder Saucen durch Einschlagen von Obers (Süßrahm) und Butter cremiger, samtartig machen.

Nockerl: Spätzle.

Obers: Süße Sahne, süßer Rahm.

Palatschinken: Dünne Pfannkuchen.

Parieren: Zurechtschneiden, abziehen von Häuten und Sehnen von Fleisch. Es entstehen dabei Abschnitte = Parüren.

Pochieren: Grundzubereitungsart unter dem Siedepunkt = Garziehen.

Porree: Lauch.

Powidl: Pflaumenmus.

Rahm: In der Wiener Küche bedeutet Rahm immer Sauerrahm. Sonst süßer oder saurer Rahm.

Reduktion, reduzieren: Siehe Einkochen.

Resch: Knusperig.

Ribisel: Johannisbeere.

Röster: Weichgedünstetes Obst als Beigabe zu Mehlspeisen. Zwetschken-, Marillen-, Holunderröster.

Rote Rübe: Rote Bete, Rahne, Rande.

Rotkraut: Rotkohl.

Sämig: Dickflüssig.

Sauerkraut: Sauerkohl.

Sautieren: In der Pfanne Fleisch, Innereien, Gemüse, Pilze schwingend rösten.

Schmoren: Das Braundünsten von Fleisch.

Schneidsemmel: Altbackene Semmel (Brötchen).

Schöberl: Salzbiskuit, mit Einlagen oder Pürees versehen, als Suppeneinlage.

Schröpfen: Einschneiden der Schwarte bei Jungschweinsbraten.

Schwamm, Schwammerl: Pilz.

Selchen: Räuchern.

Semmel: Brötchen.

Sprudeln: Quirlen.

Staubzucker: Puderzucker.

Terrine: In einer Form (Terrine) zubereitete Pastete, auch Suppenterrine.

Topfen: Quark.

Umstechen: Ragoutstücke mittels Gitterlöffel aus der Sauce heben, mit der Gabel vom Löffel in ein reines Geschirr legen, dann mit passierter Sauce übergießen.

Untergießen: Wenig Flüssigkeit unter das Kochgut gießen, meist beim Dünsten.

Weichsel: Sauerkirsche.

Weißkraut: Weißkohl.

Wurzelwerk: Gemischte Wurzeln, wie Karotte, gelbe Rübe, Petersilienwurzel und Sellerieknolle.

Zwetschke: Pflaume.

Register